암기시간은 반으로, 기억시간은 두 배로

해커스 HSK 5급 단어장 200% 활용법

교재 무료 MP3

① Day별 단어와 예문 한번에 듣기(중한) MP3
② 단어와 예문 암기(중한) MP3
③ 단어와 예문 암기 확인(중) MP3
④ Day별 단어를 한번에 듣기(중한) MP3
⑤ 단어 집중 암기(중한) MP3
⑥ 단어 암기 확인(중) MP3
⑦ Day별 고난도 어휘를 한번에 듣기(중한) MP3
⑧ 고난도 어휘 집중 암기(중한) MP3
⑨ 고난도 어휘 암기 확인(중) MP3
⑩ 미니 실전모의고사 MP3
⑪ 연습문제 체크체크 MP3

이용방법

해커스중국어(china.Hackers.com) 접속 후 로그인 ▶
[교재/MP3 → 교재 MP3/자료] 클릭 ▶
본 교재 MP3 이용하기

<해커스 ONE>
앱 다운받기 ▶

Day별 단어 퀴즈
Day별 품사별로 헤쳐모여
연습문제 체크체크 해석
필수 단어 1300 인덱스

이용방법

해커스중국어(china.Hackers.com) 접속 후 로그인 ▶
[교재/MP3 → 교재 MP3/자료] 클릭 ▶
본 교재 학습자료 이용하기

HSK 필수어휘 테스트
HSK 기출 사자성어

이용방법

해커스중국어(china.Hackers.com) 접속 후 로그인 ▶
상단메뉴 [무료 자료 → 데일리 학습자료]
클릭하여 이용하기

본 교재 인강 10,000원 할인쿠폰

쿠폰번호

BEFA35C7342548AC

이용방법

해커스중국어(china.Hackers.com) 접속 후 로그인 ▶
메인 우측 하단 [쿠폰&수강권 등록]에서 쿠폰 등록 후 강의 결제 시 사용 가능

* 본 쿠폰은 1회에 한해 등록 가능합니다.
* 쿠폰 등록 후 사용기간 : 7일
* 이 외 쿠폰 관련 문의는 해커스중국어 고객센터(T.02-537-5000)으로 연락바랍니다.

▲ 인강 바로 듣기

해커스중국어 china.Hackers.com

초판 10쇄 발행 2024년 6월 10일
초판 1쇄 발행 2019년 1월 2일

지은이	해커스 HSK연구소
펴낸곳	㈜해커스 어학연구소
펴낸이	해커스 어학연구소 출판팀

주소	서울특별시 서초구 강남대로61길 23 ㈜해커스 어학연구소
고객센터	02-537-5000
교재 관련 문의	publishing@hackers.com 해커스중국어 사이트(china.Hackers.com) 교재 Q&A 게시판
동영상강의	china.Hackers.com

ISBN	978-89-6542-282-2 (13720)
Serial Number	01-10-01

해커스 중국어 HSK 5급 단어장

해커스 어학연구소

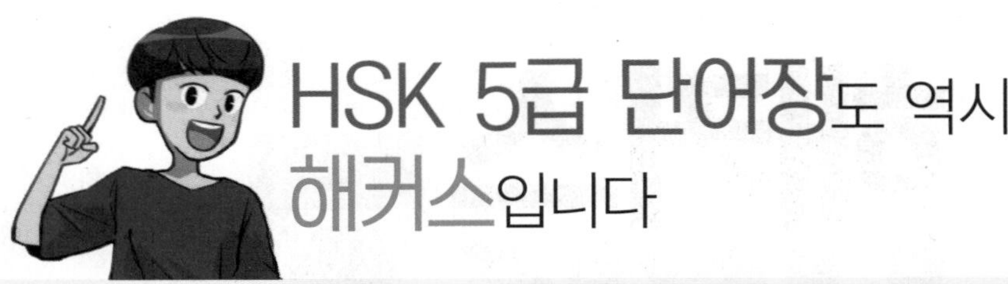

HSK 5급 단어장도 역시 해커스입니다

HSK 공부의 근간은 HSK 필수 어휘입니다. <해커스 HSK 5급 단어장>은 HSK 5급 공부의 기본이 되는 HSK 5급 추가 필수어휘 1300개를 어떻게 하면 조금이라도 더 재미있고 쉽게 암기할 수 있을지를 고민하고 연구한 끝에 출간하게 된 HSK 5급 단어 전문 학습 교재입니다.

HSK 5급 완벽 대비가 가능한 <해커스 HSK 5급 단어장>

<해커스 HSK 5급 단어장>은 HSK 5급 추가 필수어휘 1300개를 주제별로 묶어 오래 기억에 남을 수 있도록 구성한 30일 완성 학습서입니다. 최신 출제 경향을 심도 있게 분석하여 예문에 철저하게 반영하고, 꿀팁이 담긴 '시험에 이렇게 나온다'와 '알아두면 좋은 배경지식'을 수록하였습니다. 또한, 각 Day의 어휘를 학습한 후, 주제에 맞는 실제 HSK 시험에 나온 급수 외 고난도 어휘와 6급 어휘를 수록하였으며, 매 10개 Day마다 미니 실전모의고사를 제공하여 HSK 5급 시험의 실전 감각을 동시에 키울 수 있도록 하였습니다.

쉽고 재미있게 단어를 암기할 수 있도록 구성된 <해커스 HSK 5급 단어장>

<해커스 HSK 5급 단어장>은 최신 트렌드를 담아 흥미를 유발하는 목차를 구성해 학습 욕구를 높일 수 있게 하였으며, 각 주제별로 최신 빈출 어휘가 포함된 재미있는 스토리 카툰을 구성하였습니다. 또한 각 Day 학습 마지막에 '알고 가면 시험이 쉬워지는 <중국 문화와 역사>'를 수록하여 다소 생소할 수 있는 중국 문화와 역사에 대해 이해하고, HSK 5급 시험을 더욱 탄탄히 대비할 수 있도록 하였습니다.

까먹을 틈 없이 학습하고 암기할 수 있도록 구성된 <해커스 HSK 5급 단어장>

이전 Day에서 학습했던 어휘를 예문에 반복 활용하였으며, '연습문제 체크체크' 코너를 통해 그날 암기해야 하는 어휘를 학습할 수 있습니다. 또한, 망각을 방지하는 30일 학습 플랜을 활용한다면 더욱 효과적으로 어휘를 암기할 수 있습니다.

여러분의 5급 정복을 위해 <해커스 HSK 5급 단어장>이 함께 합니다.

목차

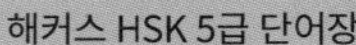

책의 특징

1 HSK 5급 추가 필수어휘 1300 30일 정복

HSK 5급 추가 필수어휘 1300개를 30일 동안 학습할 수 있도록 구성하였습니다. 망각을 방지하는 학습플랜(p.14~15)에 따라 꾸준히 학습해 나가면 30일 후에는 부쩍 향상된 어휘 실력을 확인할 수 있을 것입니다.

2 HSK 5급 최신 출제 경향 예문 수록

HSK 5급 최신 출제 경향을 예문에 반영하여 예문을 익히는 과정에서 실전 감각을 자연스럽게 향상시킬 수 있습니다. 또한, 모든 예문에 중국어 문장의 중심이 되는 술어를 모두 표시해 문장 구조를 보다 쉽게 파악할 수 있도록 하였습니다.

3 HSK 5급 시험 꿀팁 수록

HSK 5급 최신 출제 경향을 쉽게 파악할 수 있도록 '시험에 이렇게 나온다'에 짝꿍 표현, 유의어, 출제 포인트를 수록하여, 시험에 보다 효과적으로 대비할 수 있습니다. 또한, '알아두면 좋은 배경지식'을 통해 HSK 5급 시험에 출제된 상식 및 문화 정보 내용과 관련 어휘를 같이 학습하여 HSK 5급 시험을 보다 효과적으로 대비할 수 있도록 하였습니다.

4 주제별 Day 구성과 스토리 카툰으로 연상 학습 가능

HSK 5급 추가 필수어휘 1300개를 빈출 주제 30개로 나누어 재미있는 스토리 카툰과 함께 수록하였습니다. 이러한 주제별 구성에 따른 연상 학습으로 단어를 자연스럽게 암기할 수 있을 뿐만 아니라 해당 단어의 문장 내 쓰임까지 동시에 파악할 수 있어 어휘 실력을 극대화할 수 있습니다.

5 빈출순으로 어휘 학습 가능

HSK 5급 어휘를 출제 빈도가 높은 순으로 정리하여 우선 순위가 높은 단어를 먼저 암기할 수 있도록 하였습니다. 또한, 수록된 단어들의 출제 빈도를 별표로 표시하여, 출제 빈도가 높은 단어부터 우선적으로 학습할 수 있도록 하였습니다.

6 HSK 5급 미니 실전모의고사 & MP3 제공

외운 단어를 실제 문제에 적용해볼 수 있도록 실제 HSK 5급 시험과 동일한 유형의 문제로 구성된 미니 실전모의고사 3회분을 매 10개 Day마다 수록하였습니다. 이로써, 단어 암기와 실전 감각을 동시에 다질 수 있도록 하였습니다.

7 망각 방지를 위한 학습 플랜과 반복 암기 장치 제공

앞에서 배웠던 어휘를 반복적으로 학습할 수 있도록 예문에 반영하였으며, 어휘와 예문 학습 완료 후 '연습문제 체크체크!'를 통해 그날 학습했던 어휘를 학습할 수 있도록 하였습니다. 또한, 망각을 방지하는 30일 학습 플랜(p.14)을 활용한다면 더욱 효과적으로 어휘를 암기할 수 있습니다.

8 다양한 버전의 MP3와 본 교재 동영상강의 제공

중국어 전문 성우의 발음을 직접 들으면서 단어를 반복해서 암기할 수 있도록 다양한 버전의 MP3를 해커스 중국어 사이트(china.Hackers.com)에서 무료로 다운로드 할 수 있게 하였습니다. 또한, 교재 학습 시 해커스 HSK 5급 단어장 동영상강의를 이용하시면 선생님의 상세한 해설과 다양한 관련 표현을 통해 좀 더 깊이 있고 체계적인 학습을 할 수 있습니다.

책의 구성

단어 학습

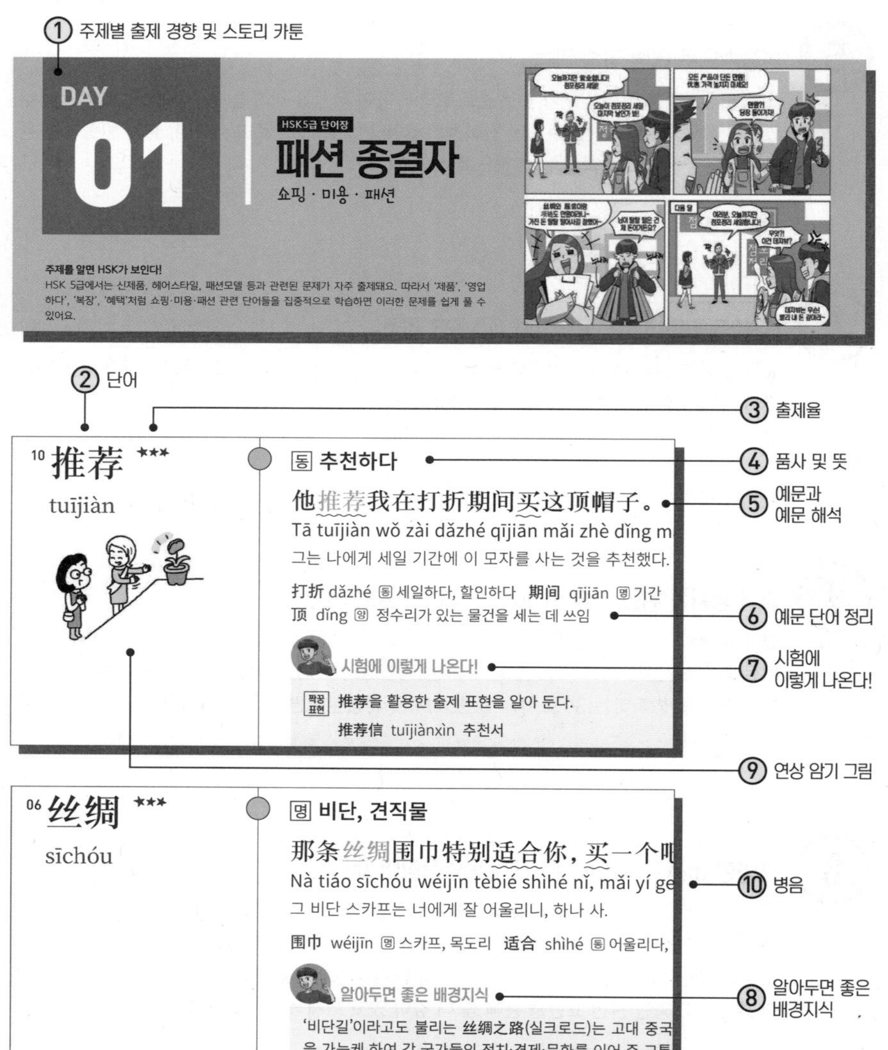

① 주제별 출제 경향 및 스토리 카툰
DAY 01
HSK5급 단어장
패션 종결자
쇼핑 · 미용 · 패션
주제를 알면 HSK가 보인다!
HSK 5급에서는 신제품, 헤어스타일, 패션모델 등과 관련된 문제가 자주 출제돼요. 따라서 '제품', '영업하다', '복장', '혜택'처럼 쇼핑·미용·패션 관련 단어들을 집중적으로 학습하면 이러한 문제를 쉽게 풀 수 있어요.
② 단어
③ 출제율
10 推荐 ★★★
tuījiàn
동 추천하다
④ 품사 및 뜻
他推荐我在打折期间买这顶帽子。
Tā tuījiàn wǒ zài dǎzhé qījiān mǎi zhè dǐng m
그는 나에게 세일 기간에 이 모자를 사는 것을 추천했다.
⑤ 예문과 예문 해석
打折 dǎzhé 동 세일하다, 할인하다 期间 qījiān 명 기간
顶 dǐng 양 정수리가 있는 물건을 세는 데 쓰임
⑥ 예문 단어 정리
시험에 이렇게 나온다!
⑦ 시험에 이렇게 나온다!
짝꿍 표현 推荐을 활용한 출제 표현을 알아 둔다.
推荐信 tuījiànxìn 추천서
⑨ 연상 암기 그림
06 丝绸 ★★★
sīchóu
명 비단, 견직물
那条丝绸围巾特别适合你，买一个吧
Nà tiáo sīchóu wéijīn tèbié shìhé nǐ, mǎi yí ge
⑩ 병음
그 비단 스카프는 너에게 잘 어울리니, 하나 사.
围巾 wéijīn 명 스카프, 목도리 适合 shìhé 동 어울리다,
알아두면 좋은 배경지식
⑧ 알아두면 좋은 배경지식
'비단길'이라고도 불리는 丝绸之路(실크로드)는 고대 중국
을 가능케 하여 각 국가들의 정치·경제·문화를 이어 준 교통
이는 6,400km로 중국에서 시작하여 지중해까지 뻗어있다.

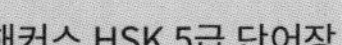

1 **주제별 출제 경향 및 스토리 카툰**

1일치 단어를 학습하기 전에 각 주제의 출제 경향을 확인하고 그날 배울 단어들을 이용한 재미있는 스토리를 카툰 형식으로 볼 수 있습니다.

2 **단어**

HSK 5급 추가 필수어휘 1300개를 주제별로 구성하였습니다. HSK 5급 추가 필수어휘를 출제 빈도가 높은 순으로 배치하여, 연상 학습 및 중요한 단어를 먼저 외울 수 있도록 학습 효과를 극대화하였습니다.

3 **출제율**

HSK 5급 필수어휘 중 반드시 암기해야 할 단어를 빈출도에 따라 최상위는 ★★★, 상위는 ★★로 표시하였습니다.

4 **품사와 뜻**

HSK 5급 시험에서 가장 자주 사용되는 뜻과 품사 위주로 정리하였습니다.

품사 표시

동 동사 | 명 명사 | 형 형용사 | 부 부사 | 조동 조동사 | 개 개사 | 수 수사 | 성 성어
양 양사 | 대 대사 | 고유 고유명사 | 감 감탄사 | 접 접속사 | 조 조사 | 수량 수량사

5 **예문과 예문 해석**

HSK 5급 시험에 나올 법한 엄선된 예문을 수록하였으며, 예문에 대한 병음과 해석을 수록하였습니다.

6 **예문 단어 정리**

예문에 사용된 단어들을 참고할 수 있도록 하단에 병음, 품사, 뜻을 추가로 정리하였습니다.

7 **시험에 이렇게 나온다!**

HSK 5급 시험에서 어떻게 출제되는지를 보여주는 코너입니다. 시험에 자주 출제되는 짝꿍 표현과 유의어, 다양한 출제 포인트를 수록하였습니다.

8 **알아두면 좋은 배경지식**

HSK 5급 시험에 도움을 줄 수 있는 상식과 중국 문화를 수록하고, 이와 관련된 단어를 정리하였습니다.

9 **연상 암기 그림**

단어가 연상되는 그림을 수록하여 단어의 뜻을 쉽고 재밌게 기억할 수 있도록 하였습니다.

10 **병음**

단어의 발음을 나타내는 병음을 수록하여 듣기 시험에도 대비할 수 있게 하였습니다.

책의 구성

추가 구성

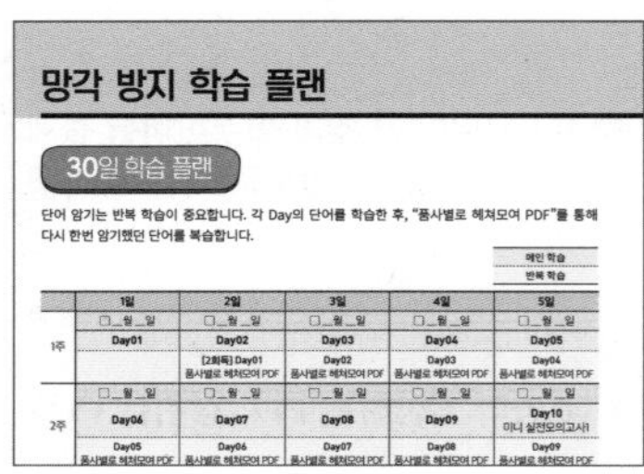

망각 방지 학습 플랜

30일 학습 플랜

단어 암기는 반복 학습이 중요합니다. 각 Day의 단어를 학습한 후, "품사별로 헤쳐모여 PDF"를 통해 다시 한번 암기했던 단어를 복습합니다.

메인 학습
반복 학습

	1일	2일	3일	4일	5일
1주	□_월_일	□_월_일	□_월_일	□_월_일	□_월_일
	Day01	Day02	Day03	Day04	Day05
		[2회독] Day01 품사별로 헤쳐모여 PDF	Day02 품사별로 헤쳐모여 PDF	Day03 품사별로 헤쳐모여 PDF	Day04 품사별로 헤쳐모여 PDF
2주	□_월_일	□_월_일	□_월_일	□_월_일	□_월_일
	Day06	Day07	Day08	Day09	Day10 미니 실전모의고사1
	Day05 품사별로 헤쳐모여 PDF	Day06 품사별로 헤쳐모여 PDF	Day07 품사별로 헤쳐모여 PDF	Day08 품사별로 헤쳐모여 PDF	Day09 품사별로 헤쳐모여 PDF

1 망각 방지 학습 플랜

교재 p.14에 수록되어 있는 학습 플랜을 그대로 따라가기만 하면 망각할 틈도 없이 저절로 단어가 암기됩니다.

연습문제 **체크체크!**

제시된 각 단어의 뜻을 오른쪽 보기에서 찾아 줄을 그어 보세요.

01 营业 ⓐ 명품, 유명 상표
02 光滑 ⓑ 걸치다, 덮다
03 讲究 ⓒ 중요시하다, 우아하다, 주의할 만한 것
04 丝绸 ⓓ (물체의 표면이) 매끄럽다, 반들반들하다
05 名牌 ⓔ 영업하다
06 披 ⓕ 비단, 견직물

2 연습문제 체크체크

각 Day 마지막에 연습문제를 수록하여, 그날 학습한 어휘를 곧바로 반복 체크해볼 수 있도록 하였습니다.

* '연습문제 체크체크!' 해석과 MP3는 해커스 중국어 사이트(china.Hackers.com)에서 무료로 다운로드하실 수 있습니다.

HSK 5급 시험에 나오는 고난도 어휘

☑ 잘 외워지지 않는 단어는 박스에 체크하여 복습하세요. 고난도 어휘 암기 확인_01.mp3

□	穿着打扮	chuānzhuó dǎbàn	명 옷, 장식 등의 차림새
□	打折扣	dǎ zhékòu	(상품의 가격을) 깎다, 낮추다
□	单一	dānyī	형 단일하다
□	繁华 6급	fánhuá	형 (도시나 거리가) 번화하다
□	付费	fùfèi	동 비용을 지불하다
□	购买	gòumǎi	동 구매하다, 사들이다
□	购物中心	gòuwù zhōngxīn	쇼핑 센터
□	*光棍节	Guānggùnjié	광군제(중국의 블랙 프라이데이)

3 HSK 5급 시험에 나오는 고난도 어휘

HSK 5급 추가 필수어휘 이외에 실제 HSK 5급 시험에 출제되는 6급 어휘 및 고난도 급수 외 어휘를 정리한 어휘리스트를 수록하였습니다. 이를 통해 HSK 5급 시험을 더욱 탄탄히 대비할 수 있습니다.

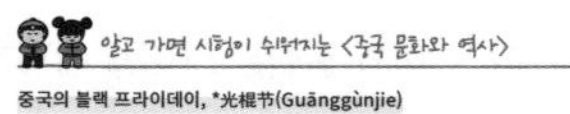

중국의 블랙 프라이데이, *光棍节(Guānggùnjie)

미국에 블랙 프라이데이가 있다면, 중국에는 光棍节가 있어요. 光棍节는 매년 11월 11일로,
하여 중국에서는 '솔로의 날'로 알려져 있는데요, 이 날에는 인터넷에서 다양한 产品(chǎnpǐn
할인된 가격으로 살 수 있는 큰 행사가 열리곤 합니다.

이 행사는 중국의 최대 온라인 쇼핑몰인 *天猫(Tiānmāo)에서 시작되었는데, 현재는 타오바
징둥(京东)과 같은 다양한 인터넷 *平台(píngtái)에서도 이 행사를 진행하고 있어요.

기본적인 日用品(rìyòngpǐn)부터 名牌(míngpái)까지 수많은 상품들을 *破格(pògé)적인
볼 수 있는 단 하루! 여러분도 光棍节에 중국 온라인 쇼핑몰에서 쇼핑해보는 건 어떨까요?

产品 chǎnpǐn 명 제품, 생산품, 상품 日用品 rìyòngpǐn 명 생활용품 名牌 míngpái 명 명품, 유명 상

4 알고 가면 시험이 쉬워지는 <중국 문화와 역사>

HSK 5급 시험에 출제되는 중국 문화 및 역사 문제에 대비할 수 있도록, 최근 HSK 시험에서 출제되었던 중국 문화와 역사 관련 내용을 수록하였습니다. 이를 통해 점점 어려워지고 있는 HSK 5급 시험을 더욱 탄탄히 대비할 수 있습니다.

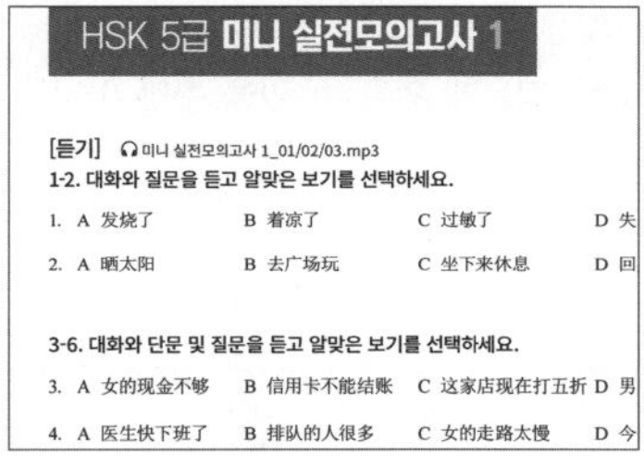

5 HSK 5급 미니 실전모의고사

10개 Day마다 HSK 5급 미니 실전모의고사를 수록하여, 외운 단어를 실제 문제에서 확인함과 동시에 HSK 실전 감각을 키울 수 있도록 하였습니다.

* HSK 5급 미니 실전모의고사 음성파일은 해커스 중국어 사이트(china.Hackers.com)에서 무료로 다운로드하실 수 있습니다.

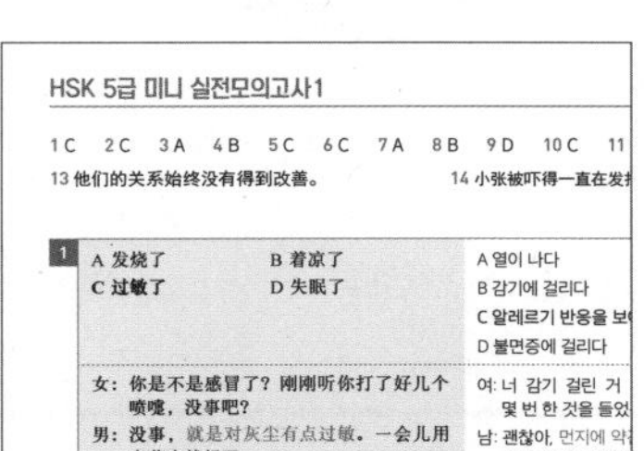

6 HSK 5급 미니 실전모의고사 해설

HSK 5급 미니 실전모의고사의 정답, 해석과 실제 시험에서 바로 적용할 수 있는 전략적인 해설을 수록하였습니다.

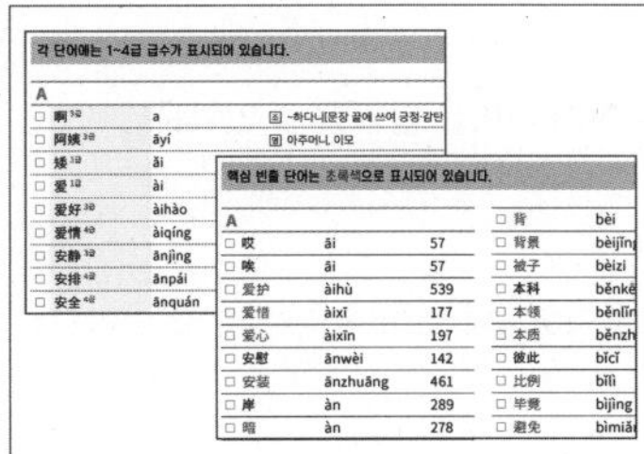

7 HSK 1-4급 단어 부록과 HSK 5급 단어 인덱스

HSK 1-4급 필수 단어 1200개를 부록으로 수록하여 1-4급 필수 단어도 학습할 수 있도록 하였습니다. 또한, 교재 맨 마지막에 HSK 5급 필수 단어 1300개를 병음순으로 정리한 인덱스를 구성하여, 각 단어가 수록된 페이지를 바로 찾아 볼 수 있도록 하였습니다.

* 교재에 수록된 인덱스 페이지는 해커스 중국어 사이트(china.Hackers.com)에서 무료로 다운로드하실 수 있습니다.

HSK 5급 단어장
1. 단어 집중 암기 MP3
2. 단어와 예문 암기 MP3
3. 단어암기 확인 MP3
4. 단어와 예문 암기 확인 MP3
5. 미니실전모의고사 MP3
해커스 HSK 5급 단어장
DAY별 단어 퀴즈

8 교재 MP3 및 다양한 복습용 PDF 자료

교재에 수록된 모든 단어와 예문에 대한 학습용/복습용 MP3를 통해 듣기 실력을 극대화할 수 있습니다. 또한, 주제별 학습 단어를 품사별로 다시 한번 복습할 수 있는 "Day별 품사별로 헤쳐모여 PDF"와 "Day별 단어 퀴즈 PDF"를 통해 단어를 확실히 외울 수 있습니다.

* 모든 MP3와 PDF는 해커스 중국어 사이트(china.Hackers.com)에서 무료로 다운로드하실 수 있습니다.

해커스가 제시하는 HSK 5급 단어 학습법

단어를 집중적으로 암기한다!

1 단어를 쓰며 암기하기

단어를 종이에 직접 쓰면서 품사와 뜻을 중얼중얼 반복하면, 쉽고 빠르게 외울 수 있을 뿐만 아니라 오래 기억할 수 있습니다.

[예시] Day 01의 4번 단어 **项链**(p.17)

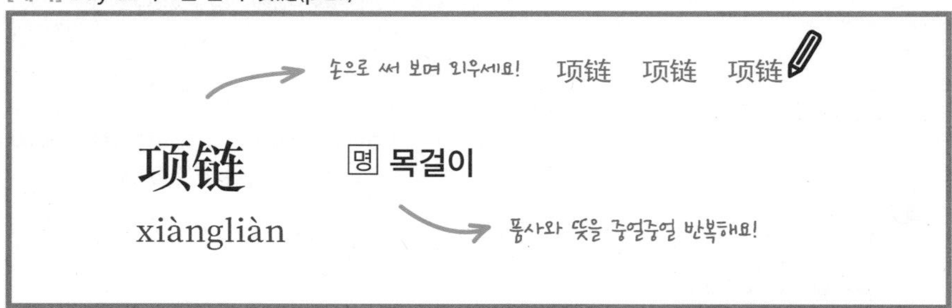

손으로 써 보며 외우세요!
项链 项链 项链
项链
명 목걸이
xiàngliàn
품사와 뜻을 중얼중얼 반복해요!

2 MP3를 듣고 따라 읽으며 암기하기

중국어 전문 성우가 읽어주는 발음을 듣고 따라 읽으면 좀더 확실하게 단어를 암기할 수 있어요.

단어 집중 암기 MP3 (중국어+한국어)

중국어와 한국어를 번갈아 들으면서 단어를 외웁니다. 단어별로 파일이 분할되어 있으므로, 잘 외워지지 않는 단어는 여러 번 반복하여 듣고 확실하게 암기합니다.

단어 암기 확인 MP3 (중국어)

단어를 중국어로만 듣고 따라 읽으며 뜻을 정확하게 알고 있는지 스스로 점검합니다. 뜻이 잘 떠오르지 않는 단어는 교재에서 다시 찾아보고 복습하여, 모르는 단어는 확실하게 암기할 수 있도록 합니다.

*** 단어 학습에 필요한 모든 MP3는 해커스 중국어(china.Hackers.com)에서 무료로 다운로드하실 수 있습니다.**

단어를 예문과 함께 확실하게 학습한다!

1 예문을 읽으며 단어의 쓰임 이해하기

예문을 읽을 때 문장의 구조를 파악하면서 단어의 쓰임을 이해하면 단어를 재미있고, 확실하게 암기할 수 있습니다. 제시된 예문을 [① 술어 찾기→② 주어와 목적어 찾기→③ 부사어·관형어·보어 괄호로 묶기] 순서대로 파악한 후, 단어가 어떻게 쓰였는지 확인합니다.

[예시] Day 01의 4번 단어 **项链(목걸이)**의 예문(p.17)

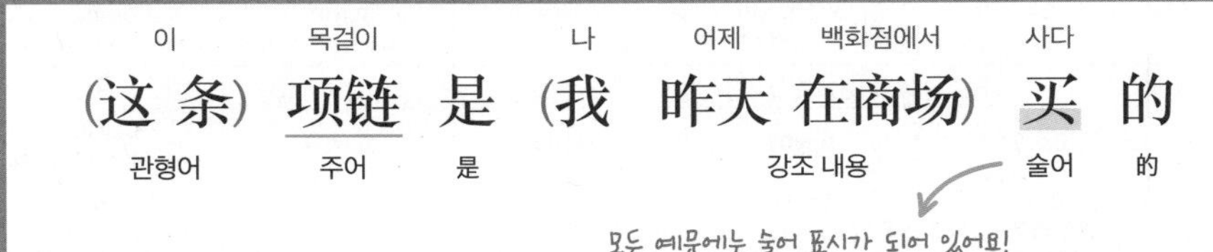

학습단어 项链(목걸이)이 주어임을 알 수 있고, 买에 술어 표시가 되어 있으므로 是~的 강조구문임을 알 수 있어요. 전체 문장을 해석하면 '이 목걸이는 내가 어제 백화점에서 산 것이다.'가 된답니다.

2 MP3를 듣고 따라 읽으며 단어와 예문을 한번에 익히기

중국어 전문 성우가 읽어주는 단어와 예문을 듣고 따라 읽으면 단어를 확실히 암기할 수 있을 뿐만 아니라 듣기 실력까지 향상시킬 수 있어요.

단어와 예문 암기 MP3 (중국어+한국어)

단어와 단어가 활용된 예문까지 정확하게 듣고 이해하는 연습을 합니다. 이를 통해 단어를 정확히 들을 수 있을 뿐만 아니라, 듣고 이해하는 능력까지 향상시킬 수 있습니다.

단어와 예문 암기 확인 MP3 (중국어)

단어와 예문을 중국어로만 듣고 따라 읽으며 뜻을 떠올립니다. 잘 모르는 단어와 예문은 교재에서 다시 찾아보고, 반복하여 들으면서 직청직해될 수 있게 연습합니다.

* 단어와 예문 학습에 필요한 모든 MP3는 해커스 중국어(china.Hackers.com)에서 무료로 다운로드하실 수 있습니다.

망각 방지 학습 플랜

30일 학습 플랜

단어 암기는 반복 학습이 중요합니다. 각 Day의 단어를 학습한 후, "품사별로 헤쳐모여 PDF"를 통해 다시 한번 암기했던 단어를 복습합니다.

메인 학습
반복 학습

	1일	2일	3일	4일	5일
1주	□_월_일	□_월_일	□_월_일	□_월_일	□_월_일
	Day01	**Day02**	**Day03**	**Day04**	**Day05**
		[2회독] Day01 품사별로 헤쳐모여 PDF	Day02 품사별로 헤쳐모여 PDF	Day03 품사별로 헤쳐모여 PDF	Day04 품사별로 헤쳐모여 PDF
2주	□_월_일	□_월_일	□_월_일	□_월_일	□_월_일
	Day06	**Day07**	**Day08**	**Day09**	**Day10** 미니 실전모의고사1
	Day05 품사별로 헤쳐모여 PDF	Day06 품사별로 헤쳐모여 PDF	Day07 품사별로 헤쳐모여 PDF	Day08 품사별로 헤쳐모여 PDF	Day09 품사별로 헤쳐모여 PDF
3주	□_월_일	□_월_일	□_월_일	□_월_일	□_월_일
	Day11	**Day12**	**Day13**	**Day14**	**Day15**
	Day10 품사별로 헤쳐모여 PDF	Day11 품사별로 헤쳐모여 PDF	Day12 품사별로 헤쳐모여 PDF	Day13 품사별로 헤쳐모여 PDF	Day14 품사별로 헤쳐모여 PDF
4주	□_월_일	□_월_일	□_월_일	□_월_일	□_월_일
	Day16	**Day17**	**Day18**	**Day19**	**Day20** 미니 실전모의고사2
	Day15 품사별로 헤쳐모여 PDF [3회독] Day 1,2 품사별로 헤쳐모여	Day16 품사별로 헤쳐모여 PDF Day 3,4 품사별로 헤쳐모여 PDF	Day17 품사별로 헤쳐모여 PDF Day 5,6 품사별로 헤쳐모여 PDF	Day18 품사별로 헤쳐모여 PDF Day 7,8 품사별로 헤쳐모여 PDF	Day19 품사별로 헤쳐모여 PDF Day 9,10 품사별로 헤쳐모여 PDF
5주	□_월_일	□_월_일	□_월_일	□_월_일	□_월_일
	Day21	**Day22**	**Day23**	**Day24**	**Day25**
	Day20 품사별로 헤쳐모여 PDF Day 11,12 품사별로 헤쳐모여 PDF	Day21 품사별로 헤쳐모여 PDF Day 13,14 품사별로 헤쳐모여 PDF	Day22 품사별로 헤쳐모여 PDF Day 15,16 품사별로 헤쳐모여 PDF	Day23 품사별로 헤쳐모여 PDF Day 17,18 품사별로 헤쳐모여 PDF	Day24 품사별로 헤쳐모여 PDF Day 19,20 품사별로 헤쳐모여 PDF
6주	□_월_일	□_월_일	□_월_일	□_월_일	□_월_일
	Day26	**Day27**	**Day28**	**Day29**	**Day30** 미니 실전모의고사3
	Day25 품사별로 헤쳐모여 PDF Day 21,22 품사별로 헤쳐모여 PDF	Day26 품사별로 헤쳐모여 PDF Day 23,24 품사별로 헤쳐모여 PDF	Day27 품사별로 헤쳐모여 PDF Day 25,26 품사별로 헤쳐모여 PDF	Day28 품사별로 헤쳐모여 PDF Day 27 품사별로 헤쳐모여 PDF	Day28~30 품사별로 헤쳐모여 PDF

30일 학습 플랜 이용 TIP

* 공부할 날짜를 쓰고, 매일 당일 학습 분량을 공부한 후 □에 체크합니다.
* 60일 동안 천천히 꼼꼼하게 단어를 외우고 싶으시면 하루 분량을 2일에 나누어 학습하세요.
* [메인 학습]은 교재 p.12-13에 있는 〈해커스가 제시하는 HSK 5급 단어 학습법〉을 활용하신다면 더욱 효과적인 학습이 가능합니다.

시험 전 막판

5일 학습 플랜

"Day별 품사별로 헤쳐모여 PDF"에 정리된 단어리스트를 한번 더 반복 학습하여 마지막으로 시험에 대비하세요!

1일	2일	3일	4일	5일	시험일
□_월_일	□_월_일	□_월_일	□_월_일	□_월_일	□_월_일
Day01-10 품사별로 헤쳐모여 PDF	**Day11-20** 품사별로 헤쳐모여 PDF	**Day21-30** 품사별로 헤쳐모여 PDF	**Day01-15** 품사별로 헤쳐모여 PDF	**Day16-30** 품사별로 헤쳐모여 PDF	실력 발휘하기!

DAY

01

HSK5급 단어장

패션 종결자

쇼핑 · 미용 · 패션

주제를 알면 HSK가 보인다!

HSK 5급에서는 신제품, 헤어스타일, 패션모델 등과 관련된 문제가 자주 출제돼요. 따라서 '제품', '영업하다', '복장', '혜택'처럼 쇼핑·미용·패션 관련 단어들을 집중적으로 학습하면 이러한 문제를 쉽게 풀 수 있어요.

단어, 예문 MP3

점포정리 마지막 날의 비밀

02 **营业** yíngyè 동 영업하다

05 **优惠** yōuhuì 형 혜택의, 우대의

03 **服装** fúzhuāng 명 복장, 의류, 패션

01 **产品** chǎnpǐn 명 제품, 생산품, 상품

06 **丝绸** sīchóu 명 비단, 견직물

04 **项链** xiàngliàn 명 목걸이

01 **产品** ★★★
chǎnpǐn

명 **제품, 생산품, 상품**

这个产品的质量和价格都很不错。 (不错 → 술어)
Zhè ge chǎnpǐn de zhìliàng hé jiàgé dōu hěn búcuò.
이 제품의 품질과 가격은 모두 괜찮다.

质量 zhìliàng 명 품질 **价格** jiàgé 명 가격

시험에 이렇게 나온다!

짝꿍표현 产品을 활용한 다양한 출제 표현들을 알아 둔다.
绿色产品 lǜsè chǎnpǐn 친환경 제품
旅游产品 lǚyóu chǎnpǐn 여행 상품
理财产品 lǐcái chǎnpǐn 재테크 상품
低价产品 dījià chǎnpǐn 저가 제품

02 **营业** ★★★
yíngyè

동 **영업하다**

楼下的那家店今天不营业。
Lóuxià de nà jiā diàn jīntiān bù yíngyè.
아래층의 그 가게는 오늘 영업하지 않는다.

楼下 lóuxià 명 아래층

03 **服装** ★★★
fúzhuāng

명 **복장, 의류, 패션**

你最好穿正式的服装参加这次聚会。
Nǐ zuìhǎo chuān zhèngshì de fúzhuāng cānjiā zhè cì jùhuì.
너는 이번 모임에 정식적인 복장을 갖춰 입고 참석하는 것이 가장 좋겠어.

正式 zhèngshì 형 정식적인, 정식의 **聚会** jùhuì 명 모임 동 모이다

04 **项链** ★★★
xiàngliàn

명 **목걸이**

这条项链是我昨天在商场买的。
Zhè tiáo xiàngliàn shì wǒ zuótiān zài shāngchǎng mǎi de.
이 목걸이는 내가 어제 백화점에서 산 것이다.

商场 shāngchǎng 명 백화점

★★★ = 출제율 최상 ★★ = 출제율 상

05 **优惠** ★★★

yōuhuì

형 **혜택의, 우대의**

술어

今天买这个产品可以享受九折优惠。

Jīntiān mǎi zhè ge chǎnpǐn kěyǐ xiǎngshòu jiǔ zhé yōuhuì.

오늘 이 제품을 사시면 10%의 혜택을 누릴 수 있습니다.

产品 chǎnpǐn 명 상품 **享受** xiǎngshòu 동 누리다

잠깐 **优惠**는 형용사이지만 명사처럼 쓰이기도 한다.

시험에 이렇게 나온다!

짝꿍표현 **优惠**를 활용한 다양한 출제 표현들을 알아 둔다.

享受优惠 xiǎngshòu yōuhuì 혜택을 누리다

获得优惠 huòdé yōuhuì 혜택을 얻다

06 **丝绸** ★★★

sīchóu

명 **비단, 견직물**

那条丝绸围巾特别适合你，买一个吧。

Nà tiáo sīchóu wéijīn tèbié shìhé nǐ, mǎi yí ge ba.

그 비단 스카프는 너에게 잘 어울리니, 하나 사.

围巾 wéijīn 명 스카프, 목도리 **适合** shìhé 동 어울리다, 적합하다

알아두면 좋은 배경지식

'비단길'이라고도 불리는 **丝绸之路**(실크로드)는 고대 중국과 서역 간의 무역을 가능케 하여 각 국가들의 정치·경제·문화를 이어 준 교통로를 말한다. 총 길이는 6,400km로 중국에서 시작하여 지중해까지 뻗어있다. **丝绸之路**와 관련된 어휘들을 체크해 두자.

丝绸之路 Sīchóuzhīlù 실크로드

草原 cǎoyuán 초원

地中海 Dìzhōnghǎi 지중해

中亚 Zhōng Yà 중앙 아시아

帕米尔高原 Pàmǐ'ěr Gāoyuán 파미르 고원

塔克拉玛干沙漠 Tǎkèlāmǎgān Shāmò 타클라마칸 사막

07 **中心** ★★★

zhōngxīn

명 **센터, 중심**

我们一起去那家购物中心好好逛逛。

Wǒmen yìqǐ qù nà jiā gòuwù zhōngxīn hǎohāo guàngguang.

우리 함께 저 쇼핑센터에 가서 구경하자.

购物 gòuwù 동 쇼핑하다, 구매하다 **逛** guàng 동 구경하다, 거닐다

08 模特 ★★★
mótè

명 모델

술어

她可是国际上很有名的服装模特啊。
Tā kě shì guójì shang hěn yǒumíng de fúzhuāng mótè a.
그녀는 국제적으로 굉장히 유명한 패션 모델이야.

国际 guójì 형 국제적인 **服装** fúzhuāng 명 패션, 의류, 복장

09 围巾 ★★★
wéijīn

명 목도리, 스카프

天气太冷了，别忘了戴上围巾。
Tiānqì tài lěng le, bié wàngle dàishang wéijīn.
날씨가 매우 추우니, 목도리를 착용하는 것을 잊지 마세요.

戴 dài 동 착용하다, 쓰다

10 推荐 ★★★
tuījiàn

동 추천하다

他推荐我在打折期间买这顶帽子。
Tā tuījiàn wǒ zài dǎzhé qījiān mǎi zhè dǐng màozi.
그는 나에게 세일 기간에 이 모자를 사는 것을 추천했다.

打折 dǎzhé 동 세일하다, 할인하다 **期间** qījiān 명 기간
顶 dǐng 양 정수리가 있는 물건을 세는 데 쓰임

시험에 이렇게 나온다!

짝꿍 표현 推荐을 활용한 출제 표현을 알아 둔다.
推荐信 tuījiànxìn 추천서

11 时尚 ★★★
shíshàng

형 유행에 맞다 명 유행

那个模特的穿着很时尚。
Nà ge mótè de chuānzhuó hěn shíshàng.
그 모델의 옷차림은 유행에 맞는다.

不是所有的年轻人都爱赶时尚。
Bú shì suǒyǒu de niánqīngrén dōu ài gǎn shíshàng.
모든 젊은이가 유행을 뒤쫓는 것을 좋아하는 것은 아니다.

模特 mótè 명 모델 **穿着** chuānzhuó 명 옷차림, 복장
赶 gǎn 동 뒤쫓다

12 **粗糙** ★★★

cūcāo

반의어

光滑 guānghuá

형 (물체의 표면이) 매끄럽다

형 **거칠다, 서투르다**

술어

一到冬天，皮肤容易变得粗糙。

Yí dào dōngtiān, pífū róngyì biàn de cūcāo.

겨울이 되면, 피부가 거칠어지기 쉽다.

皮肤 pífū 명 피부

시험에 이렇게 나온다!

독해 독해 1부분에서는 지문의 빈칸에 들어갈 적절한 어휘를 보기에서 선택하는 문제가 출제된다. 이때, **粗糙**는 아래와 같은 형용사들과 함께 보기로 자주 출제된다.

悲观 bēiguān 형 비관적이다　**激烈** jīliè 형 격렬하다

恶劣 èliè 형 열악하다

13 **手工** ★★★

shǒugōng

명 **수공[손 기술로 하는 공예]**

这些项链都是手工制作的。

Zhèxiē xiàngliàn dōu shì shǒugōng zhìzuò de.

이 목걸이들은 모두 수공으로 만든 것이다.

项链 xiàngliàn 명 목걸이　**制作** zhìzuò 동 만들다, 제작하다

14 **眉毛** ★★★

méimao

명 **눈썹**

修眉毛可以让人看起来更干净整洁。

Xiū méimao kěyǐ ràng rén kàn qǐlai gèng gānjìng zhěngjié.

눈썹을 다듬는 것은 사람을 더 깨끗하고 단정하게 보이게 한다.

修 xiū 동 다듬다, 가꾸다

整洁 zhěngjié 형 단정하다, 말끔하다

15 **薄** ★★★

báo

반의어

厚 hòu 형 두껍다

형 **얇다**

今天不太冷，你可以穿薄一点。

Jīntiān bú tài lěng, nǐ kěyǐ chuān báo yìdiǎn.

오늘 날씨가 춥지 않으니, 너는 옷을 좀 얇게 입어도 돼.

16 **布** ★★★
bù

명 **천, 포**

술어

最近我买的布鞋穿着比较舒服。
Zuìjìn wǒ mǎi de bùxié chuānzhe bǐjiào shūfu.
최근에 내가 산 천 신발은 신으면 비교적 편하다.

鞋 xié 명 신발, 신

17 **紫** ★★
zǐ

형 **자주색의**

你今天穿的紫色裙子特别适合你。
Nǐ jīntiān chuān de zǐsè qúnzi tèbié shìhé nǐ.
네가 오늘 입은 자주색 치마가 너에게 특히 잘 어울린다.

适合 shìhé 동 어울리다, 적합하다

18 **牛仔裤** ★★
niúzǎikù

명 **청바지**

我以优惠的价格买了店员推荐的这条牛仔裤。
Wǒ yǐ yōuhuì de jiàgé mǎile diànyuán tuījiàn de zhè tiáo niúzǎikù.
나는 우대된 가격으로 점원이 추천해 준 이 청바지를 샀다.

优惠 yōuhuì 형 우대의, 특혜의 **价格** jiàgé 명 가격
店员 diànyuán 명 점원 **推荐** tuījiàn 동 추천하다

19 **收据** ★★
shōujù

명 **영수증, 간이 영수증**

退货时请给我们出示收据。
Tuìhuò shí qǐng gěi wǒmen chūshì shōujù.
물건을 반품하실 때 저희에게 영수증을 제시해 주십시오.

退货 tuìhuò 동 물건을 반품하다 **出示** chūshì 동 제시하다, 내보이다

시험에 이렇게 나온다!

빈출 표현 **收据**를 활용한 출제 표현을 알아 둔다.
开收据 kāi shōujù 영수증을 쓰다

20 **梳子** ★★
shūzi

명 빗

理发师用梳子整理了顾客的头发。
(술어)
Lǐfàshī yòng shūzi zhěnglǐle gùkè de tóufa.
이발사가 빗으로 손님의 머리를 정리했다.

理发师 lǐfàshī 명 이발사 **整理** zhěnglǐ 동 정리하다

21 **光滑** ★★
guānghuá

반의어
粗糙 cūcāo
형 거칠다, 서투르다

형 (물체의 표면이) 매끄럽다, 반들반들하다

刚洗完澡后皮肤摸上去很光滑。
Gāng xǐwán zǎo hòu pífū mō shàngqu hěn guānghuá.
목욕을 하고 난 직후 피부를 만져 보면 매끄럽다.

皮肤 pífū 명 피부 **摸** mō 동 만지다

시험에 이렇게 나온다!

독해 독해 1부분에서는 지문의 빈칸에 들어갈 적절한 어휘를 보기에서 선택하는 문제가 출제된다. 이때, 光滑는 아래와 같은 형용사들과 함께 보기로 자주 출제된다.

潮湿 cháoshī 형 습하다 **温暖** wēnnuǎn 형 따뜻하다
清淡 qīngdàn 형 산뜻하다, 담백하다

22 **整齐** ★★
zhěngqí

형 깔끔하다, 가지런하다
동 가지런하게 하다, 단정하게 하다

整齐的眉毛可以给人留下好的印象。
Zhěngqí de méimao kěyǐ gěi rén liúxia hǎo de yìnxiàng.
깔끔한 눈썹은 사람들에게 좋은 인상을 남길 수 있다.

货架上的商品摆放得很整齐。
Huòjià shang de shāngpǐn bǎifàng de hěn zhěngqí.
상품 진열장의 상품은 매우 가지런하게 놓여 있다.

眉毛 méimao 명 눈썹 **印象** yìnxiàng 명 인상
货架 huòjià 명 상품 진열장 **商品** shāngpǐn 명 상품
摆放 bǎifàng 동 놓다, 두다

23 **柜台** ★★
guìtái

명 카운터, 계산대

请您到门口的柜台付款。 (술어)
Qǐng nín dào ménkǒu de guìtái fùkuǎn.
입구의 카운터에서 돈을 지불하십시오.

付款 fùkuǎn 동 돈을 지불하다

24 **讲究** ★★
jiǎngjiu

동 중요시하다, 주의하다 형 우아하다, 정교하다
명 주의할 만한 것, 따져볼 만한 것

买衣服的时候，姐姐总是讲究衣服的材料。
Mǎi yīfu de shíhou, jiějie zǒngshì jiǎngjiu yīfu de cáiliào.
옷을 살 때, 언니는 늘 옷의 소재를 중요시한다.

她的穿着打扮很讲究。
Tā de chuānzhuó dǎbàn hěn jiǎngjiu.
그녀의 옷 차림새는 매우 우아하다.

中国人喝茶的时候很有讲究。
Zhōngguórén hē chá de shíhou hěn yǒu jiǎngjiu.
중국인들이 차를 마실 때에는 주의할 만한 것들이 있다.

材料 cáiliào 명 소재, 재료 **穿着打扮** chuānzhuó dǎbàn 옷 차림새

시험에 이렇게 나온다!

짝꿍표현 讲究를 활용한 다양한 출제 표현들을 알아 둔다.
讲究方法 jiǎngjiu fāngfǎ 방법을 중요시하다
讲究诚信 jiǎngjiu chéngxìn 신용을 중요시하다

25 **退** ★★
tuì

동 (구매한 물건 등을) 반품하다, 무르다

这种产品可以在七天内退货。
Zhè zhǒng chǎnpǐn kěyǐ zài qī tiān nèi tuìhuò.
이런 종류의 제품은 7일 이내에 물건을 반품하는 것이 가능합니다.

产品 chǎnpǐn 명 제품, 생산품

시험에 이렇게 나온다!

짝꿍표현 退를 활용한 다양한 출제 표현들을 알아 둔다.
退货 tuìhuò 물건을 반품하다 **退票** tuìpiào 티켓을 환불하다
退税 tuìshuì 세금을 환급하다

26 **灰** ★★

huī

형 회색의 명 먼지, 재

他在衬衫外面穿了一件深灰色外套。(술어)
Tā zài chènshān wàimian chuānle yí jiàn shēnhuīsè wàitào.
그는 셔츠 위에 짙은 회색 외투를 걸쳐 입었다.

妈妈已经把桌子上的灰擦干净了。
Māma yǐjīng bǎ zhuōzi shang de huī cā gānjìng le.
엄마는 탁자 위의 먼지를 이미 깨끗하게 닦으셨다.

外套 wàitào 명 외투 擦 cā 동 닦다, 문지르다

27 **手套** ★★

shǒutào

명 장갑

这种羊毛手套戴起来很暖和。
Zhè zhǒng yángmáo shǒutào dài qǐlai hěn nuǎnhuo.
이런 종류의 양털 장갑은 착용하고 있으면 따뜻하다.

羊毛 yángmáo 명 양털, 양모 戴 dài 동 착용하다, 쓰다
暖和 nuǎnhuo 형 따뜻하다

28 **发票** ★★

fāpiào

명 영수증, 세금 계산서

发票被我不小心弄丢了。
Fāpiào bèi wǒ bù xiǎoxīn nòngdiū le.
영수증은 내가 조심하지 않아서 분실되었다.

弄丢 nòngdiū 잃어버리다, 분실하다

29 **丑** ★★

chǒu

반의어
美 měi 형 아름답다

형 못생기다, 추하다, 흉하다

这小孩觉得自己的鼻子长得丑。
Zhè xiǎohái juéde zìjǐ de bízi zhǎng de chǒu.
이 아이는 자신의 코가 못생겼다고 생각한다.

30 时髦 ★★
shímáo

형 **현대적이다, 유행이다**

杂志上介绍的这件大衣真时髦啊！ (술어)
Zázhì shang jièshào de zhè jiàn dàyī zhēn shímáo a!
잡지에서 소개한 이 외투는 정말 현대적이야!

杂志 zázhì 명 잡지 **大衣** dàyī 명 외투

31 耳环 ★★
ěrhuán

명 **귀고리**

你今天戴的耳环很好看。
Nǐ jīntiān dài de ěrhuán hěn hǎokàn.
네가 오늘 착용한 귀고리는 정말 예쁘다.

戴 dài 동 착용하다, 쓰다

32 日用品 ★★
rìyòngpǐn

명 **생활용품**

这个超市卖各种各样的日用品。
Zhè ge chāoshì mài gèzhǒnggèyàng de rìyòngpǐn.
이 슈퍼마켓에서는 다양한 종류의 생활용품들을 판매한다.

33 烫 ★★
tàng

동 **(머리를) 파마하다** 형 **뜨겁다**

今天我打算去理发店烫头发。
Jīntiān wǒ dǎsuan qù lǐfàdiàn tàng tóufa.
나는 오늘 미용실에 가서 머리를 파마할 생각이야.

汤很烫，喝的时候小心点儿。
Tāng hěn tàng, hē de shíhou xiǎoxīn diǎnr.
국물이 매우 뜨거우니, 마실 때 조심하세요.

理发店 lǐfàdiàn 명 미용실 **汤** tāng 명 국물, 탕

34 **透明** ★★
tòumíng

형 **투명하다**

我在网上购买的玻璃杯是透明的。 (술어)
Wǒ zài wǎng shang gòumǎi de bōlibēi shì tòumíng de.
내가 인터넷에서 구매한 유리잔은 투명하다.

购买 gòumǎi 동 구매하다, 사다 **玻璃** bōli 명 유리

35 **总共** ★★
zǒnggòng

부 **모두, 전부**

您购买的东西总共68元。
Nín gòumǎi de dōngxi zǒnggòng liùshíbā yuán.
당신이 구매한 물건은 모두 68위안입니다.

购买 gòumǎi 동 구매하다, 구입하다

36 **鲜艳** ★★
xiānyàn

형 **(색이) 선명하고 아름답다**

那条颜色鲜艳的围巾非常吸引顾客。
Nà tiáo yánsè xiānyàn de wéijīn fēicháng xīyǐn gùkè.
색깔이 선명하고 아름다운 저 스카프는 고객을 매우 사로잡는다.

围巾 wéijīn 명 스카프, 목도리 **吸引** xīyǐn 동 사로잡다, 끌어당기다

시험에 이렇게 나온다!

빡공 표현 **鲜艳**을 활용한 다양한 출제 표현들을 알아 둔다.
色彩鲜艳 sècǎi xiānyàn 색채가 선명하고 아름답다
颜色鲜艳 yánsè xiānyàn 색깔이 선명하고 아름답다

37 **大厦**
dàshà

명 **빌딩, (고층·대형) 건물**

咱们去那座大厦里的商场买礼物吧。
Zánmen qù nà zuò dàshà li de shāngchǎng mǎi lǐwù ba.
우리 저 빌딩 안의 상가에 가서 선물을 사자.

商场 shāngchǎng 명 상가, 백화점

38 肥皂
féizào

명 비누

술어

这家品牌的肥皂最近搞买一送一的活动。

Zhè jiā pǐnpái de féizào zuìjìn gǎo mǎiyīsòngyī de huódòng.

이 브랜드의 비누는 최근 원 플러스 원 행사를 하고 있다.

品牌 pǐnpái 명 브랜드, 상표 搞 gǎo 동 하다, 처리하다
买一送一 mǎiyīsòngyī 원 플러스 원

39 系领带
jì lǐngdài

넥타이를 매다

既然你穿了正装，最好也系领带吧。

Jìrán nǐ chuānle zhèngzhuāng, zuìhǎo yě jì lǐngdài ba.

당신은 정장을 입은 만큼, 넥타이도 매는 것이 좋겠어요.

正装 zhèngzhuāng 명 정장

40 苗条
miáotiao

형 (여성의 몸매가) 날씬하다, 늘씬하다

你穿这条牛仔裤显得更苗条。

Nǐ chuān zhè tiáo niúzǎikù xiǎnde gèng miáotiao.

너는 이 청바지를 입으면 더 날씬해 보여.

牛仔裤 niúzǎikù 명 청바지 显得 xiǎnde 동 ~인 것처럼 보이다

41 名牌
míngpái

명 명품, 유명 상표

奶奶留给了我一块名牌手表。

Nǎinai liú gěile wǒ yí kuài míngpái shǒubiǎo.

할머니는 나에게 명품 시계를 하나 물려주셨다.

시험에 이렇게 나온다!

빡공 표현 名牌를 활용한 다양한 출제 표현들을 알아 둔다.

名牌产品 míngpái chǎnpǐn 명품 제품
名牌大学 míngpái dàxué 명문 대학

42 **披**

pī

동 **걸치다, 덮다**

술어

出门的时候别忘了披上外套。

Chūmén de shíhou bié wàngle pī shang wàitào.

외출할 때 외투를 걸치는 것을 잊지 말아라.

外套 wàitào 명 외투

43 **讨价还价**

tǎojiàhuánjià

성 **값을 흥정하다**

在这家商店买东西时可以讨价还价。

Zài zhè jiā shāngdiàn mǎi dōngxi shí kěyǐ tǎojiàhuánjià.

이 상점에서는 물건을 살 때 값을 흥정할 수 있어.

44 **样式**

yàngshì

명 **스타일, 양식**

我在网上买的领带样式比照片上的更好。

Wǒ zài wǎng shang mǎi de lǐngdài yàngshì bǐ zhàopiàn shang de gèng hǎo.

내가 인터넷에서 산 넥타이의 스타일은 사진보다 더 괜찮다.

领带 lǐngdài 명 넥타이

45 **英俊**

yīngjùn

형 **준수하다, 재능이 출중하다**

这个小伙子长得英俊个子又高。

Zhè ge xiǎohuǒzi zhǎng de yīngjùn gèzi yòu gāo.

이 젊은이는 생김새가 준수하고 키도 크다.

小伙子 xiǎohuǒzi 명 젊은이

연습문제 **체크체크!**

제시된 각 단어의 뜻을 오른쪽 보기에서 찾아 줄을 그어 보세요.

01 营业	ⓐ 명품, 유명 상표
02 光滑	ⓑ 걸치다, 덮다
03 讲究	ⓒ 중요시하다, 우아하다, 주의할 만한 것
04 丝绸	ⓓ (물체의 표면이) 매끄럽다, 반들반들하다
05 名牌	ⓔ 영업하다
06 披	ⓕ 비단, 견직물

문장을 읽고 빈칸에 들어갈 단어를 찾아 적어 보세요.

ⓐ 收据　ⓑ 优惠　ⓒ 系领带　ⓓ 讲究

07 今天你买这些产品可以获得半价 ______________ 。

08 她买衣服时 ______________ 的是衣服的样式。

09 请您在这里等一会，马上给您开 ______________ 。

10 妈妈提醒弟弟出门前不要忘记 ______________ 。

정답 : 01 ⓔ 02 ⓓ 03 ⓒ 04 ⓕ 05 ⓐ 06 ⓑ 07 ⓑ 08 ⓓ 09 ⓐ 10 ⓒ

* 07~10번 문제 해석은 해커스 중국어(china.Hackers.com)에서 무료로 제공합니다.

HSK 5급 시험에 나오는 고난도 어휘

☑ 잘 외워지지 않는 단어는 박스에 체크하여 복습하세요.

고난도 어휘 집중 암기_01.mp3

□ 穿着打扮	chuānzhuó dǎbàn	성 옷, 장식 등의 차림새
□ 打折扣	dǎ zhékòu	(상품의 가격을) 깎다, 낮추다
□ 单一	dānyī	형 단일하다
□ 繁华 6급	fánhuá	형 (도시나 거리가) 번화하다
□ 付费	fùfèi	동 비용을 지불하다
□ 购买	gòumǎi	동 구매하다, 사들이다
□ 购物中心	gòuwù zhōngxīn	쇼핑센터
□ *光棍节	Guānggùnjié	광군제(중국의 블랙 프라이데이)
□ 货架	huòjià	명 화물 수납장
□ 货真价实	huò zhēn jià shí	성 품질도 믿을 만하고 가격도 공정하다
□ 柳眉	liǔméi	버들눈썹
□ 买一送一	mǎiyīsòngyī	원 플러스 원
□ 美容	měiróng	동 미용하다
□ 免税店	miǎnshuìdiàn	명 면세점
□ 品牌	pǐnpái	명 브랜드, 상표
□ *平台	píngtái	명 플랫폼(platform)
□ *破格	pògé	동 파격하다
□ 奇特	qítè	형 이상하다, 독특하다
□ 商场	shāngchǎng	명 백화점
□ 收费	shōufèi	동 비용을 받다

*표는 오른쪽 페이지의 <중국 문화와 역사>에 포함된 단어입니다.

□	售货机	shòuhuòjī	명 자판기
□	收银台	shōuyíntái	명 계산대
□	*天猫	Tiānmāo	고유 티몰(중국 기업 알리바바가 운영하는 온라인 쇼핑몰)
□	拖鞋	tuōxié	명 슬리퍼
□	修饰	xiūshì	동 꾸미다, 단장하다
□	杂货店	záhuòdiàn	명 잡화점
□	赠品	zèngpǐn	명 증정품
□	支付	zhīfù	동 (돈을) 지불하다
□	整洁	zhěngjié	형 단정하다, 말끔하다
□	着装	zhuózhuāng	동 (옷이나 모자 등을) 입다, 착용하다 명 옷차림

알고 가면 시험이 쉬워지는 <중국 문화와 역사>

중국의 블랙 프라이데이, *光棍节(Guānggùnjie)

미국에 블랙 프라이데이가 있다면, 중국에는 **光棍节**가 있어요. **光棍节**는 매년 11월 11일로, 1이 많다고 하여 중국에서는 '솔로의 날'로 알려져 있는데요, 이 날에는 인터넷에서 다양한 **产品**(chǎnpǐn)들을 대폭 할인된 가격으로 살 수 있는 큰 행사가 열리곤 합니다.

이 행사는 중국의 최대 온라인 쇼핑몰인 ***天猫**(Tiānmāo)에서 시작되었는데, 현재는 타오바오(**淘宝**)나 징둥(**京东**)과 같은 다양한 인터넷 ***平台**(píngtái)에서도 이 행사를 진행하고 있어요.

기본적인 **日用品**(rìyòngpǐn)부터 **名牌**(míngpái)까지 수많은 상품들을 ***破格**(pògé)적인 가격에 만나볼 수 있는 단 하루! 여러분도 **光棍节**에 중국 온라인 쇼핑몰에서 쇼핑해 보는 건 어떨까요?

产品 chǎnpǐn 명 제품, 생산품, 상품　**日用品** rìyòngpǐn 명 생활용품　**名牌** míngpái 명 명품, 유명 상표

DAY

02

HSK5급 단어장

맛집 탐방

요리 · 식사

주제를 알면 HSK가 보인다!

HSK 5급에서는 특산품의 소개, 영양 섭취의 중요성 등과 관련된 문제가 자주 출제돼요. 따라서 '음식', '영양', '채소', '특색'처럼 요리·식사 관련 단어들을 집중적으로 학습하면 이러한 문제를 쉽게 풀 수 있어요.

단어, 예문 MP3

맛집의 기준

뭐해?
오늘 점심에 친구들이랑 만나기로 해서 特色있는 食物를 파는 곳을 찾고 있어.

그래? 어떤 식당을 찾는 중인데?
营养과 맛의 밸런스를 잘 잡은 식당을 찾고 있지.

여기 어때? 두부로 만든 샐러드랑 치킨이 엄청 맛있는 곳이래. 蔬菜와 고기의 완벽한 밸런스를 경험할 수 있다구!
와! 나도 나중에 가 봐야겠다! 어느 식당인지 알려줘~

...뭐야? 점심 약속이라더니... 酒吧잖아...?
이색술집!
두부먹은닭
두부샐러드 15000
치킨 18000
맥주
소주 5000

04 **特色** tèsè 명 특색, 특징 형 특별한

02 **营养** yíngyǎng 명 영양

05 **酒吧** jiǔbā 명 술집

01 **食物** shíwù 명 음식, 음식물

03 **蔬菜** shūcài 명 채소

01 **食物** ★★★
shíwù

명 음식, 음식물

술어

为了保持健康，平时要注意食物搭配。
Wèile bǎochí jiànkāng, píngshí yào zhùyì shíwù dāpèi.
건강을 유지하기 위해서는, 평소 음식 조합하는 것에 주의해야 한다.

保持 bǎochí 동 유지하다
搭配 dāpèi 동 조합하다, 배합하다 형 어울리다

02 **营养** ★★★
yíngyǎng

명 영양

我们应该多吃像鸡蛋这种营养丰富的食物。
Wǒmen yīnggāi duō chī xiàng jīdàn zhè zhǒng yíngyǎng fēngfù de shíwù.
우리는 달걀처럼 영양이 풍부한 종류의 음식을 많이 먹어야 한다.

丰富 fēngfù 형 풍부하다 **食物** shíwù 명 음식, 음식물

시험에 이렇게 나온다!

짝꿍 표현 营养을 활용한 다양한 출제 표현들을 알아 둔다.

营养价值 yíngyǎng jiàzhí 영양 가치
营养丰富 yíngyǎng fēngfù 영양이 풍부하다
营养全面 yíngyǎng quánmiàn 영양이 완벽하다, 영양이 전면적이다
补充营养 bǔchōng yíngyǎng 영양을 보충하다

03 **蔬菜** ★★★
shūcài

명 채소

现在很多人一年四季都可以吃到新鲜的蔬菜。
Xiànzài hěn duō rén yì nián sìjì dōu kěyǐ chīdào xīnxiān de shūcài.
지금 많은 사람들은 1년 사계절 모두 신선한 채소를 먹을 수 있다.

四季 sìjì 명 사계절

시험에 이렇게 나온다!

짝꿍 표현 蔬菜를 활용한 다양한 출제 표현들을 알아 둔다.

当季蔬菜 dāngjì shūcài 제철 채소
反季蔬菜 fǎnjì shūcài 비제철 채소

04 **特色** ★★★

tèsè

[명] **특색, 특징** [형] **특별한**

술어

我喜欢吃有特色的菜，比如川菜。

Wǒ xǐhuan chī yǒu tèsè de cài, bǐrú chuāncài.

나는 특색이 있는 음식을 먹는 것을 좋아하는데, 쓰촨 요리가 그 예다.

热干面是武汉最有名的特色小吃。

Règānmiàn shì Wǔhàn zuì yǒumíng de tèsè xiǎochī.

러간멘은 우한에서 가장 유명한 특별한 먹거리야.

川菜 chuāncài [명] 쓰촨(사천) 요리 **武汉** Wǔhàn [고유] 우한(중국의 지명)

시험에 이렇게 나온다!

[유의어] **特色：特点**(tèdiǎn, 특징)

特色는 사람을 설명할 때는 거의 쓰이지 않고, 주로 사물의 장점을 표현한다.

特色菜 tèsècài 특별한 요리

中国特色 Zhōngguó tèsè 중국 특색

特点은 사람과 사물의 장점·단점을 모두 표현할 수 있다.

春天的特点 chūntiān de tèdiǎn 봄의 특징

学生的特点 xuésheng de tèdiǎn 학생의 특징

05 **酒吧** ★★★

jiǔbā

[명] **술집**

我们去附近的酒吧喝一杯吧。

Wǒmen qù fùjìn de jiǔbā hē yì bēi ba.

우리 근처의 술집에 가서 한 잔 마시자.

06 **克** ★★★

kè

[양] **그램(g)**

在韩国，一斤蔬菜大约是400克。

Zài Hánguó, yì jīn shūcài dàyuē shì sìbǎi kè.

한국에서, 채소 한 근은 대략 400그램이다.

蔬菜 shūcài [명] 채소, 야채 **大约** dàyuē [부] 대략

07 **清淡** ★★
qīngdàn

형 **담백하다, (색·냄새 등이) 은은하다**

你最近胃不舒服，得吃清淡一点儿。
Nǐ zuìjìn wèi bù shūfu, děi chī qīngdàn yìdiǎnr.
너는 최근에 위가 아프니, 조금 담백하게 먹어야 해.

吃完油腻的菜，我想喝一杯清淡的龙井茶。
Chī wán yóunì de cài, wǒ xiǎng hē yì bēi qīngdàn de lóngjǐngchá.
기름진 음식을 먹고 나서, 나는 은은한 롱징차를 한 잔 마시고 싶어.

胃 wèi 명 위, 위장 **油腻** yóunì 형 기름지다
龙井茶 lóngjǐngchá 명 롱징차(용정차)

08 **粮食** ★★
liángshi

명 **양식, 식량**

每一粒粮食都是用汗水换来的。
Měi yí lì liángshi dōu shì yòng hànshuǐ huànlai de.
양식 한 알 한 알은 모두 땀과 바꾼 것이다.

粒 lì 양 알 명 알갱이 **汗水** hànshuǐ 명 땀

09 **海鲜** ★★
hǎixiān

명 **해산물, 해물**

我们去吃海鲜大餐怎么样？
Wǒmen qù chī hǎixiān dàcān zěnmeyàng?
우리 해산물 요리 먹으러 가는 거 어때?

大餐 dàcān 명 (풍성한) 요리

10 **点心** ★★
diǎnxin

명 **간식, 정식 이외에 먹는 소량의 음식**

妹妹想吃手工做的香蕉味点心。
Mèimei xiǎng chī shǒugōng zuò de xiāngjiāowèi diǎnxin.
여동생은 바나나맛 수제 간식을 먹고 싶어 한다.

手工 shǒugōng 명 수제, 수공

11 **零食** ★★

língshí

명 **군것질거리, 주전부리, (초콜릿, 사탕 등의) 간식**

술어

他昨天买来的这个零食已经坏了。

Tā zuótiān mǎilai de zhè ge língshí yǐjīng huài le.

그가 어제 사온 이 군것질거리는 이미 상했어.

12 **桃** ★★

táo

동의어

桃子 táozi 명 복숭아

명 **복숭아**

水蜜桃味道香甜，营养丰富。

Shuǐmìtáo wèidao xiāngtián, yíngyǎng fēngfù.

물복숭아는 맛이 향기롭고 달며, 영양이 풍부하다.

水蜜桃 shuǐmìtáo 명 물복숭아 **味道** wèidao 명 맛
香甜 xiāngtián 형 향기롭고 달다 **营养** yíngyǎng 명 영양
丰富 fēngfù 형 풍부하다

알아두면 좋은 배경지식

桃核雕花(복숭아씨 조각)는 복숭아 씨를 조각하여 팔찌, 장식물 등으로 만드는 중국 민간 전통 예술이다. **桃核雕花**는 명나라 말, 청나라 초에 시작되어 현재까지 전해져 내려오고 있다. 하나의 공예품을 만들기 위해서는 20가지가 넘는 제조 과정을 거쳐야 하기 때문에, **桃核雕花**는 예술인들이 많은 심혈을 기울여야 하는 공예 예술이다.

桃核雕花 táo hé diāohuā 복숭아씨 조각

13 **辣椒** ★★

làjiāo

명 **고추**

麻烦你做菜的时候少放一点辣椒。

Máfan nǐ zuò cài de shíhou shǎo fàng yìdiǎn làjiāo.

번거로우시겠지만 요리를 만드실 때 고추를 좀 적게 넣어 주세요.

14 **浓** ★★

nóng

반의어

淡 dàn

형 싱겁다, (농도가) 낮다

형 **진하다, 짙다**

有些人喜欢喝味道浓的咖啡。

Yǒuxiē rén xǐhuan hē wèidao nóng de kāfēi.

어떤 사람들은 맛이 진한 커피를 마시는 것을 좋아한다.

味道 wèidao 명 맛, 냄새

15 **煮** ★★
zhǔ

동 **삶다, 익히다**

술어

面条还没有熟，得再煮一会儿。
Miàntiáo hái méiyǒu shú, děi zài zhǔ yíhuìr.
국수가 아직 익지 않아서, 조금 더 삶아야 한다.

熟 shú 형 (음식이) 익다, (열매가) 여물다

16 **壶** ★★
hú

명 **주전자, 항아리**

她把昨天用过的水壶洗得干净。
Tā bǎ zuótiān yòngguo de shuǐhú xǐ de gānjìng.
그녀는 어제 사용했던 물주전자를 깨끗하게 씻었다.

17 **硬** ★★
yìng

반의어
软 ruǎn 형 부드럽다

형 **딱딱하다, 단단하다**

已经有很多人说过这家餐厅的米饭很硬。
Yǐjīng yǒu hěn duō rén shuōguo zhè jiā cāntīng de mǐfàn hěn yìng.
이미 많은 사람들이 이 음식점의 쌀밥이 딱딱하다고 말했다.

餐厅 cāntīng 명 음식점, 식당

시험에 이렇게 나온다!

짝꿍표현 硬을 활용한 다양한 출제 표현들을 알아 둔다.

硬币 yìngbì 동전 **硬盘** yìngpán 하드 드라이버
硬件 yìngjiàn 하드웨어 **硬座** yìngzuò (기차) 일반석

18 **闻** ★★
wén

동 **냄새를 맡다**

你闻闻这个红酒的味道怎么样。
Nǐ wénwen zhè ge hóngjiǔ de wèidao zěnmeyàng.
너 이 적포도주의 냄새가 어떤지 맡아봐.

红酒 hóngjiǔ 명 적포도주 **味道** wèidao 명 냄새, 맛

시험에 이렇게 나온다!

짝꿍표현 闻을 활용한 다양한 출제 표현들을 알아 둔다.

闻味道 wén wèidao 냄새를 맡다
闻香味 wén xiāngwèi 향기를 맡다

19 **盖** ★★
gài

명 뚜껑, 덮개 동 덮다, 날인하다

喝完饮料，应该把瓶盖盖好。 (→술어)
Hēwán yǐnliào, yīnggāi bǎ pínggài gàihǎo.
음료를 다 마시면, 병뚜껑을 잘 덮어야 한다.

睡觉时没盖好被子会容易着凉。
Shuìjiào shí méi gàihǎo bèizi huì róngyì zháoliáng.
잘 때 이불을 제대로 덮고 자지 않으면 감기에 걸리기 쉽다.

瓶盖 pínggài 명 병뚜껑 **被子** bèizi 명 이불
着凉 zháoliáng 동 감기에 걸리다

20 **炒** ★★
chǎo

동 볶다

我用冰箱里剩的材料做了炒饭。
Wǒ yòng bīngxiāng li shèng de cáiliào zuòle chǎofàn.
나는 냉장고에 남은 재료들로 볶음밥을 만들었다.

剩 shèng 동 남다 **材料** cáiliào 명 재료 **炒饭** chǎofàn 명 볶음밥

21 **醋** ★★
cù

명 식초

做这道菜要放味道重一点的醋。
Zuò zhè dào cài yào fàng wèidao zhòng yìdiǎn de cù.
이 요리를 만들려면 맛이 조금 진한 식초를 넣어야 한다.

味道 wèidao 명 맛, 냄새

22 **结账** ★★
jiézhàng

동 계산하다, 결제하다, 결산하다

那个店员给我们结账时算错了钱。
Nà ge diànyuán gěi wǒmen jiézhàng shí suàncuòle qián.
그 점원은 우리에게 계산해 줄 때 돈을 잘못 계산했다.

店员 diànyuán 명 점원 **算** suàn 동 계산하다

23 **油炸** ★★
yóuzhá

동 기름에 튀기다

술어

少吃些油炸食品可以让你变得更健康。
Shǎo chī xiē yóuzhá shípǐn kěyǐ ràng nǐ biàn de gèng jiànkāng.
기름에 튀긴 식품을 적게 먹는 것은 너를 더욱 건강하게 할 수 있다.

食品 shípǐn 명 식품

24 **醉** ★★
zuì

동 취하다

朋友们很少看见他喝醉酒的样子。
Péngyoumen hěn shǎo kànjiàn tā hēzuì jiǔ de yàngzi.
친구들은 그가 술을 마시고 취한 모습을 거의 보지 못했다.

시험에 이렇게 나온다!

짝꿍표현 醉를 활용한 출제 표현을 알아 둔다.
喝醉 hēzuì 술을 마시고 취하다

25 **切**
qiē

동 (칼로) 자르다, 썰다

小明把蛋糕切成八块分给小朋友们。
Xiǎo Míng bǎ dàngāo qiēchéng bā kuài fēn gěi xiǎopéngyoumen.
샤오밍은 케이크를 8조각으로 잘라 어린 친구들에게 나눠 주었다.

26 **冰激凌**
bīngjīlíng

동의어
冰淇淋 bīngqílín
명 아이스크림

명 아이스크림

冰激凌吃多了容易拉肚子。
Bīngjīlíng chīduōle róngyì lā dùzi.
아이스크림은 많이 먹으면 쉽게 설사한다.

拉肚子 lā dùzi 설사하다

27 **地道**
dìdao

형 **정통의, 진짜의, 본고장의**

阿姨给我们做了一大桌地道的广东菜。(술어: 做)
Āyí gěi wǒmen zuòle yí dà zhuō dìdao de guǎngdōngcài.
아주머니께서는 우리에게 정통 광동 요리를 한 상 가득 만들어 주셨다.

广东菜 guǎngdōngcài 광둥(광동) 요리

28 **口味**
kǒuwèi

명 **맛, 입맛**

这家店的菜吃起来口味有点重。
Zhè jiā diàn de cài chī qǐlai kǒuwèi yǒudiǎn zhòng.
이 가게의 요리는 먹어 보니 맛이 약간 강하다.

这种辣一点的菜比较符合我的口味。
Zhè zhǒng là yìdiǎn de cài bǐjiào fúhé wǒ de kǒuwèi.
이런 종류의 약간 매운 음식은 비교적 내 입맛에 맞는다.

符合 fúhé 동 맞다, 부합하다

29 **豆腐**
dòufu

명 **두부**

这家餐厅有几种用豆腐做的菜。
Zhè jiā cāntīng yǒu jǐ zhǒng yòng dòufu zuò de cài.
이 식당에는 두부로 만든 요리 몇 가지가 있다.

餐厅 cāntīng 명 식당, 음식점

30 **胃口**
wèikǒu

명 **식욕**

我今天没有胃口，不吃晚饭了。
Wǒ jīntiān méiyǒu wèikǒu, bù chī wǎnfàn le.
나는 오늘 식욕이 없어서, 저녁밥을 먹지 않을래.

31 光临

guānglín

동 오다, 왕림하다

술어

谢谢您，欢迎下次光临。

Xièxie nín, huānyíng xià cì guānglín.

감사합니다, 다음에 또 오세요.

32 酱油

jiàngyóu

명 간장

快让弟弟去超市买一瓶酱油。

Kuài ràng dìdi qù chāoshì mǎi yì píng jiàngyóu.

빨리 남동생에게 슈퍼마켓에 가서 간장 한 병을 사 오라고 해.

33 臭

chòu

형 (냄새가) 고약하다, 역겹다

有些人觉得臭豆腐的味道很臭。

Yǒuxiē rén juéde chòudòufu de wèidao hěn chòu.

어떤 사람들은 취두부의 냄새가 고약하다고 느낀다.

臭豆腐 chòudòufu 명 취두부 **味道** wèidao 명 냄새, 맛

34 花生

huāshēng

명 땅콩

把那个花生口味的饼干递给我。

Bǎ nà ge huāshēng kǒuwèi de bǐnggān dì gěi wǒ.

그 땅콩 맛의 비스킷을 나에게 건네줘.

口味 kǒuwèi 명 맛, 입맛, 취향 **饼干** bǐnggān 명 비스킷, 과자
递 dì 동 건네주다, 전하다

35 梨

lí

명 배

多吃像梨这样的水果对身体有益。

Duō chī xiàng lí zhèyàng de shuǐguǒ duì shēntǐ yǒuyì.

배와 같은 과일을 많이 먹는 것은 몸에 이롭다.

有益 yǒuyì 형 이롭다, 유익하다

36 **锅**
guō

명 **솥, 가마**

你先把鱼放进锅里煮一下。 (술어)
Nǐ xiān bǎ yú fàngjìn guō li zhǔ yíxià.
우선 생선을 솥에 넣고 삶아라.

煮 zhǔ 동 삶다, 익히다

37 **开水**
kāishuǐ

명 **끓인 물**

冬天多喝开水能让身体暖和。
Dōngtiān duō hē kāishuǐ néng ràng shēntǐ nuǎnhuo.
끓인 물을 겨울에 많이 마시면 몸을 따뜻하게 할 수 있다.

暖和 nuǎnhuo 동 따뜻하게 하다 형 따뜻하다

38 **叉子**
chāzi

명 **포크**

你平时习惯用筷子还是叉子?
Nǐ píngshí xíguàn yòng kuàizi háishi chāzi?
너는 평소에 젓가락을 사용하는 것이 익숙하니, 아니면 포크를 사용하는 것이 익숙하니?

平时 píngshí 명 평소

39 **馒头**
mántou

명 **만터우, 찐빵**

我觉得饺子比馒头好吃，因为饺子里有肉和蔬菜。
Wǒ juéde jiǎozi bǐ mántou hǎochī, yīnwèi jiǎozi li yǒu ròu hé shūcài.
나는 교자가 만터우보다 맛있다고 생각해, 왜냐하면 교자 안에는 고기와 채소가 들어있거든.

饺子 jiǎozi 명 교자 **蔬菜** shūcài 명 채소

40 **香肠**
xiāngcháng

명 **소시지**

我经常去超市买的那个香肠卖完了。(술어: 卖)
Wǒ jīngcháng qù chāoshì mǎi de nà ge xiāngcháng màiwán le.
내가 슈퍼마켓에 가서 항상 사던 그 소시지가 다 팔렸어.

41 **顿**
dùn

양 **끼니, 번, 차례[요리·식사·질책 등을 세는 단위]**

你方便的时候我想请你吃顿饭。
Nǐ fāngbiàn de shíhou wǒ xiǎng qǐng nǐ chī dùn fàn.
당신이 편하실 때 저는 당신에게 식사 한 끼 대접하고 싶습니다.

42 **嫩**
nèn

형 **(음식이) 부드럽다, 연하다**

这位厨师把牛肉烤得又香又嫩。
Zhè wèi chúshī bǎ niúròu kǎo de yòu xiāng yòu nèn.
이 요리사는 소고기를 맛있고 부드럽게 굽는다.

厨师 chúshī 명 요리사 **烤** kǎo 동 굽다
香 xiāng 형 (음식이) 맛있다, (냄새가) 향기롭다

43 **烂**
làn

형 **썩다, 부패하다**

把剩下的食物吃完吧，放久了会烂的。
Bǎ shèngxia de shíwù chīwán ba, fàngjiǔle huì làn de.
남은 음식을 다 먹자, 오래 두면 썩을 거야.

剩 shèng 동 남다 **食物** shíwù 명 음식, 음식물

44 淡

dàn

반의어
浓 nóng
형 진하다, 짙다

형 싱겁다, (농도가) 낮다, (색깔이) 연하다

客人觉得这家咖啡店的咖啡味道有点淡。
Kèrén juéde zhè jiā kāfēidiàn de kāfēi wèidao yǒudiǎn dàn.
손님은 이 커피점의 커피 맛이 약간 싱겁다고 느꼈다.

淡黄色的点心是这家蛋糕店里人气最高的。
Dànhuángsè de diǎnxin shì zhè jiā dàngāodiàn li rénqì zuì gāo de.
연한 노란색의 간식은 이 제과점에서 가장 인기가 있다.

味道 wèidao 명 맛, 냄새 **点心** diǎnxin 명 간식
人气 rénqì 명 인기

시험에 이렇게 나온다!

유의어 **淡 : 清淡(qīngdàn, 담백하다)**
淡은 간이 싱겁거나 색깔이 연한 것을 나타낸다.
这道菜太淡了。 Zhè dào cài tài dàn le. 이 음식은 너무 싱겁다.
颜色很淡 yánsè hěn dàn 색깔이 연하다
清淡은 느끼하지 않고 담백하다는 의미이고, 사업이 잘되지 않음을 나타낼 수 있다.
这碗汤非常清淡。 Zhè wǎn tāng fēicháng qīngdàn.
이 탕은 매우 담백하다.
生意清淡 shēngyi qīngdàn 사업이 잘되지 않다

45 方

fāng

형 사각형의

小女孩把那个方盒子里的点心全部吃掉了。
Xiǎo nǚhái bǎ nà ge fāng hézi li de diǎnxin quánbù chīdiào le.
여자아이는 그 사각형 상자 안의 간식을 모두 먹어 버렸다.

盒子 hézi 명 상자 **点心** diǎnxin 명 간식

연습문제 **체크체크!**

제시된 각 단어의 뜻을 오른쪽 보기에서 찾아 줄을 그어 보세요.

01 硬	ⓐ 계산하다, 결제하다, 결산하다
02 特色	ⓑ 음식, 음식물
03 结账	ⓒ 딱딱하다, 단단하다
04 蔬菜	ⓓ 싱겁다, (농도가) 낮다, (색깔이) 연하다
05 食物	ⓔ 채소
06 淡	ⓕ 특색, 특징, 특별한

문장을 읽고 빈칸에 들어갈 단어를 찾아 적어 보세요.

ⓐ 点心　　ⓑ 营养　　ⓒ 闻　　ⓓ 切

07 这些水果里含有丰富的 ______________ 。

08 妈妈做的这道菜 ______________ 起来特别香。

09 我为妹妹买了一份花生味的 ______________ 。

10 他把西瓜 ______________ 成一半后，剩下的放进了冰箱里。

정답 : 01 ⓒ 02 ⓕ 03 ⓐ 04 ⓔ 05 ⓑ 06 ⓓ 07 ⓑ 08 ⓒ 09 ⓐ 10 ⓓ

* 07~10번 문제 해석은 해커스 중국어(china.Hackers.com)에서 무료로 제공합니다.

HSK 5급 시험에 나오는 고난도 어휘

☑ 잘 외워지지 않는 단어는 박스에 체크하여 복습하세요.

🎧 고난도 어휘 집중 암기_02.mp3

□ 白酒	báijiǔ	명 바이지우
□ 保鲜剂	bǎoxiānjì	명 식품 보존제
□ 餐桌	cānzhuō	명 식탁
□ 吃醋	chīcù	동 질투하다, 시기하다
□ 厨师	chúshī	명 요리사
□ *川菜	chuāncài	명 쓰촨(사천) 요리
□ 搭配 6급	dāpèi	동 조합하다, 배합하다 형 어울리다
□ 大餐	dàcān	명 (풍성한) 요리
□ *淮扬菜	huáiyángcài	명 화이양 요리
□ 混合 6급	hùnhé	동 혼합하다, 섞다
□ 吉尼斯	Jínísī	고유 기네스
□ 口感	kǒugǎn	명 입맛, 구미
□ 快餐店	kuàicāndiàn	명 패스트푸드 가게
□ 粒 6급	lì	양 알 명 알갱이
□ *鲁菜	lǔcài	명 산둥 요리
□ 茅台酒	máotáijiǔ	명 마오타이주
□ 美食	měishí	명 맛있는 음식
□ 面汤	miàntāng	명 국수를 삶은 물
□ 酿酒	niàngjiǔ	동 술을 담그다
□ 浓烈	nóngliè	형 (냄새, 색채 등이) 짙다, 강하다

*표는 오른쪽 페이지의 <중국 문화와 역사>에 포함된 단어입니다.

□ 适量	shìliàng	형 양이 적당하다, 적량이다
□ 食欲	shíyù	명 식욕
□ 宿醉	sùzuì	명 숙취
□ 水蜜桃	shuǐmìtáo	명 물복숭아
□ 套餐	tàocān	명 세트 메뉴
□ 吸管	xīguǎn	명 빨대
□ 饮食 6급	yǐnshí	명 음식 동 (음식을) 먹고 마시다
□ 鱼香肉丝	yúxiāngròusī	위샹러우쓰
□ *粤菜	yuècài	명 광둥 요리
□ 中式	zhōngshì	형 중국풍의, 중국식의

알고 가면 시험이 쉬워지는 <중국 문화와 역사>

중국의 4대 지역 음식, 모두 먹어 보셨나요?

중국은 아주 넓은 토지를 가지고 있는 만큼 각 지역들마다 특색 있는 수많은 음식이 존재하고 있어요. 그중에도 *鲁菜(lǔcài), *川菜(chuāncài), *粤菜(yuècài), *淮扬菜(huáiyángcài)가 유명하며, 중국의 4대 지역 음식이라고도 일컫는답니다.

이 4대 지역의 음식은 모두 각기 다른 특징을 가지고 있어요. **鲁菜**는 산둥이 바다와 가깝다는 지리적 특성상 **海鲜**(hǎixiān) 요리가 많고, 재료 본래의 맛이 살아있다는 것이 큰 특징이에요. **川菜**는 한국인에게 가장 익숙한 중국 요리로, 매운 음식이 많고 주로 음식들을 **炒**(chǎo)하여 만든답니다. **粤菜**는 다양한 재료들을 사용하고 대체로 맛이 **清淡**(qīngdàn)한데, 세계적으로 유명한 '딤섬'이 **粤菜**에 속해요. 마지막으로 **淮扬菜**는 강에서 나는 민물 재료들을 사용한 요리가 많고, 음식의 생김새가 매우 정교하다는 특징이 있어요.

알고 먹으면 재미가 배가 되는 중국의 다양한 음식들! 골라 먹는 재미가 쏠쏠하겠죠?

海鲜 hǎixiān 명 해산물, 해물 **炒** chǎo 동 볶다 **清淡** qīngdàn 형 담백하다

DAY

03

HSK5급 단어장

희로애락

감정 · 기분

주제를 알면 HSK가 보인다!

HSK 5급에서는 감정을 표현하는 방법이나 부정적인 감정의 영향, 또는 어떤 일에 대한 기대감 등과 관련된 문제가 자주 출제돼요. 따라서 '표현하다', '기분', '호기심을 갖다', '느끼다'처럼 감정·기분 관련 단어들을 집중적으로 학습하면 이러한 문제를 쉽게 풀 수 있어요.

단어, 예문 MP3

뭐지, 이 리얼함?

03 **好奇** hàoqí 형 호기심을 갖다

02 **情绪** qíngxù 명 기분, 정서, 감정

05 **意外** yìwài 형 의외의, 뜻밖의 명 의외의 사고, 뜻밖의 사고

04 **感受** gǎnshòu 동 (영향을) 느끼다, 받다 명 느낌, 체험

01 **表达** biǎodá 동 (생각, 감정을) 표현하다, 나타내다

01 **表达** ★★★

biǎodá

동의어

表示 biǎoshì 동 (생각, 감정, 태도 등을) 표시하다, 드러내다

동 **(생각, 감정을) 표현하다, 나타내다**

怎样才能更好地表达自己的想法?

Zěnyàng cái néng gèng hǎo de biǎodá zìjǐ de xiǎngfǎ?

어떻게 하면 자신의 생각을 더 잘 표현할 수 있을까?

시험에 이렇게 나온다!

짝꿍 표현 表达를 활용한 다양한 출제 표현들을 알아 둔다.

表达相信 biǎodá xiāngxìn 믿음을 표현하다

表达情绪 biǎodá qíngxù 기분을 표현하다

表达祝福 biǎodá zhùfú 축복을 표현하다

02 **情绪** ★★★

qíngxù

동의어

心情 xīnqíng

명 감정, 기분

명 **기분, 정서, 감정**

天气和环境都会影响人的情绪。

Tiānqì hé huánjìng dōu huì yǐngxiǎng rén de qíngxù.

날씨와 환경은 모두 사람의 기분에 영향을 줄 수 있다.

03 **好奇** ★★★

hàoqí

형 **호기심을 갖다**

小孩子容易对周围的环境感到好奇。

Xiǎoháizi róngyì duì zhōuwéi de huánjìng gǎndào hàoqí.

아이들은 주위의 환경에 대해 쉽게 호기심을 느낀다.

시험에 이렇게 나온다!

짝꿍 표현 好奇를 활용한 다양한 출제 표현들을 알아 둔다.

好奇心 hàoqíxīn 호기심

感到好奇 gǎndào hàoqí 호기심을 느끼다

★★★ = 출제율 최상 ★★ = 출제율 상

04 **感受** ★★★

gǎnshòu

[동의어]
感想 gǎnxiǎng
명 감상, 느낌, 소감

동 **느끼다, (영향을) 받다** 명 **느낌, 체험**

술어

我从他的话中感受到了他的真心。

Wǒ cóng tā de huà zhōng gǎnshòu dàole tā de zhēnxīn.

나는 그의 말 속에서 그의 진심을 느꼈다.

他把对这首音乐的感受写成了一篇文章。

Tā bǎ duì zhè shǒu yīnyuè de gǎnshòu xiěchéngle yì piān wénzhāng.

그는 이 음악에 대한 느낌을 한 편의 글로 썼다.

文章 wénzhāng 명 글, 문장

05 **意外** ★★★

yìwài

형 **의외의, 뜻밖의** 명 **의외의 사고, 뜻밖의 사고**

这次考试的结果让我们感到意外。

Zhè cì kǎoshì de jiéguǒ ràng wǒmen gǎndào yìwài.

이번 시험 결과는 우리로 하여금 의외라고 생각하게 했다.

工作中发生的意外使他变得有些紧张。

Gōngzuò zhōng fāshēng de yìwài shǐ tā biàn de yǒuxiē jǐnzhāng.

업무 중 발생한 의외의 사고는 그를 조금 긴장시켰다.

시험에 이렇게 나온다!

[독해] 독해 1부분에서는 지문의 빈칸에 들어갈 적절한 어휘를 보기에서 선택하는 문제가 출제된다. 이때, **意外**는 아래와 같은 명사들과 함께 보기로 자주 출제된다.

奇迹 qíjì 명 기적
运气 yùnqi 명 운명, 운
后果 hòuguǒ 명 (주로 안 좋은) 결과, 뒷일
矛盾 máodùn 명 모순, 갈등 형 모순적이다

06 抱怨 ★★★

bàoyuàn

동 원망하다

很多人抱怨自己没有好机会。

Hěn duō rén bàoyuàn zìjǐ méiyǒu hǎo jīhuì.

많은 사람들은 자신이 좋은 기회를 가지지 못한 것을 원망한다.

시험에 이렇게 나온다!

듣기, 독해 抱怨과 관련된 출제 표현들을 함께 알아 둔다.

现实 xiànshí 명 현실 형 현실적이다
责备 zébèi 동 책망하다, 꾸짖다
解决 jiějué 동 해결하다
成功 chénggōng 동 성공하다 형 성공적이다
借口 jièkǒu 명 구실, 핑계 동 구실로 삼다, 핑계를 대다

07 平静 ★★★

píngjìng

동의어
安静 ānjìng
형 안정되다, 조용하다

반의어
激动 jīdòng
형 흥분하다, 감격하다

형 평온하다, 조용하다

情绪容易激动的人应该学会让自己平静。

Qíngxù róngyì jīdòng de rén yīnggāi xuéhuì ràng zìjǐ píngjìng.

감정이 쉽게 흥분하는 사람은 자신을 평온하게 하는 법을 반드시 익혀야 한다.

情绪 qíngxù 명 감정, 기분 **激动** jīdòng 형 흥분하다, 감격하다

08 期待 ★★★

qīdài

동 기대하다, 바라다

我很期待新的校园生活。

Wǒ hěn qīdài xīn de xiàoyuán shēnghuó.

나는 새로운 캠퍼스 생활을 매우 기대한다.

校园 xiàoyuán 명 캠퍼스, 교정

잠깐 期待는 동사이지만 앞에 '很/非常'과 같은 정도부사가 올 수 있다.

09 **表情** ★★
biǎoqíng

명 **표정**

→ 술어

人们可以用表情表达自己的感受。
Rénmen kěyǐ yòng biǎoqíng biǎodá zìjǐ de gǎnshòu.
사람들은 표정을 사용하여 자신의 느낌을 표현할 수 있다.

表达 biǎodá 동 표현하다, 나타내다
感受 gǎnshòu 명 느낌, 체험 동 (영향을) 받다, 느끼다

시험에 이렇게 나온다!

빡공표현 **表情**을 활용한 출제 표현을 알아 둔다.
聊天儿表情 liáotiānr biǎoqíng 이모티콘

10 **居然** ★★
jūrán

동의어
竟然 jìngrán
부 뜻밖에도, 놀랍게도

부 **뜻밖에, 의외로**

天啊，你居然拿到了全校第一名！
Tiān a, nǐ jūrán nádàole quánxiào dì yī míng!
세상에, 네가 뜻밖에 전교 1등을 했구나!

시험에 이렇게 나온다!

듣기 **居然**과 관련된 출제 표현들을 함께 알아 둔다.
吃惊 chījīng 동 놀라다
意外 yìwài 형 의외이다 명 의외의 사고

독해 **居然**은 독해 1부분에서 아래와 같은 부사들과 함께 보기로 자주 출제된다.
果然 guǒrán 부 과연 접 만약 ~한다면
依然 yīrán 부 여전히 동 여전하다
忽然 hūrán 부 갑자기, 문득

11 **显得** ★★
xiǎnde

동 **~처럼 보이다, (상황이) 드러나다**

你有什么好事显得这么高兴？
Nǐ yǒu shéme hǎoshì xiǎnde zhème gāoxìng?
너는 무슨 좋은 일이 있어서 이렇게 즐거워 보이는 거야?

12 **遗憾** ★★

yíhàn

형 유감스럽다, 섭섭하다 명 유감

술어

我本来是不想告诉你这个令人遗憾的消息的。

Wǒ běnlái shì bù xiǎng gàosu nǐ zhè ge lìng rén yíhàn de xiāoxi de.

나는 원래 당신에게 이 유감스러운 소식을 알려주고 싶지 않았어요.

城市的快速发展给我们留下了不少遗憾。

Chéngshì de kuàisù fāzhǎn gěi wǒmen liúxiale bù shǎo yíhàn.

도시의 신속한 발전은 우리에게 적지 않은 유감을 남겼다.

令 lìng 동 ~하게 하다 **消息** xiāoxi 명 소식, 뉴스
快速 kuàisù 형 신속하다, 빠르다

13 **发愁** ★★

fāchóu

동 걱정하다, 근심하다

很多同学为自己的学习成绩发愁。

Hěn duō tóngxué wèi zìjǐ de xuéxí chéngjì fāchóu.

많은 학교 친구들이 자신의 공부 성적 때문에 걱정하고 있다.

14 **不安** ★★

bù'ān

형 불안하다

弟弟现在看着特别不安。

Dìdi xiànzài kànzhe tèbié bù'ān.

남동생은 지금 매우 불안해 보인다.

시험에 이렇게 나온다!

듣기 듣기에서는 대화를 듣고 화자나 제3자의 감정·어투·태도를 묻는 문제가 출제된다. 이때, 不安은 아래와 같은 형용사들과 함께 보기로 자주 출제된다.

激动 jīdòng 형 흥분하다, 감격하다
遗憾 yíhàn 형 유감스럽다, 섭섭하다 명 유감
惭愧 cánkuì 형 부끄럽다

15 **慌张** ★★

huāngzhāng

형 **당황하다, 허둥대다**

(술어)

只有遇到意外的事情，他才会显得这么慌张。

Zhǐyǒu yùdào yìwài de shìqing, tā cái huì xiǎnde zhème huāngzhāng.

뜻밖의 일에 부딪혀야만, 그는 이처럼 당황스러워함을 보인다.

意外 yìwài 형 뜻밖의, 의외의

显得 xiǎnde 동 ~처럼 보이다, (상황이) 드러나다

시험에 이렇게 나온다!

짝꿍 표현 **慌张**을 활용한 출제 표현을 알아 둔다.

感到慌张 gǎndào huāngzhāng 당황스러움을 느끼다

16 **佩服** ★★

pèifú

동 **감탄하다, 탄복하다**

这个人的能力真是让人佩服。

Zhè ge rén de nénglì zhēnshi ràng rén pèifú.

이 사람의 능력은 정말 다른 사람들을 감탄하게 한다.

잠깐 **佩服**는 동사이지만 앞에 '很/非常'과 같은 정도부사가 올 수 있다.

시험에 이렇게 나온다!

쓰기 **佩服**는 쓰기 1부분에서 '주어+佩服(술어)+목적어'의 기본 형태 혹은 '让/令/叫+사람+佩服(술어)(사람으로 하여금 감탄하게 하다)'의 겸어문 형태를 완성하는 문제의 제시어로 자주 출제된다.

17 **忍不住** ★★

rěnbuzhù

동 **참지 못하다, 참을 수 없다, 견딜 수 없다**

这部电影让我忍不住流泪。

Zhè bù diànyǐng ràng wǒ rěnbuzhù liúlèi.

이 영화는 나로 하여금 참지 못하고 눈물이 나게 한다.

流泪 liúlèi 동 눈물이 나다, 눈물을 흘리다

시험에 이렇게 나온다!

쓰기 **忍不住**는 쓰기 1부분에서 '주어+忍不住(술어1)+술어2+목적어'의 연동문 형태를 완성하는 문제의 제시어로 자주 출제된다.

他忍不住吃了那块苹果。 Tā rěnbuzhù chīle nà kuài píngguǒ.

그는 참지 못하고 그 사과를 먹었다.

18 **痛快** ★★
tòngkuài

형 **통쾌하다, 즐겁다**

他很痛快地接受了我的建议。 (술어)
Tā hěn tòngkuài de jiēshòule wǒ de jiànyì.
그는 통쾌하게 나의 제안을 받아들였다.

接受 jiēshòu 동 받아들이다 **建议** jiànyì 명 제안 동 건의하다

19 **惭愧** ★★
cánkuì

형 **부끄럽다, 송구스럽다, 수치스럽다**

她因为工作上犯了错误而感到十分惭愧。
Tā yīnwèi gōngzuò shang fànle cuòwù ér gǎndào shífēn cánkuì.
그녀는 업무 중 잘못을 저질렀기 때문에 매우 부끄럽게 느낀다.

犯 fàn 동 저지르다, 어기다

시험에 이렇게 나온다!

짝꿍 표현 **惭愧**를 활용한 다양한 출제 표현들을 알아 둔다.
感到惭愧 gǎndào cánkuì 부끄럽다고 느끼다
觉得惭愧 juéde cánkuì 부끄럽게 느끼다

20 **迫切** ★★
pòqiè

형 **절실하다, 절박하다**

他迫切地需要别人的帮助。
Tā pòqiè de xūyào biérén de bāngzhù.
그는 다른 사람의 도움이 절실하게 필요하다.

21 **舍不得** ★★
shěbude

반의어
舍得 shěde
~하기 아깝지 않다

동 **아쉽다, 섭섭하다, ~하기 아까워하다**

我舍不得离开老师和同学们。
Wǒ shěbude líkāi lǎoshī hé tóngxuémen.
나는 선생님과 학교 친구들과 헤어지는 것이 아쉽다.

22 痛苦 ★★
tòngkǔ

반의어
幸福 xìngfú
명 행복 형 행복하다
愉快 yúkuài
형 유쾌하다, 즐겁다

형 **고통스럽다, 괴롭다**

술어

多次失败使他感到很痛苦。
Duō cì shībài shǐ tā gǎndào hěn tòngkǔ.
여러 번의 실패는 그로 하여금 매우 고통스럽도록 느끼게 했다.

시험에 이렇게 나온다!

짝꿍표현 **痛苦**는 주로 '동사+**痛苦**' 형태로 출제된다. **痛苦**를 활용한 다양한 출제 표현들을 알아 둔다.

感到痛苦 gǎndào tòngkǔ 고통을 느끼다
承受痛苦 chéngshòu tòngkǔ 고통을 감당하다

23 语气 ★★
yǔqì

명 **말투, 어기, 어투**

女的是什么语气?
Nǚde shì shénme yǔqì?
여자는 어떤 말투인가?

24 糟糕 ★★
zāogāo

형 **야단이다, 엉망이다**

糟糕，我居然忘了下午有重要的会议!
Zāogāo, wǒ jūrán wàngle xiàwǔ yǒu zhòngyào de huìyì!
야단났네, 내가 오후에 중요한 회의가 있다는 것을 뜻밖에도 잊고 있었어!

居然 jūrán 부 뜻밖에, 의외로

25 操心 ★★
cāoxīn

동 **마음을 쓰다, 애태우다, 신경 쓰다**

你不要为这事太操心了。
Nǐ bú yào wèi zhè shì tài cāoxīn le.
이 일에 너무 마음 쓰지 마.

26 **感激** ★★
gǎnjī

[동] **감사를 느끼다, 감격하다**

每年教师节同学们都会对老师表达感激之情。 (表达 → 술어)
Měi nián Jiàoshījié tóngxuémen dōu huì duì lǎoshī biǎodá gǎnjī zhī qíng.
매년 스승의 날에 친구들은 선생님께 감사의 마음을 표현한다.

教师节 Jiàoshījié [고유] 스승의 날 **表达** biǎodá [동] 표현하다, 나타내다

27 **想念** ★★
xiǎngniàn

[동] **그리워하다, 생각하다**

在国外留学的那几年，我非常想念家人。
Zài guówài liúxué de nà jǐ nián, wǒ fēicháng xiǎngniàn jiārén.
해외에서 유학한 그 몇 년간, 나는 가족들을 매우 그리워했다.

28 **可怕** ★★
kěpà

[형] **무섭다, 두렵다**

妈妈刚才生气的表情很可怕。
Māma gāngcái shēngqì de biǎoqíng hěn kěpà.
엄마가 방금 화내시는 표정은 매우 무서웠다.

表情 biǎoqíng [명] 표정

29 **哎**
āi

[감] **아이고, 어, 야**

哎，为了结账我等了很久。
Āi, wèile jiézhàng wǒ děngle hěn jiǔ.
아이고, 계산하기 위해서 제가 오래 기다렸어요.

结账 jiézhàng [동] 계산하다, 결산하다, 결제하다

잠깐 哎는 놀람·불만 등의 뉘앙스를 가지고 있다.

30 **唉**
āi

[감] **에휴, 후, 에그**

唉，那时候我为什么没有好好学习呢？
Āi, nà shíhou wǒ wèishénme méiyǒu hǎohāo xuéxí ne?
에휴, 그 때 나는 왜 열심히 공부하지 않았을까?

잠깐 唉는 탄식·연민의 뉘앙스를 가지고 있다.

★★★ = 출제율 최상 ★★ = 출제율 상

31 **不耐烦**
búnàifán

형 **귀찮다, 질리다**

他接电话的语气显得很不耐烦。 (술어)
Tā jiē diànhuà de yǔqì xiǎnde hěn búnàifán.
그가 전화 받는 말투는 귀찮아 보였다.

语气 yǔqì 명 말투, 어기, 어투
显得 xiǎnde 동 ~처럼 보이다, (상황이) 드러나다

32 **嗯**
èng

감 **응, 그래**

嗯，以后我得更加小心了。
Èng, yǐhòu wǒ děi gèngjiā xiǎoxīn le.
응, 앞으로 내가 더 조심할게.

33 **感想**
gǎnxiǎng

명 **소감, 감상, 느낌**

读完这本书之后我们写了自己的感想。
Dúwán zhè běn shū zhīhòu wǒmen xiěle zìjǐ de gǎnxiǎng.
이 책을 읽고 나서 우리는 자기의 소감을 작성했다.

시험에 이렇게 나온다!

유의어 **感想 : 感受**(gǎnshòu, 감상, 느끼다)
感想은 명사로만 사용된다.
写感想 xiě gǎnxiǎng 소감을 쓰다
交流感想 jiāoliú gǎnxiǎng 소감을 교류하다
感受는 명사와 동사로 모두 사용된다.
说出感受 shuōchū gǎnshòu 감상을 말하다
感受到魅力 gǎnshòu dào mèilì 매력을 느끼다

34 **哈**
hā

감 **하하, 와**

听完孙子的话，爷爷哈哈大笑了。
Tīngwán sūnzi de huà, yéye hāhā dàxiào le.
손자의 말을 다 듣고, 할아버지가 하하 하고 크게 웃었다.

孙子 sūnzi 명 손자

35 **恨**
hèn

반의어
爱 ài
동 사랑하다

동 **미워하다, 원망하다, 증오하다**

술어

小美最恨说得多做得少的人。
Xiǎo Měi zuì hèn shuō de duō zuò de shǎo de rén.
샤오메이는 말은 많지만 하는 것이 적은 사람을 가장 미워한다.

시험에 이렇게 나온다!

짝꿍표현 恨을 활용한 다양한 출제 표현들을 알아 둔다.
恨透 hèntòu 끝없이 증오하다, 매우 원망하다
恨死 hènsǐ 죽도록 원망하다

36 **怀念**
huáiniàn

동의어
想念 xiǎngniàn
동 그리워하다, 생각하다

동 **그리워하다, 회상하다**

最让我怀念的是我的大学生活。
Zuì ràng wǒ huáiniàn de shì wǒ de dàxué shēnghuó.
나를 가장 그립게 하는 것은 나의 대학생활이다.

37 **灰心**
huīxīn

동 **낙심하다, 낙담하다**

就算失败过很多次也不要灰心。
Jiùsuàn shībàiguo hěn duō cì yě bú yào huīxīn.
설령 실패를 여러 번 했더라도 낙심하지 마세요.

38 **寂寞**
jìmò

형 **외롭다, 쓸쓸하다, 고요하다**

她一个人住在大房子里感到有点儿寂寞。
Tā yí ge rén zhù zài dà fángzi li gǎndào yǒudiǎnr jìmò.
그녀는 혼자 큰 집에 살아서 약간 외로움을 느낀다.

39 流泪
liúlèi

동 **눈물을 흘리다**

술어

爸爸看到弟弟一个人在房间流泪。

Bàba kàndào dìdi yí ge rén zài fángjiān liúlèi.

아빠는 남동생이 혼자 방 안에서 눈물을 흘리는 것을 보았다.

40 陌生
mòshēng

반의어

熟悉 shúxī

동 숙지하다, 잘 알다

형 **낯설다, 생소하다**

他对这里的环境并不陌生。

Tā duì zhèli de huánjìng bìng bú mòshēng.

그는 이 곳의 환경이 결코 낯설지 않다.

시험에 이렇게 나온다!

빡꿍표현 陌生을 활용한 출제 표현을 알아 둔다.

陌生人 mòshēngrén 낯선 사람

41 委屈
wěiqu

형 **억울하다, 분하다**

동 **(마음을) 섭섭하게 하다, 억울하게 하다**

姐姐受了委屈所以忍不住流泪了。

Jiějie shòule wěiqu suǒyǐ rěnbuzhù liúlèi le.

언니는 억울함을 느껴 참지 못하고 눈물을 흘렸다.

不好意思，我刚才说的那句话有点委屈你了。

Bùhǎoyìsi, wǒ gāngcái shuō de nà jù huà yǒudiǎn wěiqu nǐ le.

미안해, 내가 방금 말한 그 말이 너를 조금 섭섭하게 했구나.

忍不住 rěnbuzhù 동 참지 못하다, 견딜 수 없다

流泪 liúlèi 동 눈물을 흘리다

42 吓
xià

동 놀라다, 놀라게 하다

술어

我被他意想不到的举动吓到了。
Wǒ bèi tā yìxiǎng bú dào de jǔdòng xiàdào le.
나는 그의 예상치 못한 뜻밖의 행동에 놀랐다.

意想 yìxiǎng 동 예상하다, 추측하다 **举动** jǔdòng 명 행동, 거동

시험에 이렇게 나온다!

짝꿍표현 **吓**를 활용한 다양한 출제 표현들을 알아 둔다.
- **吓人** xiàrén 놀라다, 사람을 두려워하게 하다
- **吓坏** xiàhuài 깜짝 놀라다
- **吓跑** xiàpǎo 놀라서 달아나다
- **惊吓** jīngxià (생각 못한 자극으로) 놀라다, 놀라서 두려워하다

43 自豪
zìháo

동의어
骄傲 jiāo'ào
형 자랑스럽다, 뽐내다, 거만하다

형 자랑스럽다, 대견하다, 우쭐하다

老师十分自豪地说："他是我的学生。"
Lǎoshī shífēn zìháo de shuō : "Tā shì wǒ de xuésheng."
선생님께서는 매우 자랑스럽게 "그는 나의 학생입니다."라고 말씀하셨다.

44 不得了
bùdéliǎo

큰일났다, 야단났다, (정도가) 매우 심하다

不得了，我怎么会忘记这么重要的事！
Bùdéliǎo, wǒ zěnme huì wàngjì zhème zhòngyào de shì!
큰일났네, 내가 이토록 중요한 일을 어떻게 잊고 있었지!

孩子收到生日礼物高兴得不得了。
Háizi shōudào shēngrì lǐwù gāoxìng de bùdéliǎo.
아이는 생일 선물을 받고 매우 기뻐했다.

45 似乎

sìhū

동의어

仿佛 fǎngfú

뷔 마치 ~인 것 같다

뷔 **마치 ~인 것 같다**

술어

他似乎明白了我的意思。

Tā sìhū míngbaile wǒ de yìsi.

그는 마치 내 뜻을 이해한 것 같다.

연습문제 **체크체크!**

제시된 각 단어의 뜻을 오른쪽 보기에서 찾아 줄을 그어 보세요.

01 意外	ⓐ (생각, 감정을) 표현하다, 나타내다
02 忍不住	ⓑ 의외의, 의외의 사고
03 语气	ⓒ 낯설다, 생소하다
04 抱怨	ⓓ 참지 못하다, 참을 수 없다
05 陌生	ⓔ 말투, 어기, 어투
06 表达	ⓕ 원망하다

문장을 읽고 빈칸에 들어갈 단어를 찾아 적어 보세요.

ⓐ 情绪　ⓑ 似乎　ⓒ 惭愧　ⓓ 痛苦

07 积极的 ______ 可以让人们的生活变得更乐观。

08 几次失败的经历使他感到十分 ______ 。

09 她为自己所做的事 ______ 地低下了头。

10 看来你 ______ 还在为这件事发愁。

정답 : 01 ⓑ 02 ⓓ 03 ⓔ 04 ⓕ 05 ⓒ 06 ⓐ 07 ⓐ 08 ⓓ 09 ⓒ 10 ⓑ

* 07~10번 문제 해석은 해커스 중국어(china.Hackers.com)에서 무료로 제공합니다.

HSK 5급 시험에 나오는 고난도 어휘

☑ 잘 외워지지 않는 단어는 박스에 체크하여 복습하세요.

🎧 고난도 어휘 집중 암기_03.mp3

□ 哎哟	āiyōu	에휴, 아이고
□ 哎呀	āiyā	아이고
□ 报复 6급	bàofù	동 보복하다
□ *表情符号	biǎoqíng fúhào	이모티콘
□ 沉醉	chénzuì	동 깊이 빠지다, 도취되다
□ 逗乐	dòulè	동 (우스갯소리 등으로) 웃기다
□ 纷扰	fēnrǎo	형 혼란스럽다
□ *尴尬 6급	gāngà	형 당혹스럽다, 난처하다
□ 孤独 6급	gūdú	형 고독하다, 쓸쓸하다
□ 过度 6급	guòdù	형 과도하다, 지나치다
□ 好奇心	hàoqíxīn	명 호기심
□ 吼叫声	hǒujiàoshēng	고함
□ 唤起	huànqǐ	동 호소하다, 환기하다
□ 激发 6급	jīfā	동 (감정을) 불러일으키다, 끓어오르게 하다
□ 惊吓	jīngxià	(생각 못한 자극으로) 놀라다, 놀라서 두려워하다
□ 惊讶 6급	jīngyà	형 놀랍고 의아하다
□ 恐惧 6급	kǒngjù	형 무섭다, 두렵다, 겁내다
□ 聊天儿表情	liáotiānr biǎoqíng	이모티콘
□ 露出	lùchū	동 드러내다, 노출시키다
□ 难听	nántīng	형 듣기 거북하다, 귀에 거슬리다

*표는 오른쪽 페이지의 <중국 문화와 역사>에 포함된 단어입니다.

□	切齿	qièchǐ	동 이를 악 물다, 이를 갈다
□	清净	qīngjìng	형 편안하다, 평안하다, 깨끗하다
□	舒畅 6급	shūchàng	형 (기분이) 상쾌하다, 시원하다
□	吓坏	xiàhuài	깜짝 놀라다
□	吓跑	xiàpǎo	놀라서 달아나다
□	*心态 6급	xīntài	명 심리 상태, 마음가짐
□	忧愁	yōuchóu	형 슬프다, 우울하다
□	*忧郁 6급	yōuyù	형 우울하다
□	愉悦 6급	yúyuè	형 (마음이) 기쁘다, 즐겁다
□	振奋 6급	zhènfèn	형 (정신이) 고무적이다, 활기차다

알고 가면 시험이 쉬워지는 <중국 문화와 역사>

한자야? *表情符号(biǎoqíng fúhào)야? 신기한 한자, 囧(jiǒng)

상형문자의 나라 중국! 그렇다 보니 몇몇 한자는 글자보다는 그림과 더 가까워 보이기도 하는데요, 이러한 특성 때문에 중국에서는 한자를 表情符号처럼 쓰는 경우도 종종 있다고 해요. 그 중에도 한자 囧은 인터넷에서 많이 사용되고 있는 대표적인 '表情符号'이랍니다.

囧의 원래의 의미는 '빛나다'이지만, 한자 자체가 하나의 表情(biǎoqíng)같다고 하여 인터넷에서는 원래의 의미와 정반대로 *忧郁(yōuyù)하거나 *尴尬(gāngà)한 *心态(xīntài)를 表达(biǎodá)할 때 많이 쓰이는 것이죠.

글자로도 쓰이고, 表情符号로도 쓰일 수 있는 한자, 정말 재미있는 문자이지 않나요?

表情 biǎoqíng 명 표정 **表达** biǎodá 동 생각, 감정을 표현하다, 나타내다

DAY

04

HSK5급 단어장

고민은 NO!

성격 · 태도

주제를 알면 HSK가 보인다!

HSK 5급에서는 일을 대하는 사람의 성격이나 태도 등에 관한 문제가 자주 출제돼요. 따라서 '유지하다', '망설이다', '비관적이다', '부지런하다', '진실하다'처럼 성격·태도 관련 단어들을 집중적으로 학습하면 이러한 문제를 쉽게 풀 수 있어요.

단어, 예문 MP3

결단력이 필요한 순간

犹豫하지 않고
大方하게!!!!!

그게 너의 真实한
실력이었구나…

라면스프

04 **勤奋** qínfèn 형 부지런하다, 열심히 하다

01 **保持** bǎochí 동 유지하다, 지키다

06 **大方** dàfang 형 대범하다, 시원시원하다

03 **悲观** bēiguān 형 비관적이다, 비관하다

02 **犹豫** yóuyù 형 망설이다, 주저하다

05 **真实** zhēnshí 형 진실하다, 참되다

01 **保持** ★★★

bǎochí

동 유지하다, 지키다

总能保持内心的平静不是一件容易的事。 (술어: 是)

Zǒng néng bǎochí nèixīn de píngjìng bú shì yí jiàn róngyì de shì.

항상 마음 속의 평온함을 유지하는 것은 쉬운 일이 아니다.

平静 píngjìng 형 평온하다, 차분하다

시험에 이렇게 나온다!

짝꿍표현 保持을 활용한 다양한 출제 표현들을 알아 둔다.

保持健康 bǎochí jiànkāng 건강을 유지하다

保持平静 bǎochí píngjìng 평온함을 유지하다

02 **犹豫** ★★★

yóuyù

반의어

坚决 jiānjué

형 단호하다, 결연하다

형 망설이다, 주저하다

他在犹豫要不要出国留学。

Tā zài yóuyù yào bu yào chūguó liúxué.

그는 해외로 나가서 유학을 갈 것인지 말 것인지 망설이고 있다.

出国 chūguó 동 해외로 나가다, 출국하다

시험에 이렇게 나온다!

짝꿍표현 犹豫를 활용한 다양한 출제 표현들을 알아 둔다.

犹豫不决 yóuyù bù jué 결단을 내리지 못하고 망설이다

毫不犹豫 háo bù yóuyù 조금도 주저하지 않다

03 **悲观** ★★★

bēiguān

반의어

乐观 lèguān

형 낙관적이다

형 비관적이다, 비관하다

面对失败，悲观主义者容易灰心。

Miànduì shībài, bēiguānzhǔyìzhě róngyì huīxīn.

실패에 직면하면, 비관주의자들은 쉽게 낙담한다.

面对 miànduì 동 직면하다, 마주 보다 **失败** shībài 동 실패하다

悲观主义者 bēiguānzhǔyìzhě 비관주의자

灰心 huīxīn 동 낙담하다, 낙심하다

시험에 이렇게 나온다!

짝꿍표현 悲观을 활용한 출제 표현을 알아 둔다.

悲观主义 bēiguānzhǔyì 비관주의

★★★ = 출제율 최상 ★★ = 출제율 상

04 **勤奋** ★★★
qínfèn

형 **부지런하다, 열심히 하다**

술어

小明勤奋好学的态度值得我们学习。
Xiǎo Míng qínfèn hàoxué de tàidu zhídé wǒmen xuéxí.
샤오밍의 부지런하고 배우기 좋아하는 태도는 우리가 배울 만하다.

态度 tàidu 명 태도 **值得** zhídé 동 ~할 만하다

05 **真实** ★★★
zhēnshí

형 **진실하다, 참되다**

我们很难猜出他的真实想法。
Wǒmen hěn nán cāichū tā de zhēnshí xiǎngfǎ.
우리는 그의 진실한 생각을 알아내기 어렵다.

猜 cāi 동 알아내다, 추측하다

06 **大方** ★★★
dàfang

형 **대범하다, 시원시원하다**

我的朋友性格温柔，而且为人热情大方。
Wǒ de péngyou xìnggé wēnróu, érqiě wéirén rèqíng dàfang.
내 친구는 성격이 부드럽고, 게다가 사람 됨됨이가 친절하고 시원시원하다.

性格 xìnggé 명 성격 **温柔** wēnróu 형 부드럽다, 상냥하다
为人 wéirén 명 사람 됨됨이, 인간성 동 (사람들과) 잘 어울리다

잠깐 **大方**은 어떤 물건의 스타일이나 색깔이 세련되다는 의미를 나타낼 때도 쓰인다.

07 **赞成** ★★★
zànchéng

반의어
反对 fǎnduì
동 반대하다

동 **찬성하다**

我家人都赞成周末去上海旅行。
Wǒ jiārén dōu zànchéng zhōumò qù Shànghǎi lǚxíng.
우리 가족은 모두 주말에 상하이로 여행가는 것에 찬성했다.

시험에 이렇게 나온다!

듣기 **赞成**과 관련된 출제 표현들을 함께 알아 둔다.
同意 tóngyì 동 동의하다 **支持** zhīchí 동 지지하다

08 **称赞** ★★
chēngzàn

반의어
责备 zébèi
동 책망하다, 꾸짖다

동 **칭찬하다**

술어

老师的称赞使学生更加努力地学习。
Lǎoshī de chēngzàn shǐ xuésheng gèngjiā nǔlì de xuéxí.
선생님의 칭찬은 학생으로 하여금 더 열심히 공부하도록 했다.

시험에 이렇게 나온다!

쓰기 称赞은 쓰기 1부분에서 '관형어+的称赞(的+주어)+使+겸어+부사어+술어'의 겸어문 형태를 완성하는 문제의 제시어로 자주 출제된다.

09 **善良** ★★
shànliáng

형 **착하다, 선량하다**

邻居是一个善良的人。
Línjū shì yí ge shànliáng de rén.
이웃 주민은 착한 사람이다.

10 **主动** ★★
zhǔdòng

형 **자발적이다, 능동적이다**

我主动给抱着小孩的妇女让了座位。
Wǒ zhǔdòng gěi bàozhe xiǎohái de fùnǚ ràngle zuòwèi.
나는 아이를 안고 있는 여성에게 자발적으로 자리를 양보했다.

妇女 fùnǚ 명 여성, 부녀자 **让座位** ràng zuòwèi 자리를 양보하다

11 **沉默** ★★
chénmò

형 **과묵하다, 말이 적다** 동 **침묵하다**

弟弟没有再说下去，只是保持沉默。
Dìdi méiyǒu zài shuō xiàqu, zhǐshì bǎochí chénmò.
남동생은 더이상 말을 하지 않고, 단지 과묵함을 지켰다.

她沉默了一会儿又开口讲话了。
Tā chénmòle yíhuìr yòu kāikǒu jiǎnghuà le.
그녀는 잠시 침묵하다가 다시 입을 열어 말했다.

保持 bǎochí 동 지키다, 유지하다
讲话 jiǎnghuà 동 말하다 명 담화, 연설

잠깐 沉默는 형용사·동사이지만 명사처럼 쓰이기도 한다.

01 02 03 DAY 04 05 06 07 08 09 10

12 **消极** ★★

xiāojí

반의어

积极 jījí

형 적극적이다, 긍정적이다

형 **소극적이다, 부정적이다**

술어

消极的态度只使事情变得更糟糕。

Xiāojí de tàidu zhǐ shǐ shìqing biàn de gèng zāogāo.

소극적인 태도는 단지 일을 더 엉망으로 변화시킬 뿐이다.

悲观的态度会对事情的结果产生消极影响。

Bēiguān de tàidu huì duì shìqing de jiéguǒ chǎnshēng xiāojí yǐngxiǎng.

비관적인 태도는 일의 결과에 부정적인 영향을 끼칠 수 있다.

态度 tàidu 명 태도 **糟糕** zāogāo 형 엉망이다
悲观 bēiguān 형 비관적이다, 비관하다 **结果** jiéguǒ 명 결과
产生 chǎnshēng 동 끼치다, 생기다

13 **调皮** ★★

tiáopí

형 **장난스럽다, 짓궂다**

这些调皮的孩子把家里弄得又脏又乱。

Zhèxiē tiáopí de háizi bǎ jiā li nòng de yòu zāng yòu luàn.

이 장난스러운 아이들이 집안을 더럽고 어지럽게 만들었다.

脏 zāng 형 더럽다 **乱** luàn 형 어지럽다

시험에 이렇게 나온다!

듣기 **调皮**와 관련된 출제 표현을 함께 알아 둔다.

淘气 táoqì 형 장난이 심하다

14 **狡猾** ★★

jiǎohuá

형 **교활하다, 간사하다**

他是个多么狡猾的商人啊！

Tā shì ge duōme jiǎohuá de shāngrén a!

그는 얼마나 교활한 장사꾼인가!

商人 shāngrén 명 장사꾼, 상인

15 **答应** ★★

dāying

[동의어]
同意 tóngyì
동 동의하다, 허락하다

동 **들어주다, 동의하다**

술어

父亲毫不犹豫地答应了我的要求。

Fùqīn háo bù yóuyù de dāyingle wǒ de yāoqiú.

아버지는 내 요구를 조금도 망설이지 않고 들어주셨다.

毫不 háo bù 조금도 ~않다 **犹豫** yóuyù 형 망설이다, 주저하다

시험에 이렇게 나온다!

독해 독해 1부분에서는 지문의 빈칸에 들어갈 적절한 어휘를 보기에서 선택하는 문제가 출제된다. 이때, **答应**은 아래와 같은 동사들과 함께 보기로 자주 출제된다.

允许 yǔnxǔ 동 허락하다
调整 tiáozhěng 동 조절하다, 조정하다

16 **乐观** ★★

lèguān

[반의어]
悲观 bēiguān
형 비관적이다, 비관하다

형 **낙관적이다**

她总以积极乐观的态度面对生活。

Tā zǒng yǐ jījí lèguān de tàidu miànduì shēnghuó.

그녀는 항상 적극적이고 낙관적인 태도로 생활에 임한다.

积极 jījí 형 적극적이다 **态度** tàidu 명 태도
面对 miànduì 동 임하다, 직면하다

잠깐 乐观은 상황이나 전망이 낙관적이다는 의미를 나타낼 때도 쓰인다.

17 **冷淡** ★★

lěngdàn

[반의어]
亲切 qīnqiè
형 친절하다, 친근하다

형 **냉담하다, 쌀쌀하다**

他对我的态度怎么这么冷淡？

Tā duì wǒ de tàidu zěnme zhème lěngdàn?

그가 나를 대하는 태도가 왜 이렇게 냉담한 거야?

态度 tàidu 명 태도

시험에 이렇게 나온다!

듣기 듣기에서는 대화를 듣고 화자나 제3자의 감정·어투·태도를 묻는 문제가 출제된다. 이때, **冷淡**은 아래와 같은 어휘들과 함께 보기로 자주 출제된다.

感激 gǎnjī 동 감격하다
遗憾 yíhàn 형 유감스럽다 명 유감

18 **无所谓** ★★
wúsuǒwèi

개의치 않다, 상관 없다

술어

不管别人怎么说我都无所谓。
Bùguǎn biérén zěnme shuō wǒ dōu wúsuǒwèi.
남들이 뭐라고 하든 나는 전혀 개의치 않는다.

시험에 이렇게 나온다!

듣기 듣기에서는 대화를 듣고 화자나 제3자의 감정·어투·태도를 묻는 문제가 출제된다. 이때, 无所谓가 정답 보기로 출제되면 아래와 같은 표현들이 대화에서 자주 출제된다.

不在乎 búzàihu 동 상관하지 않다, 마음에 두지 않다
随便 suíbiàn 부 마음대로 동 마음대로 하다
没什么大不了的 méi shénme dàbuliǎo de 별 것 아니야

19 **周到** ★★
zhōudào

형 세심하다, 빈틈없다, 주도면밀하다

她对问题的解决方法考虑得十分周到。
Tā duì wèntí de jiějué fāngfǎ kǎolǜ de shífēn zhōudào.
그녀는 문제의 해결 방법에 대해서 매우 세심하게 고려했다.

考虑 kǎolǜ 동 고려하다

시험에 이렇게 나온다!

빡공 표현 周到를 활용한 다양한 출제 표현들을 알아 둔다.

思考周到 sīkǎo zhōudào 세심하게 숙고하다
细心周到 xìxīn zhōudào 세심하고 빈틈없다

20 **自私** ★★
zìsī

형 이기적이다

自私的人很难得到别人的尊重。
Zìsī de rén hěn nán dédào biérén de zūnzhòng.
이기적인 사람은 다른 사람의 존중을 받기 어렵다.

尊重 zūnzhòng 동 존중하다, 존경하다 형 정중하다

21 **敏感** ★★
mǐngǎn

형 민감하다, 예민하다

술어
青少年时期有些孩子对小事也可能会反应敏感。
Qīngshàonián shíqī yǒuxiē háizi duì xiǎoshì yě kěnéng huì fǎnyìng mǐngǎn.
청소년기의 일부 아이들은 작은 일에도 반응이 민감할 수 있다.

青少年 qīngshàonián 명 청소년 **时期** shíqī 명 시기
反应 fǎnyìng 명 반응 동 반응하다

잠깐 敏感은 피부나 신체 부위가 민감하다는 의미를 나타낼 때도 쓰인다.

22 **亲切** ★★
qīnqiè

형 친절하다, 친근하다

服务员亲切地招待了每一位顾客。
Fúwùyuán qīnqiè de zhāodàile měi yí wèi gùkè.
종업원은 모든 고객에게 친절하게 서비스했다.

招待 zhāodài 동 서비스하다, 접대하다

23 **谦虚** ★★
qiānxū

반의어
骄傲 jiāo'ào
형 거만하다, 오만하다

형 겸손하다, 겸허하다

就算取得了一点成绩也要保持谦虚的态度。
Jiùsuàn qǔdéle yìdiǎn chéngjì yě yào bǎochí qiānxū de tàidu.
설령 약간의 성과를 얻더라도 겸손한 태도를 유지해야 한다.

就算 jiùsuàn 접 설령 ~하더라도 **取得** qǔdé 동 얻다
保持 bǎochí 동 유지하다, 지키다 **态度** tàidu 명 태도

24 **温柔** ★★
wēnróu

형 다정하다, 부드럽다

妈妈用温柔的语气和我说话了。
Māma yòng wēnróu de yǔqì hé wǒ shuōhuà le.
엄마는 다정한 말투를 사용하여 나와 대화를 하셨다.

语气 yǔqì 명 말투, 어투

25 **小气** ★★

xiǎoqi

반의어

大方 dàfang

형 대범하다, 시원시원하다

형 **인색하다, 쩨쩨하다**

술어

他小气得连一支笔都不肯借给别人。

Tā xiǎoqi de lián yì zhī bǐ dōu bù kěn jiè gěi biérén.

그는 연필 한 자루조차 다른 사람에게 빌려주려 하지 않을 정도로 인색하다.

支 zhī 양 자루[막대 모양의 물건을 세는 단위]
不肯 bù kěn ~하려고 하지 않다

26 **糊涂** ★★

hútu

형 **어리석다, 흐리멍텅하다**

我认识的他是一个大事精明小事糊涂的人。

Wǒ rènshi de tā shì yí ge dàshì jīngmíng xiǎoshì hútu de rén.

내가 알고 있는 그는 큰 일에는 영리하고 작은 일에는 어리석은 사람이다.

精明 jīngmíng 형 영리하다

27 **傻** ★★

shǎ

형 **어리석다, 고지식하다**

谁都有可能做出让自己后悔的傻事。

Shéi dōu yǒu kěnéng zuòchū ràng zìjǐ hòuhuǐ de shǎ shì.

누구든 스스로를 후회하게 만드는 어리석은 일을 저지를 수 있다.

后悔 hòuhuǐ 동 후회하다

28 **否定** ★★

fǒudìng

동의어

否认 fǒurèn

동 부인하다, 부정하다

동 **부정하다** 형 **부정적인**

老板在会议上表示他自己并不否定那个方法。

Lǎobǎn zài huìyì shang biǎoshì tā zìjǐ bìng bù fǒudìng nà ge fāngfǎ.

사장님은 회의에서 그 자신은 그 방법을 결코 부정하지 않는다고 밝혔다.

她对这个问题还是保持否定的态度。

Tā duì zhè ge wèntí háishi bǎochí fǒudìng de tàidu.

그녀는 이 문제에 대해 여전히 부정적인 태도를 유지하고 있다.

老板 lǎobǎn 명 사장 **表示** biǎoshì 동 밝히다, 나타내다
保持 bǎochí 동 유지하다, 지키다 **态度** tàidu 명 태도

29 诚恳
chéngkěn

형 (태도가) 진실하다, 간절하다

술어
大家都接受了小王诚恳的道歉。
Dàjiā dōu jiēshòule Xiǎo Wáng chéngkěn de dàoqiàn.
모두가 샤오왕의 진실한 사과를 받아들였다.

接受 jiēshòu 동 받아들이다 道歉 dàoqiàn 동 사과하다, 사죄하다

30 呆
dāi

형 멍하다, 둔하다, 어리둥절하다 동 머무르다

她呆呆地看着窗外的风景。
Tā dāidāi de kànzhe chuāngwài de fēngjǐng.
그녀는 창밖의 풍경을 멍하니 바라보았다.

这些研究人员大多数时间都呆在研究室里。
Zhèxiē yánjiū rényuán dàduōshù shíjiān dōu dāi zài yánjiūshì li.
이 연구원들은 대부분의 시간을 연구실 안에서 머무른다.

窗外 chuāngwài 창밖 风景 fēngjǐng 명 풍경, 경치
研究 yánjiū 동 연구하다 人员 rényuán 명 인원, 요원
研究室 yánjiūshì 명 연구실

31 单纯
dānchún

형 단순하다

他总是把问题想得太单纯。
Tā zǒngshì bǎ wèntí xiǎng de tài dānchún.
그는 늘 문제를 너무 단순하게 생각한다.

32 胆小鬼
dǎnxiǎoguǐ

명 겁쟁이, 소심한 사람

弟弟小时候是学校里出了名的胆小鬼。
Dìdi xiǎo shíhòu shì xuéxiào li chūle míng de dǎnxiǎoguǐ.
어릴 적 남동생은 학교에서 유명한 겁쟁이였다.

出名 chūmíng 형 유명하다, 명성이 있다

33 假装

jiǎzhuāng

동 ~한 척하다, 가장하다

술어

为了不承担责任，孩子假装什么也没看见。

Wèile bù chéngdān zérèn, háizi jiǎzhuāng shénme yě méi kànjiàn.

책임을 지지 않기 위해, 아이는 아무것도 못 본 척했다.

承担 chéngdān 동 지다, 맡다, 담당하다 **责任** zérèn 명 책임

34 坚决

jiānjué

반의어

犹豫 yóuyù

형 주저하다, 망설이다

형 단호하다, 결연하다

小偷坚决否认自己偷了东西。

Xiǎotōu jiānjué fǒurèn zìjǐ tōule dōngxī.

도둑은 자신이 물건을 훔친 것을 단호하게 부인했다.

小偷 xiǎotōu 명 도둑 **否认** fǒurèn 동 부인하다

偷 tōu 동 훔치다, 도둑질하다

35 谨慎

jǐnshèn

동의어

小心 xiǎoxīn

형 조심스럽다, 신중하다

형 신중하다, 조심스럽다

在网上表达想法时需要小心谨慎。

Zài wǎng shang biǎodá xiǎngfǎ shí xūyào xiǎoxīn jǐnshèn.

인터넷에서 의견을 표현할 때는 주의 깊고 신중해야 할 필요가 있다.

表达 biǎodá 동 표현하다, 나타내다

36 看不起

kànbuqǐ

동 얕보다, 경시하다

从他的表情就可以知道他很看不起别人。

Cóng tā de biǎoqíng jiù kěyǐ zhīdào tā hěn kànbuqǐ biérén.

그의 표정에서 그가 얼마나 다른 사람을 얕보는지를 알 수 있다.

表情 biǎoqíng 명 표정

37 **轻视**
qīngshì

반의어
重视 zhòngshì
동 중시하다, 중요시하다

동 **무시하다, 경시하다**

他并不轻视比自己弱的人。
Tā bìng bù qīngshì bǐ zìjǐ ruò de rén.
그는 자기보다 약한 사람을 결코 무시하지 않는다.

弱 ruò 형 약하다

38 **老实**
lǎoshi

반의어
狡猾 jiǎohuá
형 교활하다, 간사하다

형 **솔직하다, 성실하다**

老王为人老实，做事也勤奋。
Lǎo Wáng wéirén lǎoshi, zuòshì yě qínfèn.
라오왕은 사람 됨됨이가 솔직하고, 일도 근면하게 한다.

为人 wéirén 명 사람 됨됨이, 인간성 동 (사람들과) 잘 어울리다
勤奋 qínfèn 형 근면하다, 부지런하다

39 **热心**
rèxīn

형 **열성적이다, 친절하다**

王阿姨对邻居的事特别热心。
Wáng āyí duì línjū de shì tèbié rèxīn.
왕 아주머니는 이웃의 일에 매우 열성적이시다.

40 **轻易**
qīngyì

부 **쉽사리, 함부로** 형 **수월하다, 손쉽다**

父母从不轻易对我们发火。
Fùmǔ cóng bù qīngyì duì wǒmen fāhuǒ.
부모님은 지금까지 우리에게 쉽사리 화내지 않으셨다.

我在这次考试中，轻易地取得了好成绩。
Wǒ zài zhè cì kǎoshì zhōng, qīngyì de qǔdéle hǎo chéngjì.
나는 이번 시험에서, 수월하게 좋은 성적을 거뒀다.

取得 qǔdé 동 거두다, 얻다

41 **坦率**
tǎnshuài

형 **솔직하다, 정직하다**

술어

她的行为给我们留下了坦率大方的印象。
Tā de xíngwéi gěi wǒmen liúxiale tǎnshuài dàfang de yìnxiàng.
그녀의 행동은 우리에게 솔직하고 시원시원한 인상을 남겼다.

行为 xíngwéi 명 행동, 행위 **大方** dàfang 형 시원시원하다, 대범하다
印象 yìnxiàng 명 인상

42 **天真**
tiānzhēn

형 **천진하다, 순진하다**

我教过的孩子们大多天真活泼。
Wǒ jiāoguo de háizimen dàduō tiānzhēn huópō.
내가 가르친 아이들은 대부분 천진하고 활발했다.

活泼 huópō 형 활발하다

43 **虚心**
xūxīn

형 **겸허하다, 겸손하다**

我们要虚心接受别人的批评。
Wǒmen yào xūxīn jiēshòu biérén de pīpíng.
우리는 다른 사람의 비판을 겸허하게 받아들여야 한다.

接受 jiēshòu 동 받아들이다 **批评** pīpíng 명 비판, 비평 동 비판하다

시험에 이렇게 나온다!

유의어 **虚心 : 谦虚**(qiānxū, 겸손하다)

虚心은 주로 사람의 의견과 비판을 겸허하게 받아들인다는 의미로 쓰인다.
虚心接受 xūxīn jiēshòu 겸허하게 받아들이다
虚心求教 xūxīn qiújiào 겸허하게 가르침을 청하다

谦虚는 주로 사람의 인품이나 자질을 나타날 때 쓰인다.
态度谦虚 tàidu qiānxū 태도가 겸손하다
谦虚谨慎 qiānxū jǐnshèn 겸손하고 신중하다

연습문제 **체크체크!**

제시된 각 단어의 뜻을 오른쪽 보기에서 찾아 줄을 그어 보세요.

01 赞成	ⓐ 열성적이다, 친절하다
02 热心	ⓑ 장난스럽다, 짓궂다
03 调皮	ⓒ 칭찬하다
04 答应	ⓓ 겸손하다, 겸허하다
05 虚心	ⓔ 들어주다, 허락하다, 승낙하다
06 称赞	ⓕ 찬성하다

문장을 읽고 빈칸에 들어갈 단어를 찾아 적어 보세요.

ⓐ 善良　　ⓑ 保持　　ⓒ 轻易　　ⓓ 周到

07 在某些情况下有必要 ______ 沉默。

08 他把孩子们都照顾得细心 ______ 。

09 他从来都不 ______ 地说出自己的想法。

10 邻居小女孩心地 ______ ，常常帮助需要帮助的人。

정답 : 01 ⓕ 02 ⓐ 03 ⓑ 04 ⓔ 05 ⓓ 06 ⓒ 07 ⓑ 08 ⓓ 09 ⓒ 10 ⓐ

* 07~10번 문제 해석은 해커스 중국어(china.Hackers.com)에서 무료로 제공합니다.

HSK 5급 시험에 나오는 고난도 어휘

☑ 잘 외워지지 않는 단어는 박스에 체크하여 복습하세요.

🎧 고난도 어휘 집중 암기_04.mp3

□ 包容	bāoróng	동 포용하다
□ 不在乎	búzàihu	동 마음에 두지 않다
□ 不肯	bù kěn	~하려고 하지 않다
□ 不周	bùzhōu	형 주도면밀하지 못하다
□ *残忍 6급	cánrěn	형 잔인하다
□ *沉着 6급	chénzhuó	형 침착하다
□ 得体	détǐ	형 (말이나 행동이) 합당하다, 적절하다
□ 发火	fāhuǒ	동 화를 내다, 성질을 내다
□ 高贵	gāoguì	형 고귀하다, 고상하다
□ 毫不犹豫	háo bù yóuyù	조금도 주저하지 않다
□ 和颜悦色	héyányuèsè	성 상냥하고 친절하다
□ 昏庸	hūnyōng	형 우매하다, 멍청하고 어리석다
□ 精明	jīngmíng	형 영리하다
□ 考验 6급	kǎoyàn	동 시험하다, 검증하다
□ 懒惰 6급	lǎnduò	형 게으르다
□ *脸谱	liǎnpǔ	명 중국 전통극에서 일부 배역들의 얼굴 화장
□ 盲目 6급	mángmù	형 맹목적인, 앞뒤를 분간 못하는
□ 内向	nèixiàng	형 내향적이다, 내성적이다
□ 倾向 6급	qīngxiàng	동 한쪽으로 기울다, 편향되다 명 추세, 경향
□ 如饥似渴	rújīsìkě	성 애타게 갈망하다

*표는 오른쪽 페이지의 <중국 문화와 역사>에 포함된 단어입니다.

□	爽快 6급	shuǎngkuai	형 (성격이나 태도가) 시원시원하다, 호쾌하다
□	贪心	tānxīn	형 탐욕스럽다 명 탐욕
□	*无私	wúsī	형 사심이 없다, 무사하다
□	细心	xìxīn	형 세심하다
□	细致 6급	xìzhì	형 세심하다, 주의 깊다, 면밀하다
□	隐藏	yǐncáng	동 숨기다, 감추다
□	勇于 6급	yǒngyú	동 용감하게 ~하다
□	犹豫不决	yóuyù bù jué	머뭇거리다, 결단을 내리지 못하고 망설이다
□	与众不同	yǔzhòngbùtóng	성 남들과 다르다
□	*忠勇	zhōngyǒng	형 충성스럽고 용감하다

알고 가면 시험이 쉬워지는 <중국 문화와 역사>

경극의 *脸谱(liǎnpǔ)를 통해 인물 별 성격을 알아볼까요?!

경극(京剧)은 베이징에서 발전한 연극이라고 하여 이러한 명칭으로 부르게 되었는데요, **脸谱** 색깔에 따라 인물 성격이 다르답니다.

경극에서 얼굴 색깔은 크게 붉은색, 검은색, 흰색, 노란색, 보라색 등으로 나눌 수 있는데요. 붉은 얼굴은 **乐观**(lèguān)하고 ***忠勇**(zhōngyǒng)한 성격을, 검은색 얼굴은 정직하고 ***无私**(wúsī)한 성격을, 흰색 얼굴은 다소 **狡猾**(jiǎohuá)한 성격을, 노란색 얼굴은 ***残忍**(cánrěn)한 성격을, 마지막으로 보라색 얼굴은 **慎重**(shènzhòng)하고 ***沉着**(chénzhuó)한 성격을 나타낸다고 해요.

중국의 전통 연극 경극, 얼굴의 색깔마다 나타내는 성격만 알고 봐도 재미가 두 배가 될 거예요!

乐观 lèguān 형 낙관적이다 **狡猾** jiǎohuá 형 교활하다, 간사하다 **慎重** shènzhòng 형 신중하다, 조심스럽다

DAY

05

HSK5급 단어장

나 가꾸기

신체 · 동작

주제를 알면 HSK가 보인다!

HSK 5급에서는 신체 구성이나 몸의 동작과 관련된 내용이 자주 출제돼요. 따라서 '심장', '근육', '위', '행동'처럼 신체·동작 관련 단어들을 집중적으로 학습하면 이러한 문제를 쉽게 풀 수 있어요.

단어, 예문 MP3

내면의 아름다움

02 **肌肉** jīròu 명 근육
06 **逃** táo 동 도망치다, 달아나다
04 **行为** xíngwéi 명 행동, 행위
01 **心脏** xīnzàng 명 심장
03 **胃** wèi 명 위

01 **心脏** ★★★
xīnzàng

명 **심장**

人们感到不安时，心脏会跳得很快。
Rénmen gǎndào bù'ān shí, xīnzàng huì tiào de hěn kuài.
사람들은 불안함을 느낄 때, 심장이 빨리 뛴다.

不安 bù'ān 형 불안하다

02 **肌肉** ★★
jīròu

명 **근육**

热身运动可以有效地放松肌肉。
Rèshēn yùndòng kěyǐ yǒuxiào de fàngsōng jīròu.
준비 운동은 효과적으로 근육을 이완시킬 수 있다.

热身运动 rèshēn yùndòng 준비 운동
有效 yǒuxiào 형 효과가 있다, 유효하다
放松 fàngsōng 동 이완하다, 느슨하게 하다

03 **胃** ★★
wèi

명 **위**

饭后马上躺下对胃不好。
Fàn hòu mǎshàng tǎngxià duì wèi bù hǎo.
밥을 먹자마자 바로 눕는 것은 위에 좋지 않다.

躺 tǎng 동 눕다

시험에 이렇게 나온다!

짝꿍 표현 **胃**를 활용한 출제 표현을 알아 둔다.
肠胃 chángwèi 위장

04 **行为** ★★
xíngwéi

명 **행동, 행위**

他的行为使我们感到生气。
Tā de xíngwéi shǐ wǒmen gǎndào shēngqì.
그의 행동은 우리를 화나게 했다.

★★★ = 출제율 최상 ★★ = 출제율 상

05 **划** ★★
huá

동 긁히다, (배를) 젓다

술어

她整理玻璃碎片的时候，手不小心被划了一下。
Tā zhěnglǐ bōlí suìpiàn de shíhòu, shǒu bù xiǎoxīn bèi huále yíxià.
그녀는 유리 조각을 정리할 때, 조심하지 않아서 손이 좀 긁혔다.

从前这条河上没有桥，所以去河对面时需要划船过去。
Cóngqián zhè tiáo hé shang méiyǒu qiáo, suǒyǐ qù hé duìmiàn shí xūyào huáchuán guòqu.
예전에는 이 강 위에 다리가 없어서, 강의 맞은편으로 갈 때에는 배를 저어 건너 가야 했다.

整理 zhěnglǐ 동 정리하다 **玻璃** bōlí 명 유리
碎片 suìpiàn 명 조각 **从前** cóngqián 명 예전, 과거

06 **逃** ★★
táo

반의어
追 zhuī
동 쫓다, 뒤따르다

동 도망치다, 달아나다

昨天你逃课去做什么了？
Zuótiān nǐ táokè qù zuò shénme le?
어제 너는 수업에서 도망을 쳐 무엇을 했니?

07 **冲** ★★
chōng

동 (물로) 씻어 내다, 돌진하다, 충돌하다

擦药之前先简单地冲洗一下伤口。
Cā yào zhīqián xiān jiǎndān de chōngxǐ yíxià shāngkǒu.
약을 바르기 전에 먼저 간단히 상처를 좀 씻어 내자.

这么多人都冲向大门，所以门被推倒了。
Zhème duō rén dōu chōng xiàng dàmén, suǒyǐ mén bèi tuīdǎo le.
이렇게나 많은 사람이 모두 대문을 향해 돌진해서, 문이 밀려 넘어졌다.

擦 cā 동 바르다, 닦다 **伤口** shāngkǒu 명 상처
推倒 tuīdǎo 동 밀려 넘어지다

08 **捡** ★★
jiǎn

동 **줍다**

请把捡到的垃圾放进垃圾桶里。 (술어)
Qǐng bǎ jiǎndào de lājī fàngjìn lājītǒng li.
주운 쓰레기를 쓰레기통 안에 넣으세요.

垃圾 lājī 명 쓰레기 **垃圾桶** lājītǒng 명 쓰레기통

09 **杀** ★★
shā

동 **죽이다**

孩子，你要记住再小的生命也不可以随便杀掉。
Háizi, nǐ yào jìzhù zài xiǎo de shēngmìng yě bù kěyǐ suíbiàn shā diào.
얘야, 아무리 작은 생명이라도 마음대로 죽여서는 안 된다는 것을 기억해야 한단다.

生命 shēngmìng 명 생명 **随便** suíbiàn 부 마음대로, 함부로

10 **伸** ★★
shēn

동 **(신체 일부를) 내밀다, 펴다, 펼치다**

她伸手扶起摔倒的朋友。
Tā shēn shǒu fúqǐ shuāidǎo de péngyou.
그녀는 손을 내밀어 넘어진 친구를 일으켜 세웠다.

扶 fú 동 일으켜 세우다, 부축하다 **摔倒** shuāidǎo 동 넘어지다, 쓰러지다

시험에 이렇게 나온다!

짝꿍 표현 伸을 활용한 출제 표현을 알아 둔다.
伸手 shēnshǒu 손을 내밀다

11 **身材** ★★
shēncái

명 **몸매, 체격**

坚持运动能够让你保持苗条的身材。
Jiānchí yùndòng nénggòu ràng nǐ bǎochí miáotiao de shēncái.
운동을 지속하는 것은 너로 하여금 날씬한 몸매를 유지할 수 있도록 한다.

坚持 jiānchí 동 지속하다, 견지하다 **保持** bǎochí 동 유지하다, 지키다
苗条 miáotiao 형 날씬하다

12 **手指** ★★
shǒuzhǐ

명 **손가락**

(술어)
他伸出手指给我们指出了方向。
Tā shēnchū shǒuzhǐ gěi wǒmen zhǐchūle fāngxiàng.
그는 손가락을 내밀어서 우리에게 방향을 가리켰다.

伸 shēn 동 펴다, 내밀다 **指** zhǐ 동 가리키다
方向 fāngxiàng 명 방향

13 **腰** ★★
yāo

명 **허리**

这些动作有助于缓解腰痛。
Zhèxiē dòngzuò yǒuzhù yú huǎnjiě yāotòng.
이 동작들은 허리 통증을 완화시키는 데에 도움이 된다.

有助于 yǒuzhù yú ~에 도움이 되다
缓解 huǎnjiě 동 완화시키다, 느슨해지다

14 **摘** ★★
zhāi

동 **따다, 떼다**

我们去果园摘苹果吃吧。
Wǒmen qù guǒyuán zhāi píngguǒ chī ba.
우리 과수원에 가서 사과를 따 먹자.

果园 guǒyuán 명 과수원

15 **抓** ★★
zhuā

반의어
放 fàng
동 놓다

동 **집다, 잡다, 쥐다**

她用手抓住了一片面包。
Tā yòng shǒu zhuāzhùle yí piàn miànbāo.
그녀는 손으로 빵 한 조각을 집었다.

시험에 이렇게 나온다!

짝꿍 표현 抓를 활용한 다양한 출제 표현들을 알아 둔다.
抓住 zhuāzhù (손으로) 잡다 **抓到** zhuādào 잡다

16 **姿势** ★★
zīshì

명 **자세, 포즈**

那个歌手跳舞的姿势好帅。 (술어)
Nà ge gēshǒu tiàowǔ de zīshì hǎo shuài.
저 가수는 춤을 추는 자세가 매우 멋지다.

17 **嗓子** ★★
sǎngzi

명 **목청, 목구멍**

我最近感冒了，嗓子疼得厉害。
Wǒ zuìjìn gǎnmàole, sǎngzi téng de lìhai.
나는 최근에 감기에 걸려서, 목청이 심하게 아파.

厉害 lìhai 형 심하다

18 **摔倒** ★★
shuāidǎo

동 **넘어지다, 쓰러지다**

下雨天地面滑，小心摔倒。
Xiàyǔtiān dìmiàn huá, xiǎoxīn shuāidǎo.
비오는 날 바닥이 미끄러우니, 넘어지지 않게 조심하세요.

滑 huá 형 미끄럽다 동 미끄러지다

19 **血** ★★
xiě / xuè

명 **피**

心脏把血液运送至身体的各个部分。
Xīnzàng bǎ xuèyè yùnsòng zhì shēntǐ de gè ge bùfen.
심장은 피를 신체의 각 부분으로 보낸다.

心脏 xīnzàng 명 심장 **运送** yùnsòng 동 보내다, 운송하다

잠깐 血가 단독으로 쓰일 때는 xiě로 발음하고, 다른 어휘와 결합해서 쓰일 때는 xuè로 발음한다.

시험에 이렇게 나온다!

짝꿍 표현 血를 활용한 다양한 출제 표현들을 알아 둔다.

血液 xuèyè 혈액, 피 **献血** xiànxuè 헌혈하다

★★★ = 출제율 최상 ★★ = 출제율 상

20 摸 ★★
mō

동 만지다, 쓰다듬다, 더듬다

这条围巾摸起来很光滑。(술어)
Zhè tiáo wéijīn mō qǐlai hěn guānghuá.
이 스카프는 만져보면 매우 매끄럽다.

围巾 wéijīn 명 스카프, 목도리 **光滑** guānghuá 형 매끄럽다

21 洒 ★★
sǎ

동 엎지르다, 뿌리다

小孩子把冰激凌洒在刚擦好的地板上。
Xiǎoháizi bǎ bīngjīlíng sǎzài gāng cāhǎo de dìbǎn shang.
아이는 아이스크림을 방금 다 닦은 바닥 위에 엎질렀다.

冰激凌 bīngjīlíng 명 아이스크림 **擦** cā 동 바르다, 닦다
地板 dìbǎn 명 바닥, 마루

시험에 이렇게 나온다!

쓰기 洒는 쓰기 1부분에서 '把+대상+洒在(술어+在)+장소'의 把자문 형태를 완성하는 문제의 제시어로 자주 출제된다.

22 脖子 ★★
bózi

명 목

我的脖子疼了好几天了，你帮我看一下。
Wǒ de bózi téngle hǎo jǐ tiān le, nǐ bāng wǒ kàn yíxià.
제 목이 며칠째 아픕니다, 한번 봐주세요.

시험에 이렇게 나온다!

유의어 **脖子 : 嗓子**(sǎngzi, 목청)

脖子는 사람 신체의 목 부분을 가리킨다.
他伸着脖子看我在做什么。
Tā shēnzhe bózi kàn wǒ zài zuò shénme.
그는 목을 내밀고 내가 무엇을 하는지 본다.

嗓子는 '목청'이라는 발성 기관을 가리킨다.
妹妹有个好嗓子，唱歌很好听。
Mèimei yǒu ge hǎo sǎngzi, chànggē hěn hǎotīng.
여동생은 좋은 목청을 가지고 있어서, 노래를 부르는 것이 매우 듣기 좋다.

23 **踩** ★★
cǎi

동 **밟다, 짓밟다**

술어

地上厚厚的雪踩起来很松软。
Dì shang hòuhòu de xuě cǎi qǐlai hěn sōngruǎn.
땅 위의 두툼한 눈을 밟으면 푹신하다.

松软 sōngruǎn 형 푹신하다, 부드럽다

24 **肩膀** ★★
jiānbǎng

명 **어깨**

妈妈拍着女儿的肩膀安慰了她几句。
Māma pāizhe nǚ'ér de jiānbǎng ānwèile tā jǐ jù.
엄마는 딸의 어깨를 다독이며 몇 마디 위로하셨다.

拍 pāi 동 다독이다, 두드리다 **安慰** ānwèi 동 위로하다

25 **悄悄** ★★
qiāoqiāo

부 **조용히, 몰래**

朋友悄悄地在我耳边说了一些秘密。
Péngyou qiāoqiāo de zài wǒ ěrbian shuōle yìxiē mìmì.
친구는 조용히 내 귀에 대고 비밀들을 말했다.

秘密 mìmì 명 비밀

시험에 이렇게 나온다!

유의어 **悄悄 : 偷偷(tōutōu, 몰래)**

悄悄는 '소리'에 중점을 둔 어휘로, 너무 큰 소리를 내지 않아서 다른 사람들로 하여금 듣게 하거나 다른 사람들에게 영향을 주는 것을 원치 않는 것을 뜻한다.

为了不影响其他同学学习，他悄悄地走出教室。
Wèile bù yǐngxiǎng qítā tóngxué xuéxí, tā qiāoqiāo de zǒuchū jiàoshì.
학교 친구들이 공부하는 것에 영향을 주지 않기 위해, 그는 조용히 교실을 나갔다.

偷偷는 '동작'에 중점을 둔 어휘로, 동작이 다른 사람에게 발견되기를 바라지 않는 것을 뜻한다.

这件事是我偷偷告诉妈妈的。
Zhè jiàn shì shì wǒ tōutōu gàosu māma de.
이 일은 내가 몰래 엄마에게 알려 드린 거야.

26 **脑袋**
nǎodai

명 **머리, 두뇌**

술어

弟弟歪着脑袋想是谁偷吃了他的蛋糕。
Dìdi wāizhe nǎodai xiǎng shì shéi tōu chīle tā de dàngāo.
남동생은 머리를 비스듬히 한 채 누가 그의 케이크를 몰래 먹었는지를 생각했다.

歪 wāi 형 비스듬하다, 기울다 **偷** tōu 부 몰래 동 훔치다

27 **装**
zhuāng

동 **담다, 포장하다, ~인 체하다**

这个包能装得下我们所有的行李。
Zhè ge bāo néng zhuāng de xià wǒmen suǒyǒu de xíngli.
이 가방은 우리의 모든 짐을 담을 수 있어.

对于你不太了解的事情，不要不懂装懂。
Duìyú nǐ bú tài liǎojiě de shìqing, bú yào bù dǒng zhuāng dǒng.
네가 잘 모르는 일에 대해서는, 모르는데 아는 척하지 말아라.

行李 xíngli 명 짐

28 **断**
duàn

동 **자르다, 끊다**

电脑线被调皮的弟弟给剪断了。
Diànnǎoxiàn bèi tiáopí de dìdi gěi jiǎnduàn le.
컴퓨터 선이 장난스러운 남동생에 의해 가위로 잘려졌다.

调皮 tiáopí 형 장난스럽다 **剪** jiǎn 명 가위

시험에 이렇게 나온다!

짝꿍표현 断을 활용한 다양한 출제 표현들을 알아 둔다.
剪断 jiǎnduàn (가위로) 자르다
打断 dǎduàn 끊다

29 **挥**
huī

동 **흔들다, 휘두르다**

妈妈站在家门口微笑着向我挥了挥手。 (술어)
Māma zhànzài jiā ménkǒu wēixiàozhe xiàng wǒ huīle huī shǒu.
엄마는 집 문 앞에서 서서 미소를 지으며 나를 향해 손을 흔드셨다.

微笑 wēixiào 동 미소를 짓다 명 미소

시험에 이렇게 나온다!

쓰기 挥는 挥手의 형태로 자주 사용된다. 쓰기 2부분에서 'A 向 B 挥手 동사 (A는 B를 향해 손을 흔들며 ~하다)'라는 표현을 사용하면 쉽게 작문할 수 있다.

我向他挥手说了以后再见。
Wǒ xiàng tā huīshǒu shuōle yǐhòu zàijiàn.
나는 그에게 손을 흔들어 다음에 보자고 말했다.

30 **插**
chā

동 **꽂다, 끼우다**

现在越来越多的人喜欢上了插花艺术。
Xiànzài yuèláiyuè duō de rén xǐhuan shàngle chā huā yìshù.
현재 점점 많은 사람들이 꽃꽂이 예술을 좋아하고 있다.

艺术 yìshù 명 예술

31 **蹲**
dūn

동 **쪼그리고 앉다**

孩子们蹲在地上玩沙子。
Háizimen dūnzài dì shang wán shāzi.
아이들은 바닥에 쪼그리고 앉아 모래를 가지고 논다.

沙子 shāzi 명 모래

32 **骨头**
gǔtou

명 **뼈다귀, 뼈**

主人给狗扔了一块大骨头。
Zhǔrén gěi gǒu rēngle yí kuài dà gǔtou.
주인은 개에게 큰 뼈다귀를 하나 던져 주었다.

主人 zhǔrén 명 주인 **扔** rēng 동 던지다

33 **滚**
gǔn

동 **구르다, 뒹굴다, 굴리다**

偶尔会有石头滚下来，所以爬山时要注意安全。 술어
Ǒu'ěr huì yǒu shítou gǔn xiàlai, suǒyǐ páshān shí yào zhùyì ānquán.
간혹 돌멩이가 굴러 떨어질 수 있으니, 등산할 때 안전에 주의하세요.
偶尔 ǒu'ěr 부 간혹 형 우발적인 **安全** ānquán 명 안전 형 안전하다

34 **喊**
hǎn

동 **소리치다, 고함치다**

因为受不了弟弟的干扰，我向他喊了一声。
Yīnwèi shòubuliǎo dìdi de gānrǎo, wǒ xiàng tā hǎnle yì shēng.
남동생의 방해를 견딜 수 없어서, 나는 그에게 소리쳤다.
干扰 gānrǎo 동 방해하다

시험에 이렇게 나온다!

유의어 **喊 : 叫**(jiào, 소리치다)
喊은 사람이 크게 소리치는 것을 나타낸다.
大声喊 dàshēng hǎn 크게 소리치다
邻居喊他。 Línjū hǎn tā. 이웃이 그를 크게 부른다.
叫는 소리의 크기에 상관없이 사람이나 동물이 외치는 소리를 나타낸다.
小声叫 xiǎoshēng jiào 작은 목소리로 소리치다.
狗叫声 gǒu jiàoshēng 개 짖는 소리

35 **后背**
hòubèi

명 **등**

最好的站姿是抬头、挺胸、挺直后背。
Zuìhǎo de zhànzī shì tái tóu、tǐng xiōng、tǐngzhí hòubèi.
서 있을 때의 가장 좋은 자세는 머리를 들고, 가슴을 펴고, 등을 곧게 펴는 것이다.
姿 zī 명 자세, 자태 **抬** tái 동 들다, 들어올리다
挺 tǐng 동 (몸이나 신체를) 펴다 부 매우 **胸** xiōng 명 가슴

36 **厘米**
límǐ

양 **센티미터(cm)**

那个小孩今年长高了20厘米。
Nà ge xiǎohái jīnnián zhǎnggāole èrshí límǐ.
그 아이는 올해 20센티미터 자랐다.

37 甩
shuǎi

동 흔들다, 휘두르다, 내던지다

一只小狗甩着尾巴向我跑过来了。(술어)
Yì zhī xiǎogǒu shuǎizhe wěibā xiàng wǒ pǎo guòlai le.
강아지 한 마리가 꼬리를 흔들며 나에게 뛰어왔다.

尾巴 wěibā 명 꼬리

38 瞧
qiáo

동 보다, 들여다보다

你们快瞧他那呆呆的表情。
Nǐmen kuài qiáo tā nà dāidāi de biǎoqíng.
너희들 빨리 그의 저 멍한 표정을 봐봐.

呆呆 dāidāi 형 멍한 모양 表情 biǎoqíng 명 표정

39 撕
sī

동 (손으로) 찢다, 뜯다

我新买的书被同学撕坏了。
Wǒ xīn mǎi de shū bèi tóngxué sīhuài le.
내가 새로 산 책이 학교 친구로 인해서 찢어졌다.

40 胸
xiōng

명 가슴

挺起胸深呼吸，就不会那么紧张了。
Tǐngqǐ xiōng shēn hūxī, jiù bú huì nàme jǐnzhāng le.
가슴을 펴고 깊게 호흡하면, 그렇게 긴장되지는 않을 거야.

挺 tǐng 동 (몸이나 신체를) 펴다 부 매우
呼吸 hūxī 동 호흡하다 紧张 jǐnzhāng 형 긴장하다

41 牙齿
yáchǐ

명 이빨, 치아

在很久以前，人们用动物的牙齿做了装饰品。
Zài hěn jiǔ yǐqián, rénmen yòng dòngwù de yáchǐ zuòle zhuāngshìpǐn.
아주 오래전에, 사람들은 동물의 이빨로 장식품을 만들었다.

装饰品 zhuāngshìpǐn 명 장식품

42 **摇**
yáo

동 **젓다, 흔들다**

她摇摇头拒绝了朋友的请求。 (술어)
Tā yáoyao tóu jùjuéle péngyou de qǐngqiú.
그녀는 머리를 저으며 친구의 부탁을 거절했다.

拒绝 jùjué 동 거절하다 **请求** qǐngqiú 명 부탁, 요구 동 부탁하다

43 **咬**
yǎo

동 **물다, 깨물다**

我咬了一口面包就匆忙出门了。
Wǒ yǎole yì kǒu miànbāo jiù cōngmáng chūmén le.
나는 빵을 한 입 물고 분주하게 집을 나섰다.

匆忙 cōngmáng 형 분주하다, 급하다

시험에 이렇게 나온다!

짝꿍 표현 咬를 활용한 출제 표현을 알아 둔다.
咬一口 yǎo yì kǒu 한 입 물다

44 **睁**
zhēng

반의어
闭 bì
동 (눈을) 감다, 닫다

동 **(눈을) 크게 뜨다**

朋友讲的故事把她给吓得睁不开眼睛了。
Péngyou jiǎng de gùshi bǎ tā gěi xià de zhēng bu kāi yǎnjīng le.
친구가 말한 이야기는 그녀가 눈을 크게 뜨지 못할 정도로 놀라게 했다.

吓 xià 동 놀라게 하다, 놀래다

45 **撞**
zhuàng

동 **부딪치다, 충돌하다**

她不小心撞到了对面过来的人。
Tā bù xiǎoxīn zhuàngdàole duìmiàn guòlai de rén.
그녀는 조심하지 않아서 맞은편에서 오는 사람과 부딪쳤다.

연습문제 **체크체크!**

제시된 각 단어의 뜻을 오른쪽 보기에서 찾아 줄을 그어 보세요.

01 心脏	ⓐ 따다, 떼다
02 姿势	ⓑ 심장
03 摘	ⓒ 담다, 포장하다, ~인 체하다
04 逃	ⓓ 자세, 포즈
05 装	ⓔ 젓다, 흔들다
06 摇	ⓕ 도망치다, 달아나다

문장을 읽고 빈칸에 들어갈 단어를 찾아 적어 보세요.

ⓐ 咬 ⓑ 挥 ⓒ 行为 ⓓ 捡

07 大家都很佩服她的 ______________ 。

08 夏天我们很容易被蚊子 ______________ 。

09 朋友们离别时向对方 ______________ 了手。

10 我把毛巾 ______________ 起来放到柜子里了。

정답 : 01 ⓑ 02 ⓓ 03 ⓐ 04 ⓕ 05 ⓒ 06 ⓔ 07 ⓒ 08 ⓐ 09 ⓑ 10 ⓓ

* 07~10번 문제 해석은 해커스 중국어(china.Hackers.com)에서 무료로 제공합니다.

HSK 5급 시험에 나오는 고난도 어휘

☑ 잘 외워지지 않는 단어는 박스에 체크하여 복습하세요.

🎧 고난도 어휘 집중 암기_05.mp3

□ *哀叹	āitàn	동 한탄하다, 애탄하다
□ 奔跑	bēnpǎo	동 빨리 달리다, 분주히 다니다
□ 打翻	dǎfān	동 때려 엎다, 뒤집어 엎다
□ 掉落	diàoluò	동 떨어지다
□ *发放	fāfàng	동 추방하다, 유배하다
□ 干扰 6급	gānrǎo	동 방해하다
□ *毁损	huǐsǔn	동 훼손하다, 손상하다
□ 加快	jiākuài	동 가속하다, 속도를 내다
□ 立体 6급	lìtǐ	형 입체적인
□ 跑动	pǎodòng	동 달리다, 뛰다
□ 漂	piǎo	동 (물로) 헹구다, 가시다, 씻어 내다
□ 频频	pínpín	부 빈번히, 자꾸
□ 却步	quèbù	동 뒷걸음질치다, 물러서다
□ 热身运动	rèshēn yùndòng	준비 운동
□ 认知能力	rènzhī nénglì	인지능력
□ 撒	sǎ	동 흩뿌리다
□ 嗓音	sǎngyīn	명 목소리, 음성
□ 身心	shēnxīn	명 신체와 정신, 몸과 마음
□ 伸直	shēnzhí	동 곧게 펴다
□ 体温	tǐwēn	명 체온

*표는 오른쪽 페이지의 <중국 문화와 역사>에 포함된 단어입니다.

□	体型	tǐxíng	명 체형
□	心跳	xīntiào	동 심장이 뛰다
□	血液	xuèyè	명 혈액, 피
□	咬一口	yǎo yì kǒu	한 입 물다
□	运送	yùnsòng	동 운송하다, 보내다
□	辗转	zhǎnzhuǎn	동 (몸을) 뒤척이다, 뒤척거리다, 많은 사람들을 거치다
□	逐	zhú	동 쫓다, 몰아 내다
□	转动	zhuǎndòng	동 움직이다, 활동하다
□	注视 6급	zhùshì	동 주시하다, 주의하여 보다
□	组装	zǔzhuāng	동 조립하다

알고 가면 시험이 쉬워지는 <중국 문화와 역사>

애국 시인 屈原(Qū Yuán, 굴원)과 *端午节(Duānwǔjié, 단오절)의 풍습

중국에서는 端午节에 쫑즈(粽子)라는 음식을 먹고 용선 경기를 하는 풍습이 있어요. 전설에 따르면 이는 애국 시인 屈原으로부터 유래한 것이라고 해요.

屈原은 초나라 시대의 시인으로 나라를 위해 致力(zhìlì)했지만 결국에는 양쯔강 이남의 소택지로 *发放(fāfàng)을 당하게 돼요. 이때, 그는 초나라가 처한 상황을 *哀叹(āitàn)하며 음력 5월 5일 端午节에 胸(xiōng)에 돌을 안고 멱라강에 뛰어들어 생을 마감하게 됩니다. 그를 사랑하던 인근 주민들은 물고기가 그의 시신을 *毁损(huǐsǔn)하지 못하게 하도록 강물에 쌀을 洒(sǎ)하고, 배를 划(huá)하며 그의 시신을 찾아 다녔어요.

그 후부터, 중국에는 端午节에 屈原을 기리기 위해 쌀로 만든 쫑즈를 먹거나, 용선 경기를 하는 풍습이 생겼답니다.

胸 xiōng 명 가슴 **洒** sǎ 동 엎지르다, 뿌리다 **划** huá 동 (배를) 젓다, 긁히다

DAY

06

HSK5급 단어장

건강이 최고야

건강 · 질병

주제를 알면 HSK가 보인다!

HSK 5급에서는 스트레스 치료 방법이나 질병으로 수술을 해야 하는 상황 등과 관련된 내용이 자주 출제돼요. 따라서 '수술', '심리', '초래하다', '치료하다'처럼 건강·질병 관련 단어들을 집중적으로 학습하면 이러한 문제를 쉽게 풀 수 있어요.

단어, 예문 MP3

현대인이라면 누구나!

선생님, 갑자기 머리가 지끈지끈 아프고, 힘도 없고, 속도 울렁거려요.
한번 보죠.
슥-

흠… 恢复가 어렵겠어요.
手术해야 되나요?

아뇨. 하지만 治疗가 쉽지 않아요. 心理적 원인으로 导致된 신종 질병이라…
부…불치병인가요?

월요병입니다. 극단적인 치료 방법으론 일요일에 출근하는 방법도 있고, 또…
워.. 월요병..

05 **恢复** huīfù 동 회복하다, 회복되다

04 **治疗** zhìliáo 동 치료하다

03 **导致** dǎozhì 동 초래하다, 야기하다

01 **手术** shǒushù 명 수술

02 **心理** xīnlǐ 명 심리, 기분

01 **手术** ★★★
shǒushù

명 **수술**

爷爷昨天接受了一场大手术。 (술어: 接受)
Yéye zuótiān jiēshòule yì chǎng dà shǒushù.
할아버지는 어제 큰 수술을 받으셨다.

接受 jiēshòu 동 받다

시험에 이렇게 나온다!

짝꿍 표현 **手术**를 활용한 다양한 출제 표현들을 알아 둔다.
手术服 shǒushùfú 수술복 **做手术** zuò shǒushù 수술을 하다
接受手术 jiēshòu shǒushù 수술을 받다
手术结果 shǒushù jiéguǒ 수술 결과

02 **心理** ★★★
xīnlǐ

명 **심리, 기분**

最近越来越多的人开始关注心理健康。
Zuìjìn yuèláiyuè duō de rén kāishǐ guānzhù xīnlǐ jiànkāng.
최근 점점 많은 사람들이 심리 건강에 관심을 가지기 시작했다.

关注 guānzhù 동 관심을 가지다

03 **导致** ★★★
dǎozhì

동 **초래하다, 야기하다**

不注意休息容易导致生病。
Bú zhùyì xiūxi róngyì dǎozhì shēngbìng.
휴식에 유의하지 않으면 병을 초래하기 쉽다.

시험에 이렇게 나온다!

독해 독해 1부분에서는 지문의 빈칸에 들어갈 적절한 어휘를 보기에서 선택하는 문제가 출제된다. 이때, **导致**은 아래와 같은 동사들과 함께 보기로 자주 출제된다.
等于 děngyú 동 ~과 같다 **达到** dádào 동 도달하다
组成 zǔchéng 동 구성하다 **造成** zàochéng 동 조성하다

04 **治疗** ★★★
zhìliáo

동 **치료하다**

술어

大夫说他的病需要住院治疗。
Dàifu shuō tā de bìng xūyào zhùyuàn zhìliáo.
의사가 그의 병은 입원해서 치료할 필요가 있다고 말했다.

住院 zhùyuàn 동 입원하다

05 **恢复** ★★★
huīfù

동 **회복하다, 회복되다**

手术后我的身体恢复得很快。
Shǒushù hòu wǒ de shēntǐ huīfù de hěn kuài.
수술 후 내 몸은 매우 빠르게 회복되었다.

手术 shǒushù 명 수술

시험에 이렇게 나온다!

듣기 **恢复**와 관련된 출제 표현들을 함께 알아 둔다.
手术 shǒushù 명 수술 　 **状态** zhuàngtài 명 상태

06 **状态** ★★★
zhuàngtài

명 **상태**

坚持运动对保持健康的状态很有帮助。
Jiānchí yùndòng duì bǎochí jiànkāng de zhuàngtài hěn yǒu bāngzhù.
운동을 꾸준히 하는 것은 건강한 상태를 유지하는 데에 도움이 된다.

坚持 jiānchí 동 꾸준히 하다 　 **保持** bǎochí 동 유지하다, 지키다

시험에 이렇게 나온다!

빡공 표현 **状态**를 활용한 다양한 출제 표현들을 알아 둔다.
紧张状态 jǐnzhāng zhuàngtài 긴장 상태
调整状态 tiáozhěng zhuàngtài 상태를 조절하다

07 呼吸 ★★★

hūxī

동 **호흡하다**

在外面呼吸新鲜空气，头疼好了很多。 (술어)

Zài wàimiàn hūxī xīnxiān kōngqì, tóuténg hǎole hěn duō.

밖에서 신선한 공기를 호흡하니, 두통이 많이 나아졌다.

시험에 이렇게 나온다!

짝꿍표현 呼吸를 활용한 다양한 출제 표현들을 알아 둔다.

呼吸道 hūxīdào 호흡기관 **呼吸法** hūxīfǎ 호흡법

08 刺激 ★★★

cìjī

동 **자극하다, 자극시키다** 명 **자극** 형 **자극적이다**

吃这么辣的东西会刺激到你的胃。

Chī zhème là de dōngxi huì cìjī dào nǐ de wèi.

이렇게 매운 것을 먹으면 네 위를 자극할 수 있어.

我的鼻子受不了花粉的刺激。

Wǒ de bízi shòubuliǎo huāfěn de cìjī.

내 코는 꽃가루의 자극을 견디지 못한다.

肚子疼就别吃太刺激的食物了。

Dùzi téng jiù bié chī tài cìjī de shíwù le.

배가 아프면 너무 자극적인 음식은 먹지 마.

胃 wèi 명 위 **花粉** huāfěn 명 꽃가루 **食物** shíwù 명 음식물

09 疲劳 ★★★

píláo

형 **피곤하다, 지치다**

看了一天的书让我的眼睛很疲劳。

Kànle yì tiān de shū ràng wǒ de yǎnjīng hěn píláo.

하루 종일 책을 보니 내 눈이 피곤해졌다.

잠깐 疲劳는 형용사이지만 명사처럼 쓰이기도 한다.

시험에 이렇게 나온다!

쓰기 疲劳는 쓰기 2부분 99번에서 제시어로 자주 출제된다. 이때, 'A 让/使 B 很疲劳(A는 B를 피곤하게 한다)'라는 표현을 사용하면 쉽게 작문할 수 있다.

짝꿍표현 疲劳를 활용한 출제 표현을 알아 둔다.

对 A 感到疲劳 duì A gǎndào píláo A에 대해 피로를 느끼다

缓解疲劳 huǎnjiě píláo 피로를 완화시키다

★★★ = 출제율 최상 ★★ = 출제율 상

10 **相关** ★★★

xiāngguān

동의어

有关 yǒuguān

동 관계가 있다

동 (서로) 관련되다

술어

这种药用于治疗与心脏相关的疾病。

Zhè zhǒng yào yòng yú zhìliáo yú xīnzàng xiāngguān de jíbìng.

이 약은 심장과 관련된 질병을 치료하는 데에 사용된다.

治疗 zhìliáo 동 치료하다 **心脏** xīnzàng 명 심장

疾病 jíbìng 명 질병

11 **消化** ★★★

xiāohuà

동 소화하다

充分喝水有助于消化。

Chōngfèn hē shuǐ yǒuzhù yú xiāohuà.

물을 충분히 마시면 소화에 도움이 된다.

充分 chōngfèn 부 충분히 형 충분하다

잠깐 消化는 동사이지만 명사처럼 쓰이기도 한다.

시험에 이렇게 나온다!

빡공 표현 **消化**를 활용한 다양한 출제 표현들을 알아 둔다.

促进消化 cùjìn xiāohuà 소화하는 것을 촉진하다

消化食物 xiāohuà shíwù 음식물을 소화하다

消化器官 xiāohuà qìguān 소화기관

12 **健身** ★★★

jiànshēn

동 헬스하다, 몸을 건강하게 하다

我每天定时去健身房锻炼身体。

Wǒ měitiān dìngshí qù jiànshēnfáng duànliàn shēntǐ.

나는 매일 정해진 시간에 헬스장에 가서 신체를 단련하고 있어.

健身房 jiànshēnfáng 명 헬스장, 헬스 클럽

시험에 이렇게 나온다!

빡공 표현 **健身**을 활용한 다양한 출제 표현들을 알아 둔다.

健身房 jiànshēnfáng 헬스장

健身教练 jiànshēn jiàoliàn 헬스 트레이너

健身设备 jiànshēn shèbèi 피트니스 시설

13 过敏 ★★
guòmǐn

동 알레르기 반응을 보이다 형 예민하다

我对这种药过敏，所以不能吃。 (→술어)
Wǒ duì zhè zhǒng yào guòmǐn, suǒyǐ bù néng chī.
나는 이런 종류의 약에 알레르기 반응을 보이기 때문에, 먹을 수 없어요.

你别太过敏了，她也不是故意的。
Nǐ bié tài guòmǐnle, tā yě bú shì gùyì de.
너무 예민해하지 마, 그녀도 고의는 아니었어.

故意 gùyì 부 고의로, 일부러

시험에 이렇게 나온다!

듣기 过敏과 관련된 출제 표현들을 함께 알아 둔다.

药 yào 명 약　　花粉 huāfěn 명 꽃가루
皮肤 pífū 명 피부　　鼻子 bízi 명 코

빡공표현 过敏을 활용한 다양한 출제 표현들을 알아 둔다.

对 A 过敏 duì A guòmǐn A에 대해 알레르기 반응을 보이다
皮肤过敏 pífū guòmǐn 피부 알레르기

14 明显 ★★
míngxiǎn

형 뚜렷하다, 분명하다

医生开的这个感冒药效果很明显。
Yīshēng kāi de zhè ge gǎnmàoyào xiàoguǒ hěn míngxiǎn.
의사가 처방해 준 이 감기약의 효과는 매우 뚜렷하다.

시험에 이렇게 나온다!

쓰기 明显은 쓰기 1부분에서 '주어+很明显(부사어+술어)'의 기본 형태 혹은 '주어+明显(부사어)+比+비교대상'의 비교문 형태를 완성하는 문제의 제시어로 자주 출제된다.

这次考试明显比上次的难。
Zhè cì kǎoshì míngxiǎn bǐ shàng cì de nán.
이번 시험은 저번보다 분명히 어렵다.

빡공표현 明显을 활용한 다양한 출제 표현들을 알아 둔다.

效果明显 xiàoguǒ míngxiǎn 효과가 뚜렷하다
明显作用 míngxiǎn zuòyòng 분명한 작용

15 **奇迹** ★★

qíjì

명 **기적**

他能恢复得这么好是个奇迹。

Tā néng huīfù de zhème hǎo shì ge qíjì.

그가 이만큼 좋게 회복된 것은 기적이다.

恢复 huīfù 동 회복하다

시험에 이렇게 나온다!

독해 독해 1부분에서는 지문의 빈칸에 들어갈 적절한 어휘를 보기에서 선택하는 문제가 출제된다. 이때, **奇迹**는 아래와 같은 어휘들과 함께 보기로 자주 출제된다.

祝福 zhùfú 동 축복하다　　**运气** yùnqi 명 운, 운수

意外 yìwài 형 의외이다 명 의외의 사고

쓰기 **奇迹**는 쓰기 1부분에서 '주어+술어+관형어+**奇迹**(목적어)'의 기본 형태를 완성하는 문제의 제시어로 자주 출제된다.

16 **救护车** ★★

jiùhùchē

명 **구급차**

救护车不到十分钟就到了。

Jiùhùchē bú dào shí fēnzhōng jiù dào le.

구급차는 10분이 채 안 되어 바로 도착했다.

17 **预防** ★★

yùfáng

동 **예방하다**

比起生病后治疗，更重要的是预防。

Bǐqǐ shēngbìng hòu zhìliáo, gèng zhòngyào de shì yùfáng.

병이 생긴 이후에 치료하는 것보다, 더 중요한 것은 예방하는 것이다.

治疗 zhìliáo 동 치료하다

시험에 이렇게 나온다!

짝꿍표현 **预防**을 활용한 다양한 출제 표현들을 알아 둔다.

预防感冒 yùfáng gǎnmào 감기를 예방하다

预防疾病 yùfáng jíbìng 질병을 예방하다

预防受伤 yùfáng shòushāng 부상을 예방하다

18 **伤害** ★★

shānghài

동 **손상시키다, 상처를 주다, 해치다**

술어

长期处在太阳下的话，皮肤会受到伤害。

Chángqī chǔzài tàiyáng xia de huà, pífū huì shòudào shānghài.

장시간 태양 아래 있으면, 피부는 손상을 받을 수 있다.

长期 chángqī 명 장시간

19 **晕** ★★

yūn / yùn

형 **어지럽다** 동 **멀미하다, 현기증이 나다**

我现在头很晕，想休息一会儿。

Wǒ xiànzài tóu hěn yūn, xiǎng xiūxi yíhuìr.

나는 지금 머리가 어지러워서, 잠시 쉬고 싶어.

她因为晕车一直在出冷汗。

Tā yīnwèi yùnchē yìzhí zài chū lěnghàn.

그녀는 차멀미 때문에 계속 식은땀을 흘리고 있다.

出冷汗 chū lěnghàn 식은땀을 흘리다

잠깐 晕은 yūn으로 발음하면 형용사와 동사로 모두 쓰일 수 있지만, yùn으로 발음하면 동사로만 쓸 수 있다.

시험에 이렇게 나온다!

짝꿍표현 晕을 활용한 다양한 출제 표현들을 알아 둔다.

晕车 yùnchē 차멀미하다 **晕过去** yūn guòqu 정신을 잃다

头晕眼花 tóuyūn yǎnhuā 머리가 어지럽고 눈앞이 캄캄하다

20 **弱** ★★

ruò

형 **약하다, 허약하다**

身体比较弱的人更应该多健身。

Shēntǐ bǐjiào ruò de rén gèng yīnggāi duō jiànshēn.

신체가 비교적 약한 사람은 더욱 몸을 건강하게 해야 한다.

健身 jiànshēn 동 몸을 건강하게 하다, 헬스하다

시험에 이렇게 나온다!

짝꿍표현 弱를 활용한 다양한 출제 표현들을 알아 둔다.

瘦弱 shòuruò (몸이) 마르고 허약하다

弱小 ruòxiǎo 약소하다 **强弱** qiángruò 강약, 세기

减弱 jiǎnruò (힘, 기세 등이) 약해지다, 쇠약해지다

21 **有利** ★★
yǒulì

형 이롭다, 유리하다

(술어)
我认为好的饮食习惯有利于身体健康。
Wǒ rènwéi hǎo de yǐnshí xíguàn yǒulì yú shēntǐ jiànkāng.
나는 좋은 식습관이 신체 건강에 이롭다고 생각한다.

饮食 yǐnshí 동 음식을 먹고 마시다 명 음식

22 **补充** ★★
bǔchōng

동 보충하다, 추가하다

吃什么才可以更好地补充营养?
Chī shénme cái kěyǐ gèng hǎo de bǔchōng yíngyǎng?
무엇을 먹어야 영양을 더 잘 보충할 수 있을까요?

营养 yíngyǎng 명 영양

23 **扶** ★★
fú

동 부축하다, 일으키다

爸爸扶奶奶去医院看病了。
Bàba fú nǎinai qù yīyuàn kànbìng le.
아빠는 할머니를 부축하여 병원에 모시고 가서 진료를 받으셨다.

看到摔在地上的老人，他马上就去扶了。
Kàndào shuāi zài dì shang de lǎorén, tā mǎshàng jiù qù fú le.
바닥에 넘어진 노인을 보자, 그는 바로 가서 일으켰다.

摔 shuāi 동 넘어지다

24 **看望** ★★
kànwàng

동 방문하다, 문안하다

我明天要去看望一个住院的朋友。
Wǒ míngtiān yào qù kànwàng yí ge zhùyuàn de péngyou.
나는 내일 병원에 입원한 친구를 방문하러 갈 것이다.

住院 zhùyuàn 동 입원하다

25 **传染** ★★
chuánrǎn

동 전염하다, 전염시키다

我的感冒好像是被他传染的。
Wǒ de gǎnmào hǎoxiàng shì bèi tā chuánrǎn de.
내 감기는 아마도 그에게서 전염된 것 같아.

26 改善 ★★
gǎishàn

동 **개선하다**

술어

我们可以通过运动来改善健康状态。
Wǒmen kěyǐ tōngguò yùndòng lái gǎishàn jiànkāng zhuàngtài.
우리는 운동을 통해 건강 상태를 개선할 수 있다.

状态 zhuàngtài 명 상태

시험에 이렇게 나온다!

짝꿍표현 改善을 활용한 다양한 출제 표현들을 알아 둔다.
改善生活 gǎishàn shēnghuó 생활을 개선하다
改善环境 gǎishàn huánjìng 환경을 개선하다

27 救 ★★
jiù

동 **구하다, 구조하다**

那个有名的医生救了很多病人。
Nà ge yǒumíng de yīshēng jiùle hěn duō bìngrén.
그 유명한 의사는 많은 환자들을 구했다.

시험에 이렇게 나온다!

짝꿍표현 救를 활용한 다양한 출제 표현들을 알아 둔다.
急救 jíjiù 응급치료를 하다
急救中心 jíjiù zhōngxīn 응급센터

28 挂号 ★★
guàhào

동 **접수하다, 등록하다**

如果你要看病，请先去一楼挂号。
Rúguǒ nǐ yào kànbìng, qǐng xiān qù yī lóu guàhào.
만약 당신이 진료를 받으시려면, 먼저 1층에 가서 접수하세요.

시험에 이렇게 나온다!

듣기 듣기에서는 대화를 듣고 화자나 제3자가 있거나 가려는 장소를 묻는 문제가 출제된다. 이때, **挂号**가 대화에서 언급되면 **医院**(병원)이 정답으로 자주 출제된다.

짝꿍표현 挂号를 활용한 다양한 출제 표현들을 알아 둔다.
挂号处 guàhàochù 접수처
排队挂号 páiduì guàhào 줄을 서서 접수하다

★★★ = 출제율 최상 ★★ = 출제율 상

29 **危害** ★★
wēihài

동 해를 끼치다 명 해, 손상

술어

吸烟危害健康，你还是别抽烟了。
Xīyān wēihài jiànkāng, nǐ háishi bié chōuyān le.
흡연은 건강에 해를 끼치니까, 당신은 담배를 피우지 않는 것이 좋겠어요.

长期失眠的状态会对身体有危害。
Chángqī shīmián de zhuàngtài huì duì shēntǐ yǒu wēihài.
오랜 기간 잠을 이루지 못하는 상태는 몸에 해가 될 수 있다.

吸烟 xīyān 동 흡연하다 **抽烟** chōuyān 동 담배를 피우다
失眠 shīmián 동 잠을 이루지 못하다 **状态** zhuàngtài 명 상태

30 **失眠** ★★
shīmián

명 불면증 동 잠을 이루지 못하다

对有些人来说，喝咖啡会导致失眠。
Duì yǒuxiē rén lái shuō, hē kāfēi huì dǎozhì shīmián.
어떤 사람들에게 있어서, 커피를 마시면 불면증을 야기한다.

失眠时喝杯热牛奶或者茶水可以帮助睡眠。
Shīmián shí hē bēi rè niúnǎi huòzhě cháshuǐ kěyǐ bāngzhù shuìmián.
잠을 이루지 못할 때 따뜻한 우유나 차를 한 잔 마시는 것은 수면에 도움을 줄 수 있다.

导致 dǎozhì 동 야기하다, 초래하다 **睡眠** shuìmián 명 수면

시험에 이렇게 나온다!

독해 **失眠**과 관련된 출제 표현을 함께 알아 둔다.
睡眠 shuìmián 명 수면

짝꿍 표현 **失眠**을 활용한 다양한 출제 표현들을 알아 둔다.
引起失眠 yǐnqǐ shīmián 불면증을 야기하다
导致失眠 dǎozhì shīmián 불면증을 야기하다

31 **打喷嚏**
dǎ pēntì

재채기를 하다

我看你一直在打喷嚏，难道感冒了吗？
Wǒ kàn nǐ yìzhí zài dǎ pēntì, nándào gǎnmàole ma?
내가 너를 보니 계속 재채기를 하고 있는데, 혹시 감기 걸린 것 아니니?

难道 nándào 부 혹시 ~란 말인가?

32 **病毒**
bìngdú

명 **바이러스**

现在流行的病毒会导致鼻子过敏。
Xiànzài liúxíng de bìngdú huì dǎozhì bízi guòmǐn.
현재 유행하는 바이러스는 코에 알레르기 반응을 야기시킬 수 있다.

导致 dǎozhì 동 야기하다, 초래하다
过敏 guòmǐn 동 알레르기 반응을 보이다 형 과민하다

잠깐 病毒는 '컴퓨터 바이러스'라는 의미로도 쓰인다.

시험에 이렇게 나온다!

짝꿍표현 病毒를 활용한 출제 표현을 알아 둔다.
病毒性感冒 bìngdúxìng gǎnmào 독감

33 **戒**
jiè

동 **끊다**

请你按大夫的话戒烟吧。
Qǐng nǐ àn dàifu de huà jièyān ba.
부디 의사의 말에 따라 담배를 끊으세요.

34 **发抖**
fādǒu

동 **떨다, 떨리다**

昨天天气冷得让我一直发抖。
Zuótiān tiānqì lěng de ràng wǒ yìzhí fādǒu.
어제 날씨는 나를 계속 떨게 할 만큼 추웠다.

35 **急诊**
jízhěn

명 **응급 진료, 급진** 동 **응급 진료하다**

昨晚妈妈带弟弟去医院看了急诊。
Zuó wǎn māma dài dìdi qù yīyuàn kànle jízhěn.
어젯밤에 엄마가 동생을 데리고 병원에 가서 응급 진료를 받았어.

医院打电话通知丈夫有病人需要急诊。
Yīyuàn dǎ diànhuà tōngzhī zhàngfu yǒu bìngrén xūyào jízhěn.
병원에서는 남편에게 전화를 걸어 응급 진료하는 것이 필요한 환자가 있다고 알렸다.

及时 jíshí 부 즉시 형 때가 맞다 **通知** tōngzhī 동 알리다, 통지하다

36 **内科**
nèikē

명 **내과**

消化不良的时候一般去内科看病。 (看病 → 술어)
Xiāohuà bùliáng de shíhou yìbān qù nèikē kànbìng.
소화불량일 때 일반적으로 내과에 가서 진료받는다.

시험에 이렇게 나온다!

듣기 독해 병원의 진료 과목과 관련된 다양한 어휘들을 체크해 두자.

外科 wàikē 외과
皮肤科 pífūkē 피부과
眼科 yǎnkē 안과
妇产科 fùchǎnkē 산부인과
精神科 jīngshénkē 정신과
耳鼻咽喉科 ěrbíyānhóukē 이비인후과

37 **去世**
qùshì

동 **세상을 뜨다**

爷爷去世的消息令小明伤心地流泪了。
Yéye qùshì de xiāoxi lìng Xiǎo Míng shāngxīn de liúlèi le.
할아버지가 세상을 떠나셨다는 소식은 샤오밍이 상심하여 눈물을 흘리게 했다.

流泪 liúlè 동 눈물을 흘리다

38 **寿命**
shòumìng

명 **수명, 목숨**

健康的生活习惯对人的寿命产生好的影响。
Jiànkāng de shēnghuó xíguàn duì rén de shòumìng chǎnshēng hǎo de yǐngxiǎng.
건강한 생활 습관은 사람의 수명에 좋은 영향을 생기게 한다.

产生 chǎnshēng 동 생기다

39 **吐**
tù

동 **토하다**

我最近胃不舒服，一吃东西就想吐。
Wǒ zuìjìn wèi bù shūfu, yì chī dōngxi jiù xiǎng tù.
나는 최근 위가 불편해서, 음식을 먹으면 토하고 싶다.

胃 wèi 명 위

40 **吸收**
xīshōu

동 **흡수하다**

(술어 → 有)

通过饮食吸收丰富的营养是很有必要的。
Tōngguò yǐnshí xīshōu fēngfù de yíngyǎng shì hěn yǒu bìyào de.
음식을 통해서 풍부한 영양을 흡수하는 것은 꼭 필요한 것이다.

饮食 yǐnshí 명 음식 동 음식을 먹고 마시다
营养 yíngyǎng 명 영양 **必要** bìyào 형 필요하다 명 필요성

41 **痒**
yǎng

형 **가렵다**

我皮肤过敏，痒得要死。
Wǒ pífū guòmǐn, yǎng de yàosǐ.
내 피부가 알레르기 반응을 보여서, 가려워 죽을 지경이다.

皮肤 pífū 명 피부
过敏 guòmǐn 동 알레르기 반응을 보이다 형 과민하다

42 **瞎**
xiā

동 **실명하다** 부 **제멋대로, 함부로**

一次意外的事故使他眼睛瞎了。
Yí cì yìwài de shìgù shǐ tā yǎnjing xiā le.
한 차례 뜻밖의 사고는 그의 눈을 실명시켰다.

听他们瞎说真是让人头疼。
Tīng tāmen xiā shuō zhēnshi ràng rén tóuténg.
그들이 제멋대로 떠들어대는 소리를 듣는 것은 정말 사람을 머리 아프게 한다.

意外 yìwài 명 불의의 사고 형 의외이다 **事故** shìgù 명 사고

[43] **着凉**

zháoliáng

동의어

感冒 gǎnmào

명 감기

동 감기에 걸리다

동 **감기 걸리다, 바람을 맞다**

술어

出门前系上围巾，别着凉了。

Chūmén qián jìshang wéijīn, bié zháoliáng le.

밖에 나가기 전에 목도리를 해, 감기 걸리지 말고.

系 jì 동 매다, 묶다 **围巾** wéijīn 명 목도리, 스카프

[44] **诊断**

zhěnduàn

동 **진단하다**

身体不舒服时尽量及时接受医院的诊断。

Shēntǐ bù shūfu shí jǐnliàng jíshí jiēshòu yīyuàn de zhěnduàn.

몸이 아플 때는 가능한 한 즉시 병원의 진단을 받아야 한다.

尽量 jǐnliàng 부 가능한 한 **及时** jíshí 부 즉시 형 때가 맞다

시험에 이렇게 나온다!

짝꿍 표현 **诊断**을 활용한 다양한 출제 표현들을 알아 둔다.

诊断结果 zhěnduàn jiéguǒ 진단 결과

自我诊断 zìwǒ zhěnduàn 자가 진단

연습문제 **체크체크!**

제시된 각 단어의 뜻을 오른쪽 보기에서 찾아 줄을 그어 보세요.

01 病毒　　　　ⓐ 알레르기 반응을 보이다, 예민하다

02 过敏　　　　ⓑ 초래하다, 야기하다

03 健身　　　　ⓒ 헬스하다, 몸을 건강하게 하다

04 导致　　　　ⓓ 이롭다, 유리하다

05 有利　　　　ⓔ 심리, 기분

06 心理　　　　ⓕ 바이러스

문장을 읽고 빈칸에 들어갈 단어를 찾아 적어 보세요.

ⓐ 疲劳　　ⓑ 吸收　　ⓒ 补充　　ⓓ 恢复

07 爷爷的身体 ______ 到了健康的状态。

08 长时间看电脑会引起眼睛的 ______。

09 睡午觉是可以 ______ 睡眠的好方法之一。

10 我们可以通过各种食物 ______ 不同的营养。

정답 : 01 ⓕ 02 ⓐ 03 ⓒ 04 ⓑ 05 ⓓ 06 ⓔ 07 ⓓ 08 ⓐ 09 ⓒ 10 ⓑ

* 07~10번 문제 해석은 해커스 중국어(china.Hackers.com)에서 무료로 제공합니다.

HSK 5급 시험에 나오는 고난도 어휘

☑ 잘 외워지지 않는 단어는 박스에 체크하여 복습하세요.

고난도 어휘 집중 암기_06.mp3

□	补睡	bǔ shuì	잠을 보충하다
□	出冷汗	chū lěnghàn	식은땀이 나다
□	毒性	dúxìng	명 독성
□	*二手烟	èrshǒuyān	명 간접 흡연, 2차 흡연
□	概率	gàilǜ	명 확률
□	功效 6급	gōngxiào	명 효율, 효능, 효과
□	挂号处	guàhàochù	명 접수처
□	含有	hányǒu	동 함유하다
□	患	huàn	동 (병에) 걸리다 명 재난
□	*疾病 6급	jíbìng	명 질병, 병
□	健身房	jiànshēnfáng	명 헬스장, 헬스 클럽
□	*禁烟	jìnyān	명 금연 동 흡연을 금하다
□	抗衰老	kàngshuāilǎo	항노화, 안티에이징
□	清醒 6급	qīngxǐng	형 (머리가) 맑고 깨끗하다, 명백하다 동 (의식이나 정신 등을) 차리다
□	神经 6급	shénjīng	명 신경
□	失聪	shīcōng	동 청력을 잃다
□	睡眠	shuìmián	명 수면 동 수면하다
□	损害	sǔnhài	동 (이익, 건강, 명예 등을) 손상시키다, 손해를 주다
□	糖尿病	tángniàobìng	명 당뇨병
□	头晕眼花	tóuyūnyǎnhuā	머리가 어지럽고 눈이 침침하다

*표는 오른쪽 페이지의 <중국 문화와 역사>에 포함된 단어입니다.

□ 维生素 6급	wéishēngsù	명 비타민
□ 卧床	wòchuáng	동 (나이가 들어가 질병으로 인해) 침대에 눕다
□ *吸烟	xīyān	동 흡연하다
□ 献血	xiànxuè	동 헌혈하다
□ 有益	yǒuyì	동 유익하다, 도움이 되다
□ 有助于	yǒuzhù yú	~에 도움이 되다, ~에 유용하다
□ 增强	zēngqiáng	동 강화하다, 높이다
□ 症结	zhēngjié	명 (중국 의학에서의) 적취, 적기, 응어리
□ 治愈	zhìyù	동 치유하다, 완치하다
□ 住院	zhùyuàn	동 입원하다

알고 가면 시험이 쉬워지는 <중국 문화와 역사>

'*吸烟(xīyān) 천국' 중국, 불명예를 벗기 위한 노력

수많은 *疾病(jíbìng)을 导致(dǎozhì)하는 흡연! 흡연은 자신에게뿐만 아니라 *二手烟(èrshǒuyān)으로 주위의 다른 사람들의 건강에도 나쁜 영향을 끼치는데요, 중국에서는 흡연으로 인해 한 해에도 많은 사람들이 건강상의 문제를 호소해왔어요.

이러한 문제를 改善(gǎishàn)하기 위해 중국 정부에서는 많은 노력을 기울이고 있어요. 과거에는 식당, 길거리, 정류장 근처에서 담배를 피울 수 있었지만, 최근 중국 정부에서는 전국적으로 공공장소에서의 흡연을 금지하고, 다양한 *禁烟(jìnyān) 캠페인을 시행 중이라고 해요. 이러한 중국 정부의 노력으로 현재는 흡연 인구가 明显(míngxiǎn)하게 감소하고 있답니다.

다양한 방법으로 흡연 문화를 개선하고 있는 중국! '흡연 천국'이라는 불명예를 벗을 수 있기를 기대해 봅니다!

导致 dǎozhì 동 초래하다, 야기하다 **改善** gǎishàn 동 개선하다 **明显** míngxiǎn 형 뚜렷하다, 분명하다

DAY

07

HSK5급 단어장

오늘 뭐하지?

취미 · 여가

주제를 알면 HSK가 보인다!

HSK 5급에서는 취미 활동을 하는 이유나 여가 시간을 보내는 방법과 관련된 내용이 자주 출제돼요. 따라서 '박물관', '정신', '~을 잘하다', '활기차다'처럼 취미·여가 관련 단어들을 집중적으로 학습하면 이러한 문제를 쉽게 풀 수 있어요.

단어, 예문 MP3

이상한 나들이

01 **博物馆** bówùguǎn 명 박물관

02 **精神** jīngshén 명 정신

04 **活跃** huóyuè 형 (행동이) 활기차다 동 활기차게 하다

05 **观察** guānchá 동 관찰하다

03 **善于** shànyú 동 ~을 잘하다, ~에 능숙하다

01 **博物馆** ★★★
bówùguǎn

명 **박물관**

술어
这星期六我跟朋友要去参观博物馆。
Zhè xīngqīliù wǒ gēn péngyou yào qù cānguān bówùguǎn.
이번 주 토요일에 나와 친구는 박물관에 견학을 갈 것이다.

参观 cānguān 동 견학하다, 참관하다

시험에 이렇게 나온다!

빡꿍표현 **博物馆**을 활용한 다양한 출제 표현들을 알아 둔다.
纸币博物馆 zhǐbì bówùguǎn 지폐 박물관
故宫博物馆 gùgōng bówùguǎn 고궁 박물관
军事博物馆 jūnshì bówùguǎn 군사 박물관

02 **精神** ★★★
jīngshén

명 **정신**

适当的爱好有利于精神健康。
Shìdàng de àihào yǒulì yú jīngshén jiànkāng.
적당한 취미는 정신 건강에 이롭다.

适当 shìdàng 형 적당하다, 알맞다 **有利** yǒulì 형 이롭다, 유리하다

03 **善于** ★★★
shànyú

동 **~을 잘하다, ~에 능숙하다**

我善于利用业余时间锻炼身体。
Wǒ shànyú lìyòng yèyú shíjiān duànliàn shēntǐ.
나는 여가 시간을 이용하여 신체 단련하는 것을 잘한다.

利用 lìyòng 동 이용하다 **业余** yèyú 형 여가의, 아마추어의

시험에 이렇게 나온다!

쓰기 **善于**는 쓰기 1부분에서 술목구를 목적어로 취하는 형태를 완성하는 문제의 제시어로 자주 출제된다.
她善于解决问题。 Tā shànyú jiějué wèntí.
그녀는 문제를 해결하는 것에 능숙하다.

04 **活跃** ★★★
huóyuè

형 (행동이) 활기차다　동 활기차게 하다

술어

自从学会打乒乓球后，小明变得比以前更活跃。
Zìcóng xuéhuì dǎ pīngpāngqiú hòu, Xiǎo Míng biàn de bǐ yǐqián gèng huóyuè.
탁구를 배운 뒤부터, 샤오밍은 전보다 더 활기차게 변했다.

鼓励人们旅行是活跃国内经济的好办法。
Gǔlì rénmen lǚxíng shì huóyuè guónèi jīngjì de hǎo bànfǎ.
사람들에게 여행을 장려하는 것은 국내 경제를 활기차게 하는 좋은 방법이다.

自从 zìcóng 개 ~부터　**鼓励** gǔlì 동 장려하다, 격려하다
国内 guónèi 명 국내　**经济** jīngjì 명 경제

05 **观察** ★★★
guānchá

동 관찰하다

弟弟喜欢去动物园观察动物的活动。
Dìdi xǐhuan qù dòngwùyuán guānchá dòngwù de huódòng.
남동생은 동물원에 가서 동물의 활동을 관찰하는 것을 좋아한다.

시험에 이렇게 나온다!

짝꿍 표현　观察를 활용한 다양한 출제 표현들을 알아 둔다.
细心观察 xìxīn guānchá 세심하게 관찰하다
仔细观察 zǐxì guānchá 자세하게 관찰하다
观察能力 guānchá nénglì 관찰 능력

06 **太极拳** ★★★
tàijíquán

명 태극권

爷爷每天早上都去公园打太极拳。
Yéye měitiān zǎoshang dōu qù gōngyuán dǎ tàijíquán.
할아버지는 매일 아침 공원에 가서 태극권을 하신다.

07 **广场** ★★★
guǎngchǎng

명 **광장**

很多老人正在广场上跳广场舞。 (跳: 술어)
Hěn duō lǎorén zhèngzài guǎngchǎng shang tiào guǎngchǎngwǔ.
많은 노인들이 광장에서 광장무를 추고 있다.

广场舞 guǎngchǎngwǔ 명 광장무

08 **晒** ★★★
shài

동 **햇볕을 쬐다, 햇볕에 말리다**

她正躺在沙滩上晒太阳。
Tā zhèng tǎngzài shātān shang shài tàiyáng.
그녀는 마침 모래사장 위에 누워서 햇볕을 쬐고 있다.

正 zhèng 부 마침 형 바르다 **躺** tǎng 동 눕다
沙滩 shātān 명 모래사장

시험에 이렇게 나온다!

짝꿍 표현 **晒**를 활용한 다양한 출제 표현들을 알아 둔다.
晒太阳 shài tàiyang 햇볕을 쬐다
晾晒 liàngshài 햇볕에 널어 말리다
防晒霜 fángshàishuāng 자외선 차단제
防晒工作 fángshài gōngzuò 자외선 차단 작업

09 **球迷** ★★★
qiúmí

명 **축구팬**

球迷们十分期待即将举行的比赛。
Qiúmímen shífēn qīdài jíjiāng jǔxíng de bǐsài.
축구팬들은 곧 열리는 경기를 매우 기대하고 있다.

期待 qīdài 동 기대하다 **即将** jíjiāng 부 곧, 머지않아
举行 jǔxíng 동 열다, 개최하다

10 **疯狂** ★★★
fēngkuáng

형 **미치다**

我以前疯狂地迷上过打篮球。
Wǒ yǐqián fēngkuáng de míshangguo dǎ lánqiú.
나는 이전에 미친 듯이 농구에 빠졌었다.

迷 mí 동 빠지다, 심취하다

11 **业余** ★★★
yèyú

형 **여가의, 아마추어의**

술어

她在业余时间当服装模特。
Tā zài yèyú shíjiān dāng fúzhuāng mótè.
그녀는 여가 시간에 패션모델을 한다.

他虽然只是业余运动员，但水平和专业运动员一样高。
Tā suīrán zhǐshì yèyú yùndòngyuán, dàn shuǐpíng hé zhuānyè yùndòngyuán yíyàng gāo.
그는 비록 아마추어 운동선수이지만, 수준은 프로 운동선수만큼 높다.

服装模特 fúzhuāng mótè 명 패션모델 **专业** zhuānyè 명 프로, 전공

시험에 이렇게 나온다!

짝꿍표현 业余를 활용한 다양한 출제 표현들을 알아 둔다.
业余时间 yèyú shíjiān 여가 시간
业余水平 yèyú shuǐpíng 아마추어 수준

12 **展览** ★★★
zhǎnlǎn

명 **전시, 전람** 동 **전시하다, 전람하다**

这段时间博物馆在举办特别展览。
Zhè duàn shíjiān bówùguǎn zài jǔbàn tèbié zhǎnlǎn.
이 기간 동안 박물관은 특별 전시를 개최하고 있다.

这幅画以前展览过几次。
Zhè fú huà yǐqián zhǎnlǎnguo jǐ cì.
이 그림은 이전에 여러 번 전시되었다.

博物馆 bówùguǎn 명 박물관 **举办** jǔbàn 동 개최하다, 열다
幅 fú 양 폭[그림, 사진 등을 세는 단위]

13 **程度** ★★★
chéngdù

명 **정도, 수준**

你对钢琴的熟练程度绝对不止业余水平！
Nǐ duì gāngqín de shúliàn chéngdù juéduì bùzhǐ yèyú shuǐpíng!
당신의 피아노에 대한 숙련된 정도는 절대로 아마추어 수준에 그치지 않네요!

熟练 shúliàn 형 숙련되다, 능숙하다 **绝对** juéduì 부 절대로 형 절대적인
不止 bùzhǐ 동 그치지 않다 **业余** yèyú 형 아마추어의, 여가의

14 **此外** ★★★
cǐwài

접 **이 밖에, 이 외에**

我非常喜欢读书，此外，我也很喜欢打网球。 (술어)
Wǒ fēicháng xǐhuan dúshū, cǐwài, wǒ yě hěn xǐhuan dǎ wǎngqiú.
나는 책을 읽는 것을 매우 좋아하는데, 이 밖에도, 테니스 치는 것도 좋아한다.

15 **反而** ★★★
fǎn'ér

부 **오히려, 도리어, 반대로**

有些兴趣爱好不但没有坏处，反而可以让人变得活跃。
Yǒuxiē xìngqù àihào búdàn méiyǒu huàichu, fǎn'ér kěyǐ ràng rén biàn de huóyuè.
어떤 취미들은 해로운 점이 없을 뿐만 아니라, 오히려 사람을 활기차게 한다.

坏处 huàichu 명 해로운 점, 나쁜 점
活跃 huóyuè 동 활기차게 하다 형 활기차다

시험에 이렇게 나온다!

짝꿍표현 反而을 활용한 출제 표현을 알아 둔다.
不但 A, **反而** B búdàn A, fǎn'ér B A할 뿐만 아니라, 오히려 B하다

16 **假如** ★★★
jiǎrú

동의어
如果 rúguǒ
접 만약, 만일

접 **만약, 만일, 가령**

假如他不想去看展览，就我们俩去吧。
Jiǎrú tā bù xiǎng qù kàn zhǎnlǎn, jiù wǒmen liǎ qù ba.
만약 그가 전시를 보러 가고 싶어하지 않으면, 우리 둘이 가자.

展览 zhǎnlǎn 명 전시 동 전람하다, 전시하다

시험에 이렇게 나온다!

짝꿍표현 假如는 주로 '假如 A, 就/那(么) B' 형태로 출제된다. 이때, A는 가정을 나타내고, B는 가정한 것에 대한 결과를 나타낸다.
假如 A, **就/那(么)** B jiǎrú A, jiù/nà(me) B 만약 A라면, B이다

17 **宴会** ★★★

yànhuì

명 **파티, 연회**

她参加的舞蹈俱乐部将在这周六举行宴会。 (술어)

Tā cānjiā de wǔdǎo jùlèbù jiāng zài zhè zhōuliù jǔxíng yànhuì.

그녀가 참가하는 댄스 동호회에서는 이번 주 토요일에 파티를 열 것이다.

舞蹈 wǔdǎo 명 댄스, 춤 동 춤추다 **俱乐部** jùlèbù 명 동호회, 클럽
举行 jǔxíng 동 열다, 개최하다

18 **简直** ★★★

jiǎnzhí

부 **정말로, 그야말로**

近一年来他每周末都坚持运动，简直太让人佩服了。

Jìn yì nián lái tā měi zhōumò dōu jiānchí yùndòng, jiǎnzhí tài ràng rén pèifú le.

근 1년간 그는 매주 주말마다 꾸준히 운동을 하는데, 정말로 그에게 감탄스럽다.

坚持 jiānchí 동 꾸준히 하다, 굳게 지키다
佩服 pèifú 동 감탄하다, 탄복하다

시험에 이렇게 나온다!

독해 독해 1부분에서는 지문의 빈칸에 들어갈 적절한 어휘를 보기에서 선택하는 문제가 출제된다. 이때, **简直**은 아래와 같은 부사들과 함께 보기로 자주 출제된다.

反而 fǎn'ér 부 오히려 **幸亏** xìngkuī 부 다행히
竟然 jìngrán 부 뜻밖에도, 의외로
忽然 hūrán 부 갑자기, 문득

19 **象棋** ★★★

xiàngqí

명 **장기**

我的爷爷教了妹妹怎么下好象棋。

Wǒ de yéye jiāole mèimei zěnme xiàhǎo xiàngqí.

나의 할아버지께서는 여동생에게 어떻게 하면 장기를 잘 둘 수 있는지 가르치셨다.

20 **利用** ★★
lìyòng

동 **이용하다**

她利用休息时间看了今天的新闻。 (看: 술어)
Tā lìyòng xiūxi shíjiān kànle jīntiān de xīnwén.
그녀는 휴식 시간을 이용하여 오늘의 뉴스를 보았다.

시험에 이렇게 나온다!

쓰기 **利用**은 쓰기 1부분에서 '주어+**利用**(술어1)+목적어1+술어2+목적어2'의 연동문 형태를 완성하는 문제의 제시어로 자주 출제된다.

21 **体验** ★★
tǐyàn

동 **체험하다**

我的父母一到假期就带我去体验最新科技。
Wǒ de fùmǔ yí dào jiàqī jiù dài wǒ qù tǐyàn zuìxīn kējì.
우리 부모님은 방학 기간만 되면 나를 데리고 최신 과학 기술을 체험하러 가셨다.

假期 jiàqī 명 방학 기간, 휴가 기간 **科技** kējì 명 과학 기술

22 **钓** ★★
diào

동 **낚시하다, 낚다**

我一般在周末的时候会去郊区钓鱼。
Wǒ yìbān zài zhōumò de shíhou huì qù jiāoqū diàoyú.
나는 보통 주말에 교외에 가서 낚시를 한다.

郊区 jiāoqū 명 교외, 시외

23 **家乡** ★★
jiāxiāng

동의어
故乡 gùxiāng
명 고향

명 **고향**

我们打算下周回家乡陪陪父母。
Wǒmen dǎsuan xià zhōu huí jiāxiāng péipei fùmǔ.
우리는 다음 주에 고향으로 내려가 부모님과 함께 있을 예정이다.

陪 péi 동 함께 하다, 모시다

24 **享受** ★★

xiǎngshòu

동 **즐기다, 누리다, 향유하다**

有些人喜欢在咖啡店享受一个人的时间。

술어

Yǒuxiē rén xǐhuan zài kāfēidiàn xiǎngshòu yí ge rén de shíjiān.

어떤 이들은 커피숍에서 혼자만의 시간을 즐기는 것을 좋아한다.

시험에 이렇게 나온다!

짝꿍표현 享受를 활용한 다양한 출제 표현들을 알아 둔다.

享受优惠 xiǎngshòu yōuhuì 혜택을 누리다

享受比赛 xiǎngshòu bǐsài 경기를 즐기다

享受生活 xiǎngshòu shēnghuó 생활을 즐기다

25 **乐器** ★★

yuèqì

명 **악기**

我想在暑假期间学一门乐器。

Wǒ xiǎng zài shǔjià qījiān xué yì mén yuèqì.

나는 방학 기간 때 새로운 악기를 하나 배우고 싶어.

期间 qījiān 명 기간 **门** mén 양 수업, 기술 등을 셀 때 쓰임 명 문

26 **缓解** ★★

huǎnjiě

동 **해소하다, 완화시키다**

他一般在睡前冲个热水澡来缓解疲劳。

Tā yìbān zài shuì qián chōng ge rèshuǐ zǎo lái huǎnjiě píláo.

그는 보통 잠자기 전에 따뜻한 물로 샤워를 해서 피로를 해소한다.

冲 chōng 동 물로 씻다 **澡** zǎo (몸을) 씻다

疲劳 píláo 형 피로하다, 지치다

시험에 이렇게 나온다!

짝꿍표현 缓解를 활용한 출제 표현을 알아 둔다.

缓解压力 huǎnjiě yālì 스트레스를 해소하다

27 欣赏 ★★
xīnshǎng

동 **감상하다, 마음에 들다**

술어

我常常去美术馆欣赏美术作品。
Wǒ chángcháng qù měishùguǎn xīnshǎng měishù zuòpǐn.
나는 종종 미술관에 가서 미술 작품을 감상한다.

老板向来欣赏她的能力。
Lǎobǎn xiànglái xīnshǎng tā de nénglì.
사장님은 줄곧 그녀의 능력을 마음에 들어 했다.

美术馆 měishùguǎn 명 미술관 **美术** měishù 명 미술
作品 zuòpǐn 명 작품 **老板** lǎobǎn 명 사장
向来 xiànglái 부 줄곧 **能力** nénglì 명 능력

28 失去 ★★
shīqù

동 **잃어버리다, 잃다**

他渐渐地对学乐器失去了原有的兴趣。
Tā jiànjiàn de duì xué yuèqì shīqùle yuányǒu de xìngqù.
그는 점차 악기를 배우는 것에 원래 있던 흥미를 잃어버렸다.

渐渐 jiànjiàn 부 점차, 점점 **乐器** yuèqì 명 악기
原有 yuányǒu 동 원래 있다, 고유하다

29 总之 ★★
zǒngzhī

접 **요컨대, 한마디로 말하면**

总之，适合每个人的兴趣爱好都有所不同。
Zǒngzhī, shìhé měi ge rén de xìngqù àihào dōu yǒu suǒ bù tóng.
요컨대, 각자에게 어울리는 취미생활은 모두 어느 정도 다르다.

适合 shìhé 동 어울리다, 알맞다, 적절하다

시험에 이렇게 나온다!

독해 독해 1부분에서는 지문의 빈칸에 들어갈 적절한 어휘를 보기에서 선택하는 문제가 출제된다. 이때, 总之은 아래와 같은 접속사들과 함께 보기로 자주 출제된다.

因而 yīn'ér 접 그리하여, 그래서 **与其** yǔqí 접 ~하기보다는

30 宠物 ★★
chǒngwù

명 **애완동물**

奶奶养着很多可爱的宠物。 (술어: 养)

Nǎinai yǎngzhe hěn duō kě'ài de chǒngwù.

할머니는 귀여운 애완동물들을 많이 키우고 계신다.

养 yǎng 동 키우다, 기르다

31 初级 ★★
chūjí

형 **초급의, 초등의**

这个象棋爱好者只是初级水平。

Zhè ge xiàngqí àihàozhě zhǐ shì chūjí shuǐpíng.

이 장기 애호가는 겨우 초급 수준이다.

象棋 xiàngqí 명 장기 **爱好者** àihàozhě 명 애호가

32 休闲 ★★
xiūxián

동 **한가롭게 보내다, 여가 활동을 하다**

度假村成了人们享受休闲时间的好去处。

Dùjiàcūn chéngle rénmen xiǎngshòu xiūxián shíjiān de hǎo qùchù.

휴양지는 사람들이 한가롭게 시간을 즐기는 좋은 장소가 되었다.

度假村 dùjiàcūn 명 휴양지, 리조트
享受 xiǎngshòu 동 즐기다, 누리다, 향유하다
去处 qùchù 명 장소, 행선지

잠깐 休闲은 옷과 관련해서 캐주얼하다는 의미를 나타낼 수 있다.

시험에 이렇게 나온다!

짝꿍 표현 **休闲를 활용한 출제 표현을 알아 둔다.**
休闲娱乐 xiūxián yúlè 레저 오락

33 随手 ★★
suíshǒu

부 **~하는 김에**

他进房间后随手拿起一本杂志读了起来。

Tā jìn fángjiān hòu suíshǒu náqi yì běn zázhì dúle qǐlai.

그는 방에 들어간 김에 잡지 한 권을 들고 읽기 시작했다.

杂志 zázhì 명 잡지

34 **歇** ★★
xiē

동 **쉬다, 휴식하다**

→ 술어

我们请假到国外歇几天吧。
Wǒmen qǐngjià dào guówài xiē jǐ tiān ba.
우리 휴가를 내고 외국으로 가서 며칠 쉬자.

国外 guówài 명 외국, 국외

35 **组成** ★★
zǔchéng

동 **구성하다**

这个篮球队是由十多名老年篮球爱好者组成的。
Zhè ge lánqiúduì shì yóu shí duō míng lǎonián lánqiú àihàozhě zǔchéng de.
이 농구팀은 십여 명의 노인 농구 애호가들로 구성되었다.

队 duì 명 팀, 행렬 **老年** lǎonián 명 노인, 노년
爱好者 àihàozhě 명 애호가

36 **热爱** ★★
rè'ài

동 **열렬히 좋아하다, 사랑하다**

他热爱收藏各个国家的纪念品。
Tā rè'ài shōucáng gè ge guójiā de jìniànpǐn.
그는 각 국가의 기념품을 소장하는 것을 열렬히 좋아한다.

收藏 shōucáng 동 소장하다 **纪念品** jìniànpǐn 명 기념품

37 **空闲**
kòngxián

명 **자유 시간, 여가** 형 **한가하다**

她一有空闲就去游泳馆游泳。
Tā yì yǒu kòngxián jiù qù yóuyǒngguǎn yóuyǒng.
그녀는 자유 시간이 생기면 수영장에 수영을 하러 간다.

最近我几乎没有空闲的时候。
Zuìjìn wǒ jīhū méiyǒu kòngxián de shíhòu.
최근 나는 한가한 때가 거의 없다.

几乎 jīhū 부 거의

38 **麦克风**

màikèfēng

명 **마이크**

술어

音乐一响，朋友拿起麦克风唱起了歌。

Yīnyuè yì xiǎng, péngyou náqi màikèfēng chàngqǐle gē.

음악이 나오자, 친구는 마이크를 잡고 노래를 부르기 시작했다.

响 xiǎng 동 (소리가) 나다, 울리다 형 시끄럽다

39 **唯一**

wéiyī

형 **유일한**

我唯一的爱好就是看电影。

Wǒ wéiyī de àihào jiù shì kàn diànyǐng.

나의 유일한 취미는 바로 영화 감상이다.

40 **武术**

wǔshù

명 **무술**

最近你武术练得好吗？

Zuìjìn nǐ wǔshù liàn de hǎo ma?

요즘 무술 연습은 잘 되어가니?

연습문제 **체크체크!**

제시된 각 단어의 뜻을 오른쪽 보기에서 찾아 줄을 그어 보세요.

01 享受	ⓐ 햇볕을 쬐다, 햇볕에 말리다
02 晒	ⓑ 박물관
03 业余	ⓒ 오히려, 도리어, 반대로
04 反而	ⓓ 여가의, 아마추어의
05 休闲	ⓔ 한가롭게 보내다, 여가 활동을 하다
06 博物馆	ⓕ 즐기다, 누리다, 향유하다

문장을 읽고 빈칸에 들어갈 단어를 찾아 적어 보세요.

ⓐ 太极拳　ⓑ 假如　ⓒ 缓解　ⓓ 利用

07 ________ 你不想出去打篮球，那么我们在室内玩儿吧。

08 一群老人正在广场上打 ________ 。

09 她善于 ________ 业余时间学画画。

10 每个人都有适合自己的 ________ 压力的方式。

정답 : 01 ⓕ 02 ⓐ 03 ⓓ 04 ⓒ 05 ⓔ 06 ⓑ 07 ⓑ 08 ⓐ 09 ⓓ 10 ⓒ

* 07~10번 문제 해석은 해커스 중국어(china.Hackers.com)에서 무료로 제공합니다.

HSK 5급 시험에 나오는 고난도 어휘

☑ 잘 외워지지 않는 단어는 박스에 체크하여 복습하세요.

🎧 고난도 어휘 집중 암기_07.mp3

□ 爱不释手 6급	àibúshìshǒu	성 아껴서 손에서 놓을 수 없다
□ *爱情片	àiqíngpiàn	멜로, 멜로 드라마
□ 藏书	cángshū	동 책을 소장하다 명 소장 도서
□ 出租店	chūzūdiàn	대여점
□ 打麻将	dǎ májiàng	마작을 하다
□ 度假村	dùjiàcūn	명 리조트, 휴양지
□ 多样	duōyàng	형 다양하다
□ 防晒霜	fángshàishuāng	명 자외선 차단제
□ 共享书店	gòngxiǎng shūdiàn	공유 서점(보증금을 내고 책을 무료로 빌리는 서점)
□ 广场舞	guǎngchǎngwǔ	명 광장무
□ 国内	guónèi	명 국내
□ 假期	jiàqī	명 휴가 기간, 방학 기간
□ 画展	huàzhǎn	명 그림 전시회
□ 精油	jīngyóu	명 아로마 오일
□ 快门	kuàimén	명 (사진기의) 셔터
□ 迷	mí	동 빠지다, 심취하다
□ 魔术 6급	móshù	명 마술
□ 拍摄	pāishè	동 찍다, 촬영하다
□ 棋盘	qípán	명 바둑판
□ 适度	shìdù	형 (정도가) 알맞다, 적당하다

*표는 오른쪽 페이지의 <중국 문화와 역사>에 포함된 단어입니다.

□ 收藏 6급	shōucáng	동 소장하다
□ *随时随地	suíshísuídì	언제 어디서나
□ *体裁 6급	tǐcái	명 장르, 체제
□ 舒缓	shūhuǎn	형 완만하다, 느릿하다
□ 图片	túpiàn	명 사진, 그림
□ *网剧	wǎngjù	명 웹드라마
□ 舞蹈 6급	wǔdǎo	명 춤, 무용 동 춤추다, 무용하다
□ 休闲娱乐	xiūxián yúlè	레저 오락
□ 乐队	yuèduì	명 밴드
□ 照相馆	zhàoxiàngguǎn	명 사진관

알고 가면 시험이 쉬워지는 <중국 문화와 역사>

중국, *网剧(wǎngjù)에 疯狂(fēngkuáng)하다

한국처럼 중국에서도 **网剧**를 **热爱**(rè'ài)하는 사람들이 많다는 것을 아시나요? **网剧**는 TV에서 하는 드라마와는 달리 ***随时随地**(suíshísuídì) 인터넷으로 볼 수 있기 때문에 중국 사람들은 자주 여가 시간을 이용해서 **网剧**를 본답니다.

중국에서 **网剧**는 2009년에 처음 나왔어요. 그 당시에는 하나의 **网剧**가 약 10화 정도로 적게 **组成**(zǔchéng)되었었지만, 시간이 지나면서 많게는 100편까지 늘어났어요. 그리고 초기에는 ***爱情片**(àiqíngpiàn), 코미디 장르가 대부분이었던 것에 비해, 지금은 수사물, 과학, 모험 등 다양한 ***体裁**(tǐcái)의 **网剧**가 나오고 있어요.

궁금하신가요? 여러분도 인터넷에서 재미있는 **网剧**를 경험해 보세요!

疯狂 fēngkuáng 형 미치다 **热爱** rè'ài 동 열렬히 좋아하다, 사랑하다 **组成** zǔchéng 동 구성하다

DAY

08

HSK5급 단어장

스치면 인연

사교 · 일상생활

주제를 알면 HSK가 보인다!

HSK 5급에서는 일상생활 중 인간관계에 의해 발생하는 여러 상황에 대한 문제가 자주 출제돼요. 따라서 '생기다', '교류하다', '상대방', '대응하다', '일상의'처럼 사교·일상생활 관련 단어들을 집중적으로 학습하면 이러한 문제를 쉽게 풀 수 있어요.

단어, 예문 MP3

만날 수 없는 내 친구

01 **产生** chǎnshēng [동] 생기다, 나타나다

02 **沟通** gōutōng [동] 교류하다, 소통하다

03 **对方** duìfāng [명] 상대방, 상대편

04 **对待** duìdài [동] 대응하다, 대처하다

05 **日常** rìcháng [형] 일상의, 일상적인

01 **产生** ★★★

chǎnshēng

동의어

发生 fāshēng

동 생기다

동 **생기다, 나타나다**

술어

人们容易对和自己有共同点的人产生兴趣。

Rénmen róngyì duì hé zìjǐ yǒu gòngtóngdiǎn de rén chǎnshēng xìngqù.

사람들은 자신과 공통점이 있는 사람에게 쉽게 흥미가 생긴다.

共同点 gòngtóngdiǎn 명 공통점

시험에 이렇게 나온다!

유의어 产生 : 生产(shēngchǎn, 생산하다)

产生은 동작의 주체가 사람 및 사물일 수 있으며, 목적어는 대부분 추상 명사이다.

产生影响 chǎnshēng yǐngxiǎng 영향이 생기다

产生效果 chǎnshēng xiàoguǒ 효과가 생기다

生产은 동작의 주체가 회사, 공장, 기계 등의 시스템과 관련된 명사만 올 수 있으며, 목적어는 대부분 구체적인 명사이다.

工业生产 gōngyè shēngchǎn 공업 생산

生产设备 shēngchǎn shèbèi 설비를 생산하다

02 **沟通** ★★★

gōutōng

동 **교류하다, 소통하다**

在现代，人们习惯用互联网与其他人沟通。

Zài xiàndài, rénmen xíguàn yòng hùliánwǎng yǔ qítārén gōutōng.

현대에, 사람들은 인터넷을 사용하여 다른 사람들과 교류하는 것에 익숙하다.

现代 xiàndài 명 현대

시험에 이렇게 나온다!

짝꿍 표현 沟通을 활용한 다양한 출제 표현들을 알아 둔다.

沟通能力 gōutōng nénglì 교류 능력

沟通方式 gōutōng fāngshì 교류 방식

和/与 A 沟通 hé/yǔ A gōutōng A와 소통하다

★★★ = 출제율 최상 ★★ = 출제율 상

03 **对方** ★★★
duìfāng

명 **상대방, 상대편**

술어

说话时应该考虑是否会让对方感到不舒服。
Shuōhuà shí yīnggāi kǎolǜ shìfǒu huì ràng duìfāng gǎndào bù shūfu.
말할 때에는 상대방이 불편함을 느끼는 것은 아닌지 고려해야 한다.

考虑 kǎolǜ 동 고려하다 **是否** shìfǒu ~인지 아닌지

04 **对待** ★★★
duìdài

동 **대응하다, 대처하다**

我们要用积极的态度对待生活。
Wǒmen yào yòng jījí de tàidu duìdài shēnghuó.
우리는 적극적인 태도로 생활에 대응해야 한다.

积极 jījí 형 적극적이다 **态度** tàidu 명 태도

05 **日常** ★★★
rìcháng

형 **일상의, 일상적인**

她善于从简单的日常生活中发现有趣的事。
Tā shànyú cóng jiǎndān de rìcháng shēnghuó zhōng fāxiàn yǒuqù de shì.
그녀는 간단한 일상생활 중에서 재미있는 일을 발견하는 것을 잘한다.

善于 shànyú 동 ~을 잘하다 **有趣** yǒuqù 형 재미있다, 흥미롭다

06 **年纪** ★★★
niánjì

명 **나이, 연령**

他在这一群人里年纪最大。
Tā zài zhè yì qún rén li niánjì zuì dà.
그는 이 무리에서 나이가 가장 많다.

群 qún 양 무리

07 **建立** ★★
jiànlì

동 **형성하다, 세우다**

술어

他们在大学时期就建立了深厚的友情。
Tāmen zài dàxué shíqī jiù jiànlìle shēnhòu de yǒuqíng.
그들은 대학 시기에 깊고 두터운 우정을 형성했다.

过了几年，他们终于回家乡建立了一所学校。
Guòle jǐ nián, tāmen zhōngyú huí jiāxiāng jiànlìle yì suǒ xuéxiào.
몇 년이 지나서, 그들은 마침내 고향으로 돌아가 학교를 하나 세웠다.

时期 shíqī 명 시기, 때 **深厚** shēnhòu 형 (감정이) 깊고 두텁다
友情 yǒuqíng 명 우정 **家乡** jiāxiāng 명 고향

시험에 이렇게 나온다!

짝꿍표현 **建立를 활용한 다양한 출제 표현들을 알아 둔다.**
建立关系 jiànlì guānxi 관계를 형성하다
建立友谊 jiànlì yǒuyì 우정을 쌓다
建立公司 jiànlì gōngsī 회사를 세우다

08 **密切** ★★
mìqiè

형 **긴밀하다, 밀접하다** 동 **(관계를) 가깝게 하다**

几十年来他们两个人一直保持着密切的联系。
Jǐ shí nián lái tāmen liǎng ge rén yìzhí bǎochízhe mìqiè de liánxì.
몇십 년 동안 그들 두 명은 줄곧 긴밀한 관계를 유지해왔다.

这些业余活动进一步密切了同学们之间的关系。
Zhèxiē yèyú huódòng jìnyíbù mìqièle tóngxuémen zhījiān de guānxi.
이 여가 활동은 학생들의 관계를 더욱 가깝게 했다.

联系 liánxì 동 관계하다, 연락하다 **保持** bǎochí 동 유지하다
业余 yèyú 형 여가의, 아마추어의

09 **微笑** ★★

wēixiào

명 미소 동 미소를 짓다

술어

亲切的微笑可以让对方感到很舒服。

Qīnqiè de wēixiào kěyǐ ràng duìfāng gǎndào hěn shūfu.

친절한 미소는 상대방으로 하여금 편안하게 느끼게 할 수 있다.

他微笑着给客人开了门。

Tā wēixiàozhe gěi kèrén kāile mén.

그는 미소를 지으며 손님에게 문을 열어 주었다.

亲切 qīnqiè 형 친절하다, 친근하다 **对方** duìfāng 명 상대방, 상대편

10 **模仿** ★★

mófǎng

동 모방하다, 흉내 내다

小孩通过模仿大人学习很多东西。

Xiǎohái tōngguò mófǎng dàrén xuéxí hěn duō dōngxi.

아이는 어른을 모방하는 것을 통해서 많은 것을 배운다.

通过 tōngguò 개 ~을 통하여 동 통과하다

11 **深刻** ★★

shēnkè

형 (인상이) 깊다, (느낌이) 강렬하다

她幸福的笑容给我留下了深刻的印象。

Tā xìngfú de xiàoróng gěi wǒ liúxiale shēnkè de yìnxiàng.

행복한 웃음을 띤 그녀의 표정은 나에게 깊은 인상을 남겼다.

幸福 xìngfú 형 행복하다 명 행복 **印象** yìnxiàng 명 인상

시험에 이렇게 나온다!

쓰기 **深刻**는 쓰기 2부분 99번 제시어로 자주 출제된다. 이때, 어떤 추억이나 기억과 관련된 이야기를 쓰고 싶다면 아래와 같은 표현을 사용하면 쉽게 작문할 수 있다.

A **给我留下了深刻的印象** A gěi wǒ liúxiale shēnkè de yìnxiàng
A는 나에게 깊은 인상을 남겼다

빡공 표현 **深刻**를 활용한 다양한 출제 표현들을 알아 둔다.

印象深刻 yìnxiàng shēnkè 인상이 깊다
思想深刻 sīxiǎng shēnkè 생각이 깊다

12 **招待** ★★

zhāodài

동의어

接待 jiēdài

동 대접하다, 접대하다

동 **접대하다**

妈妈准备了一大桌好吃的菜招待了客人。(술어)

Māma zhǔnbèile yí dà zhuō hǎochī de cài zhāodàile kèrén.

엄마는 맛있는 요리를 상에 한가득 준비하시고 손님을 접대하셨다.

13 **吵架** ★★

chǎojià

동 **말다툼하다, 다투다**

他们总是为一件小事吵架。

Tāmen zǒngshì wèi yí jiàn xiǎo shì chǎojià.

그들은 늘 작은 일 때문에 말다툼을 한다.

14 **倒霉** ★★

dǎoméi

반의어

走运 zǒuyùn

형 운이 좋다

형 **운이 없다, 불운하다**

我没来得及看我喜欢的那场电影，倒霉透了。

Wǒ méi láidejí kàn wǒ xǐhuan de nà chǎng diànyǐng, dǎoméi tòu le.

나는 시간에 늦어서 내가 좋아하는 그 영화를 보지 못했는데, 운이 완전히 없었다.

来得及 láidejí 동 (시간에) 늦지 않다, 미칠 수 있다
透 tòu 형 완전하다, 충분하다

15 **隔壁** ★★

gébì

명 **이웃집, 이웃**

隔壁家的李老师总是很热心地教我写作业。

Gébì jiā de Lǐ lǎoshī zǒngshì hěn rèxīn de jiāo wǒ xiě zuòyè.

이웃집의 리 선생님은 항상 내가 숙제하는 것을 열심히 지도해 주신다.

热心 rèxīn 형 열심히

시험에 이렇게 나온다!

듣기 듣기에서는 대화를 듣고 화자나 제3자의 직업·신분·관계를 묻는 문제가 출제된다. 이때, 隔壁가 대화에서 언급되면 邻居(이웃)가 정답으로 자주 출제된다.

16 **逗** ★★

dòu

동 놀리다, 웃기다 형 재미있다, 우습다

술어

我只不过是逗你玩的，何必当真呢。

Wǒ zhǐ búguò shì dòu nǐ wán de, hébì dàngzhēn ne.

나는 단지 너에게 장난치려고 놀린 것 뿐인데, 진짜로 받아들일 필요가 있니?

他的话逗得大家哈哈大笑。

Tā de huà dòu de dàjiā hāhā dà xiào.

그의 말은 모두가 하하거리며 크게 웃을 정도로 웃겼다.

妹妹说的话真逗，我笑得肚子都痛了。

Mèimei shuō de huà zhēn dòu, wǒ xiào de dùzi dōu tòng le.

여동생이 한 말이 정말 재미있어서, 나는 배가 아플 정도로 웃었다.

何必 hébì 부 ~할 필요가 있는가

哈哈大笑 hāhā dà xiào 하하거리며 크게 웃다 **肚子** dùzi 명 배

시험에 이렇게 나온다!

쓰기 **逗**는 쓰기 1부분에서 '**逗+결과보어**' 형태를 완성하는 문제의 제시어로 자주 출제된다.

小明把小孩逗哭了。 Xiǎo Míng bǎ xiǎohái dòukū le.

샤오밍은 어린 아이를 놀려서 울게 만들었다.

17 **碰** ★★

pèng

동 (우연히) 만나다, 부딪치다

我在街上偶然碰到了多年没见的老同学。

Wǒ zài jiē shang ǒurán pèngdàole duō nián méi jiàn de lǎo tóngxué.

나는 거리에서 우연히 몇 년간 만나지 못했던 옛 동창생을 만났다.

偶然 ǒurán 부 우연히 형 갑작스럽다

시험에 이렇게 나온다!

빠공표현 **碰**을 활용한 다양한 출제 표현들을 알아 둔다.

碰见 pèngjiàn (우연히) 만나다, 마주치다

碰钉子 pèng dīngzi 난관에 부딪치다

18 **青春** ★★
qīngchūn

명 **청춘, 아름다운 시절**

青春期孩子的性格容易受到周围朋友的影响。
Qīngchūnqī háizi de xìnggé róngyì shòudào zhōuwéi péngyou de yǐngxiǎng.
사춘기 아이들의 성격은 주위 친구들의 영향을 받기 쉽다.

青春期 qīngchūnqī 명 사춘기 **周围** zhōuwéi 명 주위

시험에 이렇게 나온다!

빡공 표현 **青春**을 활용한 출제 표현을 알아 둔다.
青春期 qīngchūnqī 사춘기

19 **尊敬** ★★
zūnjìng

동 **존경하다** 형 **존경하는**

他乐观的生活态度值得尊敬。
Tā lèguān de shēnghuó tàidu zhíde zūnjìng.
그의 낙관적인 생활 태도는 존경할 만하다.

尊敬的老师和同学们，欢迎参加我校的毕业典礼。
Zūnjìng de lǎoshī hé tóngxuémen, huānyíng cānjiā wǒ xiào de bìyè diǎnlǐ.
존경하는 선생님과 학우 여러분, 저희 학교의 졸업식에 오신 것을 환영합니다.

态度 tàidu 명 태도 **值得** zhídé 동 ~할 만하다
毕业典礼 bìyè diǎnlǐ 명 졸업식

20 **吵** ★★
chǎo

형 **시끄럽다, 떠들썩하다** 동 **말다툼하다**

你们吵得我没办法好好学习了。
Nǐmen chǎo de wǒ méi bànfǎ hǎohāo xuéxí le.
너희가 시끄러워서 내가 열심히 공부할 수 없어.

那两个人说着说着就大吵了起来。
Nà liǎng ge rén shuōzhe shuōzhe jiù dà chǎole qǐlai.
그 두 사람은 말을 하다가 크게 말다툼하기 시작했다.

21 **承认** ★★
chéngrèn

동 **인정하다, 승인하다**

술어

弟弟承认了自己犯的错误。
Dìdi chéngrènle zìjǐ fàn de cuòwù.
남동생은 자신이 저지른 잘못을 인정했다.

犯 fàn 동 저지르다, 위반하다 **错误** cuòwù 명 잘못 형 틀리다

22 **打交道** ★★
dǎ jiāodao

사귀다, 왕래하다

老板善于和顾客打交道，所以店里有很多常客。
Lǎobǎn shànyú hé gùkè dǎ jiāodao, suǒyǐ diàn li yǒu hěn duō chángkè.
사장님은 고객과 사귀는 것을 잘해서, 가게에 많은 단골 손님이 있다.

老板 lǎobǎn 명 사장, 주인 **善于** shànyú 동 ~를 잘하다, ~에 능숙하다
常客 chángkè 명 단골 손님

23 **好客** ★★
hàokè

형 **손님 접대를 좋아하다**

他们家的人都热情好客。
Tāmen jiā de rén dōu rèqíng hàokè.
그들 집 사람들은 모두 친절하고 손님 접대를 좋아한다.

24 **借口** ★★
jièkǒu

명 **핑계, 구실** 동 **핑계를 대다, 구실로 삼다**

老为自己找借口会对人际关系产生不好的影响。
Lǎo wèi zìjǐ zhǎo jièkǒu huì duì rénjì guānxi chǎnshēng bù hǎo de yǐngxiǎng.
자신을 위해 매번 핑계를 찾는 것은 인간관계에 안 좋은 영향을 발생시킬 수 있다.

她借口离开了吵闹的房间。
Tā jièkǒu líkāile chǎonào de fángjiān.
그녀는 핑계를 대며 시끄러운 방을 빠져나갔다.

人际关系 rénjì guānxi 명 인간관계 **产生** chǎnshēng 동 발생하다, 생기다
吵闹 chǎonào 형 시끄럽다, 소란하다 동 소란을 피우다

25 **推辞** ★★
tuīcí

동 **거절하다, 사양하다**

술어

我实在不好推辞他的请求。
Wǒ shízài bù hǎo tuīcí tā de qǐngqiú.
나는 그의 부탁을 거절하는 것을 정말로 잘 못 해.

实在 shízài 부 정말로, 확실히
请求 qǐngqiú 명 부탁, 요구 동 요구하다, 부탁하다

26 **询问** ★★
xúnwèn

동 **물어보다, 알아보다**

小李询问对方是否可以接受他们提出的条件。
Xiǎo Lǐ xúnwèn duìfāng shìfǒu kěyǐ jiēshòu tāmen tíchū de tiáojiàn.
샤오리는 상대방에게 그들이 제안한 조건을 받아들일 수 있는지 물어보았다.

对方 duìfāng 명 상대방, 상대편 **是否** shìfǒu ~인지 아닌지
接受 jiēshòu 동 받아들이다
提出 tíchū 제안하다, 제출하다, 제기하다

27 **趁** ★★
chèn

개 **(어떤 조건·시간·기회 등을) 틈타서, 이용하여**

这个星期过得太累了，趁周末好好休息。
Zhè ge xīngqī guò de tài lèi le, chèn zhōumò hǎohāo xiūxi.
이번 주는 너무 힘들게 보냈으니, 주말을 틈타서 잘 쉬자.

시험에 이렇게 나온다!

독해 독해 1부분에서는 지문의 빈칸에 들어갈 적절한 어휘를 보기에서 선택하는 문제가 출제된다. 이때, **趁**은 아래와 같은 개사들과 함께 보기로 자주 출제된다.

比 bǐ 개 ~보다 **朝** cháo 개 ~를 향해서
凭 píng 개 ~에 따라

28 **握手** ★★
wòshǒu

동 **악수하다, 손을 잡다**

校长热情地握手祝贺每一个同学。
Xiàozhǎng rèqíng de wòshǒu zhùhè měi yí ge tóngxué.
교장 선생님은 친절하게 악수하며 학우 한 명 한 명을 축하해 주셨다.

祝贺 zhùhè 동 축하하다 명 축하

29 **交际** ★★

jiāojì

[동] **교제하다, 사귀다**

술어

他的交际能力强，周围有很多朋友。

Tā de jiāojì nénglì qiáng, zhōuwéi yǒu hěn duō péngyou.

그의 교제 능력은 뛰어나서, 주변에 많은 친구들이 있다.

周围 zhōuwéi [명] 주변, 주위

30 **安慰**

ānwèi

[동] **위로하다** [형] **마음이 편하다**

小红的情绪很低落，可是我不知道该如何安慰她。

Xiǎo Hóng de qíngxù hěn dīluò, kěshì wǒ bù zhīdào gāi rúhé ānwèi tā.

샤오홍의 기분이 가라앉았는데, 나는 그녀를 어떻게 위로해야 할 지 모르겠어.

有亲人在身边，我心里感到很安慰。

Yǒu qīnrén zài shēnbiān, wǒ xīnli gǎndào hěn ānwèi.

가족들이 곁에 있어서, 나는 마음속에서 편안함을 느낀다.

情绪 qíngxù [명] 기분, 정서
低落 dīluò [형] (기분 등이) 가라앉다 [동] (수위, 물가 등이) 떨어지다
如何 rúhé [대] 어떻다, 어떠하다 **亲人** qīnrén [명] 가족, 친족, 배우자

31 **称呼**

chēnghu

[동] **~(이)라고 부르다** [명] **호칭**

关系要好、无话不谈的女性朋友可以被称呼为"闺密"。

Guānxi yàohǎo、wú huà bù tán de nǚxìng péngyou kěyǐ bèi chēnghu wéi "guīmì".

사이가 좋고, 못하는 말이 없는 여성 친구는 '절친'이라고 불릴 수 있다.

"老刘"是朋友们对我父亲的亲切称呼。

"Lǎo Liú" shì péngyoumen duì wǒ fùqīn de qīnqiè chēnghu.

'라오 리우'는 우리 아버지에 대한 친구들의 친근한 호칭이다.

要好 yàohǎo [형] 사이가 좋다, 친하다 **闺密** guīmì 절친, 베프
亲切 qīnqiè [형] 친근하다, 친절하다

시험에 이렇게 나온다!

[짝꿍 표현] **被称**를 활용한 다양한 출제 표현들을 알아 둔다.

被称呼 A bèi chēnghu A A라고 불리다
被 A **称呼** B bèi A chēnghu B A에 의해 B라고 불리다

32 **单调**
dāndiào

형 **단조롭다**

술어

单调的生活有时让人觉得无趣。
Dāndiào de shēnghuó yǒushí ràng rén juéde wúqù.
단조로운 생활은 때로는 사람으로 하여금 재미없다고 느끼게 한다.

无趣 wúqù 형 재미없다, 흥미 없다

33 **妇女**
fùnǚ

명 **여성, 부녀자**

三八妇女节那天，我特地给妈妈送了一朵康乃馨。
Sān Bā Fùnǚjié nà tiān, wǒ tèdì gěi māma sòngle yì duǒ kāngnǎixīn.
3월 8일 여성의 날에, 나는 특별히 어머니께 카네이션을 한 송이 선물했다.

妇女节 Fùnǚjié 고유 여성의 날 **特地** tèdì 부 특별히, 일부러
康乃馨 kāngnǎixīn 명 카네이션

알아두면 좋은 배경지식

매년 3월 8일은 **妇女节**(여성의 날)로, 국제 노동 여성의 날, 3월 8일 여성의 날, 국제 여성의 날로도 불린다. 중국에서는 간단하게 3·8이라고 부르기도 한다. **妇女节**는 여성들의 평등과 권익을 위해 생겨난 날로, 중국에서는 1992년에 처음으로 여성의 날을 기념하기 시작했다. 중국에서는 이날 모범 여성을 선정해서 기념행사를 진행하기도 하고, 백화점 및 상점에서 여성 우대 할인 행사를 벌이기도 한다.

国际劳动妇女节 Guójì Láodòng Fùnǚjié 국제 노동 여성의 날
三八妇女节 Sān Bā Fùnǚjié 3월 8일 여성의 날
国际妇女节 Guójì Fùnǚjié 국제 여성의 날

34 **告别**
gàobié

동 **작별 인사를 하다, 이별을 고하다**

他告别家乡的亲人独自去北京上了学。
Tā gàobié jiāxiāng de qīnrén dúzì qù Běijīng shàngle xué.
그는 고향의 가족에게 작별 인사를 하고 혼자 베이징으로 가서 학교를 다녔다.

家乡 jiāxiāng 명 고향 **亲人** qīnrén 명 가족, 친족, 배우자
独自 dúzì 부 혼자, 단독으로

35 怪不得

guàibude

부 어쩐지 동 나무랄 수 없다

술어

怪不得你不高兴，原来是钱包丢了啊。
Guàibude nǐ bù gāoxìng, yuánlái shì qiánbāo diūle a.
어쩐지 네가 기분이 안 좋다 했더니, 알고 보니 지갑을 잃어버렸구나.

这个结果都是自找的，怪不得别人。
Zhè ge jiéguǒ dōu shì zìzhǎo de, guàibude biérén.
이 결과는 모두 자초한 것이니, 다른 사람을 나무랄 수 없다.

自找 zìzhǎo 자초하다, 스스로 찾다

시험에 이렇게 나온다!

짝꿍 표현 怪不得를 활용한 출제 표현을 알아 둔다.

怪不得 A, **原来** B guàibude A, yuánlái B
어쩐지 A하더니, 알고 보니 B였다

36 何必

hébì

부 ~할 필요가 있는가

只不过是一些小事，何必跟他吵架呢？
Zhǐ búguò shì yìxiē xiǎoshì, hébì gēn tā chǎojià ne?
단지 작은 일에 지나지 않는데, 그와 말다툼 할 필요가 있니?

吵架 chǎojià 동 말다툼하다

시험에 이렇게 나온다!

짝꿍 표현 何必를 활용한 출제 표현을 알아 둔다.

何必 A **呢**? hébì A ne? A할 필요가 있는가?(= A할 필요가 없다)

37 胡说

húshuō

동 헛소리하다, 허튼소리 하다 명 허튼소리

他经常胡说，所以在朋友圈里失去了信任。
Tā jīngcháng húshuō, suǒyǐ zài péngyouquān li shīqùle xìnrèn.
그가 늘 헛소리를 해서, 친구 무리에서 신임을 잃었다.

别听他的胡说，他经常乱说话。
Bié tīng tā de húshuō, tā jīngcháng luàn shuōhuà.
그의 허튼소리를 듣지 마, 그는 자주 제멋대로 얘기해.

圈 quān 명 무리 동 둘러싸다 **失去** shīqù 동 잃다, 잃어버리다
信任 xìnrèn 명 신임 **乱** luàn 부 제멋대로 형 어지럽다

38 **据说**
jùshuō

동 **듣자 하니 ~이라 한다**

술어

据说下周会举办英国文化展，有人想去吗？
Jùshuō xià zhōu huì jǔbàn Yīngguó wénhuàzhǎn, yǒu rén xiǎng qù ma?
듣자 하니 다음 주에 영국 문화전을 개최한다던데, 가고 싶은 사람 있나요?

举办 jǔbàn 동 개최하다, 열다

39 **女士**
nǚshì

명 **여사, 부인**

宴会马上就要开始了，请各位女士们入坐。
Yànhuì mǎshàng jiù yào kāishǐ le, qǐng gè wèi nǚshìmen rùzuò.
연회가 곧 시작되오니, 여사님들께서는 착석해 주시길 바랍니다.

宴会 yànhuì 명 연회 **入坐** rùzuò 동 착석하다

40 **平常**
píngcháng

동의어
平凡 píngfán
형 평범하다

반의어
特殊 tèshū
형 특수하다, 특별하다

명 **평소** 형 **평범하다**

我的同事平常不太喜欢与人交流。
Wǒ de tóngshì píngcháng bú tài xǐhuan yǔ rén jiāoliú.
나의 동료는 평소 사람들과 교류하는 것을 그다지 좋아하지 않는다.

今天也度过了平常的一天。
Jīntiān yě dùguòle píngcháng de yì tiān.
오늘도 평범한 하루를 보냈다.

交流 jiāoliú 동 교류하다 **度过** dùguò 동 보내다

41 **实话**
shíhuà

명 **솔직한 말**

说实话，你跟她到底发生了什么事？
Shuō shíhuà, nǐ gēn tā dàodǐ fāshēngle shénme shì?
솔직하게 말해 줘, 너는 그녀와 도대체 무슨 일이 생긴 거니?

到底 dàodǐ 부 도대체 **发生** fāshēng 동 생기다, 발생하다

시험에 이렇게 나온다!

짝꿍 표현 实话를 활용한 다양한 출제 표현들을 알아 둔다.
说实话 shuō shíhuà 솔직히 말하다
实话实说 shíhuà shíshuō 진실을 말하자면, 사실대로 말하자면

42 **问候**
wènhòu

동 **안부를 묻다**

我最近忙得都没时间问候您和张女士。
Wǒ zuìjìn máng de dōu méi shíjiān wènhòu nín hé Zhāng nǚshì.
저는 최근에 당신과 장 여사님의 안부를 물을 시간도 없을 만큼 바빴습니다.

女士 nǚshì 명 여사, 부인

시험에 이렇게 나온다!

유의어 **问候 : 问好**(wènhǎo, 안부를 묻다)

问候의 대상은 대부분 잘 아는 사람이며, 목적어를 가질 수 있는 동사이다.
您好好休息，我改天再来问候您。
Nín hǎohāo xiūxi, wǒ gǎitiān zàilái wènhòu nín.
잘 쉬고 계세요, 제가 다음에 안부 여쭈러 또 오겠습니다.

问好의 대상은 대부분 잘 알지 못하는 사람이며, 목적어를 가지지 못하는 이합동사이다.
请向李阿姨问好，祝她母亲节快乐！
Qǐng xiàng Lǐ āyí wènhǎo, zhù tā Mǔqīnjié kuàilè!
리씨 아주머니께 문안 드리고, 어머니의 날을 축하드려라!

43 **一再**
yízài

부 **거듭, 반복해서**

妈妈一再跟我强调不要忘记带钥匙出门。
Māma yízài gēn wǒ qiángdiào bú yào wàngjì dài yàoshi chū mén.
엄마는 나에게 열쇠를 잊지 말고 들고 나가라고 거듭 강조하셨다.

强调 qiángdiào 동 강조하다 **钥匙** yàoshi 명 열쇠

44 **长辈**
zhǎngbèi

동의어
前辈 qiánbèi
명 선배, 연장자

명 **손윗사람, 연장자**

他是长辈，所以我们应该尊重他。
Tā shì zhǎngbèi, suǒyǐ wǒmen yīnggāi zūnzhòng tā.
그는 손윗사람이시니, 우리는 그를 존중해야 한다.

尊重 zūnzhòng 동 존중하다

45 **劳驾**
láojià

동 **실례합니다, 죄송합니다**

劳驾你帮我把衣服收拾一下。
Láojià nǐ bāng wǒ bǎ yīfu shōushi yíxià.
실례하지만, 저를 도와 옷 좀 정리해 주세요.

收拾 shōushi 동 정리하다, 수습하다

연습문제 **체크체크!**

제시된 각 단어의 뜻을 오른쪽 보기에서 찾아 줄을 그어 보세요.

01 模仿	ⓐ 존경하다, 존경하는
02 承认	ⓑ 교류하다, 소통하다
03 沟通	ⓒ 어쩐지, 나무랄 수 없다
04 尊敬	ⓓ 모방하다, 흉내 내다
05 趁	ⓔ (어떤 조건·시간·기회 등을) 틈타서
06 怪不得	ⓕ 인정하다, 승인하다

문장을 읽고 빈칸에 들어갈 단어를 찾아 적어 보세요.

ⓐ 建立　ⓑ 何必　ⓒ 深刻　ⓓ 吵

07 两个人的友好关系 ______ 在他们的信任之上。

08 与父亲去钓鱼的经历给我留下了 ______ 的印象。

09 隔壁弹钢琴的声音 ______ 得我难以入睡。

10 你 ______ 为一件小事伤他的感情？

정답 : 01 ⓓ 02 ⓕ 03 ⓑ 04 ⓐ 05 ⓔ 06 ⓒ 07 ⓐ 08 ⓒ 09 ⓓ 10 ⓑ

* 07~10번 문제 해석은 해커스 중국어(china.Hackers.com)에서 무료로 제공합니다.

HSK 5급 시험에 나오는 고난도 어휘

☑ 잘 외워지지 않는 단어는 박스에 체크하여 복습하세요.

고난도 어휘 집중 암기_08.mp3

□	本身 6급	běnshēn	대 그 자신, 그 자체, 본인
□	避开	bìkāi	동 비키다, 피하다, 물러서다
□	得救	déjiù	동 구조되다
□	孤独社交	gūdú shèjiāo	고독 사교 (인터넷에서는 친구가 많으나, 현실에서는 친구가 적은 것)
□	哈哈大笑	hāhā dà xiào	하하거리며 크게 웃다
□	话题终结者	huàtízhōngjiézhě	이야기의 맥을 끊는 사람
□	给予	jǐyǔ	동 주다, 베풀다
□	快递	kuàidì	명 택배, 특급 우편
□	弄错	nòngcuò	동 실수하다, 잘못하다
□	偶遇	ǒuyù	동 우연히 만나다
□	碰见	pèngjiàn	동 (우연히) 만나다, 마주치다
□	频繁 6급	pínfán	형 잦다, 빈번하다
□	平凡 6급	píngfán	형 평범하다
□	人际关系	rénjì guānxi	명 인간관계
□	人脉	rénmài	명 인맥
□	入座	rùzuò	동 착석하다
□	善意	shànyì	명 호의, 선의
□	社交	shèjiāo	명 사교
□	*社交软件	shèjiāo ruǎnjiàn	소셜 소프트웨어
□	声响	shēngxiǎng	명 소리

*표는 오른쪽 페이지의 <중국 문화와 역사>에 포함된 단어입니다.

□ *实时	shíshí	부 실시간으로
□ 手语	shǒuyǔ	명 수화
□ 体态语言	tǐtàiyǔyán	바디랭귀지
□ *网聊	wǎngliáo	명 온라인 채팅
□ 网络语言	wǎngluòyǔyán	명 인터넷 용어
□ *微信	Wēixìn	고유 위챗(텐센트에서 출시한 메신저 프로그램)
□ 友情	yǒuqíng	명 우정
□ 脏话	zānghuà	명 상스러운 말, 욕
□ 自言自语	zìyánzìyǔ	성 혼잣말하다
□ 走运	zǒuyùn	형 운이 좋다

알고 가면 시험이 쉬워지는 <중국 문화와 역사>

중국에서의 생활을 위한 필수 *社交软件(shèjiāo ruǎnjiàn)은 무엇?

최근에 많은 사람들은 **社交软件**을 통하여 **对方**(duìfāng)과 **沟通**(gōutōng)하고, 자신의 **日常**(rìcháng) 생활을 공유하고 있어요. 그렇다면, 중국에서는 어떤 **社交软件**을 주로 사용할까요?

중국인들이 가장 많이 사용하고 있는 **社交软件**은 바로 ***微信**(Wēixìn)이에요. 위챗은 텐센트에서 출시한 애플리케이션으로, 사람들과 ***实时**(shíshí)로 ***网聊**(wǎngliáo)를 할 수 있을 뿐만 아니라 물건 결제, 택시 부르기 등의 다양한 기능을 가졌답니다.

만능 애플리케이션 **微信**, 앞으로 어떤 기능이 추가되어 소비자들에게 편의를 가져다 줄지 기대가 됩니다!

对方 duìfāng 명 상대방, 상대편 **沟通** gōutōng 동 교류하다, 소통하다 **日常** rìcháng 형 일상의, 일상적인

DAY

09

HSK5급 단어장

네 생각은?

의견 · 생각

주제를 알면 HSK가 보인다!

HSK 5급에서는 상대를 설득하는 내용이나 다른 사람과 토론을 하는 내용의 문제가 자주 출제돼요. 따라서 '어떻다', '설득하다', '관점', '갈등'처럼 의견·생각 관련 단어들을 집중적으로 학습하면 이러한 문제를 쉽게 풀 수 있어요.

단어, 예문 MP3

설득의 기술

누나는 谈判할 때,
어떻게 상대방을 说服해?

일단 상대방의 观点이
如何한지 들어 보는 게
좋지 않을까?
왜~?

내 얘기를 잘 들어주는 느낌이
들면 矛盾도 줄어들고 분위기도
相对적으로 좋아지잖아.
응응

그렇구나! 그러면 누나가 사다
놓은 치킨을 내가 지금 먹을까
하는데 어떻게 생각해?
등증 느르느르...
(당장 내려놔라...)
세젤
치킨

06 **谈判** tánpàn 동 이야기하다, 회담하다 명 회담, 대화

02 **说服** shuōfú 동 설득하다

03 **观点** guāndiǎn 명 관점

01 **如何** rúhé 대 어떻다, 어떠하다

04 **矛盾** máodùn 명 갈등, 모순 형 모순적이다

05 **相对** xiāngduì 동 (서로) 대립되다, 반대되다 형 상대적이다

01 **如何** ★★★

rúhé

동의어

怎么 zěnme
대 어떻다, 어떠하다
怎么样 zěnmeyàng
대 어떻다, 어떠하다

대 **어떻다, 어떠하다**

술어

你觉得这个菜味道如何？

Nǐ juéde zhè ge cài wèidao rúhé?

너는 이 요리의 맛이 어떻다고 생각해?

시험에 이렇게 나온다!

독해 독해 3부분에서는 지문을 읽고 질문에 알맞은 답을 선택하는 문제가 출제된다. 이때, **如何**는 지문의 중심내용을 묻는 문제에서 **如何提高学习成绩**(어떻게 학교 성적을 올리는가)와 같은 보기 형태로 자주 출제된다.

짝꿍표현 **如何**를 활용한 다양한 출제 표현들을 알아 둔다.

A **如何**?　A rúhé?　A는 어떠한가?
如何 A　rúhé A　어떻게 A하는가

02 **说服** ★★★

shuōfú

동 **설득하다**

小亮终于说服对方并解决了难题。

Xiǎo Liàng zhōngyú shuōfú duìfāng bìng jiějuéle nántí.

샤오량은 마침내 상대방을 설득하여 어려운 문제를 해결했다.

对方 duìfāng 명 상대방, 상대편

03 **观点** ★★★

guāndiǎn

명 **관점**

我也同意你这个观点。

Wǒ yě tóngyì nǐ zhè ge guāndiǎn.

나도 너의 이 관점에 동의해.

시험에 이렇게 나온다!

듣기 **观点**과 관련된 출제 표현들을 함께 알아 둔다.

同意 tóngyì 동 동의하다　　**赞成** zànchéng 동 찬성하다
反对 fǎnduì 동 반대하다

★★★ = 출제율 최상　★★ = 출제율 상

04 **矛盾** ★★★

máodùn

명 **갈등, 모순** 형 **모순적이다**

술어

很多时候可以通过对话解决双方的矛盾。

Hěn duō shíhou kěyǐ tōngguò duìhuà jiějué shuāngfāng de máodùn.

많은 경우 대화를 통해서 쌍방의 갈등을 해결할 수 있다.

她的话前后有点儿矛盾。

Tā de huà qiánhòu yǒudiǎnr máodùn.

그녀의 말은 앞뒤가 조금 모순적이다.

双方 shuāngfāng 명 쌍방, 양측

05 **相对** ★★★

xiāngduì

반의어

绝对 juéduì

형 절대적인

부 절대로

동 **(서로) 대립되다, 반대되다** 형 **상대적이다**

我们对这个问题的观点是完全相对的。

Wǒmen duì zhè ge wèntí de guāndiǎn shì wánquán xiāngduì de.

이 문제에 관한 우리의 관점은 완전히 대립된다.

我觉得南方菜相对北方菜来说清淡一些。

Wǒ juéde nánfāng cài xiāngduì běifāng cài lái shuō qīngdàn yìxiē.

나는 남방 음식이 북방 음식보다 상대적으로 좀 담백하다고 생각한다.

观点 guāndiǎn 명 관점

清淡 qīngdàn 형 담백하다, (색·냄새 등이) 은은하다

시험에 이렇게 나온다!

유의어 **相对 : 相反**(xiāngfǎn, 상반되다)

相对는 성질이 대립되거나 비교되는 관계에 있는 것을 나타낸다.

相对而言 xiāngduì ér yán 상대적으로 말하자면

相对稳定 xiāngduì wěndìng 상대적으로 안정되다

相反은 일반적으로 서로 반대되거나 어긋난 것을 나타낸다.

相反的方向 xiāngfǎn de fāngxiàng 반대 방향

相反的立场 xiāngfǎn de lìchǎng 상반된 입장

06 **谈判** ★★★
tánpàn

동 **이야기하다, 회담하다** 명 **회담, 대화**

술어
他们在谈判的过程中解决了很多矛盾。
Tāmen zài tánpàn de guòchéng zhōng jiějuéle hěn duō máodùn.
그들은 이야기하는 과정 중에서 많은 갈등들을 해결했다.

参加这次谈判的人都积极地提出了自己的看法。
Cānjiā zhè cì tánpàn de rén dōu jījí de tíchūle zìjǐ de kànfǎ.
이번 회담에 참가한 사람들은 모두 적극적으로 자신의 의견을 제기했다.

过程 guòchéng 명 과정 **矛盾** máodùn 명 갈등, 모순 형 모순적이다
积极 jījí 형 적극적이다 **提出** tíchū 제기하다

07 **双方** ★★★
shuāngfāng

명 **쌍방, 양측**

双方讨论了如何共同完成任务。
Shuāngfāng tǎolùnle rúhé gòngtóng wánchéng rènwù.
쌍방은 어떻게 임무를 함께 완성할 수 있을지를 토론했다.

讨论 tǎolùn 동 토론하다 **如何** rúhé 대 어떻게, 어떠한가
任务 rènwù 명 임무

08 **消失** ★★★
xiāoshī

반의어
出现 chūxiàn
동 출현하다, 나타나다

동 **사라지다, 모습을 감추다**

他对于怎样保护逐渐消失的传统文化的这一问题说出了见解。
Tā duìyú zěnyàng bǎohù zhújiàn xiāoshī de chuántǒng wénhuà de zhè yī wèntí shuōchūle jiànjiě.
그는 점점 사라져가는 전통문화를 어떻게 보호할지에 관한 문제에 대해 견해를 말했다.

保护 bǎohù 동 보호하다 **逐渐** zhújiàn 부 점점, 점차
传统 chuántǒng 명 전통 형 전통적이다 **见解** jiànjiě 명 견해

09 **强调** ★★★

qiángdiào

동 **강조하다**

술어

经理已经多次强调了这个问题的重要性。

Jīnglǐ yǐjīng duō cì qiángdiàole zhè ge wèntí de zhòngyàoxìng.

사장은 이미 여러 차례 이 문제의 중요성을 강조했다.

시험에 이렇게 나온다!

독해 독해 1부분에서는 지문의 빈칸에 들어갈 적절한 어휘를 보기에서 선택하는 문제가 출제된다. 이때, **强调**는 아래와 같은 동사들과 함께 보기로 자주 출제된다.

保持 bǎochí 동 유지하다

构成 gòuchéng 동 구성하다 명 구성

10 **凭** ★★

píng

개 **~에 근거하여** 동 **맡기다, 의지하다**

他凭经验发现了这个方法有问题。

Tā píng jīngyàn fāxiànle zhè ge fāngfǎ yǒu wèntí.

그는 경험에 근거하여 이 방법은 문제가 있다는 것을 발견했다.

全凭你来决定这件事要不要做。

Quán píng nǐ lái juédìng zhè jiàn shì yào bu yào zuò.

이 일을 할지 말지 결정하는 것을 너에게 전부 맡길게.

经验 jīngyàn 명 경험 동 경험하다

시험에 이렇게 나온다!

독해 독해 1부분에서는 지문의 빈칸에 들어갈 적절한 어휘를 보기에서 선택하는 문제가 출제된다. 이때, **凭**은 아래와 같은 개사들과 함께 보기로 자주 출제된다.

以 yǐ 개 ~로써

与 yǔ 개 ~와

由 yóu 개 ~로 인하여

朝 cháo 개 ~를 향해서, ~쪽으로

趁 chèn 개 ~을 이용하여

11 **客观** ★★

kèguān

반의어

主观 zhǔguān

형 주관적이다

형 **객관적이다**

술어

客观地说，我们现在的情况并不悲观。

Kèguān de shuō, wǒmen xiànzài de qíngkuàng bìng bù bēiguān.

객관적으로 말하면, 우리의 현재 상황은 결코 비관적이지 않아.

悲观 bēiguān 형 비관적이다, 비관하다

12 **思考** ★★

sīkǎo

동 **사고하다, 깊이 생각하다**

我们要学会积极地思考问题。

Wǒmen yào xuéhuì jījí de sīkǎo wèntí.

우리는 적극적으로 문제를 사고하는 것을 배워야 한다.

积极 jījí 형 적극적이다

13 **演讲** ★★

yǎnjiǎng

동의어

讲演 jiǎngyǎn

동 강연하다, 연설하다

동 **강연하다, 연설하다**

内容的真实性对于演讲的成功与否起到重要的作用。

Nèiróng de zhēnshíxìng duìyú yǎnjiǎng de chénggōng yǔfǒu qǐdào zhòngyào de zuòyòng.

내용의 진실성은 강연의 성공 여부에 중요한 역할을 한다.

真实性 zhēnshíxìng 명 진실성 **与否** yǔfǒu 여부

作用 zuòyòng 명 역할 동 영향을 미치다

14 **一致** ★★

yízhì

반의어

分歧 fēnqí

형 불일치하다

명 불일치

형 **일치하다** 부 **일제히, 함께**

他们在这个问题上意见一致。

Tāmen zài zhè ge wèntí shang yìjiàn yízhì.

이 문제에 있어서 그들은 의견이 일치한다.

大家一致同意了新的工作计划。

Dàjiā yízhì tóngyìle xīn de gōngzuò jìhuà.

모두가 새로운 업무 계획에 일제히 동의했다.

计划 jìhuà 명 계획 동 계획하다

★★★ = 출제율 최상 ★★ = 출제율 상

15 **道理** ★★

dàolǐ

명 일리, 도리, 이치

술어

我觉得他说的话很有道理。

Wǒ juéde tā shuō de huà hěn yǒu dàolǐ.

나는 그의 말이 매우 일리가 있다고 생각한다.

시험에 이렇게 나온다!

독해 독해 3부분에서는 지문을 읽고 질문에 알맞은 답을 선택하는 문제가 출제된다. 이때, **道理**는 지문의 중심내용을 묻는 문제에서 **上文主要想告诉我们什么道理?**(위 글은 우리에게 주로 어떤 이치를 알려 주고자 하는가?)라는 질문 형태로 자주 출제된다.

16 **未必** ★★

wèibì

동의어

不一定 bù yídìng

반드시 ~한 것은 아니다

반의어

一定 yídìng

부 반드시, 필히

형 일정한, 확실한

부 반드시 ~한 것은 아니다

有些专家认为过快的经济发展未必是好事。

Yǒuxiē zhuānjiā rènwéi guò kuài de jīngjì fāzhǎn wèibì shì hǎoshì.

몇몇 전문가들은 너무 빠른 경제 발전이 반드시 좋은 일은 아니라고 생각한다.

专家 zhuānjiā 명 전문가

시험에 이렇게 나온다!

독해 독해 1부분에서는 지문의 빈칸에 들어갈 적절한 어휘를 보기에서 선택하는 문제가 출제된다. 이때, **未必**는 아래와 같은 어휘들과 함께 보기로 자주 출제된다.

万一 wànyī 접 만약, 만일

总算 zǒngsuàn 부 마침내, 드디어

17 **争论** ★★
zhēnglùn

동 **논쟁하다**

술어

双方讨论的时候提出了很多有争论的问题。
Shuāngfāng tǎolùn de shíhou tíchūle hěn duō yǒu zhēnglùn de wèntí.
쌍방은 토론할 때 논쟁할 것이 많이 있는 문제를 제기했다.

双方 shuāngfāng 명 쌍방, 양측 **讨论** tǎolùn 동 토론하다
提出 tíchū 제기하다

시험에 이렇게 나온다!

유의어 **争论 : 吵架**(chǎojià, 말다툼하다)
争论은 각자 자신의 입장을 고수하면서 논쟁하는 것을 나타내며, 목적어를 가질 수 있다.
你们这样争论下去不会有结果的。
Nǐmen zhèyàng zhēnglùn xiàqu bú huì yǒu jiéguǒ de.
너희들이 이렇게 논쟁한다면 결과는 없을 거야.

吵架는 격렬하게 말싸움을 하는 것을 나타내며, 목적어를 가질 수 없다.
他俩吵了一架。 Tā liǎ chǎole yí jià. 그들은 한바탕 말다툼했다.

18 **主张** ★★
zhǔzhāng

동 **주장하다** 명 **주장**

营养学家主张现代人平时应该适当地摄取维生素。
Yíngyǎng xuéjiā zhǔzhāng xiàndàirén píngshí yīnggāi shìdàng de shèqǔ wéishēngsù.
영양학자는 현대인이 평소에 비타민을 적당하게 섭취해야 한다고 주장한다.

她的主张具有很强的说服力。
Tā de zhǔzhāng jùyǒu hěn qiáng de shuōfúlì.
그녀의 주장은 강한 설득력이 있다.

营养学家 yíngyǎng xuéjiā 영양학자 **适当** shìdàng 형 적당하다, 적절하다
摄取 shèqǔ 동 섭취하다, 흡수하다 **维生素** wéishēngsù 명 비타민
具有 jùyǒu 동 있다 **说服力** shuōfúlì 명 설득력

19 **思想** ★★
sīxiǎng

명 사상, 생각

술어
孔子被认为是中国历史上最有影响力的思想家之一。

Kǒngzǐ bèi rènwéi shì Zhōngguó lìshǐ shang zuì yǒu yǐngxiǎnglì de sīxiǎngjiā zhī yī.

공자는 중국 역사상 가장 영향력 있는 사상가 중 한 명으로 여겨진다.

孔子 Kǒngzǐ 고유 공자(중국의 사상가)

20 **表明** ★★
biǎomíng

동 (분명하게) 나타내다, 표명하다

最新研究表明，豆腐有助于减肥。

Zuìxīn yánjiū biǎomíng, dòufu yǒuzhù yú jiǎnféi.

최신 연구에서 나타내기를, 두부는 다이어트에 도움이 된다고 한다.

研究 yánjiū 동 연구하다 豆腐 dòufu 명 두부
有助于 yǒuzhù yú ~에 도움이 되다
减肥 jiǎnféi 동 다이어트하다, 살을 빼다

시험에 이렇게 나온다!

빡공표현 表明을 활용한 다양한 출제 표현들을 알아 둔다.
研究表明 yánjiū biǎomíng 연구에서 나타내다
调查表明 diàochá biǎomíng 조사에서 나타내다
结果表明 jiéguǒ biǎomíng 결과에서 나타내다
表明观点 biǎomíng guāndiǎn 관점을 분명하게 나타내다

21 **结论** ★★
jiélùn

명 결론

这件事很难得出结论，我们再商量一下。

Zhè jiàn shì hěn nán déchū jiélùn, wǒmen zài shāngliang yíxià.

이 일은 결론을 내리기가 비교적 어려우니, 우리 다시 상의해 보자.

商量 shāngliang 동 상의하다, 의논하다

22 **角度** ★★

jiǎodù

명 **관점, 각도**

(술어)

与人打交道时，需要从对方的角度考虑问题。

Yǔ rén dǎ jiāodao shí, xūyào cóng duìfāng de jiǎodù kǎolǜ wèntí.

사람들과 사귈 때에는, 상대방의 관점에서 문제를 고려할 필요가 있다.

打交道 dǎ jiāodao 사귀다, 왕래하다 **对方** duìfāng 명 상대방, 상대편
考虑 kǎolǜ 동 고려하다, 생각하다

시험에 이렇게 나온다!

짝꿍표현 角度를 활용한 다양한 출제 표현들을 알아 둔다.

从 A 的角度 B cóng A de jiǎodù B A의 관점에서 B하다
换角度 A huàn jiǎodù A 관점을 바꾸어 A하다

23 **模糊** ★★

móhu

반의어
清楚 qīngchu
형 분명하다, 명백하다
明确 míngquè
형 명확하다
동 명확하게 하다

형 **모호하다, 뚜렷하지 않다**
동 **흐리게 하다, 모호하게 하다**

他的观点比较模糊。

Tā de guāndiǎn bǐjiào móhu.

그의 관점은 비교적 모호하다.

眼泪模糊了我的双眼。

Yǎnlèi móhule wǒ de shuāngyǎn.

눈물이 내 두 눈을 흐리게 했다.

观点 guāndiǎn 명 관점 **眼泪** yǎnlèi 명 눈물

시험에 이렇게 나온다!

짝꿍표현 模糊를 활용한 출제 표현을 알아 둔다.

模糊不清 móhu bù qīng 뚜렷하지 않다, 애매하다

24 **统一** ★★

tǒngyī

반의어

分裂 fēnliè

동 분열하다

对立 duìlì

동 대립하다

동 통일하다 형 일치된, 통일된

把几个不同的意见统一起来吧。 (술어)

Bǎ jǐ ge bùtóng de yìjiàn tǒngyī qǐlai ba.

몇 가지의 다른 의견들을 통일시킵시다.

他们还没有得到统一的结论。

Tāmen hái méiyǒu dédào tǒngyī de jiélùn.

그들은 여전히 일치된 결론을 얻지 못했다.

结论 jiélùn 명 결론

시험에 이렇게 나온다!

유의어 **统一：一致**(yízhì, 일치하다, 일제히)

统一는 동사와 형용사로 쓰이고, 의견이나 생각뿐만 아니라 국가와 관련된 어휘와도 함께 쓸 수 있다.

统一的国家 tǒngyī de guójiā 통일된 국가

统一意见 tǒngyī yìjiàn 의견을 통일하다

一致은 형용사와 부사로 쓰이고, 일반적으로 의견이나 언행과 관련된 어휘와 함께 쓰인다.

一致的观点 yízhì de guāndiǎn 일치된 관점

一致赞成 yízhì zànchéng 일제히 찬성하다

25 **片面** ★★

piànmiàn

반의어

全面 quánmiàn

형 전면적이다, 전반적이다

명 전체

형 단편적이다, 일방적이다

这个作家的观点有点儿片面。

Zhè ge zuòjiā de guāndiǎn yǒudiǎnr piànmiàn.

이 작가의 관점은 조금 단편적이다.

观点 guāndiǎn 명 관점

26 **逻辑** ★★

luójí

명 논리

那位教授的演讲逻辑清楚、简单易懂。

Nà wèi jiàoshòu de yǎnjiǎng luójí qīngchu、jiǎndān yìdǒng.

그 교수의 강연은 논리가 명확하며, 간단하고 이해하기 쉽다.

演讲 yǎnjiǎng 동 강연하다, 연설하다

27 **无奈** ★★
wúnài

동 어쩔 수 없다 접 아쉽게도, 안타깝게도

술어

我无奈地接受了朋友的意见。
Wǒ wúnài de jiēshòule péngyou de yìjiàn.
나는 어쩔 수 없이 친구의 의견을 받아들였다.

我们没有得出最终结论，无奈双方意见不一致。
Wǒmen méiyǒu déchū zuìzhōng jiélùn, wúnài shuāngfāng yìjiàn bù yízhì.
우리는 최종 결론을 얻어내지 못했는데, 아쉽게도 쌍방의 의견이 일치하지 않았어.

最终 zuìzhōng 명 최종 **双方** shuāngfāng 명 쌍방, 양측
一致 yízhì 형 일치하다 부 함께, 일제히

시험에 이렇게 나온다!

독해 독해 1부분에서는 지문의 빈칸에 들어갈 적절한 어휘나 문장을 보기에서 선택하는 문제가 출제된다. 이때, 无奈는 아래와 같은 어휘들과 함께 보기로 자주 출제된다.

惊讶 jīngyà 형 놀랍고 의아하다
操心 cāoxīn 동 마음을 쓰다, 애태우다, 신경 쓰다
同情 tóngqíng 동 동정하다

28 **征求** ★★
zhēngqiú

동 구하다

关于这事我们还是征求一下老师的意见吧。
Guānyú zhè shì wǒmen háishi zhēngqiú yíxià lǎoshī de yìjiàn ba.
이 일에 관하여 우리는 선생님의 의견을 한번 구해보는 것이 좋겠어.

29 **否认** ★★
fǒurèn

반의어
承认 chéngrèn
동 동의하다, 승인하다

동 부인하다, 부정하다

他的建议具有无法否认的逻辑性。
Tā de jiànyì jùyǒu wúfǎ fǒurèn de luójíxìng.
그의 제안은 부인할 수 없는 논리성을 갖추고 있다.

建议 jiànyì 명 제안, 건의 동 건의하다 **具有** jùyǒu 동 갖추다, 가지다
无法 wúfǎ 동 ~할 수 없다 **逻辑性** luójíxìng 명 논리성

30 **归纳** ★★
guīnà

[동] **귀납하다, 종합하다**

술어

这个结论是归纳了大家的意见而得出的。
Zhè ge jiélùn shì guīnàle dàjiā de yìjiàn ér déchū de.
이 결론은 모두의 의견을 귀납하여 얻어낸 것이다.

结论 jiélùn [명] 결론

31 **话题** ★★
huàtí

[명] **화제, 논제**

他对各种话题提出了自己的看法。
Tā duì gè zhǒng huàtí tíchūle zìjǐ de kànfǎ.
그는 다양한 화제에 대해 자신의 의견을 제기했다.

提出 tíchū 제기하다

32 **宁可** ★★
nìngkě

[부] **차라리 ~할지언정**

我宁可继续争论此事，也不会同意你的主张。
Wǒ nìngkě jìxù zhēnglùn cǐ shì, yě bú huì tóngyì nǐ de zhǔzhāng.
나는 차라리 이 일에 대해 논쟁을 지속할지언정, 네 주장에 동의하지 않겠어.

继续 jìxù [동] 지속하다, 계속하다 **争论** zhēnglùn [동] 논쟁하다
主张 zhǔzhāng [명] 주장 [동] 주장하다

시험에 이렇게 나온다!

[독해] 독해 1부분에서는 지문의 빈칸에 들어갈 적절한 어휘를 보기에서 선택하는 문제가 출제된다. 이때, **宁可**는 아래와 같은 접속사들과 함께 보기로 자주 출제된다.

假如 jiǎrú [접] 만일, 만약 **哪怕** nǎpà [접] 설령 ~이라 해도
何况 hékuàng [접] 하물며, 더군다나

[빡공 표현] **宁可**를 활용한 다양한 출제 표현들을 알아 둔다.

宁可 A **也不** B nìngkě A yě bù B 차라리 A할지언정 B하지 않겠다
宁可 A **也要** B nìngkě A yě yào B 차라리 A할지언정 B하겠다
与其 A **宁可** B yǔqí A nìngkě B A할지언정 차라리 B하겠다

33 **明确** ★★

míngquè

동의어

明白 míngbai

형 분명하다, 명백하다

동 알다, 이해하다

반의어

模糊 móhu

형 모호하다

동 모호하게 하다

형 **명확하다** 동 **명확하게 하다**

双方在这次谈判中明确表明了自己的观点。 (술어)

Shuāngfāng zài zhè cì tánpàn zhōng míngquè biǎomíngle zìjǐ de guāndiǎn.

양측은 이번 회담에서 자신의 관점을 명확하게 표명했다.

这次会议明确了我们公司明年的发展计划。

Zhè cì huìyì míngquèle wǒmen gōngsī míngnián de fāzhǎn jìhuà.

이번 회의에서는 우리 회사의 내년도 발전 계획을 명확하게 했다.

双方 shuāngfāng 명 양측, 쌍방
谈判 tánpàn 명 회담, 대화 동 이야기하다, 회담하다
表明 biǎomíng 동 표명하다, 분명하게 나타내다
观点 guāndiǎn 명 관점 **计划** jìhuà 명 계획 동 계획하다

34 **议论** ★★

yìlùn

동의어

讨论 tǎolùn

동 토론하다

동 **논의하다, 비평하다** 명 **논의, 의론**

大家都在议论早上看到的新闻。

Dàjiā dōu zài yìlùn zǎoshang kàndào de xīnwén.

모두가 아침에 본 뉴스에 대해 논의하고 있다.

对于这个研究结果已经有了多次议论。

Duìyú zhè ge yánjiū jiéguǒ yǐjīng yǒule duō cì yìlùn.

이 연구 결과에 대해서 이미 여러 차례의 논의가 있었다.

시험에 이렇게 나온다!

짝꿍표현 议论을 활용한 출제 표현을 알아 둔다.

议论纷纷 yìlùn fēnfēn 논의가 분분하다

유의어 **议论 : 谈论**(tánlùn, 논의하다, 담론하다)

议论은 동사와 명사로 쓰이고, 동작의 주체는 복수형만 될 수 있다.

大家不要再议论这件事情了。

Dàjiā bú yào zài yìlùn zhè jiàn shìqing le.

모두 이 일에 대해 더 이상 논의하지 마세요.

谈论는 동사로만 쓰이고, 동작의 주체는 단수형과 복수형 모두 가능하다.

他谈论起这件事情来。

Tā tánlùn qǐ zhè jiàn shìqing lái.

그는 이 일에 대해서 논의하기 시작했다.

35 再三 ★★
zàisān

부 **재차, 다시**

술어

这位学者再三强调了时间的重要性。
Zhè wèi xuézhě zàisān qiángdiàole shíjiān de zhòngyàoxìng.
이 학자는 시간의 중요성에 대해 재차 강조했다.

学者 xuézhě 명 학자 **强调** qiángdiào 동 강조하다

36 彼此
bǐcǐ

대 **서로, 피차, 상호**

他们在讨论的过程中交换了彼此的看法。
Tāmen zài tǎolùn de guòchéng zhōng jiāohuànle bǐcǐ de kànfǎ.
그들은 토론을 하는 과정 속에서 서로의 의견을 교환했다.

讨论 tǎolùn 동 토론하다 **交换** jiāohuàn 동 교환하다

시험에 이렇게 나온다!

독해 독해 1부분에서는 지문의 빈칸에 들어갈 적절한 어휘를 보기에서 선택하는 문제가 출제된다. 이때, **彼此**는 아래와 같은 대사들과 함께 보기로 자주 출제된다.

各自 gèzì 대 각자, 제각기 **任何** rènhé 대 어떠한, 무슨
一切 yíqiè 대 전부, 모든

37 不见得
bújiànde

동의어
未必 wèibì
부 반드시 ~한 것은 아니다
不一定 bù yídìng
반드시 ~한 것은 아니다

부 **반드시 ~인 것은 아니다, 그리 ~인 것은 아니다**

这个矛盾不见得能在短时间内得到解决。
Zhè ge máodùn bújiànde néng zài duǎn shíjiān nèi dédào jiějué.
이 갈등은 짧은 시간 안에 해결이 날 것 같지는 않다.

矛盾 máodùn 명 갈등, 모순 형 모순적이다

38 **废话**
fèihuà

명 쓸데없는 말 동 쓸데없는 말을 하다

在我看来，他的演讲没有一句废话。(술어)
Zài wǒ kànlái, tā de yǎnjiǎng méiyǒu yí jù fèihuà.
내가 봤을 때, 그의 강연에는 쓸데없는 말이 한마디도 없었다.

别废话，快去干你的事吧。
Bié fèihuà, kuài qù gàn nǐ de shì ba.
쓸데없는 말 마, 빨리 가서 네 일을 해.

演讲 yǎnjiǎng 동 강연하다, 연설하다

39 **可见**
kějiàn

접 ~임을 알 수 있다

小明的演讲很有逻辑，可见他做了很多准备。
Xiǎo Míng de yǎnjiǎng hěn yǒu luójí, kějiàn tā zuòle hěn duō zhǔnbèi.
샤오밍의 연설은 논리가 있는데, 그가 많은 준비를 했다는 것을 알 수 있다.

演讲 yǎnjiǎng 동 연설하다, 강연하다 **逻辑** luójí 명 논리

40 **夸张**
kuāzhāng

형 과장하다

人们常常夸张地表达自己的想法。
Rénmen chángcháng kuāzhāng de biǎodá zìjǐ de xiǎngfǎ.
사람들은 종종 과장되게 자신의 생각을 표현하곤 한다.

表达 biǎodá 동 (생각, 감정을) 표현하다, 나타내다

41 **难怪**
nánguài

동의어
怪不得 guàibude
부 어쩐지

부 어쩐지, 과연

难怪他的主张很有说服力，原来是有客观根据的。
Nánguài tā de zhǔzhāng hěn yǒu shuōfúlì, yuánlái shì yǒu kèguān gēnjù de.
어쩐지 그의 주장이 설득력이 있더라니, 알고 보니 객관적인 근거가 있는 것이었구나.

主张 zhǔzhāng 명 주장 동 주장하다 **说服力** shuōfúlì 명 설득력
客观 kèguān 형 객관적이다

시험에 이렇게 나온다!

독해 难怪를 활용한 출제 표현을 알아 둔다.
难怪 A, **原来** B nánguài A, yuánlái B 어쩐지 A하더니, 알고 보니 B하다

01 02 03 04 05 06 07 08 DAY 09 10 해커스 HSK 5급 단어장

42 **说不定**
shuōbudìng

부 **아마 ~ 일 것이다**

술어

说不定换个角度去想就能解决这个问题。
Shuōbudìng huàn ge jiǎodù qù xiǎng jiù néng jiějué zhè ge wèntí.
관점을 바꾸어 생각해 보면 아마 이 문제를 해결할 수 있을 거야.

角度 jiǎodù 명 관점, 각도

43 **勿**
wù

부 **~하지 마라**

为了您和家人的健康，请勿吸烟。
Wèile nín hé jiārén de jiànkāng, qǐng wù xīyān.
당신과 가족의 건강을 위해서, 담배를 피우지 말아 주세요.

吸烟 xīyān 동 담배를 피우다

잠깐 勿는 금지 또는 그만두도록 권유하는 뉘앙스를 가지고 있다.

44 **疑问**
yíwèn

명 **의문, 의혹**

老师，我对这道数学题目有疑问。
Lǎoshī, wǒ duì zhè dào shùxué tímù yǒu yíwèn.
선생님, 저는 이 수학 문제에 대해 의문이 있습니다.

题目 tímù 명 문제, 제목

45 **主观**
zhǔguān

반의어
客观 kèguān
형 객관적이다

형 **주관적이다**

那些只不过是你的主观想法而已。
Nàxiē zhǐ búguò shì nǐ de zhǔguān xiǎngfǎ éryǐ.
그것은 다만 너의 주관적인 의견에 불과할 뿐이야.

只不过 zhǐ búguò 다만 ~에 불과하다 **而已** éryǐ 조 다만 ~일 뿐이다

연습문제 **체크체크!**

제시된 각 단어의 뜻을 오른쪽 보기에서 찾아 줄을 그어 보세요.

01 彼此	ⓐ 서로, 피차, 상호
02 观点	ⓑ (서로) 대립되다, 반대되다, 상대적이다
03 强调	ⓒ 강조하다
04 思考	ⓓ 관점
05 相对	ⓔ 사고하다, 깊이 생각하다
06 无奈	ⓕ 어쩔 수 없다, 아쉽게도

문장을 읽고 빈칸에 들어갈 단어를 찾아 적어 보세요.

ⓐ 表明　　ⓑ 一致　　ⓒ 道理　　ⓓ 矛盾

07 说出不尊重对方的话语，可能会导致双方的 ______________ 。

08 对于此事两个人的意见不 ______________ 。

09 有研究 ______________ ，多喝开水有助于补充水分。

10 他所说的话未必都有 ______________ 。

정답 : 01 ⓐ 02 ⓓ 03 ⓒ 04 ⓔ 05 ⓑ 06 ⓕ 07 ⓓ 08 ⓑ 09 ⓐ 10 ⓒ

* 07~10번 문제 해석은 해커스 중국어(china.Hackers.com)에서 무료로 제공합니다.

HSK 5급 시험에 나오는 고난도 어휘

☑ 잘 외워지지 않는 단어는 박스에 체크하여 복습하세요.

고난도 어휘 집중 암기_09.mp3

	단어	병음	뜻
□	创意	chuàngyì	명 창의, 창조적인 생각, 창조적인 구상
□	对立	duìlì	동 대립하다
□	分歧	fēnqí	형 불일치하다 명 불일치
□	分裂	fēnliè	동 분열하다
□	关注	guānzhù	동 관심을 가지다
□	含义 6급	hányì	명 (단어나 문장 등에서 포함하는) 의미, 함의
□	*记住	jìzhu	동 기억해 두다
□	见解 6급	jiànjiě	명 견해
□	开明 6급	kāimíng	형 (의식이나 사상이) 진보적이다, 깨어 있다
□	看似	kànsì	동 보기에 마치 ~하다
□	理所当然	lǐsuǒdāngrán	성 도리로 보아 당연하다, 당연히 그렇다
□	*礼节 6급	lǐjié	명 예절
□	论据	lùnjù	명 논거
□	矛盾性	máodùnxìng	명 모순성
□	谜语 6급	míyǔ	명 수수께끼
□	难以	nányǐ	형 ~하기 어렵다, ~하기 힘들다
□	内心	nèixīn	명 마음, 속내
□	念头	niàntou	명 생각, 마음
□	趋同	qūtóng	동 일치하는 방향으로 가다, 같은 방향으로 가다
□	认定 6급	rèndìng	동 인정하다, 굳게 믿다

*표는 오른쪽 페이지의 <중국 문화와 역사>에 포함된 단어입니다.

□ 说服力	shuōfúlì	명 설득력
□ 苏格拉底	Sūgélādǐ	고유 소크라테스
□ 提出	tíchū	제출하다, 제기하다
□ 听取	tīngqǔ	동 귀담아듣다, 청취하다
□ 推理 6급	tuīlǐ	동 추리하다
□ 意识 6급	yìshí	명 의식 동 의식하다, 깨닫다
□ 与否	yǔ fǒu	여부
□ 赞许	zànxǔ	동 칭찬하다, 지지하다
□ *斟酒礼仪	zhēnjiǔ lǐyí	술을 따르는 예절
□ 最终	zuìzhōng	명 최종

알고 가면 시험이 쉬워지는 <중국 문화와 역사>

원샷하지 않아도 돼~ 중국의 *斟酒礼仪(zhēnjiǔ lǐyí, 술을 따르는 예절), 첨잔

중국에서는 한국과 마찬가지로 다양한 상황에서 종종 술자리를 가지곤 합니다. 하지만 한국과 조금 다른 **斟酒礼仪**가 있는데요, 그 중 가장 대표적인 것이 바로 '첨잔 문화'입니다.

중국의 첨잔 문화는 술잔에 술이 남아있더라도 수시로 술을 채워 주는 문화에요. 이 문화는 중국에서 오래 전부터 자리잡은 문화로 **双方**(shuāngfāng) 모두가 술을 넉넉하게 마시길 바라는 중국인들의 **思想**(sīxiǎng)이 담겨있지요. 한국에서는 술을 다 마신 빈 술잔에 술을 다시 채우는 것이 ***礼节**(lǐjié)이지만, 중국에서는 수시로 술을 채워 주기 때문에, 매번 술을 다 마실 필요는 없답니다!

하지만! 중국인이 **干杯**(gānbēi, 잔을 비우다)를 외칠 때만큼은 한 입에 다 마셔야 한다는 점! ***记住**(jìzhu) 해 두세요!

双方 shuāngfāng 명 쌍방, 양측 **思想** sīxiǎng 명 사상, 생각

DAY

10

HSK5급 단어장

썸남썸녀

연애 · 결혼

주제를 알면 HSK가 보인다!

HSK 5급에서는 연애 끝에 결혼을 이루는 내용이나 결혼을 축복하는 내용 등과 관련된 문제가 자주 출제돼요. 따라서 '결혼식', '기억', '대체하다', '바뀌다'처럼 연애·결혼 관련 단어들을 집중적으로 학습하면 이러한 문제를 쉽게 풀 수 있어요.

단어, 예문 MP3

그녀가 보낸 시그널

영화 시사회 표가 있는데 내가 못 가게 됐거든~ 나 代替해서 재미있게 봐!

고..고맙다.. 하하...

05 **秘密** mìmì 명 비밀

04 **转变** zhuǎnbiàn 동 바뀌다, 바꾸다

03 **代替** dàitì 동 대체하다, 대신하다

02 **记忆** jìyì 명 기억

01 **婚礼** hūnlǐ 명 결혼식, 혼례

01 **婚礼** ★★★
hūnlǐ

명 **결혼식, 혼례**

술어

你觉得婚礼在哪里举行比较浪漫?
Nǐ juéde hūnlǐ zài nǎli jǔxíng bǐjiào làngmàn?
너는 결혼식을 어디에서 거행하는 것이 좀 더 낭만적이라고 생각하니?

举行 jǔxíng 동 거행하다, 열다 **浪漫** làngmàn 형 낭만적이다

02 **记忆** ★★★
jìyì

명 **기억**

和他在一起的那段时间给我留下了很多美好记忆。
Hé tā zài yìqǐ de nà duàn shíjiān gěi wǒ liúxiàle hěn duō měihǎo jìyì.
그와 함께한 그 시간은 내게 아름다운 기억을 많이 남겨 주었다.

美好 měihǎo 형 아름답다, 좋다

알아두면 좋은 배경지식

유네스코는 세계의 귀중한 기록물들을 보존하고 활용하기 위하여 1992년에 **世界记忆工程**(세계 기록 유산)을 창설하였다. **世界记忆工程**과 관련된 어휘들을 체크해 두자.

联合国教科文组织 Liánhéguó Jiàokēwén Zǔzhī 유네스코
世界记忆工程 Shìjiè Jìyì Gōngchéng 세계 기록 유산

03 **代替** ★★★
dàitì

동 **대체하다, 대신하다**

他在我心中的地位无法被别人所代替。
Tā zài wǒ xīnzhōng de dìwèi wúfǎ bèi biérén suǒ dàitì.
내 마음 속에서의 그의 위치는 다른 사람에 의해서 대체될 수 없다.

地位 dìwèi 명 위치, 지위, 자리
无法 wúfǎ 동 ~할 수 없다, ~할 방법이 없다

시험에 이렇게 나온다!

짝꿍표현 **代替**를 활용한 출제 표현을 알아 둔다.
被 A 所代替 bèi A suǒ dàitì A에 의해 대체되다

04 转变 ★★★
zhuǎnbiàn

동 **바뀌다, 바꾸다**

술어

她对爱情的看法发生了转变。
Tā duì àiqíng de kànfǎ fāshēngle zhuǎnbiàn.
사랑에 대한 그녀의 생각이 바뀌었다.

爱情 àiqíng 명 사랑, 애정 **发生** fāshēng 동 발생하다

시험에 이렇게 나온다!

유의어 **转变 : 改变**(gǎibiàn, 바꾸다)

转变은 주로 좋은 쪽으로 변화가 일어났을 때 사용되며, '입장, 관점'을 나타내는 어휘와 함께 쓰인다.
转变立场 zhuǎnbiàn lìchǎng 입장을 바꾸다
转变观点 zhuǎnbiàn guāndiǎn 관점을 바꾸다

改变은 외부로 인해서 이전과 다른 변화가 일어났거나 차이가 발생했을 때 사용되며, '계획, 디자인' 또는 '색깔, 목소리' 등을 나타내는 어휘와 함께 쓰인다.
改变计划 gǎibiàn jìhuà 계획을 바꾸다
改变颜色 gǎibiàn yánsè 색깔을 바꾸다

05 秘密 ★★★
mìmì

명 **비밀**

这是属于我们之间的秘密。
Zhè shì shǔyú wǒmen zhījiān de mìmì.
이것은 우리 사이의 비밀에 속한다.

属于 shǔyú 동 ~에 속하다

시험에 이렇게 나온다!

쓰기 **秘密**는 쓰기 1부분에서 '주어+술어1+술어2+관형어(那个/这个)+秘密(목적어)'의 연동문 형태를 완성하는 문제의 제시어로 자주 출제된다.

我忍不住说出了这个秘密。
Wǒ rěnbuzhù shuōchūle zhè ge mìmì.
나는 이 비밀을 참지 못하고 말했다.

06 **毕竟** ★★★
bìjìng

부 **결국, 끝내, 그래도**

술어

毕竟最重要的是对彼此的感情，而不是自身条件。
Bìjìng zuì zhòngyào de shì duì bǐcǐ de gǎnqíng, ér bú shì zìshēn tiáojiàn.
결국 가장 중요한 것은 서로의 감정이지, 자신의 조건이 아니다.

小张虽然有些缺点，但毕竟还是个好丈夫。
Xiǎo Zhāng suīrán yǒuxiē quēdiǎn, dàn bìjìng hái shì ge hǎo zhàngfu.
샤오장은 비록 단점이 좀 있지만, 그래도 좋은 남편이다.

彼此 bǐcǐ 대 서로, 피차 **自身** zìshēn 대 자신
条件 tiáojiàn 명 조건 **缺点** quēdiǎn 명 단점, 결점

07 **亲自** ★★
qīnzì

부 **직접, 친히, 손수**

他每天都亲自为家人做早餐。
Tā měitiān dōu qīnzì wèi jiārén zuò zǎocān.
그는 매일 가족을 위해 아침밥을 직접 만든다.

08 **对象** ★★
duìxiàng

명 **(연애·결혼의) 상대, 대상**

正式给你们介绍一下我的结婚对象。
Zhèngshì gěi nǐmen jièshào yíxià wǒ de jiéhūn duìxiàng.
정식으로 너희들에게 나의 결혼 상대를 소개해 줄게.

正式 zhèngshì 형 정식의, 정식적인

시험에 이렇게 나온다!

짝꿍 표현 对象을 활용한 다양한 출제 표현들을 알아 둔다.
结婚对象 jiéhūn duìxiàng 결혼 상대
研究对象 yánjiū duìxiàng 연구 대상
采访对象 cǎifǎng duìxiàng 취재 대상

09 接触 ★★

jiēchù

동 만나다, 접촉하다, 닿다

술어

我和他接触过几次，但他并没有给我留下特别的印象。

Wǒ hé tā jiēchùguo jǐ cì, dàn tā bìng méiyǒu gěi wǒ liúxia tèbié de yìnxiàng.

나는 그와 몇 번 만났던 적이 있었지만, 그는 나에게 특별한 인상을 남기지 않았다.

印象 yìnxiàng 명 인상

10 理由 ★★

lǐyóu

명 이유

我爱你没有任何理由。

Wǒ ài nǐ méiyǒu rènhé lǐyóu.

내가 너를 사랑하는 것에는 어떠한 이유도 없어.

任何 rènhé 대 어떠한, 무엇

11 恋爱 ★★

liàn'ài

명 연애 동 연애하다

听说小张和小林正在谈恋爱。

Tīngshuō Xiǎo Zhāng hé Xiǎo Lín zhèngzài tán liàn'ài.

듣자 하니 샤오장과 샤오린이 지금 연애를 하고 있대.

他们两个人恋爱了差不多两年。

Tāmen liǎng ge rén liàn'àile chàbuduō liǎng nián.

그 두 사람은 거의 2년 동안 연애했다.

시험에 이렇게 나온다!

짝꿍 표현 恋爱를 활용한 출제 표현을 알아 둔다.

谈恋爱 tán liàn'ài 연애를 하다

12 **祝福** ★★
zhùfú

동 **축복하다**

술어

两家的父母祝福了这一对新婚夫妇。
Liǎng jiā de fùmǔ zhùfúle zhè yí duì xīnhūn fūfù.
양가의 부모는 이 신혼 부부를 축복해 주었다.

新婚夫妇 xīnhūn fūfù 신혼 부부

시험에 이렇게 나온다!

쓰기 **祝福**는 쓰기 2부분 99번에서 제시어로 자주 출제된다. 이때, **祝福**는 주로 결혼 관련된 주제의 글에서 아래와 같은 표현을 활용하면 쉽게 작문할 수 있다.

真心地祝福一对新婚夫妻 zhēnxīn de zhùfú yí duì xīnhūn fūqī
한 쌍의 신혼 부부를 진심으로 축하하다

13 **戒指** ★★
jièzhi

명 **반지**

结婚戒指被她不小心弄丢了。
Jiéhūn jièzhi bèi tā bù xiǎoxīn nòngdiū le.
결혼 반지는 그녀가 조심하지 않아서 분실되었다.

弄丢 nòngdiū 분실하다, 잃어버리다

14 **拥抱** ★★
yōngbào

동 **포옹하다, 껴안다**

他们互相拥抱做了最后的告别。
Tāmen hùxiāng yōngbào zuòle zuìhòu de gàobié.
그들은 서로 포옹하며 마지막 작별 인사를 했다.

互相 hùxiāng 부 서로 **告别** gàobié 동 작별 인사하다, 이별을 고하다

15 **完美** ★★
wánměi

동의어
完善 wánshàn
형 완벽하다, 나무랄 데가 없다

형 **완벽하다, 매우 훌륭하다**

他们是完美的一对，真让人羡慕。
Tāmen shì wánměi de yí duì, zhēn ràng rén xiànmù.
그들은 완벽한 한 쌍이야, 정말로 부럽다.

羡慕 xiànmù 동 부러워하다

16 **相似** ★★
xiāngsì

㊌ 닮다, 비슷하다

有人说越是相爱就越相似。
Yǒu rén shuō yuè shì xiāng'ài jiù yuè xiāngsì.
어떤 사람은 서로 사랑할수록 서로를 더 닮아간다고 말한다.

相爱 xiāng'ài ㊍ 서로 사랑하다

17 **分别** ★★
fēnbié

동의어
区别 qūbié
㊍ 구별하다
㊎ 구별, 차이

㊍ 헤어지다, 구별하다 ㊏ 각각 ㊎ 차이

他依然怀念着分别了多年的小林。
Tā yīrán huáiniànzhe fēnbiéle duō nián de Xiǎo Lín.
그는 여전히 헤어진 지 몇 년이나 된 샤오린을 그리워하고 있다.

我无法分别他说的是真话还是假话。
Wǒ wúfǎ fēnbié tā shuō de shì zhēn huà háishi jiǎ huà.
나는 그가 한 말이 진실인지 거짓인지 구별할 수 없다.

他分别给新郎新娘敬了酒。
Tā fēnbié gěi xīnláng xīnniáng jìngle jiǔ.
그는 신랑 신부에게 술을 각각 올렸다.

我们的婚礼除了简单以外，和其他人的没什么分别。
Wǒmen de hūnlǐ chúle jiǎndān yǐwài, hé qítārén de méi shénme fēnbié.
우리의 결혼식은 간단하다는 것 이외에, 다른 사람들의 결혼식과 아무런 차이가 없다.

依然 yīrán ㊏ 여전히 ㊌ 여전하다 **怀念** huáiniàn ㊍ 그리워하다
新郎 xīnláng ㊎ 신랑 **新娘** xīnniáng ㊎ 신부
敬酒 jìngjiǔ ㊍ 술을 올리다, 술을 권하다 **婚礼** hūnlǐ ㊎ 결혼식, 혼례

시험에 이렇게 나온다!

독해 독해 1부분에서는 지문의 빈칸에 들어갈 적절한 어휘를 보기에서 선택하는 문제가 출제된다. 이때, **分别**는 아래와 같은 어휘들과 함께 보기로 자주 출제된다.
一律 yílǜ ㊏ 일률적으로, 전부 ㊌ 일률적이다
尽量 jǐnliàng ㊏ 가능한 한, 되도록
相对 xiāngduì ㊌ 상대적이다 ㊍ 상대하다

18 **始终** ★★
shǐzhōng

[부] **한결같이, 언제나**

虽然我和男朋友偶尔会吵架，但我们的感情始终很好。
(술어)
Suīrán wǒ hé nánpéngyou ǒu'ěr huì chǎojià, dàn wǒmen de gǎnqíng shǐzhōng hěn hǎo.
비록 나와 남자친구는 간혹 말다툼하지만, 우리의 감정은 한결같이 좋다.

偶尔 ǒu'ěr [부] 간혹, 때때로 **吵架** chǎojià [동] 말다툼하다

19 **爱惜** ★★
àixī

[동의어]
珍惜 zhēnxī
[동] 아끼다, 소중히 하다

[동] **소중히 여기다, 아끼다**

恋爱时不仅要尊重对方，也要爱惜自己。
Liàn'ài shí bùjǐn yào zūnzhòng duìfāng, yě yào àixī zìjǐ.
연애할 때에는 상대방을 존중해야 할 뿐만 아니라, 자신도 소중히 여겨야 한다.

恋爱 liàn'ài [동] 연애하다 [명] 연애
尊重 zūnzhòng [동] 존중하다, 존경하다 [형] 정중하다
对方 duìfāng [명] 상대방

20 **表面** ★★
biǎomiàn

[명] **표면, 겉**

寻找结婚对象时不应只看表面的条件。
Xúnzhǎo jiéhūn duìxiàng shí bù yīng zhǐ kàn biǎomiàn de tiáojiàn.
결혼 대상을 찾을 때에는 표면적인 조건만을 보아서는 안 된다.

寻找 xúnzhǎo [동] 찾다 **对象** duìxiàng [명] (연애·결혼의) 상대, 대상
条件 tiáojiàn [명] 조건

21 **仿佛** ★★
fǎngfú

[동의어]
好像 hǎoxiàng
[부] 마치 ~과 같다

[부] **마치, 같이**

他仿佛只把我看做好朋友。
Tā fǎngfú zhǐ bǎ wǒ kànzuò hǎo péngyou.
그는 마치 나를 그저 가장 좋은 친구로만 보는 것 같다.

22 **魅力** ★★
mèilì

명 **매력**

술어

我们无法在第一次见面时发现对方的所有魅力。
Wǒmen wúfǎ zài dì yī cì jiànmiàn shí fāxiàn duìfāng de suǒyǒu mèilì.
우리는 처음 만났을 때부터 상대방의 모든 매력을 발견할 수 없다.

无法 wúfǎ 동 ~할 수 없다, ~할 방법이 없다 **对方** duìfāng 명 상대방

23 **平安** ★★
píng'ān

형 **평안하다, 무사하다**

祝愿你的婚姻生活能够平安幸福。
Zhùyuàn nǐ de hūnyīn shēnghuó nénggòu píng'ān xìngfú.
당신의 결혼 생활이 평안하고 행복하기를 기원합니다.

祝愿 zhùyuàn 동 기원하다, 빌다 **婚姻** hūnyīn 명 결혼, 혼인

24 **鞭炮** ★★
biānpào

명 **폭죽**

听说中国人一般会在婚礼上放鞭炮。
Tīngshuō Zhōngguórén yìbān huì zài hūnlǐ shang fàng biānpào.
듣자 하니 중국 사람들은 일반적으로 결혼식에서 폭죽을 터뜨린다고 해.

婚礼 hūnlǐ 명 결혼식, 혼례

시험에 이렇게 나온다!

짝꿍 표현 **鞭炮**를 활용한 출제 표현을 알아 둔다.
放鞭炮 fàng biānpào 폭죽을 터뜨리다

25 **分手** ★★
fēnshǒu

동 **헤어지다, 이별하다**

我和他两年前就已经分手了。
Wǒ hé tā liǎng nián qián jiù yǐjīng fēnshǒu le.
나와 그는 2년 전에 이미 헤어졌다.

26 反正 ★★

fǎnzhèng

부 어쨌든, 여하튼

不管家人怎么反对，反正她决定要跟小王结婚。(술어)

Bùguǎn jiārén zěnme fǎnduì, fǎnzhèng tā juédìng yào gēn Xiǎo Wáng jiéhūn.

가족이 어떻게 반대하든지 간에, 그녀는 어쨌든 샤오왕과 결혼하기로 결심했다.

不管 bùguǎn 접 ~하든지 간에, ~에 관계없이 **反对** fǎnduì 동 반대하다

시험에 이렇게 나온다!

짝꿍 표현 反正을 활용한 출제 표현을 알아 둔다.

不管 A，**反正** B bùguǎn A, fǎnzhèng B A하든지 간에, 어쨌든 B하다

27 婚姻 ★★

hūnyīn

명 결혼, 혼인

幸福的婚姻需要两个人共同经营。

Xìngfú de hūnyīn xūyào liǎng ge rén gòngtóng jīngyíng.

행복한 결혼은 두 사람이 함께 계획하고 조직해야 한다.

共同 gòngtóng 부 함께 형 공동의

经营 jīngyíng 동 계획하고 조직하다, 경영하다

28 嫁 ★★

jià

반의어

娶 qǔ

동 장가들다

동 시집가다

她的父母舍不得把自己的女儿嫁出去。

Tā de fùmǔ shěbude bǎ zìjǐ de nǚ'ér jià chūqu.

그녀의 부모님은 자기 딸을 시집 보내기 아쉬워한다.

舍不得 shěbude (헤어지기) 아쉬워하다

29 结合 ★★

jiéhé

동 부부로 맺어지다, 결합하다

他们俩在亲人的祝福下结合成为夫妻。

Tāmen liǎ zài qīnrén de zhùfú xia jiéhé chéngwéi fūqī.

그들은 친척들의 축복 아래 부부로 맺어졌다.

亲人 qīnrén 명 친척, 배우자 **祝福** zhùfú 동 축복하다

夫妻 fūqī 명 부부

시험에 이렇게 나온다!

짝꿍 표현 结合를 활용한 출제 표현을 알아 둔다.

把 A **和** B **结合起来** bǎ A hé B jiéhé qǐlai A와 B를 결합하다

30 **离婚** ★★
líhūn

반의어
结婚 jiéhūn
동 결혼하다

동 **이혼하다**

他们夫妻离婚的理由是性格不合。
Tāmen fūqī líhūn de lǐyóu shì xìnggé bùhé.
그들 부부가 이혼하는 이유는 성격이 맞지 않아서이다.

夫妻 fūqī 명 부부 **理由** lǐyóu 명 이유
不合 bùhé 형 맞지 않다 동 일치하지 않다

31 **特征** ★★
tèzhēng

동의어
特点 tèdiǎn
명 특징, 특색

명 **특징**

人品好是我欣赏的异性特征之一。
Rénpǐn hǎo shì wǒ xīnshǎng de yìxìng tèzhēng zhī yī.
인품이 좋은 것은 내가 마음에 들어하는 이성의 특징 중 하나이다.

人品 rénpǐn 명 인품 **欣赏** xīnshǎng 동 마음에 들다, 감상하다
异性 yìxìng 형 이성의, 성별이 다른 명 이성

32 **重大** ★★
zhòngdà

형 **중대하다**

婚姻是人生的重大决定之一，所以我们应该理性地对待婚姻。
Hūnyīn shì rénshēng de zhòngdà juédìng zhī yī, suǒyǐ wǒmen yīnggāi lǐxìng de duìdài hūnyīn.
결혼은 인생의 중대한 결정 중 하나라서, 우리는 이성적으로 결혼을 대해야 한다.

婚姻 hūnyīn 명 결혼, 혼인 **人生** rénshēng 명 인생
理性 lǐxìng 형 이성적이다 명 이성 **对待** duìdài 동 대하다

시험에 이렇게 나온다!

독해 독해 1부분에서는 지문의 빈칸에 들어갈 적절한 어휘를 보기에서 선택하는 문제가 출제된다. 이때, **重大**는 아래와 같은 형용사들과 함께 보기로 자주 출제된다.
巨大 jùdà 형 거대하다 **伟大** wěidà 형 위대하다

33 **姑娘** ★★
gūniang

명 **아가씨, 처녀**

我想认识一下那个向我微笑的姑娘。
술어

Wǒ xiǎng rènshi yíxià nà ge xiàng wǒ wēixiào de gūniang.
나는 나를 향해 미소를 짓는 저 아가씨를 알고 싶어요.

微笑 wēixiào 동 미소를 짓다 명 미소

34 **交往** ★★
jiāowǎng

동 **교제하다, 왕래하다**

原来他们已经交往了三年，快要结婚了。
Yuánlái tāmen yǐjīng jiāowǎngle sān nián, kuàiyào jiéhūn le.
알고 보니 그들은 이미 3년간 교제를 했고, 곧 결혼한다고 한다.

原来 yuánlái 부 알고 보니, 원래

시험에 이렇게 나온다!

짝꿍표현 交往을 활용한 출제 표현을 알아 둔다.
和/与 A 交往 hé/yǔ A jiāowǎng A와 왕래하다

35 **娶** ★★
qǔ

동 **장가들다**

哥哥娶了交往多年的同班同学。
Gēge qǔle jiāowǎng duō nián de tóngbān tóngxué.
오빠는 여러 해 교제한 같은 반 친구에게 장가들었다.

交往 jiāowǎng 동 교제하다, 왕래하다

36 **必然**
bìrán

형 **필연적이다**

夫妻之间总拿小事吵架的话，必然会伤感情。
Fūqī zhījiān zǒng ná xiǎoshì chǎojià de huà, bìrán huì shāng gǎnqíng.
부부 사이에서 작은 일을 가지고 자꾸 말다툼을 한다면, 필연적으로 감정이 상할 수 있다.

夫妻 fūqī 명 부부 **吵架** chǎojià 동 말다툼하다
伤 shāng 동 상하다, 다치다

37 **亲爱**
qīn'ài

형 **사랑하다, 친애하다**

술어

亲爱的老婆，你知道我有多想你吗？
Qīn'ài de lǎopo, nǐ zhīdào wǒ yǒu duō xiǎng nǐ ma?
사랑하는 부인, 제가 당신을 얼마나 생각하는지 아시나요?

老婆 lǎopo 명 부인, 아내

38 **庆祝**
qìngzhù

동 **축하하다, 경축하다**

为了庆祝父母的结婚纪念日，我安排了一次国外旅行。
Wèile qìngzhù fùmǔ de jiéhūn jìniànrì, wǒ ānpáile yí cì guówài lǚxíng.
부모님의 결혼기념일을 축하하기 위해서, 나는 외국 여행을 준비했다.

结婚纪念日 jiéhūn jìniànrì 결혼기념일
安排 ānpái 동 준비하다, 계획하다 **国外** guówài 명 외국, 국외

시험에 이렇게 나온다!

쓰기 **庆祝**는 쓰기 2부분 99번에서 제시어로 자주 출제된다. 이때, **庆祝**는 특별한 날을 축하하는 내용의 주제의 글에 활용할 수 있는데, 아래와 같은 표현을 활용하면 쉽게 작문할 수 있다.

庆祝纪念日 qìngzhù jìniànrì 기념일을 축하하다

39 **使劲儿**
shǐjìnr

동 **힘을 쓰다**

他用双手使劲儿抱紧了我。
Tā yòng shuāngshǒu shǐjìnr bàojǐnle wǒ.
그는 양팔을 사용하여 힘을 써서 나를 꽉 껴안았다.

抱 bào 동 껴안다, 포옹하다

40 **吻**
wěn

동 **입맞춤하다**

分别时他悄悄地吻了她的脸。
Fēnbié shí tā qiāoqiāo de wěnle tā de liǎn.
헤어질 때 그는 그녀의 얼굴에 살짝 입맞추었다.

分别 fēnbié 동 헤어지다, 구별하다
悄悄 qiāoqiāo 부 살짝, 은밀하게, 조용히

연습문제 **체크체크!**

제시된 각 단어의 뜻을 오른쪽 보기에서 찾아 줄을 그어 보세요.

01 特征	ⓐ 중대하다
02 重大	ⓑ 결국, 끝내, 그래도
03 毕竟	ⓒ 대체하다, 대신하다
04 分别	ⓓ 헤어지다, 구별하다, 각각, 차이
05 代替	ⓔ 폭죽
06 鞭炮	ⓕ 특징

문장을 읽고 빈칸에 들어갈 단어를 찾아 적어 보세요.

ⓐ 分手　ⓑ 恋爱　ⓒ 婚礼　ⓓ 庆祝

07 他们的 ______________ 日期还没有定好。

08 他们 ______________ 了五年，终于结婚了。

09 太太看到丈夫为了 ______________ 结婚纪念日而准备的礼物，深受感动。

10 她和男朋友前不久 ______________ 了。

정답 : 01 ⓕ 02 ⓐ 03 ⓑ 04 ⓓ 05 ⓒ 06 ⓔ 07 ⓒ 08 ⓑ 09 ⓓ 10 ⓐ

* 07~10번 문제 해석은 해커스 중국어(china.Hackers.com)에서 무료로 제공합니다.

HSK 5급 시험에 나오는 고난도 어휘

☑ 잘 외워지지 않는 단어는 박스에 체크하여 복습하세요.

🎧 고난도 어휘 집중 암기_10.mp3

□	伴侣 6급	bànlǚ	명 배우자, 반려자
□	长久	chángjiǔ	형 (시간이) 오래다, 장구하다
□	差异	chāyì	명 차이, 다른점
□	打动	dǎdòng	동 감동시키다
□	单身	dānshēn	명 독신, 싱글
□	夫妇	fūfù	명 부부
□	夫妻	fūqī	명 부부
□	好感	hǎogǎn	명 호감
□	婚宴	hūnyàn	명 결혼 피로연
□	借助 6급	jièzhù	동 (사람이나 사물 등의) 도움을 받다, 힘을 빌리다
□	纪念日	jìniànrì	명 기념일
□	敬酒	jìngjiǔ	동 술을 올리다
□	卡片	kǎpiàn	명 카드
□	口角	kǒujué	동 말다툼하다
□	恋人	liànrén	명 연인
□	老公	lǎogōng	명 남편
□	礼服	lǐfú	명 예복
□	理会	lǐhuì	동 알다, 이해하다
□	明信片	míngxìnpiàn	명 우편엽서, 엽서
□	容貌 6급	róngmào	명 용모

*표는 오른쪽 페이지의 <중국 문화와 역사>에 포함된 단어입니다.

□	视线 6급	shìxiàn	명 시선, 눈길
□	谈恋爱	tán liàn'ài	연애를 하다
□	*喜酒	xǐjiǔ	명 결혼식 때 친구를 접대하며 함께 마시는 술
□	*喜糖	xǐtáng	명 결혼식 때 하객들에게 나누어 주는 사탕
□	相爱	xiāng'ài	동 서로 사랑하다
□	*新郎 6급	xīnláng	명 신랑
□	*新娘 6급	xīnniáng	명 신부
□	新婚	xīnhūn	동 갓 결혼하다
□	异性	yìxìng	형 이성의, 성별이 다른 명 이성
□	祝愿	zhùyuàn	동 축원하다

알고 가면 시험이 쉬워지는 <중국 문화와 역사>

중국의 전통 婚礼(hūnlǐ)와 빨간색

중국의 '婚礼'라는 단어는 과거에 상대방과 결혼을 하는 의식이었던 '황혼예식(昏礼)'이라는 단어가 변형되어 생긴 단어에요.

오래 전부터 중국의 혼례에는 빨간색이 빠지지 않았다고 해요. 빨간색은 중국에서 행운을 상징하기 때문이죠. *新娘(xīnniáng), *新郎(xīnláng)의 옷부터 결혼식장의 장식, 심지어는 *喜糖(xǐtáng)과 *喜酒(xǐjiǔ)까지, 대부분의 결혼과 관련된 물품은 모두 빨간색이 들어가는데요, 중국인들은 이렇듯 빨간색으로써 신랑, 신부의 행복과 平安(píng'ān)을 祝福(zhùfú)한다고 합니다!

婚礼 hūnlǐ 명 결혼식, 혼례 **平安** píng'ān 형 평안하다, 무사하다 **祝福** zhùfú 동 축복하다

HSK 5급 미니 실전모의고사 1

듣기 MP3

[듣기] 미니 실전모의고사 1_01/02/03.mp3

1-2. 대화와 질문을 듣고 알맞은 보기를 선택하세요.

1. A 发烧了　B 着凉了　C 过敏了　D 失眠了

2. A 晒太阳　B 去广场玩　C 坐下来休息　D 回家吃冰激凌

3-6. 대화와 단문 및 질문을 듣고 알맞은 보기를 선택하세요.

3. A 女的现金不够　B 信用卡不能结账　C 这家店现在打五折　D 男的要替女的结账

4. A 医生快下班了　B 排队的人很多　C 女的走路太慢　D 今天只工作半天

5. A 早晨没有胃口　B 买早餐不方便　C 早上没时间吃饭　D 没有吃早餐的习惯

6. A 吃早餐能控制体重　B 不吃早餐有利于减肥
   C 合理吃早餐不会长胖　D 吃不吃早餐不影响体重

[독해]

7-9. 빈칸에 알맞은 답을 선택하세요.

7-9.

寿命的明显＿⑦＿和过早死亡风险的增加，与人在成年时期的肥胖和超重密切相关。肥胖和超重的＿⑧＿程度与抽烟相似。成年时期的肥胖可以作为预测老年时期死亡的参考因素。一般而言，青春期和青年期体重应略低于标准体重，中年和老年期应该＿⑨＿体重，而且要维持体重的稳定。

7. A 缩短　B 变化　C 延长　D 改善

8. A 感受　B 危害　C 精神　D 事实

9. A 增加　B 对比　C 计算　D 控制

10. 지문과 일치하는 내용의 보기를 선택하세요.

10. 睡眠不足会给健康带来许多伤害： 思考能力会下降、判断力会变弱、免疫功能会减弱等等。近年来，专家普遍认为充足的睡眠、全面的营养和适当的运动是健康生活的三个最基本的条件。

A 睡眠不足的人非常多

B 睡眠和思考一样重要

C 睡眠不足会使判断力变弱

D 睡眠对健康起了决定作用

11-12. 지문을 읽고 질문에 알맞은 보기를 선택하세요.

11-12.

一位心理学家曾经把四段内容相似的采访视频放给即将要测试的对象。

成功人士的第一个采访对象自信满满，谈吐幽默。同为成功人士的第二个采访对象却因为紧张碰倒了桌上的咖啡，咖啡还洒在了主持人的裤子上。第三个采访对象十分普通，采访过程也平淡无奇。同样普通的第四个采访对象，接受采访时不光出了很多次错，还碰倒了咖啡。

心理学家让测试对象们在四个人中选出最喜欢和最讨厌的人。大多数人最讨厌的是第四个人。但令人意外的是，95%的人最喜欢的不是第一个而是第二个采访对象。这就是心理学中的“出丑效应”。优秀完美的人犯下小错时，反而会得到信任。看不到任何缺点的人，却会让人产生距离感。因为在多数人眼里，不犯错误的人是几乎不存在的。

11. 根据第二段，下列哪项正确？

A 第一个采访对象十分普通　　B 第二个采访对象说话幽默

C 第三个采访对象是著名人物　　D 第四个采访对像碰倒了咖啡

12. 优秀完美的人犯下小错时，会让人：

A 觉得可靠　　B 愿意帮助

C 产生距离感　　D 忍不住批评

[쓰기]

13-14. 제시된 어휘를 순서에 맞게 배치하여 문장을 완성하세요.

13. 他们的关系　得到改善　没有　始终

14. 被　一直　在发抖　吓得　小张

정답 및 해석·해설 p.550

DAY

11

HSK5급 단어장

육아 마스터

가정 · 육아

주제를 알면 HSK가 보인다!

HSK 5급에서는 가족 간의 소통이나 아이의 성장 등과 관련된 내용의 문제가 자주 출제돼요. 따라서 '성장', '장난감', '독립하다'처럼 가정·육아 관련 단어들을 집중적으로 학습하면 이러한 문제를 쉽게 풀 수 있어요.

단어, 예문 MP3

교육의 중요성

01 **成长** chéngzhǎng [동] 성장하다, 자라다

03 **独立** dúlì [동] 독립하다, 독자적으로 하다

04 **逐渐** zhújiàn [부] 점점, 점차

02 **玩具** wánjù [명] 장난감, 완구

01 **成长** ★★★
chéngzhǎng

동 **성장하다, 자라다**

술어

父母正确的育儿方法可以让小孩健康成长。
Fùmǔ zhèngquè de yù'ér fāngfǎ kěyǐ ràng xiǎohái jiànkāng chéngzhǎng.
부모의 올바른 양육 방법은 아이들이 건강하게 성장할 수 있도록 한다.

正确 zhèngquè 형 올바르다 **育儿** yù'ér 동 양육하다, (아이를) 기르다

02 **玩具** ★★★
wánjù

명 **장난감, 완구**

这套玩具适合五岁的孩子玩儿吗?
Zhè tào wánjù shìhé wǔ suì de háizi wánr ma?
이 장난감 세트는 5살 아이가 가지고 놀기 적합한가요?

套 tào 양 세트, 벌, 채 **适合** shìhé 동 적합하다, 알맞다

시험에 이렇게 나온다!

듣기 **玩具**와 관련된 출제 표현들을 함께 알아 둔다.
布娃娃 bùwáwa 헝겊 인형
熊猫玩具 xióngmāo wánjù 판다 장난감
兔子玩具 tùzi wánjù 토끼 장난감

03 **独立** ★★★
dúlì

동 **독립하다, 독자적으로 하다**

应该要让孩子从小养成独立的性格。
Yīnggāi yào ràng háizi cóng xiǎo yǎngchéng dúlì de xìnggé.
아이가 어릴 때부터 독립적인 성격을 키울 수 있도록 해야 한다.

养成 yǎngchéng 동 키우다, 양성하다 **性格** xìnggé 명 성격

04 **逐渐** ★★★
zhújiàn

동의어
逐步 zhúbù
부 점차

부 **점점, 점차**

儿子逐渐适应了学校的生活。
Érzi zhújiàn shìyìngle xuéxiào de shēnghuó.
아들은 점점 학교 생활에 적응했다.

适应 shìyìng 동 적응하다

★★★ = 출제율 최상 ★★ = 출제율 상

05 良好 ★★★

liánghǎo

반의어

恶劣 èliè

형 아주 나쁘다, 열악하다

형 좋다, 양호하다

술어

小明让女儿养成了早睡早起的良好习惯。

Xiǎo Míng ràng nǚ'ér yǎngchéngle zǎo shuì zǎo qǐ de liánghǎo xíguàn.

샤오밍은 딸에게 일찍 자고 일찍 일어나는 좋은 습관을 기르도록 했다.

养成 yǎngchéng 동 기르다, 키우다

시험에 이렇게 나온다!

짝꿍 표현 良好를 활용한 다양한 출제 표현들을 알아 둔다.

良好的生活习惯 liánghǎo de shēnghuó xíguàn 좋은 생활 습관

良好的沟通能力 liánghǎo de gōutōng nénglì 좋은 소통 능력

良好的人际关系 liánghǎo de rénjì guānxi 좋은 인간관계

06 靠 ★★★

kào

동 기대다

父母应该教育孩子不管做什么都要靠自己的努力。

Fùmǔ yīnggāi jiàoyù háizi bùguǎn zuò shénme dōu yào kào zìjǐ de nǔlì.

부모는 아이에게 무엇을 하든 자신의 노력에 기대야 한다는 것을 가르쳐야 한다.

시험에 이렇게 나온다!

유의어 **靠 : 凭**(píng, 의거하다)

靠는 구체적이거나 추상적인 명사를 모두 목적어로 가질 수 있다.

靠墙 kào qiáng 벽에 기대다

靠经验 kào jīngyàn 경험에 기대다

凭은 대부분 추상적인 명사만을 목적어로 가질 수 있다.

凭本事 píng běnshì 재능에 의거하다

凭力量 píng lìliang 능력에 의거하다

07 家庭 ★★★

jiātíng

명 가정

幸福的家庭环境对孩子的情绪起到重要的作用。

Xìngfú de jiātíng huánjìng duì háizi de qíngxù qǐdào zhòngyào de zuòyòng.

행복한 가정 환경은 아이의 정서에 중요한 작용을 한다.

情绪 qíngxù 명 정서, 기분 **作用** zuòyòng 명 작용

시험에 이렇게 나온다!

쓰기 쓰기 2부분 100번에서 가족들이 함께 있는 사진이 출제될 경우, 아래와 같이 家庭을 활용한 표현들을 사용하면 쉽게 작문할 수 있다.

幸福的家庭 xìngfú de jiātíng 행복한 가정

家庭美满 jiātíng měimǎn 가정이 행복하다

08 姥姥 ★★★

lǎolao

명 외할머니, 외조모

儿子，做个善良的孩子就是给姥姥最好的礼物了。

Érzi, zuò ge shànliáng de háizi jiùshì gěi lǎolao zuì hǎo de lǐwù le.

아들아, 착한 아이가 되는 것이 바로 외할머니께 드리는 가장 좋은 선물이란다.

善良 shànliáng 형 착하다, 선량하다

09 外公 ★★★

wàigōng

명 외할아버지, 외조부

外公虽然有时对我比较严格，但是总的来说还是很疼爱我。

Wàigōng suīrán yǒushí duì wǒ bǐjiào yángé, dànshì zǒng de lái shuō háishi hěn téng'ài wǒ.

외할아버지께서는 비록 때로는 내게 비교적 엄격하시지만, 전반적으로 말하자면 나를 매우 사랑하신다.

严格 yángé 형 엄격하다 **疼爱** téng'ài 동 매우 사랑하다

★★★ = 출제율 최상 ★★ = 출제율 상

10 **劝** ★★★
quàn

동 권하다, 타이르다

술어

爸爸劝儿子早睡早起、按时吃饭。
Bàba quàn érzi zǎo shuì zǎo qǐ, ànshí chī fàn.
아빠는 아들에게 일찍 자고 일찍 일어나고, 제때에 밥 먹을 것을 권했다.

按时 ànshí 부 제때에

시험에 이렇게 나온다!

쓰기 劝은 쓰기 1부분에서 '劝(술어1)+권하는 대상+권하는 행동(술어2)'의 형태를 완성하는 문제의 제시어로 자주 출제된다.

11 **怀孕** ★★★
huáiyùn

동 임신하다

我会给怀孕的妻子做营养丰富的饭菜。
Wǒ huì gěi huáiyùn de qīzi zuò yíngyǎng fēngfù de fàncài.
나는 임신한 아내에게 영양이 풍부한 음식을 해줄 것이다.

营养 yíngyǎng 명 영양

12 **全面** ★★★
quánmiàn

반의어
片面 piànmiàn
형 단편적이다

형 전면적이다, 전반적이다 명 전체

处于成长中的孩子，营养要全面。
Chǔyú chéngzhǎng zhōng de háizi, yíngyǎng yào quánmiàn.
성장하고 있는 아이들에게 있어, 영양은 전면적이어야 한다.

爷爷以前经常劝我考虑问题要看全面。
Yéye yǐqián jīngcháng quàn wǒ kǎolǜ wèntí yào kàn quánmiàn.
할아버지께서는 예전에 언제나 나에게 문제를 고려할 때에는 전체를 봐야 한다고 충고해주셨다.

处于 chǔyú 동 (어떤 지위나 상태에) 있다, 처하다
成长 chéngzhǎng 동 성장하다, 자라다 **营养** yíngyǎng 명 영양
劝 quàn 동 충고하다, 권하다

13 **碎** ★★
suì

㊜ **깨지다, 부수다**

술어

我不小心撞碎了大姨最爱惜的花瓶。
Wǒ bù xiǎoxīn zhuàngsuìle dàyí zuì àixī de huāpíng.
나는 조심하지 않다가 큰이모께서 가장 아끼시는 꽃병을 부딪쳐 깨뜨렸다.

撞 zhuàng ㊜ 부딪치다, 충돌하다 **爱惜** àixī ㊜ 아끼다, 소중히 여기다

시험에 이렇게 나온다!

짝꿍표현 碎는 주로 '동사+碎' 형태로 출제된다. 碎를 활용한 다양한 출제 표현들을 알아 둔다.

撞碎 zhuàngsuì 부딪쳐 깨지다 **打碎** dǎsuì 때려서 부수다

14 **培养** ★★
péiyǎng

㊜ **기르다, 양성하다**

培养好的兴趣爱好对孩子们的成长很重要。
Péiyǎng hǎo de xìngqù àihào duì háizimen de chéngzhǎng hěn zhòngyào.
좋은 흥미를 기르는 것은 아이들의 성장에 매우 중요하다.

成长 chéngzhǎng ㊜ 성장하다, 자라다

시험에 이렇게 나온다!

짝꿍표현 培养을 활용한 다양한 출제 표현들을 알아 둔다.

培养兴趣 péiyǎng xìngqù 흥미를 기르다
培养人才 péiyǎng réncái 인재를 양성하다

15 **舅舅** ★★
jiùjiu

㊔ **외삼촌**

我最近忙得都没来得及问候舅舅。
Wǒ zuìjìn máng de dōu méi láidejí wènhòu jiùjiu.
나는 최근에 외삼촌의 안부를 미처 여쭙지 못할 정도로 너무 바빴다.

问候 wènhòu ㊜ 안부를 묻다

16 **太太** ★★
tàitai

명 **아내, 부인[결혼한 여자에 대한 존칭]**

술어

太太给我买了一瓶香水作为结婚纪念日的礼物。
Tàitai gěi wǒ mǎile yì píng xiāngshuǐ zuòwéi jiéhūn jìniànrì de lǐwù.
아내는 나에게 결혼기념일 선물로 향수 한 병을 사줬다.

香水 xiāngshuǐ 명 향수 **作为** zuòwéi 동 ~으로 삼다, ~으로 여기다
结婚纪念日 jiéhūn jìniànrì 결혼기념일

17 **姑姑** ★★
gūgu

명 **고모**

为了庆祝儿童节，姑姑给我们每个人送了玩具。
Wèile qìngzhù Értóngjié, gūgu gěi wǒmen měi ge rén sòngle wánjù.
어린이날을 축하하기 위해, 고모는 우리 모두에게 장난감을 선물하셨다.

庆祝 qìngzhù 동 축하하다 **儿童节** Értóngjié 고유 어린이날
玩具 wánjù 명 장난감

18 **相处** ★★
xiāngchǔ

동 **함께 지내다, 함께 살다**

父母怎么做才能更好地和孩子相处呢？
Fùmǔ zěnme zuò cái néng gèng hǎo de hé háizi xiāngchǔ ne?
부모는 어떻게 해야 아이들과 함께 더 잘 지낼 수 있을까?

19 **过分** ★★

guòfèn

형 **지나치다, 과분하다**

父母应尽量避免过分地批评孩子。 (술어)

Fùmǔ yīng jǐnliàng bìmiǎn guòfèn de pīpíng háizi.

부모는 아이를 지나치게 꾸짖는 것을 가능한 한 피해야 한다.

尽量 jǐnliàng 부 가능한 한, 되도록 **避免** bìmiǎn 동 피하다, 모면하다
批评 pīpíng 동 꾸짖다, 비평하다

알아두면 좋은 배경지식

중국에서는 아이에게 지나치게 관심을 갖는 학부모를 가르켜 **苍蝇妈妈**(파리 엄마)라고 한다. **苍蝇妈妈**는 아이를 위해 생활 중 발생할 수 있는 모든 장애물을 제거해두려고 하는데, 이러한 파리 엄마의 관심은 오히려 아이들이 스스로 스트레스를 조절하는 방법을 모르게 만들며, 행복감을 저하시킨다고 한다. **苍蝇妈妈**와 관련된 어휘들을 체크해 두자.

苍蝇妈妈 Cāngying Māma 파리 엄마
家长 jiāzhǎng 명 가장, 학부형
过分 guòfèn 형 넘어서다, 지나치다
障碍 zhàng'ài 동 가로막다 명 장애물
关注 guānzhù 동 관심을 가지다

20 **家务** ★★

jiāwù

명 **가사, 집안일**

这么做能使孩子自然地参与家务劳动。

Zhème zuò néng shǐ háizi zìrán de cānyù jiāwù láodòng.

이렇게 하면 아이들이 자연스럽게 가사 노동에 참여하도록 할 수 있다.

参与 cānyù 동 참여하다, 참가하다
劳动 láodòng 명 노동, 일 동 노동하다

21 **尽快** ★★

jǐnkuài

부 **되도록 빨리**

妈妈让我尽快去学校接妹妹回家。

Māma ràng wǒ jǐnkuài qù xuéxiào jiē mèimei huíjiā.

엄마는 나에게 되도록 빨리 학교에 가서 여동생을 데리고 집으로 돌아가도록 하셨다.

22 **淘气** **

táoqì

동의어

调皮 tiáopí

형 장난스럽다, 짓궂다

형 **장난이 심하다, 말을 듣지 않다**

술어

他们家女儿曾经是班里最淘气的孩子。

Tāmen jiā nǚ'ér céngjīng shì bān li zuì táoqì de háizi.

그들 집의 딸은 일찍이 반에서 가장 장난이 심한 아이였다.

曾经 céngjīng 부 일찍이

23 **责备** **

zébèi

반의어

原谅 yuánliàng

동 용서하다, 양해하다

동 **꾸짖다, 책망하다**

父亲责备孩子学习不用功。

Fùqīn zébèi háizi xuéxí bú yònggōng.

아버지는 아이가 열심히 공부하지 않는 것을 꾸짖으셨다.

用功 yònggōng 동 열심히 공부하다, 노력하다 형 부지런하다, 근면하다

시험에 이렇게 나온다!

듣기 듣기에서는 대화 중 **我跟你说过多少遍了**(내가 너한테 몇 번을 말했니)가 언급되고, 화자나 제3자의 감정·어투·태도를 묻는 질문이 들리면 **责备**가 자주 정답 보기로 출제된다.

24 **接待** **

jiēdài

동의어

招待 zhāodài

동 (손님이나 고객에게) 접대하다

동 **응대하다, 접대하다**

你能帮我接待一下我妹妹吗?

Nǐ néng bāng wǒ jiēdài yíxià wǒ mèimei ma?

너는 나를 도와 내 여동생을 응대해줄 수 있니?

25 **艰苦** ★★
jiānkǔ

동의어
困难 kùnnan
형 어렵다, 힘들다
명 곤란, 어려움

형 **고달프다, 고생스럽다**

小丽的家人即使处在艰苦的环境中也过得很幸福。 (술어)
Xiǎo Lì de jiārén jíshǐ chǔzài jiānkǔ de huánjìng zhōng yě guò de hěn xìngfú.
샤오리의 가족은 고달픈 환경에 처해 있어도 매우 행복하게 지낸다.

处在 chǔzài 동 처하다, 놓이다

26 **爱心** ★★
àixīn

명 **사랑하는 마음**

她用爱心照顾需要帮助的孩子们。
Tā yòng àixīn zhàogù xūyào bāngzhù de háizimen.
그녀는 사랑하는 마음으로 도움이 필요한 아이들을 돌본다.

27 **夸** ★★
kuā

동의어
表扬 biǎoyáng
동 칭찬하다

반의어
批评 pīpíng
동 비판하다

동 **칭찬하다, 과장하다**

适当地夸孩子可以让孩子成为有自信的人。
Shìdàng de kuā háizi kěyǐ ràng háizi chéngwéi yǒu zìxìn de rén.
적절하게 아이를 칭찬하는 것은 아이가 자신 있는 사람이 될 수 있도록 한다.

适当 shìdàng 형 적절하다, 적당하다 **自信** zìxìn 형 자신하다

시험에 이렇게 나온다!

짝꿍 표현 夸를 활용한 출제 표현을 알아 둔다.
夸奖 kuājiǎng 칭찬하다, 찬양하다

28 **成人** ★★
chéngrén

동 **어른이 되다** 명 **성인, 어른**

那调皮的小孩儿现在都已经长大成人了。
Nà tiáopí de xiǎoháir xiànzài dōu yǐjīng zhǎngdà chéngrén le.
그 장난스러웠던 아이는 지금 이미 자라서 어른이 되었다.

成人安全带不适合儿童使用。
Chéngrén ānquándài bú shìhé értóng shǐyòng.
성인 안전벨트는 아동이 사용하기에 적합하지 않다.

调皮 tiáopí 형 장난스럽다, 짓궂다 **安全带** ānquándài 명 안전벨트
适合 shìhé 동 적합하다, 적절하다, 알맞다 **使用** shǐyòng 동 사용하다

DAY 11 12 13 14 15 16 17 18 19 20 해커스 HSK 5급 단어장

29 **单独** ★★

dāndú

부 **혼자서, 단독으로**

술어

这些产品不能让儿童单独使用。

Zhèxiē chǎnpǐn bù néng ràng értóng dāndú shǐyòng.

이러한 제품들은 아이들이 혼자서 사용하도록 하면 안됩니다.

产品 chǎnpǐn 명 제품, 생산품 **使用** shǐyòng 동 사용하다

30 **火柴** ★★

huǒchái

명 **성냥**

不要把火柴放在小孩能碰到的地方。

Bú yào bǎ huǒchái fàng zài xiǎohái néng pèngdào de dìfang.

성냥을 아이가 건드릴 수 있는 곳에다가 놓아서는 안 된다.

碰 pèng 동 건드리다, 부딪치다, (우연히) 만나다

31 **忽视** ★★

hūshì

반의어

重视 zhòngshì

동 중시하다

동 **소홀히 하다, 경시하다**

孩子的成长过程中最不能忽视的是教育。

Háizi de chéngzhǎng guòchéng zhōng zuì bù néng hūshì de shì jiàoyù.

아이의 성장 과정 중 가장 소홀히 해서는 안 되는 것은 교육이다.

成长 chéngzhǎng 동 성장하다, 자라다

시험에 이렇게 나온다!

유의어 **忽视 : 轻视**(qīngshì, 경시하다)

忽视은 소홀히 하여 중시하지 않음을 나타낸다.

有些人很重视孩子的身体健康，却忽视了心理健康。

Yǒuxiē rén hěn zhòngshì háizi de shēntǐ jiànkāng, què hūshìle xīnlǐ jiànkāng.

어떤 사람들은 아이의 신체 건강을 매우 중시하지만, 심리 건강은 소홀히 한다.

轻视은 의도적으로 중시하지 않음을 나타낸다.

每个人都有优点，所以不要因为外表轻视别人。

Měi ge rén dōu yǒu yōudiǎn, suǒyǐ bú yào yīnwèi wàibiǎo qīngshì biérén.

각각의 사람들은 모두 장점이 있으므로, 겉모습 때문에 다른 사람을 경시하지 말아야 한다.

32 **连忙** ★★
liánmáng

[동의어]
匆忙 cōngmáng
형 급하다, 황급하다

부 **급히, 빨리, 서둘러**

一听说客人要来，他们连忙做起了家务。(술어)
Yì tīngshuō kèrén yào lái, tāmen liánmáng zuòqǐle jiāwù.
손님이 곧 온다는 것을 듣고, 그들은 급히 집안일을 하기 시작했다.

家务 jiāwù 명 집안일, 가사

33 **兄弟** ★★
xiōngdì

명 **형제**

父母从小教育他们兄弟要和睦相处。
Fùmǔ cóngxiǎo jiàoyù tāmen xiōngdì yào hémù xiāngchǔ.
부모님은 어릴 때부터 그들 형제에게 서로 화목하게 지내라고 교육하셨다.

和睦相处 hémù xiāngchǔ 성 화목하게 지내다, 사이좋게 지내다

34 **数**
shǔ / shù

동 **세다, 헤아리다** 명 **수, 숫자**

妈妈在教弟弟数手指头。
Māma zài jiāo dìdi shǔ shǒuzhǐtou.
엄마는 남동생에게 손가락으로 숫자를 세는 법을 가르치고 계신다.

我儿子从小就对数学很感兴趣。
Wǒ érzi cóngxiǎo jiù duì shùxué hěn gǎn xìngqù.
내 아들은 어릴 때부터 수학에 흥미를 느꼈다.

手指头 shǒuzhǐtou 명 손가락

잠깐 **数는 shǔ로 발음하면 동사로만 쓰이고, shù로 발음하면 명사로만 쓸 수 있다.**

35 **乖**
guāi

형 **얌전하다, 말을 잘 듣다**

那个乖乖的小女孩安静地坐在一边等父母回来。
Nà ge guāiguāi de xiǎo nǚhái ānjìng de zuò zài yìbiān děng fùmǔ huílai.
그 얌전한 여자아이는 조용히 한 켠에 앉아 부모님이 돌아오기를 기다렸다.

36 **宝贝**
bǎobèi

명 **귀엽둥이, 보배, 보물**

술어

家人认为妹妹是听话的乖宝贝。
Jiārén rènwéi mèimei shì tīnghuà de guāi bǎobèi.
가족들은 여동생이 말을 잘 듣는 귀염둥이라고 생각한다.

乖 guāi 형 말을 잘 듣다, 얌전하다

잠깐 宝贝는 보통 어린아이를 부르는 애칭으로 쓰인다.

37 **多亏**
duōkuī

동 **덕분이다, 덕택이다**

多亏大家的照顾，她的孩子健康地成长了。
Duōkuī dàjiā de zhàogù, tā de háizi jiànkāng de chéngzhǎng le.
모두의 돌봄 덕분에, 그녀의 아이는 건강하게 성장했다.

成长 chéngzhǎng 동 성장하다, 자라다

시험에 이렇게 나온다!

유의어 **多亏 : 幸亏**(xìngkuī, 다행히)

多亏는 동사로서 감사함을 표시할 때 쓰이며, 술어로 사용된다.
多亏你的帮助，我才可以按时把工作做完。
Duōkuī nǐ de bāngzhù, wǒ cái kěyǐ ànshí bǎ gōngzuò zuòwán.
너의 도움 덕분에, 나는 제때 일을 마칠 수 있었어.

幸亏는 부사로서 다행임을 표시할 때 쓰이며, 부사어로 사용된다.
幸亏你在家，否则我又白跑一趟了。
Xìngkuī nǐ zài jiā, fǒuzé wǒ yòu bái pǎo yí tàng le.
네가 집에 있어서 다행이었지, 아니었으면 나 또 헛걸음할 뻔 했어.

38 **干活儿**
gàn huór

동 **일을 하다, 노동하다**

我的胳膊受伤了，所以暂时不能在家干活儿。
Wǒ de gēbo shòushāngle, suǒyǐ zànshí bù néng zài jiā gàn huór.
난 팔을 다쳐서, 잠시 집에서 일을 할 수 없다.

胳膊 gēbo 명 팔 **受伤** shòushāng 동 다치다, 상처를 입다
暂时 zànshí 명 잠시

39 **老婆**

lǎopo

명 **아내, 처**

술어

这件事我得和我老婆商量一下。

Zhè jiàn shì wǒ děi hé wǒ lǎopo shāngliang yíxià.

이 일은 내가 나의 아내와 한 번 상의해봐야 한다.

商量 shāngliang 동 상의하다, 의논하다

40 **骂**

mà

동 **꾸짖다, 질책하다, 욕하다**

经常骂孩子可能让孩子产生不良情绪。

Jīngcháng mà háizi kěnéng ràng háizi chǎnshēng bùliáng qíngxù.

자주 아이를 꾸짖는 것은 아이에게 좋지 않은 정서가 생기게 할 수 있다.

产生 chǎnshēng 동 생기다, 생겨나다, 나타나다

情绪 qíngxù 명 정서, 기분, 감정

41 **疼爱**

téng'ài

동의어

喜欢 xǐhuan

동 좋아하다

동 **매우 귀여워하다, 매우 사랑하다**

妹妹已经是成年人了，可是家里人仍然很疼爱她。

Mèimei yǐjīng shì chéngniánrén le, kěshì jiā li rén réngrán hěn téng'ài tā.

여동생은 이미 성인이지만, 가족들은 여전히 그녀를 매우 귀여워한다.

仍然 réngrán 부 여전히, 변함없이

42 **体贴**

tǐtiē

동 **자상하게 돌보다**

他是一个体贴太太的好丈夫。

Tā shì yí ge tǐtiē tàitai de hǎo zhàngfu.

그는 아내를 자상하게 돌보는 좋은 남편이다.

太太 tàitai 명 아내, 부인[결혼한 여자에 대한 존칭]

43 **孝顺**
xiàoshùn

동 **효도하다**

邻居们都夸他对老人孝顺。
(술어)
Línjūmen dōu kuā tā duì lǎorén xiàoshùn.
이웃들은 그가 노인에게 효도한다고 모두 칭찬한다.

夸 kuā 동 칭찬하다, 과장하다

44 **严肃**
yánsù

형 **엄숙하다**

爷爷的表情总是那么严肃，难怪大家都怕他。
Yéye de biǎoqíng zǒngshì nàme yánsù, nánguài dàjiā dōu pà tā.
할아버지의 표정이 항상 그토록 엄숙하니, 과연 모두들 그를 무서워할 만하다.

表情 biǎoqíng 명 표정 **难怪** nánguài 부 과연, 어쩐지

연습문제 **체크체크!**

제시된 각 단어의 뜻을 오른쪽 보기에서 찾아 줄을 그어 보세요.

01 疼爱	ⓐ 독립하다, 독자적으로 하다
02 全面	ⓑ 되도록 빨리
03 独立	ⓒ 전면적이다, 전반적이다, 전체
04 尽快	ⓓ 좋다, 양호하다
05 良好	ⓔ 매우 귀여워하다, 매우 사랑하다
06 成长	ⓕ 성장하다, 자라다

문장을 읽고 빈칸에 들어갈 단어를 찾아 적어 보세요.

ⓐ 相处　　ⓑ 逐渐　　ⓒ 单独　　ⓓ 家务

07 小姑娘 ______ 适应了陌生的生活环境。

08 父母和孩子 ______ 时，往往会发生一些矛盾。

09 妈妈一边在做 ______ ，一边在听音乐。

10 父母不应该让儿童 ______ 看家。

정답 : 01 ⓔ 02 ⓒ 03 ⓐ 04 ⓑ 05 ⓓ 06 ⓕ 07 ⓑ 08 ⓐ 09 ⓓ 10 ⓒ

* 07~10번 문제 해석은 해커스 중국어(china.Hackers.com)에서 무료로 제공합니다.

HSK 5급 시험에 나오는 고난도 어휘

☑ 잘 외워지지 않는 단어는 박스에 체크하여 복습하세요.

🎧 고난도 어휘 집중 암기_11.mp3

□	按时	ànshí	부 제때에
□	宝宝	bǎobao	명 아기, 귀염둥이
□	布娃娃	bùwáwa	명 헝겊 인형
□	苍蝇妈妈	Cāngying Māma	파리 엄마(아이를 과보호하는 학부모를 가리킴)
□	产假	chǎnjià	명 출산휴가
□	发育 6급	fāyù	동 발육하다, 자라나다
□	故乡 6급	gùxiāng	명 고향
□	家电	jiādiàn	명 가전제품(家用电器의 줄임말)
□	家长	jiāzhǎng	명 보호자, 학부모
□	唠叨 6급	láodao	동 잔소리하다, 반복해 이야기하다
□	*辣妈	Làmā	출산 후에도 여전히 개성을 추구하는 여성
□	乱动	luàndòng	동 난동을 부리다
□	美满	měimǎn	형 행복하다, 아름답고 원만하다
□	陪伴	péibàn	동 함께 하다
□	偏食	piānshí	동 편식하다
□	漂白粉	piǎobáifěn	명 표백분
□	亲人	qīnrén	명 가족, 친족, 배우자
□	情商	qíngshāng	명 EQ
□	扫清	sǎoqīng	동 쓸어서 깨끗이 하다
□	适当	shìdàng	형 적절하다, 적당하다

*표는 오른쪽 페이지의 <중국 문화와 역사>에 포함된 단어입니다.

□ 私立	sīlì	동 개인적으로 세우다, 개인이 설립하다 형 사립의
□ 天性	tiānxìng	명 천성
□ 童年	tóngnián	명 어린 시절
□ *外表 6급	wàibiǎo	명 겉모습
□ 玩耍	wánshuǎ	동 놀다, 장난치다
□ 熊孩子	xiónghàizi	장난꾸러기
□ 依赖 6급	yīlài	동 (사람이나 사물에) 기대다, 의지하다
□ *育儿	yù'ér	동 양육하다, (아이를) 기르다
□ 原生家庭	yuánshēng jiātíng	부모님과 함께 생활한 가정
□ 侄子 6급	zhízi	명 조카

알고 가면 시험이 쉬워지는 <중국 문화와 역사>

멋쟁이 엄마, *辣妈(Làmā)

辣妈는 麻辣妈妈(málà māma, 매운 엄마)을 줄여서 부르는 인터넷 신조어로 '출산 후에도 여전히 개성을 추구하는 여성'을 뜻해요. 원래 辣妈는 한 연예인을 좋아하던 팬이 그 연예인을 부를 때 썼던 용어였지만, 현재는 연예인에만 국한되지 않고, 모든 어머니들에게 쓰일 수 있는 단어가 되었어요.

辣妈는 처음에는 출산 후에도 균형 잡힌 몸매를 유지하는 어머니들을 가리켜 그들의 *外表(wàibiǎo)를 강조하던 용어였지만, 그 의미가 逐渐(zhújiàn) 넓어져 요리, 교육, *育儿(yù'ér), 家务(jiāwù), 인테리어 등 특정한 영역에서 良好(liánghǎo)한 솜씨를 가진 어머니를 가리킬 때도 쓰이게 되었답니다.

逐渐 zhújiàn 부 점점, 점차 **家务** jiāwù 명 가사, 집안일 **良好** liánghǎo 형 좋다, 양호하다

DAY

12

HSK5급 단어장

드림하우스

주거 · 인테리어

주제를 알면 HSK가 보인다!

HSK 5급에서는 건물의 특징이나 리모델링 등과 관련된 문제가 자주 출제돼요. 따라서 '설계하다', '건축물', '인테리어하다', '자물쇠'처럼 주거·인테리어 관련 단어들을 집중적으로 학습하면 이러한 문제를 쉽게 풀 수 있어요.

단어, 예문 MP3

심플하고 세련된 주거 공간

03 **装修** zhuāngxiū 동 (가옥을) 인테리어 하다, 장식하고 꾸미다

05 **窄** zhǎi 형 (폭이) 좁다

01 **设计** shèjì 동 설계하다, 디자인하다 명 설계, 디자인

06 **空间** kōngjiān 명 공간

02 **建筑** jiànzhù 명 건축물

04 **锁** suǒ 명 자물쇠 동 잠그다

01 设计 ★★★

shèjì

[동] 설계하다, 디자인하다 [명] 설계, 디자인

술어

这个房子是专门为三口之家设计的。

Zhè ge fángzi shì zhuānmén wèi sānkǒuzhījiā shèjì de.

이 집은 핵가족을 위해 특별히 설계된 것이다.

我们最后选择了这个设计方案。

Wǒmen zuìhòu xuǎnzéle zhè ge shèjì fāng'àn.

우리들은 결국 이 설계 방안을 선택했다.

三口之家 sānkǒuzhījiā 핵가족 **方案** fāng'àn [명] 방안

시험에 이렇게 나온다!

[빡공 표현] 设计를 활용한 다양한 출제 표현들을 알아 둔다.

设计师 shèjìshī 디자이너 **设计方案** shèjì fāng'àn 설계 방안

02 建筑 ★★★

jiànzhù

[명] 건축물

四合院是中国北方的传统建筑。

Sìhéyuàn shì Zhōngguó běifāng de chuántǒng jiànzhù.

사합원은 중국 북방의 전통적인 건축물이다.

四合院 sìhéyuàn [명] 사합원(베이징의 전통 주택 양식)
传统 chuántǒng [형] 전통적이다 [명] 전통

시험에 이렇게 나온다!

[빡공 표현] 建筑를 활용한 다양한 출제 표현들을 알아 둔다.

建筑方式 jiànzhù fāngshì 건축방식
建筑风格 jiànzhù fēnggé 건축스타일
传统建筑 chuántǒng jiànzhù 전통 건축물
建筑物 jiànzhùwù 건축물 **建筑师** jiànzhùshī 건축가

03 装修 ★★★

zhuāngxiū

동 (가옥을) 인테리어 하다, 장식하고 꾸미다

술어

我们就按照这个设计方案装修房子吧。

Wǒmen jiù ànzhào zhè ge shèjì fāng'àn zhuāngxiū fángzi ba.

우리 이 설계 방안에 따라서 집을 인테리어 합시다.

按照 ànzhào 개 ~에 따라
设计 shèjì 명 설계, 디자인 동 설계하다, 디자인하다
方案 fāng'àn 명 방안

잠깐 **装修**는 동사이지만 명사처럼 쓰이기도 한다.

시험에 이렇게 나온다!

듣기 **装修**와 자주 같이 출제되는 표현들을 함께 알아 둔다.

设计师 shèjìshī 명 디자이너　　**房子** fángzi 명 집

짝꿍표현 **装修**를 활용한 다양한 출제 표현들을 알아 둔다.

装修风格 zhuāngxiū fēnggé 인테리어 스타일
装修方案 zhuāngxiū fāng'àn 인테리어 방안

04 锁 ★★★

suǒ

명 자물쇠　동 잠그다

这几把钥匙都开不了这房间的锁。

Zhè jǐ bǎ yàoshi dōu kāi bùliǎo zhè fángjiān de suǒ.

이 열쇠들은 모두 이 방의 자물쇠를 열 수 없다.

晚上睡前记得把门锁起来。

Wǎnshang shuì qián jìde bǎ mén suǒ qǐlai.

밤에 잠자기 전 문을 잠그는 것을 기억하세요.

钥匙 yàoshi 명 열쇠

시험에 이렇게 나온다!

짝꿍표현 **锁**를 활용한 다양한 출제 표현들을 알아 둔다.

开锁 kāi suǒ 자물쇠를 열다　　**密码锁** mìmǎsuǒ 디지털 도어락

05 **窄** ★★★

zhǎi

반의어
宽 kuān
형 (폭이) 넓다

형 **(폭이) 좁다**

술어

这间房子对于一家五口人来说面积有点窄。
Zhè jiān fángzi duìyú yì jiā wǔ kǒu rén láishuō miànjī yǒudiǎn zhǎi.
이 집은 5명의 가족에게는 면적이 조금 좁다.

面积 miànjī 명 면적

06 **空间** ★★★

kōngjiān

명 **공간**

我想把这个空间装修成书房。
Wǒ xiǎng bǎ zhè ge kōngjiān zhuāngxiū chéng shūfáng.
나는 이 공간을 서재로 인테리어하고 싶어요.

装修 zhuāngxiū 동 (가옥을) 인테리어 하다, 장식하고 꾸미다
书房 shūfáng 명 서재

시험에 이렇게 나온다!

짝꿍표현 空间을 활용한 다양한 출제 표현들을 알아 둔다.
地下空间 dìxià kōngjiān 지하 공간
空间认知能力 kōngjiān rènzhī nénglì 공간 지각 능력
占空间 zhàn kōngjiān 공간을 차지하다

07 **阳台** ★★★

yángtái

명 **베란다, 발코니**

我觉得把洗衣机搬到阳台的话就可以充分利用这个空间。
Wǒ juéde bǎ xǐyījī bāndào yángtái de huà jiù kěyǐ chōngfèn lìyòng zhè ge kōngjiān.
나는 세탁기를 베란다로 옮기면 이 공간을 충분히 이용할 수 있다고 생각해요.

充分 chōngfèn 부 충분히 형 충분하다 **利用** lìyòng 동 이용하다
空间 kōngjiān 명 공간

08 抽屉 ★★★
chōuti

명 서랍

我把昨天买的项链放在抽屉里了。 (放在: 술어)

Wǒ bǎ zuótiān mǎi de xiàngliàn fàngzài chōuti li le.

나는 어제 산 목걸이를 서랍 안에 넣어 두었다.

项链 xiàngliàn 명 목걸이

09 墙 ★★★
qiáng

명 **벽, 담장**

墙面刷什么颜色才会让房间看起来舒服呢?

Qiángmiàn shuā shénme yánsè cái huì ràng fángjiān kàn qǐlai shūfu ne?

벽면에 어떤 색을 칠해야 방이 좀 안락해 보일까요?

刷 shuā 동 칠하다

알아두면 좋은 배경지식

马头墙(마두벽)은 중국 전통 남방 건축의 중요한 특색 중 하나로, 화재를 막기 위해 지붕 쪽의 담장에 만든 벽이다. 马头墙과 관련된 어휘들을 체크해 두자.

马头墙 mǎtóuqiáng 마두벽
防火墙 fánghuǒqiáng 방화벽
风火墙 fēnghuǒqiáng 방화벽
封火墙 fēnghuǒqiáng 방화벽

10 设施 ★★★
shèshī

명 **시설**

我们家附近有运动设施，生活起来很方便。

Wǒmen jiā fùjìn yǒu yùndòng shèshī, shēnghuó qǐlai hěn fāngbiàn.

우리 집 근처에는 운동 시설이 있어서, 생활하기에 편리하다.

시험에 이렇게 나온다!

쓰기 设施은 쓰기 1부분에서 '주어+술어+관형어+设施(목적어)'의 기본 형태를 완성하는 문제의 제시어로 자주 출제된다.

짝꿍표현 设施을 활용한 다양한 출제 표현들을 알아 둔다.

健身设施 jiànshēn shèshī 헬스 시설
公共设施 gōnggòng shèshī 공공 시설

11 **维修** ★★★

wéixiū

동 **수리하다, 수선하다**

술어

听说那家餐厅正在全面维修。

Tīngshuō nà jiā cāntīng zhèngzài quánmiàn wéixiū.

듣자 하니 그 식당은 현재 전면적으로 수리하고 있대요.

全面 quánmiàn 형 전면적이다, 전반적이다 명 전체

잠깐 维修는 동사이지만 명사처럼 쓰이기도 한다.

시험에 이렇게 나온다!

짝꿍 표현 维修를 활용한 다양한 출제 표현들을 알아 둔다.

维修店 wéixiūdiàn 수리점

维修中心 wéixiū zhōngxīn 수리센터

维修建筑 wéixiū jiànzhù 건축물을 수리하다

12 **宽** ★★

kuān

반의어

窄 zhǎi

형 (폭이) 좁다

형 **(폭이) 넓다**

这个房子不够宽，所以不好摆家具。

Zhè ge fángzi búgòu kuān, suǒyǐ bù hǎo bǎi jiājù.

이 집은 충분히 넓지 않아서, 가구를 놓기 쉽지 않다.

摆 bǎi 동 놓다, 배치하다

시험에 이렇게 나온다!

짝꿍 표현 宽을 활용한 다양한 출제 표현들을 알아 둔다.

宽广 kuānguǎng (면적이나 범위가) 넓다

宽度 kuāndù 너비, 폭

13 **摆** ★★

bǎi

동 **놓다, 배치하다**

阳台上摆满了多种植物。

Yángtái shang bǎimǎnle duō zhǒng zhíwù.

베란다에 다양한 식물들이 가득 놓여 있다.

阳台 yángtái 명 베란다, 발코니 **植物** zhíwù 명 식물

시험에 이렇게 나온다!

쓰기 摆는 쓰기 1부분에서 '주어(장소)+摆+(보어)+목적어'의 존현문 형태를 완성하는 문제의 제시어로 자주 출제된다.

14 玻璃 ★★
bōli

명 유리

(술어)

你能帮我擦一下房间的玻璃窗吗?
Nǐ néng bāng wǒ cā yíxià fángjiān de bōlichuāng ma?
나를 도와 방의 유리창을 닦아 줄 수 있나요?

擦 cā 동 닦다

15 卧室 ★★
wòshì

명 침실

这间卧室很适合我一个人住。
Zhè jiān wòshì hěn shìhé wǒ yí ge rén zhù.
이 침실은 나 한 명이 지내기에 적합하다.

适合 shìhé 동 적합하다

16 书架 ★★
shūjià

명 책꽂이

爷爷的书架上有很多哲学书。
Yéye de shūjià shang yǒu hěn duō zhéxuéshū.
할아버지의 책꽂이에는 많은 철학서들이 있다.

哲学 zhéxué 명 철학

17 套 ★★
tào

양 채, 세트

他们夫妻已经在郊区买了一套房。
Tāmen fūqī yǐjīng zài jiāoqū mǎile yí tào fáng.
그들 부부는 이미 교외에 집 한 채를 구입했다.

郊区 jiāoqū 명 교외, 변두리

잠깐 음식의 세트 메뉴를 套餐(tàocān)이라고 한다.

18 **幅** ★★
fú

양 **폭[그림·천을 세는 단위]**

술어

他的房间里挂着一幅美丽的画。
Tā de fángjiān li guàzhe yì fú měilì de huà.
그의 방에는 한 폭의 아름다운 그림이 걸려 있다.

挂 guà 동 걸다, 붙어 있다

시험에 이렇게 나온다!

짝꿍 표현 **幅**를 활용한 다양한 출제 표현들을 알아 둔다.
一幅画 yì fú huà 그림 한 폭 **一幅丝绸** yì fú sīchóu 비단 한 폭

19 **公寓** ★★
gōngyù

명 **아파트**

我租了公园旁边的一间公寓。
Wǒ zūle gōngyuán pángbiān de yì jiān gōngyù.
나는 공원 근처의 아파트 한 채를 임대했다.

租 zū 동 임대하다

20 **拆** ★★
chāi

동 **(붙어 있는 것을) 철거하다, 뜯다**

这条街上的老房子已经被拆了。
Zhè tiáo jiē shang de lǎo fángzi yǐjīng bèi chāi le.
이 거리 위의 오래된 집들은 이미 철거되었다.

21 **巧妙** ★★
qiǎomiào

형 **교묘하다**

这座建筑很巧妙地统一了几种不同的文化。
Zhè zuò jiànzhù hěn qiǎomiào de tǒngyīle jǐ zhǒng bùtóng de wénhuà.
이 건축물은 몇 가지의 서로 다른 문화를 교묘하게 통일시켰다.

建筑 jiànzhù 명 건축물 **统一** tǒngyī 동 통일하다 형 일치된, 통일된

22 **位置** ★★
wèizhi

명 위치

我们家周围有超市和学校，地理位置比较好。 (술어)
Wǒmen jiā zhōuwéi yǒu chāoshì hé xuéxiào, dìlǐ wèizhi bǐjiào hǎo.
우리 집 주위에는 슈퍼와 학교가 있어서, 지리적 위치가 비교적 좋아요.

地理 dìlǐ 명 지리

23 **舒适** ★★
shūshì

반의어
艰苦 jiānkǔ
형 고달프다, 고생스럽다

형 쾌적하다, 편하다

一开空调，房间就变得舒适了。
Yì kāi kōngtiáo, fángjiān jiù biàn de shūshì le.
에어컨을 켜니, 방 안이 쾌적해졌다.

알아두면 좋은 배경지식

舒适区(컴포트존, comfort zone)는 심리학 용어로서, 온도·습도·풍속이 적정 수준을 유지하여 우리 몸이 가장 편안함을 느끼는 상태를 가리킨다.

24 **歪** ★★
wāi

형 기울다, 비스듬하다

墙上挂着的这幅画有点歪了。
Qiáng shang guàzhe de zhè fú huà yǒudiǎn wāi le.
벽에 걸려 있는 이 그림은 조금 기울어졌다.

墙 qiáng 명 벽, 담장 **挂** guà 동 걸다, 붙어 있다
幅 fú 양 폭[그림·천을 세는 단위]

25 中介 ★★
zhōngjiè

명 **중개, 중개자**

上周我通过房产中介公司购买了一套房子。 (술어)

Shàng zhōu wǒ tōngguò fángchǎn zhōngjiè gōngsī gòumǎile yí tào fángzi.

지난 주에 나는 부동산 중개 회사를 통해서 집을 한 채 구입했다.

房产 fángchǎn 명 집, 건물 **购买** gòumǎi 동 구입하다
套 tào 양 채, 세트

시험에 이렇게 나온다!

듣기 **中介**와 자주 같이 출제되는 표현들을 함께 알아 둔다.
邻居 línjū 명 이웃 **房东** fángdōng 명 집주인

짝꿍표현 **中介**를 활용한 출제 표현을 알아 둔다.
中介费 zhōngjièfèi 중개수수료

26 亮 ★★
liàng

반의어
黑 hēi
형 검다, 어둡다

형 **밝다, 빛나다** 동 **환해지다, 밝아지다**

外面比屋里亮，我们还是开灯吧。

Wàimian bǐ wū li liàng, wǒmen háishi kāi dēng ba.

밖이 방 안보다 밝으니, 우리 불을 좀 켜자.

他一进门，客厅就亮起来了。

Tā yí jìnmén, kètīng jiù liàng qǐlai le.

그가 문을 들어서자마자, 거실이 환해졌다.

시험에 이렇게 나온다!

짝꿍표현 **亮**을 활용한 다양한 출제 표현들을 알아 둔다.
明亮 míngliàng 밝다, 환하다 **天亮** tiānliàng 날이 밝다

27 地毯 ★★
dìtǎn

명 **카펫, 양탄자**

卧室的地毯是妈妈去年从国外买回来的。

Wòshì de dìtǎn shì māma qùnián cóng guówài mǎi huílai de.

침실의 카펫은 엄마가 작년에 해외에서 사 오신 것이다.

卧室 wòshì 명 침실

28 **灰尘** ★★
huīchén

명 **먼지**

술어

桌子上覆盖着厚厚的一层灰尘。
Zhuōzi shang fùgàizhe hòuhòu de yì céng huīchén.
탁자에는 두꺼운 먼지가 덮여 있다.

覆盖 fùgài 동 덮다, 뒤덮다

29 **漏** ★★
lòu

동 **새다, 빠지다**

今早洗手间突然开始漏水。
Jīn zǎo xǐshǒujiān tūrán kāishǐ lòu shuǐ.
오늘 아침에 화장실에서 갑자기 물이 새기 시작했다.

30 **平方** ★★
píngfāng

명 **제곱, 평방**

这套房子实际有多少平方米?
Zhè tào fángzi shíjì yǒu duōshǎo píngfāngmǐ?
이 집은 실제로 몇 제곱미터 인가요?

套 tào 양 채, 세트 **实际** shíjì 형 실제의
米 mǐ 양 미터(m)

31 **宿舍** ★★
sùshè

명 **기숙사**

这座新的学生宿舍每间房可以住四个学生。
Zhè zuò xīn de xuésheng sùshè měi jiān fáng kěyǐ zhù sì ge xuésheng.
이 새로운 학생 기숙사는 한 방에 4명의 학생이 지낼 수 있다.

32 **被子** ★★
bèizi

명 **이불**

趁这么好的天气，我想在阳台晒被子。 (술어: 晒)
Chèn zhème hǎo de tiānqì, wǒ xiǎng zài yángtái shài bèizi.
이렇게 좋은 날씨를 틈타, 나는 베란다에서 햇볕에 이불을 말리고 싶어.

趁 chèn 개 (어떤 조건·시간·기회 등을) 틈타, 이용하여
阳台 yángtái 명 베란다, 발코니 **晒** shài 동 햇볕에 말리다, 햇볕을 쬐다

시험에 이렇게 나온다!

짝꿍표현 被子를 활용한 출제 표현을 알아 둔다.
晒被子 shài bèizi 이불을 말리다

33 **豪华** ★★
háohuá

형 **(생활이) 호화롭다, 사치스럽다**

他的房子装修得像五星级酒店一样豪华。
Tā de fángzi zhuāngxiū de xiàng wǔxīngjí jiǔdiàn yíyàng háohuá.
그의 집은 5성급 호텔처럼 호화롭게 꾸몄다.

装修 zhuāngxiū 동 장식하고 꾸미다, (가옥을) 인테리어 하다
酒店 jiǔdiàn 명 대형 호텔, 술집

34 **内部** ★★
nèibù

반의어
外部 wàibù
명 외부, 밖

명 **내부**

这座大厦的内部设施正在维修中。
Zhè zuò dàshà de nèibù shèshī zhèngzài wéixiū zhōng.
이 빌딩의 내부 시설은 현재 수리 중이다.

大厦 dàshà 명 빌딩, (고층·대형) 건물 **设施** shèshī 명 시설
维修 wéixiū 동 수리하다, 수선하다

35 **台阶** ★★
táijiē

동의어
楼梯 lóutī
명 (다층 건물의) 계단

명 **계단, 층계**

小男孩小心地走上了台阶。
Xiǎonánhái xiǎoxīn de zǒushàngle táijiē.
남자 아이는 조심스럽게 계단을 올라갔다.

★★★ = 출제율 최상 ★★ = 출제율 상

36 **主人** ★★
zhǔrén

명 **주인**

通过房子的装修，大概可以知道主人的性格和喜好。

술어

Tōngguò fángzi de zhuāngxiū, dàgài kěyǐ zhīdào zhǔrén de xìnggé hé xǐhào.

집의 인테리어를 통해, 주인의 성격과 좋아하는 것을 대략적으로 알 수 있다.

装修 zhuāngxiū 동 (가옥을) 인테리어 하다, 장식하고 꾸미다
喜好 xǐhào 동 좋아하다, 애호하다

시험에 이렇게 나온다!

짝꿍표현 主人을 활용한 출제 표현을 알아 둔다.
主人公 zhǔréngōng 주인공

37 **装饰** ★★
zhuāngshì

명 **장식** 동 **장식하다**

这家餐厅的室内装饰很有地方特色。
Zhè jiā cāntīng de shìnèi zhuāngshì hěn yǒu dìfāng tèsè.
이 식당의 실내 장식은 지역 특색이 있다.

北京的这些茶馆装饰得很讲究。
Běijīng de zhèxiē cháguǎn zhuāngshì de hěn jiǎngjiu.
베이징의 이 찻집은 정교하게 장식되어 있다.

室内 shìnèi 명 실내 **特色** tèsè 명 특색, 특징
茶馆 cháguǎn 명 찻집 **讲究** jiǎngjiu 형 정교하다, 우아하다

시험에 이렇게 나온다!

짝꿍표현 装饰을 활용한 다양한 출제 표현들을 알아 둔다.
装饰品 zhuāngshìpǐn 장식품
室内装饰 shìnèi zhuāngshì 실내 장식

38 **车库**
chēkù

명 **차고**

车库里有好几辆豪华车。
Chēkù li yǒu hǎo jǐ liàng háohuáchē.
차고 안에 호화로운 자동차가 몇 대나 있다.

豪华 háohuá 형 (생활이) 호화롭다, 사치스럽다

39 **所**

suǒ

양 **채, 동[집이나 학교 등을 셀 때 쓰임]**

술어

一百年前建成的这所学校结构比较简单。

Yìbǎi nián qián jiànchéng de zhè suǒ xuéxiào jiégòu bǐjiào jiǎndān.

100년 전에 지어진 이 학교는 구조가 비교적 단순하다.

结构 jiégòu 명 구조, 구성, 조직

시험에 이렇게 나온다!

유의어 **所 : 间**(jiān, 칸)

所는 일반적으로 집이나 건물 및 기업이나 사업 등을 셀 때 쓰인다.

一所银行 yì suǒ yínháng 은행 하나

一所医院 yì suǒ yīyuàn 병원 하나

间은 일반적으로 집, 건물 등의 가장 작은 단위인 칸을 셀 때 쓰인다.

一间办公室 yì jiān bàngōngshì 사무실 한 칸

一间厨房 yì jiān chúfáng 주방 한 칸

40 **窗帘**

chuānglián

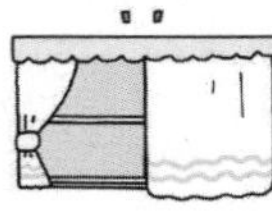

명 **커튼**

这里挂淡黄色窗帘比较合适。

Zhèli guà dànhuángsè chuānglián bǐjiào héshì.

여기에는 베이지색의 커튼을 거는 것이 비교적 적당하겠다.

挂 guà 동 걸다, 붙어 있다

淡黄色 dànhuángsè 베이지색, 옅은 노란색

41 **单元**

dānyuán

명 **(공동주택·빌딩의) 라인, 현관**

我和她住在这所公寓的同一个单元。

Wǒ hé tā zhù zài zhè suǒ gōngyù de tóng yí ge dānyuán.

나와 그녀는 이 아파트의 같은 라인에 거주한다.

所 suǒ 양 채, 동 **公寓** gōngyù 명 아파트

42 **个别**
gèbié

형 **개개의, 개별적인**

这套房子除了个别的细节之外，整体上很不错。 술어
Zhè tào fángzi chúle gèbié de xìjié zhī wài, zhěngtǐ shang hěn búcuò.
이 집은 개개의 세부사항을 제외한다면, 전체적으로는 꽤 괜찮다.

套 tào 양 채, 세트 **细节** xìjié 명 세부사항
整体 zhěngtǐ 명 (한 집단의) 전체, 전부

43 **管子**
guǎnzi

명 **파이프, 호스, 관**

你去检查一下是不是管子漏水了。
Nǐ qù jiǎnchá yíxià shì bu shì guǎnzi lòu shuǐ le.
당신이 가서 파이프가 물이 새는지 점검 좀 해 봐요.

漏 lòu 동 새다, 빠지다

44 **屋子**
wūzi

명 **방**

我们把这个屋子装修成什么样的风格好呢？
Wǒmen bǎ zhè ge wūzi zhuāngxiū chéng shénmeyàng de fēnggé hǎo ne?
우리 이 방을 어떤 스타일로 인테리어 하는 것이 좋을까?

装修 zhuāngxiū 동 (가옥을) 인테리어 하다, 장식하고 꾸미다
风格 fēnggé 명 스타일, 풍격

45 **斜**
xié

형 **기울다, 비스듬하다** 동 **기울이다**

这个书架看着有点斜。
Zhè ge shūjià kànzhe yǒudiǎn xié.
이 책꽂이는 약간 기울어진 것처럼 보인다.

把椅子斜过来，这样坐起来更舒适。
Bǎ yǐzi xié guòlai, zhèyàng zuò qǐlai gèng shūshì.
의자를 기울여 봐, 이렇게 하면 앉았을 때 더 편해.

书架 shūjià 명 책꽂이 **舒适** shūshì 형 편하다, 쾌적하다

연습문제 **체크체크!**

제시된 각 단어의 뜻을 오른쪽 보기에서 찾아 줄을 그어 보세요.

01 中介	ⓐ 침실
02 建筑	ⓑ 수리하다, 수선하다
03 卧室	ⓒ 위치
04 位置	ⓓ 건축물, 건축하다, 건설하다
05 维修	ⓔ 중개, 중개자
06 个别	ⓕ 개개의, 개별적인

문장을 읽고 빈칸에 들어갈 단어를 찾아 적어 보세요.

ⓐ 摆　ⓑ 宿舍　ⓒ 装饰　ⓓ 设计

07 建筑师为他们 ______ 了一套房子。

08 窗台上 ______ 满了各种鲜艳的花。

09 今天轮到我们来打扫学生 ______ 。

10 ______ 房间时要注意使用环保材料。

정답 : 01 ⓔ 02 ⓓ 03 ⓐ 04 ⓒ 05 ⓑ 06 ⓕ 07 ⓓ 08 ⓐ 09 ⓑ 10 ⓒ

* 07~10번 문제 해석은 해커스 중국어(china.Hackers.com)에서 무료로 제공합니다.

HSK 5급 시험에 나오는 고난도 어휘

☑ 잘 외워지지 않는 단어는 박스에 체크하여 복습하세요.

🎧 고난도 어휘 집중 암기_12.mp3

□ 摆放	bǎifàng	동 진열하다, 배열하다
□ 仓库 6급	cāngkù	명 창고
□ *拆除	chāichú	동 철거하다, 허물다
□ 定居	dìngjū	동 정착하다
□ 短租	duǎn zū	단기 임대
□ *房屋	fángwū	명 집
□ 房租	fángzū	명 집세, 임대료
□ 隔音	géyīn	동 방음하다
□ 极简主义	jíjiǎnzhǔyì	미니멀리즘
□ 间隔 6급	jiàngé	명 (공간이나 시간의) 간격, 거리, 사이
□ 居民 6급	jūmín	명 주민
□ 宽广	kuānguǎng	형 (면적이나 범위가) 넓다
□ 扩建	kuòjiàn	동 증축하다, 확대하다
□ 漏水	lòu shuǐ	물이 새다
□ 楼层	lóucéng	명 (건물의) 각 층
□ 楼道	lóudào	명 복도
□ 楼上	lóushàng	명 위층
□ 楼梯	lóutī	명 (다층 건물의) 계단
□ 美观 6급	měiguān	형 (장식이나 외견 등이) 보기 좋다, 아름답다
□ 迁	qiān	동 옮기다, 이동하다, 이사하다

*표는 오른쪽 페이지의 <중국 문화와 역사>에 포함된 단어입니다.

□ 气味 6급	qìwèi	명 냄새
□ 烧光	shāoguāng	동 모두 타버리다
□ *室内	shìnèi	명 실내
□ 书房	shūfáng	명 서재
□ 水管	shuǐguǎn	명 수도관, 호스
□ *四合院	sìhéyuàn	명 사합원(베이징의 전통 주택 양식)
□ 梯子	tīzi	명 사다리
□ 屋顶	wūdǐng	명 지붕, 옥상
□ 修好	xiūhǎo	동 우호를 다지다, (수리하여) 복원하다, 복구하다
□ 租房	zūfáng	명 셋집 동 집을 세내다

알고 가면 시험이 쉬워지는 <중국 문화와 역사>

3000년의 역사를 담은 중국 건축물, *四合院(sìhéyuàn, 사합원)

四合院은 중국의 전통 *房屋(fángwū)로, 4면에 모두 건물이 있어 위에서 보았을 때 사각형 형태를 이루고, 중간의 空间(kōngjiān)을 정원으로 사용해요. 이러한 구조는 춥고 바람이 많이 부는 날씨에서도 *室内(shìnèi)를 따뜻하게 유지하는 것에 유리하여 四合院은 중국 북방에서 사랑을 받았던 建筑(jiànzhù)였답니다.

四合院은 종류가 매우 다양한데, 그중에서도 베이징 四合院이 가장 대표적이에요. 이뿐만 아니라 작게는 수십 平方(píngfāng)미터, 크게는 수백 平方미터까지 달하여 크기도 다양했다고 해요.

지금은 아파트, 빌딩과 같은 다양한 건물들이 많이 생겨 대부분의 四合院은 *拆除(chāichú)되었지만, 몇몇 곳은 국가에서 보호하고 있어요. 중국의 3000년 역사를 담은 四合院, 기회가 된다면 가보는 것은 어떨까요?

空间 kōngjiān 명 공간 **建筑** jiànzhù 명 건축물 동 건축하다 **平方** píngfāng 명 제곱, 평방

DAY

13

HSK5급 단어장

인터뷰의 고수

방송 · 미디어

주제를 알면 HSK가 보인다!

HSK 5급에서는 여러 방송 미디어에서 영화 감독 등 유명인을 게스트로 초대하여 인터뷰 하는 내용이 자주 출제돼요. 따라서 '맡다', '감독', '연속하다', '취재하다'처럼 방송·미디어 관련 단어들을 집중적으로 학습하면 이러한 문제를 쉽게 풀 수 있어요.

단어, 예문 MP3

영화 감독님과의 인터뷰

02 **导演** dǎoyǎn 명 감독, 연출자 동 감독하다

01 **担任** dānrèn 동 맡다, 담당하다

05 **独特** dútè 형 독특하다

04 **采访** cǎifǎng 동 취재하다, 인터뷰하다

03 **连续** liánxù 동 연속하다, 계속하다

01 **担任** ★★★
dānrèn

동 **맡다, 담당하다**

我们想让最有人气的演员担任这个电影的主演。
Wǒmen xiǎng ràng zuì yǒu rénqì de yǎnyuán dānrèn zhè ge diànyǐng de zhǔyǎn.
우리는 가장 인기가 있는 배우에게 이 영화의 주연을 맡겼으면 한다.

(술어)

主演 zhǔyǎn 명 주연 동 주연하다

02 **导演** ★★★
dǎoyǎn

명 **감독, 연출자** 동 **감독하다**

他是得过很多奖项的著名电影导演。
Tā shì déguo hěn duō jiǎngxiàng de zhùmíng diànyǐng dǎoyǎn.
그는 많은 상을 받은 저명한 영화 감독이다.

他导演的每一部电影都受到很多关注。
Tā dǎoyǎn de měi yí bù diànyǐng dōu shòudào hěn duō guānzhù.
그가 감독한 모든 영화는 모두 많은 관심을 받았다.

奖项 jiǎngxiàng 명 상, 상의 종목 **著名** zhùmíng 형 저명하다, 유명하다
关注 guānzhù 동 관심을 가지다

알아두면 좋은 배경지식

张艺谋(장이머우)는 <붉은 수수밭(红高粱)>, <인생(活着)>, <영웅(英雄)> 등의 작품으로 국제적으로 명성을 얻고 있는 중국의 영화 감독으로, 2008년 베이징 올림픽의 개막식과 폐막식을 총괄하기도 했다. 张艺谋와 관련된 어휘들을 체크해 두자.

张艺谋 Zhāng Yìmóu 고유 장이머우, 장예모
红高粱 Hóng gāoliáng <붉은 수수밭>
活着 Huózhe <인생> **英雄** yīngxióng 명 영웅
奥运会 Àoyùnhuì 고유 올림픽 **开幕式** kāimùshì 명 개막식
闭幕式 bìmùshì 명 폐막식

03 **连续** ★★★
liánxù

동 **연속하다, 계속하다**

술어

我已经连续几天在电视上看到了这个消息。
Wǒ yǐjīng liánxù jǐ tiān zài diànshì shang kàndàole zhè ge xiāoxi.
나는 이미 연속해서 며칠 동안 TV에서 이 소식을 봤어.

消息 xiāoxi 명 소식, 뉴스

04 **采访** ★★★
cǎifǎng

동 **취재하다, 인터뷰하다**

记者采访了一位世界著名的画家。
Jìzhě cǎifǎngle yí wèi shìjiè zhùmíng de huàjiā.
기자는 세계적으로 저명한 화가 한 명을 취재했다.

著名 zhùmíng 형 저명하다, 유명하다

시험에 이렇게 나온다!

쓰기 **采访**은 쓰기 1부분에서 '주어+**采访**(술어)+목적어'의 기본 형태를 완성하는 문제의 제시어로 자주 출제된다.

05 **独特** ★★★
dútè

형 **독특하다**

电视购物的独特之处在于人们可以在家舒服地购物。
Diànshì gòuwù de dútè zhī chù zàiyú rénmen kěyǐ zài jiā shūfu de gòuwù.
홈쇼핑의 독특한 점은 사람들이 집에서 편안하게 물건을 구입할 수 있다는 것에 있다.

电视购物 diànshì gòuwù 명 홈쇼핑
购物 gòuwù 동 물건을 구입하다, 쇼핑하다 **在于** zàiyú 동 ~에 있다

06 **嘉宾** ★★★
jiābīn

명 **귀빈, 손님**

술어

这次活动将邀请嘉宾参加演出。
Zhè cì huódòng jiāng yāoqǐng jiābīn cānjiā yǎnchū.
이번 이벤트에서는 귀빈을 초청하여 공연에 참가하도록 할 것이다.

活动 huódòng 명 이벤트, 활동 동 활동하다
邀请 yāoqǐng 동 초청하다, 초대하다 **演出** yǎnchū 동 공연하다, 상연하다

07 **传播** ★★★
chuánbō

동의어
流传 liúchuán
동 전하다, 퍼지다

동 **널리 퍼뜨리다, 전파하다**

这条新闻在短时间内通过互联网传播开来。
Zhè tiáo xīnwén zài duǎn shíjiān nèi tōngguò hùliánwǎng chuánbō kāilai.
이 뉴스는 짧은 시간 내 인터넷을 통해 널리 퍼져 나갔다.

互联网 hùliánwǎng 명 인터넷

08 **事实** ★★★
shìshí

명 **사실**

这部电影是根据事实改编的，拍得比较真实。
Zhè bù diànyǐng shì gēnjù shìshí gǎibiān de, pāi de bǐjiào zhēnshí.
이 영화는 사실에 근거해 각색한 것으로, 비교적 사실적으로 촬영되었다.

改编 gǎibiān 동 각색하다 **拍** pāi 동 촬영하다, 찍다
真实 zhēnshí 형 사실의, 실제의

09 **记录** ★★★
jìlù

동 **기록하다** 명 **기록**

记者详细记录了这次会谈的全部过程。
Jìzhě xiángxì jìlùle zhè cì huìtán de quánbù guòchéng.
기자는 이번 회담의 모든 과정을 상세히 기록했다.

我们能找到一些相关的历史记录。
Wǒmen néng zhǎodào yìxiē xiāngguān de lìshǐ jìlù.
우리는 관련된 역사 기록을 일부 찾을 수 있다.

详细 xiángxì 형 상세하다, 자세하다 **会谈** huìtán 명 회담
过程 guòchéng 명 과정 **相关** xiāngguān 동 관련되다

★★★ = 출제율 최상 ★★ = 출제율 상

10 **动画片** ★★★
dònghuàpiàn

명 **애니메이션**

술어

这部动画片已经流行好多年了。
Zhè bù dònghuàpiàn yǐjīng liúxíng hǎo duō nián le.
이 애니메이션은 이미 수년간 유행하고 있다.

流行 liúxíng 동 유행하다

11 **拍** ★★★
pāi

동 **(사진이나 영상을) 촬영하다, 찍다**

咱们到那边看一下他们是怎么拍电视剧的。
Zánmen dào nàbian kàn yíxià tāmen shì zěnme pāi diànshìjù de.
우리 저쪽에 가서 그들이 어떻게 드라마를 촬영하는지 보자.

电视剧 diànshìjù 명 드라마

시험에 이렇게 나온다!

짝꿍 표현 拍를 활용한 다양한 출제 표현들을 알아 둔다.

拍摄 pāishè 촬영하다
拍电视剧 pāi diànshìjù 드라마를 촬영하다
拍风景照 pāi fēngjǐngzhào 풍경 사진을 찍다
拍纪录片 pāi jìlùpiàn 다큐멘터리를 촬영하다

12 **报道** ★★★
bàodào

동 **보도하다** 명 **보도**

新闻报道了这所公寓的安全问题。
Xīnwén bàodàole zhè suǒ gōngyù de ānquán wèntí.
뉴스에서 이 아파트의 안전 문제에 대해 보도했다.

记者写了一篇关于这次国际会议的报道。
Jìzhě xiěle yì piān guānyú zhè cì guójì huìyì de bàodào.
기자는 이번 국제 회의에 대한 보도를 썼다.

公寓 gōngyù 명 아파트 **安全** ānquán 형 안전하다
国际 guójì 명 국제 형 국제적인

13 **媒体** ★★★
méitǐ

명 **대중 매체**

多家媒体连续报道了河流污染问题的解决过程。
(술어: 报道)

Duō jiā méitǐ liánxù bàodàole héliú wūrǎn wèntí de jiějué guòchéng.

여러 대중 매체가 연속해서 하천 오염 사고의 해결 과정을 보도했다.

连续 liánxù 동 연속하다 **报道** bàodào 동 보도하다 명 보도
河流 héliú 명 하천, 강 **污染** wūrǎn 명 오염 동 오염되다
过程 guòchéng 명 과정

14 **摄影** ★★★
shèyǐng

동 **촬영하다**

这个纪录片讲述着一部短片的摄影流程。

Zhè ge jìlùpiàn jiǎngshùzhe yí bù duǎnpiàn de shèyǐng liúchéng.

이 다큐멘터리는 한 단편 영화의 영상 촬영 과정을 이야기하고 있다.

纪录片 jìlùpiàn 명 다큐멘터리 **讲述** jiǎngshù 동 이야기하다
短片 duǎnpiàn 명 단편 영화 **流程** liúchéng 명 (작업) 과정, 공정

시험에 이렇게 나온다!

짝꿍 표현 **摄影**을 활용한 다양한 출제 표현들을 알아 둔다.

摄影师 shèyǐngshī 촬영 기사, 카메라맨
摄影流程 shèyǐng liúchéng 촬영 과정

15 **制作** ★★★
zhìzuò

동 **제작하다**

这部电影制作得很精彩。

Zhè bù diànyǐng zhìzuò de hěn jīngcǎi.

이 영화는 매우 근사하게 제작되었다.

精彩 jīngcǎi 형 근사하다, 뛰어나다

시험에 이렇게 나온다!

짝꿍 표현 **制作 : 制造**(zhìzào, 제조하다)

制作는 사람이 손으로 만들어 내는 가구, 공예품, 영화, 드라마 등을 제작한다는 뜻으로 사용된다.

制作家具 zhìzuò jiāju 가구를 제작하다
制作模型 zhìzuò móxíng 모형을 제작하다

制造는 기계를 사용하여 큰 규모의 제품을 제조한다는 뜻으로 사용되며, 인위적으로 어떤 분위기를 조성한다는 의미로도 사용된다.

制造飞机 zhìzào fēijī 비행기를 제작하다
制造气氛 zhìzào qìfēn 분위기를 조성하다

16 **主持** ★★★

zhǔchí

동 **진행하다, 주최하다**

他是位很有经验的主持人，三十年来主持过很多节目。 (술어)

Tā shì wèi hěn yǒu jīngyàn de zhǔchírén, sānshí nián lái zhǔchíguo hěn duō jiémù.

그는 경험이 많은 사회자로, 30년간 많은 프로그램을 진행했다.

经验 jīngyàn 명 경험 동 경험하다 **主持人** zhǔchírén 명 사회자, 진행자

시험에 이렇게 나온다!

짝꿍 표현 **主持**을 활용한 출제 표현을 알아 둔다.

主持人 zhǔchírén 사회자, 진행자

17 **形式** ★★★

xíngshì

명 **형식, 형태**

音乐剧是音乐、舞蹈和表演相结合的艺术形式。

Yīnyuèjù shì yīnyuè、wǔdǎo hé biǎoyǎn xiāng jiéhé de yìshù xíngshì.

뮤지컬은 음악, 춤, 연출이 서로 결합된 예술 형식이다.

音乐剧 yīnyuèjù 명 뮤지컬

舞蹈 wǔdǎo 명 춤, 무용 동 춤추다, 무용하다

表演 biǎoyǎn 동 연출하다, 공연하다 **结合** jiéhé 동 결합하다

艺术 yìshù 명 예술

18 **录音** ★★

lùyīn

동 **녹음하다** 명 **녹음**

记者们都在准备录音本次会谈内容。

Jìzhěmen dōu zài zhǔnbèi lùyīn běn cì huìtán nèiróng.

기자들은 이번 회담 내용을 녹음하는 것을 준비하고 있다.

麻烦你放一下上次的采访录音。

Máfan nǐ fàng yíxià shàng cì de cǎifǎng lùyīn.

죄송하지만 지난 번 취재 녹음한 것을 틀어주세요.

会谈 huìtán 명 회담 **采访** cǎifǎng 동 취재하다

시험에 이렇게 나온다!

짝꿍 표현 **录音**을 활용한 다양한 출제 표현들을 알아 둔다.

录音机 lùyīnjī 녹음기 **录音笔** lùyīnbǐ 보이스펜

19 **纪录** ★★
jìlù

㊔ **기록, 다큐멘터리** ㊁ **기록하다**

술어

体育新闻报道了我国运动员打破世界纪录的消息。
Tǐyù xīnwén bàodàole wǒ guó yùndòngyuán dǎpò shìjiè jìlù de xiāoxi.
스포츠 뉴스에서 우리나라 운동선수가 세계 기록을 깼다는 소식을 보도했다.

这部纪录片用几十年的时间纪录了十四个孩子的不同人生。
Zhè bù jìlùpiàn yòng jǐ shí nián de shíjiān jìlùle shísì ge háizi de bùtóng rénshēng.
이 다큐멘터리는 몇십 년의 시간을 들여 14명의 아이들의 다른 인생을 기록했다.

体育新闻 tǐyù xīnwén 스포츠 뉴스 **报道** bàodào ㊁ 보도하다 ㊔ 보도
打破 dǎpò ㊁ 깨다, 깨뜨리다 **消息** xiāoxi ㊔ 소식, 뉴스
纪录片 jìlùpiàn ㊔ 다큐멘터리 **人生** rénshēng ㊔ 인생

20 **可靠** ★★
kěkào

㊒ **믿을 만하다, 믿음직하다**

这篇报道的内容既可靠又有逻辑。
Zhè piān bàodào de nèiróng jì kěkào yòu yǒu luójí.
이 보도의 내용은 믿을 만하고 논리가 있다.

报道 bàodào ㊔ 보도 ㊁ 보도하다 **逻辑** luójí ㊔ 논리

21 **播放** ★★
bōfàng

㊁ **방송하다, 방영하다**

这条新闻正在播放最新经济报道。
Zhè tiáo xīnwén zhèngzài bōfàng zuìxīn jīngjì bàodào.
이 뉴스에서는 최신 경제 보도가 방송되고 있다.

经济 jīngjì ㊔ 경제 **报道** bàodào ㊔ 보도 ㊁ 보도하다

22 娱乐 ★★
yúlè

명 **예능, 오락**

술어

听说那个娱乐节目换主持人了。

Tīngshuō nà ge yúlè jiémù huàn zhǔchírén le.

듣자 하니 그 예능 프로그램의 사회자가 바뀌었다고 한다.

主持人 zhǔchírén 명 사회자, 진행자

시험에 이렇게 나온다!

짝꿍 표현 **娱乐를 활용한 다양한 출제 표현들을 알아 둔다.**

娱乐节目 yúlè jiémù 예능 프로그램

休闲娱乐 xiūxián yúlè 레저 오락

23 出版 ★★
chūbǎn

동 **출판하다, 발행하다**

我们出版社最近出版了几本与汉语学习相关的书。

Wǒmen chūbǎnshè zuìjìn chūbǎnle jǐ běn yǔ Hànyǔ xuéxí xiāngguān de shū.

우리 출판사는 최근 중국어 학습과 관련된 책을 몇 권 출판했다.

出版社 chūbǎnshè 명 출판사 **相关** xiāngguān 동 관련되다, 상관되다

24 编辑 ★★
biānjí

명 **편집자** 동 **편집하다**

我们出版社的编辑都有很丰富的工作经验。

Wǒmen chūbǎnshè de biānjí dōu yǒu hěn fēngfù de gōngzuò jīngyàn.

우리 출판사의 편집자들은 모두 풍부한 업무 경험이 있다.

编辑纪录片不是一件很容易的工作。

Biānjí jìlùpiàn bú shì yí jiàn hěn róngyì de gōngzuò.

다큐멘터리를 편집하는 것은 쉬운 업무가 아니다.

出版社 chūbǎnshè 명 출판사 **经验** jīngyàn 명 경험
纪录片 jìlùpiàn 명 다큐멘터리

25 **至今** ★★
zhìjīn

[부] **지금까지, 여태껏**

《甜蜜蜜》这部电影至今仍受到很多人的喜爱。 (술어)
《Tián mì mì》 zhè bù diànyǐng zhìjīn réng shòudào hěn duō rén de xǐ'ài.
《첨밀밀》이라는 이 영화는 지금까지 여전히 많은 사람들의 사랑을 받고 있다.

喜爱 xǐ'ài [동] 사랑하다, 좋아하다

26 **电台** ★★
diàntái

[명] **라디오 방송국**

电台决定让歌手担任音乐节目主持人。
Diàntái juédìng ràng gēshǒu dānrèn yīnyuè jiémù zhǔchírén.
라디오 방송국은 가수에게 음악 프로그램의 진행자를 맡기는 것으로 결정했다.

担任 dānrèn [동] 맡다, 담당하다 **主持人** zhǔchírén [명] 진행자, 사회자

27 **个性** ★★
gèxìng

[명] **개성**

这个演员通过不同角色展现出了自己的个性。
Zhè ge yǎnyuán tōngguò bùtóng juésè zhǎnxiàn chūle zìjǐ de gèxìng.
이 배우는 서로 다른 배역을 통해 자신의 개성을 보여 주었다.

角色 juésè [명] 배역 **展现** zhǎnxiàn [동] 보이다, 나타내다

28 **明星** ★★
míngxīng

[명] **스타**

今天的音乐会邀请了好几个明星嘉宾。
Jīntiān de yīnyuèhuì yāoqǐng le hǎo jǐ ge míngxīng jiābīn.
오늘 음악회에서는 스타 손님들을 몇 명이나 초청했다.

音乐会 yīnyuèhuì [명] 음악회 **邀请** yāoqǐng [동] 초청하다
嘉宾 jiābīn [명] 귀한 손님, 귀빈

29 **报社** ★★
bàoshè

명 **신문사**

(报道 → 술어)

这家报社独家报道了志愿服务活动的现状。
Zhè jiā bàoshè dújiā bàodàole zhìyuàn fúwù huódòng de xiànzhuàng.
이 신문사는 자원 봉사 활동의 현황을 단독 보도하였다.

独家 dújiā 명 단독, 독점 **报道** bàodào 동 보도하다 명 보도
志愿服务活动 zhìyuàn fúwù huódòng 자원 봉사 활동
现状 xiànzhuàng 명 현황, 현상

30 **圈** ★★
quān

명 **권, 주위[일정한 범위나 어떤 한정된 구역]**

这个节目主要报道娱乐圈的最新消息。
Zhè ge jiémù zhǔyào bàodào yúlèquān de zuìxīn xiāoxi.
이 프로그램은 주로 연예계의 최신 소식을 보도한다.

报道 bàodào 동 보도하다 명 보도 **娱乐圈** yúlèquān 명 연예계
消息 xiāoxi 명 소식

31 **则** ★★
zé

접 **그러나** 양 **편, 토막**

有些人看新闻只是一扫而过，而有些人则仔细阅读。
Yǒuxiē rén kàn xīnwén zhǐshì yì sǎo ér guò, ér yǒuxiē rén zé zǐxì yuèdú.
어떤 사람들은 신문을 볼 때 단순히 한 번 훑고 지나가지만, 어떤 사람들은 자세하게 읽는다.

最近播放的一则广告因独特的创意性而受到好评。
Zuìjìn bōfàng de yì zé guǎnggào yīn dútè de chuàngyìxìng ér shòudào hǎopíng.
최근 방영된 광고 한 편은 독특한 창의성으로 호평을 받았다.

扫 sǎo 동 훑다, 쓸다 **仔细** zǐxì 형 자세하다, 세심하다
阅读 yuèdú 동 읽다 **播放** bōfàng 동 방영하다
广告 guǎnggào 명 광고 **独特** dútè 형 독특하다
创意性 chuàngyìxìng 명 창의성 **好评** hǎopíng 명 호평

32 **追** ★★

zhuī

반의어
逃 táo
동 도망치다

동 **뒤쫓다, 쫓아가다**

술어

记者追拍事发现场，给人们提供最新信息。
Jìzhě zhuī pāi shì fā xiànchǎng, gěi rénmen tígōng zuìxīn xìnxī.
기자는 사건 발생 현장을 뒤쫓아 촬영하며, 사람들에게 최신 소식을 제공한다.

拍 pāi 동 촬영하다, 찍다 **事发现场** shì fā xiànchǎng 사건 발생 현장
提供 tígōng 동 제공하다 **信息** xìnxī 명 소식

시험에 이렇게 나온다!

빠공 표현 追를 활용한 출제 표현을 알아 둔다.
追星 zhuīxīng 스타를 쫓아다니다

33 **片** ★★

piàn

명 **영화나 텔레비전 드라마**
양 **편[조각·면적 등을 세는 단위]**

最近好看的纪录片都有哪些？
Zuìjìn hǎokàn de jìlùpiàn dōu yǒu nǎxiē?
최근 재미있는 다큐멘터리는 어떤 게 있니?

一片片叶子被秋风吹落。
Yí piànpiàn yèzi bèi qiūfēng chuī luò.
나뭇잎 하나 하나가 가을 바람에 떨어졌다.

纪录片 jìlùpiàn 명 다큐멘터리 **吹** chuī 동 (바람이) 불다

34 **背景** ★★

bèijǐng

명 **(무대 뒤나, 영화, TV 드라마 등의) 배경**

这个电影以中国为背景，讲述了一对情侣的爱情故事。
Zhè ge diànyǐng yǐ Zhōngguó wéi bèijǐng, jiǎngshù le yí duì qínglǚ de àiqíng gùshì.
이 영화는 중국을 배경으로 하여, 한 쌍의 연인의 사랑 이야기에 대하여 이야기한다.

讲述 jiǎngshù 동 이야기하다, 서술하다 **情侣** qínglǚ 명 연인
爱情 àiqíng 명 사랑, 애정

35 **类型** ★★
lèixíng

명 **유형**

술어

每个人喜欢的电视节目类型各不相同。
Měi ge rén xǐhuan de diànshì jiémù lèixíng gè bù xiāngtóng.
사람마다 좋아하는 TV 프로그램의 유형은 각각 다르다.

36 **字幕** ★★
zìmù

명 **자막**

最近上映的电影都支持该国语言的字幕。
Zuìjìn shàngyìng de diànyǐng dōu zhīchí gāi guó yǔyán de zìmù.
최근 상영하는 영화는 모두 해당 국가 언어의 자막을 지원한다.

上映 shàngyìng 동 상영하다 **支持** zhīchí 동 지원하다

37 **朗读**
lǎngdú

동 **낭독하다, 큰소리로 읽다**

在这个教育节目中，嘉宾们给大家朗读感人的文学作品。
Zài zhè ge jiàoyù jiémù zhōng, jiābīnmen gěi dàjiā lǎngdú gǎnrén de wénxué zuòpǐn.
이 교양 프로그램에서, 게스트들은 감동적인 문학 작품을 사람들에게 낭독해 준다.

教育节目 jiàoyù jiémù 교양 프로그램 **嘉宾** jiābīn 명 게스트, 귀빈
感人 gǎnrén 형 감동적이다 **文学** wénxué 명 문학
作品 zuòpǐn 명 작품

38 **常识**
chángshí

명 **상식, 일반 지식**

人们可以通过网络了解基本的生活常识。
Rénmen kěyǐ tōngguò wǎngluò liǎojiě jīběn de shēnghuó chángshí.
사람들은 인터넷을 통해 기본적인 생활 상식을 알 수 있다.

网络 wǎngluò 명 인터넷 **基本** jīběn 형 기본적인
生活 shēnghuó 명 생활

39 超级
chāojí

형 **최고의, 극도의**

那个超级明星活跃在娱乐圈和时尚圈。
술어
Nà ge chāojí míngxīng huóyuè zài yúlèquān hé shíshàngquān.
그 최고의 스타는 연예계와 패션계에서 활약하고 있다.

明星 míngxīng 명 스타, 인기 배우 **活跃** huóyuè 동 활약하다, 활동하다
娱乐圈 yúlèquān 명 연예계 **时尚圈** shíshàngquān 명 패션계

40 鼓掌
gǔzhǎng

동 **박수치다**

大家为那个魔术师精彩的表演热烈鼓掌。
Dàjiā wèi nà ge móshùshī jīngcǎi de biǎoyǎn rèliè gǔzhǎng.
모두가 그 마술사의 훌륭한 공연을 위해 뜨겁게 박수쳤다.

魔术师 móshùshī 명 마술사 **精彩** jīngcǎi 형 훌륭하다, 뛰어나다
热烈 rèliè 형 뜨겁다, 열렬하다

시험에 이렇게 나온다!

쓰기 쓰기 2부분에서 누군가를 환영했다는 내용을 쓸 때 'A 鼓掌欢迎了 B(A는 박수를 치며 B를 환영했다)'라는 표현을 사용하면 쉽게 작문할 수 있다.
我们鼓掌欢迎了他。 Wǒmen gǔzhǎng huānyíngle tā.
우리는 박수를 치며 그를 환영했다.

41 角色
juésè

명 **역할, 배역**

这部动画片里最受孩子们欢迎的角色是灰姑娘。
Zhè bù dònghuàpiàn li zuì shòu háizimen huānyíng de juésè shì Huīgūniang.
이 애니메이션에서 아이들에게 가장 환영받는 역할은 신데렐라이다.

动画片 dònghuàpiàn 명 애니메이션 **灰姑娘** Huīgūniang 고유 신데렐라

42 频道
píndào

명 **채널**

술어

科技频道正在播放介绍新能源的节目。
Kējì píndào zhèngzài bōfàng jièshào xīnnéngyuán de jiémù.
과학 채널에서 대체 에너지를 소개하는 프로그램을 방영하고 있다.

科技 kējì 명 과학 **播放** bōfàng 동 방영하다
新能源 xīnnéngyuán 명 대체 에너지

시험에 이렇게 나온다!

짝꿍 표현 **频道**를 활용한 출제 표현을 알아 둔다.
戏剧频道 xìjù píndào 연극 채널
体育频道 tǐyù píndào 스포츠 채널

연습문제 **체크체크!**

제시된 각 단어의 뜻을 오른쪽 보기에서 찾아 줄을 그어 보세요.

01 嘉宾	ⓐ 제작하다
02 传播	ⓑ 귀빈, 손님
03 字幕	ⓒ 널리 퍼뜨리다, 전파하다
04 至今	ⓓ 역할, 배역
05 角色	ⓔ 자막
06 制作	ⓕ 지금까지, 여태껏

문장을 읽고 빈칸에 들어갈 단어를 찾아 적어 보세요.

ⓐ 采访　　ⓑ 背景　　ⓒ 鼓掌　　ⓓ 娱乐

07 这次我们将 ____________ 五位著名的演员。

08 我平时在家爱看 ____________ 节目。

09 这部电影的 ____________ 音乐特别好听。

10 听到这个消息后，观众都一致 ____________ 叫好。

정답 : 01 ⓑ 02 ⓒ 03 ⓔ 04 ⓕ 05 ⓓ 06 ⓐ 07 ⓐ 08 ⓓ 09 ⓑ 10 ⓒ

* 07~10번 문제 해석은 해커스 중국어(china.Hackers.com)에서 무료로 제공합니다.

HSK 5급 시험에 나오는 고난도 어휘

☑ 잘 외워지지 않는 단어는 박스에 체크하여 복습하세요.

고난도 어휘 집중 암기_13.mp3

□ 扮演 6급	bànyǎn	동 ~역을 연기하다
□ 报时	bàoshí	동 시간을 알리다
□ 标题 6급	biāotí	명 제목, 표제, 주제, 타이틀
□ *电视剧	diànshìjù	명 드라마
□ 短片	duǎnpiàn	명 단편 영화
□ 发布 6급	fābù	동 (명령, 지시, 뉴스 등을) 발표하다, 선포하다
□ 访谈	fǎngtán	동 탐방하다, 방문 취재하다
□ 反面 6급	fǎnmiàn	명 뒷면, 이면 형 나쁜, 소극적인
□ 改编	gǎibiān	동 개편하다, 각색하다
□ *好评	hǎopíng	명 호평
□ 纪录片	jìlùpiàn	명 다큐멘터리
□ 口技	kǒujì	명 성대모사
□ 媒介 6급	méijiè	명 매매자, 중개자
□ 屏幕 6급	píngmù	명 스크린
□ 签名	qiānmíng	동 사인하다 명 사인
□ 清亮	qīngliang	형 맑다, 투명하다, (내용, 뜻 등이) 분명하다
□ 清晰 6급	qīngxī	형 분명하다, 똑똑하다, 명확하다
□ 上映	shàngyìng	동 상영하다
□ 时尚杂志	shíshàng zázhì	명 패션 잡지
□ 视频 6급	shìpín	명 비디오, 동영상

*표는 오른쪽 페이지의 <중국 문화와 역사>에 포함된 단어입니다.

□	售票处	shòupiàochù	명 매표소
□	通讯 6급	tōngxùn	동 전송하다, 통신하다 명 통신, 뉴스, 기사
□	图像	túxiàng	명 이미지, 영상
□	演唱	yǎnchàng	동 (노래나 연극을) 공연하다
□	娱乐圈	yúlèquān	명 연예계
□	音乐剧	yīnyuèjù	명 뮤지컬
□	掌声	zhǎngshēng	명 박수 소리
□	张艺谋	Zhāng Yìmóu	고유 장이머우(중국의 영화감독)
□	*中央 6급	zhōngyāng	명 중앙
□	主持人	zhǔchírén	명 사회자, 진행자

알고 가면 시험이 쉬워지는 <중국 문화와 역사>

중국의 TV 频道(píndào)는 무려 1300개?!

중국에는 TV 채널이 무려 1300개가 넘는다고 해요. CCTV라고 하는 ***中央**(zhōngyāng) 방송, 각 성·시·구 단위의 채널, 뉴스 전문 채널, ***电视剧**(diànshìjù) 채널 등 매우 다양하답니다. 이렇다 보니, 당연히 중국의 TV 채널이 많아질 수밖에 없는 것이죠.

이 중에서 후난위성방송, 동방위성방송, 장수위성방송 등의 채널은 **娱乐**(yúlè) 프로그램으로 유명한데, 한국에서부터 모티브를 얻은 다양한 프로그램들도 이 채널들에서 **播放**(bōfàng)되어 많은 중국 시청자들에게 ***好评**(hǎopíng)을 받았다고 해요.

많아도 너무 많은 채널을 가지고 있는 중국의 TV 방송, 무엇을 봐야 할지 고민이 될 것 같습니다!

频道 píndào 명 채널 **娱乐** yúlè 명 예능, 오락 **播放** bōfàng 동 방송하다, 방영하다

DAY 14

HSK5급 단어장

승리를 위하여

스포츠 · 경기

주제를 알면 HSK가 보인다!

HSK 5급에서는 대형 스포츠 경기 개막식이나 특정 선수의 능력과 관련된 내용이 자주 출제돼요. 따라서 '활약', '분위기', '우위', '발휘하다', '개막식'처럼 스포츠·경기 관련 단어들을 집중적으로 학습하면 이러한 문제를 쉽게 풀 수 있어요.

단어, 예문 MP3

야구 초심자의 첫 직관기

05 **开幕式** kāimùshì 명 개막식

02 **气氛** qìfēn 명 분위기

01 **表现** biǎoxiàn 명 활약, 태도, 표현 동 활약하다, 나타나다

04 **发挥** fāhuī 동 발휘하다

03 **优势** yōushì 명 우위, 우세, 장점

01 **表现** ★★★
biǎoxiàn

명 **활약, 태도, 표현** 동 **활약하다, 나타나다**

运动员们在这次比赛中的表现非常突出。 → 술어

Yùndòngyuánmen zài zhè cì bǐsài zhōng de biǎoxiàn fēicháng tūchū.

운동 선수들은 이번 경기에서의 활약이 매우 뛰어났다.

国家队这次表现得相当不错。

Guójiāduì zhè cì biǎoxiàn de xiāngdāng búcuò.

국가 대표팀은 이번에 상당히 괜찮게 활약했다.

突出 tūchū 형 뛰어나다, 두드러지다 **国家队** guójiāduì 명 국가 대표팀
相当 xiāngdāng 부 상당히

시험에 이렇게 나온다!

짝꿍 표현 表现을 활용한 다양한 출제 표현들을 알아 둔다.

表现突出 biǎoxiàn tūchū 활약이 뛰어나다
表现出色 biǎoxiàn chūsè 태도가 훌륭하다
表现手法 biǎoxiàn shǒufǎ 표현 수법

02 **气氛** ★★★
qìfēn

명 **분위기**

那场球赛在紧张的气氛中开始了。

Nà chǎng qiúsài zài jǐnzhāng de qìfēn zhōng kāishǐ le.

그 축구 경기는 긴장된 분위기 속에서 시작되었다.

紧张 jǐnzhāng 형 긴장하다

시험에 이렇게 나온다!

짝꿍 표현 气氛을 활용한 다양한 출제 표현들을 알아 둔다.

活跃气氛 huóyuè qìfēn 분위기를 활기차게 하다
营造气氛 yíngzào qìfēn 분위기를 조성하다
热闹的气氛 rènao de qìfēn 흥겨운 분위기
节日气氛 jiérì qìfēn 명절 분위기

03 **优势** ★★★

yōushì

반의어
劣势 lièshì
명 열세

명 **우위, 우세, 장점**

这名篮球运动员在身高上占有优势。

Zhè míng lánqiú yùndòngyuán zài shēngāo shang zhànyǒu yōushì.

이 농구 선수는 신장에서 우위를 차지한다.

身高 shēngāo 명 신장, 키 **占有** zhànyǒu 동 차지하다, 점유하다

04 **发挥** ★★★

fāhuī

동 **발휘하다**

我觉得她在这次竞赛中发挥出了自己的真实水平。

Wǒ juéde tā zài zhè cì jìngsài zhōng fāhuī chūle zìjǐ de zhēnshí shuǐpíng.

나는 그녀가 이번 시합에서 자신의 진짜 실력을 발휘해 냈다고 생각한다.

竞赛 jìngsài 명 시합, 경쟁 **真实** zhēnshí 형 진짜의, 진실한

시험에 이렇게 나온다!

짝꿍 표현 发挥를 활용한 다양한 출제 표현들을 알아 둔다.

发挥水平 fāhuī shuǐpíng 실력을 발휘하다
发挥优势 fāhuī yōushì 우위를 발휘하다
发挥实力 fāhuī shílì 실력을 발휘하다

05 **开幕式** ★★★

kāimùshì

명 **개막식**

这次开幕式的表演特别精彩。

Zhè cì kāimùshì de biǎoyǎn tèbié jīngcǎi.

이번 개막식의 공연은 매우 훌륭하다.

表演 biǎoyǎn 동 공연하다 **精彩** jīngcǎi 형 훌륭하다, 뛰어나다

시험에 이렇게 나온다!

쓰기 **开幕式**은 쓰기 1부분에서 '**开幕式的**(관형어)+주어+술어'의 기본 형태를 완성하는 문제의 제시어로 자주 출제된다.

06 **教练** ★★★
jiàoliàn

명 **코치, 감독**

술어

前几年我担任过小学足球队的教练。
Qián jǐ nián wǒ dānrènguo xiǎoxué zúqiúduì de jiàoliàn.
몇 년 전 나는 초등학교 축구팀의 코치를 맡은 적이 있다.

担任 dānrèn 동 맡다, 담당하다 **队** duì 명 팀, 행렬

07 **充分** ★★★
chōngfèn

형 **충분하다** 부 **충분히**

他为这次比赛做了充分的准备。
Tā wèi zhè cì bǐsài zuòle chōngfèn de zhǔnbèi.
그는 이번 시합을 위해 충분한 준비를 했다.

这种运动可以让你充分发挥自己的优势。
Zhè zhǒng yùndòng kěyǐ ràng nǐ chōngfèn fāhuī zìjǐ de yōushì.
이 운동은 네 장점을 충분히 발휘하도록 할 수 있다.

发挥 fāhuī 동 발휘하다 **优势** yōushì 명 장점, 우세

08 **参与** ★★★
cānyù

동 **참여하다, 참가하다**

这种游戏让每一个人都参与进来。
Zhè zhǒng yóuxì ràng měi yí ge rén dōu cānyù jìnlai.
이 게임은 모든 사람이 참여하는 것을 요구한다.

09 **热烈** ★★★
rèliè

형 **뜨겁다, 열렬하다**

你很难想象决赛的气氛会多热烈。
Nǐ hěn nán xiǎngxiàng juésài de qìfēn huì duō rèliè.
너는 결승전의 분위기가 얼마나 뜨거울지 상상하기 어려울 거야.

想象 xiǎngxiàng 동 상상하다 명 상상 **决赛** juésài 명 결승전
气氛 qìfēn 명 분위기

시험에 이렇게 나온다!

짝꿍표현 **热烈**를 활용한 다양한 출제 표현들을 알아 둔다.
气氛热烈 qìfēn rèliè 분위기가 뜨겁다
掌声热烈 zhǎngshēng rèliè 박수 소리가 열렬하다

11 12 13 DAY 14 15 16 17 18 19 20
해커스 HSK 5급 단어장

★★★ = 출제율 최상 ★★ = 출제율 상

10 或许 ★★★
huòxǔ

뷔 아마, 어쩌면

술어

那个选手今天没有出场，或许他生病了。
Nà ge xuǎnshǒu jīntiān méiyǒu chūchǎng, huòxǔ tā shēngbìng le.
그 선수는 오늘 출전하지 못했는데, 아마 그는 아픈 것 같아.

选手 xuǎnshǒu 명 선수
出场 chūchǎng 동 (경기에) 출전하다, (배우가) 무대에 오르다

시험에 이렇게 나온다!

독해 독해 1부분에서는 지문의 빈칸에 들어갈 적절한 어휘를 보기에서 선택하는 문제가 출제된다. 이때, **或许**는 아래와 같은 어휘들과 함께 보기로 자주 출제된다.

究竟 jiūjìng 부 도대체, 어쨌든 **毕竟** bìjìng 부 결국, 끝끝내
以及 yǐjí 접 및, 아울러 **与其** yǔqí 접 ~하기 보다는
至于 zhìyú 개 ~에 관하여, ~에 대하여

11 射击 ★★★
shèjī

동 사격하다 명 사격 경기

你要看准目标再射击。
Nǐ yào kànzhǔn mùbiāo zài shèjī.
너는 표적을 정확히 보고 사격해야 해.

今年的全国射击比赛在其他城市举行。
Jīnnián de quánguó shèjī bǐsài zài qítā chéngshì jǔxíng.
올해의 전국 사격 대회는 다른 도시에서 열린다.

目标 mùbiāo 명 표적, 목표 **举行** jǔxíng 동 열리다, 개최하다

12 训练 ★★★
xùnliàn

동 훈련하다

医生劝他先暂时停止训练。
Yīshēng quàn tā xiān zànshí tíngzhǐ xùnliàn.
의사는 그에게 일단 훈련하는 것을 잠시 멈추라고 권했다.

劝 quàn 동 권하다, 권고하다 **暂时** zànshí 명 잠시, 잠시 동안
停止 tíngzhǐ 동 멈추다, 정지하다

13 **指导** ★★★
zhǐdǎo

동 **지도하다**

今天她亲自指导我们如何发球。 (술어)
Jīntiān tā qīnzì zhǐdǎo wǒmen rúhé fāqiú.
오늘은 그녀가 직접 우리에게 어떻게 서브를 넣는지 지도할 것이다.

亲自 qīnzì 부 직접, 몸소 **如何** rúhé 대 어떻다, 어떠하다
发球 fāqiú 동 서브를 넣다 명 서브

14 **组** ★★
zǔ

명 **팀, 조, 그룹**

我们的羽毛球小组获得了全国第一名。
Wǒmen de yǔmáoqiú xiǎozǔ huòdéle quánguó dì yī míng.
우리 배드민턴 팀은 전국 1등을 차지했다.

获得 huòdé 동 차지하다, 획득하다, 얻다

15 **冠军** ★★
guànjūn

명 **우승, 챔피언**

他获得了业余射击比赛的冠军。
Tā huòdéle yèyú shèjī bǐsài de guànjūn.
그는 아마추어 사격 대회의 우승을 차지했다.

获得 huòdé 동 차지하다, 획득하다, 얻다
业余 yèyú 형 아마추어의, 여가의 **射击** shèjī 명 사격 경기 동 사격하다

시험에 이렇게 나온다!

짝꿍 표현 冠军을 활용한 출제 표현을 알아 둔다.
获得冠军 huòdé guànjūn 우승을 차지하다

★★★ = 출제율 최상 ★★ = 출제율 상

16 **不断** ★★
búduàn

부 **끊임없이, 부단히** 동 **끊임없다**

술어

她经过不断地练习，终于成为了世界级运动员。
Tā jīngguò búduàn de liànxí, zhōngyú chéngwéile shìjièjí yùndòngyuán.
그녀는 끊임없는 연습을 통해, 마침내 세계적 수준의 운동선수가 되었다.

我们国家队取得优秀成绩的消息连续不断。
Wǒmen guójiāduì qǔdé yōuxiù chéngjì de xiāoxi liánxù búduàn.
우리 국가 대표팀이 우수한 성적을 거뒀다는 소식이 연속해서 끊이지 않았다.

国家队 guójiāduì 명 국가 대표팀 **优秀** yōuxiù 형 우수하다, 뛰어나다
消息 xiāoxi 명 소식 **连续** liánxù 동 연속하다

시험에 이렇게 나온다!

독해 독해 1부분에서는 지문의 빈칸에 들어갈 적절한 어휘를 보기에서 선택하는 문제가 출제된다. 이때, 不断은 아래와 같은 어휘들과 함께 보기로 자주 출제된다.

反复 fǎnfù 부 반복하여 동 반복하다
随时 suíshí 부 수시로 **准时** zhǔnshí 형 시간에 맞다

17 **届** ★★
jiè

양 **회, 기[정기 회의·졸업 연차 등을 세는 데 쓰임]**

这届奥运会开幕式比以往任何一届都精彩。
Zhè jiè Àoyùnhuì kāimùshì bǐ yǐwǎng rènhé yí jiè dōu jīngcǎi.
이번 올림픽 개막식은 이전의 그 어떤 회보다 훌륭했다.

奥运会 Àoyùnhuì 고유 올림픽 **开幕式** kāimùshì 명 개막식
以往 yǐwǎng 명 이전, 종전 **任何** rènhé 대 어떠한, 무슨
精彩 jīngcǎi 형 훌륭하다, 뛰어나다

18 **俱乐部** ★★
jùlèbù

명 **동호회, 클럽**

那个游泳俱乐部从明天开始招下个月的新会员。
Nà ge yóuyǒng jùlèbù cóng míngtiān kāishǐ zhāo xià ge yuè de xīn huìyuán.
그 수영 동호회는 내일부터 다음 달의 새로운 회원을 모집하기 시작한다.

招 zhāo 동 모집하다, 모으다 **会员** huìyuán 명 회원

19 受伤 ★★
shòushāng

동 **부상당하다, 다치다**

술어

受伤的运动员在队员们的细心照顾下很快就恢复了健康。

Shòushāng de yùndòngyuán zài duìyuánmen de xìxīn zhàogù xia hěn kuài jiù huīfùle jiànkāng.

부상당한 운동선수는 같은 팀원의 세심한 보살핌 아래 빠르게 건강을 회복했다.

队员 duìyuán 명 팀원, 멤버 **细心** xìxīn 형 세심하다, 주의 깊다
恢复 huīfù 동 회복하다, 회복되다

20 展开 ★★
zhǎnkāi

동 **펼치다, 전개하다**

谁都无法预测后天展开的比赛结果。

Shéi dōu wúfǎ yùcè hòutiān zhǎnkāi de bǐsài jiéguǒ.

모레 펼쳐지는 경기 결과를 아무도 예측할 수 없다.

无法 wúfǎ 동 ~할 수 없다, ~할 방법이 없다 **预测** yùcè 동 예측하다

시험에 이렇게 나온다!

짝꿍표현 **展开를 활용한 출제 표현을 알아 둔다.**

展开合作 zhǎnkāi hézuò **협력을 전개하다**

21 配合 ★★
pèihé

동 **조화를 이루다, 협력하다**

在这次的花样游泳比赛中，那两个选手配合得相当完美。

Zài zhè cì de huāyàng yóuyǒng bǐsài zhōng, nà liǎng ge xuǎnshǒu pèihé de xiāngdāng wánměi.

이번 수중 발레 경기 중, 저 두 선수는 상당히 완벽하게 조화를 이뤘어.

花样游泳 huāyàng yóuyǒng 명 수중 발레, 싱크로나이즈드 수영
选手 xuǎnshǒu 명 선수 **相当** xiāngdāng 부 상당히, 꽤
完美 wánměi 형 완벽하다

22 **激烈** ★★
jīliè

형 **치열하다, 격렬하다**

술어

这场篮球赛竞争激烈，双方得分相似。
Zhè chǎng lánqiúsài jìngzhēng jīliè, shuāngfāng défēn xiāngsì.
이 농구 경기의 경쟁은 매우 치열하여, 양측의 득점은 비슷하다.

竞争 jìngzhēng 동 경쟁하다 **双方** shuāngfāng 명 양측, 쌍방
得分 défēn 명 득점 동 득점하다 **相似** xiāngsì 형 비슷하다

시험에 이렇게 나온다!

짝꿍 표현 **激烈**를 활용한 출제 표현을 알아 둔다.
竞争激烈 jìngzhēng jīliè 경쟁이 치열하다

23 **不如** ★★
bùrú

동 **~보다 못하다**

他的比赛成绩不如以前那么好了。
Tā de bǐsài chéngjì bùrú yǐqián nàme hǎo le.
그의 경기 성적은 예전만 못하다.

24 **似的** ★★
shìde

조 **~과 같다**

那个观众兴奋得仿佛要冲进赛场似的。
Nà ge guānzhòng xīngfèn de fǎngfú yào chōngjìn sàichǎng shìde.
그 관중은 마치 경기장에 뛰어들 것 같이 흥분했다.

观众 guānzhòng 명 관중 **兴奋** xīngfèn 형 흥분하다 명 흥분
仿佛 fǎngfú 부 마치 **冲进** chōngjìn 동 뛰어들다, 돌진하다
赛场 sàichǎng 명 경기장

시험에 이렇게 나온다!

짝꿍 표현 **似的**를 활용한 출제 표현을 알아 둔다.
仿佛 A 似的 fǎngfú A shìde 마치 A인 것과 같다

25 **精力** ★★
jīnglì

명 **힘, 에너지**

술어

她把全部精力都放在骑马训练上了。
Tā bǎ quánbù jīnglì dōu fàng zài qímǎ xùnliàn shang le.
그녀는 모든 힘을 승마 훈련에 쏟았다.

训练 xùnliàn 동 훈련하다

26 **格外** ★★
géwài

부 **아주, 특히, 유달리**

输掉了游戏的弟弟显得格外伤心难过。
Shū diàole yóuxì de dìdi xiǎnde géwài shāngxīn nánguò.
게임에서 진 남동생은 아주 슬퍼하며 괴로워하는 것처럼 보인다.

输 shū 동 지다, 패하다 **显得** xiǎnde 동 ~처럼 보이다, 드러나다
伤心 shāngxīn 동 슬퍼하다, 상심하다

27 **接近** ★★
jiējìn

동 **가까이하다, 접근하다**

今年的棒球赛季接近尾声。
Jīnnián de bàngqiú sàijì jiējìn wěishēng.
올해의 야구 시즌은 마무리에 가까워졌다.

赛季 sàijì 명 (경기의) 시즌 **尾声** wěishēng 명 마무리, 결말

28 **争取** ★★
zhēngqǔ

동 **얻다, 쟁취하다**

我再次争取到了参加比赛的机会。
Wǒ zàicì zhēngqǔ dàole cānjiā bǐsài de jīhuì.
나는 게임에 참가할 기회를 다시 얻었다.

再次 zàicì 부 다시, 재차

시험에 이렇게 나온다!

짝꿍표현 争取를 활용한 다양한 출제 표현들을 알아 둔다.
争取机会 zhēngqǔ jīhuì 기회를 쟁취하다
争取胜利 zhēngqǔ shènglì 승리를 얻다

29 **了不起** ★★
liǎobuqǐ

형 **대단하다, 뛰어나다, 중대하다**

술어

他是排名世界第一的了不起的选手。
Tā shì páimíng shìjiè dì yī de liǎobuqǐ de xuǎnshǒu.
그는 세계 랭킹 1위인 대단한 선수이다.

排名 páimíng 동 랭킹을 정렬하다, 순위를 매기다
选手 xuǎnshǒu 명 선수

30 **陆续** ★★
lùxù

부 **끊임없이, 계속해서, 잇달아**

被邀请的嘉宾陆续走进了体育馆。
Bèi yāoqǐng de jiābīn lùxù zǒujìnle tǐyùguǎn.
초대를 받은 손님들이 끊임없이 체육관으로 걸어 들어갔다.

邀请 yāoqǐng 동 초대하다, 초청하다 **嘉宾** jiābīn 명 손님, 귀빈

시험에 이렇게 나온다!

유의어 **陆续 : 连续**(liánxù, 연속하다)

陆续는 한 동작이 잠시 끊어졌다가 다시 그 동작을 이어가는 상황일 때 사용할 수 있다. 또한 **陆续**는 부사이기 때문에 뒤에 횟수를 나타내는 어휘가 올 수 없다.

运动员们陆续走进了操场。
Yùndòngyuánmen lùxù zǒujìnle cāochǎng.
운동 선수들이 끊임없이 운동장으로 걸어 들어갔다.

连续는 한 동작이 중간에 끊어지지 않고 이어서 일어나는 상황일 때 사용할 수 있다. 또한 **连续**는 동사이기 때문에 뒤에 횟수를 나타내는 어휘가 올 수 있다.

我们队在这个赛季连续赢了三场。
Wǒmenduì zài zhè ge sàijì liánxù yíngle sān chǎng.
우리 팀은 이번 시즌에 연속으로 세 번 이겼다.

31 **非** ★★
fēi

부 반드시 동 ~(이)가 아니다

술어

你非要在这个时候出去跑步吗?
Nǐ fēi yào zài zhè ge shíhòu chūqu pǎobù ma?
너는 반드시 이 시간에 나가서 달리기를 하지 않으면 안 되겠니?

他精彩的表现实在是非言语所能表达的。
Tā jīngcǎi de biǎoxiàn shízài shì fēi yányǔ suǒ néng biǎodá de.
그의 뛰어난 활약은 정말이지 말로 표현할 수 있는 것이 아니다.

精彩 jīngcǎi 형 뛰어나다, 훌륭하다
表现 biǎoxiàn 명 활약, 태도, 품행, 언행 동 활약하다, 나타나다
实在 shízài 부 정말, 확실히 형 진실하다, 정직하다
言语 yányǔ 명 말 **表达** biǎodá 동 표현하다, 나타내다

32 **包括** ★★
bāokuò

동 포함하다, 포괄하다

包括我在内一共三个人获奖。
Bāokuò wǒ zàinèi yígòng sān ge rén huòjiǎng.
나를 포함해서 총 3명이 상을 받는다.

获奖 huòjiǎng 동 상을 받다

33 **操场** ★★
cāochǎng

명 운동장

学生们在操场上进行体育活动。
Xuéshengmen zài cāochǎng shang jìnxíng tǐyù huódòng.
학생들이 운동장에서 체육 활동을 진행하고 있다.

进行 jìnxíng 동 진행하다

34 **对手** ★★
duìshǒu

명 상대, 적수

虚心的人不会轻视自己的竞争对手。
Xūxīn de rén bú huì qīngshì zìjǐ de jìngzhēng duìshǒu.
겸손한 사람은 함부로 자신의 경쟁 상대를 얕보지 않는다.

虚心 xūxīn 형 겸손하다 **轻视** qīngshì 동 얕보다, 경시하다
竞争 jìngzhēng 동 경쟁하다

★★★ = 출제율 최상 ★★ = 출제율 상

35 **缩短** ★★

suōduǎn

반의어
延长 yáncháng
동 연장하다, 늘이다

동 **단축하다, 줄이다**

술어

身体不舒服时可以适当地缩短锻炼时间。
Shēntǐ bù shūfu shí kěyǐ shìdàng de suōduǎn duànliàn shíjiān.
몸이 불편할 때는 운동 시간을 적절히 단축해도 된다.

适当 shìdàng 형 적절하다, 적당하다

36 **决赛** ★★

juésài

명 **결승**

我想早点下班看世界杯决赛。
Wǒ xiǎng zǎodian xiàbān kàn Shìjièbēi juésài.
나는 일찍 퇴근해서 월드컵 결승을 보고 싶어.

世界杯 Shìjièbēi 고유 월드컵

37 **自愿** ★★

zìyuàn

동 **자원하다**

任何人都可以自愿加入我们的足球俱乐部。
Rènhé rén dōu kěyǐ zìyuàn jiārù wǒmen de zúqiú jùlèbù.
어떤 사람이든지 모두 자원하여 우리 축구 동호회에 가입할 수 있습니다.

任何 rènhé 대 어떠한, 무슨 **加入** jiārù 동 가입하다
俱乐部 jùlèbù 명 동호회, 클럽

38 **滑**

huá

동 **미끄러지다** 형 **미끄럽다**

我滑冰时不小心滑倒了。
Wǒ huábīng shí bù xiǎoxīn huádǎo le.
나는 스케이트를 탈 때 조심하지 않다가 미끄러져 넘어졌다.

下雪后的路面格外滑。
Xià xuě hòu de lùmiàn géwài huá.
눈 온 뒤의 길바닥은 특히나 미끄럽다.

滑冰 huábīng 동 스케이트를 타다 명 스케이팅
路面 lùmiàn 명 길바닥, 노면 **格外** géwài 부 특히, 아주, 유달리

시험에 이렇게 나온다!

짝꿍 표현 滑를 활용한 다양한 출제 표현들을 알아 둔다.
滑冰 huábīng 스케이트를 타다 滑雪 huáxuě 스키를 타다

39 **绝对**
juéduì

㉠ **결코, 절대로** 형 **절대적인**

这次我们是绝对不会输给他们队的。
Zhè cì wǒmen shì juéduì bú huì shū gěi tāmenduì de.
이번에 우리는 결코 그들 팀에 지지 않을 것이다.

这个运动员在短跑比赛项目中占有绝对优势。
Zhè ge yùndòngyuán zài duǎnpǎo bǐsài xiàngmù zhōng zhànyǒu juéduì yōushì.
이 운동선수는 단거리 달리기 시합 종목에서 절대적인 우세를 차지하고 있다.

输 shū 동 지다, 패하다 **队** duì 명 팀, 행렬
短跑 duǎnpǎo 명 단거리 달리기 **项目** xiàngmù 명 종목, 항목
占有 zhànyǒu 동 차지하다, 점유하다 **优势** yōushì 명 우세, 장점

40 **胜利**
shènglì

반의어
失败 shībài
동 패배하다, 실패하다

동 **승리하다**

只要我们中途不放弃，就能取得胜利。
Zhǐyào wǒmen zhōngtú bú fàngqì, jiù néng qǔdé shènglì.
우리가 도중에 포기하지만 않는다면, 승리를 얻을 수 있다.

中途 zhōngtú 명 도중 **放弃** fàngqì 동 포기하다

41 **指挥**
zhǐhuī

동 **지휘하다**

人们听从现场有关人员的指挥进入了操场。
Rénmen tīngcóng xiànchǎng yǒuguān rényuán de zhǐhuī jìnrùle cāochǎng.
사람들은 현장 관계자의 지휘에 따라 운동장에 들어갔다.

听从 tīngcóng 동 따르다, 복종하다 **现场** xiànchǎng 명 현장
有关人员 yǒuguān rényuán 관계자 **操场** cāochǎng 명 운동장

42 志愿者

zhìyuànzhě

명 **자원봉사자, 지원자**

술어

我终于被选为本次体育活动的志愿者。

Wǒ zhōngyú bèi xuǎn wéi běn cì tǐyù huódòng de zhìyuànzhě.

나는 마침내 이번 체육 활동의 자원봉사자로 선정되었다.

시험에 이렇게 나온다!

빡공표현 志愿者는 쓰기 2부분 99번에서 제시어로 자주 출제된다. 이때, 아래와 같은 표현을 사용하면 쉽게 작문할 수 있다.

成为一名志愿者 chéngwéi yì míng zhìyuànzhě

한 명의 자원봉사자가 되다

43 正

zhèng

부 **마침** 형 **바르다**

我正对乒乓球感兴趣时，爸爸送了我乒乓球拍。

Wǒ zhèng duì pīngpāngqiú gǎn xìngqù shí, bàba sòngle wǒ pīngpāngqiúpāi.

내가 마침 탁구에 흥미가 생기기 시작했을 때, 아빠는 나에게 탁구채를 보내 주셨다.

姿势不正可能引起腰疼。

Zīshì bú zhèng kěnéng yǐnqǐ yāoténg.

자세가 바르지 않으면 허리 통증을 유발할 수 있다.

乒乓球拍 pīngpāngqiúpāi 탁구채 **姿势** zīshì 명 자세, 포즈
引起 yǐnqǐ 동 유발하다, 일으키다 **腰** yāo 명 허리

시험에 이렇게 나온다!

유의어 **正 : 正在(zhèngzài, 마침)**

正은 동작이 일어나는 시간을 강조한다.

我正打算去找你聊天呢。

Wǒ zhèng dǎsuàn qù zhǎo nǐ liáotiān ne.

나는 마침 너를 찾아 이야기하려고 했어.

正在는 동작이 진행되는 상태와 일어나는 시각 둘 다를 강조한다.

妈妈正在为我们准备过年的礼物。

Māma zhèngzài wèi wǒmen zhǔnbèi guònián de lǐwù.

엄마는 마침 우리를 위해서 새해 선물을 준비하셨다.

연습문제 **체크체크!**

제시된 각 단어의 뜻을 오른쪽 보기에서 찾아 줄을 그어 보세요.

01 优势	ⓐ 코치, 감독
02 发挥	ⓑ 끊임없이, 부단히, 끊임없다
03 格外	ⓒ 아주, 특히, 유달리
04 教练	ⓓ 발휘하다
05 充分	ⓔ 충분하다, 충분히
06 不断	ⓕ 우위, 우세, 장점

문장을 읽고 빈칸에 들어갈 단어를 찾아 적어 보세요.

ⓐ 志愿者　ⓑ 激烈　ⓒ 配合　ⓓ 气氛

07 赛场里的 ______ 十分热闹。

08 两队的竞争非常 ______ ，难以在短时间内决出胜负。

09 想赢得这次比赛需要队员的 ______ 。

10 他终于成为了这次活动的 ______ 。

정답 : 01 ⓕ 02 ⓓ 03 ⓒ 04 ⓐ 05 ⓔ 06 ⓑ 07 ⓓ 08 ⓑ 09 ⓒ 10 ⓐ

* 07~10번 문제 해석은 해커스 중국어(china.Hackers.com)에서 무료로 제공합니다.

HSK 5급 시험에 나오는 고난도 어휘

☑ 잘 외워지지 않는 단어는 박스에 체크하여 복습하세요.

고난도 어휘 집중 암기_14.mp3

□	奥运会	Àoyùnhuì	고유 올림픽
□	闭幕式	bìmùshì	명 폐막식
□	出场	chūchǎng	동 (경기에) 출전하다, (배우가) 무대에 오르다
□	处于	chǔyú	동 (어떤 지위나 상태에) 처하다, ~에 있다
□	到场	dàochǎng	동 (직접) 현장에 가다, 자리에 가다
□	得分	défēn	명 득점 동 득점하다
□	短跑	duǎnpǎo	명 단거리 경주, 단거리 달리기
□	队员	duìyuán	명 대원
□	发球	fāqiú	동 서브를 넣다 명 서브
□	分组	fēnzǔ	동 조(팀, 그룹)을 나누다
□	馆长	guǎnzhǎng	명 관장
□	国家队	guójiāduì	명 국가 대표팀
□	花样滑冰	huāyàng huábīng	명 피겨 스케이팅
□	获奖	huòjiǎng	동 상을 받다
□	*较量 6급	jiàoliàng	동 (실력을) 겨루다, 대결하다
□	接力	jiēlì	동 (하나씩) 교대로 진행하다, 릴레이하다
□	慢跑	mànpǎo	명 조깅
□	*敏捷 6급	mǐnjié	형 민첩하다
□	*南拳北腿	nánquán běituǐ	남방은 주먹, 북방은 다리
□	排名	páimíng	동 랭킹을 정렬하다, 순서를 매기다

*표는 오른쪽 페이지의 <중국 문화와 역사>에 포함된 단어입니다.

□ *拳法	quánfǎ	명 권법
□ 确保 6급	quèbǎo	동 확보하다, 확실하게 보증하다
□ 人数	rénshù	명 사람 수, 인원수
□ 赛季	sàijì	명 (경기의) 시즌
□ 世界杯	Shìjièbēi	고유 월드컵
□ 惜败	xībài	동 아깝게 패하다
□ 选手 6급	xuǎnshǒu	명 선수
□ 优劣	yōuliè	명 우열
□ 预测	yùcè	동 예측하다
□ 众多	zhòngduō	형 (인구가) 매우 많다

알고 가면 시험이 쉬워지는 <중국 문화와 역사>

중국 武术(wǔshù)는 *南拳北腿(nánquán běituǐ)!

'중국'하면 떠오르는 이것! 바로 무술입니다. 중국 사람들은 오래 전부터 **不断**(búduàn)한 훈련을 통해서 무술을 연마해 왔어요. 그런데, 남방, 북방에 따라 중국 무술에도 차이가 있다는 것 알고 있으셨나요?

남방은 주로 주먹을 사용하는 ***拳法**(quánfǎ)이, 북방은 주로 다리를 사용하는 권법이 **格外**(géwài) 많아요. 이는 다 이유가 있는데요, 문화의 차이뿐만 아니라, 키, 생활 습관 등의 영향을 받았다고 해요. 남방 사람들은 체구가 비교적 작고 ***敏捷**(mǐnjié)해서 주먹을 이용하여 자신보다 큰 상대를 제압하는 반면, 북방 사람들은 체구가 크고 힘이 센 **优势**(yōushì)을 이용하여, 길고 튼튼한 다리로 상대와 ***较量**(jiàoliàng)했던 것이죠.

지방마다 다른 중국 무술의 매력! 여러분들은 어떤 지방의 무술을 배우고 싶은가요?

武术 wǔshù 명 무술 **不断** búduàn 부 끊임없이 동 끊임없다 **格外** géwài 부 아주, 특히, 유달리
优势 yōushì 명 우위, 우세, 장점

DAY

15

HSK5급 단어장

여행을 떠나요

여행 · 교통수단

주제를 알면 HSK가 보인다!

HSK 5급에서는 여행 중 호텔 예약이나 자동차 운전 등과 관련된 문제가 자주 출제돼요. 따라서 '예약하다', '운전하다', '풍경', '보증금'처럼 여행·교통수단 관련 단어들을 집중적으로 학습하면 이러한 문제를 쉽게 풀 수 있어요.

단어, 예문 MP3

안전 운전을 할 수밖에 없어요

05 **调整** tiáozhěng [동] 조정하다, 조절하다

04 **押金** yājīn [명] 보증금

02 **驾驶** jiàshǐ [동] 운전하다

01 **预订** yùdìng [동] 예약하다

06 **移动** yídòng [동] 이동하다, 옮기다, 움직이다

03 **风景** fēngjǐng [명] 풍경, 경치

01 **预订** ★★★
yùdìng

동 **예약하다**

我已经给你提前预订了去北京的机票。 (술어: 预订)
Wǒ yǐjīng gěi nǐ tíqián yùdìngle qù Běijīng de jīpiào.
나는 이미 네게 베이징에 가는 비행기 표를 앞당겨서 예약해 뒀어.

02 **驾驶** ★★★
jiàshǐ

동 **운전하다**

无人驾驶汽车是否可以取代司机的角色?
Wúrén jiàshǐ qìchē shìfǒu kěyǐ qǔdài sījī de juésè?
무인 운전 자동차는 운전자의 역할을 대체할 수 있을 것인가?

无人 wúrén 형 무인의, 사람이 없는 **取代** qǔdài 동 대체하다
角色 juésè 명 역할

시험에 이렇게 나온다!

짝꿍 표현 驾驶을 활용한 다양한 출제 표현들을 알아 둔다.
疲劳驾驶 píláo jiàshǐ 졸음 운전
无人驾驶 wúrén jiàshǐ 무인 운전
酒后驾驶 jiǔhòu jiàshǐ 음주 운전

03 **风景** ★★★
fēngjǐng

동의어
景色 jǐngsè
명 경치, 경관

명 **풍경, 경치**

昆明湖的风景特别优美。
Kūnmíng Hú de fēngjǐng tèbié yōuměi.
쿤밍후의 풍경은 매우 아름답다.

昆明湖 Kūnmíng Hú 고유 쿤밍후(중국 쿤밍시 서남쪽에 있는 호수)
优美 yōuměi 형 아름답다

04 **押金** ★★★
yājīn

명 **보증금**

请把酒店的押金退到我的银行卡里。
Qǐng bǎ jiǔdiàn de yājīn tuìdào wǒ de yínhángkǎ li.
호텔 보증금을 제 은행 카드로 돌려 보내 주세요.

退 tuì 동 돌려주다, 반환하다 **银行卡** yínhángkǎ 명 은행 카드

05 **调整** ★★★

tiáozhěng

[동의어]
调节 tiáojié
동 조절하다, 조정하다

동 **조정하다, 조절하다**

술어

为了一起去旅行，我们得调整自己的时间。
Wèile yìqǐ qù lǚxíng, wǒmen děi tiáozhěng zìjǐ de shíjiān.
함께 여행을 가기 위해서, 우리는 각자의 시간을 조정해야 해.

시험에 이렇게 나온다!

짝꿍표현 调整을 활용한 다양한 출제 표현들을 알아 둔다.
调整时间 tiáozhěng shíjiān 시간을 조정하다
调整速度 tiáozhěng sùdù 속도를 조절하다
调整数据 tiáozhěng shùjù 데이터를 조정하다
调整姿势 tiáozhěng zīshì 자세를 조정하다
调整状态 tiáozhěng zhuàngtài 상태를 조정하다

06 **移动** ★★★

yídòng

동 **이동하다, 옮기다, 움직이다**

我们坐的火车正在向目的地移动。
Wǒmen zuò de huǒchē zhèngzài xiàng mùdìdì yídòng.
우리가 타고 있는 기차는 목적지를 향해 이동하고 있다.

目的地 mùdìdì 명 목적지

시험에 이렇게 나온다!

짝꿍표현 移动을 활용한 다양한 출제 표현들을 알아 둔다.
朝/向 A 移动 cháo/xiàng A yídòng A를 향해 이동하다
移动硬盘 yídòng yìngpán 외장 하드

07 **办理** ★★★

bànlǐ

동 **(수속을) 밟다, 처리하다**

去国外旅行之前应该办理出国手续。
Qù guówài lǚxíng zhīqián yīnggāi bànlǐ chūguó shǒuxù.
외국으로 여행을 가기 전에는 출국 수속을 밟아야 한다.

手续 shǒuxù 명 수속

시험에 이렇게 나온다!

짝꿍표현 办理를 활용한 다양한 출제 표현들을 알아 둔다.
办理手续 bànlǐ shǒuxù 수속을 밟다
办理护照 bànlǐ hùzhào 여권을 만들다
办理业务 bànlǐ yèwù 업무를 처리하다

08 **耽误** ★★★
dānwu

[동] **지체하다, 그르치다**

술어

飞机因天气原因耽误了起飞时间。
Fēijī yīn tiānqì yuányīn dānwule qǐfēi shíjiān.
비행기는 날씨의 원인으로 이륙 시간이 지체되었다.

09 **长途** ★★
chángtú

[형] **장거리의** [명] **장거리 전화·버스**

这次我想坐长途汽车去内蒙古玩。
Zhè cì wǒ xiǎng zuò chángtú qìchē qù Nèiménggǔ wán.
이번에 나는 장거리 버스를 타고 네이멍구에 가서 놀고 싶다.

我在旅途中给父母打了长途。
Wǒ zài lǚtú zhōng gěi fùmǔ dǎle chángtú.
나는 여행 도중 부모님께 장거리 전화를 걸었다.

内蒙古 Nèiménggǔ [고유] 네이멍구(중국의 지명, 내몽고)
旅途 lǚtú [명] 여행 도중, 여행길

시험에 이렇게 나온다!

[짝꿍 표현] 长途를 활용한 다양한 출제 표현들을 알아 둔다.
长途汽车 chángtú qìchē 장거리 버스
长途电话 chángtú diànhuà 장거리 전화
长途飞行 chángtú fēixíng 장거리 비행

10 **集合** ★★
jíhé

[동] **모으다, 집합하다**

请大家准时在酒店门口集合。
Qǐng dàjiā zhǔnshí zài jiǔdiàn ménkǒu jíhé.
모두들 시간에 맞추어 호텔 입구로 모여 주시기 바랍니다.

准时 zhǔnshí [형] (규정된) 시간에 맞다

11 **位于** ★★
wèiyú

[동] **~에 위치하다**

八达岭长城位于北京市西北部。
Bādálǐng Chángchéng wèiyú Běijīng Shì xīběi bù.
빠다링 만리장성은 베이징시 서북부에 위치해 있다.

八达岭长城 Bādálǐng Chángchéng [고유] 빠다링 만리장성(팔달령 만리장성)

12 **取消** ★★
qǔxiāo

㊍ **취소하다**

술어

今年的全家旅游计划因父亲的出差而被取消了。
Jīnnián de quánjiā lǚyóu jìhuà yīn fùqīn de chūchāi ér bèi qǔxiāo le.
올해의 가족 여행 계획은 아버지의 출장으로 취소되었다.

出差 chūchāi ㊍ 출장 가다

시험에 이렇게 나온다!

[쓰기] **取消**는 쓰기 1부분에서 '주어+**被**+행위의 주체+**取消**(술어)'의 **被**자문 형태를 완성하는 문제의 제시어로 자주 출제된다.

今天的大会被总经理取消了。
Jīntiān de dàhuì bèi zǒngjīnglǐ qǔxiāo le.
오늘의 전체 회의는 사장에 의해 취소되었다.

13 **名胜古迹** ★★
míngshènggǔjì

㊔ **명승고적**

西安有很多名胜古迹，比如西安城墙、钟鼓楼等。
Xī'ān yǒu hěn duō míngshènggǔjì, bǐrú Xī'ān chéngqiáng、zhōnggǔlóu děng.
시안에는 많은 명승고적이 있는데, 시안 성벽, 종루와 고루 등이 그 예다.

西安 Xī'ān ㊄ 시안(중국의 지명, 서안) **城墙** chéngqiáng ㊔ 성벽
钟鼓楼 zhōnggǔlóu ㊔ 종루와 고루

14 **到达** ★★
dàodá

[동의어]
达到 dádào
㊍ 달성하다, 도달하다

[반의어]
出发 chūfā
㊍ 출발하다

㊍ **도착하다, 도달하다**

坐飞机几个小时就能到达那个地方。
Zuò fēijī jǐ ge xiǎoshí jiù néng dàodá nà ge dìfang.
비행기를 타고 몇 시간이면 그 지역에 도착할 수 있다.

시험에 이렇게 나온다!

[독해] 독해 1부분에서는 지문의 빈칸에 들어갈 적절한 어휘를 보기에서 선택하는 문제가 출제된다. 이때, **到达**는 아래와 같은 동사들과 함께 보기로 자주 출제된다.

推辞 tuīcí ㊍ 거절하다, 사퇴하다 **投入** tóurù ㊍ 투입하다
具备 jùbèi ㊍ 갖추다, 구비하다

15 打听 ★★
dǎting

동 **알아보다, 물어보다**

술어

我们最好先打听一下哪家旅行社最可靠。
Wǒmen zuì hǎo xiān dǎting yíxià nǎ jiā lǚxíngshè zuì kěkào.
우리는 어느 여행사가 가장 믿을 만한지 먼저 알아보는 것이 좋겠어.

可靠 kěkào 형 믿을 만하다, 믿음직하다

16 手续 ★★
shǒuxù

명 **수속, 절차**

请您到柜台办理退票手续。
Qǐng nín dào guìtái bànlǐ tuìpiào shǒuxù.
카운터에 가셔서 표 환불 수속을 밟으세요.

柜台 guìtái 명 카운터 **办理** bànlǐ 동 (수속을) 밟다, 처리하다
退 tuì 동 반환하다, 돌려주다

시험에 이렇게 나온다!

짝꿍 표현 手续를 활용한 다양한 출제 표현들을 알아 둔다.

退票手续 tuìpiào shǒuxù 표 환불 수속
报到手续 bàodào shǒuxù 도착 수속
贷款手续 dàikuǎn shǒuxù 대출 수속

17 优美 ★★
yōuměi

형 **아름답다**

每年都有无数的人到张家界欣赏优美的风景。
Měi nián dōu yǒu wúshù de rén dào Zhāngjiājiè xīnshǎng yōuměi de fēngjǐng.
매년 무수한 사람들이 장자제에 가서 아름다운 풍경을 감상한다.

无数 wúshù 형 무수하다
张家界 Zhāngjiājiè 고유 장자제(중국의 지명, 장가계)
欣赏 xīnshǎng 동 감상하다 **风景** fēngjǐng 명 풍경, 경치

시험에 이렇게 나온다!

짝꿍 표현 优美를 활용한 다양한 출제 표현들을 알아 둔다.

风景优美 fēngjǐng yōuměi 풍경이 아름답다
景色优美 jǐngsè yōuměi 경치가 아름답다
优美舒适 yōuměi shūshì 편안하고 아름답다

18 **朝** ★★
cháo

개 **~를 향해서, ~쪽으로**

술어

请问，美术馆应该朝哪个方向走？
Qǐngwèn, měishùguǎn yīnggāi cháo nǎ ge fāngxiàng zǒu?
실례지만, 미술관은 어느 방향을 향해 가야 하나요?

美术馆 měishùguǎn 명 미술관

19 **车厢** ★★
chēxiāng

명 **(열차의) 객실, 화물칸**

火车车厢里挤满了回家乡的人。
Huǒchē chēxiāng li jǐmǎnle huí jiāxiāng de rén.
기차 객실 안은 고향으로 돌아가는 사람들로 가득 찼다.

挤 jǐ 동 빽빽이 들어차다 **家乡** jiāxiāng 명 고향

20 **列车** ★★
lièchē

명 **열차**

这个列车的餐车在哪里？
Zhè ge lièchē de cānchē zài nǎli?
이 열차의 식당칸은 어디에 있나요?

餐车 cānchē 명 (열차의) 식당칸, 식당차

21 **度过** ★★
dùguò

동 **(시간을) 보내다, 지내다**

她在旅途中度过了最难忘的生日。
Tā zài lǚtú zhōng dùguòle zuì nánwàng de shēngrì.
그녀는 여행 도중 가장 잊을 수 없는 생일을 보냈다.

旅途 lǚtú 명 여행 도중 **难忘** nánwàng 형 잊기 어렵다

시험에 이렇게 나온다!

유의어 **度过 : 过**(guò, 지나다)

度过는 쌍음절 목적어만 가질 수 있고, 대상이 시간에만 한정된다.
度过冬天 dùguò dōngtiān 겨울을 보내다
度过假期 dùguò jiàqī 방학을 보내다

过는 목적어의 음절 수에 대한 제한이 없고, 대상은 시간과 공간을 포함한다.
过日子 guò rìzi 날을 보내다 **过河** guò hé 강을 건너다

22 **不然★★**
bùrán

접 **그렇지 않으면**

不要耽误时间，不然我们会错过航班的。 (술어)
Bú yào dānwu shíjiān, bùrán wǒmen huì cuòguò hángbān de.
시간을 지체하지 마, 그렇지 않으면 우리는 항공편을 놓칠 수도 있어.

耽误 dānwu 동 지체하다, 그르치다
错过 cuòguò 동 (시기, 대상을) 놓치다, 잃다 **航班** hángbān 명 항공편

23 **赶紧★★**
gǎnjǐn

동의어
赶快 gǎnkuài
부 황급히, 재빨리

부 **재빨리, 서둘러**

列车快要出发了，我们赶紧跑过去吧。
Lièchē kuài yào chūfā le, wǒmen gǎnjǐn pǎo guòqu ba.
열차가 곧 출발하겠어, 우리 재빨리 뛰어가자.

列车 lièchē 명 열차

24 **卡车★★**
kǎchē

명 **트럭**

卡车司机目睹了这起交通事故的所有经过。
Kǎchē sījī mùdǔle zhè qǐ jiāotōng shìgù de suǒyǒu jīngguò.
트럭 운전사는 이번 교통사고의 모든 경과를 직접 보았다.

目睹 mùdǔ 동 직접 보다, 목도하다 **交通事故** jiāotōng shìgù 명 교통사고

25 **标志★★**
biāozhì

명 **표지, 상징** 동 **상징하다, 명시하다**

开车的时候应该注意交通标志牌。
Kāichē de shíhòu yīnggāi zhùyì jiāotōng biāozhìpái.
차를 몰 때 교통 표지판을 주의해야 한다.

飞机的发明标志着科学技术的新发展。
Fēijī de fāmíng biāozhìzhe kēxué jìshù de xīn fāzhǎn.
비행기의 발명은 과학 기술의 새로운 발전을 상징한다.

标志牌 biāozhìpái 명 표지판 **发明** fāmíng 명 발명 동 발명하다
技术 jìshù 명 기술 **发展** fāzhǎn 동 발전하다

26 **彻底** ★★
chèdǐ

형 **철저하다**

这里的风景彻底变了，不如以前好看了。 (술어)
Zhèli de fēngjǐng chèdǐ biànle, bùrú yǐqián hǎokàn le.
이곳의 풍경은 철저하게 변해서, 예전만큼 아름답지 못하다.

风景 fēngjǐng 명 풍경, 경치 **不如** bùrú 동 ~만 못하다

27 **当地** ★★
dāngdì

반의어
外地 wàidì
명 타지, 외지

명 **현지, 현장**

当地人发现外地游客逐渐多了起来。
Dāngdì rén fāxiàn wàidì yóukè zhújiàn duōle qǐlai.
현지 사람은 타지 여행객이 점점 많아지는 것을 발견했다.

外地 wàidì 명 타지, 외지 **游客** yóukè 명 여행객
逐渐 zhújiàn 부 점점, 조금씩

28 **随身** ★★
suíshēn

동 **휴대하다, 곁에 따라다니다**

在外旅行时记得随身携带护照和手机。
Zài wài lǚxíng shí jìde suíshēn xiédài hùzhào hé shǒujī.
외국에서 여행할 때 여권과 핸드폰을 휴대하는 것을 잊지 마세요.

携带 xiédài 동 휴대하다, 지니다

29 **登记**
dēngjì

동 **체크인(check-in)하다, 등록하다**

在酒店登记好以后，大家都回房间休息了。
Zài jiǔdiàn dēngjì hǎo yǐhòu, dàjiā dōu huí fángjiān xiūxi le.
호텔에서 체크인한 후, 모두가 방으로 돌아가 휴식을 취했다.

³⁰ 当心
dāngxīn

동 **주의하다, 조심하다**

(술어: 开)

当心，前面路滑，车开得慢一点。
Dāngxīn, qiánmiàn lù huá, chē kāi de màn yìdiǎn.
조심해, 앞에 길이 미끄러우니, 차를 조금 천천히 몰아.

滑 huá 동 미끄럽다

시험에 이렇게 나온다!

유의어 当心 : 小心(xiǎoxīn, 조심하다)

当心은 동사로서, 앞에 不나 没가 올 수 없다.
开车的时候要当心行人。
Kāichē de shíhòu yào dāngxīn xíngrén.
차를 몰 때에는 행인을 주의해야 한다.

小心은 동사와 형용사로서, 앞에 不나 没가 올 수 있다.
都强调多少次了，你怎么这么不小心呢。
Dōu qiángdiào duōshǎo cì le, nǐ zěnme zhème bù xiǎoxīn ne.
몇 번을 강조했는데, 너는 어째서 이렇게 조심하지 않는 거니?

31 的确
díquè

부 **확실히, 분명히**

在这里停车的确是我的错，下次一定注意。
Zài zhèli tíngchē díquè shì wǒ de cuò, xià cì yídìng zhùyì.
여기에 주차한 것은 확실히 제 잘못이니, 다음부터는 반드시 주의하겠습니다.

停车 tíngchē 동 주차하다, 차를 세우다

32 拐弯
guǎiwān

동 **방향을 바꾸다, 모퉁이를 돌다**

我们向左拐弯吧，这条路容易堵车。
Wǒmen xiàng zuǒ guǎiwān ba, zhè tiáo lù róngyì dǔchē.
우리 왼쪽으로 방향을 바꾸자, 이 길은 쉽게 차가 막혀.

堵车 dǔchē 동 차가 막히다

시험에 이렇게 나온다!

짝꿍표현 拐弯을 활용한 출제 표현을 알아 둔다.
向 A 拐弯 xiàng A guǎiwān A를 향하여 방향을 바꾸다

33 合影
héyǐng

동 함께 사진을 찍다 명 단체 사진

술어

我想去四川和大熊猫合影。
Wǒ xiǎng qù Sìchuān hé dàxióngmāo héyǐng.
나는 쓰촨에 가서 자이언트판다와 함께 사진 찍고 싶어.

这张合影是我们学校去年春游的时候照的。
Zhè zhāng héyǐng shì wǒmen xuéxiào qùnián chūnyóu de shíhou zhào de.
이 단체 사진은 우리 학교에서 작년 봄소풍을 갔을 때 찍은 거야.

四川 Sìchuān 고유 쓰촨(중국의 지명, 사천)
大熊猫 dàxióngmāo 명 자이언트판다 **春游** chūnyóu 명 봄소풍, 봄놀이

34 幻想
huànxiǎng

명 환상 동 환상을 가지다, 상상하다

很多人对独自旅行抱有幻想。
Hěn duō rén duì dúzì lǚxíng bàoyǒu huànxiǎng.
많은 사람들은 혼자 여행하는 것에 환상을 품고 있다.

他幻想着自己开车去旅游。
Tā huànxiǎngzhe zìjǐ kāichē qù lǚyóu.
그는 스스로 차를 몰고 여행가는 것에 환상을 가지고 있다.

独自 dúzì 부 혼자서, 단독으로 **抱有** bàoyǒu 동 품다, 가지고 있다

35 纪念
jìniàn

명 기념 동 기념하다

妹妹给我送了她在国外买的纪念品。
Mèimei gěi wǒ sòngle tā zài guówài mǎi de jìniànpǐn.
여동생은 그녀가 외국에서 산 기념품을 나에게 주었다.

这个建筑是为了纪念孔子而建立的。
Zhè ge jiànzhù shì wèile jìniàn Kǒngzǐ ér jiànlì de.
이 건축물은 공자를 기념하기 위해 세워진 것이다.

纪念品 jìniànpǐn 명 기념품 **建筑** jiànzhù 명 건축물 동 짓다, 건축하다
孔子 Kǒngzǐ 고유 공자(중국의 사상가) **建立** jiànlì 동 세우다, 설립하다

36 **浏览**
liúlǎn

[동] **둘러보다, 대충 훑어보다**

술어
我到现在为止浏览过很多名胜古迹。
Wǒ dào xiànzài wéizhǐ liúlǎnguo hěn duō míngshènggǔjì.
나는 지금까지 많은 명승고적들을 둘러봤다.

名胜古迹 míngshènggǔjì [명] 명승고적

37 **摩托车**
mótuōchē

[명] **오토바이**

她下班后去修理摩托车了。
Tā xiàbān hòu qù xiūlǐ mótuōchē le.
그녀는 퇴근한 후 오토바이를 수리하러 갔다.

修理 xiūlǐ [동] 수리하다

38 **情景**
qíngjǐng

[명] **광경, 정경**

我被眼前美丽的情景感动了。
Wǒ bèi yǎnqián měilì de qíngjǐng gǎndòng le.
나는 눈 앞의 아름다운 광경에 감동받았다.

39 **绕**
rào

[동] **우회하다, 휘감다**

前面正在修路，我们还是绕过去吧。
Qiánmian zhèngzài xiūlù, wǒmen háishi rào guòqu ba.
앞에서 도로를 정비하고 있으니, 우리는 우회해서 지나가는 것이 낫겠어.

40 **时差**
shíchā

[명] **시차**

很多游客由于不适应时差而出现食欲减退的症状。
Hěn duō yóukè yóuyú bú shìyìng shíchā ér chūxiàn shíyù jiǎntuì de zhèngzhuàng.
많은 여행객들에게는 시차에 적응하지 못하여 식욕이 감퇴하는 증상이 나타나곤 한다.

适应 shìyìng [동] 적응하다 **食欲** shíyù [명] 식욕
减退 jiǎntuì [동] (정도가) 감퇴하다 **症状** zhèngzhuàng [명] 증상

41 **往返**
wǎngfǎn

동 **왕복하다, 오가다**

술어

这趟列车定期往返于北京和莫斯科之间。
Zhè tàng lièchē dìngqī wǎngfǎn yú Běijīng hé Mòsīkē zhījiān.
이번 열차는 정기적으로 베이징과 모스크바 사이를 왕복한다.

趟 tàng 양 번, 차례 **列车** lièchē 명 열차
定期 dìngqī 형 정기적인 동 날짜를 정하다
莫斯科 Mòsīkē 고유 모스크바(러시아의 수도)

42 **拥挤**
yōngjǐ

형 **붐비다, 혼잡하다**

一到下班时间，地铁车厢就变得很拥挤。
Yí dào xiàbān shíjiān, dìtiě chēxiāng jiù biàn de hěn yōngjǐ.
퇴근 시간만 되면, 지하철 객실은 매우 붐벼진다.

车厢 chēxiāng 명 (열차의) 객실, 화물칸

43 **游览**
yóulǎn

동 **유람하다**

今天我们要游览的是著名的苏州园林。
Jīntiān wǒmen yào yóulǎn de shì zhùmíng de Sūzhōu yuánlín.
오늘 우리가 유람할 곳은 유명한 쑤저우 원림입니다.

著名 zhùmíng 형 유명하다, 저명하다
苏州 Sūzhōu 고유 쑤저우(중국의 지명, 소주) **园林** yuánlín 명 원림, 정원

44 **直**
zhí

형 **곧다**

这条高速公路又直又宽。
Zhè tiáo gāosù gōnglù yòu zhí yòu kuān.
이 고속도로는 곧고 넓다.

高速公路 gāosù gōnglù 명 고속도로 **宽** kuān 형 (폭이) 넓다

연습문제 **체크체크!**

제시된 각 단어의 뜻을 오른쪽 보기에서 찾아 줄을 그어 보세요.

01 押金	ⓐ 예약하다
02 预订	ⓑ 도착하다, 도달하다
03 到达	ⓒ (수속을) 밟다, 처리하다
04 彻底	ⓓ 철저하다
05 拥挤	ⓔ 보증금
06 办理	ⓕ 붐비다, 혼잡하다

문장을 읽고 빈칸에 들어갈 단어를 찾아 적어 보세요.

ⓐ 取消　ⓑ 调整　ⓒ 纪念　ⓓ 绕

07 我们 ______ 远路终于到达了目的地。

08 几星期前定好的旅游计划因大雨 ______ 了。

09 他因时差原因身体还没 ______ 到最佳的状态。

10 我们在旅途中拍一张照片留作 ______ 。

정답 : 01 ⓔ 02 ⓐ 03 ⓑ 04 ⓓ 05 ⓕ 06 ⓒ 07 ⓓ 08 ⓐ 09 ⓑ 10 ⓒ

* 07~10번 문제 해석은 해커스 중국어(china.Hackers.com)에서 무료로 제공합니다.

HSK 5급 시험에 나오는 고난도 어휘

☑ 잘 외워지지 않는 단어는 박스에 체크하여 복습하세요.

🎧 고난도 어휘 집중 암기_15.mp3

□	八达岭长城	Bādálǐng Chángchéng	고유 빠다링 만리장성(팔달령 만리장성)
□	白洋淀	Báiyáng Diàn	고유 바이양뎬(중국 베이징에 있는 호수)
□	标记 6급	biāojì	명 표기
□	冰雪节	bīngxuějié	빙설제
□	*乘车	chéngchē	동 승차하다
□	*城际列车	chéngjì lièchē	도시간 열차
□	乘客	chéngkè	명 승객
□	春游	chūnyóu	명 봄소풍, 봄놀이
□	登机箱	dēngjīxiāng	명 기내용 캐리어
□	航空 6급	hángkōng	동 항공하다, (비행기가) 공중을 날다
□	见闻 6급	jiànwén	명 견문
□	交通事故	jiāotōng shìgù	명 교통사고
□	空手旅游	kōngshǒu lǚyóu	빈손 여행
□	*路程	lùchéng	명 노정, 길
□	路径	lùjìng	명 길, 도로
□	旅途	lǚtú	명 여행 도중, 여행길
□	目睹 6급	mùdǔ	동 직접 보다, 목도하다
□	崎岖	qíqū	형 (산길이) 험난하다
□	让座	ràngzuò	동 자리를 양보하다
□	寺庙 6급	sìmiào	명 절, 사당

*표는 오른쪽 페이지의 <중국 문화와 역사>에 포함된 단어입니다.

☐	停车场	tíngchēchǎng	명 주차장
☐	停留	tíngliú	동 머물다, 정체하다
☐	通往	tōngwǎng	동 ~로 통하다
☐	外地	wàidì	명 타지, 외지
☐	现场 6급	xiànchǎng	명 현장
☐	异国	yìguó	명 이국, 외국, 타국
☐	拥堵	yōngdǔ	동 길이 막히다
☐	游客	yóukè	명 여행객, 관광객
☐	*运行 6급	yùnxíng	동 (별, 차량, 선박 등이) 운행하다
☐	直升机	zhíshēngjī	명 헬리콥터, 헬기

알고 가면 시험이 쉬워지는 <중국 문화와 역사>

작은 고추가 맵다, *城际列车(chéngjì lièchē)

城际列车를 타고 여행 다녀 보신 분 있으신가요? **城际列车**는 서로 이웃한 중요한 도시를 **往返**(wǎngfǎn)하는 **列车**(lièchē)에요. 그렇다 보니 ***路程**(lùchéng)과 ***乘车**(chéngchē) 시간이 짧고, 중국의 대표적인 '기차 칸 안의 침대'도 **城际列车**에서는 찾아보기가 어려워요.

城际列车는 **长途**(chángtú) 열차인 만큼 ***运行**(yùnxíng) 거리가 길거나, 사용 범위가 넓지는 않아요. 하지만 최근 도시들의 발전과 도시와 도시를 잇는 철로의 대규모 건설로 인해서 철도 운송 업계에서 **城际列车**의 중요도는 점점 높아지고 있답니다.

往返 wǎngfǎn 동 왕복하다, 오가다 **列车** lièchē 명 열차 **长途** chángtú 형 장거리의 명 장거리 전화·버스

DAY

16

HSK5급 단어장

환경 지킴이

날씨 · 환경

주제를 알면 HSK가 보인다!

HSK 5급에서는 건조한 날씨나 지진으로 인한 피해 등과 관련된 내용이 출제돼요. 따라서 '야기하다', '건조하다', '사막', '어둡다', '지리'처럼 날씨·환경 관련 단어들을 집중적으로 학습하면 이러한 문제를 쉽게 풀 수 있어요.

단어, 예문 MP3

환경 보호를 위한 우리의 노력

03 **沙漠** shāmò 명 사막

02 **干燥** gānzào 형 건조하다, 마르다

01 **造成** zàochéng 동 야기하다, 조성하다

04 **暗** àn 형 어둡다, 캄캄하다

01 造成 ★★★

zàochéng

[동의어]
导致 dǎozhì
동 야기하다, 초래하다

동 야기하다, 조성하다

술어

城市的快速发展造成了严重的环境污染。

Chéngshì de kuàisù fāzhǎn zàochéngle yánzhòng de huánjìng wūrǎn.

도시의 빠른 발전은 심각한 환경 오염을 야기했다.

快速 kuàisù 형 빠르다, 신속하다 **污染** wūrǎn 명 오염 동 오염되다

시험에 이렇게 나온다!

쓰기 造成은 쓰기 1부분에서 '是…的' 강조 구문 형태를 완성하는 문제의 제시어로 자주 출제된다.

这个错误是他自己造成的。 Zhè ge cuòwù shì tā zìjǐ zàochéng de.
이 잘못은 그 스스로가 야기한 것이다.

짝꿍 표현 造成을 활용한 다양한 출제 표현들을 알아 둔다.

造成后果 zàochéng hòuguǒ 안 좋은 결과를 조성하다
造成浪费 zàochéng làngfèi 낭비를 초래하다
造成的损失 zàochéng de sǔnshī 야기한 손실

02 干燥 ★★★

gānzào

[반의어]
湿润 shīrùn
형 습윤하다, 촉촉하다
潮湿 cháoshī
형 습하다, 축축하다

형 건조하다, 마르다

一般来说，秋天的气候比其它季节更干燥。

Yībān lái shuō, qiūtiān de qìhòu bǐ qítā jìjié gèng gānzào.

일반적으로 말하자면, 가을의 기후는 그 외 계절보다 더 건조하다.

气候 qìhòu 명 기후 **其它** qítā 대 그 외, 기타

시험에 이렇게 나온다!

짝꿍 표현 干燥와 관련된 출제 표현들을 함께 알아 둔다.

气候 qìhòu 명 기후 **寒冷** hánlěng 형 한랭하다
气流 qìliú 명 기류

★★★ = 출제율 최상 ★★ = 출제율 상

03 **沙漠** ★★★
shāmò

명 **사막**

술어
有几家公司鼓励人们积极参与沙漠种树活动。
Yǒu jǐ jiā gōngsī gǔlì rénmen jījí cānyù shāmò zhòng shù huódòng.
몇몇 회사는 사람들이 사막에 나무를 심는 활동에 적극적으로 참여하는 것을 격려한다.

鼓励 gǔlì 동 격려하다 **积极** jījí 형 적극적인, 긍정적인
参与 cānyù 동 참여하다 **种** zhòng 동 심다
活动 huódòng 명 활동 동 활동하다

알아두면 좋은 배경지식

중국의 신장 위구르 자치구에는 **塔克拉玛干沙漠**(타클라마칸 사막)가 있다. 최근에는 세계에서 가장 긴 사막 고속도로인 타림 사막 고속도로를 **塔克拉玛干沙漠**에 건설하였는데, 이 고속도로는 **轮台县**(룬타이현)과 **民丰县**(민펑현)을 연결하며 총 길이는 552km에 달한다. **塔克拉玛干沙漠**와 관련된 어휘들을 체크해 두자.

塔克拉玛干沙漠 Tǎkèlāmǎgān Shāmò 고유 타클라마칸 사막
塔里木公路 Tǎlǐmù Gōnglù 고유 타림 사막 고속도로
轮台县 Lúntái Xiàn 고유 룬타이현
民丰县 Mínfēng Xiàn 고유 민펑현 **绿洲** lǜzhōu 명 오아시스
石油 shíyóu 명 석유 **油田** yóutián 명 유전

04 **暗** ★★★
àn

반의어
明 míng
형 밝다, 환하다
亮 liàng
형 밝다, 빛나다

형 **어둡다, 캄캄하다**

天一暗，沙漠的表面温度就会变得很低。
Tiān yí àn, shāmò de biǎomiàn wēndù jiù huì biàn de hěn dī.
날이 어두워지면, 사막의 표면 온도는 매우 낮아질 수 있다.

沙漠 shāmò 명 사막 **表面** biǎomiàn 명 표면

시험에 이렇게 나온다!

빡꿍 표현 暗을 활용한 다양한 출제 표현들을 알아 둔다.
黑暗 hēi'àn 캄캄하다 **暗暗** àn'àn 속으로, 혼자
暗自 ànzì 속으로, 남몰래

05 地理 ★★★

dìlǐ

명 지리

这座城市的地理环境和天气都适合人们居住。(술어: 适合)

Zhè zuò chéngshì de dìlǐ huánjìng hé tiānqì dōu shìhé rénmen jūzhù.

이 도시의 지리 환경과 날씨는 사람들이 거주하기에 적합하다.

适合 shìhé 동 적합하다, 적절하다 **居住** jūzhù 동 거주하다

06 破坏 ★★★

pòhuài

반의어
保护 bǎohù
동 보호하다

동 파괴하다, 손상시키다

这里的环境已经被严重破坏。

Zhèli de huánjìng yǐjīng bèi yánzhòng pòhuài.

이곳의 환경은 이미 심각하게 파괴되었다.

알아두면 좋은 배경지식

최근 **地球温室效应**(지구온난화)의 심각성이 높아지고 있다. **地球温室效应**은 도시의 발달로 인해 지속적으로 다량의 온실가스가 대기로 배출됨에 따라 대기 중 온실가스 농도가 증가하여 지구의 지표면 온도가 과도하게 높아진 현상을 말한다. 참고로, 온실가스의 60% 이상을 차지하는 것은 이산화탄소이다. **地球温室效应**과 관련된 어휘들을 체크해 두자.

地球温室效应 Dìqiú Wēnshì Xiàoyìng 지구온난화
温室气体 wēnshì qìtǐ 온실가스 **排放** páifàng 동 배출하다
二氧化碳 èryǎnghuàtàn 명 이산화탄소

07 潮湿 ★★★

cháoshī

반의어
干燥 gānzào
형 건조하다, 마르다

동의어
湿润 shīrùn
형 습윤하다, 촉촉하다

형 습하다, 축축하다, 눅눅하다

我觉得上海的气候比北京更潮湿。

Wǒ juéde Shànghǎi de qìhòu bǐ Běijīng gèng cháoshī.

나는 상하이의 기후가 베이징보다 더 습하다고 느낀다.

★★★ = 출제율 최상 ★★ = 출제율 상

08 温暖 ★★★

wēnnuǎn

반의어
寒冷 hánlěng
형 한랭하다, 춥고 차다

형 따뜻하다, 포근하다 동 따뜻하게 하다

술어

像今天这种温暖的天气适合出去散步。
Xiàng jīntiān zhè zhǒng wēnnuǎn de tiānqì shìhé chūqu sànbù.
오늘처럼 따뜻한 날씨에는 산책 나가기에 적합하다.

妈妈试着用自己的体温温暖孩子的身体。
Māma shìzhe yòng zìjǐ de tǐwēn wēnnuǎn háizi de shēntǐ.
엄마는 자신의 체온으로 아이의 몸을 따뜻하게 하려고 한다.

适合 shìhé 동 적합하다, 적절하다

시험에 이렇게 나온다!

쓰기 温暖은 쓰기 1부분에서 '주어+让+겸어+부사어+温暖(술어)'의 겸어문 형태를 완성하는 문제의 제시어로 자주 출제된다.

小孩子的微笑让人觉得很温暖。
Xiǎoháizi de wēixiào ràng rén juéde hěn wēnnuǎn.
어린아이의 미소는 사람들에게 따뜻함을 느끼게 한다.

짝꿍 표현 温暖을 활용한 다양한 출제 표현들을 알아 둔다.

阳光温暖 yángguāng wēnnuǎn 햇살이 따뜻하다
天气温暖 tiānqì wēnnuǎn 날씨가 따뜻하다
气氛温暖 qìfēn wēnnuǎn 분위기가 포근하다

09 分布 ★★★

fēnbù

동 분포하다, 널려 있다

差不多有2万8千种鱼分布在整个大海。
Chàbuduō yǒu liǎngwàn bāqiān zhǒng yú fēnbù zài zhěnggè dàhǎi.
약 2만 8천 종의 물고기가 바다 전체에 분포되어 있다.

整个 zhěnggè 형 전체의, 전부의

10 雾 ★★
wù

명 **안개**

电视上说明天早晨有雾。 (说 → 술어)
Diànshì shang shuō míngtiān zǎochén yǒu wù.
TV에서 말하길 내일 새벽에 안개가 낀다고 한다.

시험에 이렇게 나온다!

짝꿍표현 雾를 활용한 다양한 출제 표현들을 알아 둔다.

雾气 wùqì 안개　　云雾 yúnwù 구름과 안개, 운무
烟雾 yānwù 스모그, 연기와 안개

알아두면 좋은 배경지식

사막에 유전이 있으면 **烃类云雾**(탄화수소계 안개)가 생기게 되는데, 이는 생물의 성장에 영향을 주어서 사막에서 생물이 살아갈 수 없게 만든다. 그리하여 사막화를 더욱 가속화시킬 수 있다. **烃类云雾**와 관련된 어휘들을 체크해 두자.

烃类云雾 tīnglèi yúnwù 탄화수소계 안개
油田 yóutián 명 유전　　**荒漠化** huāngmòhuà 사막화

11 地震 ★★
dìzhèn

명 **지진**

这个地区经常发生地震。
Zhè ge dìqū jīngcháng fāshēng dìzhèn.
이 지역은 지진이 자주 발생한다.

地区 dìqū 명 지역

시험에 이렇게 나온다!

쓰기 **地震**은 쓰기 1부분에서 '**地震**(주어)+술어+보어'의 기본 형태 혹은 '**地震的**(관형어)+주어+比+비교대상+술어'의 비교문 형태를 완성하는 문제의 제시어로 자주 출제된다.

地震持续了好几分钟。 Dìzhèn chíxùle hǎo jǐ fēnzhōng.
지진은 몇 분간 지속되었다.

这次地震造成的损失比上一年更严重。
Zhè cì dìzhèn zàochéng de sǔnshī bǐ shàng yì nián gèng yánzhòng.
이번 지진이 야기한 손실은 지난해보다 더 심각하다.

12 **顶** ★★
dǐng

명 꼭대기, 정수리 양 꼭대기가 있는 물건을 세는 단위

술어

这座山的山顶常年积雪。
Zhè zuò shān de shāndǐng chángnián jī xuě.
이 산의 산꼭대기에는 일 년 내내 눈이 쌓인다.

我戴了一顶帽子用来防晒。
Wǒ dàile yì dǐng màozi yònglái fáng shài.
나는 모자를 써서 햇볕이 내리쬐는 것을 차단했다.

常年 chángnián 명 일 년 내내 **积雪** jī xuě 동 눈이 쌓이다
戴 dài 동 쓰다, 착용하다 **晒** shài 동 햇볕이 내리쬐다

13 **广大** ★★
guǎngdà

형 넓다, 광대하다

面积广大的沙漠分布在中国的西北部。
Miànjī guǎngdà de shāmò fēnbù zài Zhōngguó de xīběi bù.
면적이 넓은 사막은 중국의 서북부에 분포되어 있다.

面积 miànjī 명 면적 **沙漠** shāmò 명 사막
分布 fēnbù 동 분포하다, 널려 있다

14 **浅** ★★
qiǎn

반의어
深 shēn
형 (거리나 간격이) 깊다, (색깔이) 짙다

형 (거리나 간격이) 얕다, 좁다, (색깔이) 연하다

这条河浅到连孩子们也能在那里游泳。
Zhè tiáo hé qiǎndào lián háizimen yě néng zài nàli yóuyǒng.
이 강은 아이들도 수영할 수 있을 정도로 얕다.

我们家的小猫有一双浅蓝色的大眼睛。
Wǒmen jiā de xiǎomāo yǒu yì shuāng qiǎnlánsè de dà yǎnjīng.
우리 집의 고양이는 연한 남색의 큰 눈을 가지고 있다.

15 **洞** ★★
dòng

명 **동굴, 구멍**

(술어)

在很久以前这个洞里住着老虎。
Zài hěnjiǔ yǐqián zhè ge dòng li zhùzhe lǎohǔ.
아주 먼 옛날 이 동굴에는 호랑이가 살았다.

시험에 이렇게 나온다!

짝꿍 표현 洞을 활용한 다양한 출제 표현들을 알아 둔다.
挖洞 wā dòng 구멍을 파다 **洞穴** dòngxué 땅굴

16 **雷** ★★
léi

명 **천둥, 우레**

外面在打雷，估计要下大雨了。
Wàimian zài dǎ léi, gūjì yào xià dàyǔ le.
밖에 천둥이 치니, 곧 큰 비가 올 것이라 짐작된다.

估计 gūjì 동 짐작하다, 추측하다

시험에 이렇게 나온다!

짝꿍 표현 雷를 활용한 다양한 출제 표현들을 알아 둔다.
打雷 dǎ léi 천둥이 치다, 천둥이 울리다
雷阵雨 léizhènyǔ (천둥과 번개를 동반한) 소나기

17 **吹** ★★
chuī

동 **불다**

今天风吹得很大，出门时多穿件衣服吧。
Jīntiān fēng chuī de hěn dà, chūmén shí duō chuān jiàn yīfu ba.
오늘은 바람이 많이 부니, 외출할 때 옷을 따뜻하게 입으세요.

시험에 이렇게 나온다!

짝꿍 표현 吹를 활용한 다양한 출제 표현들을 알아 둔다.
风吹 fēng chuī 바람이 불다 **吹牛** chuīniú 허풍을 떨다
吹头发 chuī tóufa 머리를 드라이하다

18 预报 ★★
yùbào

동 예보하다 명 예보

新闻上预报了明天可能会下大雨。 (술어)
Xīnwén shang yùbàole míngtiān kěnéng huì xià dàyǔ.
뉴스에서는 내일 아마도 큰 비가 내릴 것이라고 예보하였다.

天气预报说今天下大雪。
Tiānqì yùbào shuō jīntiān xià dàxuě.
일기예보에서 말하기를 오늘 큰 눈이 내린다고 한다.

19 阵★★
zhèn

양 차례, 바탕[잠시 지속되는 동작을 세는 단위]

看来今天下午会下一阵雨。
Kànlái jīntiān xiàwǔ huì xià yí zhèn yǔ.
보아하니 오늘 오후에 비가 한차례 내릴 것 같다.

시험에 이렇게 나온다!

짝꿍표현 阵과 함께 자주 쓰이는 명사들을 알아 둔다.

一阵风 yí zhèn fēng 한차례의 바람
一阵雨 yí zhèn yǔ 한차례의 비
一阵笑声 yí zhèn xiàoshēng 한바탕 웃음소리
一阵掌声 yí zhèn zhǎngshēng 한바탕 박수소리

20 总算 ★★
zǒngsuàn

부 마침내, 결국은

太好了，总算雨过天晴了。
Tài hǎo le, zǒngsuàn yǔguò tiānqíng le.
너무 잘 됐다, 마침내 비가 그치고 하늘이 맑아졌네.

雨过天晴 yǔguò tiānqíng 성 비가 그치고 하늘이 맑아지다

시험에 이렇게 나온다!

독해 독해 1부분에서는 지문의 빈칸에 들어갈 적절한 어휘를 보기에서 선택하는 문제가 출제된다. 이때, **总算**은 아래와 같은 어휘들과 함께 보기에 자주 출제된다.

究竟 jiūjìng 부 도대체　　**或许** huòxǔ 부 아마
万一 wànyī 접 만일, 만약
未必 wèibì 부 반드시 ~한 것은 아니다

21 **纷纷** ★★
fēnfēn

부 **잇달아, 계속해서** 형 **어지럽게 날리다**

一阵风吹来，树叶纷纷散落在地上。
Yí zhèn fēng chuīlái, shùyè fēnfēn sànluò zài dìshang.
한차례 바람이 불어오자, 나뭇잎이 잇달아 땅 위로 흩어져 떨어졌다.

今早起，雪开始纷纷落下。
Jīn zǎo qǐ, xuě kāishǐ fēnfēn luòxia.
오늘 아침부터, 눈이 어지럽게 떨어지기 시작한다.

阵 zhèn 양 차례, 바탕 **散落** sànluò 동 흩어져 떨어지다

22 **扇子** ★★
shànzi

명 **부채**

奶奶热得不停地摇着手上的扇子。
Nǎinai rè de bù tíng de yáozhe shǒu shang de shànzi.
할머니는 손에 있는 부채를 쉬지 않고 흔들 정도로 더워하신다.

摇 yáo 동 흔들다

잠깐 扇子는 종종 양사 '把'와 함께 쓰인다.

23 **冻** ★★
dòng

동 **얼다, 굳다**

海水之所以不容易被冻住，是因为海水中的盐分。
Hǎishuǐ zhīsuǒyǐ bù róngyì bèi dòngzhù, shì yīnwèi hǎishuǐ zhōng de yánfèn.
바닷물이 얼어붙게 되는 것이 쉽지 않은 이유는, 바닷물 속의 염분 때문이다.

之所以 zhīsuǒyǐ ~의 이유, ~의 까닭 **盐分** yánfèn 명 염분

시험에 이렇게 나온다!

짝꿍표현 冻을 활용한 다양한 출제 표현들을 알아 둔다.
冷冻 lěngdòng 냉동하다　　解冻 jiědòng 해동하다
冻伤 dòngshāng 동상, 동상에 걸리다

24 彩虹 ★★
cǎihóng

명 무지개

술어

雨停后说不定能看到彩虹。

Yǔ tíng hòu shuōbudìng néng kàndào cǎihóng.

비가 그치고 나면 아마도 무지개를 볼 수 있을 것이다.

说不定 shuōbudìng 부 아마, 대개

잠깐 虹이 단독으로 쓰일 때는 jiàng으로 발음한다.

알아두면 좋은 배경지식

무지개를 나타내는 용어로 **虹**과 **霓**가 있다. **虹**은 물방울의 윗부분에 태양이 내리쬐어서 형성된 것으로 일반적인 무지개를 가리킨다. 반면, **霓**는 물방울의 아랫부분에 태양이 내리쬐어서 형성된 것으로 쌍무지개에서 빛이 옅고 흐린 무지개를 가리킨다.

虹 jiàng 명 무지개
霓 ní 명 이차 무지개, 암무지개

중국 **安徽**(안후이성)의 **徽州**(후이저우)에는 남송 시기에 축조된 **彩虹桥**(차이훙 다리)가 있다. 이 다리는 중국에서 가장 아름다운 지붕이 있는 다리로 알려져 있다. 전설에 따르면, 과거 이 마을 출신의 스님과 건축가가 영원히 무너지지 않는 다리를 놓고자 4년 동안 다리를 설계하고 축조했는데, 다리의 정자 지붕에 마지막 기와를 얹을 때 서쪽 하늘에 무지개가 떴다. 그래서 이 다리 이름을 **彩虹桥**라고 붙였다고 한다. **彩虹桥**와 관련된 어휘들을 체크해 두자.

安徽 Ānhuī 고유 안후이성
徽州 Huī Zhōu 고유 후이저우
南宋 Nán Sòng 고유 남송
彩虹桥 Cǎihóng Qiáo 차이훙 다리, 채홍교
廊橋 lángqiáo 지붕이 있는 다리

25 陆地 ★★
lùdì

명 육지, 땅

陆地的早晚温差一般比海洋大。

Lùdì de zǎowǎn wēnchā yìbān bǐ hǎiyáng dà.

육지의 일교차는 일반적으로 해양보다 크다.

早晚温差 zǎowǎn wēnchā 일교차

알아두면 좋은 배경지식

지구에서 가장 추운 곳은 **北极**(북극)와 **南极**(남극)이다. 그런데 남극은 얼음으로 덮여 있는 육지이고, 북극은 사면이 바다로 둘러싸여 있다. 그래서 **南极**가 **北极**보다 더 춥다. **南极** 및 **北极**와 관련된 어휘들을 체크해 두자.

北极 běijí 명 북극
南极 nánjí 명 남극
大陆 dàlù 명 대륙
海洋 hǎiyáng 명 해양
企鹅 qǐ'é 명 펭귄
北极熊 běijíxióng 명 북극곰
海流 hǎiliú 명 해류

26 **沙滩** ★★
shātān

명 **모래사장, 백사장**

→ 술어

有个小孩在沙滩上玩沙子。
Yǒu ge xiǎohái zài shātān shang wán shāzi.
한 아이가 모래사장에서 모래를 가지고 놀고 있다.

沙子 shāzi 명 모래

27 **湿润** ★★
shīrùn

동의어
潮湿 cháoshī
형 습하다, 축축하다

반의어
干燥 gānzào
형 건조하다

형 **습윤하다, 촉촉하다**

这类植物喜欢温暖湿润的气候。
Zhè lèi zhíwù xǐhuan wēnnuǎn shīrùn de qìhòu.
이런 종류의 식물은 따뜻하고 습윤한 기후를 좋아한다.

植物 zhíwù 명 식물
温暖 wēnnuǎn 형 따뜻하다, 포근하다 동 따뜻하게 하다
气候 qìhòu 명 기후

28 **石头** ★★
shítou

명 **돌**

他们无法把山顶上的石头搬到山下。
Tāmen wúfǎ bǎ shāndǐng shang de shítou bāndào shān xia.
그들은 산꼭대기의 돌을 산 아래로 옮길 방법이 없다.

山顶 shāndǐng 명 산꼭대기

잠깐 石头는 양사 '块', '堆'와 함께 쓰일 수 있다.

29 **恶劣** ★★

èliè

반의어

良好 liánghǎo

형 좋다, 양호하다

형 **열악하다, 아주 나쁘다**

술어

当地恶劣的气候条件不适合人们居住。

Dāngdì èliè de qìhòu tiáojiàn bú shìhé rénmen jūzhù.

현지의 열악한 기후 조건은 사람들이 거주하기에 부적합하다.

当地 dāngdì 명 현지, 현장, 그 지방 **气候** qìhòu 명 기후
适合 shìhé 동 적합하다 **居住** jūzhù 동 거주하다

시험에 이렇게 나온다!

독해 독해 1부분에서는 지문의 빈칸에 들어갈 적절한 어휘를 보기에서 선택하는 문제가 출제된다. 이때, **恶劣**는 아래와 같은 형용사들과 함께 보기로 자주 출제된다.

悲观 bēiguān 형 비관하다 **粗糙** cūcāo 형 거칠다
激烈 jīliè 형 격렬하다, 치열하다

30 **果然** ★★

guǒrán

부 **역시나, 과연**

天气预报说今天很冷，果然冷到快冻死我了。

Tiānqì yùbào shuō jīntiān hěn lěng, guǒrán lěngdào kuài dòng sǐ wǒ le.

일기예보에서 오늘 춥다고 했는데, 역시나 추워서 곧 얼어 죽을 것 같아.

预报 yùbào 동 예보하다 **冻** dòng 동 얼다

31 **忽然** ★★

hūrán

반의어

渐渐 jiànjiàn

부 점차

逐渐 zhújiàn

부 점차, 점점

부 **갑자기, 문득**

天上忽然下起了大雪。

Tiānshàng hūrán xià qǐle dàxuě.

하늘에서 갑자기 많은 눈이 내리기 시작했다.

시험에 이렇게 나온다!

독해 독해 1부분에서는 지문의 빈칸에 들어갈 적절한 어휘를 보기에서 선택하는 문제가 출제된다. 이때, **忽然**은 아래와 같은 부사들과 함께 보기로 자주 출제된다.

居然 jūrán 부 뜻밖에, 의외로 **依然** yīrán 부 여전히
果然 guǒrán 부 과연

32 **围绕** ★★

wéirào

동 **둘러싸다**

这座城市被高山和大海围绕着。 (술어)

Zhè zuò chéngshì bèi gāoshān hé dàhǎi wéiràozhe.

이 도시는 높은 산과 바다로 둘러싸여 있다.

33 **青**

qīng

형 **푸르다**

一到夏天，叶子变得又青又密。

Yí dào xiàtiān, yèzi biàn de yòu qīng yòu mì.

여름이 되면 잎은 푸르고 빽빽하게 변한다.

叶子 yèzi 명 잎 **密** mì 형 빽빽하다

34 **岸**

àn

명 **기슭, 언덕, 해안**

他们站在河岸边欣赏远处的风景。

Tāmen zhàn zài hé'àn biān xīnshǎng yuǎnchù de fēngjǐng.

그들은 강기슭 쪽에 서서 먼 곳의 풍경을 감상한다.

欣赏 xīnshǎng 동 감상하다, 마음에 들다 **风景** fēngjǐng 명 풍경

35 **池塘**

chítáng

명 **(비교적 작고 얕은) 못**

池塘的水清得可以看到里面的鱼。

Chítáng de shuǐ qīng de kěyǐ kàndào lǐmian de yú.

못의 물은 안에 있는 물고기를 볼 수 있을 정도로 깨끗하다.

36 **滴**
dī

동 (액체가 한 방울씩) 떨어지다 양 방울

雨水从屋顶滴到我的脸上。
Yǔshuǐ cóng wūdǐng dīdào wǒ de liǎn shang.
빗방울이 지붕에서 내 얼굴로 떨어진다.

几滴汗水从他的额头上滚了下来。
Jǐ dī hànshuǐ cóng tā de étóu shang gǔnle xiàlai.
몇 방울의 땀이 그의 이마에서 굴러떨어졌다.

屋顶 wūdǐng 명 지붕 **汗水** hànshuǐ 명 땀
额头 étóu 명 이마 **滚** gǔn 동 구르다, 뒹굴다

시험에 이렇게 나온다!

빡공표현 滴가 양사로 사용될 경우, 滴와 함께 자주 쓰이는 명사들을 알아 둔다.
一滴水 yì dī shuǐ 물 한 방울 **一滴油** yì dī yóu 기름 한 방울

37 **飘**
piāo

동 흩날리다, 나부끼다

窗外只飘了一点儿雪花。
Chuāngwài zhǐ piāole yìdiǎnr xuěhuā.
창밖에는 약간의 눈송이만 흩날렸다.

雪花 xuěhuā 명 눈송이

38 **闪电**
shǎndiàn

명 번개 동 번개가 치다

闪电和雷不一定是同时出现的自然现象。
Shǎndiàn hé léi bù yídìng shì tóngshí chūxiàn de zìrán xiànxiàng.
번개와 천둥은 반드시 함께 나타나는 자연 현상은 아니다.

闪电时尽量不要站在树下。
Shǎndiàn shí jǐnliàng bú yào zhàn zài shù xia.
번개가 칠 때는 가능한 한 나무 아래에 서 있지 말아야 한다.

雷 léi 명 천둥 **现象** xiànxiàng 명 현상
尽量 jǐnliàng 부 가능한 한, 되도록

39 **天空**

tiānkōng

반의어

地面 dìmiàn

명 지면, 땅바닥

명 **하늘, 공중**

술어

天空中忽然出现了一道彩虹。

Tiānkōng zhōng hūrán chūxiànle yí dào cǎihóng.

하늘에 갑자기 무지개 하나가 나타났다.

忽然 hūrán 부 갑자기, 문득 **彩虹** cǎihóng 명 무지개

40 **影子**

yǐngzi

명 **그림자**

一年中影子最长的季节是冬季。

Yì nián zhōng yǐngzi zuì cháng de jìjié shì dōngjì.

일 년 중 그림자가 가장 긴 계절은 겨울이다.

알아두면 좋은 배경지식

일 년 중 가장 그림자가 긴 때는 **冬至**(동지)이고, 가장 그림자가 짧은 때는 **夏至**(하지)이다. 참고로, 전통적으로 중국인들은 **冬至**에 교자, 훈툰, 탕위안 등을 먹는다. **冬至**과 관련된 어휘들을 체크해 두자.

冬至 Dōngzhì 고유 동지 **夏至** Xiàzhì 고유 하지

饺子 jiǎozi 명 교자 **馄饨** húntun 명 훈툰

汤圆 tāngyuán 명 탕위안(찹쌀가루 등을 새알 모양으로 빚은 것)

41 **灾害**

zāihài

명 **재해**

地震是一种破坏力很强的自然灾害。

Dìzhèn shì yì zhǒng pòhuàilì hěn qiáng de zìrán zāihài.

지진은 파괴력이 매우 큰 자연 재해이다.

地震 dìzhèn 명 지진 **破坏力** pòhuàilì 파괴력

42 **着火**

zháohuǒ

동 **불이 나다, 불붙다**

天气越干燥越容易着火。

Tiānqì yuè gānzào yuè róngyì zháohuǒ.

날씨가 건조해질수록 불이 쉽게 난다.

干燥 gānzào 형 건조하다, 마르다

43 平均

píngjūn

형 평균의, 균등한 동 균등하게 하다, 고르게 하다

술어

北京的年平均气温约为12度。

Běijīng de niánpíngjūn qìwēn yuē wéi shí'èr dù.

베이징의 연평균 기온은 약 12도이다.

把这些饼干平均分给每个小朋友。

Bǎ zhèxiē bǐnggān píngjūn fēn gěi měi ge xiǎopéngyou.

이 과자를 균등하게 해서 모든 어린이들에게 나누어 주세요.

饼干 bǐnggān 명 과자

연습문제 **체크체크!**

제시된 각 단어의 뜻을 오른쪽 보기에서 찾아 줄을 그어 보세요.

01 灾害	ⓐ 야기하다, 조성하다
02 干燥	ⓑ 넓다, 광대하다
03 预报	ⓒ 예보하다, 예보
04 造成	ⓓ 건조하다, 마르다
05 广大	ⓔ 갑자기, 문득
06 忽然	ⓕ 재해

문장을 읽고 빈칸에 들어갈 단어를 찾아 적어 보세요.

ⓐ 恶劣　ⓑ 雷　ⓒ 天空　ⓓ 破坏

07 乱扔垃圾是 ______ 环境的行为。

08 这种植物无论环境多 ______ 也能生长。

09 外面打 ______ 了，最好不要出门。

10 ______ 中突然划过一道闪电。

정답 : 01 ⓕ 02 ⓓ 03 ⓒ 04 ⓐ 05 ⓑ 06 ⓔ 07 ⓓ 08 ⓐ 09 ⓑ 10 ⓒ

* 07~10번 문제 해석은 해커스 중국어(china.Hackers.com)에서 무료로 제공합니다.

HSK 5급 시험에 나오는 고난도 어휘

☑ 잘 외워지지 않는 단어는 박스에 체크하여 복습하세요.

🎧 고난도 어휘 집중 암기_16.mp3

□	避雷针	bìléizhēn	명 피뢰침
□	充足 6급	chōngzú	형 충분하다
□	地球温室效应	dìqiú wēnshì xiàoyìng	지구온난화
□	冬至	Dōngzhì	고유 동지
□	二氧化碳 6급	èryǎnghuàtàn	명 이산화탄소
□	广阔 6급	guǎngkuò	형 광활하다, 넓다
□	光照	guāngzhào	동 빛을 비추다, 빛이 비치다
□	海拔 6급	hǎibá	명 해발
□	*寒冷	hánlěng	형 한랭하다, 춥다
□	荒漠化	huāngmòhuà	동 사막화되다
□	积雪	jī xuě	동 눈이 쌓이다
□	*降雨量	jiàngyǔliàng	명 강우량
□	节气	jiéqi	명 절기
□	立秋	lìqiū	명 입추 동 가을이 시작되다
□	淋湿	línshī	동 (비에) 흠뻑 젖다
□	龙卷风	lóngjuǎnfēng	명 토네이도
□	秋高气爽	qiūgāoqìshuǎng	성 가을 하늘은 높고 날씨는 상쾌하다
□	台风 6급	táifēng	명 태풍
□	天然	tiānrán	형 자연의, 천연의
□	土壤 6급	tǔrǎng	명 토양

*표는 오른쪽 페이지의 <중국 문화와 역사>에 포함된 단어입니다.

□ *温和 6급	wēnhé	형 따뜻하다, (태도 등이) 부드럽다, 온화하다
□ 温差	wēnchā	명 온도차
□ 温室气体	wēnshìqìtǐ	명 온실가스
□ 污水	wūshuǐ	명 오수, 더러운 물, 폐수
□ 乌云	wūyún	명 먹구름
□ 夏至	Xiàzhì	고유 하지
□ 雪花	xuěhuā	명 눈송이
□ *亚热带	yàrèdài	명 아열대
□ 烟雾	yānwù	명 연기, 안개
□ 珠穆朗玛峰	Zhūmùlǎngmǎ Fēng	고유 에베레스트산

알고 가면 시험이 쉬워지는 <중국 문화와 역사>

중국 북방, 남방 *气候(qìhòu, 기후) 본격 비교 분석!

땅이 어마어마하게 넓은 중국! 땅이 넓은 만큼, 중국은 한국과 달리 북방, 남방의 기후 차이가 확연하게 나는 특징을 가지고 있어요. 어떤 차이가 있는지 알아볼까요?

중국의 남방은 주로 ***亚热带**(yàrèdài) 계절풍 기후를 가지고 있어요. 그래서 여름에는 날씨가 더운 동시에 **湿润**(shīrùn)하고, 겨울에는 날씨가 비교적 ***温和**(wēnhé)해요. 이 덕분에, 남방은 다양한 농작물들을 재배할 수 있어요.

반대로 북방은 온대 계절풍 기후를 가지고 있어요. 여름에는 ***降雨量**(jiàngyǔliàng)이 많으면서 덥고, 겨울에는 ***寒冷**(hánlěng)한 동시에 매우 **干燥**(gānzào)해요. 이렇게 여름과 겨울의 차이가 극명하기 때문에, 어떤 사람들은 북방의 환경이 조금 **恶劣**(èliè)하다고 생각하기도 한답니다.

하나의 나라지만 위치에 따라 다른 중국의 날씨, 여러분은 어디에 살고 싶나요?

湿润 shīrùn 형 습윤하다, 촉촉하다 **干燥** gānzào 형 건조하다 **恶劣** èliè 형 열악하다, 아주 나쁘다

DAY

17

HSK5급 단어장

농업 살리기!

동식물 · 농사

주제를 알면 HSK가 보인다!

HSK 5급에서는 동식물의 성장이나 농업 기술 등과 관련된 내용이 자주 출제돼요. 따라서 '면적', '기본적인', '농업', '코끼리', '성장하다'처럼 동식물·농사 관련 단어들을 집중적으로 학습하면 이러한 문제를 쉽게 풀 수 있어요.

단어, 예문 MP3

파랑 감자

01 **面积** miànjī [명] 면적

02 **基本** jīběn [형] 기본적인 [부] 대체로, 거의 [명] 기본

03 **农业** nóngyè [명] 농업

05 **生长** shēngzhǎng [동] 성장하다, 자라다

01 **面积** ★★★
miànjī

명 **면적**

这家农场的面积有两万多平方米。
술어
Zhè jiā nóngchǎng de miànjī yǒu liǎngwàn duō píngfāngmǐ.
이 농장의 면적은 2만여 제곱미터이다.

农场 nóngchǎng 명 농장 **平方米** píngfāngmǐ 양 제곱미터

02 **基本** ★★★
jīběn

형 **기본적인** 부 **대체로, 거의** 명 **기본**

我们在为归农生活做一些基本的准备。
Wǒmen zài wèi guīnóng shēnghuó zuò yìxiē jīběn de zhǔnbèi.
우리는 귀농 생활을 위해 기본적인 준비를 하고 있다.

超市里卖的农产品基本上来自全国各个地方。
Chāoshì li mài de nóngchǎnpǐn jīběnshang láizì quánguó gè ge dìfang.
슈퍼에서 판매하는 농산물은 대체로 전국 각 지역에서 온 것이다.

人是一个国家建立和发展的基本。
Rén shì yí ge guójiā jiànlì hé fāzhǎn de jīběn.
사람은 한 국가의 건립과 발전의 기본이다.

归农 guīnóng 귀농 **农产品** nóngchǎnpǐn 명 농산물
来自 láizì 동 ~에서 오다 **建立** jiànlì 동 건립하다, 형성하다

시험에 이렇게 나온다!

짝꿍 표현 基本을 활용한 출제 표현을 알아 둔다.
基本上 jīběnshang 부 대체로, 기본적으로

03 **农业** ★★
nóngyè

명 **농업**

城市化导致了农业人口的减少。
Chéngshìhuà dǎozhìle nóngyè rénkǒu de jiǎnshǎo.
도시화는 농업 인구의 감소를 초래했다.

城市化 chéngshìhuà 명 도시화 **导致** dǎozhì 동 초래하다, 야기하다
人口 rénkǒu 명 인구

★★★ = 출제율 최상 ★★ = 출제율 상

04 **大象** ★★
dàxiàng

명 **코끼리**

野生大象每天只睡大约两个小时。
술어
Yěshēng dàxiàng měitiān zhǐ shuì dàyuē liǎng ge xiǎoshí.
야생 코끼리는 매일 약 두 시간만 잔다.

野生 yěshēng 형 야생의

05 **生长** ★★
shēngzhǎng

동 **성장하다, 자라다**

过多的水分反而会影响植物的生长。
Guò duō de shuǐfèn fǎn'ér huì yǐngxiǎng zhíwù de shēngzhǎng.
너무 많은 수분은 오히려 식물의 성장에 영향을 끼칠 수 있다.

反而 fǎn'ér 부 오히려, 도리어 **植物** zhíwù 명 식물

06 **朵** ★★
duǒ

양 **송이, 조각[꽃·구름 등을 세는 단위]**

奶奶在花鸟市场买了几朵鲜花。
Nǎinai zài huāniǎo shìchǎng mǎile jǐ duǒ xiānhuā.
할머니께서는 화조시장에서 꽃 몇 송이를 사셨다.

알아두면 좋은 배경지식

花鸟市场(화조시장)은 중국 시장의 한 종류로, 꽃과 새뿐만 아니라 개, 토끼, 쥐 등 다양한 애완동물 및 관련 용품을 판매한다.

花鸟市场 huāniǎo shìchǎng 화조시장

07 **成熟** ★★

chéngshú

동 (과실, 곡식 등이) 익다 형 (정도 등이) 성숙하다

술어

秋天是果实成熟的季节。

Qiūtiān shì guǒshí chéngshú de jìjié.

가을은 열매가 익는 계절이다.

懂得包容是一个人成熟的表现。

Dǒngde bāoróng shì yí ge rén chéngshú de biǎoxiàn.

포용할 줄 아는 것은 한 사람의 성숙함을 나타내는 것이다.

果实 guǒshí 명 열매, 과실 **包容** bāoróng 동 포용하다
表现 biǎoxiàn 동 나타내다

시험에 이렇게 나온다!

쓰기 **成熟**는 쓰기 1부분에서 **'成熟的(관형어)+명사'** 형태를 완성하는 문제로 자주 출제된다.

08 **翅膀** ★★

chìbǎng

명 날개

小鸟挥动着翅膀飞向天空。

Xiǎoniǎo huīdòngzhe chìbǎng fēi xiàng tiānkōng.

작은 새가 날개를 흔들며 하늘을 향해 날아간다.

挥动 huīdòng 동 흔들다 **天空** tiānkōng 명 하늘, 공중

시험에 이렇게 나온다!

짝꿍표현 **翅膀**을 활용한 다양한 출제 표현들을 알아 둔다.
挥动翅膀 huīdòng chìbǎng 날개를 흔들다
扇动翅膀 shāndòng chìbǎng 날개짓하다

09 **果实** ★★

guǒshí

명 열매, 과실

荷花的果实既有食用价值也有药用价值。

Héhuā de guǒshí jì yǒu shíyòng jiàzhí yě yǒu yàoyòng jiàzhí.

연꽃의 열매는 식용 가치가 있으면서 약용 가치도 있다.

荷花 héhuā 명 연꽃 **食用** shíyòng 형 식용의 동 먹다, 식용하다
价值 jiàzhí 명 가치 **药用** yàoyòng 동 약용하다

10 **老鼠** ★★
lǎoshǔ

명 **쥐**

술어

老鼠一见到猫就逃到洞里去了。
Lǎoshǔ yí jiàndào māo jiù táodào dòng li qù le.
쥐는 고양이를 보자마자 구멍으로 도망갔다.

逃 táo 동 도망치다, 달아나다 **洞** dòng 명 구멍, 동굴

11 **浇** ★★
jiāo

동 **물을 주다, (액체를) 뿌리다**

养花时要记得按时给花浇水。
Yǎng huā shí yào jìde ànshí gěi huā jiāo shuǐ.
꽃을 키울 때는 시간에 맞추어 꽃에 물을 줘야 하는 것을 기억해야 한다.

按时 ànshí 부 시간에 맞추어, 제때에

시험에 이렇게 나온다!

짝꿍 표현 浇를 활용한 다양한 출제 표현들을 알아 둔다.
浇水 jiāo shuǐ 물을 주다 **浇菜** jiāo cài 채소에 물을 주다

12 **灵活** ★★
línghuó

형 **민첩하다, 재빠르다, 융통성 있다**

猫是很灵活的动物，从高处落下也不容易受伤。
Māo shì hěn línghuó de dòngwù, cóng gāochù luòxia yě bù róngyì shòushāng.
고양이는 민첩한 동물로, 높은 곳에서 떨어져도 쉽게 다치지 않는다.

高处 gāochù 명 높은 곳

13 **农民** ★★
nóngmín

명 **농민, 농부**

这个国家通过发展农业来增加农民收入。
Zhè ge guójiā tōngguò fāzhǎn nóngyè lái zēngjiā nóngmín shōurù.
이 나라는 농업을 발전시키는 것을 통해 농민의 수입을 증가시켰다.

农业 nóngyè 명 농업 **收入** shōurù 명 수입, 소득 동 받다

14 **匹** ★★
pǐ

㉧ 필[말·비단 등을 세는 단위]

술어
农场里有几匹马和几十头牛。
Nóngchǎng li yǒu jǐ pǐ mǎ hé jǐ shí tóu niú.
농장 안에는 말 몇 필과 소 몇십 마리가 있다.

农场 nóngchǎng ㉥ 농장
头 tóu ㉧ 마리, 두[소, 당나귀 따위의 가축을 세는 단위]

15 **竹子** ★★
zhúzi

㉥ 대나무

竹子的生长速度比其他植物快。
Zhúzi de shēngzhǎng sùdù bǐ qítā zhíwù kuài.
대나무의 성장 속도는 다른 식물보다 빠르다.

生长 shēngzhǎng ㉣ 성장하다, 자라다 **植物** zhíwù ㉥ 식물

16 **软** ★★
ruǎn

반의어
硬 yìng
㉦ 딱딱하다, 단단하다

㉦ 부드럽다

这些羊毛摸起来又细又软。
Zhèxiē yángmáo mō qǐlai yòu xì yòu ruǎn.
이 양털은 만져보면 가늘고 부드럽다.

摸 mō ㉣ 만지다, 쓰다듬다

17 **结实** ★★
jiēshi

㉦ 단단하다, 튼튼하다, 굳다

这棵树上长出来的果实很结实。
Zhè kē shù shang zhǎng chūlai de guǒshí hěn jiēshi.
이 나무에서 자란 열매는 매우 단단하다.

棵 kē ㉧ 그루 **果实** guǒshí ㉥ 열매, 과실

18 蝴蝶 ★★

húdié

명 나비

蝴蝶落在颜色鲜艳的花朵上。(술어: 落)

Húdié luò zài yánsè xiānyàn de huāduǒ shang.

나비가 색이 산뜻하고 아름다운 꽃 위에 내려앉았다.

落 luò 동 내려오다, 떨어지다 **鲜艳** xiānyàn 형 (색이) 산뜻하고 아름답다
花朵 huāduǒ 명 꽃

시험에 이렇게 나온다!

짝꿍표현 **蝴蝶**를 활용한 출제 표현을 알아 둔다.

蝴蝶结 húdiéjié 나비넥타이, 보타이

알아두면 좋은 배경지식

중국에는 **胡蝶之梦**(호접지몽)이라는 고사성어가 있다. 춘추전국시대의 도가 사상가인 **庄子**(장자)는 어느 날 꿈을 꾸었는데 그는 꿈 속에서 호랑나비가 되어 훨훨 날아다녔다. 그러다 문득 꿈에서 깨고 나니 자기가 꿈에서 호랑나비가 되었던 것인지 호랑나비가 꿈에서 장자가 된 것인지 명확하게 말할 수 없었다. 이 이야기에서 유래된 **胡蝶之梦**은 이후 현실과 꿈이 구별되지 않는 것, 혹은 물아일체의 경지에 이른 것을 비유하는 말로 쓰이게 되었다. **胡蝶之梦**과 관련된 어휘들을 체크해 두자.

胡蝶之梦 húdiézhīmèng 성 호접지몽
春秋战国时代 Chūnqiū Zhànguó Shídài 춘추전국시대
道家 Dàojiā 고유 도가(선진 시대의 학파 중 하나)
思想家 sīxiǎngjiā 명 사상가
庄子 Zhuāngzǐ 고유 장자(중국의 사상가)
凤蝶 fèngdié 명 호랑나비
物我一体 wùwǒyìtǐ 물아일체

19 劳动 ★★
láodòng

동 노동하다 명 노동, 일

술어

农夫一大早就在田地里劳动。
Nóngfū yí dà zǎo jiù zài tiándì li láodòng.
농부는 아침 일찍부터 밭에서 노동을 하고 있다.

粮食是劳动人民用汗水换来的果实。
Liángshi shì láodòng rénmín yòng hànshuǐ huànlai de guǒshí.
곡식은 노동자들이 땀을 흘려 바꿔낸 결실이다.

农夫 nóngfū 명 농부 **粮食** liángshi 명 곡식, 양식
汗水 hànshuǐ 명 땀 **果实** guǒshí 명 결실, 과실

알아두면 좋은 배경지식

매년 5월 1일은 근로자의 날로, 중국에서는 **劳动节**(노동절) 또는 **五一劳动节**(5·1 노동절)라고 부른다. 중국의 노동절은 중국의 3대 연휴 중 하나인데, 2000년부터 2007년까지는 총 1주일의 휴일을 가졌지만, 2008년부터는 3일로 휴일이 줄어들었다.

劳动节 Láodòngjié 고유 노동절
五一劳动节 Wǔ Yī Láodòngjié 고유 5·1 노동절(약칭 五一)

20 农村 ★★
nóngcūn

명 농촌

越来越多的人从农村搬到城市生活。
Yuèláiyuè duō de rén cóng nóngcūn bāndào chéngshì shēnghuó.
점점 많은 사람이 농촌에서 도시로 와서 생활한다.

21 蛇 ★★
shé

명 뱀

蛇一般在受到威胁时会咬伤人。
Shé yìbān zài shòudào wēixié shí huì yǎoshāng rén.
뱀은 일반적으로 위협을 받았을 때 사람을 물어 다치게 할 수 있다.

威胁 wēixié 동 위협하다 **咬** yǎo 동 물다, 깨물다

22 **狮子** ★★
shīzi

명 **사자**

她经常带着孩子们去动物园看狮子和大象。 (술어)
Tā jīngcháng dàizhe háizimen qù dòngwùyuán kàn shīzi hé dàxiàng.
그녀는 종종 아이를 데리고 동물원에 가 사자와 코끼리를 본다.

大象 dàxiàng 명 코끼리

23 **尾巴** ★★
wěiba

명 **꼬리**

这些鸟有着颜色鲜艳的尾巴。
Zhèxiē niǎo yǒuzhe yánsè xiānyàn de wěiba.
이 새들은 색이 산뜻하고 아름다운 꼬리를 가지고 있다.

鲜艳 xiānyàn 형 (색이) 산뜻하고 아름답다

24 **玉米** ★★
yùmǐ

명 **옥수수**

玉米是全世界产量最高的农作物。
Yùmǐ shì quánshìjiè chǎnliàng zuì gāo de nóngzuòwù.
옥수수는 세계에서 생산량이 가장 높은 농작물이다.

产量 chǎnliàng 명 생산량 **农作物** nóngzuòwù 명 농작물

25 **挡** ★★
dǎng

동 **가리다, 막다**

树木挡住了太阳，出现了长长的影子。
Shùmù dǎngzhùle tàiyáng, chūxiànle chángcháng de yǐngzi.
나무가 태양을 가려서, 긴 그림자가 생겼다.

树木 shùmù 명 나무, 수목 **影子** yǐngzi 명 그림자

시험에 이렇게 나온다!

짝꿍표현 挡을 활용한 다양한 출제 표현들을 알아 둔다.

阻挡 zǔdǎng 가로막다 **挡住** dǎngzhù 저지하다
挡风 dǎng fēng 바람을 막다

26 **猴子** ★★
hóuzi

명 **원숭이**

(술어) **猴子善于学习和模仿人类的行为。**
Hóuzi shànyú xuéxí hé mófǎng rénlèi de xíngwéi.
원숭이는 인류의 행위를 학습하고 모방하는 것을 잘한다.

善于 shànyú 동 ~을 잘하다, ~에 능숙하다
模仿 mófǎng 동 모방하다, 흉내 내다 **人类** rénlèi 명 인류
行为 xíngwéi 명 행위, 행동

27 **砍** ★★
kǎn

동 **(도끼 등으로) 베다, 찍다**

我小时候种的那棵苹果树被爸爸砍断了。
Wǒ xiǎo shíhou zhòng de nà kē píngguǒshù bèi bàba kǎnduàn le.
내가 어릴 때 심었던 그 사과나무는 아빠에 의해 베어졌다.

棵 kē 양 그루 **断** duàn 동 자르다, 끊다

28 **兔子** ★★
tùzi

명 **토끼**

兔子的尾巴像一团小雪球。
Tùzi de wěiba xiàng yì tuán xiǎo xuěqiú.
토끼의 꼬리는 한 뭉치의 작은 눈덩이 같다.

尾巴 wěiba 명 꼬리 **团** tuán 명 뭉치, 덩어리, 단체

알아두면 좋은 배경지식

十二生肖(12간지)는 중국 고대로부터 내려오는 문화로서, **属相**(띠)라고도 불린다. 十二生肖와 관련된 어휘들을 체크해 두자.

十二生肖 shíèrshēngxiào 명 12간지 **属相** shǔxiang 명 띠
老鼠 lǎoshǔ 명 쥐 **兔子** tùzi 명 토끼
龙 lóng 명 용 **蛇** shé 명 뱀
猴子 hóuzi 명 원숭이 **猪** zhū 명 돼지

29 **形状** ★★
xíngzhuàng

명 **형태, 생김새**

森林里的树木形状各不相同。 (술어)
Sēnlín li de shùmù xíngzhuàng gè bù xiāngtóng.
숲 속의 나무 형태는 모두 다르다.

森林 sēnlín 명 숲, 삼림 **树木** shùmù 명 나무, 수목

30 **群**
qún

명 **무리** 양 **무리, 떼**

每到秋天大量的鸟会成群移动到温暖的地方。
Měi dào qiūtiān dàliàng de niǎo huì chéng qún yídòng dào wēnnuǎn de dìfang.
매 가을마다 많은 새들은 무리를 지어서 따뜻한 지역으로 이동한다.

我看到一群羊在草地上吃草。
Wǒ kàndào yì qún yáng zài cǎodì shang chī cǎo.
나는 한 무리의 양들이 초원에서 풀을 먹는 것을 보았다.

移动 yídòng 동 이동하다, 옮기다
温暖 wēnnuǎn 형 따뜻하다, 포근하다 동 따뜻하게 하다

시험에 이렇게 나온다!

짝꿍표현 群을 활용한 다양한 출제 표현들을 알아 둔다.
群体 qúntǐ 단체, 집단
人群 rénqún (사람의) 무리, 사람들
群居 qúnjū 무리 지어 살다

31 **桔子**
júzi

동의어
橘子 júzi
명 귤

명 **귤**

桔子是在秋冬季成熟的果实。
Júzi shì zài qiūdōngjì chéngshú de guǒshí.
귤은 가을, 겨울에 무르익는 열매이다.

成熟 chéngshú 동 (과실, 곡식 등이) 익다 형 (정도 등이) 성숙하다
果实 guǒshí 명 열매, 과실

잠깐 桔子의 동의어인 橘子도 시험에서 자주 출제되므로 함께 알아 둔다.

32 **均匀**
jūnyún

형 **고르다, 균등하다**

人们把树种得既均匀又整齐。
Rénmen bǎ shù zhòng de jì jūnyún yòu zhěngqí.
사람들은 나무를 고르고 질서 있게 심어 놓았다.

整齐 zhěngqí 형 질서가 있다, 가지런하다 동 가지런하게 하다

33 **颗**
kē

양 **알, 방울**

小松鼠抓起一颗栗子吃了起来。
Xiǎo sōngshǔ zhuāqi yì kē lìzi chīle qǐlai.
작은 다람쥐가 밤을 한 알 집어 들고 먹기 시작했다.

松鼠 sōngshǔ 명 다람쥐 **抓** zhuā 동 집다, 쥐다
栗子 lìzǐ 명 밤, 밤나무

34 **昆虫**
kūnchóng

명 **곤충**

有些昆虫有利于植物的生长。
Yǒuxiē kūnchóng yǒulì yú zhíwù de shēngzhǎng.
일부 곤충은 식물의 성장에 도움이 된다.

植物 zhíwù 명 식물 **生长** shēngzhǎng 동 성장하다, 자라다

35 **蜜蜂**
mìfēng

명 **꿀벌**

蜜蜂是具有社会性的昆虫。
Mìfēng shì jùyǒu shèhuìxìng de kūnchóng.
꿀벌은 사회성을 가지고 있는 곤충이다.

具有 jùyǒu 동 가지다, 구비하다 **社会性** shèhuìxìng 사회성
昆虫 kūnchóng 명 곤충

36 **绳子**
shéngzi

명 **밧줄, 노끈**

用绳子把装有梨的袋子系好。 (술어)
Yòng shéngzi bǎ zhuāng yǒu lí de dàizi jìhǎo.
밧줄을 사용하여 배가 담긴 포대를 묶어라.

装 zhuāng 동 (물품을) 담다, 집어넣다 **梨** lí 명 배
袋子 dàizi 명 포대, 주머니 **系** jì 동 묶다, 매듭을 짓다

37 **土豆**
tǔdòu

명 **감자**

土豆是重要的粮食作物之一。
Tǔdòu shì zhòngyào de liángshi zuòwù zhī yī.
감자는 중요한 식량 작물 중 하나이다.

粮食 liángshi 명 식량, 양식

38 **盆**
pén

명 **화분, 대야**

阳台上摆着我种的几盆花。
Yángtái shang bǎizhe wǒ zhòng de jǐ pén huā.
베란다에는 내가 꽃을 심은 몇 개의 화분이 놓여져 있다.

阳台 yángtái 명 베란다 **摆** bǎi 동 놓다

시험에 이렇게 나온다!

짝꿍표현 **盆**을 활용한 출제 표현을 알아 둔다.
花盆 huāpén 명 화분

39 **小麦**
xiǎomài

명 **밀**

今年的小麦长势很不错。
Jīnnián de xiǎomài zhǎngshì hěn búcuò.
올해 밀이 자라는 기세가 꽤 괜찮다.

长势 zhǎngshì 명 자라는 기세, 생장 상황

40 圆

yuán

형 **둥글다** 명 **동그라미, 원**

술어

有一种树叶的形状是圆的。

Yǒu yì zhǒng shùyè de xíngzhuàng shì yuán de.

어떤 한 종류의 나뭇잎의 형태는 둥글다.

我在黑板上画了一个圆。

Wǒ zài hēibǎn shang huàle yí ge yuán.

나는 칠판 위에 동그라미 하나를 그렸다.

树叶 shùyè 명 나뭇잎 **形状** xíngzhuàng 명 형태, 형상

41 猪

zhū

명 **돼지**

养猪对农民来说是很好的收入来源。

Yǎng zhū duì nóngmín láishuō shì hěn hǎo de shōurù láiyuán.

돼지를 키우는 것은 농민에게 있어서 매우 좋은 수입원이다.

农民 nóngmín 명 농민 **收入** shōurù 명 수입, 소득

来源 láiyuán 명 근원 동 기원하다, 유래하다

42 平

píng

형 **평평하다, 균등하다**

那个农民在平平的地上种了棉花种子。

Nà ge nóngmín zài píngpíng de dì shang zhòngle miánhua zhǒngzi.

그 농부는 평평한 땅 위에 목화씨를 심었다.

农民 nóngmín 명 농부, 농민 **棉花** miánhua 명 목화

种子 zhǒngzi 명 씨, 씨앗

43 **根**
gēn

명 **뿌리, 근본** 양 **개, 가지, 가닥**

술어

这个树根的形状和其他树根的不一样。
Zhè ge shùgēn de xíngzhuàng hé qítā shùgēn de bù yíyàng.
이 나무뿌리의 형태는 다른 나무의 뿌리와 다르다.

这几根树枝可以拿来做简单的装饰品。
Zhè jǐ gēn shùzhī kěyǐ nálai zuò jiǎndān de zhuāngshìpǐn.
이 나뭇가지 몇 개는 가져다가 간단한 장식품으로 만들 수 있다.

形状 xíngzhuàng 명 형태, 형상 **树枝** shùzhī 명 나뭇가지
装饰品 zhuāngshìpǐn 명 장식품

44 **木头**
mùtou

명 **나무, 목재**

这块木头非常结实，所以很难砍断。
Zhè kuài mùtou fēicháng jiēshi, suǒyǐ hěn nán kǎnduàn.
이 나무는 매우 단단해서, 베어내기 어렵다.

结实 jiēshi 형 단단하다, 튼튼하다, 굳다
砍断 kǎnduàn 베어내다, 절단하다

연습문제 **체크체크!**

제시된 각 단어의 뜻을 오른쪽 보기에서 찾아 줄을 그어 보세요.

01 浇	ⓐ 농민, 농부
02 农民	ⓑ 형태, 생김새
03 形状	ⓒ 성장하다, 자라다
04 尾巴	ⓓ 꼬리
05 生长	ⓔ 곤충
06 昆虫	ⓕ 물을 주다, (액체를) 뿌리다

문장을 읽고 빈칸에 들어갈 단어를 찾아 적어 보세요.

ⓐ 成熟　ⓑ 群　ⓒ 翅膀　ⓓ 面积

07 这个植物的果实在几个星期后就会 ______________ 。

08 蓝蓝的天空中飞过一 ______________ 鸟儿。

09 花朵上的蝴蝶正在扇动着 ______________ 。

10 这一片森林的 ______________ 其实并不大。

정답 : 01 ⓕ 02 ⓐ 03 ⓑ 04 ⓓ 05 ⓒ 06 ⓔ 07 ⓐ 08 ⓑ 09 ⓒ 10 ⓓ

* 07~10번 문제 해석은 해커스 중국어(china.Hackers.com)에서 무료로 제공합니다.

HSK 5급 시험에 나오는 고난도 어휘

☑ 잘 외워지지 않는 단어는 박스에 체크하여 복습하세요.

고난도 어휘 집중 암기_17.mp3

□	采收	cǎishōu	동 수확하다, 따다
□	袋鼠	dàishǔ	명 캥거루
□	当季蔬菜	dāngjì shūcài	제철 채소
□	冬眠	dōngmián	명 겨울잠을 자다, 동면하다
□	放养	fàngyǎng	동 (동물을) 밖에서 풀어 기르다, (물고기 등을) 양식하다
□	反季蔬菜	fǎnjì shūcài	비계절 채소
□	肥料	féiliào	명 비료
□	归农	guīnóng	귀농
□	汗水	hànshuǐ	명 땀
□	荷花	héhuā	명 연꽃
□	花朵	huāduǒ	명 꽃
□	花粉	huāfěn	명 꽃가루
□	浇灌	jiāoguàn	동 (농작물에) 물을 주다, 관개하다
□	猎人	lièrén	명 사냥꾼
□	棉	mián	명 목화, 면화
□	觅食	mìshí	동 (새, 짐승 등이) 먹이를 찾다, 먹이를 구하다
□	*农耕	nónggēng	동 농사를 짓다, 농경하다
□	*农作物	nóngzuòwù	명 농작물
□	企鹅	qǐ'é	명 펭귄
□	群居	qúnjū	동 무리 지어 살다, 떼지어 살다

*표는 오른쪽 페이지의 <중국 문화와 역사>에 포함된 단어입니다.

□ *晒秋	shàiqiū	명 샤이치우 (산간지역의 집 마당이나 지붕 등에서 농작물을 말리는 풍습)
□ 生存 6급	shēngcún	동 살아남다, 생존하다
□ 生态 6급	shēngtài	명 생태
□ 树枝	shùzhī	명 나뭇가지
□ 微生物	wēishēngwù	명 미생물
□ 五谷	wǔgǔ	명 오곡, 양식
□ 稀罕	xīhan	형 보기 드물다 동 소중하게 여기다
□ 玉兰	yùlán	명 목련
□ *栽培 6급	zāipéi	동 재배하다, 기르다, 배양하다
□ 种子 6급	zhǒngzi	명 씨앗

알고 가면 시험이 쉬워지는 <중국 문화와 역사>

농민들의 지혜, *晒秋(shàiqiū)

晒秋는 중국 산간지역의 농업 풍습 중 하나에요. **晒秋**의 **秋**는 다 자란 풍성한 ***农作物**(nóngzuòwù)과 **果实**(guǒshí)을 의미하여, **晒秋**는 '농작물과 과실을 햇볕에 말리다'라는 의미를 가지고 있답니다. 중국의 산간지역 **农村**(nóngcūn)에서는 지형이 고르지 못하다 보니, **农民**(nóngmín)들은 ***栽培**(zāipéi)한 농작물들을 집의 앞, 뒷마당, 창가, 지붕 등의 장소에서 말렸는데, 이러한 현상이 농업 풍습으로 자리 잡으면서, **晒秋**라는 칭호를 얻게 되었어요.

晒秋를 하는 대표적인 지역으로는 장시성(**江西省**) 황링(**篁岭**)과 안후이성(**安徽省**)의 스탄(**石潭**)이 있어요. 모두 아름다운 산을 끼고 있는 지역이랍니다.

산간지역에서 ***农耕**(nónggēng)하기 위해 조상들이 생각해낸 지혜, 멋지지 않나요?

果实 guǒshí 명 열매, 과실 **农村** nóngcūn 명 농촌 **农民** nóngmín 명 농민, 농부

DAY

18

HSK5급 단어장

내가 곧 역사

시간 · 역사 · 전통

주제를 알면 HSK가 보인다!

HSK 5급에서는 옛 중국 사람들의 이야기나 중국 역사 또는 중국의 전통 풍습 등과 관련된 내용이 자주 출제돼요. 따라서 '전통', '시대', '보존하다', '중순', '여전히', '고대'처럼 시간·역사·전통 관련 단어들을 집중적으로 학습하면 이러한 문제를 쉽게 풀 수 있어요.

단어, 예문 MP3

21세기의 역사 기록법

지난 달 中旬에 박물관에 다녀왔는데, 옛 문화재가 依然 잘 保存돼있어서 좀 놀랐어.
너가 그런 데를 갔다고?

그리고, 역사와 传统을 지키는 것이 정말 중요하다는 것을 깨달았지.
얘 좀 이상한데?

그래서 나는 요즘 내가 살고 있는 이 时代의 역사를 잘 보존하기 위해 엄청 노력하는 중이야.
어떻게?
뒤적 뒤적

1분마다 SNS에 내 모든 역사를 기록하고 있지!
쟤 말을 진지하게 들은 내가 바보지..
톡 토독 톡
하아

04 **中旬** zhōngxún 명 중순

03 **保存** bǎocún 동 보존하다

02 **时代** shídài 명 시대, 시절

05 **依然** yīrán 부 여전히

01 **传统** chuántǒng 명 전통 형 전통적이다

01 传统 ★★★
chuántǒng

명 전통 형 전통적이다

农历一月初一是中国的传统节日—春节。 (是: 술어)
Nónglì yī yuè chūyī shì Zhōngguó de chuántǒng jiérì—Chūnjié.
음력 1월 1일은 중국의 전통 명절인 춘절이다.

那个地方仍然保留着传统的地域文化。
Nà ge dìfang réngrán bǎoliúzhe chuántǒng de dìyù wénhuà.
그 지역은 여전히 전통적인 향토 문화를 보존하고 있다.

农历 nónglì 명 음력 **春节** Chūnjié 고유 춘절, 설
仍然 réngrán 부 여전히, 변함없이 **保留** bǎoliú 동 보존하다
地域 dìyù 명 향토, 지역

알아두면 좋은 배경지식

중국 속담 중에 **冬至饺子夏至面**(동지에는 만두를 먹고, 하지에는 면을 먹는다)이라는 표현이 있다. 이는 중국 북방 지역의 전통 풍습으로, 북방에서 여름에 밀을 생산하기 때문에, 여름에는 신선한 밀로 면을 먹고, 겨울에는 그 밀로 만두를 해 먹는다는 뜻이다.

冬至饺子夏至面 Dōngzhì jiǎozi Xiàzhì miàn
동지에는 만두를 먹고, 하지에는 면을 먹는다

02 时代 ★★★
shídài

명 시대, 시절

新石器时代的人们过着定居生活。
Xīnshíqì shídài de rénmen guòzhe dìngjū shēnghuó.
신석기 시대의 사람들은 정착 생활을 했다.

新石器 xīnshíqì 신석기 **定居** dìngjū 동 정착하다

알아두면 좋은 배경지식

Z一代(Z세대) 또는 Z世代(Z세대)라고 불리는 이들은 1990년대 중반에서 2010년 전에 태어난 사람을 일컫는다. 그들은 인터넷이 없는 세상에 살아본 적이 없는 세대이다. 중국의 Z一代는 총인구의 약 17%를 차지하고 있으며, 그들은 앞으로 사회를 이끌어 나가는 미래의 주요 노동력이 될 것이다. Z一代와 관련된 어휘들을 체크해 두자.

Z一代 Z yí dài Z세대 **Z世代** Z shìdài Z세대
互联网时代 hùliánwǎng shídài 인터넷 시대

★★★ = 출제율 최상 ★★ = 출제율 상

03 **保存** ★★★
bǎocún

[동] **보존하다**

술어

南京博物馆保存着几十万件文物。
Nánjīng bówùguǎn bǎocúnzhe jǐ shí wàn jiàn wénwù.
난징 박물관에는 몇십만 점의 문물이 보존되어 있다.

南京 Nánjīng [고유] 난징(중국의 지명, 남경) **博物馆** bówùguǎn [명] 박물관
文物 wénwù [명] 문물

알아두면 좋은 배경지식

베이징 **怀柔区**(화이러우구)에 위치한 **慕田峪长城**(무톈위 만리장성)은 명나라 시절에 지어진 만리장성으로, 성벽의 원래 모습이 현재까지 온전하게 보존되어 있어서 만리장성의 정수가 있는 곳이다. **慕田峪长城**과 관련된 어휘들을 체크해 두자.

怀柔区 Huáiróu Qū 화이러우구
慕田峪长城 Mùtiányù Chángchéng 무톈위 만리장성
墙体 qiángtǐ [명] 성벽
精华 jīnghuá 정수, 정화
保存完整 bǎocún wánzhěng 온전하게 보존되어 있다

04 **中旬** ★★★
zhōngxún

[명] **중순**

新的地铁线路将在这个月中旬开通。
Xīn de dìtiě xiànlù jiāng zài zhè ge yuè zhōngxún kāitōng.
새로운 지하철 선로가 이번 달 중순에 개통된다.

线路 xiànlù [명] 선로 **开通** kāitōng [동] 개통하다, 열다

시험에 이렇게 나온다!

[듣기] 듣기에서는 대화를 듣고 특정 날짜나 시점을 묻는 문제가 출제된다. 이때, **中旬**이 대화에서 언급되면 놓치지 않고 듣는다.

05 **依然** ★★★
yīrán

[부] **여전히**

中国的一些地方依然在按照传统方式生产茶叶。
Zhōngguó de yìxiē dìfang yīrán zài ànzhào chuántǒng fāngshì shēngchǎn cháyè.
중국의 일부 지역은 여전히 전통 방식에 따라 찻잎을 생산한다.

按照 ànzhào [개] ~에 따라 **传统** chuántǒng [명] 전통 [형] 전통적이다
方式 fāngshì [명] 방식 **生产** shēngchǎn [동] 생산하다

06 古代 ★★★
gǔdài

명 고대

北京的四合院具有中国古代建筑的特色。 (술어: 具有)
Běijīng de sìhéyuàn jùyǒu Zhōngguó gǔdài jiànzhù de tèsè.
베이징의 사합원은 중국 고대 건축물의 특색을 지니고 있다.

四合院 sìhéyuàn 명 사합원(중국의 전통 건축물)
建筑 jiànzhù 명 건축물 동 짓다, 건축하다 **特色** tèsè 명 특색, 특징

07 目前 ★★★
mùqián

명 현재, 지금

目前我家的装修还未完工。
Mùqián wǒ jiā de zhuāngxiū hái wèi wángōng.
현재 나의 집의 인테리어는 아직 끝나지 않았다.

装修 zhuāngxiū 동 인테리어 하다 **未** wèi 부 아직 ~하지 않다
完工 wángōng 동 끝나다, 완공하다

08 国庆节 ★★★
Guóqìngjié

고유 국경절

国庆节期间高速公路堵车堵得很厉害。
Guóqìngjié qījiān gāosù gōnglù dǔchē dǔ de hěn lìhai.
국경절 기간에 고속도로는 차가 막히는 것이 매우 심하다.

期间 qījiān 명 기간 **高速公路** gāosùgōnglù 명 고속도로
堵车 dǔchē 동 차가 막히다 **厉害** lìhai 형 심하다

알아두면 좋은 배경지식

国庆节(국경절)는 중화인민공화국의 건국기념일이다. 중국은 10월 1일을 국경일로 정하고, 휴일을 일주일로 지정하였다. 휴일이 길기 때문에 이 기간에는 중국 내 주요 관광지가 인산인해를 이루며, 해외로 여행을 떠나는 사람들도 많다. 또한, 이 시기에는 다양한 할인 행사도 많이 열린다. **国庆节**와 관련된 어휘들을 체크해 두자.

优惠 yōuhuì 형 혜택의, 우대의 **期间** qījiān 명 기간

09 **曾经** ★★★
céngjīng

[부] **일찍이, 이전에**

술어

他曾经流利地模仿过中国方言。
Tā céngjīng liúlì de mófǎngguo Zhōngguó fāngyán.
그는 일찍이 유창하게 중국의 방언을 흉내 낸 적이 있다.

流利 liúlì [형] 유창하다 **模仿** mófǎng [동] 흉내 내다, 모방하다
方言 fāngyán [명] 방언, 사투리

시험에 이렇게 나온다!

[쓰기] **曾经**은 쓰기 1부분에서 '주어+**曾经**+술어+관형어+목적어'의 기본 형태 혹은 '주어+**曾经**+**是**+관형어+목적어'의 **是**자문 형태를 완성하는 문제의 제시어로 자주 출제된다.

他曾经是一位有名的教授。
Tā céngjīng shì yí wèi yǒumíng de jiàoshòu.
그는 일찍이 유명한 교수였다.

10 **胡同** ★★★
hútòng

[명] **골목**

这条胡同里的老房子都有很悠久的历史。
Zhè tiáo hútòng li de lǎo fángzi dōu yǒu hěn yōujiǔ de lìshǐ.
이 골목 안의 오래된 집들은 모두 유구한 역사가 있다.

悠久 yōujiǔ [형] 유구하다

11 **流传** ★★★
liúchuán

[동] **전해지다, 퍼지다, 유전되다**

京剧艺术流传至今已有几百年历史。
Jīngjù yìshù liúchuán zhìjīn yǐ yǒu jǐ bǎi nián lìshǐ.
경극 예술은 지금까지 이미 몇백 년의 역사가 전해져 내려오고 있다.

京剧 jīngjù [명] 경극 **艺术** yìshù [명] 예술
至今 zhìjīn [부] 지금까지

12 现代 ★★★

xiàndài

반의어
古代 gǔdài
명 고대

명 현대

现代有些年轻人新年不回老家过年。 → 술어

Xiàndài yǒuxiē niánqīngrén xīnnián bù huí lǎojiā guònián.

현대 일부 젊은이들은 새해에 고향에 돌아가 설을 지내지 않는다.

老家 lǎojiā 명 고향 **过年** guònián 동 설을 지내다, 새해를 맞다

알아두면 좋은 배경지식

최근 중국에서는 일부 젊은이들이 새해를 맞이할 때 고향으로 내려가는 것이 아니라, 반대로 부모님이 자신이 사는 곳으로 오도록 하고 있는데 이를 **反向过年**(반향과년)이라고 한다. 이런 현상이 생겨난 이유는 젊은이들이 자신이 고향으로 내려가는 시간도 절약하면서 부모님께 새로운 경험을 하게 해드릴 수 있다고 생각하기 때문이다.

反向过年 fǎnxiàng guònián 반향과년

13 元旦 ★★★

Yuándàn

고유 신정[양력 1월 1일]

元旦小长假，很多旅游区都挤满了人。

Yuándàn xiǎo chángjià, hěn duō lǚyóuqū dōu jǐmǎnle rén.

신정 연휴에, 많은 관광지는 사람들로 가득 찼다.

小长假 xiǎochángjià 명 (단기) 연휴 **旅游区** lǚyóuqū 관광지
挤满 jǐmǎn 가득 차다

알아두면 좋은 배경지식

중국은 새해 첫날을 **元旦**(신정)이라고 한다. 중국은 우리가 떡국을 먹는 것과 달리 탕위안이라는 것을 먹는데, 이것은 새알심 같은 것으로, 안에는 검정 깨나 다양한 소로 만들어졌다. **元旦**과 관련된 어휘들을 체크해 두자.

元旦 Yuándàn 고유 신정 **汤圆** tāngyuán 명 탕위안
节日 jiérì 명 명절

14 日期 ★★

rìqī

명 날짜, 기일

我们还没有确定具体的出国日期。

Wǒmen hái méiyǒu quèdìng jùtǐ de chūguó rìqī.

우리는 아직 구체적인 출국 날짜를 확정하지 않았어.

确定 quèdìng 동 확정하다 형 확실하다, 명확하다
具体 jùtǐ 형 구체적이다

15 **宝贵** ★★
bǎoguì

형 **귀중한**

술어

这张旧照片是宝贵的历史纪录。
Zhè zhāng jiù zhàopiàn shì bǎoguì de lìshǐ jìlù.
이 낡은 사진은 귀중한 역사 기록이다.

纪录 jìlù 명 기록

16 **风俗** ★★
fēngsú

명 **풍속**

重阳节有登高的风俗，所以又被称为"登高节"。
Chóngyángjié yǒu dēnggāo de fēngsú, suǒyǐ yòu bèi chēngwéi "Dēnggāojié".
중양절에는 높은 곳에 올라가는 풍속이 있어서, '등고절'이라고 불리기도 한다.

重阳节 Chóngyángjié 고유 중양절[음력 9월 9일]

알아두면 좋은 배경지식

중국어에는 **百里不同风，千里不同俗**(백 리마다 천 리마다 그 풍속이 다르다)라는 표현이 있다. 이는 서로 다른 곳에 사는 사람들은 날씨, 경제, 문화 등의 요인의 영향을 받아 의·식·주 등의 방면에서 차이가 난다는 뜻이다.

百里不同风，千里不同俗 Bǎilǐ bù tóng fēng, qiānlǐ bù tóng sú
백 리마다 천 리마다 그 풍속이 다르다, 고장마다 풍속이 다 다르다

17 **时期** ★★
shíqī

명 **(특정한) 시기**

青花瓷器早在清朝时期以前就存在了。
Qīnghuā cíqì zǎo zài Qīngcháo shíqī yǐqián jiù cúnzài le.
청화자기는 일찍이 청나라 왕조 시기 이전에 존재했었다.

青花瓷器 qīnghuā cíqì 명 청화자기 **清朝** Qīngcháo 고유 청나라 왕조
存在 cúnzài 동 존재하다 명 존재

18 **未来** ★★
wèilái

[형] 앞으로의, 미래의 [명] 미래

술어

这个新技术将会在未来几年内逐渐地传播开来。
Zhè ge xīn jìshù jiāng huì zài wèilái jǐ nián nèi zhújiàn de chuánbō kāilai.
이 신기술은 앞으로 몇 년 내에 점점 전파될 것이다.

他对自己的未来有着明确的计划。
Tā duì zìjǐ de wèilái yǒuzhe míngquè de jìhuà.
그는 자신의 미래에 대해서 명확한 계획을 가지고 있다.

新技术 xīn jìshù 신기술 **逐渐** zhújiàn [부] 점점, 조금씩
传播 chuánbō [동] 전파하다, 퍼뜨리다
明确 míngquè [형] 명확하다 [동] 명확하게 하다
计划 jìhuà [명] 계획 [동] 계획하다

19 **悠久** ★★
yōujiǔ

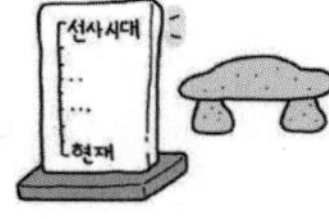

[형] 유구하다, 오래되다

中国的酒文化拥有悠久的历史。
Zhōngguó de jiǔ wénhuà yōngyǒu yōujiǔ de lìshǐ.
중국의 술 문화는 유구한 역사를 지니고 있다.

拥有 yōngyǒu [동] 가지다, 보유하다

20 **期间** ★★
qījiān

[명] 기간, 시간

这个书店在国庆节期间正常营业。
Zhè ge shūdiàn zài Guóqìngjié qījiān zhèngcháng yíngyè.
이 서점은 국경절 기간에 정상 영업한다.

国庆节 Guóqìngjié [고유] 국경절 **营业** yíngyè [동] 영업하다

시험에 이렇게 나온다!

[유의어] **期间 : 时期**(shíqī, 시기)

期间은 기간이 시작되는 정확한 시작점이 있고, 그 기간은 짧을 수도 있고 길 수도 있다.
放假期间 fàngjià qījiān 방학 기간
元旦期间 Yuándàn qījiān 신정 기간

时期는 정확한 시작 시점 없이, 비교적 긴 기간을 나타낸다.
重要时期 zhòngyào shíqī 중요한 시기
年轻时期 niánqīng shíqī 젊은 시기

21 **如今** ★★
rújīn

명 **오늘날, 지금**

如今，高铁、飞机等现代化的交通工具为人们节省了很多时间。

술어

Rújīn, gāotiě、fēijī děng xiàndàihuà de jiāotōng gōngjù wèi rénmen jiéshěngle hěn duō shíjiān.

오늘날, 고속철도, 비행기 등 현대화된 교통수단은 사람들을 위해 많은 시간을 절약시켰다.

高铁 gāotiě 명 고속철도 **现代化** xiàndàihuà 명 현대화 동 현대화되다
交通工具 jiāotōng gōngjù 명 교통수단
节省 jiéshěng 동 절약하다, 아끼다

22 **夜** ★★
yè

명 **밤**

夜间喝太多咖啡会影响人的睡眠。

Yèjiān hē tài duō kāfēi huì yǐngxiǎng rén de shuìmián.

밤에 커피를 너무 많이 마시면 사람의 수면에 영향을 줄 수 있다.

睡眠 shuìmián 명 수면, 잠

시험에 이렇게 나온다!

빡공 표현 夜를 활용한 다양한 출제 표현들을 알아 둔다.

半夜 bànyè 심야, 한밤중 **深夜** shēnyè 깊은 밤

23 **神话** ★★
shénhuà

명 **신화**

这是一个关于建国的神话故事。

Zhè shì yí ge guānyú jiànguó de shénhuà gùshi.

이것은 건국에 관한 신화 이야기이다.

建国 jiànguó 동 건국하다, 나라를 세우다

24 **事先** ★★
shìxiān

명 **미리, 사전에**

在行动之前，一定要事先再考虑一遍。

Zài xíngdòng zhīqián, yídìng yào shìxiān zài kǎolǜ yí biàn.

행동하기 전에, 미리 한 번 더 고려해야 한다.

行动 xíngdòng 동 행동하다 명 행동 **考虑** kǎolǜ 동 고려하다

25 **傍晚** ★★
bàngwǎn

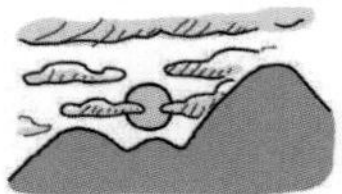

명 **저녁 무렵, 황혼**

술어

一到傍晚，胡同就渐渐变暗了。
Yí dào bàngwǎn, hútòng jiù jiànjiàn biàn àn le.
저녁 무렵이 되자마자, 골목 안은 곧 점점 어두워졌다.

胡同 hútòng 명 골목 **渐渐** jiànjiàn 부 점점
暗 àn 형 어둡다

시험에 이렇게 나온다!

듣기 **傍晚**과 관련된 출제 표현들을 알아 둔다.
中旬 zhōngxún 명 중순 **星期** xīngqī 명 요일

26 **立即** ★★
lìjí

부 **즉시, 즉각**

他们立即处理了眼前的急事。
Tāmen lìjí chǔlǐle yǎnqián de jíshì.
그는 즉시 눈 앞의 급한 일을 처리했다.

处理 chǔlǐ 동 처리하다 **急事** jíshì 명 급한 일

시험에 이렇게 나온다!

독해 독해 1부분에서는 지문의 빈칸에 들어갈 적절한 어휘를 보기에서 선택하는 문제가 출제된다. 이때, **立即**는 아래와 같은 어휘와 함께 보기로 자주 출제된다.
连忙 liánmáng 부 급히, 서둘러 **赶快** gǎnkuài 부 재빨리
急忙 jímáng 부 급히, 바삐, 황급히

27 **年代** ★★
niándài

명 **연대, 시대**

这座大厦是在20世纪90年代建成的。
Zhè zuò dàshà shì zài èrshí shìjì jiǔshí niándài jiànchéng de.
이 빌딩은 1990년대에 건설된 것이다.

大厦 dàshà 명 빌딩 **世纪** shìjì 명 세기
建成 jiànchéng 건설하다, 짓다, 세우다

28 **日子** ★★
rìzi

명 **날, 날짜**

她很怀念过去那段快乐的日子。
(술어)
Tā hěn huáiniàn guòqù nà duàn kuàilè de rìzi.
그녀는 과거의 행복했던 그 날을 그리워한다.

怀念 huáiniàn 동 그리워하다

시험에 이렇게 나온다!

독해 독해 1부분에서는 지문의 빈칸에 들어갈 적절한 어휘를 보기에서 선택하는 문제가 출제된다. 이때, **日子**는 아래와 같은 명사들과 함께 보기로 자주 출제된다.

年代 niándài 명 시대, 연대 **期间** qījiān 명 기간
时刻 shíkè 명 순간, 때 부 늘, 언제나

29 **自从** ★★
zìcóng

개 **~부터, ~에서**

自从20世纪60年代开始，互联网在美国发展起来。
Zìcóng èrshí shìjì liùshí niándài kāishǐ, hùliánwǎng zài Měiguó fāzhǎn qǐlai.
1960년대부터 시작해서, 인터넷은 미국에서 발전해 왔다.

世纪 shìjì 명 세기 **年代** niándài 명 시대, 연대
互联网 hùliánwǎng 명 인터넷 **发展** fāzhǎn 동 발전하다

잠깐 自从은 장소와 관련해서는 사용하지 않고, 시간의 기점만을 표시한다.

30 **迟早** ★★
chízǎo

부 **조만간, 머지않아**

古代文物展览迟早都会在这家博物馆举行。
Gǔdài wénwù zhǎnlǎn chízǎo dōu huì zài zhè jiā bówùguǎn jǔxíng.
고대 문물 전시회가 조만간 이 박물관에서 개최될 것이다.

古代 gǔdài 명 고대 **文物** wénwù 명 문물
展览 zhǎnlǎn 명 전시회 동 전시하다 **博物馆** bówùguǎn 명 박물관
举行 jǔxíng 동 개최하다, 거행하다

31 **龙** ★★
lóng

명 **용**

中国人被称为"龙的传人"。
Zhōngguórén bèi chēngwéi "lóng de chuánrén".
중국 사람들은 '용의 계승자'로 불린다.

称 chēng 동 부르다, 일컫다 **传人** chuánrén 명 계승자, 후계자 동 전수하다

알아두면 좋은 배경지식

중국에서 龙(용)은 존귀함과 황제의 권력을 상징한다. 龙과 관련된 어휘들을 체크해 두자.

尊贵 zūnguì 형 존귀하다
皇权 huángquán 명 황권, 황제의 권력

32 **传说** ★★
chuánshuō

명 **전설**

白蛇传是至今流行最广的神话传说之一。
Báishézhuàn shì zhìjīn liúxíng zuì guǎng de shénhuà chuánshuō zhī yī.
백사전은 지금까지 가장 널리 유행하고 있는 신화 전설 중 하나이다.

白蛇传 Báishézhuàn 백사전(중국에 전래되는 4대 민간 전설 중 하나)
至今 zhìjīn 부 지금까지, 현재까지 **流行** liúxíng 동 유행하다
神话 shénhuà 명 신화

잠깐 传说는 전설이라는 뜻 외에도 '소문·풍문' 이라는 뜻도 있다.

33 **从前** ★★
cóngqián

반의어
现在 xiànzài
명 현재

명 **이전, 종전, 옛날**

老师讲的是一个从前就开始传下来的故事。
Lǎoshī jiǎng de shì yí ge cóngqián jiù kāishǐ chuán xiàlai de gùshi.
선생님께서 말씀하시는 것은 이전부터 전해져 내려온 이야기이다.

传 chuán 동 전하다, 전파하다

34 **赶快** ★★
gǎnkuài

부 **얼른, 재빨리**

请你在申请期限内赶快提交报名表。
Qǐng nǐ zài shēnqǐng qīxiàn nèi gǎnkuài tíjiāo bàomíngbiǎo.
신청 기한 내에 신청서를 얼른 제출하십시오.

申请 shēnqǐng 동 신청하다 **期限** qīxiàn 명 기한
提交 tíjiāo 동 제출하다 **报名表** bàomíngbiǎo 신청서

35 **日历** ★★
rìlì

명 **달력**

我每天都在日历上记录当天需要完成的工作。
(술어)
Wǒ měitiān dōu zài rìlì shang jìlù dàngtiān xūyào wánchéng de gōngzuò.
나는 매일 달력에 당일 완성해야 하는 일을 모두 기록한다.

记录 jìlù 동 기록하다 명 기록

36 **时刻** ★★
shíkè

명 **순간, 때** 부 **언제나, 늘, 시시각각**

他在关键时刻做出了正确的选择。
Tā zài guānjiàn shíkè zuòchūle zhèngquè de xuǎnzé.
그는 결정적인 순간에 정확한 선택을 했다.

我们要时刻牢记历史给我们的教训。
Wǒmen yào shíkè láojì lìshǐ gěi wǒmen de jiàoxùn.
우리는 역사가 우리에게 주는 교훈을 언제나 확실히 명심해야 한다.

正确 zhèngquè 형 정확하다 **牢记** láojì 동 명심하다
教训 jiàoxùn 명 교훈 동 훈계하다

37 **最初**
zuìchū

명 **처음, 최초**

在最初的五年里，竹子生长得十分缓慢。
Zài zuìchū de wǔ nián li, zhúzi shēngzhǎng de shífēn huǎnmàn.
처음 5년 동안, 대나무는 매우 느리게 성장한다.

竹子 zhúzi 명 대나무 **生长** shēngzhǎng 동 성장하다, 생장하다
缓慢 huǎnmàn 형 느리다, 완만하다

38 **除夕**
chúxī

명 **섣달 그믐날**

除夕夜全家人聚在一起吃年夜饭是中国的传统习俗。
Chúxī yè quánjiārén jù zài yìqǐ chī niányèfàn shì Zhōngguó de chuántǒng xísú.
섣달 그믐날 밤 온 가족이 함께 모여 제야 음식을 먹는 것은 중국의 전통 풍습이다.

夜 yè 명 밤 **聚** jù 동 모이다 **年夜饭** niányèfàn 명 제야 음식
传统 chuántǒng 명 전통 형 전통적이다 **习俗** xísú 명 풍습

39 **从此**
cóngcǐ

부 **그로부터, 이로부터, 지금부터**

술어

从此以后，他们彻底失去了联系。
Cóngcǐ yǐhòu, tāmen chèdǐ shīqùle liánxì.
그로부터, 그들은 철저하게 연락이 끊겼다.

彻底 chèdǐ 형 철저하다, 빈틈없다 **失去** shīqù 동 끊기다, 잃다, 잃어버리다

40 **敌人**
dírén

명 **적**

春秋时期，有一个青年人为了打败敌人参军了。
Chūnqiū shíqī, yǒu yí ge qīngniánrén wèile dǎbài dírén cānjūn le.
춘추 시기, 한 청년이 적과 싸우기 위해 군대에 참가했다.

春秋时期 chūnqiū shíqī 춘추 시기
打败 dǎbài 동 싸우다, 물리치다 **参军** cānjūn 동 군대에 참가하다

41 **公元**
gōngyuán

명 **서기**

赵州桥建于公元500~600年间。
Zhàozhōu Qiáo jiàn yú gōngyuán wǔbǎi dào liùbǎi niánjiān.
조주교는 서기 500~600년 사이에 지어졌다.

赵州桥 Zhàozhōu Qiáo 고유 조주교(중국 허베이성에 위치한 다리)
建 jiàn 동 짓다, 건축하다

42 **近代**
jìndài

명 **근대**

他的作品对近代文学的发展起到了重要的作用。
Tā de zuòpǐn duì jìndài wénxué de fāzhǎn qǐdàole zhòngyào de zuòyòng.
그의 작품은 근대 문학의 발전에 중요한 작용을 일으켰다.

作品 zuòpǐn 명 작품 **文学** wénxué 명 문학
发展 fāzhǎn 동 발전하다 **作用** zuòyòng 명 작용, 효과 동 작용하다

43 立刻

lìkè

부 **즉시, 곧**

술어

我立刻调整了原有的计划。

Wǒ lìkè tiáozhěngle yuányǒu de jìhuà.

나는 즉시 원래 있던 계획을 조정했다.

调整 tiáozhěng 동 조정하다, 조절하다 **计划** jìhuà 명 계획 동 계획하다

시험에 이렇게 나온다!

유의어 **立刻 : 立即**(lìjí, 곧, 바로)

立刻는 회화체, 문어체에 두루 사용할 수 있다.

小东立刻向老师说明了情况。

Xiǎo Dōng lìkè xiàng lǎoshī shuōmíngle qíngkuàng.

샤오동은 선생님께 즉시 상황을 설명했다.

立即는 문어체에 주로 사용된다.

他病得很重，必须立即送到医院。

Tā bìng de hěn zhòng, bìxū lìjí sòngdào yīyuàn.

그는 매우 아파서, 반드시 곧 병원으로 보내야 한다.

44 一辈子

yíbèizi

명 **한평생, 일생**

他用了一辈子的时间来研究那道数学题。

Tā yòngle yíbèizi de shíjiān lái yánjiū nà dào shùxuétí.

그는 한평생의 시간을 들여 그 수학 문제를 연구했다.

研究 yánjiū 동 연구하다

45 以来

yǐlái

명 **이래, 이후**

长期以来，人们普遍认为早睡早起有益于身体健康。

Chángqī yǐlái, rénmen pǔbiàn rènwéi zǎo shuì zǎo qǐ yǒuyì yú shēntǐ jiànkāng.

오랫동안, 사람들은 보편적으로 일찍 자고 일찍 일어나는 것이 신체 건강에 유익하다고 생각해왔다.

普遍 pǔbiàn 형 보편적이다, 일반적이다 **有益** yǒuyì 형 유익하다, 이롭다

시험에 이렇게 나온다!

짝꿍표현 **以来**를 활용한 출제 표현을 알아 둔다.

长期以来 chángqī yǐlái 오랫동안

연습문제 **체크체크!**

제시된 각 단어의 뜻을 오른쪽 보기에서 찾아 줄을 그어 보세요.

01 中旬	ⓐ 귀중한
02 从此	ⓑ 풍속
03 流传	ⓒ 유구하다, 오래되다
04 悠久	ⓓ 전해지다, 퍼지다, 유전되다
05 宝贵	ⓔ 그로부터, 이로부터, 지금부터
06 风俗	ⓕ 중순

문장을 읽고 빈칸에 들어갈 단어를 찾아 적어 보세요.

ⓐ 保存　ⓑ 期间　ⓒ 赶快　ⓓ 神话

07 国家博物馆里 ______ 着宝贵的文物。

08 那个感人的 ______ 传说流传至今。

09 有关人员决定在春节 ______ 举办展览会。

10 你得在规定时间内 ______ 完成工作。

정답 : 01 ⓕ 02 ⓔ 03 ⓓ 04 ⓒ 05 ⓐ 06 ⓑ 07 ⓐ 08 ⓓ 09 ⓑ 10 ⓒ

* 07~10번 문제 해석은 해커스 중국어(china.Hackers.com)에서 무료로 제공합니다.

HSK 5급 시험에 나오는 고난도 어휘

☑ 잘 외워지지 않는 단어는 박스에 체크하여 복습하세요.

고난도 어휘 집중 암기_18.mp3

□ 灿烂 6급	cànlàn	형 찬란하다, 눈부시다
□ 常年	chángnián	명 오랜 기간
□ 重阳节	Chóngyángjié	고유 중양절(음력 9월 9일)
□ 传人	chuánrén	명 계승자, 후계자 동 전수하다
□ 春秋时期	chūnqiū shíqī	춘추 시기
□ 吹画	chuīhuà	동 중국의 미술 기법
□ 当初 6급	dāngchū	명 당초, 처음
□ 地域	dìyù	명 지역
□ 反向过年	fǎnxiàng guònián	명 반향과년
□ 过年	guònián	동 설을 지내다, 새해를 맞다
□ 建国	jiànguó	동 건국하다
□ *久远	jiǔyuǎn	형 (시간이) 오래다, 장구하다
□ 来历 6급	láilì	명 내력, 배경, 역사
□ 年夜饭	niányèfàn	명 제야 음식
□ 农历 6급	nónglì	명 음력
□ *起源 6급	qǐyuán	동 기원하다 명 기원, 원류
□ *秦朝	Qíncháo	고유 진나라 왕조
□ 清朝	Qīngcháo	고유 청나라 왕조
□ 青花瓷器	qīnghuā cíqì	명 청화자기
□ 宋代	Sòngdài	고유 송나라 시대

*표는 오른쪽 페이지의 <중국 문화와 역사>에 포함된 단어입니다.

□ 唐朝	Tángcháo	고유 당 왕조
□ *投壶	tóuhú	명 투호
□ 文物 6급	wénwù	명 문물
□ 先民	xiānmín	명 고대 사람, 고대인
□ 新石器	xīnshíqì	신석기
□ 修复 6급	xiūfù	동 수리하여 복원하다
□ 遗产 6급	yíchǎn	명 유산
□ 永久	yǒngjiǔ	형 영구한, 영원한
□ 逐年 6급	zhúnián	부 해마다, 한 해 한 해
□ 自古	zìgǔ	부 예로부터, 옛날부터

알고 가면 시험이 쉬워지는 <중국 문화와 역사>

중국의 전통 놀이, *投壶(tóuhú)

한국의 **传统**(chuántǒng) 놀이 **投壶**가 중국에서부터 유래된 것 알고 있으셨나요? 중국에서는 **古代**(gǔdài)에서부터 ***久远**(jiǔyuǎn)한 시간 동안 **投壶**를 즐겨왔어요.

投壶의 ***起源**(qǐyuán)은 ***秦朝**(Qíncháo) 시대로 거슬러 올라갑니다. 진나라 시대의 선비들은 대부분 활쏘기를 잘 했지만, 몇몇 사람들은 잘 하지 못하여 활쏘기 대신에 통 안에 화살을 넣는 놀이를 즐겼다고 해요. 주전자 모양의 통 안에 가장 많은 화살을 넣은 사람이 이긴 것이고, 진 사람은 술을 먹는 규칙도 있었다고 합니다.

投壶는 지금까지 전해 내려와 **依然**(yīrán) 하나의 **风俗**(fēngsú)로 자리 잡았는데요, 현재까지도 많은 사람들이 민속 체험을 가면 꼭 한 번씩은 체험해보는 놀이가 되었답니다.

传统 chuántǒng 명 전통 형 전통적이다 **古代** gǔdài 명 고대 **依然** yīrán 부 여전히 **风俗** fēngsú 명 풍속

DAY 19

HSK5급 단어장

예술은 심오해

문학 · 예술 · 언어

주제를 알면 HSK가 보인다!

HSK 5급에서는 문학 작품이나 예술가, 또는 언어 능력 등과 관련된 문제가 자주 출제돼요. 따라서 '문학', '의의', '작품', '고전', '상상하다'처럼 문학·예술·언어 관련 단어들을 집중적으로 학습하면 이러한 문제를 쉽게 풀 수 있어요.

단어, 예문 MP3

누나는 책벌레

01 **文学** wénxué 명 문학

03 **作品** zuòpǐn 명 작품

02 **意义** yìyì 명 의의, 의미

04 **经典** jīngdiǎn 명 경전, 고전 형 권위 있는

05 **想象** xiǎngxiàng 동 상상하다

01 **文学** ★★★
wénxué

명 **문학**

술어

文学艺术的发展离不开作家艰苦的努力。
Wénxué yìshù de fāzhǎn líbukāi zuòjiā jiānkǔ de nǔlì.
문학예술의 발전은 작가의 고생스러운 노력과 떨어질 수 없다.

艺术 yìshù 명 예술 **作家** zuòjiā 명 작가
艰苦 jiānkǔ 형 고생스럽다, 고달프다

02 **意义** ★★★
yìyì

동의어
意思 yìsi
명 의미, 뜻

명 **의의, 의미**

语言对人和人之间的沟通具有十分重要的意义。
Yǔyán duì rén hé rén zhījiān de gōutōng jùyǒu shífēn zhòngyào de yìyì.
언어는 사람과 사람 사이의 소통에 있어 매우 중요한 의의를 가진다.

语言 yǔyán 명 언어 **沟通** gōutōng 동 소통하다, 교류하다
具有 jùyǒu 동 가지다, 있다

03 **作品** ★★★
zuòpǐn

명 **작품**

有些作家的文学作品很难理解。
Yǒuxiē zuòjiā de wénxué zuòpǐn hěn nán lǐjiě.
몇몇 작가들의 문학 작품은 이해하기 어렵다.

文学 wénxué 명 문학

시험에 이렇게 나온다!

독해 作品과 관련된 출제 표현들을 함께 알아 둔다.

关注 guānzhù 동 관심을 가지다 **著名** zhùmíng 형 저명하다
风格 fēnggé 명 풍격 **细节** xìjié 명 자세한 부분

11 12 13 14 15 16 17 18 DAY 19 20
해커스 HSK 5급 단어장

★★★ = 출제율 최상 ★★ = 출제율 상

04 经典 ★★★
jīngdiǎn

명 경전, 고전 형 권위 있는

经典的意义在于它所具备的影响力。 (술어)

Jīngdiǎn de yìyì zàiyú tā suǒ jùbèi de yǐngxiǎnglì.

경전의 의의는 그것이 갖춘 영향력에 있다.

那部经典电影让人百看不厌。

Nà bù jīngdiǎn diànyǐng ràng rén bǎi kàn bú yàn.

그 권위 있는 영화는 사람으로 하여금 백 번 봐도 싫증 나지 않도록 한다.

意义 yìyì 명 의의, 의미 **具备** jùbèi 동 갖추다, 구비하다
百看不厌 bǎi kàn bú yàn 백 번 봐도 싫증 나지 않다

05 想象 ★★★
xiǎngxiàng

동 상상하다

她在普通人难以想象的环境中写出了那部作品。

Tā zài pǔtōngrén nányǐ xiǎngxiàng de huánjìng zhōng xiěchūle nà bù zuòpǐn.

그녀는 일반 사람들이 상상할 수 없는 환경 속에서 그 작품을 써냈다.

作品 zuòpǐn 명 작품

06 讽刺 ★★★
fěngcì

동 풍자하다

他以幽默的语句讽刺了现在的社会。

Tā yǐ yōumò de yǔjù fěngcìle xiànzài de shèhuì.

그는 유머러스한 문구로 현재의 사회를 풍자했다.

幽默 yōumò 형 유머러스하다 **语句** yǔjù 명 문구
社会 shèhuì 명 사회

알아두면 좋은 배경지식

事后诸葛亮(사후의 제갈량)은 사건이 끝나고 나서야 자신이 선견지명이 있었다며 큰소리치는 사람을 풍자하여 이르는 말이다.

事后诸葛亮 shìhòu Zhūgě Liàng 사후의 제갈량

07 文字 ★★
wénzì

명 **문자, 글자**

술어

甲骨文被认为是中国最早的文字。
Jiǎgǔwén bèi rènwéi shì Zhōngguó zuì zǎo de wénzì.
갑골문은 중국에서 가장 이른 문자로 여겨진다.

甲骨文 Jiǎgǔwén 고유 갑골문

알아두면 좋은 배경지식

象形文字(상형문자)는 사물의 모양을 본떠서 만든 문자를 말한다. 한자는 대표적인 **象形文字**로, 상형의 방법으로 만들어진 한자는 그림의 특징을 가지고 있기 때문에 사람들은 **象形文字**를 보면 그것이 상징하는 형상을 쉽게 떠올릴 수 있다. 하지만 상형의 방법으로는 다양한 개념들을 문자로 만들어낼 수 없기 때문에 세월이 지나면서 상형 이외의 원리로 만들어진 한자들이 추가되었다.

象形文字 Xiàngxíng Wénzì 상형문자

08 写作 ★★★
xiězuò

동 **글을 짓다**

这个作者一辈子都在努力地写作，留下了许多作品。
Zhè ge zuòzhě yíbèizi dōu zài nǔlì de xiězuò, liúxiale xǔduō zuòpǐn.
이 저자는 한평생 열심히 글을 지어, 많은 작품들을 남겼다.

作者 zuòzhě 명 저자 **一辈子** yíbèizi 명 한평생, 일생
作品 zuòpǐn 명 작품

09 出色 ★★
chūsè

형 **뛰어나다, 출중하다**

该文章的出色之处在于很好地写出了人的心理变化。
Gāi wénzhāng de chūsè zhī chù zàiyú hěn hǎo de xiěchūle rén de xīnlǐ biànhuà.
이 글의 뛰어난 점은 사람의 심리 변화를 매우 잘 써냈다는 데에 있다.

文章 wénzhāng 명 글 **在于** zàiyú 동 ~에 있다
心理 xīnlǐ 명 심리, 기분

시험에 이렇게 나온다!

쓰기 **出色**는 쓰기 2부분 99번에서 제시어로 자주 출제된다. 이때, **出色**는 주로 직장 생활, 학업과 관련된 주제의 글에 활용할 수 있는데, '**出色地完成了**+업무/과제(~를 뛰어나게 완성했다)'라는 표현을 사용하면 쉽게 작문할 수 있다.

11 12 13 14 15 16 17 18 DAY 19 20

해커스 HSK 5급 단어장

10 **色彩** ★★

sècǎi

동의어
色调 sèdiào
명 색조

명 **색채, 색깔, 성향**

술어

他用具有戏剧色彩的语言描述了当今社会。

Tā yòng jùyǒu xìjù sècǎi de yǔyán miáoshùle dāngjīn shèhuì.

그는 희극적인 색채를 가지고 있는 언어를 사용하여 현재 사회를 묘사했다.

具有 jùyǒu 동 가지다, 있다 **戏剧** xìjù 명 희극, 연극
描述 miáoshù 동 묘사하다, 기술하다 **当今** dāngjīn 명 현재
社会 shèhuì 명 사회

11 **象征** ★★

xiàngzhēng

동 **상징하다** 명 **상징**

《红楼梦》的出现象征着中国古代文学发展的最高峰。

《Hónglóumèng》 de chūxiàn xiàngzhēngzhe Zhōngguó gǔdài wénxué fāzhǎn de zuìgāofēng.

《홍루몽》의 출현은 중국 고대 문학 발전의 절정을 상징한다.

在古代中国，红豆是相思的象征。

Zài gǔdài Zhōngguó, hóngdòu shì xiāngsī de xiàngzhēng.

고대 중국에서, 팥은 사모함의 상징이었다.

红楼梦 Hónglóumèng 고유 홍루몽 **古代** gǔdài 명 고대
文学 wénxué 명 문학 **最高峰** zuìgāofēng 절정, 최고봉
红豆 hóngdòu 명 팥 **相思** xiāngsī 동 사모하다, 서로 그리워하다

12 **标点** ★★

biāodiǎn

명 **문장 부호, 구두점**

标点符号比文字出现得晚。

Biāodiǎn fúhào bǐ wénzì chūxiàn de wǎn.

문장 부호는 문자보다 늦게 출현했다.

符号 fúhào 명 부호, 기호 **文字** wénzì 명 문자, 글자

13 **风格** ★★
fēnggé

명 **스타일, 풍격**

술어
这个著名作家的写作风格具有浪漫色彩。
Zhè ge zhùmíng zuòjiā de xiězuò fēnggé jùyǒu làngmàn sècǎi.
이 저명한 작가의 글 쓰는 스타일은 낭만적인 색채를 가지고 있다.

著名 zhùmíng 형 저명하다 **作家** zuòjiā 명 작가
写作 xiězuò 동 글을 쓰다, 글을 짓다 **浪漫** làngmàn 형 낭만적이다
色彩 sècǎi 명 색채, 색깔, 성향

14 **体现** ★★
tǐxiàn

동 **구체적으로 드러내다, 구현하다**

这篇文章体现了作者较高的写作水平。
Zhè piān wénzhāng tǐxiànle zuòzhě jiào gāo de xiězuò shuǐpíng.
이 글은 저자의 비교적 높은 글쓰기 수준을 구체적으로 드러냈다.

文章 wénzhāng 명 글 **作者** zuòzhě 명 저자
写作 xiězuò 동 글을 쓰다, 글을 짓다

15 **册** ★★
cè

양 **권, 책[책을 세는 단위]**

她的作品已经出版了五万册以上。
Tā de zuòpǐn yǐjīng chūbǎnle wǔwàn cè yǐshàng.
그녀의 작품은 이미 5만 권 이상 출판되었다.

作品 zuòpǐn 명 작품 **出版** chūbǎn 동 출판하다, 발행하다

16 **诗** ★★

shī

명 시

他写的几首诗都是关于父母的内容。

(술어: 是)

Tā xiě de jǐ shǒu shī dōu shì guānyú fùmǔ de nèiróng.

그가 쓴 몇 편의 시는 모두 부모님에 관한 내용들이다.

시험에 이렇게 나온다!

짝꿍 표현 诗을 활용한 다양한 출제 표현들을 알아 둔다.

诗歌 shīgē 시가　　诗词 shīcí 시와 사, 시사

알아두면 좋은 배경지식

李白(이백)와 杜甫(두보)는 당나라의 대표적 시인이다. 둘은 같은 시기에 살았으며 모두 젊은 시절 출세를 꿈꿨지만 높은 관직까지는 오르지 못한 공통점을 가지고 있다. 李白는 주로 낭만주의적인 시를, 杜甫는 주로 현실주의적인 시를 썼으며, 각각 诗仙(시선)과 诗圣(시성)으로 불렸다.

李白 Lǐ Bái 고유 이백(당나라 시인)

杜甫 Dù Fǔ 고유 두보(당나라 시인)

诗仙 shī xiān 시선(신선의 기풍을 가진 천재적인 시인)

诗圣 shī shèng 시성(고금에 가장 뛰어난 시인)

17 **形容** ★★

xíngróng

동 형용하다, 묘사하다

我无法用语言来形容这场表演。

Wǒ wúfǎ yòng yǔyán lái xíngróng zhè chǎng biǎoyǎn.

나는 말로써 이번 공연을 형용할 수 없다.

无法 wúfǎ 동 ~할 수 없다

18 **抽象** ★★

chōuxiàng

반의어

具体 jùtǐ

형 구체적이다

형 추상적이다

她的画作虽然比较抽象，但是总的来说很出色。

Tā de huàzuò suīrán bǐjiào chōuxiàng, dànshì zǒng de lái shuō hěn chūsè.

그녀의 회화 작품은 비록 비교적 추상적이지만, 전체적으로는 매우 뛰어나다.

画作 huàzuò 명 회화 작품　出色 chūsè 형 뛰어나다, 출중하다

시험에 이렇게 나온다!

짝꿍 표현 抽象을 활용한 출제 표현을 알아 둔다.

抽象概念 chōuxiàng gàiniàn 추상적인 개념

19 **公主** ★★
gōngzhǔ

명 **공주**

술어

妹妹在这个音乐剧里演公主的角色。
Mèimei zài zhè ge yīnyuèjù li yǎn gōngzhǔ de juésè.
여동생은 이 뮤지컬에서 공주 역할을 연기한다.

音乐剧 yīnyuèjù 명 뮤지컬 **角色** juésè 명 역할, 배역

20 **美术** ★★
měishù

명 **미술**

此次美术展吸引了世界各地的美术爱好者。
Cǐ cì měishùzhǎn xīyǐnle shìjiè gè dì de měishù àihàozhě.
이번 미술전은 세계 각지의 미술 애호가들을 매료시켰다.

吸引 xīyǐn 동 매료시키다, 끌어당기다

알아두면 좋은 배경지식

吹画(취화)는 먹이나 물감을 종이에 부은 후, 바람을 불어 먹과 물감이 종이에서 움직이게 하는 중국 특유의 미술 기법이다. 吹画의 가장 큰 특징 중 하나는 붓을 사용하지 않는다는 것인데, 붓을 대신하여 빨대를 사용하기도 한다. 吹画와 관련된 어휘들을 체크해 두자.

吹画 Chuīhuà 취화 **墨汁** mòzhī 명 먹
流动 liúdòng 동 흐르다 **吸管** xīguǎn 명 빨대

21 **神秘** ★★
shénmì

형 **신비하다**

神话故事一般都带有神秘色彩。
Shénhuà gùshi yìbān dōu dàiyǒu shénmì sècǎi.
신화 이야기는 일반적으로 모두 신비한 색채를 가지고 있다.

神话 shénhuà 명 신화 **色彩** sècǎi 명 색채, 색깔, 성향

22 **声调** ★★
shēngdiào

명 **성조**

我对汉语的声调不是很熟悉。
Wǒ duì Hànyǔ de shēngdiào bú shì hěn shúxī.
나는 중국어의 성조에 대해 익숙하지 않다.

熟悉 shúxī 동 익숙하다, 숙지하다

★★★ = 출제율 최상 ★★ = 출제율 상

23 **形象** ★★
xíngxiàng

명 **이미지, 형상**

술어

小说中主人公的形象给读者留下了比较深刻的印象。

Xiǎoshuō zhōng zhǔréngōng de xíngxiàng gěi dúzhě liúxiale bǐjiào shēnkè de yìnxiàng.

소설 속 주인공의 이미지는 독자에게 비교적 깊은 인상을 남겼다.

小说 xiǎoshuō 명 소설 **主人公** zhǔréngōng 명 주인공
深刻 shēnkè 형 (인상이) 깊다, (느낌이) 강렬하다 **印象** yìnxiàng 명 인상

24 **生动** ★★
shēngdòng

형 **생동감 있다, 생기발랄하다**

那个年轻演员表演得生动有趣。

Nà ge niánqīng yǎnyuán biǎoyǎn de shēngdòng yǒuqù.

그 젊은 배우는 생동감 있고 재미있게 공연한다.

演员 yǎnyuán 명 배우, 연기자 **演出** yǎnchū 동 공연하다

25 **戏剧** ★★
xìjù

명 **희극, 연극**

老舍是受人喜爱的戏剧家和小说家。

Lǎo Shě shì shòu rén xǐ'ài de xìjùjiā hé xiǎoshuōjiā.

라오서는 사람들의 사랑을 받는 희극가이며 소설가이다.

老舍 Lǎo Shě 고유 라오서(중국 현대 소설가)
喜爱 xǐ'ài 동 사랑하다, 좋아하다 **小说家** xiǎoshuōjiā 명 소설가

26 **包含** ★★
bāohán

동 **포함하다, 내포하다**

文学作品里往往包含着作者自己的思想。
Wénxué zuòpǐn li wǎngwǎng bāohánzhe zuòzhě zìjǐ de sīxiǎng.
문학 작품 안에는 종종 저자 자신의 생각이 포함되어 있다.

文学 wénxué 명 문학 **作品** zuòpǐn 명 작품
作者 zuòzhě 명 저자 **思想** sīxiǎng 명 생각, 사상 동 숙고하다, 생각하다

시험에 이렇게 나온다!

유의어 **包含 : 包括**(bāokuò, 포함하다)
包含은 추상적인 대상에만 쓸 수 있다.
包含服务费 bāohán fúwùfèi 서비스 비용을 포함하다
包含矛盾 bāohán máodùn 모순을 포함하다
包括는 사람과 물건 모두에 쓸 수 있다.
包括全校学生 bāokuò quánxiào xuésheng 전교생을 포함하다
包括早餐 bāokuò zǎocān 아침 식사를 포함하다

27 **王子** ★★
wángzǐ

명 **왕자**

他站在王子面前朗读自己写的童话。
Tā zhàn zài wángzǐ miànqián lǎngdú zìjǐ xiě de tónghuà.
그는 왕자의 앞에 서서 자신이 쓴 동화를 낭독한다.

朗读 lǎngdú 동 낭독하다, 큰소리로 읽다 **童话** tónghuà 명 동화

28 **英雄** ★★
yīngxióng

명 **영웅**

这部戏剧中出现的英雄拯救了处在困境中的国家。
Zhè bù xìjù zhōng chūxiàn de yīngxióng zhěngjiùle chǔzài kùnjìng zhōng de guójiā.
이 연극에서 출현한 영웅은 곤경에 처한 나라를 구했다.

戏剧 xìjù 명 연극, 희극 **拯救** zhěngjiù 동 구하다
处在 chǔzài 동 처하다, 놓이다 **困境** kùnjìng 명 곤경

29 主题 ★★
zhǔtí

명 주제

他的作品主题主要与中国传统文化有关。

Tā de zuòpǐn zhǔtí zhǔyào yǔ Zhōngguó chuántǒng wénhuà yǒuguān.

그의 작품 주제는 주로 중국의 전통 문화와 관련이 있다.

作品 zuòpǐn 명 작품 **传统** chuántǒng 명 전통 형 전통적이다
有关 yǒuguān 동 관련이 있다

30 字母 ★★
zìmǔ

명 자모, 알파벳

各个字母代表不同的意思。

Gè ge zìmǔ dàibiǎo bùtóng de yìsi.

각각의 자모들은 다른 의미를 대표한다.

代表 dàibiǎo 동 대표하다 명 대표

31 成语 ★★
chéngyǔ

명 성어

"画蛇添足"这个成语的意思是做了多余的事，非但无益，反而不合适。

"Huàshétiānzú" zhè ge chéngyǔ de yìsi shì zuòle duōyú de shì, fēidàn wúyì, fǎn'ér bù héshì.

'화사첨족'이라는 이 성어의 의미는 여분의 일을 한 것이, 비단 쓸모 없을 뿐만 아니라, 오히려 적합하지 않다는 것이다.

画蛇添足 huàshétiānzú 성 뱀을 그리는 데 다리를 그려 넣다, 쓸데없는 짓을 하여 도리어 일을 잘못되게 하다
多余 duōyú 형 여분의, 나머지의 **非但** fēidàn 접 비단 ~뿐만 아니라
无益 wúyì 동 쓸모 없다, 이익이 없다 **反而** fǎn'ér 부 오히려, 도리어, 반대로
合适 héshì 형 적합하다, 알맞다

32 古典 ★★
gǔdiǎn

형 고전의, 고전적인

《西游记》是中国四大古典名著之一。

《Xīyóujì》 shì Zhōngguó sì dà gǔdiǎn míngzhù zhī yī.

《서유기》는 중국 4대 고전 명저 중 하나이다.

西游记 Xīyóujì 고유 서유기 **名著** míngzhù 명 명저

33 **结构** ★★
jiégòu

명 **구조, 구성, 조직**

술어

这篇作文因较好的文章结构得到了老师的表扬。
Zhè piān zuòwén yīn jiào hǎo de wénzhāng jiégòu dédàole lǎoshī de biǎoyáng.
이 글은 비교적 좋은 문장 구조로 선생님의 칭찬을 받았다.

作文 zuòwén 명 글, 작문 동 작문하다 **文章** wénzhāng 명 문장, 글
表扬 biǎoyáng 동 칭찬하다

34 **人物** ★★
rénwù

명 **인물**

他小说作品中的人物各有各的特点。
Tā xiǎoshuō zuòpǐn zhōng de rénwù gè yǒu gè de tèdiǎn.
그의 소설 작품 속의 인물들은 각각 자신만의 특징이 있다.

小说 xiǎoshuō 명 소설 **作品** zuòpǐn 명 작품

35 **伟大** ★★
wěidà

형 **위대하다**

鲁迅被认为是中国历史上最伟大的文学家之一。
Lǔ Xùn bèi rènwéi shì Zhōngguó lìshǐ shang zuì wěidà de wénxuéjiā zhī yī.
루쉰은 중국 문학 역사상 가장 위대한 문학가 중 한 명이라고 여겨진다.

鲁迅 Lǔ Xùn 고유 루쉰(중국의 작가) **文学家** wénxuéjiā 명 문학가

36 **词汇**
cíhuì

명 **어휘, 단어**

词汇量不够就无法在别人面前很好地说出自己的想法。
Cíhuìliàng búgòu jiù wúfǎ zài biérén miànqián hěn hǎo de shuōchū zìjǐ de xiǎngfǎ.
어휘량이 충분하지 않다면 다른 사람 앞에서 자신의 생각을 잘 말할 수 없다.

无法 wúfǎ 동 ~할 수 없다

37 **发表**
fābiǎo

동 **발표하다**

我喜欢的那位诗人最近发表了一首诗。

Wǒ xǐhuan de nà wèi shīrén zuìjìn fābiǎole yì shǒu shī.
내가 좋아하는 그 시인은 최근에 시 한 편을 발표했다.

诗人 shīrén 명 시인

시험에 이렇게 나온다!

짝꿍표현 发表를 활용한 다양한 출제 표현들을 알아 둔다.
发表文章 fābiǎo wénzhāng 글을 발표하다
发表看法 fābiǎo kànfǎ 견해를 발표하다
发表意见 fābiǎo yìjiàn 의견을 발표하다

38 **描写**
miáoxiě

동의어
描述 miáoshù
동 묘사하다

동 **그려 내다, 묘사하다**

《水浒传》描写了一群英雄好汉的故事。
《Shuǐhǔzhuàn》 miáoxiěle yì qún yīngxióng hǎohàn de gùshi.
《수호전》은 한 무리의 영웅호걸에 대한 이야기를 그려 냈다.

水浒传 Shuǐhǔzhuàn 고유 수호전 **群** qún 양 무리, 떼 명 무리
英雄好汉 yīngxióng hǎohàn 영웅호걸

39 **目录**
mùlù

명 **목록, 목차**

看书时先看目录，这样可以大概了解书的结构。
Kànshū shí xiān kàn mùlù, zhèyàng kěyǐ dàgài liǎojiě shū de jiégòu.
책을 볼 때 먼저 목록을 보도록 해, 이렇게 하면 책의 구성을 대략적으로 이해할 수 있어.

结构 jiégòu 명 구성, 구조, 조직

40 **拼音**
pīnyīn

명 **병음**

大部分汉语初学者认为拼音有点难。
Dàbùfen Hànyǔ chūxuézhě rènwéi pīnyīn yǒudiǎn nán.
대부분의 중국어 초보자들은 병음이 좀 어렵다고 생각한다.

41 叙述
xùshù

동 **서술하다, 설명하다**

→ 술어

这篇自传主要叙述了作者本人的人生经历。

Zhè piān zìzhuàn zhǔyào xùshùle zuòzhě běnrén de rénshēng jīnglì.

이 자서전은 주로 저자 본인의 인생 경험을 서술했다.

自传 zìzhuàn 명 자서전 **作者** zuòzhě 명 저자
本人 běnrén 대 본인 **经历** jīnglì 명 경험

42 赞美
zànměi

동 **찬미하다**

这首诗赞美了积极乐观的生活态度。

Zhè shǒu shī zànměile jījí lèguān de shēnghuó tàidu.

이 시는 적극적이고 낙관적인 생활 태도를 찬미했다.

诗 shī 명 시 **乐观** lèguān 형 낙관적이다
态度 tàidu 명 태도

잠깐 **赞美는 동사이지만 명사처럼 쓰이기도 한다.**

시험에 이렇게 나온다!

짝꿍표현 **赞美를 활용한 출제 표현을 알아 둔다.**

得到赞美 dédào zànměi **찬미를 받다**

43 粘贴
zhāntiē

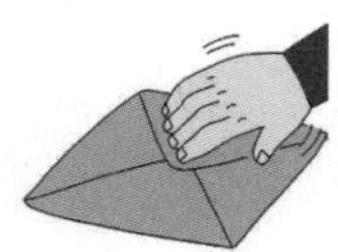

동 **(풀 등으로) 붙이다**

墙上粘贴着第二届校内艺术节的海报。

Qiángshang zhāntiēzhe dì èr jiè xiàonèi yìshùjié de hǎibào.

벽에는 제2회 교내 예술제의 포스터가 붙어있다.

墙 qiáng 명 벽, 담장 **届** jiè 양 회, 기[정기회의·졸업 연차를 세는 데 쓰임]
艺术节 yìshùjié 예술제 **海报** hǎibào 명 포스터

44 哲学
zhéxué

명 **철학**

这位哲学教授写的书简单易懂。

Zhè wèi zhéxué jiàoshòu xiě de shū jiǎndān yìdǒng.

이 철학 교수님께서 쓰신 책은 간단하고 이해하기 쉽다.

45 **组合**
zǔhé

명 **조합** 동 **조합하다**

술어

词语的组合都有一定的规律。
Cíyǔ de zǔhé dōu yǒu yídìng de guīlǜ.
단어의 조합은 모두 일정한 규칙이 있다.

这句话由几个词组合而成。
Zhè jù huà yóu jǐ ge cí zǔhé ér chéng.
이 말은 몇 개의 단어로 조합되어 생긴 것이다.

规律 guīlǜ 명 규칙, 규율

연습문제 **체크체크!**

제시된 각 단어의 뜻을 오른쪽 보기에서 찾아 줄을 그어 보세요.

01 赞美	ⓐ 풍자하다
02 作品	ⓑ 형용하다, 묘사하다
03 包含	ⓒ 작품
04 讽刺	ⓓ 포함하다, 내포하다
05 形容	ⓔ 찬미하다
06 象征	ⓕ 상징하다, 상징

문장을 읽고 빈칸에 들어갈 단어를 찾아 적어 보세요.

ⓐ 美术　ⓑ 风格　ⓒ 出色　ⓓ 发表

07 人人都称赞这是一部 ______ 的小说。

08 他的写作具有独特的 ______ 。

09 这个著名画家的 ______ 展览吸引了很多人。

10 我欣赏的一位作家最近在报纸上 ______ 了文章。

정답 : 01 ⓔ 02 ⓒ 03 ⓓ 04 ⓐ 05 ⓑ 06 ⓕ 07 ⓒ 08 ⓑ 09 ⓐ 10 ⓓ

* 07~10번 문제 해석은 해커스 중국어(china.Hackers.com)에서 무료로 제공합니다.

HSK 5급 시험에 나오는 고난도 어휘

☑ 잘 외워지지 않는 단어는 박스에 체크하여 복습하세요.

🎧 고난도 어휘 집중 암기_19.mp3

	단어	병음	뜻
□	比喻 6급	bǐyù	명 비유 동 비유하다
□	百看不厌	bǎi kàn bú yàn	백 번 봐도 싫지 않다
□	唱功	chànggōng	명 (가극 따위에서) 노래하는 기교, 노래 솜씨
□	创作 6급	chuàngzuò	동 (작품을) 창작하다 명 문예 작품, 창작물
□	雕花	diāohuā	동 꽃무늬를 조각하다
□	独创	dúchuàng	동 독창적이다
□	二胡	èrhú	명 얼후(중국의 전통 악기)
□	方言 6급	fāngyán	명 방언
□	符号 6급	fúhào	명 부호, 기호, 표기
□	*高雅	gāoyǎ	형 고상하다, 우아하다
□	工艺	gōngyì	명 공예
□	画作	huàzuò	명 회화 작품
□	甲骨文	Jiǎgǔwén	고유 갑골문
□	简洁	jiǎnjié	형 (말, 문장 등이) 간결하다
□	节奏 6급	jiézòu	명 리듬, 박자
□	老舍	Lǎo Shě	고유 라오서(중국 현대 소설가)
□	描述	miáoshù	동 묘사하다, 기술하다
□	墨汁	mòzhī	명 먹물
□	评论 6급	pínglùn	동 평론하다, 비평하다 명 평론, 비평
□	品题	pǐntí	동 (인물, 작품 등을) 논평하다, 평론하다, 비평하다

*표는 오른쪽 페이지의 <중국 문화와 역사>에 포함된 단어입니다.

□	琴声	qínshēng	명 거문고 소리, 악기 소리
□	*人类非物质文化遗产	Rénlèi Fēiwùzhì Wénhuà Yíchǎn	인류 무형 문화 유산
□	散文	sǎnwén	명 산문
□	书法 6급	shūfǎ	명 서예
□	书画	shūhuà	명 서예와 그림, 서화
□	俗语	súyǔ	명 속어, 속담
□	*西安鼓乐	Xī'ān gǔyuè	서안 고악(중국 시안 지역의 전통 민간 음악)
□	*旋律 6급	xuánlǜ	명 선율, 멜로디
□	语境	yǔjìng	명 언어 환경
□	语句	yǔjù	명 문구

알고 가면 시험이 쉬워지는 <중국 문화와 역사>

1000년이 넘는 역사를 가진 중국 시안의 민간 음악, *西安鼓乐(Xī'ān gǔyuè)

西安鼓乐는 시안과 그 주변의 지역에서 생겨난 음악이에요. 곡의 **主题**(zhǔtí), 악보, **结构**(jiégòu), 연주 형식 등이 현재까지 온전하게 전해져 내려온 중국의 대표적 대형 민간 음악으로, 유네스코 ***人类非物质文化遗产**(Rénlèi Fēiwùzhì Wénhuà Yíchǎn)에 등재되었답니다.

西安鼓乐는 북, 징, 방울 등의 타악기와 피리, 생황과 같은 ***旋律**(xuánlǜ) 악기 등이 연주에 사용돼요. 기품이 있고, ***高雅**(gāoyǎ)한 **风格**(fēnggé)를 가지고 있으며, 선율이 생동감있고 아름답답니다. 또한, 연주 규모가 클 뿐만 아니라, 곡의 주제가 다양하고, 곡의 **结构**가 복잡한 특징을 가지고 있어요.

신나는 가요도 좋지만 이러한 전통 음악도 한번 들어보는 것은 어떨까요?

主题 zhǔtí 명 주제 **结构** jiégòu 명 구조, 구성, 조직 **风格** fēnggé 명 스타일, 풍격

DAY

20

HSK5급 단어장

올해의 목표

성공 · 습관

주제를 알면 HSK가 보인다!

HSK 5급에서는 성공을 위한 교훈이나 좋은 습관에 대한 내용이 자주 출제돼요. 따라서 '요소', '강렬하다', '형성하다', '인생', '도달하다'처럼 성공·습관 관련 단어들을 집중적으로 학습하면 이러한 문제를 쉽게 풀 수 있어요.

단어, 예문 MP3

시작이 반이다

05 **达到** dádào [동] 도달하다, 이르다

02 **强烈** qiángliè [형] 강렬하다

03 **形成** xíngchéng [동] 형성하다, 이루다

04 **人生** rénshēng [명] 인생

01 **因素** yīnsù [명] 요소, 원인

01 **因素** ★★★
yīnsù

명 **요소, 원인**

成功与失败的因素有很多。(술어: 有)
Chénggōng yǔ shībài de yīnsù yǒu hěn duō.
성공과 실패의 요소는 여러 가지가 있다.

시험에 이렇게 나온다!

독해 독해 1부분에서는 지문의 빈칸에 들어갈 적절한 어휘를 보기에서 선택하는 문제가 출제된다. 이때, **因素**는 아래와 같은 명사들과 함께 보기로 자주 출제된다.

规则 guīzé 명 규칙　　**理由** lǐyóu 명 이유
待遇 dàiyù 명 대우 동 대우하다

02 **强烈** ★★★
qiángliè

형 **강렬하다**

他想要成功的愿望十分强烈。
Tā xiǎng yào chénggōng de yuànwàng shífēn qiángliè.
그는 성공하고 싶다는 소망이 매우 강렬하다.

愿望 yuànwàng 명 소망, 희망, 바람

03 **形成** ★★★
xíngchéng

동 **형성하다, 이루다**

父母的关心更容易使孩子形成活泼乐观的性格。
Fùmǔ de guānxīn gèng róngyì shǐ háizi xíngchéng huópō lèguān de xìnggé.
부모의 관심은 아이로 하여금 활발하고 낙관적인 성격을 더 쉽게 형성하도록 한다.

活泼 huópō 형 활발하다　**乐观** lèguān 형 낙관적이다
性格 xìnggé 명 성격

04 **人生** ★★★
rénshēng

명 **인생**

自信的态度对人生起很大的作用。
Zìxìn de tàidu duì rénshēng qǐ hěn dà de zuòyòng.
자신 있는 태도는 인생에 큰 영향을 끼친다.

态度 tàidu 명 태도　**作用** zuòyòng 명 영향 동 영향을 미치다

05 **达到** ★★★

dádào

동의어

到达 dàodá

동 도달하다, 이르다

동 **도달하다, 이르다**

他为了达到目标不断地努力着。

Tā wèile dádào mùbiāo búduàn de nǔlìzhe.

그는 목표에 도달하기 위해 끊임없이 노력하고 있다.

目标 mùbiāo 명 목표 **不断** búduàn 부 끊임없이, 부단히 동 끊임없다

시험에 이렇게 나온다!

독해 독해 1부분에서는 지문의 빈칸에 들어갈 적절한 어휘를 보기에서 선택하는 문제가 출제된다. 이때, **达到**는 아래와 같은 동사들과 함께 보기로 자주 출제된다.

导致 dǎozhì 동 야기하다, 초래하다

等于 děngyú 동 ~과 같다, ~이나 다름없다

造成 zàochéng 동 조성하다, 야기하다

짝꿍 표현 **达到**를 활용한 다양한 출제 표현들을 알아 둔다.

达到水平 dádào shuǐpíng 수준에 도달하다

达到目的 dádào mùdì 목적에 도달하다

06 **突出** ★★★

tūchū

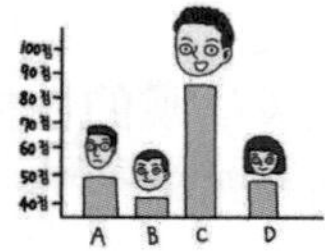

형 **뛰어나다, 두드러지다** 동 **두드러지게 하다**

她在期末考试中取得了突出的成绩。

Tā zài qīmò kǎoshì zhōng qǔdéle tūchū de chéngjì.

그녀는 기말고사에서 뛰어난 성적을 얻었다.

他懂得怎样突出自己的优势。

Tā dǒngde zěnyàng tūchū zìjǐ de yōushì.

그는 자신의 장점을 어떻게 두드러지게 하는지를 안다.

取得 qǔdé 동 얻다, 취득하다 **懂得** dǒngde 동 알다, 이해하다

优势 yōushì 명 장점, 우세

07 行动 ★★★
xíngdòng

동 행동하다 명 행동

大多数成功者往往在制定计划后就会立即行动。
Dàduōshù chénggōngzhě wǎngwǎng zài zhìdìng jìhuà hòu jiù huì lìjí xíngdòng.
대다수의 성공자들은 종종 계획을 세운 후 즉시 행동한다.

你们需要在戒烟行动上更加努力。
Nǐmen xūyào zài jièyān xíngdòng shang gèng jiā nǔlì.
너희는 금연을 하는 행동에 있어서 더 많은 노력이 필요해.

制定 zhìdìng 동 세우다, 제정하다 **计划** jìhuà 명 계획
立即 lìjí 부 즉시, 즉각 **戒烟** jièyān 동 금연을 하다

시험에 이렇게 나온다!

유의어 **行动 : 行为**(xíngwéi, 행위)

行动은 일반적으로 어떤 목표를 위해서 구체적인 활동을 하는 것을 의미하고, 동사와 명사로 쓰인다.
行动计划 xíngdòng jìhuà 행동 계획
自由行动 zìyóu xíngdòng 자유롭게 행동하다

行为는 일반적으로 사람이 하는 행위를 의미하고, 명사로만 쓰인다.
个人行为 gèrén xíngwéi 개인 행위
不法行为 bùfǎ xíngwéi 불법 행위

08 追求 ★★★
zhuīqiú

동 추구하다

为了追求理想而坚持到底的人很难不成功。
Wèile zhuīqiú lǐxiǎng ér jiānchí dàodǐ de rén hěn nán bù chénggōng .
이상을 추구하기 위하여 끝까지 견뎌내는 사람들은 성공하지 않기가 어렵다.

理想 lǐxiǎng 명 이상, 꿈 **坚持** jiānchí 동 견디다, 굳게 지키다
到底 dàodǐ 동 끝까지 가다 부 도대체

09 挑战 ★★★

tiǎozhàn

동 **도전하다**

술어

我们要有勇于挑战的态度。

Wǒmen yào yǒu yǒngyú tiǎozhàn de tàidu.

우리는 용감하게 도전하는 태도가 있어야 한다.

勇于 yǒngyú 동 용감하게 ~하다 **态度** tàidu 명 태도

잠깐 挑战은 동사이지만 명사처럼 쓰이기도 한다.

시험에 이렇게 나온다!

짝꿍표현 挑战을 활용한 다양한 출제 표현들을 알아 둔다.

面临挑战 miànlín tiǎozhàn 도전에 직면하다

遇到挑战 yùdào tiǎozhàn 도전에 맞닥뜨리다

挑战性 tiǎozhànxìng 도전성

10 梦想 ★★★

mèngxiǎng

명 **꿈, 몽상** 동 **갈망하다, 몽상하다**

她有机会实现自己的梦想。

Tā yǒu jīhuì shíxiàn zìjǐ de mèngxiǎng.

그녀는 자신의 꿈을 실현시킬 기회가 있다.

我小时候就梦想着当一个有名的记者。

Wǒ xiǎoshíhou jiù mèngxiǎngzhe dāng yí ge yǒumíng de jìzhě.

나는 어릴 때 유명한 기자가 되는 것을 갈망했다.

实现 shíxiàn 동 실현하다, 달성하다

시험에 이렇게 나온다!

짝꿍표현 梦想을 활용한 다양한 출제 표현들을 알아 둔다.

实现梦想 shíxiàn mèngxiǎng 꿈을 실현하다

追求梦想 zhuīqiú mèngxiǎng 꿈을 추구하다

유의어 **梦想:理想**(lǐxiǎng, 이상, 이상적이다)

梦想은 목적어를 가질 수 있으며, 일반적으로 쉽게 실현할 수 없는 공상을 나타낸다.

我祝愿你梦想成真。 Wǒ zhùyuàn nǐ mèngxiǎng chéng zhēn.
나는 너의 꿈이 이루어지기를 바란다.

理想은 목적어를 가질 수 없으며, 일반적으로 근거가 있고 합리적인 꿈을 나타낸다.

他找的工作非常理想。 Tā zhǎo de gōngzuò fēicháng lǐxiǎng.
그가 찾은 일은 매우 이상적이다.

11 在于 ★★★

zàiyú

동 ~에 있다

他成功的目的在于帮助更多有困难的人。(→ 술어)

Tā chénggōng de mùdì zàiyú bāngzhù gèng duō yǒu kùnnan de rén.

그의 성공의 목적은 더 많은 어려운 사람들을 돕는 데에 있다.

12 把握 ★★★

bǎwò

동의어

掌握 zhǎngwò

동 파악하다, 정복하다

동 잡다, 쥐다, 파악하다 명 자신감, 가능성

我们要把握好这个难得的机会。

Wǒmen yào bǎwò hǎo zhè ge nándé de jīhuì.

우리는 얻기 어려운 이 기회를 잘 잡아야 해.

我对这次考试有足够的把握。

Wǒ duì zhè cì kǎoshì yǒu zúgòu de bǎwò.

나는 이번 시험에 대해 충분한 자신감이 있다.

难得 nándé 형 얻기 어렵다

시험에 이렇게 나온다!

듣기 把握와 관련된 출제 표현들을 함께 알아 둔다.

- 机会 jīhuì 명 기회
- 判断 pànduàn 명 판단 동 판단하다
- 准备 zhǔnbèi 동 준비하다

13 承受 ★★★

chéngshòu

동 감당하다, 받아들이다

他一直在承受着来自工作和生活的双重压力。

Tā yìzhí zài chéngshòuzhe láizì gōngzuò hé shēnghuó de shuāngchóng yālì.

그는 일과 생활로부터 오는 이중 스트레스를 줄곧 감당하고 있다.

14 面临 ★★
miànlín

동 직면하다, 당면하다

술어

调整自己的心理状态是我们面临的最大挑战。

Tiáozhěng zìjǐ de xīnlǐ zhuàngtài shì wǒmen miànlín de zuìdà tiǎozhàn.

자신의 심리 상태를 조절하는 것은 우리가 직면한 가장 큰 도전이다.

调整 tiáozhěng 동 조절하다 **心理** xīnlǐ 명 심리, 기분
状态 zhuàngtài 명 상태 **挑战** tiǎozhàn 동 도전하다

잠깐 面临은 동사를 목적어로 가질 수 있다. 이때, 목적어로 오는 동사는 명사로 해석하는 것이 자연스럽다.

시험에 이렇게 나온다!

짝꿍표현 面临은 주로 '面临+명사' 또는 '面临+동사' 형태로 출제된다. 面临을 활용한 다양한 출제 표현들을 알아 둔다.

面临问题 miànlín wèntí 문제에 직면하다
面临危机 miànlín wēijī 위기에 직면하다
面临风险 miànlín fēngxiǎn 위험에 직면하다
面临破产 miànlín pòchǎn 파산에 직면하다
面临挑战 miànlín tiǎozhàn 도전에 직면하다

15 节省 ★★
jiéshěng

동 절약하다, 아끼다

好的工作计划可以让我们节省时间，更快完成任务。

Hǎo de gōngzuò jìhuà kěyǐ ràng wǒmen jiéshěng shíjiān, gèng kuài wánchéng rènwù.

좋은 업무 계획은 우리로 하여금 시간을 절약하고, 더 빠르게 임무를 완성할 수 있도록 한다.

计划 jìhuà 명 계획 **完成** wánchéng 동 완성하다, 이루다
任务 rènwù 명 임무

16 **一旦** ★★
yídàn

부 **일단**

这件事一旦成功，你就会得到更多东西。 (술어)
Zhè jiàn shì yídàn chénggōng, nǐ jiù huì dédào gèng duō dōngxi.
이 일이 일단 성공한다면, 당신은 더 많은 것을 얻을 수 있을 것입니다.

시험에 이렇게 나온다!

독해 독해 1부분에서는 지문의 빈칸에 들어갈 적절한 어휘를 보기에서 선택하는 문제가 출제된다. 이때, 一旦은 아래와 같은 부사들과 함께 보기로 자주 출제된다.
一律 yílǜ 부 예외 없이 형 일률적이다
再三 zàisān 부 다시, 재차
始终 shǐzhōng 부 한결같이, 언제나

17 **愿望** ★★
yuànwàng

명 **소원, 소망, 염원**

我现在最大的愿望就是考上理想的大学。
Wǒ xiànzài zuì dà de yuànwàng jiù shì kǎoshàng lǐxiǎng de dàxué.
나의 현재 가장 큰 소원은 바로 이상적인 대학에 합격하는 것이다.

理想 lǐxiǎng 명 이상, 꿈

시험에 이렇게 나온다!

짝꿍표현 愿望을 활용한 다양한 출제 표현들을 알아 둔다.
愿望实现 yuànwàng shíxiàn 소망이 실현되다
实现愿望 shíxiàn yuànwàng 소망을 실현하다

18 **运气** ★★
yùnqi

명 **운, 운수**

运气是靠努力和坚持得来的。
Yùnqi shì kào nǔlì hé jiānchí délái de.
운은 노력과 끈기에 기대어 얻어 내는 것이다.

靠 kào 동 기대다 **坚持** jiānchí 동 견디다, 굳게 지키다

19 **体会** ★★

tǐhuì

동의어
体验 tǐyàn
동 체험하다

동 **체득하다, 체험하여 느끼다** 명 **체득, 이해**

술어

别只羡慕别人的成功，也应该去体会到他所做出的努力。

Bié zhǐ xiànmù biérén de chénggōng, yě yīnggāi qù tǐhuì dào tā suǒ zuòchū de nǔlì.

다른 사람의 성공을 오직 부러워만 하지 말고, 반드시 그가 한 노력을 몸소 체득해야 한다.

演讲结束后，大家说出了自己的体会。

Yǎnjiǎng jiéshù hòu, dàjiā shuōchūle zìjǐ de tǐhuì.

강연이 끝난 후, 모두 자신이 체득한 것을 말했다.

羡慕 xiànmù 동 부러워하다

시험에 이렇게 나온다!

독해 독해 1부분에서는 지문의 빈칸에 들어갈 적절한 어휘를 보기에서 선택하는 문제가 출제된다. 이때, **体会**는 아래와 같은 동사들과 함께 보기로 자주 출제된다.

反映 fǎnyìng 동 반영하다　　**体现** tǐxiàn 동 구현하다

20 **成就** ★★

chéngjiù

명 **성취, 성과** 동 **이루다**

他在这方面取得的突出成就值得尊敬。

Tā zài zhè fāngmiàn qǔdé de tūchū chéngjiù zhíde zūnjìng.

그가 이 방면에서 얻은 뛰어난 성취는 존경할 만하다.

成就大事的人一般都有一些好习惯。

Chéngjiù dàshì de rén yìbān dōu yǒu yìxiē hǎo xíguàn.

큰 일을 이룬 사람은 일반적으로 모두 몇 가지 좋은 습관을 가지고 있다.

取得 qǔdé 동 얻다, 취득하다 **突出** tūchū 형 뛰어나다
值得 zhíde 동 ~할 만하다 **尊敬** zūnjìng 동 존경하다 형 존경할 만하다

21 **教训** ★★
jiàoxùn

명 **교훈** 동 **훈계하다**

술어

我们可以在失败中得到很多教训。
Wǒmen kěyǐ zài shībài zhōng dédào hěn duō jiàoxùn.
우리는 실패 속에서 많은 교훈을 얻을 수 있다.

父母应该适当地教训孩子。
Fùmǔ yīnggāi shìdàng de jiàoxùn háizi.
부모는 반드시 아이를 적절히 훈계해야 한다.

适当 shìdàng 형 적절하다, 적합하다

22 **力量** ★★
lìliàng

명 **힘, 역량, 능력**

适时的称赞能使孩子得到很多力量。
Shìshí de chēngzàn néng shǐ háizi dédào hěn duō lìliàng.
시기적절한 칭찬은 아이로 하여금 많은 힘을 얻을 수 있게 한다.

适时 shìshí 형 시기적절하다 **称赞** chēngzàn 동 칭찬하다

알아두면 좋은 배경지식

대중적으로 성공한 사람 중 자신의 능력이나 실력을 믿지 못하고 '나는 이러한 위치에 오를 자격이 없으며, 언젠가는 가면이 벗겨져 정체가 드러날 것'이라고 불안해하는 사람들이 있는데, 이러한 심리 현상을 **冒充者综合征**(가면 증후군)이라고 한다.

冒充者综合征 Màochōngzhě Zònghézhēng 가면 증후군

23 **吸取** ★★
xīqǔ

동 **얻다, 흡수하다**

读史书的好处在于可以从历史人物上吸取经验。
Dú shǐshū de hǎochù zàiyú kěyǐ cóng lìshǐ rénwù shang xīqǔ jīngyàn.
역사책을 읽는 것의 장점은 역사적 인물로부터 경험을 얻을 수 있다는 데에 있다.

好处 hǎochù 명 장점 **在于** zàiyú 동 ~에 있다
人物 rénwù 명 인물 **经验** jīngyàn 명 경험

24 控制 ★★

kòngzhì

동 통제하다, 조절하다

实现理想的过程中最难做到的是控制自己的情绪。(술어)

Shíxiàn lǐxiǎng de guòchéng zhōng zuì nán zuòdào de shì kòngzhì zìjǐ de qíngxù.

이상을 실현하는 과정 중 가장 어려운 것은 자신의 기분을 통제하는 것이다.

实现 shíxiàn 동 실현하다, 달성하다 **理想** lǐxiǎng 명 이상, 꿈
情绪 qíngxù 명 기분, 정서

25 哪怕 ★★

nǎpà

동의어
即使 jíshǐ
접 설령 ~하더라도

접 설령 ~이라 해도

哪怕再忙再累，他每天也会坚持阅读。

Nǎpà zài máng zài lèi, tā měitiān yě huì jiānchí yuèdú.

설령 아무리 바쁘고 피곤하다고 해도, 그는 매일 꾸준히 책을 읽을 것이다.

坚持 jiānchí 동 꾸준하다, 지속하다

시험에 이렇게 나온다!

독해 독해 1부분에서는 지문의 빈칸에 들어갈 적절한 어휘를 보기에서 선택하는 문제가 출제된다. 이때, **哪怕**는 아래와 같은 어휘들과 함께 보기로 자주 출제된다.

假如 jiǎrú 접 만약, 만일
何况 hékuàng 접 하물며, 더군다나
宁可 nìngkě 부 차라리 ~일지언정

짝꿍표현 **哪怕**를 활용한 출제 표현을 알아 둔다.

哪怕 A, **也/都** B nǎpà A, yě/dōu B 설령 A하더라도, B하겠다

26 难免 ★★

nánmiǎn

형 피하기 어렵다, ~하게 마련이다

为了取得理想的成绩，难免要牺牲睡眠时间。

Wèile qǔdé lǐxiǎng de chéngjì, nánmiǎn yào xīshēng shuìmián shíjiān.

이상적인 성적을 얻기 위해서는, 수면 시간을 희생해야 하는 것을 피하기 어렵다.

取得 qǔdé 동 얻다 **理想** lǐxiǎng 동 얻다
牺牲 xīshēng 동 희생하다, 포기하다 **睡眠** shuìmián 명 수면, 잠

27 **与其** ★★
yǔqí

접 ~하기보다는

술어

与其总是后悔过去，不如为未来做准备。
Yǔqí zǒngshì hòuhuǐ guòqù, bùrú wèi wèilái zuò zhǔnbèi.
과거를 늘 후회하기보다는, 미래를 위해 준비하는 것이 낫다.

后悔 hòuhuǐ 동 후회하다 **不如** bùrú 동 ~만 못하다
未来 wèilái 명 미래

시험에 이렇게 나온다!

짝꿍표현 与其를 활용한 출제 표현을 알아 둔다.
与其 A, **不如** B yǔqí A, bùrú B A하느니, B하는 것이 낫다

28 **智慧** ★★
zhìhuì

명 지혜

通过读书可以提高智慧。
Tōngguò dúshū kěyǐ tígāo zhìhuì.
독서를 통해서 지혜를 높일 수 있다.

29 **逃避** ★★
táobì

동 도피하다

逃避现实不能解决任何问题。
Táobì xiànshí bù néng jiějué rènhé wèntí.
현실에서 도피하는 것은 어떠한 문제도 해결하지 못한다.

现实 xiànshí 명 현실 형 현실적이다 **任何** rènhé 대 어떠한, 무엇

시험에 이렇게 나온다!

쓰기 **逃避**는 쓰기 2부분 99번에서 제시어로 자주 출제된다. 이때, 아래와 같은 어휘가 **逃避**와 함께 제시어로 자주 출제된다.
梦想 mèngxiǎng 명 꿈, 몽상 동 갈망하다, 몽상하다
坚强 jiānqiáng 형 굳세다, 꿋꿋하다

★★★ = 출제율 최상 ★★ = 출제율 상

30 **珍惜** ★★
zhēnxī

동 **소중히 하다, 아끼다**

술어

时间一去不复返，所以我们要懂得珍惜时间。
Shíjiān yí qù bú fùfǎn, suǒyǐ wǒmen yào dǒngde zhēnxī shíjiān.
시간은 한 번 가면 다시는 돌아오지 않으므로, 우리는 시간을 소중히 하는 것을 알아야 한다.

复返 fùfǎn 동 다시 돌아오다 **懂得** dǒngde 동 알다

시험에 이렇게 나온다!

쓰기 **珍惜**는 쓰기 2부분 99번에서 제시어로 자주 출제된다. 이때, 아래와 같은 어휘가 **珍惜**와 함께 제시어로 자주 출제된다.

浪费 làngfèi 동 낭비하다, 허비하다
养成 yǎngchéng 동 양성하다, 키우다

31 **尽力** ★★
jìnlì

동 **최선을 다하다, 온 힘을 다하다**

我会尽力按时完成所有工作的。
Wǒ huì jìnlì ànshí wánchéng suǒyǒu gōngzuò de.
나는 최선을 다해서 규정된 시간에 따라 모든 일을 완성할 것이다.

按时 ànshí 부 규정된 시간에 따라 **完成** wánchéng 동 완성하다

32 **现实** ★★
xiànshí

명 **현실** 형 **현실적이다**

人应该活在现实中，而不能活在幻想里。
Rén yīnggāi huó zài xiànshí zhōng, ér bù néng huó zài huànxiǎng li.
사람은 마땅히 현실 속에서 살아야지, 환상 속에서 살면 안 된다.

他总是用现实的态度考虑问题。
Tā zǒngshì yòng xiànshí de tàidu kǎolǜ wèntí.
그는 늘 현실적인 태도로 문제를 고려한다.

幻想 huànxiǎng 명 환상 **态度** tàidu 명 태도

33 **面对** ★★

miànduì

동 **직면하다, 마주 보다**

我们要勇敢地面对困难。

Wǒmen yào yǒnggǎn de miànduì kùnnan.

우리는 용감하게 어려움에 직면해야 한다.

勇敢 yǒnggǎn 형 용감하다

잠깐 面对는 동사를 목적어로 가질 수 있다. 이때, 목적어로 오는 동사는 명사로 해석하는 것이 자연스럽다.

시험에 이렇게 나온다!

짝꿍표현 面对는 주로 '面对+명사' 또는 '面对+동사' 형태로 출제된다. 面对를 활용한 다양한 출제 표현들을 알아 둔다.

面对困难 miànduì kùnnan 어려움에 직면하다

面对问题 miànduì wèntí 문제에 직면하다

面对批评 miànduì pīpíng 비판에 직면하다

面对挑战 miànduì tiǎozhàn 도전에 직면하다

34 **万一** ★★

wànyī

접 **만약, 만일**

명 **만일(가능성이 매우 희박한 의외의 변화)**

万一失败了，那也会成为很好的教训。

Wànyī shībàile, nà yě huì chéngwéi hěn hǎo de jiàoxùn.

만일 실패했더라도, 그것 또한 좋은 교훈이 될 수 있다.

为了以防万一，请你留下联系方式。

Wèile yǐ fáng wàn yī, qǐng nǐ liúxia liánxì fāngshì.

만일에 대비하기 위하여, 당신의 연락처를 남겨주세요.

教训 jiàoxùn 명 교훈 동 훈계하다 **以防** yǐ fáng ~을 대비하기 위하여

시험에 이렇게 나온다!

독해 독해 1부분에서는 지문의 빈칸에 들어갈 적절한 어휘를 보기에서 선택하는 문제가 출제된다. 이때, 万一는 아래와 같은 부사들과 함께 보기로 자주 출제된다.

未必 wèibì 부 반드시 ~한 것은 아니다

总算 zǒngsuàn 부 마침내, 드디어

35 坚强 ★★
jiānqiáng

형 강인하다, 굳세다 동 견고히 하다

经历过几次失败后，她变得更加坚强了。(술어: 变)
Jīnglìguo jǐ cì shībài hòu, tā biànde gèngjiā jiānqiáng le.
여러 번의 실패를 경험한 후, 그녀는 더욱 강인하게 변했다.

我们要坚强信心，不断接受挑战。
Wǒmen yào jiānqiáng xìnxīn, búduàn jiēshòu tiǎozhàn.
우리는 믿음을 견고히 하고, 끊임없이 도전을 받아들여야 한다.

经历 jīnglì 동 경험하다 명 경험 **信心** xìnxīn 명 믿음, 자신, 확신
不断 búduàn 부 끊임없이, 부단히 동 끊임없다
挑战 tiǎozhàn 동 도전하다 명 도전

36 次要
cìyào

반의어
主要 zhǔyào
형 주요하다, 중요하다
重要 zhòngyào
형 중요하다

형 부차적인, 부수적인

不要把太多精力放在次要问题上。
Bú yào bǎ tài duō jīnglì fàng zài cìyào wèntí shang.
너무 많은 에너지를 부차적인 문제에 쏟지 마라.

精力 jīnglì 명 에너지, 힘

37 奋斗
fèndòu

동 분투하다

她一直在为自己的梦想奋斗。
Tā yìzhí zài wèi zìjǐ de mèngxiǎng fèndòu.
그녀는 자신의 꿈을 위해서 줄곧 분투하고 있다.

梦想 mèngxiǎng 명 꿈, 몽상 동 갈망하다, 몽상하다

시험에 이렇게 나온다!

쓰기 **奋斗**는 쓰기 2부분 99번에서 제시어로 자주 출제된다. 이때, '**为 A 努力奋斗**(A를 위해 노력하고 분투하다)'라는 표현을 사용하면 쉽게 작문할 수 있다.

为 A 努力奋斗 wèi A nǔlì fèndòu A를 위해 노력하고 분투하다

38 **克服**

kèfú

동 **극복하다, 이겨내다**

你要有克服所有困难的信心。 (술어)

Nǐ yào yǒu kèfú suǒyǒu kùnnan de xìnxīn.

너는 모든 어려움을 극복하겠다는 자신이 있어야 해.

信心 xìnxīn 명 자신, 확신

39 **命运**

mìngyùn

명 **운명**

命运是掌握在自己手中的。

Mìngyùn shì zhǎngwò zài zìjǐ shǒuzhōng de.

운명은 자신의 손 안에 붙잡는 것이다.

掌握 zhǎngwò 동 붙잡다, 장악하다

40 **目标**

mùbiāo

명 **목표**

他们为了达到目标而共同努力。

Tāmen wèile dádào mùbiāo ér gòngtóng nǔlì.

그들은 목표를 달성하기 위하여 함께 노력한다.

达到 dádào 동 달성하다, 도달하다

시험에 이렇게 나온다!

쓰기 **目标는 쓰기 2부분 99번에서 제시어로 자주 출제된다. 이때, '以 A 为目标(A를 목표로 삼다)'라는 표현을 사용하면 쉽게 작문할 수 있다.**

以 A 为目标 yǐ A wéi mùbiāo **A를 목표로 삼다**

41 **退步**

tuìbù

반의어

进步 jìnbù

동 진보하다

동 **퇴보하다, 후퇴하다**

虽然这次考试成绩退步了，但我会努力赶上的。

Suīrán zhè cì kǎoshì chéngjì tuìbùle, dàn wǒ huì nǔlì gǎnshàng de.

비록 이번 시험 성적이 퇴보했지만, 나는 노력해서 따라잡을 수 있을 것이다.

赶上 gǎnshàng 동 따라잡다

42 **幸运**
xìngyùn

명 **행운** 형 **운이 좋다, 행운이다**

술어

幸运也是他成功的一个因素。
Xìngyùn yě shì tā chénggōng de yí ge yīnsù.
행운 또한 그가 성공하게 된 한 가지 요소였다.

他一直被认为是幸运的人。
Tā yìzhí bèi rènwéi shì xìngyùn de rén.
그는 줄곧 운이 좋은 사람으로 여겨진다.

因素 yīnsù 명 요소, 원인

43 **勇气**
yǒngqì

명 **용기**

你要有追求梦想的勇气。
Nǐ yào yǒu zhuīqiú mèngxiǎng de yǒngqì.
너는 꿈을 추구하는 용기가 있어야 해.

追求 zhuīqiú 동 추구하다
梦想 mèngxiǎng 명 꿈, 몽상 동 갈망하다, 몽상하다

44 **在乎**
zàihu

동 **신경 쓰다, ~에 있다**

他不在乎周围人怎么说，只专注于自己的事情。
Tā bú zàihu zhōuwéirén zěnme shuō, zhǐ zhuānzhù yú zìjǐ de shìqíng.
그는 주위 사람들이 어떻게 말을 하든지 신경 쓰지 않고, 오직 자기 일에만 집중한다.

专注 zhuānzhù 형 집중하다, 몰두하다

45 **抓紧**
zhuājǐn

동 **서둘러 하다, 단단히 쥐다**

他抓紧时间把计划付诸行动。
Tā zhuājǐn shíjiān bǎ jìhuà fùzhū xíngdòng.
그는 시간을 서둘러 계획을 행동에 부친다.

计划 jìhuà 명 계획 **付诸** fùzhū 동 ~에 부치다
行动 xíngdòng 명 행동 동 행동하다

시험에 이렇게 나온다!

짝꿍 표현 **抓紧**을 활용한 출제 표현을 알아 둔다.
抓紧时间 zhuājǐn shíjiān 시간을 서두르다

연습문제 **체크체크!**

제시된 각 단어의 뜻을 오른쪽 보기에서 찾아 줄을 그어 보세요.

01 形成	ⓐ 요소, 원인
02 教训	ⓑ 교훈, 훈계하다
03 哪怕	ⓒ 목표
04 因素	ⓓ 형성하다, 이루다
05 吸取	ⓔ 얻다, 흡수하다
06 目标	ⓕ 설령 ~이라 해도

문장을 읽고 빈칸에 들어갈 단어를 찾아 적어 보세요.

ⓐ 坚强　ⓑ 成就　ⓒ 梦想　ⓓ 面对

07 每个人都有自己追求的 ______________ 。

08 我们要积极地 ______________ 生活中的各种挑战。

09 他在科学研究方面取得的 ______________ 令人佩服。

10 失败的经验可以让我们变得更 ______________ 。

정답 : 01 ⓓ 02 ⓑ 03 ⓕ 04 ⓐ 05 ⓔ 06 ⓒ 07 ⓒ 08 ⓓ 09 ⓑ 10 ⓐ

* 07~10번 문제 해석은 해커스 중국어(china.Hackers.com)에서 무료로 제공합니다.

HSK 5급 시험에 나오는 고난도 어휘

☑ 잘 외워지지 않는 단어는 박스에 체크하여 복습하세요.

🎧 고난도 어휘 집중 암기_20.mp3

□ 必不可少	bìbùkěshǎo	성 필수적이다, 절대적으로 필요하다
□ 成败	chéngbài	명 성패, 성공과 실패
□ 充实 6급	chōngshí	형 (내용, 물자 등이) 충실하다, 풍부하다, 충분하다
□ 创新 6급	chuàngxīn	동 (옛것을 버리고 새것을) 창조하다
□ *懂得	dǒngde	동 알다, 이해하다
□ 奋斗到底	fèndòu dàodǐ	끝까지 분투하다
□ 付出	fùchū	동 (돈, 대가 등을) 지불하다, 주다
□ 复返	fùfǎn	동 다시 돌아오다
□ 富贵	fùguì	명 부귀 형 부귀하다
□ 赶上	gǎnshàng	동 따라잡다
□ 惯用	guànyòng	동 습관적으로 쓰다, 관용하다
□ *进一步	jìnyíbù	부 (한 걸음 더) 나아가, 진일보하여
□ *孔子	Kǒngzǐ	고유 공자
□ 梦想成真	mèngxiǎngchéng zhēn	꿈이 이루어지다
□ 名人	míngrén	명 명인, 유명 인사
□ 名声	míngshēng	명 명성, 평판
□ 碰钉子	pèngdīngzi	동 난관에 부닥치다
□ 潜力 6급	qiánlì	명 잠재력, 저력
□ 擅长 6급	shàncháng	명 장기, 재간 동 정통하다, 숙달하다
□ *深究	shēnjiū	동 깊이 따지다, 깊게 연구하다

*표는 오른쪽 페이지의 <중국 문화와 역사>에 포함된 단어입니다.

□	适时	shìshí	형 시기적절하다
□	天赋 6급	tiānfù	동 (선천적으로) 타고나다
□	突破 6급	tūpò	동 돌파하다, 타파하다
□	信誉 6급	xìnyù	명 신망, 위신
□	业绩	yèjì	명 업적
□	原地	yuándì	명 제자리
□	专注	zhuānzhù	형 (정신 등을) 집중하다, 전념하다
□	自知之明	zìzhīzhīmíng	성 자신의 결점을 정확히 아는 능력
□	自作聪明	zìzuòcōngmíng	성 스스로 똑똑하다고 여겨 함부로 행동하거나 말하다
□	足够	zúgòu	동 충분하다

알고 가면 시험이 쉬워지는 <중국 문화와 역사>

*孔子(Kǒngzǐ)를 통해서 배우는 성공을 위한 자세

우리는 살면서 어떻게 하면 큰 成就(chéngjiù)를 얻을 수 있을지 고민하곤 해요. 孔子의 한 일화를 통해 이와 관련한 教训(jiàoxùn)을 얻을 수 있어요.

孔子는 한 악관 스승에게 거문고를 배웠는데, 한 곡만을 끊임없이 연습했어요. 스승이 孔子에게 *进一步(jìnyíbù)하여 새로운 곡을 배울 것을 권유했지만, 孔子는 그럴 때마다 자신은 아직 부족하다며 尽力(jìnlì)하여 한 곡에만 집요하게 파고들었어요. 그러던 어느 날, 孔子는 큰 깨달음을 얻고 그 곡의 참뜻을 *懂得(dǒngde)하게 되어, 그 곡을 만든 사람의 생김새, 신분까지 모두 맞춰 스승조차도 놀라게 했다고 합니다.

우리도 孔子처럼 어떤 일을 하든 *深究(shēnjiū)하여 그 의미의 참뜻을 이해하려고 한다면, 어떤 일을 하든 큰 성과를 거둘 수 있지 않을까요?

成就 chéngjiù 명 성취, 성과 동 이루다 **教训** jiàoxùn 명 교훈 동 훈계하다 **尽力** jìnlì 동 최선을 다하다

HSK 5급 **미니 실전모의고사 2**

듣기 MP3

[듣기] 미니 실전모의고사 2_01/02/03.mp3

1-2. 대화와 질문을 듣고 알맞은 보기를 선택하세요.

1. A 海关　　B 报社　　C 实验室　　D 展览馆

2. A 丰富主题　　B 补充内容　　C 注意结构　　D 先写提纲

3-6. 대화와 단문 및 질문을 듣고 알맞은 보기를 선택하세요.

3. A 意外　　B 欣赏　　C 赞美　　D 自豪

4. A 身体正在恢复　　B 经常感到头晕　　C 胃口受到影响　　D 晚上睡得不好

5. A 尝尝有没有熟　　B 感觉有点儿饿　　C 饭的味道很香　　D 不想浪费粮食

6. A 不要轻易责备别人　　B 要给别人解释的机会
C 跟学生多交流很重要　　D 看到的不一定都是事实

[독해]

7-9. 빈칸에 알맞은 답을 선택하세요.

7-9.

在现代社会，演讲能力正变得越来越重要。演讲其实是最传统、最直接的一种 ⑦ 方式。合适的话题是演讲成功的关键，人们在选择话题时首先要考虑演讲的 ⑧ ，对不同的人，演讲内容也是不一样的。此外，出色的演讲需准备充分。声音、表情、动作，这些都要经过反复练习。只有这样，才能 ⑨ 住面对人群的压力，哪怕发生了意外状况，也能大方地表现自己。

7. A 刺激　　B 实践　　C 宣传　　D 培训

8. A 对方　　B 对象　　C 双方　　D 对手

9. A 承受　　B 具备　　C 体会　　D 包括

10. 지문과 일치하는 내용의 보기를 선택하세요.

10. 《小王子》是一部儿童短篇小说，描写了外星人小王子到地球后的各种经历，从孩子的角度对缺乏想象力的成人世界进行了批判。小说比较了世界的美与丑、好与坏，冷静地思考了人生，包含着浓厚的象征色彩，所以也吸引了很多成人读者。

A 小王子是一个爱冒险的人

B 小说的读者都是少年儿童

C 小说是用孩子的眼睛看世界

D 小说描写了小王子的海洋之旅

11-12. 지문을 읽고 질문에 알맞은 보기를 선택하세요.

11-12.

穿衣指数由风速、温度、湿度等不同因素决定,它可以提醒人们根据温度变化来改变着装。生活在四季明显的国家时，必须要重视穿衣指数，不然很难避开感冒等疾病。而婴幼儿及老年人的监护人更要深入了解它，这样才能在外出时做好防护措施。

穿衣指数通常分为8个等级，指数越大，衣服越厚。夏季的穿衣指数一般为1-2级，衣服厚度不到4毫米，主要是裙子，衬衫，短裤等类型。冬季的穿衣指数为6-8级，衣服厚度都在15毫米以上，主要是大衣，卫衣等类型。春秋季的穿衣指数为3-5级，衣服厚度在4-15毫米之间，衣服类型很多。因此春秋也是最时髦的季节，街上的行人穿着打扮各不相同。

总而言之，穿衣指数既可以让我们保暖舒适，又可以让我们在不同的季节里拥有自己的时尚。

11. 关于穿衣指数，可以知道：

A 由各种因素来决定　　B 与时尚有关的指数

C 用于确定衣服风格　　D 能判断出疾病种类

12. 根据第二段，下列哪项正确？

A 指数越大穿的衣服越薄　　B 冬季穿衣指数为三至五级

C 穿衣指数通常最高为六级　　D 四季中夏季的穿衣指数最低

[쓰기]

13-14. 제시된 어휘를 순서에 맞게 배치하여 문장을 완성하세요.

13. 俱乐部　　广场附近　　位于　　那家

14. 颜色　　飘着　　鲜艳的气球　　天空中

정답 및 해석·해설 p.559

DAY

21

HSK5급 단어장

인생 공부법

학업 · 강연

주제를 알면 HSK가 보인다!

HSK 5급에서는 여름 캠프나 수업 커리큘럼 등과 관련된 내용의 문제가 자주 출제돼요. 따라서 '여름 캠프', '청소년', '커리큘럼', '전문가', '강좌'처럼 학업·강연 관련 단어들을 집중적으로 학습하면 이러한 문제를 쉽게 풀 수 있어요.

단어, 예문 MP3

캠프는 즐거워

02 **青少年** qīngshàonián 명 청소년

04 **专家** zhuānjiā 명 전문가

03 **课程** kèchéng 명 커리큘럼, 교과 과정

01 **夏令营** xiàlìngyíng 명 여름 캠프

05 **讲座** jiǎngzuò 명 강좌

01 **夏令营** ★★★
xiàlìngyíng

명 **여름 캠프**

술어
听说很多人报名参加了今年的夏令营。
Tīngshuō hěn duō rén bàomíng cānjiāle jīnnián de xiàlìngyíng.
듣자 하니 많은 사람들이 올해 여름 캠프에 참가하는 것을 신청했다고 한다.

02 **青少年** ★★★
qīngshàonián

명 **청소년**

新的教学方法受到了青少年的欢迎。
Xīn de jiàoxué fāngfǎ shòudàole qīngshàonián de huānyíng.
새로운 교육 방법은 청소년의 환영을 받았다.

教学 jiàoxué 명 교육, 수업

03 **课程** ★★★
kèchéng

명 **커리큘럼, 교과 과정**

下学期开始我们要学计算机初级课程。
Xià xuéqī kāishǐ wǒmen yào xué jìsuànjī chūjí kèchéng.
다음 학기부터 우리는 컴퓨터 초급 커리큘럼을 배우는 것을 시작한다.

计算机 jìsuànjī 명 컴퓨터 初级 chūjí 형 초급의

04 **专家** ★★★
zhuānjiā

명 **전문가**

他是我们学校最有名的经济学专家。
Tā shì wǒmen xuéxiào zuì yǒumíng de jīngjìxué zhuānjiā.
그는 우리 학교에서 가장 유명한 경제학 전문가이다.

经济学 jīngjìxué 명 경제학

05 **讲座** ★★★
jiǎngzuò

명 **강좌**

那个教授的讲座场场满座。
Nà ge jiàoshòu de jiǎngzuò chǎngchǎng mǎnzuò.
그 교수님의 강좌는 매번 만석이다.

满座 mǎnzuò 동 만석이다, 자리가 다 차다

★★★ = 출제율 최상 ★★ = 출제율 상

06 **收获** ★★★
shōuhuò

동 얻다, 수확하다 명 소득, 성과

술어

今晚的讲座让我们收获很多。
Jīn wǎn de jiǎngzuò ràng wǒmen shōuhuò hěn duō.
오늘 저녁의 강좌는 우리로 하여금 많은 것을 얻게 했다.

最近的这些经历给了我很大的收获。
Zuìjìn de zhèxiē jīnglì gěile wǒ hěn dà de shōuhuò.
최근의 이러한 경험은 나에게 큰 소득을 주었다.

讲座 jiǎngzuò 명 강좌 **经历** jīnglì 명 경험 동 경험하다

07 **论文** ★★★
lùnwén

명 논문

教授让我在下周五之前提交毕业论文。
Jiàoshòu ràng wǒ zài xià zhōuwǔ zhīqián tíjiāo bìyè lùnwén.
교수님께서는 나에게 다음 주 금요일 전까지 졸업 논문을 제출하라고 하셨다.

提交 tíjiāo 동 제출하다 **毕业** bìyè 동 졸업하다

시험에 이렇게 나온다!

듣기 **论文**과 관련된 출제 표현들을 함께 알아 둔다.

毕业 bìyè 동 졸업하다　**修改** xiūgǎi 동 수정하다
主题 zhǔtí 명 주제

08 **培训** ★★★
péixùn

동 훈련하다, 양성하다

小美有机会去北京接受培训。
Xiǎo Měi yǒu jīhuì qù Běijīng jiēshòu péixùn.
샤오메이는 베이징에 가서 훈련을 받을 기회가 생겼다.

잠깐 培训은 동사이지만 명사처럼 쓰이기도 한다.

09 **实现** ★★★

shíxiàn

㊍ **실현하다, 달성하다**

(술어: 实现)

他通过努力终于实现了梦想。

Tā tōngguò nǔlì zhōngyú shíxiànle mèngxiǎng.

그는 노력을 통하여 마침내 꿈을 실현했다.

梦想 mèngxiǎng ㊔ 꿈, 몽상 ㊍ 갈망하다, 몽상하다

시험에 이렇게 나온다!

짝꿍 표현 **实现**을 활용한 다양한 출제 표현들을 알아 둔다.

实现梦想 shíxiàn mèngxiǎng 꿈을 실현하다

实现理想 shíxiàn lǐxiǎng 이상을 실현하다

实现目标 shíxiàn mùbiāo 목표를 실현하다

10 **支** ★★

zhī

㊎ **자루[막대 모양의 물건을 세는 단위]**

他用一支粉笔在黑板上写了问题的解释过程。

Tā yòng yì zhī fěnbǐ zài hēibǎn shang xiěle wèntí de jiěshì guòchéng.

그는 분필을 사용하여 칠판 위에 문제의 해설 과정을 적었다.

粉笔 fěnbǐ ㊔ 분필 **解释** jiěshì ㊍ 해설하다

11 **测验** ★★

cèyàn

㊍ **테스트하다, 시험하다**

请你把测验结果反映在毕业论文里。

Qǐng nǐ bǎ cèyàn jiéguǒ fǎnyìng zài bìyè lùnwén li.

테스트 결과를 졸업 논문에 반영해 주세요.

反映 fǎnyìng ㊍ 반영하다, 보고하다 **毕业** bìyè ㊍ 졸업하다

论文 lùnwén ㊔ 논문

시험에 이렇게 나온다!

짝꿍 표현 **测验**을 활용한 다양한 출제 표현들을 알아 둔다.

课堂测验 kètáng cèyàn 쪽지 시험

测验结果 cèyàn jiéguǒ 테스트 결과

12 **修改** ★★
xiūgǎi

동 **수정하다, 고치다**

→ 술어

你的论文整体上写得不错，只是需要修改一下部分内容。
Nǐ de lùnwén zhěngtǐ shang xiě de búcuò, zhǐshì xūyào xiūgǎi yíxià bùfen nèiróng.
네 논문은 전체적으로는 잘 썼는데, 다만 일부 내용은 수정하는 것이 좀 필요해.

论文 lùnwén 명 논문 **整体** zhěngtǐ 명 전체, 총체

13 **提问** ★★
tíwèn

반의어
回答 huídá
동 대답하다

동 **질문하다**

讲座结束后我们有机会向教授提问。
Jiǎngzuò jiéshù hòu wǒmen yǒu jīhuì xiàng jiàoshòu tíwèn.
강좌가 끝난 후 우리는 교수님께 질문할 기회가 있다.

讲座 jiǎngzuò 명 강좌

14 **掌握** ★★
zhǎngwò

동 **정복하다, 장악하다**

读课外书是为了掌握更多的知识。
Dú kèwàishū shì wèile zhǎngwò gèng duō de zhīshi.
과목 외 책을 읽는 것은 더 많은 지식을 정복하기 위함이다.

课外书 kèwàishū 과목 외 책

15 **注册** ★★
zhùcè

동 **등록하다, 등기하다**

今年的夏令营从下周一开始注册。
Jīnnián de xiàlìngyíng cóng xià zhōuyī kāishǐ zhùcè.
올해의 여름 캠프는 다음 주 월요일부터 등록을 시작한다.

夏令营 xiàlìngyíng 명 여름 캠프

시험에 이렇게 나온다!

듣기 **注册**와 관련된 출제 표현들을 함께 알아 둔다.

网站 wǎngzhàn 명 웹사이트 **会员** huìyuán 명 회원
免费 miǎnfèi 동 무료로 하다
账号 zhànghào 명 (은행 등의) 계좌 번호

16 **翻** ★★
fān

동 **펴다, 뒤집다, 들추다**

술어

请大家把书翻到第一章。
Qǐng dàjiā bǎ shū fāndào dì yī zhāng.
모두 책의 제1장을 펴 주세요.

시험에 이렇게 나온다!

짝꿍 표현 **翻**을 활용한 다양한 출제 표현들을 알아 둔다.

打翻 dǎfān 엎지르다　　**翻开** fānkāi 젖혀 열다
翻到 fāndào ~로 펼치다　　**翻来翻去** fānlái fānqù 뒤적거리다

17 **背** ★★
bèi

동 **외우다**　명 **등**

今天的作业是把这些词汇都背下来。
Jīntiān de zuòyè shì bǎ zhèxiē cíhuì dōu bèi xiàlai.
오늘의 숙제는 이 어휘들을 모두 외우는 것이다.

长时间坐着学习会导致背痛。
Cháng shíjiān zuòzhe xuéxí huì dǎozhì bèitòng.
오랜 시간 앉아서 공부하는 것은 등의 통증을 야기할 수 있다.

词汇 cíhuì 명 어휘, 단어　**背** bèi 명 등 동 외우다
导致 dǎozhì 동 야기하다, 초래하다

18 **剪刀** ★★
jiǎndāo

명 **가위**

老师让我们准备手工课用的一把剪刀。
Lǎoshī ràng wǒmen zhǔnbèi shǒugōngkè yòng de yì bǎ jiǎndāo.
선생님께서는 우리에게 수공예 수업에 사용할 가위를 하나 준비하도록 하셨다.

手工课 shǒugōngkè 수공예 수업

19 **文具** ★★
wénjù

명 **문구**

술어

开学时同学们都去文具店买新文具。
Kāixué shí tóngxuémen dōu qù wénjùdiàn mǎi xīn wénjù.
개학할 때 학우들은 모두 문방구에 가서 새 문구들을 산다.

开学 kāixué 동 개학하다

20 **幼儿园** ★★
yòu'éryuán

명 **유치원**

最近幼儿园教给孩子们不少东西。
Zuìjìn yòu'éryuán jiāo gěi háizimen bù shǎo dōngxi.
최근에 유치원에서는 아이들에게 적지 않은 것들을 가르친다.

21 **启发** ★★
qǐfā

동 **영감을 주다, 일깨우다**

学生们从这个课程中得到了很多启发。
Xuéshengmen cóng zhè ge kèchéng zhōng dédàole hěn duō qǐfā.
학생들은 이 교과 과정에서 많은 영감을 얻었다.

课程 kèchéng 명 교과 과정, 커리큘럼

잠깐 **启发는 동사이지만 명사처럼 쓰이기도 한다.**

22 **学问** ★★
xuéwen

명 **학식, 학문**

孔子是个很有学问的教育家。
Kǒngzǐ shì ge hěn yǒu xuéwen de jiàoyùjiā.
공자는 학식이 깊은 교육가이다.

孔子 Kǒngzǐ 고유 공자(중국의 사상가)

23 **咨询** ★★
zīxún

동 **물어보다, 자문하다**

我想咨询老师哪所学校更适合我报名。
Wǒ xiǎng zīxún lǎoshī nǎ suǒ xuéxiào gèng shìhé wǒ bàomíng.
저는 선생님께 어떤 학교가 제가 지원하기에 적합한지 여쭈어보고 싶습니다.

适合 shìhé 동 적합하다, 적절하다 **报名** bàomíng 동 지원하다

24 **系** ★★

xì

명 **학과**

我的哥哥是心理学系毕业的。 (술어)

Wǒ de gēge shì xīnlǐ xuéxì bìyè de.

내 형은 심리학과를 졸업했다.

心理 xīnlǐ 명 심리, 기분 **毕业** bìyè 동 졸업하다

25 **抄** ★★

chāo

동 **베껴 쓰다, 베끼다**

我在本子上抄了一遍重要的知识点。

Wǒ zài běnzi shang chāole yí biàn zhòngyào de zhīshidiǎn.

나는 노트 위에 중요한 지식 포인트를 베껴 썼다.

知识点 zhīshidiǎn 지식 포인트

26 **辅导** ★★

fǔdǎo

동 **(학습을) 도우며 지도하다**

我每天都去学校辅导学生汉语。

Wǒ měitiān dōu qù xuéxiào fǔdǎo xuésheng Hànyǔ.

나는 매일 학교에 가서 학생들에게 중국어를 지도한다.

시험에 이렇게 나온다!

짝꿍표현 **辅导**를 활용한 다양한 출제 표현들을 알아 둔다.

辅导员 fǔdǎoyuán 조교 **辅导班** fǔdǎobān 보충반

27 **概括** ★★

gàikuò

동 **요약하다, 개괄하다** 형 **간략한, 간단한**

请用一句话概括这篇文章。

Qǐng yòng yí jù huà gàikuò zhè piān wénzhāng.

이 글을 한마디로 요약해 주세요.

你的论文不要写得太概括。

Nǐ de lùnwén bú yào xiě de tài gàikuò.

네 논문은 너무 간략하게 써서는 안 돼.

文章 wénzhāng 명 글 **论文** lùnwén 명 논문

★★★ = 출제율 최상 ★★ = 출제율 상

28 **胶水** ★★
jiāoshuǐ

명 풀

술어

孩子们用胶水和彩纸做了手工作品。
Háizimen yòng jiāoshuǐ hé cǎizhǐ zuòle shǒugōng zuòpǐn.
아이들은 풀과 색종이를 사용하여 수공예 작품을 만들었다.

彩纸 cǎizhǐ 명 색종이 **手工** shǒugōng 명 수공예, 수공
作品 zuòpǐn 명 작품

29 **集中** ★★
jízhōng

동 집중하다, 모으다 형 집중된

为了听懂教授所讲的内容，学生们正在集中注意力。
Wèile tīngdǒng jiàoshòu suǒ jiǎng de nèiróng, xuéshengmen zhèngzài jízhōng zhùyìlì.
교수님께서 말씀하시는 내용을 알아듣기 위해서, 학생들은 주의력을 집중시키고 있다.

这里的大部分大学集中分布在西北部。
Zhèli de dàbùfen dàxué jízhōng fēnbù zài xīběibù.
이곳의 대부분 대학들은 서북부에 집중적으로 분포되어 있다.

注意力 zhùyìlì 명 주의력 **分布** fēnbù 동 분포하다

30 **提纲** ★★
tígāng

명 개요, 요점

我已经把演讲提纲发到你的邮箱了。
Wǒ yǐjīng bǎ yǎnjiǎng tígāng fādào nǐ de yóuxiāng le.
나는 이미 강연 개요를 네 이메일로 보내 놨어.

演讲 yǎnjiǎng 동 강연하다, 연설하다 **邮箱** yóuxiāng 명 이메일, 우체통

31 **学术** ★★
xuéshù

명 학술

这项调查结果具有较高的学术价值。
Zhè xiàng diàochá jiéguǒ jùyǒu jiào gāo de xuéshù jiàzhí.
이 조사 결과는 비교적 높은 학술 가치를 가지고 있다.

项 xiàng 양 가지, 항목[임무나 성과 등을 나누는 데 쓰임]
调查 diàochá 동 조사하다 **具有** jùyǒu 동 가지다, 있다
价值 jiàzhí 명 가치

32 **用功** ★★

yònggōng

[형] **부지런하다, 근면하다** [동] **열심히 공부하다, 노력하다**

술어

为了考上理想的大学，同学们都用功学习。

Wèile kǎoshang lǐxiǎng de dàxué, tóngxuémen dōu yònggōng xuéxí.

이상적인 대학에 합격하기 위하여, 학우들은 모두 부지런히 공부한다.

准备期末考试的学生都去图书馆用功。

Zhǔnbèi qīmò kǎoshì de xuésheng dōu qù túshūguǎn yònggōng.

기말고사를 준비하는 학생들은 모두 도서관에 가서 열심히 공부한다.

理想 lǐxiǎng [형] 이상적이다 [명] 이상

33 **专心** ★★

zhuānxīn

[형] **열중하다, 몰두하다**

他正在专心准备明天的学术讲座。

Tā zhèngzài zhuānxīn zhǔnbèi míngtiān de xuéshù jiǎngzuò.

그는 내일의 학술 강좌를 열중해서 준비하고 있다.

学术 xuéshù [명] 학술 **讲座** jiǎngzuò [명] 강좌

34 **教材** ★★

jiàocái

[명] **교재**

请大家好好复习教材内容，为期末考试做好准备。

Qǐng dàjiā hǎohāo fùxí jiàocái nèiróng, wèi qīmò kǎoshì zuòhǎo zhǔnbèi.

모두 충분히 교재 내용을 복습하고, 기말고사를 위해서 준비를 잘 해 놓으세요.

35 **题目** ★★
tímù

명 **테마, 제목, 표제**

→ 술어

本次讨论的题目与拍课族的对错有关。
Běn cì tǎolùn de tímù yǔ pāikèzú de duì cuò yǒuguān.
이번 토론의 테마는 파이커족의 옳고 그름과 관련이 있다.

讨论 tǎolùn 동 토론하다 **拍课族** pāikèzú 파이커족

알아두면 좋은 배경지식

拍课族(파이커족)는 최근 중국에서 사용되고 있는 신조어이다. 스마트폰이 보급되자 수업 내용을 필기하지 않고 사진을 찍는 학생들이 늘어났는데, 이런 학생들을 **拍课族**라고 부른다. **拍课族**와 관련된 어휘들을 체크해 두자.

拍课族 pāikèzú 파이커족
听讲 tīngjiǎng 동 강의를 듣다
代替 dàitì 동 대신하다, 대체하다
笔记 bǐjì 동 필기하다
效果 xiàoguǒ 명 효과
拍摄 pāishè 동 촬영하다

36 **念**
niàn

동 **(소리 내어) 읽다**

她每天早上都在安静的公园念中文单词。
Tā měitiān zǎoshang dōu zài ānjìng de gōngyuán niàn zhōngwén dāncí.
그녀는 매일 아침 조용한 공원에서 중국어 단어를 소리 내어 읽는다.

单词 dāncí 명 단어

37 **本科**
běnkē

명 **(대학교의) 본과, 학부**

他本科毕业于这所大学的建筑系。
Tā běnkē bìyè yú zhè suǒ dàxué de jiànzhùxì.
그는 본과로 이 대학의 건축학과를 졸업했다.

建筑系 jiànzhùxì 명 건축학과

38 **尺子**
chǐzi

명 **자**

请用尺子画出两条长度相同的直线。
Qǐng yòng chǐzi huàchū liǎng tiáo chángdù xiāngtóng de zhíxiàn.
자를 사용해서 길이가 똑같은 두 개의 직선을 그려 주세요.

长度 chángdù 명 길이 **直线** zhíxiàn 명 직선

39 **重复**

chóngfù

동의어
反复 fǎnfù
부 반복하여
동 다시 나타나다

동 **반복하다, 되풀이하다**

술어

老师把重点内容重复讲了几次。

Lǎoshī bǎ zhòngdiǎn nèiróng chóngfù jiǎngle jǐ cì.

선생님께서 중요한 내용을 여러 차례 반복해서 말씀하셨다.

40 **高级**

gāojí

형 **고급의**

因为学得快，他直接从初级班跳到了高级班。

Yīnwèi xué de kuài, tā zhíjiē cóng chūjíbān tiàodàole gāojíbān.

배우는 것이 빨라서, 그는 초급반에서 고급반으로 바로 월반했다.

初级 chūjí 명 초급 **跳** tiào 동 월반하다, 건너뛰다

41 **及格**

jígé

동 **합격하다**

多亏你的耐心辅导，我考试及格了。

Duōkuī nǐ de nàixīn fǔdǎo, wǒ kǎoshì jígéle.

당신의 인내심 있는 도움과 지도 덕분에, 저는 시험에 합격했습니다.

多亏 duōkuī 동 덕분이다, 덕택이다 **耐心** nàixīn 형 인내심이 있다 명 인내심
辅导 fǔdǎo 동 도우고 지도하다

42 **刻苦**

kèkǔ

형 **고생을 견디다, 애쓰다**

他每天都在刻苦地学习医学。

Tā měitiān dōu zài kèkǔ de xuéxí yīxué.

그는 매일 고생을 견디며 의학을 공부한다.

医学 yīxué 명 의학

43 **铃**

líng

명 **종, 방울**

再过几分钟就要打下课铃了。

Zài guò jǐ fēnzhōng jiù yào dǎ xiàkèlíng le.

몇 분이 지나면 곧 수업을 마치는 종이 울릴 것이다.

44 试卷
shìjuàn

명 **시험지**

술어

打铃后老师把试卷发给大家了。

Dǎ líng hòu lǎoshī bǎ shìjuàn fā gěi dàjiā le.

종이 친 후 선생님은 시험지를 모두에게 배포하셨다.

铃 líng 명 종, 방울

45 作文
zuòwén

명 **작문** 동 **작문하다**

小明的作文得到了老师的称赞。

Xiǎo Míng de zuòwén dédàole lǎoshī de chēngzàn.

샤오밍의 작문은 선생님의 칭찬을 받았다.

这次语文考试要求我们以“竞争”为题作文。

Zhè cì yǔwén kǎoshì yāoqiú wǒmen yǐ “jìngzhēng” wéi tí zuòwén.

이번 어문학 시험은 우리에게 ‘경쟁’을 주제로 하여 작문하도록 요구했다.

称赞 chēngzàn 동 칭찬하다 **语文** yǔwén 명 어문학
竞争 jìngzhēng 동 경쟁하다

연습문제 **체크체크!**

제시된 각 단어의 뜻을 오른쪽 보기에서 찾아 줄을 그어 보세요.

01 提纲	ⓐ 청소년
02 培训	ⓑ 등록하다, 등기하다
03 刻苦	ⓒ 훈련하다, 양성하다
04 青少年	ⓓ 고생을 견디다, 애쓰다
05 注册	ⓔ 개요, 요점
06 讲座	ⓕ 강좌

문장을 읽고 빈칸에 들어갈 단어를 찾아 적어 보세요.

ⓐ 集中　ⓑ 重复　ⓒ 课程　ⓓ 专心

07 今天的 ______ 作业明显要比昨天简单。

08 学生们正 ______ 精神听课。

09 她抽时间 ______ 地准备着下星期的学术讲座。

10 对于不太了解的概念需要 ______ 练习几次。

정답 : 01 ⓔ 02 ⓒ 03 ⓓ 04 ⓐ 05 ⓑ 06 ⓕ 07 ⓒ 08 ⓐ 09 ⓓ 10 ⓑ

* 07~10번 문제 해석은 해커스 중국어(china.Hackers.com)에서 무료로 제공합니다.

HSK 5급 시험에 나오는 고난도 어휘

☑ 잘 외워지지 않는 단어는 박스에 체크하여 복습하세요.

고난도 어휘 집중 암기_21.mp3

□ 彩纸	cǎizhǐ	명 색종이
□ 单词	dāncí	명 단어
□ 粉笔	fěnbǐ	명 분필
□ 复印店	fùyìndiàn	명 복사 가게
□ *高考	gāokǎo	명 가오카오(중국의 대학 입학 시험)
□ 奖励 6급	jiǎnglì	동 장려하다, 격려하다, 표창하다
□ 经济学	jīngjìxué	명 경제학
□ 教师	jiàoshī	명 교사
□ 考查	kǎochá	동 (일정 기준으로 행위, 활동 등을) 시험하다, 고사하다
□ 课堂	kètáng	명 교실
□ 课外书	kèwàishū	과목 외 책
□ 难度	nándù	명 난이도
□ 前辈	qiánbèi	명 선배
□ 期末考试	qīmòkǎoshì	명 기말 시험
□ *权威 6급	quánwēi	명 권위, 권위자 형 권위가 있는
□ *生物学	shēngwùxué	명 생물학
□ 师生	shīshēng	명 선생과 학생
□ 试验 6급	shìyàn	명 시험, 테스트 동 시험하다, 테스트하다
□ 实验室	shíyànshì	명 실험실
□ 提交	tíjiāo	동 제출하다, 제기하다

*표는 오른쪽 페이지의 <중국 문화와 역사>에 포함된 단어입니다.

□ 相比	xiāngbǐ	동 비교하다
□ 校园	xiàoyuán	명 캠퍼스, 교정
□ 选课	xuǎnkè	동 과목을 선택하다, 수강 신청하다
□ 选项	xuǎnxiàng	동 항목을 선택하다 명 선택 항목
□ 选修课	xuǎnxiūkè	명 선택 과목
□ 学会	xuéhuì	명 학회 동 배워서 터득하다
□ *语文	yǔwén	명 어문학
□ 整天	zhěngtiān	명 하루 종일
□ 智力 6급	zhìlì	명 지능, 지력
□ 智商 6급	zhìshāng	명 지능지수, IQ

알고 가면 시험이 쉬워지는 <중국 문화와 역사>

중국의 수능, *高考(gāokǎo)

중국에도 한국의 수능처럼 대학 입학을 위한 크고 ***权威**(quánwēi)있는 **测验**(cèyàn)이 있는데, 바로 **高考**에요. **高考**는 1년에 한 번 열리는 시험으로 고등학교 교과 **课程**(kèchéng)을 끝내고 고등학교를 졸업했거나, 이와 동일한 학력을 가진 학생들을 대상으로 치러진답니다. 시험 과목은 한국과 비슷하게 ***语文**(yǔwén), 수학, 외국어, 정치, 지리, 화학, ***生物学**(shēngwùxué), 물리 등으로 구성되어 있어요.

특별한 케이스를 제외하고, 대학 **本科**(běnkē)에 입학하기 위해서 **高考**는 필수적인데요, 이 때문에 중국 학생들은 학원도 다니고 과외도 받는 등 다양한 방법으로 **高考**를 준비한답니다.

1년에 단 한 번뿐인 **高考**, 한국의 수능과 정말 비슷하죠?

测验 cèyàn 동 테스트하다, 시험하다 **课程** kèchéng 명 커리큘럼, 교과 과정 **本科** běnkē 명 (대학교의) 본과, 학부

DAY

22

HSK5급 단어장

취업 성공기

구직 · 취업

주제를 알면 HSK가 보인다!

HSK 5급에서는 자기소개서 작성이나 면접 내용 등 취업 활동과 관련된 내용이 자주 출제돼요. 따라서 '이력서', '가득 차다', '만족시키다'처럼 구직·취업 관련 단어들을 집중적으로 학습하면 이러한 문제를 쉽게 풀 수 있어요.

단어, 예문 MP3

완벽한 자소서의 조건

02 **简历** jiǎnlì 명 이력서, 이력, 경력

04 **充满** chōngmǎn 동 가득 차다, 충만하다

05 **满足** mǎnzú 동 만족시키다, 만족하다

03 **以及** yǐjí 접 및, 그리고

01 **理论** lǐlùn 명 이론

01 **理论** ★★★
lǐlùn

명 **이론**

술어

丰富的理论知识和实践经验对求职很有帮助。

Fēngfù de lǐlùn zhīshi hé shíjiàn jīngyàn duì qiúzhí hěn yǒu bāngzhù.

풍부한 이론 지식과 실천 경험은 구직에 많은 도움이 된다.

实践 shíjiàn 명 실천 동 실천하다 **经验** jīngyàn 명 경험 동 경험하다
求职 qiúzhí 동 구직하다, 직장을 구하다

알아두면 좋은 배경지식

冰山理论(빙산 이론)은 심리학자 **弗洛伊德**(프로이드)에 의해서 처음 언급되었다. 그는 인간의 의식 세계는 빙산의 일각일 뿐이고, 빙산의 밑에는 인간의 거대한 무의식 세계가 있다고 주장했다. **冰山理论**과 관련된 어휘들을 체크해 두자.

冰山理论 Bīngshān Lǐlùn 빙산 이론
弗洛伊德 Fúluòyīdé 고유 프로이드 **意识** yìshí 명 의식
无意识 wúyìshí 무의식

02 **简历** ★★★
jiǎnlì

명 **이력서, 이력, 경력**

简历上应该要突出你的优点。

Jiǎnlì shang yīnggāi yào tūchū nǐ de yōudiǎn.

이력서에는 너의 장점을 돋보이게 해야 해.

突出 tūchū 동 돋보이게 하다 형 두드러지다, 뛰어나다
优点 yōudiǎn 명 장점

03 **以及** ★★★
yǐjí

접 **및, 그리고**

简历一般包括申请人的个人信息以及社会经历。

Jiǎnlì yìbān bāokuò shēnqǐngrén de gèrén xìnxī yǐjí shèhuì jīnglì.

이력서는 보통 신청인의 개인 정보 및 사회 경력을 포함한다.

简历 jiǎnlì 명 이력서 **包括** bāokuò 동 포함하다
申请人 shēnqǐngrén 신청인 **个人信息** gèrén xìnxī 개인 정보
经历 jīnglì 명 경력, 경험 동 경험하다

시험에 이렇게 나온다!

독해 독해 1부분에서는 지문의 빈칸에 들어갈 적절한 어휘를 보기에서 선택하는 문제가 출제된다. 이때, **以及**는 아래와 같은 어휘들과 함께 보기로 자주 출제된다.

或许 huòxǔ 부 아마, 어쩌면 **至于** zhìyú 개 ~에 관하여
与其 yǔqí 접 ~하기 보다는 **何况** hékuàng 접 하물며, 더군다나

04 **充满** ★★★
chōngmǎn

동 **가득 차다, 충만하다**

술어

他对再就业充满了信心。
Tā duì zàijiùyè chōngmǎnle xìnxīn.
그는 재취업하는 것에 대해 자신감이 가득 찼다.

再就业 zàijiùyè 동 재취업하다 **信心** xìnxīn 명 자신감

05 **满足** ★★★
mǎnzú

동 **만족시키다, 만족하다**

为了满足公司的要求，她一直在坚持学习。
Wèile mǎnzú gōngsī de yāoqiú, tā yìzhí zài jiānchí xuéxí.
회사의 요구를 만족시키기 위해서, 그녀는 줄곧 꾸준히 공부하고 있다.

시험에 이렇게 나온다!

유의어 **满足 : 满意**(mǎnyì, 만족하다)

满足는 동사이며, 따라서 목적어를 가질 수 있다.
满足要求 mǎnzú yāoqiú 요구를 만족시키다
满足条件 mǎnzú tiáojiàn 조건을 만족시키다

满意는 형용사이며, 따라서 목적어를 가질 수 없고, 对 A 满意(A에 만족하다)의 형태로 자주 쓰인다.
满意的笑容 mǎnyì de xiàoróng 만족한 웃음
对成绩很满意 duì chéngjì hěn mǎnyì 성적에 매우 만족하다

06 **随时** ★★★
suíshí

부 **수시로, 언제나**

我们研究所随时招聘能力优秀的应聘者。
Wǒmen yánjiūsuǒ suíshí zhāopìn nénglì yōuxiù de yìngpìnzhě.
우리 연구소는 수시로 능력이 우수한 지원자를 채용한다.

研究所 yánjiūsuǒ 명 연구소 **招聘** zhāopìn 동 채용하다, 모집하다
优秀 yōuxiù 형 우수하다, 뛰어나다 **应聘者** yìngpìnzhě 지원자, 응시자

시험에 이렇게 나온다!

독해 독해 1부분에서는 지문의 빈칸에 들어갈 적절한 어휘를 보기에서 선택하는 문제가 출제된다. 이때, **随时**은 아래와 같은 부사들과 함께 보기로 자주 출제된다.

不断 búduàn 부 계속해서 동 끊임없다
反复 fǎnfù 부 반복하여 동 번복하다
准时 zhǔnshí 부 제때에

07 **恭喜** ★★★

gōngxǐ

[동] **축하하다**

恭喜(술어)你正式成为我们的同事。

Gōngxǐ nǐ zhèngshì chéngwéi wǒmen de tóngshì.

당신이 정식으로 우리의 동료가 된 것을 축하합니다.

正式 zhèngshì [형] 정식의, 정식적인

시험에 이렇게 나온다!

[쓰기] **恭喜**는 쓰기 1부분에서 주로 주어가 생략된 문장 형태를 완성하는 문제의 제시어로 자주 출제된다. 이 경우, **恭喜**를 문장 맨 앞에 배치하면 쉽게 작문을 할 수 있다.

恭喜你顺利地考上了研究生。

Gōngxǐ nǐ shùnlì de kǎoshangle yánjiūshēng.

석사에 순조롭게 합격한 것을 축하해.

08 **人才** ★★★

réncái

[명] **인재**

用人单位要用心培养人才。

Yòngrén dānwèi yào yòngxīn péiyǎng réncái.

고용 업체는 심혈을 기울여서 인재를 키워야 한다.

用人单位 yòngrén dānwèi 고용 업체

用心 yòngxīn [동] 심혈을 기울이다, 마음을 쓰다

培养 péiyǎng [동] 키우다, 양성하다

09 **身份** ★★★

shēnfèn

[명] **신분**

求职者可以以高中毕业生的身份应聘这家公司。

Qiúzhízhě kěyǐ yǐ gāozhōng bìyèshēng de shēnfèn yìngpìn zhè jiā gōngsī.

구직자는 고등학교 졸업생의 신분으로 이 회사에 지원할 수 있다.

求职者 qiúzhízhě [명] 구직자 **应聘** yìngpìn [동] 지원하다, 초빙에 응하다

시험에 이렇게 나온다!

[짝꿍 표현] **身份**을 활용한 출제 표현을 알아 둔다.

身份证 shēnfènzhèng 신분증

10 固定 ★★★
gùdìng

형 고정되다, 불변하다 동 고정하다

술어
很多年轻人追求固定的工作。
Hěn duō niánqīngrén zhuīqiú gùdìng de gōngzuò.
많은 젊은이들은 고정적인 일자리를 추구한다.

这个员工的职位最终被固定下来了。
Zhè ge yuángōng de zhíwèi zuìzhōng bèi gùdìng xiàlai le.
이 직원의 직위는 마침내 고정되었다.

追求 zhuīqiú 동 추구하다 **员工** yuángōng 명 직원
职位 zhíwèi 명 직위

11 根本 ★★
gēnběn

부 전혀, 도무지, 아예 명 근본

对他来说现在根本不是准备就业的时候。
Duì tā láishuō xiànzài gēnběn bú shì zhǔnbèi jiùyè de shíhou.
그에게 있어 지금은 취업을 준비할 때가 아니다.

首先要寻找就业难的根本原因。
Shǒuxiān yào xúnzhǎo jiùyènán de gēnběn yuányīn.
우선 취업난의 근본 원인부터 찾아야 한다.

就业 jiùyè 동 취업하다, 취직하다 **首先** shǒuxiān 부 우선, 무엇보다 먼저
寻找 xúnzhǎo 동 찾다 **就业难** jiùyènán 명 취업난
原因 yuányīn 명 원인

시험에 이렇게 나온다!

독해 독해 1부분에서는 지문의 빈칸에 들어갈 적절한 어휘를 보기에서 선택하는 문제가 출제된다. 이때, **根本**은 아래와 같은 어휘들과 함께 보기로 자주 출제된다.

实际 shíjì 형 실제적이다 **格外** géwài 부 특히, 유달리

12 等待 ★★
děngdài

동 기다리다

求职者紧张地等待着最终结果。
Qiúzhízhě jǐnzhāng de děngdàizhe zuìzhōng jiéguǒ.
구직자는 긴장된 채로 최종 결과를 기다리고 있다.

求职者 qiúzhízhě 명 구직자 **紧张** jǐnzhāng 형 긴장하다

13 **失业** ★★
shīyè

동 **실직하다, 직업을 잃다**

受到经济危机的影响，很多人面临失业问题。
Shòudào jīngjì wēijī de yǐngxiǎng, hěn duō rén miànlín shīyè wèntí.
경제 위기의 영향을 받아, 많은 사람들은 실직 문제에 직면했다.

受到 shòudao 동 ~을 받다 **经济危机** jīngjì wēijī 경제 위기
面临 miànlín 동 직면하다

14 **实习** ★★
shíxí

동 **실습하다**

陈教授推荐她去酒店实习。
Chén jiàoshòu tuījiàn tā qù jiǔdiàn shíxí.
천 교수는 그녀에게 호텔에 가서 실습하는 것을 추천했다.

教授 jiàoshòu 명 교수 동 가르치다 **推荐** tuījiàn 동 추천하다

15 **偶然** ★★
ǒurán

형 **우연하다** 부 **우연히**

他因一次偶然的机会进入了现在的公司。
Tā yīn yí cì ǒurán de jīhuì jìnrùle xiànzài de gōngsī.
그는 우연한 기회로 인해 현재의 회사에 들어왔다.

我昨天在路上偶然遇见了旧同事。
Wǒ zuótiān zài lù shang ǒurán yùjiànle jiù tóngshì.
나는 어제 길에서 옛 동료를 우연히 마주쳤다.

遇见 yùjiàn 동 마주치다, 만나다

16 **实践** ★★
shíjiàn

동 **실천하다, 이행하다**

她在暑假期间安排了社会实践活动。
Tā zài shǔjià qījiān ānpáile shèhuì shíjiàn huódòng.
그녀는 여름 방학 기간에 사회 실천 활동을 준비했다.

期间 qījiān 명 기간 **安排** ānpái 동 준비하다, 처리하다, 안배하다

알아두면 좋은 배경지식

중국 대학에서는 졸업하기 전에 사회 실천 과목을 들어야 졸업할 수 있는데, 이것은 우리나라의 인턴쉽과 비슷한 것이다.

社会实践 shèhuì shíjiàn 사회 실천 **实习** shíxí 인턴쉽, 실습

17 因而 ★★
yīn'ér

접 **그래서**

他由于表现很出色，因而最后被这家大企业录取了。

Tā yóuyú biǎoxiàn hěn chūsè, yīn'ér zuìhòu bèi zhè jiā dàqǐyè lùqǔ le.

그는 태도가 매우 뛰어나서, 그래서 결국 이 대기업에 뽑혔다.

表现 biǎoxiàn 명 태도, 행동, 활약 동 나타나다, 드러나다
出色 chūsè 형 뛰어나다, 출중하다 **大企业** dàqǐyè 명 대기업
录取 lùqǔ 동 뽑다, 선정하다

시험에 이렇게 나온다!

짝꿍 표현 因而을 활용한 출제 표현을 알아 둔다.

由于 A, **因而** B yóuyú A, yīn'ér B A 때문에, 그래서 B하다

18 打工 ★★
dǎgōng

동 **아르바이트하다, 일하다**

哥哥每天在快餐店打工赚报名费。

Gēge měitiān zài kuàicāndiàn dǎgōng zhuàn bàomíngfèi.

형은 매일 패스트푸드점에서 아르바이트하며 등록금을 벌고 있다.

快餐店 kuàicāndiàn 명 패스트푸드점 **赚** zhuàn 동 (돈을) 벌다
报名费 bàomíngfèi 등록금

19 录取 ★★
lùqǔ

동 **채용하다, 뽑다**

我同时被三家公司录取了。

Wǒ tóngshí bèi sān jiā gōngsī lùqǔ le.

나는 동시에 3곳의 회사로부터 채용되었다.

20 缺乏 ★★

quēfá

동 부족하다, 모자라다

(술어)

让准备求职的大学生最困扰的是他们缺乏社会经验。

Ràng zhǔnbèi qiúzhí de dàxuéshēng zuì kùnrǎo de shì tāmen quēfá shèhuì jīngyàn.

구직을 준비하는 대학생을 가장 곤혹스럽게 하는 것은 그들의 사회 경험이 부족하다는 것이다.

求职 qiúzhí 동 구직하다, 직장을 구하다
困扰 kùnrǎo 동 곤혹스럽게 하다, 성가시게 하다
经验 jīngyàn 명 경험 동 경험하다

시험에 이렇게 나온다!

유의어 **缺乏 : 缺少**(quēshǎo, 부족하다)

缺乏는 추상적인 의미를 나타내는 어휘를 목적어로 가질 수 있다.

缺乏经验 quēfá jīngyàn 경험이 부족하다
缺乏实践 quēfá shíjiàn 실천이 부족하다

缺少는 구체적인 사물과 추상적인 의미를 나타내는 어휘를 모두 목적어로 가질 수 있다.

缺少自信 quēshǎo zìxìn 자신감이 부족하다
缺少两个人 quēshǎo liǎng ge rén 두 사람이 부족하다

21 何况 ★★

hékuàng

접 더군다나, 하물며

对像你这么有能力的人来说找工作并不难，何况你有很多社会经历。

Duì xiàng nǐ zhème yǒu nénglì de rén láishuō zhǎo gōngzuò bìng bù nán, hékuàng nǐ yǒu hěn duō shèhuì jīnglì.

너처럼 이렇게 능력이 있는 사람에게 있어서는 구직이 결코 어렵지 않아, 더군다나 너는 많은 사회 경험이 있잖아.

经历 jīnglì 명 경험, 경력

시험에 이렇게 나온다!

독해 독해 1부분에서는 지문의 빈칸에 들어갈 적절한 어휘를 보기에서 선택하는 문제가 출제된다. 이때, 何况은 아래와 같은 어휘들과 함께 보기로 자주 출제된다.

假如 jiǎrú 접 만약, 만일
哪怕 nǎpà 접 설령, 혹시
以及 yǐjí 접 및, 그리고
至于 zhìyú 개 ~에 관하여
宁可 nìngkě 부 차라리

22 资格 ★★
zīgé

명 **자격**

술어

只有通过笔试才能获得面试资格。
Zhǐyǒu tōngguò bǐshì cái néng huòdé miànshì zīgé.
필기시험을 통과해야만 면접 자격을 얻을 수 있습니다.

笔试 bǐshì 명 필기시험 **获得** huòdé 동 얻다, 획득하다
面试 miànshì 동 면접시험을 치다

23 完善 ★★
wánshàn

동 **보완하다, 완벽하게 하다**
형 **완벽하다, 나무랄 데가 없다**

我建议你再完善一下你的自我介绍。
Wǒ jiànyì nǐ zài wánshàn yíxià nǐ de zìwǒ jièshào.
나는 네가 너의 자기소개를 좀 더 보완하는 것을 제안할게.

这所学校具备完善的教学设施。
Zhè suǒ xuéxiào jùbèi wánshàn de jiàoxué shèshī.
이 학교는 완벽한 수업 시설을 갖추고 있다.

建议 jiànyì 동 제안하다, 건의하다 명 건의
自我介绍 zìwǒ jièshào 명 자기소개 동 자기소개를 하다
具备 jùbèi 동 갖추다, 구비하다 **设施** shèshī 명 시설

시험에 이렇게 나온다!

유의어 **完善 : 完美**(wánměi, 완벽하다)

完善은 구체적인 사물과 추상적인 의미를 나타내는 어휘와 함께 쓰이고, 동사로 쓰일 때 목적어를 가질 수 있다.
完善管理制度 wánshàn guǎnlǐ zhìdù 관리 제도를 보완하다
完善系统 wánshàn xìtǒng 시스템을 완벽하게 하다

完美는 주로 추상적인 의미를 나타내는 어휘와 함께 쓰이고, 형용사이지만 '완벽'이라는 의미의 명사처럼 동사의 목적어로 사용되기도 한다.
完美的方式 wánměi de fāngshì 완벽한 방식
追求完美 zhuīqiú wánměi 완벽을 추구하다

24 兼职 ★★
jiānzhí

명 겸직 동 겸직하다

술어

我在大学时期做过兼职老师。
Wǒ zài dàxué shíqī zuòguo jiānzhí lǎoshī.
나는 대학 시절에 겸직 교사를 한 적이 있다.

他曾经在世界500强公司企业做过兼职。
Tā céngjīng zài shìjiè wǔbǎi qiáng gōngsī qǐyè zuòguo jiānzhí.
그는 일찍이 세계 500대 기업에서 겸직한 적이 있다.

时期 shíqī 명 시절, 시기 **曾经** céngjīng 부 일찍이
企业 qǐyè 명 기업

25 学历 ★★
xuélì

명 학력

那家单位很重视应聘者的学历和社会经验。
Nà jiā dānwèi hěn zhòngshì yìngpìnzhě de xuélì hé shèhuì jīngyàn.
그 회사는 응시자의 학력과 사회 경험을 중시한다.

单位 dānwèi 명 회사, 단체 **重视** zhòngshì 동 중시하다
应聘者 yìngpìnzhě 응시자, 지원자 **经验** jīngyàn 명 경험 동 경험하다

26 要不 ★★
yàobù

접 그렇지 않으면

要不今天和我一起参加招聘会吧。
Yàobù jīntiān hé wǒ yìqǐ cānjiā zhāopìnhuì ba.
그렇지 않으면 오늘 나와 함께 취업 박람회에 가자.

招聘会 zhāopìnhuì 취업 박람회

27 必要 ★★
bìyào

형 필요하다

为了进入理想的公司，你有必要付出努力。
Wèile jìnrù lǐxiǎng de gōngsī, nǐ yǒu bìyào fùchū nǔlì.
이상적인 회사에 들어가기 위해서, 너는 노력을 들일 필요가 있어.

理想 lǐxiǎng 형 이상적이다 명 이상, 꿈
付出 fùchū 동 (돈, 대가 등을) 들이다, 지불하다

28 **具体** ★★

jùtǐ

[형] **구체적이다, 특정의**

술어

请把个人简历填写得具体一些。

Qǐng bǎ gèrén jiǎnlì tiánxiě de jùtǐ yìxiē.

개인 이력서를 좀 구체적으로 기입해 주세요.

个人 gèrén [명] 개인 **简历** jiǎnlì [명] 이력서, 이력, 경력
填写 tiánxiě [동] 기입하다, 써넣다

29 **前途** ★★

qiántú

[명] **전망, 앞길**

大多数人都想找有前途的工作。

Dàduōshù rén dōu xiǎng zhǎo yǒu qiántú de gōngzuò.

대다수의 사람들은 모두 전망이 있는 일을 찾고 싶어 한다.

30 **幸亏** ★★

xìngkuī

[부] **다행히, 운 좋게**

幸亏有你提醒，我才能提交了简历。

Xìngkuī yǒu nǐ tíxǐng, wǒ cái néng tíjiāole jiǎnlì.

다행히 네가 일깨워 주어서, 나는 겨우 이력서를 제출할 수 있었어.

提醒 tíxǐng [동] 일깨우다, 깨우치다 **提交** tíjiāo [동] 제출하다
简历 jiǎnlì [명] 이력서, 이력, 경력

시험에 이렇게 나온다!

[짝꿍표현] 독해 1부분에서는 지문의 빈칸에 들어갈 적절한 어휘를 보기에서 선택하는 문제가 출제된다. 이때, 幸亏는 아래와 같은 부사들과 함께 보기로 자주 출제된다.

反而 fǎn'ér [부] 오히려
竟然 jìngrán [부] 뜻밖에도, 의외로
简直 jiǎnzhí [부] 그야말로, 정말로

³¹ **便**
biàn

부 **바로, 곧** 형 **편리하다, 편하다**

他大学一毕业，便进入了那家公司。(술어)
Tā dàxué yí bìyè, biàn jìnrùle nà jiā gōngsī.
그는 대학교를 졸업하자마자, 바로 그 회사에 들어갔다.

招聘网站便于我们得到最新的求职信息。
Zhāopìn wǎngzhàn biànyú wǒmen dédào zuìxīn de qiúzhí xìnxī.
채용 사이트는 우리가 최신 구직 정보를 편리하게 얻을 수 있도록 한다.

招聘 zhāopìn 동 채용하다, 모집하다
求职 qiúzhí 동 구직하다, 직장을 구하다 **信息** xìnxī 명 정보, 소식

³² **干脆**
gāncuì

부 **차라리** 형 **명쾌하다, 단도직입적이다**

你干脆多投几次简历。
Nǐ gāncuì duō tóu jǐ cì jiǎnlì.
너는 차라리 이력서를 몇 개 더 보내 봐라.

他的办事风格从来都十分干脆。
Tā de bànshì fēnggé cónglái dōu shífēn gāncuì.
그의 일 처리 스타일은 여태껏 늘 매우 명쾌했다.

投 tóu 동 (편지, 원고 등을) 보내다, 던지다 **简历** jiǎnlì 명 이력서, 이력, 경력
办事 bànshì 동 일을 처리하다 **风格** fēnggé 명 스타일

³³ **光明**
guāngmíng

형 **밝게 빛나다, 희망차다** 명 **빛, 광명**

这份工作前途光明，但是有些辛苦。
Zhè fèn gōngzuò qiántú guāngmíng, dànshì yǒuxiē xīnkǔ.
이 일은 전망이 밝기는 하지만, 약간 고생스럽다.

那个机会就像黑暗中闪出的一线光明。
Nà ge jīhuì jiù xiàng hēi'àn zhōng shǎnchū de yí xiàn guāngmíng.
그 기회는 어둠 속에서 반짝이는 한 줄기의 빛 같았다.

前途 qiántú 명 전망 **黑暗** hēi'àn 형 어둡다, 깜깜하다
闪 shǎn 동 반짝이다, 번쩍이다

34 **行业**
hángyè

명 **업계, 업무 분야**

술어

我打算毕业后从事教育行业。
Wǒ dǎsuan bìyè hòu cóngshì jiàoyù hángyè.
나는 졸업 후 교육 업계에 종사할 계획이다.

从事 cóngshì 동 ~에 종사하다

35 **决心**
juéxīn

동 **결심하다** 명 **결심**

他决心准备公务员考试。
Tā juéxīn zhǔnbèi gōngwùyuán kǎoshì.
그는 공무원 시험을 준비하기로 결심했다.

任何困难都动摇不了他的决心。
Rènhé kùnnan dōu dòngyáo bù liǎo tā de juéxīn.
어떠한 어려움도 그의 결심을 흔들리게 하지 못한다.

公务员 gōngwùyuán 명 공무원 **任何** rènhé 대 어떠한, 무엇
动摇 dòngyáo 동 흔들리게 하다, 동요시키다

36 **能干**
nénggàn

형 **유능하다, 재능 있다**

这家公司看好积极又能干的人才。
Zhè jiā gōngsī kànhǎo jījí yòu nénggàn de réncái.
이 회사는 적극적이고 유능한 인재를 좋게 본다.

积极 jījí 형 적극적이다 **人才** réncái 명 인재

37 **盼望**
pànwàng

동 **간절히 바라다, 희망하다**

她盼望着能早日就业。
Tā pànwàngzhe néng zǎorì jiùyè.
그녀는 하루 빨리 취업할 수 있기를 간절히 바라고 있다.

就业 jiùyè 동 취업하다, 취직하다

38 **无数**
wúshù

형 **무수하다, 셀 수 없다**

经过无数次的失败，小华终于能做自己想做的事了。
(술어)
Jīngguò wúshù cì de shībài, Xiǎo Huá zhōngyú néng zuò zìjǐ xiǎng zuò de shì le.
무수한 실패를 거쳐서, 샤오화는 마침내 자신이 하고 싶은 일을 할 수 있게 되었다.

39 **显然**
xiǎnrán

형 **분명하다, 명백하다**

显然他在犹豫是否应聘该公司。
Xiǎnrán tā zài yóuyù shìfǒu yìngpìn gāi gōngsī.
분명히 그는 이 회사에 지원할지 말지를 망설이고 있다.

犹豫 yóuyù 형 망설이다, 주저하다 **是否** shìfǒu ~인지 아닌지
应聘 yìngpìn 동 지원하다, 초빙에 응하다
该 gāi 대 이, 그 동 (마땅히) ~해야 한다

40 **照常**
zhàocháng

부 **평상시대로** 동 **평소와 같다, 평소대로 하다**

今年这家银行的校园招聘照常举行。
Jīnnián zhè jiā yínháng de xiàoyuán zhāopìn zhàocháng jǔxíng.
올해 이 은행의 캠퍼스 리쿠르팅은 평상시대로 열린다.

情况没那么严重，一切照常。
Qíngkuàng méi nàme yánzhòng, yíqiè zhàocháng.
상황은 그렇게 심각하지 않고, 모든 것이 평소와 같다.

校园招聘 xiàoyuán zhāopìn 캠퍼스 리쿠르팅
举行 jǔxíng 동 열다, 개최하다 **一切** yíqiè 대 모든 것, 전부

알아두면 좋은 배경지식

校园招聘(캠퍼스 리쿠르팅)이란 회사의 인사 담당자가 학교로 직접 찾아와서 그 해 졸업생을 뽑는 특수한 채용 방식이다.

校园招聘 xiàoyuán zhāopìn 캠퍼스 리쿠르팅

41 **挣**
zhèng

동 **(돈을) 벌다**

술어

这个活儿使他在短期内挣了不少钱。
Zhè ge huór shǐ tā zài duǎnqī nèi zhèngle bù shǎo qián.
이 일은 그로 하여금 단기간 내에 적지 않은 돈을 벌게 했다.

活儿 huór 명 일, 일거리

42 **证件**
zhèngjiàn

명 **증명서, 증거 서류**

人事部通知我带上身份证等重要证件。
Rénshìbù tōngzhī wǒ dàishang shēnfènzhèng děng zhòngyào zhèngjiàn.
인사부는 나에게 신분증 등의 중요한 증명서를 지참하라고 통지했다.

人事部 rénshìbù 명 인사부 **通知** tōngzhī 동 통지하다, 알리다
身份证 shēnfènzhèng 명 신분증

연습문제 **체크체크!**

제시된 각 단어의 뜻을 오른쪽 보기에서 찾아 줄을 그어 보세요.

01 幸亏	ⓐ 실직하다, 직업을 잃다
02 简历	ⓑ 이력서, 이력, 경력
03 人才	ⓒ 다행히, 운 좋게
04 失业	ⓓ 인재
05 照常	ⓔ 평상시대로, 평소와 같다, 평소대로 하다
06 根本	ⓕ 전혀, 도무지, 아예, 근본

문장을 읽고 빈칸에 들어갈 단어를 찾아 적어 보세요.

ⓐ 充满　ⓑ 录取　ⓒ 实习　ⓓ 行业

07 他对自己的面试表现 ________ 了信心。

08 ________ 能让学生们熟悉职场。

09 恭喜你被我们公司 ________ 了。

10 我梦想在服装设计 ________ 工作。

정답 : 01 ⓒ 02 ⓑ 03 ⓓ 04 ⓐ 05 ⓔ 06 ⓕ 07 ⓐ 08 ⓒ 09 ⓑ 10 ⓓ

* 07~10번 문제 해석은 해커스 중국어(china.Hackers.com)에서 무료로 제공합니다.

HSK 5급 시험에 나오는 고난도 어휘

☑ 잘 외워지지 않는 단어는 박스에 체크하여 복습하세요.

고난도 어휘 집중 암기_22.mp3

□ 白大褂	báidàguà	명 (의료인의) 흰 가운, 의료인
□ 笔试	bǐshì	명 필기시험
□ 裁缝 6급	cáifeng	명 재봉사
□ 才华	cáihuá	명 재능, 재주
□ 采用	cǎiyòng	동 채용하다, 채택하다
□ 错过	cuòguò	동 (시기, 대상을) 잃다, 놓치다, 지나치다
□ 个人信息	gèrén xìnxī	개인 정보
□ *见识	jiànshi	동 견문을 넓히다 명 견문, 견식
□ *就业 6급	jiùyè	동 (직장을) 얻다, 취업하다
□ 紧张情绪	jǐnzhāng qíngxù	긴장하는 마음
□ 具有 6급	jùyǒu	동 가지다, 구비하다
□ 录取通知书	lùqǔ tōngzhīshū	채용 통지서, 입학 통지서
□ 慢就业	màn jiùyè	천천히 취업하다, 천천히 취업하는 현상
□ 面试	miànshì	동 면접시험 보다
□ 名单	míngdān	명 명단, 명부
□ 前景 6급	qiánjǐng	명 전경, 전망
□ 求职者	qiúzhízhě	명 구직자
□ 取得	qǔdé	동 얻다, 갖다, 취득하다
□ 身份证	shēnfènzhèng	명 신분증
□ 实习期	shíxíqī	실습 기간

*표는 오른쪽 페이지의 <중국 문화와 역사>에 포함된 단어입니다.

□ 校园招生	xiàoyuán zhāoshēng	명 캠퍼스 리쿠르트
□ 学徒	xuétú	명 견습생, 실습생 동 견습생이 되다, 실습생이 되다
□ 寻求	xúnqiú	동 찾다, 구하다, 탐구하다
□ 应聘者	yìngpìnzhě	지원자, 응시자
□ 远离	yuǎnlí	동 멀리 떠나다
□ 招工	zhāogōng	동 (새로운) 일꾼을 모집하다
□ 招聘会	zhāopìnhuì	취업 박람회
□ 自身	zìshēn	대 자신, 본인
□ 自我介绍	zìwǒ jièshào	명 자기 소개 동 자기 소개를 하다
□ *志愿活动	zhìyuàn huódòng	자원봉사활동

알고 가면 시험이 쉬워지는 <중국 문화와 역사>

칼졸업, 칼취준? 중국 청년들은 *慢就业(màn jiùyè) 중!

최근 중국에서는 *就业(jiùyè) 시장에 새로운 변화가 일어나고 있어요. 청년들이 학교를 졸업한 후 바로 취직을 해서 돈을 **挣**(zhèng)하는 것이 아니라, 취업을 천천히 하는 **慢就业**를 선택하고 있는 것이죠.

慢就业 현상은 중국에서 처음 나타난 게 아니라네요, 이미 많은 서양의 청년들은 취업 준비를 시작하기 전에 일정한 기간 동안 *志愿活动(zhìyuàn huódòng) 및 여행 등을 하며 *见识(jiànshi)을 넓히기 위해 노력하고 있다고 해요.

중국의 **慢就业** 청년들 역시 졸업을 한 후, 유학 혹은 교육 지원을 가거나, 창업 시도를 하는 등 다양한 활동을 하고 있어요. 이런 시간들을 보낸 후에, 자신이 어떤 **行业**(hángyè)에서 종사할지, 어떤 직무가 맞을지 등의 취업에 대한 **具体**(jùtǐ)한 구상을 한답니다.

취업은 다소 늦더라도, 많은 경험을 할 수 있는 좋은 기회인 것 같습니다.

挣 zhèng 동 (돈을) 벌다 **行业** hángyè 명 업계, 업무 분야 **具体** jùtǐ 형 구체적이다, 특정의

DAY 23

HSK5급 단어장

사회 초년생

회사조직 · 인사

주제를 알면 HSK가 보인다!

HSK 5급에서는 회사 내에서 이루어지는 상사 및 직원들 간의 대화가 자주 출제돼요. 따라서 '직원', '대표', '확정하다', '사장', '범위'처럼 회사조직·인사 관련 단어들을 집중적으로 학습하면 이러한 문제를 쉽게 풀 수 있어요.

단어, 예문 MP3

사장님이 셋?!

01 **员工** yuángōng 명 직원, 종업원

06 **领导** lǐngdǎo 명 대표, 리더 동 이끌다, 지도하다

02 **代表** dàibiǎo 명 대표 동 대표하다

03 **确定** quèdìng 동 확정하다 형 명확하다, 확고하다

05 **范围** fànwéi 명 범위

04 **老板** lǎobǎn 명 사장, 주인

01 **员工** ★★★
yuángōng

명 **직원, 종업원**

一家大型商场最近在招聘一位新员工。
Yì jiā dàxíng shāngchǎng zuìjìn zài zhāopìn yí wèi xīn yuángōng.
한 대형 백화점은 최근에 새로운 직원 한 명을 채용하고 있다.

大型 dàxíng 형 대형의 **招聘** zhāopìn 동 채용하다, 모집하다

02 **代表** ★★★
dàibiǎo

명 **대표** 동 **대표하다**

公司安排一位代表参加这次会议。
Gōngsī ānpái yí wèi dàibiǎo cānjiā zhè cì huìyì.
회사는 대표 한 명을 이번 회의에 참가하도록 배정했다.

每一位职员都代表着公司的形象。
Měi yí wèi zhíyuán dōu dàibiǎozhe gōngsī de xíngxiàng.
모든 직원은 회사의 이미지를 대표하고 있다.

安排 ānpái 동 배정하다, 안배하다 **职员** zhíyuán 명 직원
形象 xíngxiàng 명 이미지

03 **确定** ★★★
quèdìng

동의어
确认 quèrèn
동 확인하다

동 **확정하다** 형 **명확하다, 확고하다**

我们尚未确定新入职员的名单。
Wǒmen shàngwèi quèdìng xīnrù zhíyuán de míngdān.
우리는 아직 신입 직원 명단을 확정하지 않았어.

这次新来的人究竟是谁，我们也没有得到确定的消息。
Zhè cì xīn lái de rén jiūjìng shì shéi, wǒmen yě méiyǒu dédào quèdìng de xiāoxi.
이번에 새로 온 사람이 도대체 누구인지, 우리도 명확한 소식을 듣지 못했어.

尚未 shàngwèi 아직 ~하지 않다 **职员** zhíyuán 명 직원
名单 míngdān 명 명단 **究竟** jiūjìng 부 도대체
消息 xiāoxi 명 소식, 정보

04 **老板** ★★★
lǎobǎn

명 **사장, 주인**

술어

这家餐厅的老板打算扩大餐厅的规模。
Zhè jiā cāntīng de lǎobǎn dǎsuan kuòdà cāntīng de guīmó.
이 레스토랑의 사장님은 레스토랑의 규모를 늘리려고 한다.

扩大 kuòdà 동 (규모 등을) 늘리다, 확대하다 **规模** guīmó 명 규모

05 **范围** ★★★
fànwéi

명 **범위**

各个员工负责的工作范围有所不同。
Gè ge yuángōng fùzé de gōngzuò fànwéi yǒu suǒ bùtóng.
각 직원들이 책임지는 업무 범위는 다소 다르다.

员工 yuángōng 명 직원, 종업원 **负责** fùzé 동 책임지다

06 **领导** ★★★
lǐngdǎo

명 **대표, 리더** 동 **이끌다, 지도하다**

这件事需要事先征求领导的意见。
Zhè jiàn shì xūyào shìxiān zhēngqiú lǐngdǎo de yìjiàn.
이 일은 사전에 대표의 의견을 구하는 것이 필요하다.

几十年来他一直领导着我们公司向前发展。
Jǐ shí nián lái tā yìzhí lǐngdǎozhe wǒmen gōngsī xiàng qián fāzhǎn.
몇십 년 동안 그는 줄곧 우리 회사가 앞을 향해 발전하는 것을 이끌어 오고 있다.

事先 shìxiān 명 사전 **征求** zhēngqiú 동 구하다
意见 yìjiàn 명 의견 **发展** fāzhǎn 동 발전하다

시험에 이렇게 나온다!

쓰기 领导는 쓰기 1부분에서 '领导(주어)+술어+목적어'의 기본 형태를 완성하는 문제의 제시어로 자주 출제된다.

领导批准了她的辞职申请。
Lǐngdǎo pīzhǔnle tā de cízhí shēnqǐng.
대표는 그녀의 사직 신청을 승인했다.

07 成立 ★★★
chénglì

동 (조직·기구를) 설립하다, 결성하다

这家上市公司成立于上世纪70年代。

Zhè jiā shàngshì gōngsī chénglì yú shàng shìjì qīshí niándài.

이 상장 회사는 1970년대에 설립되었다.

上市公司 shàngshì gōngsī 명 상장 회사 **年代** niándài 명 시대, 시기

시험에 이렇게 나온다!

짝꿍표현 成立를 활용한 다양한 출제 표현들을 알아 둔다.

成立公司 chénglì gōngsī 회사를 설립하다
成立小组 chénglì xiǎozǔ 그룹을 결성하다
成立国家 chénglì guójiā 국가를 설립하다

08 评价 ★★★
píngjià

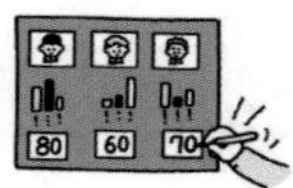

동 평가하다 명 평가

公司每年都会评价员工的工作能力。

Gōngsī měinián dōu huì píngjià yuángōng de gōngzuò nénglì.

회사는 매년 직원들의 업무 능력을 평가할 수 있다.

领导对她工作能力的评价很高。

Lǐngdǎo duì tā gōngzuò nénglì de píngjià hěn gāo.

그녀의 업무 능력에 대한 대표의 평가는 매우 높다.

员工 yuángōng 명 직원, 종업원
领导 lǐngdǎo 명 대표, 리더 동 지도하다, 이끌다

09 属于 ★★★
shǔyú

동 ~에 속하다

以前没见过你，你是属于哪个组的?

Yǐqián méi jiànguo nǐ, nǐ shì shǔyú nǎ ge zǔ de?

예전에는 당신을 본 적이 없는데, 당신은 어느 팀에 속해 있으신가요?

组 zǔ 명 팀, 그룹, 조

10 **企业** ★★★

qǐyè

명 기업

술어

优秀的企业应该重视培养人才。

Yōuxiù de qǐyè yīnggāi zhòngshì péiyǎng réncái.

우수한 기업은 인재를 양성하는 것을 중시해야 한다.

优秀 yōuxiù 형 우수하다 **重视** zhòngshì 동 중시하다
培养 péiyǎng 동 양성하다, 키우다 **人才** réncái 명 인재

11 **销售** ★★★

xiāoshòu

반의어
购买 gòumǎi
동 사다, 구매하다

동 판매하다, 팔다

她在一家大型证券公司负责销售。

Tā zài yì jiā dàxíng zhèngquàn gōngsī fùzé xiāoshòu.

그녀는 한 대형 증권회사에서 판매를 책임지고 있다.

大型 dàxíng 형 대형의 **证券公司** zhèngquàn gōngsī 명 증권회사
负责 fùzé 동 책임지다

시험에 이렇게 나온다!

짝꿍 표현 **销售**를 활용한 다양한 출제 표현들을 알아 둔다.

销售员 xiāoshòuyuán 판매원
销售部 xiāoshòubù 판매부
销售方案 xiāoshòu fāng'àn 판매 방안
销售业绩 xiāoshòu yèjì 판매 실적
销售情况 xiāoshòu qíngkuàng 판매 상황

12 **整个** ★★★

zhěnggè

형 전체의, 전부의

王总经理现在以新的身份管理整个团队。

Wáng zǒngjīnglǐ xiànzài yǐ xīn de shēnfèn guǎnlǐ zhěnggè tuánduì.

왕 총지배인은 현재 새로운 신분으로 전체 팀을 관리한다.

身份 shēnfèn 명 신분 **管理** guǎnlǐ 동 관리하다
团队 tuánduì 명 팀, 단체

13 **整体** ★★★

zhěngtǐ

명 (한 집단의) 전체, 전부

我们公司的整体环境还不错。

Wǒmen gōngsī de zhěngtǐ huánjìng hái búcuò.

우리 회사의 전체 환경은 꽤 좋다.

14 秘书 ★★★
mìshū

명 비서

秘书已经为老板准备好了会议材料。(술어: 准备)
Mìshū yǐjīng wèi lǎobǎn zhǔnbèi hǎo le huìyì cáiliào.
비서는 사장을 위해서 회의 자료를 이미 다 준비했다.

老板 lǎobǎn 명 사장, 주인 **材料** cáiliào 명 자료

시험에 이렇게 나온다!

듣기 듣기에서는 대화를 듣고 화자나 제3자의 직업을 묻는 문제가 출제된다. 이때, **秘书**는 아래와 같이 직업을 나타내는 어휘들과 함께 보기로 자주 출제된다.

演员 yǎnyuán 명 배우 **会计** kuàijì 명 회계사
教练 jiàoliàn 명 코치

15 至于 ★★★
zhìyú

개 ~에 대해서는 동 ~의 정도에 이르다

至于这件事该怎么处理，我得跟大家商量一下。
Zhìyú zhè jiàn shì gāi zěnme chǔlǐ, wǒ děi gēn dàjiā shāngliang yíxià.
이 일을 어떻게 처리할지에 대해서는, 나는 모두와 상의를 좀 해야 해요.

你不至于因为这种事发这么大的火吧。
Nǐ bú zhìyú yīnwèi zhè zhǒng shì fā zhème dà de huǒ ba.
이 일 때문에 이렇게 크게 화낼 정도는 아닌 것 같아.

处理 chǔlǐ 동 처리하다 **商量** shāngliang 동 상의하다
发火 fāhuǒ 동 화를 내다

시험에 이렇게 나온다!

독해 독해 1부분에서는 지문의 빈칸에 들어갈 적절한 어휘를 보기에서 선택하는 문제가 출제된다. 이때, **至于**는 아래와 같은 어휘들과 함께 보기로 자주 출제된다.

以及 yǐjí 접 및, 아울러
何况 hékuàng 접 하물며, 더군다나
假如 jiǎrú 접 만약, 만일 **不然** bùrán 접 그렇지 않으면
此外 cǐwài 접 그 밖에 **从而** cóng'ér 접 따라서
或许 huòxǔ 부 아마, 어쩌면 **与其** yǔqí 접 ~하기 보다는

16 **主任** ★★

zhǔrèn

명 **주임**

술어

李主任的主要业务就是人事管理。

Lǐ zhǔrèn de zhǔyào yèwù jiù shì rénshì guǎnlǐ.

리 주임의 주요 업무는 바로 인사 관리이다.

业务 yèwù 명 업무 **人事** rénshì 명 인사
管理 guǎnlǐ 동 관리하다

시험에 이렇게 나온다!

빡공 표현 **主任을 활용한 출제 표현을 알아 둔다.**

班主任 bānzhǔrèn 담임 선생님

17 **宣传** ★★

xuānchuán

동 **홍보하다, 광고하다**

这则广告是由宣传部同事制作的。

Zhè zé guǎnggào shì yóu xuānchuánbù tóngshì zhìzuò de.

이 광고는 홍보부 동료가 제작한 것이다.

则 zé 양 조항, 문제, 편, 토막 **广告** guǎnggào 명 광고
制作 zhìzuò 동 제작하다

18 **单位** ★★

dānwèi

명 **회사, 단체, 기관, 직장**

我们单位每年年底举办一次员工大会。

Wǒmen dānwèi měinián niándǐ jǔbàn yí cì yuángōng dàhuì.

우리 회사는 매년 연말에 직원 전체 회의를 개최한다.

年底 niándǐ 명 연말 **举办** jǔbàn 동 개최하다, 열다
员工大会 yuángōng dàhuì 명 직원 전체 회의

19 **地位** ★★

dìwèi

명 **지위, 위치**

他在我们公司里有很高的地位。

Tā zài wǒmen gōngsī li yǒu hěn gāo de dìwèi.

그는 우리 회사 안에서 높은 지위를 가지고 있다.

20 **搞** ★★

gǎo

동의어

干 gàn

동 일을 하다

做 zuò

동 하다

동 **하다, 처리하다, 종사하다**

술어

哥哥在一家知名的大企业搞技术研究。

Gēge zài yì jiā zhīmíng de dàqǐyè gǎo jìshù yánjiū.

오빠는 한 유명한 대기업에서 기술 연구를 한다.

知名 zhīmíng 형 유명하다, 저명하다 **大企业** dàqǐyè 명 대기업

技术 jìshù 명 기술 **研究** yánjiū 동 연구하다

시험에 이렇게 나온다!

쓰기 어떤 분야에 종사하는지를 설명하고 싶을 때, '搞(술어)+종사하는 분야(~을 하다)'라는 표현을 사용하면 쉽게 작문할 수 있다.

搞经济方面 gǎo jīngjì fāngmiàn 경제 분야에 종사하다

搞文艺活动 gǎo wényì huódòng 문예 활동에 종사하다

21 **核心** ★★

héxīn

명 **핵심**

销售部是我们公司的核心部门。

Xiāoshòubù shì wǒmen gōngsī de héxīn bùmén.

판매부는 우리 회사의 핵심 부서이다.

销售部 xiāoshòubù 명 판매부 **部门** bùmén 명 부서, 부분

22 **人员** ★★

rényuán

명 **인원, 요원**

这家企业主要由技术人员组成。

Zhè jiā qǐyè zhǔyào yóu jìshù rényuán zǔchéng.

이 기업은 주로 기술 인원으로 구성되어 있다.

企业 qǐyè 명 기업 **技术** jìshù 명 기술

组成 zǔchéng 동 구성하다, 조성하다

잠깐 人员은 일반적으로 한 조직에서 어떠한 직무를 맡고 있는 사람을 뜻한다. 따라서 人员 앞에는 속한 조직의 종류나 담당하고 있는 직무를 나타내는 어휘가 온다.

시험에 이렇게 나온다!

짝꿍 표현 人员을 활용한 다양한 출제 표현들을 알아 둔다.

工作人员 gōngzuò rényuán 작업 인원

政府人员 zhèngfǔ rényuán 정부 인원

服务人员 fúwù rényuán 서비스 인원

销售人员 xiāoshòu rényuán 판매 인원

23 **总裁** ★★
zǒngcái

명 **총재, 총수**

(술어)

总裁认为每个员工都应该认真地做好自己的工作。
Zǒngcái rènwéi měi ge yuángōng dōu yīnggāi rènzhēn de zuòhǎo zìjǐ de gōngzuò.
총재는 모든 직원들이 자신들의 업무를 열심히 해야 한다고 생각한다.

员工 yuángōng 명 직원, 종업원

24 **作为** ★★
zuòwéi

동 **~으로 삼다, ~으로 여기다**

张经理想选择能干的人作为自己的秘书。
Zhāng jīnglǐ xiǎng xuǎnzé nénggàn de rén zuòwéi zìjǐ de mìshū.
장 지배인은 유능한 사람을 선택하여 자신의 비서로 삼고 싶어 한다.

能干 nénggàn 형 유능하다, 재능이 있다 **秘书** mìshū 명 비서

시험에 이렇게 나온다!

짝꿍표현 **作为를 활용한 출제 표현을 알아 둔다.**
把 A 作为 B bǎ A zuòwéi B **A를 B로 삼다**

25 **部门** ★★
bùmén

명 **부서, 부문**

总经理每天都会关注各个部门的业务进展情况。
Zǒngjīnglǐ měitiān dōu huì guānzhù gè ge bùmén de yèwù jìnzhǎn qíngkuàng.
총지배인은 매일 각 부서의 업무 진전 상황에 관심을 가진다.

关注 guānzhù 동 관심을 가지다 **业务** yèwù 명 업무
进展 jìnzhǎn 동 (일이) 진전하다

26 **伙伴** ★★
huǒbàn

명 **동반자, 동료**

他们单位正在找新的合作伙伴。
Tāmen dānwèi zhèngzài zhǎo xīn de hézuò huǒbàn.
그들 회사는 지금 새로운 협력 동반자를 찾고 있는 중이다.

单位 dānwèi 명 회사, 단체, 기관, 직장 **合作** hézuò 동 협력하다, 합작하다

27 **待遇** ★★
dàiyù

명 **대우, 대접** 동 **대우하다**

这家企业的工作环境和待遇都很好。 (술어)
Zhè jiā qǐyè de gōngzuò huánjìng hé dàiyù dōu hěn hǎo.
이 기업의 업무 환경과 대우는 모두 좋다.

这家公司以行业最高水平待遇内部优秀员工。
Zhè jiā gōngsī yǐ hángyè zuì gāo shuǐpíng dàiyù nèibù yōuxiù yuángōng.
이 회사는 업계에서 가장 높은 수준으로 내부의 우수 직원들을 대우한다.

企业 qǐyè 명 기업 **行业** hángyè 명 업계, 업무 분야
优秀 yōuxiù 형 우수하다 **员工** yuángōng 명 직원, 종업원

28 **团** ★★
tuán

명 **단체, 그룹**

她被选为此次国际会议代表团的成员。
Tā bèi xuǎn wéi cǐ cì guójì huìyì dàibiǎotuán de chéngyuán.
그는 이번 국제 회의 대표단의 구성원으로 선발되었다.

国际 guójì 명 국제 형 국제적인 **代表** dàibiǎo 명 대표 동 대표하다
成员 chéngyuán 명 구성원

시험에 이렇게 나온다!

짝꿍 표현 团을 활용한 다양한 출제 표현들을 알아 둔다.
社团 shètuán 동아리, 사회 단체 **团游** tuányóu 단체 여행

29 **甲** ★★
jiǎ

명 **갑** 형 **1등이다, 제일이다**

我作为甲方公司的代表，与乙方进行了交流。
Wǒ zuòwéi jiǎ fāng gōngsī de dàibiǎo, yǔ yǐ fāng jìnxíngle jiāoliú.
나는 갑측 회사의 대표로서, 을측과 교류를 진행했다.

我们公司制作的产品质量属于甲级。
Wǒmen gōngsī zhìzuò de chǎnpǐn zhìliàng shǔyú jiǎ jí.
우리 회사에서 제작한 제품의 품질은 1등급에 속한다.

作为 zuòwéi 동 ~으로 여기다, ~으로 삼다 **方** fāng 명 측, 쪽 형 사각형의
代表 dàibiǎo 명 대표 동 대표하다 **乙** yǐ 명 을
制作 zhìzuò 동 제작하다 **产品** chǎnpǐn 명 제품, 생산품
质量 zhìliàng 명 품질 **属于** shǔyú 동 ~에 속하다

30 **首** ★★
shǒu

형 **수석의, 최고의**

我被聘为公司的首席律师。
Wǒ bèi pìn wéi gōngsī de shǒuxí lǜshī.
나는 회사의 수석 변호사로 채용되었다.

首席 shǒuxí 명 수석, 맨 윗자리 **律师** lǜshī 명 변호사

시험에 이렇게 나온다!

짝꿍 표현 首를 활용한 다양한 출제 표현들을 알아 둔다.
首席 shǒuxí 수석, 맨 윗자리 **首次** shǒucì 처음, 첫 번째

31 **乙** ★★
yǐ

명 **을**

企业与员工的关系由甲乙双方关系转变为伙伴关系了。
Qǐyè yǔ yuángōng de guānxi yóu jiǎ yǐ shuāngfāng guānxi zhuǎnbiàn wéi huǒbàn guānxi le.
기업과 직원의 관계는 갑을 쌍방 관계에서 동반자 관계로 바뀌었다.

企业 qǐyè 명 기업 **员工** yuángōng 명 직원, 종업원
甲 jiǎ 명 갑 **双方** shuāngfāng 명 쌍방
转变 zhuǎnbiàn 동 바뀌다, 바꾸다 **伙伴** huǒbàn 명 동반자, 동료

32 **多余** ★★
duōyú

반의어
不足 bùzú
형 부족하다

형 **나머지의, 여분의**

经理想把多余的人员安排到其他部门。
Jīnglǐ xiǎng bǎ duōyú de rényuán ānpái dào qítā bùmén.
사장님은 나머지 인원들을 다른 부서에 배정하려고 한다.

人员 rényuán 명 인원, 요원 **安排** ānpái 동 배정하다, 안배하다
部门 bùmén 명 부서, 부분

33 **各自** ★★
gèzì

대 **각자, 제각기**

每个职员在各自的工作上取得了惊人的成就。
Měi ge zhíyuán zài gèzì de gōngzuò shang qǔdéle jīngrén de chéngjiù.
모든 직원들은 각자의 업무에서 놀라운 성과를 얻었다.

职员 zhíyuán 명 직원 **取得** qǔdé 동 얻다, 취득하다
惊人 jīngrén 형 (사람을) 놀라게 하다
成就 chéngjiù 명 성과, 성취 동 성취하다

34 **迎接** ★★
yíngjiē

반의어
送别 sòngbié
동 배웅하다, 송별하다

동 **맞이하다, 영접하다**

我们马上就要迎接新的部门经理了。 (술어)
Wǒmen mǎshàng jiù yào yíngjiē xīn de bùmén jīnglǐ le.
우리는 곧 새로운 부서 책임자를 맞이할 것이다.

部门 bùmén 명 부서, 부분

35 **工人**
gōngrén

명 **(육체) 노동자**

张阿姨是我们工厂年纪最大的工人。
Zhāng āyí shì wǒmen gōngchǎng niánjì zuì dà de gōngrén.
장씨 아주머니는 우리 공장에서 나이가 가장 많으신 노동자이시다.

工厂 gōngchǎng 명 공장 **年纪** niánjì 명 나이, 연령

36 **集体**
jítǐ

명 **단체, 집단**

这家公司给每一个单身职员免费提供集体宿舍。
Zhè jiā gōngsī gěi měi yí ge dānshēn zhíyuán miǎnfèi tígōng jítǐ sùshè.
이 회사는 모든 싱글 직원들에게 무료로 단체 기숙사를 제공한다.

单身 dānshēn 명 싱글, 독신 **职员** zhíyuán 명 직원
免费 miǎnfèi 동 무료로 하다 **提供** tígōng 동 제공하다
宿舍 sùshè 명 기숙사

37 **其余**
qíyú

대 **나머지, 남은 것**

新人中有俩人去了营销部门，其余三个人去了销售部门。
Xīnrén zhōng yǒu liǎ rén qùle yíngxiāo bùmén, qíyú sān ge rén qùle xiāoshòu bùmén.
신입 사원 중 2명은 마케팅 부서로 갔고, 나머지 3명은 판매 부서로 갔다.

新人 xīnrén 명 신입 사원 **营销** yíngxiāo 동 마케팅하다
部门 bùmén 명 부서, 부분 **销售** xiāoshòu 동 판매하다, 팔다

★★★ = 출제율 최상 ★★ = 출제율 상

38 **人事**
rénshì

명 **인사**

她的妹妹在人事部负责招聘工作。
Tā de mèimei zài rénshìbù fùzé zhāopìn gōngzuò.
그녀의 여동생은 인사부에서 채용 업무를 책임진다.

(负责 → 술어)

招聘 zhāopìn 동 채용하다, 모집하다

39 **主席**
zhǔxí

명 **의장, 주석**

这届工会主席由总务部部长担任。
Zhè jiè gōnghuì zhǔxí yóu zǒngwùbù bùzhǎng dānrèn.
이번 노동조합의 의장은 총무부 부장이 맡는다.

届 jiè 양 회, 기[정기 회의·졸업 연차를 세는 데 쓰임]
工会 gōnghuì 명 노동조합, 노조 **总务部** zǒngwùbù 명 총무부
部长 bùzhǎng 명 부장 **担任** dānrèn 동 맡다, 담당하다

40 **组织**
zǔzhī

동 **조직하다** 명 **조직**

我们公司每年都会组织员工去国外旅行。
Wǒmen gōngsī měi nián dōu huì zǔzhī yuángōng qù guówài lǚxíng.
우리 회사는 매년 직원들을 조직하여 해외로 여행을 간다.

领导应该了解组织内部员工的想法。
Lǐngdǎo yīnggāi liǎojiě zǔzhī nèibù yuángōng de xiǎngfǎ.
리더는 조직 내부 직원의 생각을 이해해야 한다.

员工 yuángōng 명 직원, 종업원
领导 lǐngdǎo 명 리더, 대표 동 지도하다, 이끌다

연습문제 **체크체크!**

제시된 각 단어의 뜻을 오른쪽 보기에서 찾아 줄을 그어 보세요.

01 属于	ⓐ ~에 대해서는, ~의 정도에 이르다
02 至于	ⓑ 나머지의, 여분의
03 代表	ⓒ 대표, 대표하다
04 多余	ⓓ (조직·기구를) 설립하다, 결성하다
05 整个	ⓔ ~에 속하다
06 成立	ⓕ 전체의, 전부의

문장을 읽고 빈칸에 들어갈 단어를 찾아 적어 보세요.

ⓐ 员工　ⓑ 待遇　ⓒ 部门　ⓓ 迎接

07 他是我们公司最优秀的 ______ 之一。

08 由人事 ______ 的人员来培训新手。

09 不管职业如何，这家公司的职员都可以收到相等的 ______ 。

10 我们管理部将在近期内 ______ 新同事。

정답 : 01 ⓔ 02 ⓐ 03 ⓒ 04 ⓑ 05 ⓕ 06 ⓓ 07 ⓐ 08 ⓒ 09 ⓑ 10 ⓓ

* 07~10번 문제 해석은 해커스 중국어(china.Hackers.com)에서 무료로 제공합니다.

HSK 5급 시험에 나오는 고난도 어휘

☑ 잘 외워지지 않는 단어는 박스에 체크하여 복습하세요.

🎧 고난도 어휘 집중 암기_23.mp3

	단어	병음	뜻
□	白领	báilǐng	명 화이트칼라, 사무직 근로자
□	差别 6급	chābié	명 차이, 다른점
□	*炒鱿鱼	chǎo yóuyú	해고하다
□	成员 6급	chéngyuán	명 성원, 구성원
□	*店铺	diànpù	명 상점, 가게
□	调派	diàopài	동 파견하다, 보내다
□	干部	gànbù	명 간부, 지도자
□	机构 6급	jīgòu	명 기구
□	*解雇 6급	jiěgù	동 해고하다
□	进展 6급	jìnzhǎn	동 (일이) 진전하다
□	看待 6급	kàndài	동 대우하다, 다루다, 취급하다
□	领先 6급	lǐngxiān	동 선두에 서다, 앞서다, 리드하다
□	庞大 6급	pángdà	형 (형상이나 부피가) 엄청나게 많고도 크다, 방대하다
□	群体	qúntǐ	명 군체, 단체, 집단
□	上市公司	shàngshì gōngsī	명 상장 회사
□	升职	shēngzhí	동 승진하다
□	首席	shǒuxí	명 수석, 가장 높은 지위
□	提升	tíshēng	동 (직위, 등급, 경쟁력 등을) 끌어올리다, 진급시키다
□	团队	tuánduì	명 단체, 집체
□	推销员	tuīxiāoyuán	명 세일즈맨, 외판원

*표는 오른쪽 페이지의 <중국 문화와 역사>에 포함된 단어입니다.

□ 迎新	yíngxīn	동 새로 온 사람을 맞이하다
□ 引进	yǐnjìn	동 도입하다, 끌어들이다, 추천하다
□ 员工大会	yuángōng dàhuì	명 직원 전체 회의
□ 赞赏	zànshǎng	동 칭찬하다, 높이 평가하다
□ 证券公司	zhèngquàn gōngsī	명 증권 회사
□ *职员	zhíyuán	명 직원
□ 职位 6급	zhíwèi	명 직위
□ 助手 6급	zhùshǒu	명 조수
□ 资深 6급	zīshēn	형 경력이 오래된, 베테랑의
□ 总务部	zǒngwùbù	명 총무부

알고 가면 시험이 쉬워지는 <중국 문화와 역사>

*炒鱿鱼(chǎo yóuyú)? 오징어를 왜 볶아?

중국의 유명한 관용어 **炒鱿鱼**, 들어 보셨나요? '볶다'의 의미의 **炒**와 '오징어'라는 의미의 **鱿鱼**가 결합된 형태로 직역하면 '오징어를 볶다'라는 의미를 가지고 있어요. 하지만, **炒鱿鱼**는 관용적으로 **企业**(qǐyè)나 ***店铺**(diànpù)에서 내부 ***职员**(zhíyuán)을 '***解雇**(jiěgù)하다'라는 의미로 사용되는데요, 이는 왜일까요? 가장 유력한 유래를 알려 드릴게요.

과거 중국에서는 많은 **工人**(gōngrén)이 일을 찾으러 떠날 때 이불 하나만 짐으로 지고 다녔는데 이는 **老板**(lǎobǎn)의 집에서 일하며 살기 위함이었다고 해요. 이때, 이들이 만약 사장에게 해고를 당하면 다시 이불을 돌돌 말아 떠났는데, 이 장면이 오징어를 볶을 때 동그랗게 말리는 것과 모양이 비슷해서 이러한 말이 생겼다고 합니다.

炒鱿鱼, 자세히 알아보면 다소 슬픈 유래가 있는 관용어네요.

企业 qǐyè 명 기업 **工人** gōngrén 명 (육체) 노동자 **老板** lǎobǎn 명 사장, 주인

DAY

24

HSK5급 단어장

보고서의 달인

회사업무

주제를 알면 HSK가 보인다!

HSK 5급에서는 회사업무와 관련하여 보고서를 작성하고 제출하는 내용이 자주 출제돼요. 따라서 '보고하다', '자료', '조항'처럼 회사업무 관련 단어들을 집중적으로 학습하면 이러한 문제를 쉽게 풀 수 있어요.

단어, 예문 MP3

휴가 다녀오겠습니다

02 **报告** bàogào 동 보고하다 명 보고서

03 **资料** zīliào 명 자료

04 **项** xiàng 양 조항, 조목

01 **辞职** cízhí 동 사직하다, 직장을 그만두다

01 **辞职** ★★★

cízhí

동 **사직하다, 직장을 그만두다**

술어

听说小丽要辞职了，到底发生什么事了？

Tīngshuō Xiǎo Lì yào cízhí le, dàodǐ fāshēng shénme shì le?

듣자 하니 샤오리가 사직한다고 하는데, 도대체 무슨 일이 생긴 건가요?

시험에 이렇게 나온다!

짝꿍 표현 辞职를 활용한 다양한 출제 표현들을 알아 둔다.

辞职书 cízhíshū 사직서

辞职申请 cízhí shēnqǐng 사직 신청서

申请辞职 shēnqǐng cízhí 사직을 신청하다

提出辞职 tíchū cízhí 사직을 신청하다

02 **报告** ★★★

bàogào

동 **보고하다** 명 **보고서**

你应该向领导报告事情的经过。

Nǐ yīnggāi xiàng lǐngdǎo bàogào shìqíng de jīngguò.

당신은 반드시 리더에게 일의 경과를 보고해야 합니다.

经理让我在这周三之前交业务报告。

Jīnglǐ ràng wǒ zài zhè zhōusān zhīqián jiāo yèwù bàogào.

사장님께서는 나에게 이번 수요일 전까지 업무 보고서를 내라고 하셨어요.

领导 lǐngdǎo 명 리더, 대표 동 지도하다, 이끌다

业务 yèwù 명 업무

시험에 이렇게 나온다!

짝꿍 표현 报告를 활용한 다양한 출제 표현들을 알아 둔다.

报告书 bàogàoshū 보고서

报告厅 bàogàotīng 브리핑 룸

做报告 zuò bàogào 보고를 하다

实验报告 shíyàn bàogào 실험 보고서

分析报告 fēnxī bàogào 분석 보고

★★★ = 출제율 최상 ★★ = 출제율 상

03 资料 ★★★
zīliào

[명] 자료

술어

你把会议资料放在经理的桌子上。

Nǐ bǎ huìyì zīliào fàngzài jīnglǐ de zhuōzi shang.

회의 자료를 사장님 책상 위에 두세요.

시험에 이렇게 나온다!

[짝꿍 표현] 资料를 활용한 다양한 출제 표현들을 알아 둔다.

会议资料 huìyì zīliào 회의 자료

参考资料 cānkǎo zīliào 참고 자료

谈判资料 tánpàn zīliào 회담 자료

相关资料 xiāngguān zīliào 관련 자료

04 项 ★★★
xiàng

[양] 조항, 조목

我相信我们一定能按时完成这项工作。

Wǒ xiāngxìn wǒmen yídìng néng ànshí wánchéng zhè xiàng gōngzuò.

나는 우리가 반드시 제때에 이 일을 완성할 수 있을 것이라고 믿는다.

按时 ànshí [부] 제때에

시험에 이렇게 나온다!

[짝꿍 표현] 项을 활용한 다양한 출제 표현들을 알아 둔다.

一项运动 yí xiàng yùndòng 운동 한 종목

一项工作 yí xiàng gōngzuò 업무 한 항목

一项技术 yí xiàng jìshù 기술 한 종목

一项任务 yí xiàng rènwù 임무 한 항목

一项测试 yí xiàng cèshì 테스트 한 항목

05 退休 ★★★
tuìxiū

[동] 퇴직하다, 은퇴하다

我的父亲退休后反而更忙了。

Wǒ de fùqīn tuìxiū hòu fǎn'ér gèng máng le.

나의 아버지는 퇴직 후 오히려 더 바빠지셨다.

反而 fǎn'ér [부] 오히려, 도리어, 반대로

06 会计 ★★★
kuàijì

명 **회계사, 회계**

(술어)

我毕业后去一家大公司当会计了。
Wǒ bìyè hòu qù yì jiā dà gōngsī dāng kuàijì le.
나는 졸업 후 큰 회사에 가서 회계사가 되었다.

毕业 bìyè 동 졸업하다

시험에 이렇게 나온다!

듣기 会计와 관련된 출제 표현들을 함께 알아 둔다.

律师 lǜshī 명 변호사 **记者** jìzhě 명 기자
秘书 mìshū 명 비서 **演员** yǎnyuán 명 배우, 연기자

07 熬夜 ★★★
áoyè

동 **밤새다, 철야하다**

我们即使熬夜也得把任务做完。
Wǒmen jíshǐ áoyè yě děi bǎ rènwù zuòwán.
우리는 설령 밤을 새우더라도 임무를 끝내야 해.

即使 jíshǐ 접 설령 ~하더라도 **任务** rènwù 명 임무

08 处理 ★★★
chǔlǐ

동 **처리하다, 해결하다**

我打算在开会之前处理好重要业务。
Wǒ dǎsuan zài kāihuì zhīqián chǔlǐ hǎo zhòngyào yèwù.
나는 회의 전까지 중요한 업무를 다 처리할 예정이다.

业务 yèwù 명 업무

시험에 이렇게 나온다!

짝꿍 표현 **处理**를 활용한 다양한 출제 표현들을 알아 둔다.

处理业务 chǔlǐ yèwù 업무를 처리하다
处理问题 chǔlǐ wèntí 문제를 처리하다
处理困难 chǔlǐ kùnnan 어려움을 처리하다
处理矛盾 chǔlǐ máodùn 갈등을 처리하다

09 方案 ★★★
fāng'àn

명 **방안**

(술어)

代表制定了新的工作方案。

Dàibiǎo zhìdìngle xīn de gōngzuò fāng'àn.

대표는 새로운 업무 방안을 제정했다.

代表 dàibiǎo 명 대표 동 대표하다
制定 zhìdìng 동 (규정·정책 등을) 제정하다, 만들다

시험에 이렇게 나온다!

쓰기 **方案**은 쓰기 1부분에서, '주어+술어+관형어+方案(목적어)' 혹은 '관형어+方案(주어)+술어+목적어'의 기본 형태를 완성하는 문제의 제시어로 자주 출제된다.

她的方案没有取得任何效果。
Tā de fāng'àn méiyǒu qǔdé rènhé xiàoguǒ.
그녀의 방안은 어떠한 효과도 얻지 못했다.

짝꿍 표현 **方案**을 활용한 다양한 출제 표현들을 알아 둔다.

工作方案 gōngzuò fāng'àn 업무 방안
设计方案 shèjì fāng'àn 설계 방안
推广方案 tuīguǎng fāng'àn 홍보 방안
医疗方案 yīliáo fāng'àn 의료 방안
提出方案 tíchū fāng'àn 방안을 제출하다
制定方案 zhìdìng fāng'àn 방안을 제정하다

10 本领 ★★★
běnlǐng

명 **능력, 재능, 수완**

最近很多公司更看重个人的实际本领。

Zuìjìn hěn duō gōngsī gèng kànzhòng gèrén de shíjì běnlǐng.

최근 많은 회사들은 개인의 실제 능력을 더 중시한다.

看重 kànzhòng 동 중시하다 **个人** gèrén 명 개인

시험에 이렇게 나온다!

짝꿍 표현 **本领**을 활용한 다양한 출제 표현들을 알아 둔다.

掌握本领 zhǎngwò běnlǐng 능력을 숙달하다
显示本领 xiǎnshì běnlǐng 능력을 보여주다
学习本领 xuéxí běnlǐng 수완을 배우다

11 **数据** ★★★
shùjù

명 **데이터, 수치**

술어

同事帮我把重要的数据全部存起来了。
Tóngshì bāng wǒ bǎ zhòngyào de shùjù quánbù cún qǐlai le.
동료는 나를 도와 중요한 데이터를 모두 저장했다.

存 cún 동 저장하다

잠깐 일부 '동사+数据' 형태는 하나의 명사처럼 사용된다.

시험에 이렇게 나온다!

짝꿍표현 数据를 활용한 다양한 출제 표현들을 알아 둔다.
核查数据 héchá shùjù 데이터를 대조 검사하다
调整数据 tiáozhěng shùjù 데이터를 조정하다
统计数据 tǒngjì shùjù 통계 데이터

12 **细节** ★★★
xìjié

명 **세부사항, 자세한 부분**

这个工作方案的一些细节需要重新修改。
Zhè ge gōngzuò fāng'àn de yìxiē xìjié xūyào chóngxīn xiūgǎi.
이 업무 방안의 일부 세부사항은 다시 수정하는 것이 필요하다.

方案 fāng'àn 명 방안 **修改** xiūgǎi 동 수정하다, 고치다

13 **删除** ★★
shānchú

동 **삭제하다, 지우다**

我不小心把重要资料删除了。
Wǒ bù xiǎoxīn bǎ zhòngyào zīliào shānchú le.
나는 조심하지 않다가 중요한 자료를 삭제해버렸다.

资料 zīliào 명 자료

시험에 이렇게 나온다!

쓰기 删除는 쓰기 1부분에서 '주어+부사어+把+목적어+删除了(술어)'의 把자문 형태를 완성하는 문제의 제시어로 자주 출제된다.

21 22 23 DAY 24 25 26 27 28 29 30
해커스 HSK 5급 단어장

★★★ = 출제율 최상 ★★ = 출제율 상

14 **参考** ★★
cānkǎo

동 **참고하다, 참조하다**

술어

请参考这份资料制作一篇报告书。
Qǐng cānkǎo zhè fèn zīliào zhìzuò yì piān bàogàoshū.
이 자료를 참고해서 보고서를 만들어 주세요.

资料 zīliào 명 자료 **制作** zhìzuò 동 만들다, 제작하다
报告书 bàogàoshū 명 보고서

15 **完整** ★★
wánzhěng

형 **완전하다, 온전하다**

请你把工作计划写得完整一些。
Qǐng nǐ bǎ gōngzuò jìhuà xiě de wánzhěng yìxiē.
업무 계획을 좀 더 완전하게 써 주세요.

计划 jìhuà 명 계획

16 **文件** ★★
wénjiàn

명 **서류, 문건**

她让秘书把文件送到总裁办公室。
Tā ràng mìshū bǎ wénjiàn sòngdào zǒngcái bàngōngshì.
그녀는 비서에게 서류를 총재 사무실로 보내도록 했다.

秘书 mìshū 명 비서 **总裁** zǒngcái 명 총재, 총수

시험에 이렇게 나온다!

짝꿍 표현 文件을 활용한 출제 표현을 알아 둔다.
文件夹 wénjiànjiā 서류철

17 **项目** ★★
xiàngmù

명 **프로젝트, 항목**

无论如何都要把这个项目进行下去。
Wúlùn rúhé dōu yào bǎ zhè ge xiàngmù jìnxíng xiàqu.
어찌 되었든 간에 이 프로젝트를 진행해 나가야 한다.

如何 rúhé 대 어떻다, 어떠하다

18 **业务** ★★

yèwù

명 **업무**

新职员在认真学习新的业务知识。

술어

Xīn zhíyuán zài rènzhēn xuéxí xīn de yèwù zhīshi.

신입 직원은 새로운 업무 지식을 열심히 배우고 있다.

职员 zhíyuán 명 직원

시험에 이렇게 나온다!

짝꿍표현 **业务**를 활용한 다양한 출제 표현들을 알아 둔다.

熟悉业务 shúxī yèwù 업무에 익숙하다

处理业务 chǔlǐ yèwù 업무를 처리하다

办理业务 bànlǐ yèwù (주로 은행의) 업무를 처리하다

19 **递** ★★

dì

동 **넘겨주다, 전해 주다**

麻烦你把那边的文件递给我。

Máfan nǐ bǎ nàbian de wénjiàn dì gěi wǒ.

번거로우시겠지만 저쪽의 서류를 저에게 넘겨주세요.

文件 wénjiàn 명 서류, 문건

시험에 이렇게 나온다!

짝꿍표현 **递**를 활용한 다양한 출제 표현들을 알아 둔다.

快递 kuàidì 택배

把 A 递给 B bǎ A dì gěi B A를 B에게 전해 주다

알아두면 좋은 배경지식

최근 중국에서는 **智能快递**(스마트 택배) 보관함을 이용한 택배 업무가 증가하고 있다. **智能快递** 보관함이란 택배 배송원과 고객이 택배 물품의 보관, 수령과 발송을 위해 활용하는 보관함이다. 배송원이 택배 물품을 스캔하고 보관함에 넣으면 고객에게 1회성 비밀번호에 해당하는 인증번호가 발송되고, 고객은 편한 시간에 보관함에서 택배를 찾아갈 수 있다.

智能快递 zhìnéng kuàidì 스마트 택배

20 **出席** ★★
chūxí

동 **(회의에) 참가하다, 출석하다**

술어

大家都按要求出席了员工大会。
Dàjiā dōu àn yāoqiú chūxíle yuángōng dàhuì.
모두가 요구에 따라 직원 회의에 참가했다.

员工 yuángōng 명 직원, 종업원

21 **促使** ★★
cùshǐ

동 **~하도록 재촉하다, 추진하다**

经理促使他们尽快完成这项业务。
Jīnglǐ cùshǐ tāmen jǐnkuài wánchéng zhè xiàng yèwù.
사장은 그들이 되도록 빨리 이 업무를 완성하도록 재촉했다.

尽快 jǐnkuài 부 되도록 빨리 **项** xiàng 양 조항, 조목
业务 yèwù 명 업무

22 **紧急** ★★
jǐnjí

형 **긴급하다, 절박하다**

我得在下班之前处理紧急任务。
Wǒ děi zài xiàbān zhīqián chǔlǐ jǐnjí rènwù.
나는 퇴근하기 전까지 긴급한 임무를 처리해야 해요.

处理 chǔlǐ 동 처리하다, 해결하다 **任务** rènwù 명 임무

23 **派** ★★
pài

동 **파견하다, 지명하다** 명 **파, 파벌**

公司派总经理去参加这次国外谈判。
Gōngsī pài zǒngjīnglǐ qù cānjiā zhè cì guówài tánpàn.
회사에서는 총지배인을 이번 국외 회담에 참가하도록 파견했다.

他在公司里是有名的乐观派。
Tā zài gōngsī li shì yǒumíng de lèguānpài.
그는 회사 안에서 유명한 낙관파이다.

总经理 zǒngjīnglǐ 명 총지배인
谈判 tánpàn 명 회담, 대화 동 이야기하다, 회담하다
乐观 lèguān 형 낙관적이다

24 信任 ★★

xìnrèn

동 신임하다, 믿다 명 신임

他非常信任自己的伙伴们。(술어)

Tā fēicháng xìnrèn zìjǐ de huǒbànmen.

그는 자신의 동료들을 매우 신임한다.

她因出色的业务能力受到周围人的信任。

Tā yīn chūsè de yèwù nénglì shòudào zhōuwéirén de xìnrèn.

그녀는 뛰어난 업무 능력으로 인해 주위 사람들의 신임을 받는다.

伙伴 huǒbàn 명 동료, 동반자 **出色** chūsè 형 대단히 뛰어나다, 출중하다
业务 yèwù 명 업무

시험에 이렇게 나온다!

쓰기 信任은 쓰기 2부분 99번에서 제시어로 자주 출제된다. 이때, '受到 A 的 信任(A의 신임을 받다)'이라는 표현을 사용하면 쉽게 작문할 수 있다.

25 印刷 ★★

yìnshuā

동 인쇄하다

我们已经把业务资料印刷了10份。

Wǒmen yǐjīng bǎ yèwù zīliào yìnshuāle shí fèn.

우리는 이미 업무 자료를 10부 인쇄했다.

业务 yèwù 명 업무 **资料** zīliào 명 자료

26 急忙 ★★

jímáng

동의어
连忙 liánmáng
부 급히, 황급히

부 급히, 바삐, 황급히

他拿着文件急忙走进了办公室。

Tā názhe wénjiàn jímáng zǒujìnle bàngōngshì.

그는 서류를 들고 급히 사무실로 들어갔다.

文件 wénjiàn 명 서류, 문건

시험에 이렇게 나온다!

독해 독해 1부분에서는 지문의 빈칸에 들어갈 적절한 어휘를 보기에서 선택하는 문제가 출제된다. 이때, 急忙은 아래와 같은 어휘들과 함께 보기로 자주 출제된다.

立即 lìjí 부 즉시, 즉각 **紧急** jǐnjí 형 긴급하다, 절박하다

27 **转告** ★★
zhuǎngào

㊏ (말을) 전하다

술어
请转告大家会议被推迟了。
Qǐng zhuǎngào dàjiā huìyì bèi tuīchíle.
모두에게 회의가 연기되었다고 전해 주세요.

推迟 tuīchí ㊏ 연기하다

28 **请求** ★★
qǐngqiú

㊏ 요청하다, 부탁하다 ㊔ 요구

她只好向其他同事请求帮助。
Tā zhǐhǎo xiàng qítā tóngshì qǐngqiú bāngzhù.
그녀는 다른 동료에게 도움을 요청할 수밖에 없다.

公司接受了员工们的不同请求。
Gōngsī jiēshòule yuángōngmen de bùtóng qǐngqiú.
회사는 직원들의 다양한 요구를 받아들였다.

接受 jiēshòu ㊏ 받아들이다 **员工** yuángōng ㊔ 직원, 종업원

29 **确认** ★★
quèrèn

㊏ 확인하다

请您确认是否能够准时参加会议。
Qǐng nín quèrèn shìfǒu nénggòu zhǔnshí cānjiā huìyì.
이번 회의에 제때 참석할 수 있으신지 확인 부탁드릴게요.

准时 zhǔnshí ㊖ 제때에

30 **日程** ★★
rìchéng

㊔ 일정

秘书替总裁安排了下周的日程。
Mìshū tì zǒngcái ānpáile xià zhōu de rìchéng.
비서는 총재를 위하여 다음 주 일정을 안배했다.

秘书 mìshū ㊔ 비서 **总裁** zǒngcái ㊔ 총재, 총수

시험에 이렇게 나온다!

짝꿍표현 日程을 활용한 다양한 출제 표현들을 알아 둔다.
日程安排 rìchéng ānpái 스케줄
安排日程 ānpái rìchéng 일정을 안배하다

31 商务 ★★
shāngwù

명 **비즈니스, 상업상의 용무**

我们应该派谁去出席下周的商务会议?
Wǒmen yīnggāi pài shéi qù chūxí xià zhōu de shāngwù huìyì?
우리는 다음 주 비즈니스 회의에 참가할 사람으로 누구를 파견 보내야 할까요?

派 pài 동 파견하다, 지명하다 명 파, 파벌
出席 chūxí 동 (회의에) 참가하다, 출석하다

알아두면 좋은 배경지식

电子商务(전자상거래)는 인터넷 상에서 제품이나 서비스 등을 사고 파는 거래 행위를 말한다. 참고로, **电子商务**를 줄여 **电商**이라고도 한다.
电子商务 diànzǐ shāngwù 전자상거래

32 熟练 ★★
shúliàn

형 **능숙하다, 숙련되어 있다**

他现在可以熟练地完成所有业务。
Tā xiànzài kěyǐ shúliàn de wánchéng suǒyǒu yèwù.
그는 현재 모든 업무를 능숙하게 완성할 수 있다.

业务 yèwù 명 업무

시험에 이렇게 나온다!

짝꿍표현 **熟练**을 활용한 다양한 출제 표현들을 알아 둔다.
业务熟练 yèwù shúliàn 업무가 능숙하다
熟练程度 shúliàn chéngdù 숙련된 정도

33 效率 ★★
xiàolǜ

명 **효율, 능률**

时间管理是提高工作效率的重要方法。
Shíjiān guǎnlǐ shì tígāo gōngzuò xiàolǜ de zhòngyào fāngfǎ.
시간 관리는 업무 효율을 높이는 중요한 방법이다.

시험에 이렇게 나온다!

짝꿍표현 **效率**를 활용한 다양한 출제 표현들을 알아 둔다.
提高效率 tígāo xiàolǜ 효율을 높이다
工作效率 gōngzuò xiàolǜ 업무 효율

34 包裹 ★★
bāoguǒ

명 소포 동 싸다, 포장하다

他在邮局主要负责配送包裹。（술어）
Tā zài yóujú zhǔyào fùzé pèisòng bāoguǒ.
그는 우체국에서 소포를 배송하는 일을 주로 책임진다.

有的植物的种子裸露在外面没有果皮包裹着。
Yǒu de zhíwù de zhǒngzi luǒlù zài wàimian méiyǒu guǒpí bāoguǒzhe.
어떤 식물의 씨앗은 겉면이 껍질로 싸여 있지 않은 채 드러나 있다.

负责 fùzé 동 책임지다 **配送** pèisòng 동 배송하다
种子 zhǒngzi 명 씨앗 **裸露** luǒlù 동 드러내다, 노출하다
果皮 guǒpí 명 껍질

시험에 이렇게 나온다!

듣기 듣기에서는 대화를 듣고 화자나 제3자가 있거나 가려고 하는 장소를 묻는 문제가 출제된다. 이때, **包裹**가 지문에서 언급되면 **邮局**(우체국)가 정답 보기로 자주 출제된다.

짝꿍 표현 **包裹**를 활용한 다양한 출제 표현들을 알아 둔다.
寄包裹 jì bāoguǒ 소포를 보내다
配送包裹 pèisòng bāoguǒ 소포를 배송하다
签收包裹 qiānshōu bāoguǒ 소포를 수령했음을 서명하다

35 步骤 ★★
bùzhòu

명 (일이 진행되는) 절차, 순서, 단계

你该每天确认一切是否按正常步骤进行。
Nǐ gāi měitiān quèrèn yíqiè shìfǒu àn zhèngcháng bùzhòu jìnxíng.
당신은 모든 것이 정상적인 절차에 따라 진행되고 있는지 매일 확인해야 합니다.

确认 quèrèn 동 확인하다

36 报到
bàodào

동 도착하였음을 보고하다

술어

我从国外出差回来后马上去公司报到了。
Wǒ cóng guówài chūchāi huílai hòu mǎshàng qù gōngsī bàodào le.
나는 해외 출장에서 돌아온 후 즉시 회사로 가서 도착했음을 보고했다.

시험에 이렇게 나온다!

듣기 报到와 관련된 출제 표현들을 함께 알아 둔다.
出差 chūchāi 동 출장 가다　会议 huìyì 명 회의
谈判 tánpàn 동 이야기하다, 회담하다 명 회담, 대화

37 成果
chéngguǒ

명 성과

他在这个项目中取得了很大的成果。
Tā zài zhè ge xiàngmù zhōng qǔdéle hěn dà de chéngguǒ.
그는 이번 프로젝트에서 큰 성과를 얻었다.

项目 xiàngmù 명 프로젝트, 항목　取得 qǔdé 동 얻다

38 匆忙
cōngmáng

형 매우 바쁘다, 분주하다

我为了处理公司业务，最近过得很匆忙。
Wǒ wèile chǔlǐ gōngsī yèwù, zuìjìn guò de hěn cōngmáng.
나는 회사 업무를 처리하기 위해서, 최근 매우 바쁘게 보내.

处理 chǔlǐ 동 처리하다, 해결하다　业务 yèwù 명 업무

39 催
cuī

동 재촉하다, 촉진시키다

请你打电话催他们尽快完成计划。
Qǐng nǐ dǎ diànhuà cuī tāmen jǐnkuài wánchéng jìhuà.
당신은 전화를 걸어 그들에게 되도록 빨리 계획을 완수해 달라고 재촉해 주세요.

尽快 jǐnkuài 부 되도록 빨리　计划 jìhuà 명 계획

시험에 이렇게 나온다!

짝꿍표현 催를 활용한 출제 표현을 알아 둔다.
催促 cuīcù 재촉하다

40 **过期**
guòqī

동 **기한을 넘기다**

술어

小刘刚才看的是过期的业务日程表。
Xiǎo Liú gāngcái kàn de shì guòqī de yèwù rìchéngbiǎo.
샤오리우가 방금 본 것은 기한을 넘긴 업무 일정표였다.

业务 yèwù 명 업무 **日程表** rìchéngbiǎo 명 일정표

41 **夹子**
jiāzi

명 **서류철, 클립**

你应该把所有重要文件都放到夹子里。
Nǐ yīnggāi bǎ suǒyǒu zhòngyào wénjiàn dōu fàngdào jiāzi li.
너는 모든 중요한 서류를 서류철 안에 다 끼워 넣어야 해.

文件 wénjiàn 명 서류, 문건

42 **艰巨**
jiānjù

형 **막중하다, 어렵고 힘들다**

我相信他一定能够完成这个艰巨的任务。
Wǒ xiāngxìn tā yídìng nénggòu wánchéng zhè ge jiānjù de rènwù.
나는 그가 반드시 이 막중한 임무를 완수할 수 있을 것이라고 믿는다.

任务 rènwù 명 임무

43 **名片**
míngpiàn

명 **명함**

很多职场人把名片用于商务场合。
Hěn duō zhíchǎngrén bǎ míngpiàn yòng yú shāngwù chǎnghé.
많은 직장인들은 명함을 비즈니스 상황에서 사용한다.

职场人 zhíchǎngrén 명 직장인
商务 shāngwù 명 비즈니스, 상업상의 용무 **场合** chǎnghé 명 상황, 장소

연습문제 **체크체크!**

제시된 각 단어의 뜻을 오른쪽 보기에서 찾아 줄을 그어 보세요.

01 过期	ⓐ 퇴직하다, 은퇴하다
02 会计	ⓑ 프로젝트, 항목
03 急忙	ⓒ 급히, 바삐, 황급히
04 退休	ⓓ 회계사, 회계
05 包裹	ⓔ 소포, 싸다, 포장하다
06 项目	ⓕ 기한을 넘기다

문장을 읽고 빈칸에 들어갈 단어를 찾아 적어 보세요.

ⓐ 资料　ⓑ 信任　ⓒ 业务　ⓓ 辞职

07 请把有关会议的参考 ______ 准备完整。

08 他得到了来自同事和领导的 ______ 。

09 新来的员工对现在的 ______ 还不太熟悉。

10 我为了出国留学向公司提出了 ______ 。

정답 : 01 ⓕ 02 ⓓ 03 ⓒ 04 ⓐ 05 ⓔ 06 ⓑ 07 ⓐ 08 ⓑ 09 ⓒ 10 ⓓ

* 07~10번 문제 해석은 해커스 중국어(china.Hackers.com)에서 무료로 제공합니다.

HSK 5급 시험에 나오는 고난도 어휘

☑ 잘 외워지지 않는 단어는 박스에 체크하여 복습하세요.

🎧 고난도 어휘 집중 암기_24.mp3

□ 报酬 6급	bàochou	명 보수, 사례비
□ 便于 6급	biànyú	동 (어떤 일을 하기에) 편리하다, 쉽다
□ 辞去	cíqù	동 (일을) 그만두다, 사직하다
□ 催促	cuīcù	동 재촉하다
□ 订书钉	dìngshūdìng	명 스테이플러 심
□ 繁琐	fánsuǒ	형 번거롭다, 장황하다, 자질구레하다
□ 过奖 6급	guòjiǎng	동 지나치게 칭찬하다, 과찬하다
□ 核查	héchá	동 대조하고 검토하다, 검증하다
□ 欢送会	huānsònghuì	명 환송회
□ 接听	jiētīng	동 (걸려 온) 전화를 받다
□ 开展	kāizhǎn	동 전개되다, 확대되다
□ *看重	kànzhòng	동 중시하다
□ 拉长	lācháng	동 (시간, 기간 등을) 연기하다, 연장하다
□ 平平	píngpíng	형 보통이다, 일반적이다
□ 签收	qiānshōu	동 수령했음을 서명하다
□ 取舍	qǔshě	동 취사 선택하다
□ 施加 6급	shījiā	동 (압력, 영향 등을) 주다, 가하다
□ 受权	shòuquán	동 권한을 부여받다, 위임받다
□ 统计 6급	tǒngjì	동 통계하다, 합산하다
□ 同声传译	tóngshēng chuányì	명 동시 통역

*표는 오른쪽 페이지의 <중국 문화와 역사>에 포함된 단어입니다.

□ 晚会	wǎnhuì	명 저녁 파티, 이브닝 파티
□ 为主	wéizhǔ	동 ~을 위주로 하다
□ 文件夹	wénjiànjiā	명 서류철, (컴퓨터) 파일 폴더
□ *午睡	wǔshuì	명 낮잠
□ 误删	wùshān	동 잘못 삭제하다
□ 眼色 6급	yǎnsè	명 눈짓, 눈치
□ 延误	yánwù	동 (일을) 지체하다
□ 知名	zhīmíng	형 잘 알려진
□ *职场人	zhíchǎngrén	명 직장인
□ 总经理	zǒngjīnglǐ	명 총지배인

알고 가면 시험이 쉬워지는 <중국 문화와 역사>

회사에서의 꿀 같은 낮잠 시간, 중국의 *午睡(wǔshuì) 문화

오래 전부터 중국에 자리 잡고 있는 문화! 바로 **午睡** 문화입니다. 중국의 유치원, 초등학교에는 **午睡** 시간이 따로 마련되어있는 만큼, 중국인들은 낮에 취하는 휴식을 매우 ***看重**(kànzhòng)하고 있어요. 바로 이런 부분이 회사에서까지 반영이 된 것이죠.

중국의 대부분 회사에서는 점심시간이 12시부터 2시까지인데요, 따로 **午睡** 시간이 정해져 있는 것은 아니지만, 많은 ***职场人**(zhíchǎngrén)은 긴 점심시간을 이용하여 잠을 청하곤 한답니다. 이로써 **业务**(yèwù) **效率**(xiàolǜ)도 훨씬 높아지는 효과도 누릴 수 있다고 해요!

匆忙(cōngmáng)한 하루 중에서 취하는 꿀 같은 **午睡**, 정말 좋은 문화인 것 같습니다!

业务 yèwù 명 업무 **效率** xiàolǜ 명 효율 **匆忙** cōngmáng 형 매우 바쁘다, 분주하다

DAY

25

HSK5급 단어장

꿈의 기업

회사경영

주제를 알면 HSK가 보인다!

HSK 5급에서는 회사의 규모나 홍보 및 투자 등과 관련된 내용이 자주 출제돼요. 따라서 '규모', '가능한 한', '피하다', '발언하다', '홍보하다'처럼 회사경영 관련 단어들을 집중적으로 학습하면 이러한 문제를 쉽게 풀 수 있어요.

단어, 예문 MP3

회사 발전을 위한 여러 가지 방법들

회사의 规模가 커졌는데, 어떻게 하면 더 迅速하게 발전할 수 있을지 얘기해 봅시다.

신입 사원들에게 发言할 기회를 尽量 많이 줘야 한다고 생각합니다.
음.. 그렇지..

기존 고객들이 떠나는 것을 避免하기 위해, 다양한 마케팅을 推广해야 합니다.
좋은 생각이군..

직원들의 건강을 위해, 규칙적인 점심식사가 이루어져야 한다고 생각합니다!
←10분 지난 점심시간
꼬르륵

01 **规模** guīmó 명 규모

04 **发言** fāyán 동 발언하다 명 발언

03 **避免** bìmiǎn 동 피하다, 모면하다

06 **迅速** xùnsù 형 신속하다, 재빠르다

02 **尽量** jǐnliàng 부 가능한 한, 되도록

05 **推广** tuīguǎng 동 홍보하다, 널리 보급하다, 확충하다

01 **规模** ★★★
guīmó

명 **규모**

술어

总经理决定逐渐扩大公司规模。
Zǒngjīnglǐ juédìng zhújiàn kuòdà gōngsī guīmó.
최고 경영자는 회사의 규모를 점차 확대하기로 결정했다.

逐渐 zhújiàn 부 점차, 점점 **扩大** kuòdà 동 확대하다, 넓히다

시험에 이렇게 나온다!

짝꿍표현 **规模**를 활용한 다양한 출제 표현들을 알아 둔다.
扩大规模 kuòdà guīmó 규모를 확대하다
规模庞大 guīmó pángdà 규모가 방대하다

02 **尽量** ★★★
jǐnliàng

부 **가능한 한, 되도록**

我们会尽量把风险降到最低。
Wǒmen huì jǐnliàng bǎ fēngxiǎn jiàngdào zuì dī.
우리는 가능한 한 리스크를 최저로 내려보도록 하겠습니다.

风险 fēngxiǎn 명 리스크, 위험

시험에 이렇게 나온다!

독해 독해 1부분에서는 지문의 빈칸에 들어갈 적절한 어휘를 보기에서 선택하는 문제가 출제된다. 이때, **尽量**은 아래와 같은 어휘들과 함께 보기로 자주 출제된다.
一律 yílǜ 부 일률적으로 형 일률적이다
分别 fēnbié 부 각각 동 이별하다 명 차이
相对 xiāngduì 형 상대적인 동 상대하다

03 **避免** ★★★
bìmiǎn

동 **피하다, 모면하다**

通过有效的管理，尽可能避免出现问题。
Tōngguò yǒuxiào de guǎnlǐ, jǐn kěnéng bìmiǎn chūxiàn wèntí.
효율적인 관리를 통해, 가능한 한 문제가 생기는 것을 피할 수 있다.

★★★ = 출제율 최상 ★★ = 출제율 상

04 发言 ★★★
fāyán

동 발언하다 명 발언

领导发言强调同事之间应该互相尊重。(술어)

Lǐngdǎo fāyán qiángdiào tóngshì zhījiān yīnggāi hùxiāng zūnzhòng.

리더는 동료 간에 서로 존중해야 한다고 발언하고 강조했다.

部长的发言给了我们很多启发。

Bùzhǎng de fāyán gěile wǒmen hěn duō qǐfā.

부장의 발언은 우리에게 많은 것을 일깨워 주었다.

领导 lǐngdǎo 명 리더, 대표 동 지도하다, 이끌다
强调 qiángdiào 동 강조하다 **尊重** zūnzhòng 동 존중하다
启发 qǐfā 동 일깨우다, 영감을 주다

시험에 이렇게 나온다!

쓰기 发言은 쓰기 1부분에서 주로 명사로 출제되며, '他的发言(주어)+술어+목적어'의 기본 형태 혹은 '他的发言(주어)+令/让+겸어+술어'의 겸어문 형태를 완성하는 문제의 제시어로 자주 출제된다.

张教授的发言令人深受启发。
Zhāng jiàoshòu de fāyán lìng rén shēn shòu qǐfā.
장 교수의 발언은 사람들이 깊은 영감을 받도록 했다.

05 推广 ★★★
tuīguǎng

동의어
推行 tuīxíng
동 보급하다, 널리 시행하다

동 홍보하다, 널리 보급하다, 확충하다

我们根据详细的推广方案安排了工作。

Wǒmen gēnjù xiángxì de tuīguǎng fāng'àn ānpáile gōngzuò.

우리는 세부적인 홍보 방안에 근거하여 업무를 안배했다.

详细 xiángxì 형 세부적이다, 상세하다 **方案** fāng'àn 명 방안

잠깐 推广은 동사이지만 명사처럼 쓰이기도 한다.

시험에 이렇게 나온다!

빡공 표현 推广을 활용한 다양한 출제 표현들을 알아 둔다.

推广方案 tuīguǎng fāng'àn 홍보 방안
推广活动 tuīguǎng huódòng 홍보 활동

06 **迅速** ★★★

xùnsù

반의어

缓慢 huǎnmàn

형 느리다, 완만하다

형 **신속하다, 재빠르다**

술어

企业的迅速发展对员工收入的提高有直接影响。

Qǐyè de xùnsù fāzhǎn duì yuángōng shōurù de tígāo yǒu zhíjiē yǐngxiǎng.

기업의 신속한 발전은 직원의 소득 향상에 직접적인 영향을 끼친다.

企业 qǐyè 명 기업 **员工** yuángōng 명 직원, 종업원

收入 shōurù 명 소득, 수입 동 받다

07 **从事** ★★★

cóngshì

동 **종사하다**

他从事销售行业很多年，已经成为了该领域的专家。

Tā cóngshì xiāoshòu hángyè hěn duō nián, yǐjīng chéngwéile gāi lǐngyù de zhuānjiā.

그는 판매 업계에서 수년간 종사하여, 이미 이 영역의 전문가가 되었다.

销售 xiāoshòu 동 판매하다, 영업하다 **行业** hángyè 명 업계, 업무 분야

领域 lǐngyù 명 영역, 분야 **专家** zhuānjiā 명 전문가

08 **合作** ★★★

hézuò

동의어

配合 pèihé

동 협동하다

동 **협력하다**

我们期待能与贵公司合作。

Wǒmen qīdài néng yǔ guì gōngsī hézuò.

저희는 귀사와 협력할 수 있기를 기대합니다.

期待 qīdài 동 기대하다, 바라다

시험에 이렇게 나온다!

짝꿍 표현 **合作**를 활용한 출제 표현을 알아 둔다.

A **和/与** B **合作** A hé/yǔ B hézuò A와 B가 협력하다

09 **促进** ★★★

cùjìn

동 **촉진하다, 추진하다, 추진시키다**

술어

信息技术的发展促进了工作效率的提高。

Xìnxī jìshù de fāzhǎn cùjìnle gōngzuò xiàolǜ de tígāo.

정보 기술의 발전은 업무 효율의 향상을 촉진시켰다.

信息 xìnxī 명 정보 **技术** jìshù 명 기술
效率 xiàolǜ 명 효율, 능률

시험에 이렇게 나온다!

유의어 **促进 : 促使**(cùshǐ, ~하도록 재촉하다)

促进은 일, 학업, 사업 등과 관련된 어휘가 목적어로 온다.
促进开发 cùjìn kāifā 발전을 촉진하다
促进工作 cùjìn gōngzuò 업무를 촉진하다

促使은 사람, 조직, 회사와 관련된 어휘가 목적어로 온다.
促使社会进步 cùshǐ shèhuì jìnbù 사회의 진보를 재촉하다
促使自己 cùshǐ zìjǐ 자신을 재촉하다

10 **扩大** ★★★

kuòdà

반의어
缩小 suōxiǎo
동 축소하다

동 **확대하다, 넓히다**

我所在的这家公司不断扩大了在业内的影响力。

Wǒ suǒzài de zhè jiā gōngsī búduàn kuòdàle zài yènèi de yǐngxiǎnglì.

내가 있는 이 회사는 업계 내에서의 영향력을 끊임없이 확대했다.

不断 búduàn 부 끊임없이, 부단히 동 끊임없다
业内 yènèi 명 업계 내, 업무 범위 내

11 **签** ★★★

qiān

동 **서명하다, 사인하다**

请您确认计划书的内容并签字。

Qǐng nín quèrèn jìhuàshū de nèiróng bìng qiānzì.

계획서의 내용을 확인하시고 서명해 주세요.

确认 quèrèn 동 확인하다 **计划书** jìhuàshū 명 계획서

시험에 이렇게 나온다!

짝꿍 표현 签을 활용한 다양한 출제 표현들을 알아 둔다.
签字 qiānzì 서명하다
签名 qiānmíng 사인하다, 서명하다
签收 qiānshōu 수령했음을 서명하다
签合同 qiān hétong 계약서를 사인하다, 계약을 체결하다

12 **后果** ★★★

hòuguǒ

동의어

结果 jiéguǒ

명 결과, 결실

명 (주로 안 좋은) 뒷일, 결과

술어

经理从一开始就考虑到了可能出现的后果。

Jīnglǐ cóng yì kāishǐ jiù kǎolǜ dàole kěnéng chūxiàn de hòuguǒ.

처음부터 사장은 발생 가능한 뒷일을 고려했다.

13 **具备** ★★★

jùbèi

동의어

具有 jùyǒu

동 있다, 가지다

동 갖추다, 구비하다

领导需要具备良好的判断能力。

Lǐngdǎo xūyào jùbèi liánghǎo de pànduàn nénglì.

리더는 좋은 판단 능력을 갖추어야 한다.

领导 lǐngdǎo 명 리더, 대표 동 지도하다, 이끌다

良好 liánghǎo 형 좋다, 양호하다 判断 pànduàn 명 판단 동 판단하다

시험에 이렇게 나온다!

짝꿍표현 具备를 활용한 다양한 출제 표현들을 알아 둔다.

具备特性 jùbèi tèxìng 특징을 갖추다

具备条件 jùbèi tiáojiàn 조건을 갖추다

14 **通常** ★★★

tōngcháng

부 보통, 일반적으로 형 일반적이다, 보통이다

每个公司通常都有自己的主力产品。

Měi ge gōngsī tōngcháng dōu yǒu zìjǐ de zhǔlì chǎnpǐn.

모든 회사는 보통 자사만의 주력 제품이 있다.

在通常情况下，公司做出的选择都是有根据的。

Zài tōngcháng qíngkuàng xià, gōngsī zuòchū de xuǎnzé dōu shì yǒu gēnjù de.

일반적인 상황에서, 회사가 내린 선택에는 모두 근거가 있다.

主力 zhǔlì 명 주력 产品 chǎnpǐn 명 제품, 생산품

15 **特殊** ★★★

tèshū

반의어

一般 yìbān

형 보통이다, 일반적이다

普通 pǔtōng

형 일반적이다, 보통이다

형 **특수하다, 특별하다**

如果没有特殊情况，我们公司将开展新工程。

Rúguǒ méiyǒu tèshū qíngkuàng, wǒmen gōngsī jiāng kāizhǎn xīn gōngchéng.

만일 특수한 상황이 없다면, 우리 회사는 새로운 공사를 전개할 것이다.

开展 kāizhǎn 동 전개하다 **工程** gōngchéng 명 (대규모의) 공사

시험에 이렇게 나온다!

유의어 **特殊 : 特别**(tèbié, 특별하다)

特殊는 주로 일반적이지 않고 특수한 것을 의미할 때 사용된다.

特殊情况 tèshū qíngkuàng 특수한 상황

特殊环境 tèshū huánjìng 특수한 환경

特别는 주로 다른 것과 구별되는 것을 의미할 때 사용한다.

特别友好 tèbié yǒuhǎo 특별히 우호적이다

特别注意 tèbié zhùyì 특별히 주의하다

16 **寻找** ★★★

xúnzhǎo

동 **찾다, 구하다**

他们正在积极寻找新的发展方向。

Tāmen zhèngzài jījí xúnzhǎo xīn de fāzhǎn fāngxiàng.

그들은 적극적으로 새로운 발전 방향을 찾고 있는 중이다.

17 **合同** ★★

hétong

명 **계약, 계약서**

两家公司正式签了贸易合同。

Liǎng jiā gōngsī zhèngshì qiānle màoyì hétong.

두 회사는 공식적으로 무역 계약을 체결했다.

签合同 qiān hétong 계약을 체결하다 **贸易** màoyì 명 무역

18 **冒险** ★★
màoxiǎn

동 **모험하다, 위험을 무릅쓰다**

술어

要想成为成功的企业家，需要具备一定的冒险精神。
Yào xiǎng chéngwéi chénggōng de qǐyèjiā, xūyào jùbèi yídìng de màoxiǎn jīngshén.
성공한 기업가가 되고 싶다면, 어느 정도의 모험 정신을 갖추는 것이 필요하다.

企业家 qǐyèjiā 명 기업가 **具备** jùbèi 동 갖추다, 구비하다
精神 jīngshén 명 정신

잠깐 冒险은 동사이지만 명사처럼 쓰이기도 한다.

시험에 이렇게 나온다!

짝꿍표현 冒险을 활용한 다양한 출제 표현들을 알아 둔다.
冒险精神 màoxiǎn jīngshén 모험 정신
体会冒险 tǐhuì màoxiǎn 모험을 체험하다

19 **保留** ★★
bǎoliú

동 **보류하다, 남겨두다**

管理层暂时保留了原有的计划。
Guǎnlǐcéng zànshí bǎoliúle yuán yǒu de jìhuà.
경영진은 원래의 계획을 잠시 보류했다.

这个地区还保留着一些古老的风俗习惯。
Zhè ge dìqū hái bǎoliúzhe yìxiē gǔlǎo de fēngsú xíguàn.
이 지역에는 일부 오래된 풍속 습관들이 아직 남겨져 있다.

管理层 guǎnlǐcéng 명 경영진, 관리 계층 **暂时** zànshí 명 잠시
计划 jìhuà 명 계획 **地区** dìqū 명 지역
古老 gǔlǎo 형 오래되다, 낡다 **风俗** fēngsú 명 풍속

20 **关闭** ★★
guānbì

반의어
开放 kāifàng
동 개방하다 형 개방적이다

동 **닫다, 파산하다**

公司为了缩小规模关闭了海外工厂。
Gōngsī wèile suōxiǎo guīmó guānbìle hǎiwài gōngchǎng.
회사는 규모를 축소하기 위하여 해외 공장을 닫았다.

缩小 suōxiǎo 동 축소하다 **规模** guīmó 명 규모
工厂 gōngchǎng 명 공장

21 批准 ★★
pīzhǔn

동 **허가하다, 승인하다**

他终于批准了新工厂的物流方案。 (批准: 술어)
Tā zhōngyú pīzhǔnle xīn gōngchǎng de wùliú fāng'àn.
그는 마침내 새로운 공장의 물류 방안을 허가했다.

工厂 gōngchǎng 명 공장 **物流** wùliú 명 물류
方案 fāng'àn 명 방안

시험에 이렇게 나온다!

쓰기 批准은 쓰기 1부분에서 '주어+批准(술어)+목적어'의 기본 형태나 '주어+被+(행위의 대상)+批准了(술어)'의 被자문 형태를 완성하는 문제의 제시어로 자주 출제된다.

我的辞职报告被批准了。 Wǒ de cízhí bàogào bèi pīzhǔn le.
나의 사직 보고서는 승인되었다.

22 损失 ★★
sǔnshī

동 **손실되다, 손해보다**

我们应该尽量减少这起事故带来的损失。
Wǒmen yīnggāi jǐnliàng jiǎnshǎo zhè qǐ shìgù dàilai de sǔnshī.
우리는 이번 사고가 가져온 손실을 가능한 최대한으로 줄여야 한다.

尽量 jǐnliàng 부 가능한 한, 되도록 **事故** shìgù 명 사고

시험에 이렇게 나온다!

쓰기 损失은 쓰기 1부분에서 '행위의 주체+造成的损失(관형어+주어)+술어'의 형태를 완성하는 문제의 제시어로 자주 출제된다.

这次地震造成的损失要比想象的严重。
Zhè cì dìzhèn zàochéng de sǔnshī yào bǐ xiǎngxiàng de yánzhòng.
이번 지진이 만들어 낸 손실은 상상보다 심각하다.

23 占 ★★
zhàn

동 **차지하다**

在所有企业中，中小企业占的比例非常高。
Zài suǒyǒu qǐyè zhōng, zhōngxiǎo qǐyè zhàn de bǐlì fēicháng gāo.
모든 기업 중에서, 중소기업이 차지하는 비율은 매우 높다.

企业 qǐyè 명 기업 **比例** bǐlì 명 비율, 비례

24 **承担** ★★
chéngdān

동 **맡다, 담당하다, 부담하다**

→ 술어

企业经营者为解决这起事件承担了大部分责任。
Qǐyè jīngyíngzhě wèi jiějué zhè qǐ shìjiàn chéngdānle dàbùfen zérèn.
기업 경영자는 이번 사건을 해결하기 위하여 대부분의 책임을 맡았다.

企业 qǐyè 명 기업 **经营者** jīngyíngzhě 명 경영자
责任 zérèn 명 책임

시험에 이렇게 나온다!

유의어 **承担 : 承受** (chéngshòu, 감당하다)
承担은 주로 책임, 의무를 맡는다는 의미로 쓰인다.
承担责任 chéngdān zérèn 책임을 지다
承担损失 chéngdān sǔnshī 손실을 부담하다

承受는 주로 어떤 어려움을 감당한다는 의미로 쓰인다.
承受压力 chéngshòu yālì 스트레스를 감당하다
承受痛苦 chéngshòu tòngkǔ 고통을 감당하다

25 **公布** ★★
gōngbù

동 **공포하다**

公司公布了开发新能源汽车的计划。
Gōngsī gōngbùle kāifā xīnnéngyuán qìchē de jìhuà.
회사는 신재생에너지 자동차를 개발한다는 계획을 공포했다.

开发 kāifā 동 개발하다, 개척하다
新能源汽车 xīn néngyuán qìchē 신재생에너지 자동차
计划 jìhuà 명 계획

26 **破产** ★★
pòchǎn

동 **파산하다, 부도나다**

술어

企业管理者提出各种解决方法来避免破产。
Qǐyè guǎnlǐzhě tíchū gè zhǒng jiějué fāngfǎ lái bìmiǎn pòchǎn.
기업 관리자는 각종 해결 방법을 제시하여 파산하는 것을 모면했다.

企业 qǐyè 명 기업 **管理者** guǎnlǐzhě 명 관리자
提出 tíchū 제시하다, 제의하다 **避免** bìmiǎn 동 모면하다, 피하다

잠깐 破产은 동사이지만 명사처럼 쓰이기도 한다.

시험에 이렇게 나온다!

짝꿍표현 破产을 활용한 출제 표현을 알아 둔다.
面临破产 miànlín pòchǎn 파산에 직면하다

27 **鼓舞** ★★
gǔwǔ

동 **고무하다, 격려하다**

称赞能鼓舞职员取得更好的业绩。
Chēngzàn néng gǔwǔ zhíyuán qǔdé gèng hǎo de yèjì.
칭찬하는 것은 직원들이 더 좋은 실적을 얻을 수 있도록 고무시킬 수 있다.

称赞 chēngzàn 동 칭찬하다 **职员** zhíyuán 명 직원
取得 qǔdé 동 얻다, 취득하다 **业绩** yèjì 명 실적, 업적

28 **不要紧** ★★
búyàojǐn

괜찮다, 문제없다

这次失败了不要紧，下次继续努力吧。
Zhè cì shībàile búyàojǐn, xià cì jìxù nǔlì ba.
이번에 실패했지만 괜찮습니다, 다음에 계속해서 노력해 주세요.

29 **采取** ★★
cǎiqǔ

동 **채택하다, 취하다**

最后我们还是采取了最初的方案。
Zuìhòu wǒmen háishi cǎiqǔle zuìchū de fāng'àn.
마지막에 우리는 그래도 최초의 방안을 채택했다.

最初 zuìchū 명 최초, 처음 **方案** fāng'àn 명 방안

시험에 이렇게 나온다!

짝꿍표현 采取를 활용한 다양한 출제 표현들을 알아 둔다.
采取行动 cǎiqǔ xíngdòng 행동을 취하다
采取措施 cǎiqǔ cuòshī 조치를 취하다

30 公开 ★★
gōngkāi

동 공개하다 형 공개적인

술어

公司在年会上公开了下一年的目标。
Gōngsī zài niánhuì shang gōngkāile xià yì nián de mùbiāo.
회사는 송년회에서 내년의 목표를 공개했다.

这家公司通过公开活动搜集了很多创意。
Zhè jiā gōngsī tōngguò gōngkāi huódòng sōujíle hěn duō chuàngyì.
이 회사는 공개적인 이벤트를 통하여 창의적인 의견을 많이 수집했다.

年会 niánhuì 명 송년회, 연례 회의 **目标** mùbiāo 명 목표
搜集 sōují 동 수집하다 **创意** chuàngyì 명 창의적인 의견, 창조적인 생각

31 经营 ★★
jīngyíng

동 경영하다, 운영하다

几年后，小红经营了一家知名的化妆品公司。
Jǐ nián hòu, Xiǎo Hóng jīngyíngle yì jiā zhīmíng de huàzhuāngpǐn gōngsī.
몇 년 후, 샤오훙은 유명한 화장품 회사를 경영했다.

知名 zhīmíng 형 유명하다, 저명하다 **化妆品** huàzhuāngpǐn 명 화장품

32 延长 ★★
yáncháng

반의어
缩短 suōduǎn
동 줄이다, 단축하다

동 연장하다, 늘이다

由于特殊情况，我们把工作日程延长至明年。
Yóuyú tèshū qíngkuàng, wǒmen bǎ gōngzuò rìchéng yáncháng zhì míngnián.
특수한 상황으로 인하여, 우리는 업무 일정을 내년으로 연장하였다.

特殊 tèshū 형 특수하다, 특별하다 **日程** rìchéng 명 일정

33 比例 ★★
bǐlì

명 비율, 비례

这家公司的收入中海外收入大约占50%的比例。
Zhè jiā gōngsī de shōurù zhōng hǎiwài shōurù dàyuē zhàn bǎifēn zhī wǔshí de bǐlì.
이 회사의 수입 중 해외 수입은 대략 50%의 비율을 차지한다.

收入 shōurù 명 수입, 소득 동 받다 **占** zhàn 동 차지하다

34 **命令** ★★
mìnglìng

동 **명령하다** 명 **명령**

술어

上级命令我们把所有合同重新检查一遍。
Shàngjí mìnglìng wǒmen bǎ suǒyǒu hétong chóngxīn jiǎnchá yí biàn.
상사는 우리에게 모든 계약서를 다시 한번 검토하라고 명령했다.

总裁下达了把他派到其他部门的命令。
Zǒngcái xiàdále bǎ tā pàidào qítā bùmén de mìnglìng.
총재는 그를 다른 부서로 파견 보내라는 명령을 내렸다.

上级 shàngjí 명 상사, 상급 **合同** hétong 명 계약서
总裁 zǒngcái 명 총재
下达 xiàdá 동 (명령이나 지시 등을) 내리다, 하달하다
派 pài 동 파견하다, 지명하다 명 파, 파벌

35 **反映** ★★
fǎnyìng

동 **반영하다, 되비치다, 보고하다**

公司的营业收入直接反映经营情况。
Gōngsī de yíngyè shōurù zhíjiē fǎnyìng jīngyíng qíngkuàng.
회사의 영업 수입은 경영 상황을 직접적으로 반영한다.

营业 yíngyè 동 영업하다 **收入** shōurù 명 수입, 소득 동 받다
经营 jīngyíng 동 경영하다, 운영하다

잠깐 反映과 발음이 동일한 反应(반응하다, 반응)과 의미를 헷갈리지 않도록 주의한다.

36 **大型** ★★
dàxíng

형 **대형의**

我们企业已经举办过几届大型庆典活动。
Wǒmen qǐyè yǐjīng jǔbànguo jǐ jiè dàxíng qìngdiǎn huódòng.
우리 기업은 이미 대형 축하 행사를 몇 회 개최했었다.

企业 qǐyè 명 기업 **届** jiè 양 회, 기[정기 회의·졸업 연차를 세는 데 쓰임]
庆典 qìngdiǎn 명 축하 의식

37 贡献
gòngxiàn

명 공헌 동 공헌하다

술어

员工们为公司的发展作出了很多贡献。
Yuángōngmen wèi gōngsī de fāzhǎn zuòchūle hěn duō gòngxiàn.
직원들은 회사의 발전을 위해 많은 공헌을 했다.

她为公司的发展贡献了自己的时间和精力。
Tā wèi gōngsī de fāzhǎn gòngxiànle zìjǐ de shíjiān hé jīnglì.
그녀는 회사의 발전을 위해 자신의 시간과 에너지를 공헌했다.

员工 yuángōng 명 직원, 종업원 **精力** jīnglì 명 에너지, 힘

38 经商
jīngshāng

동 장사하다, 상업을 경영하다

他把多年的经商经验用到了企业经营上。
Tā bǎ duō nián de jīngshāng jīngyàn yòngdàole qǐyè jīngyíng shang.
그는 수년간의 장사 경험을 기업 경영에 이용했다.

企业 qǐyè 명 기업 **经营** jīngyíng 동 경영하다, 운영하다

39 轮流
lúnliú

동 교대로 하다, 돌아가면서 하다

公司要求工人们在春节期间轮流值班。
Gōngsī yāoqiú gōngrénmen zài Chūnjié qījiān lúnliú zhíbān.
회사는 근로자들에게 춘절 기간에 교대로 당직을 설 것을 요구한다.

工人 gōngrén 명 근로자, 노동자 **春节** Chūnjié 고유 춘절
期间 qījiān 명 기간, 시간 **值班** zhíbān 동 당직을 서다

40 应付
yìngfu

동 대처하다, 대응하다

我们单位已经做好准备怎么去应付特殊情况。
Wǒmen dānwèi yǐjīng zuòhǎo zhǔnbèi zěnme qù yìngfu tèshū qíngkuàng.
우리 회사는 이미 특수한 상황을 어떻게 대처를 해나갈지에 대해 준비가 잘 되어있다.

单位 dānwèi 명 회사, 단체, 기관 **特殊** tèshū 형 특수하다, 특별하다

41 召开

zhàokāi

동 **열다, 개최하다**

公司今天召开了一年一度的职员大会。(술어)

Gōngsī jīntiān zhàokāile yì nián yí dù de zhíyuán dàhuì.

회사는 오늘 일 년에 한 번 있는 직원 총회를 열었다.

职员 zhíyuán 명 직원

잠깐 召开의 목적어로는 '회의'라는 뜻을 나타내는 어휘만 올 수 있다.

42 综合

zōnghé

동 **종합하다**

这个决定是管理层综合考虑的结果。

Zhè ge juédìng shì guǎnlǐcéng zōnghé kǎolǜ de jiéguǒ.

이 결정은 경영진에서 종합적으로 고려한 결과이다.

管理层 guǎnlǐcéng 명 경영진, 관리층

시험에 이렇게 나온다!

짝꿍 표현 综合를 활용한 출제 표현을 알아 둔다.

综合教学楼 zōnghé jiàoxuélóu 종합 강의동

43 升

shēng

반의어

降 jiàng

동 떨어지다, 내리다

동 **(등급 따위를) 인상하다, 올리다**

升职和加工资可以看作是公司对职员的鼓励。

Shēng zhí hé jiā gōngzī kěyǐ kànzuò shì gōngsī duì zhíyuán de gǔlì.

승진과 임금 인상은 직원에 대한 회사의 격려로 볼 수 있다.

升职 shēng zhí 승진하다 **工资** gōngzī 명 임금

职员 zhíyuán 명 직원 **鼓励** gǔlì 동 격려하다

시험에 이렇게 나온다!

짝꿍 표현 升을 활용한 다양한 출제 표현들을 알아 둔다.

升职 shēng zhí 승진하다, 진급하다

提升 tíshēng 끌어올리다, 진급시키다

升级 shēngjí 업그레이드하다, 품질을 향상시키다

연습문제 **체크체크!**

제시된 각 단어의 뜻을 오른쪽 보기에서 찾아 줄을 그어 보세요.

01 批准	ⓐ 계약, 계약서
02 贡献	ⓑ 종사하다
03 尽量	ⓒ 공헌, 공헌하다
04 合同	ⓓ 허가하다, 승인하다
05 从事	ⓔ 보류하다, 남겨두다
06 保留	ⓕ 가능한 한, 되도록

문장을 읽고 빈칸에 들어갈 단어를 찾아 적어 보세요.

ⓐ 公开　ⓑ 召开　ⓒ 规模　ⓓ 承担

07 公司将在明天 ______ 今年的经营成果。

08 这家单位的 ______ 比以前大了很多。

09 领导者在经营企业时难免会 ______ 起一些责任。

10 这次总结会议将在下周周末 ______ 。

정답 : 01 ⓓ 02 ⓒ 03 ⓕ 04 ⓐ 05 ⓑ 06 ⓔ 07 ⓐ 08 ⓒ 09 ⓓ 10 ⓑ

* 07~10번 문제 해석은 해커스 중국어(china.Hackers.com)에서 무료로 제공합니다.

HSK 5급 시험에 나오는 고난도 어휘

☑ 잘 외워지지 않는 단어는 박스에 체크하여 복습하세요.

고난도 어휘 집중 암기_25.mp3

□ 不佳	bùjiā	형 좋지 않다
□ *阿里巴巴集团	Ālǐbābā Jítuán	고유 알리바바 그룹(중국 최대 규모의 전자상거래 업체)
□ 策划 6급	cèhuà	동 계획하다, 기획하다
□ 出资	chūzī	동 출자하다, 자금을 내다
□ *创业者	chuàngyèzhě	명 창업자
□ 创立	chuànglì	동 창립하다, 창설하다
□ 店主	diànzhǔ	명 가게의 주인, 점주
□ 对外	duìwài	동 대외적으로 관계를 맺다
□ 管理层	guǎnlǐcéng	명 경영진, 관리계층
□ 规划 6급	guīhuà	명 계획 동 계획을 짜다
□ 衡量	héngliáng	동 비교하다, 따지다
□ 客户 6급	kèhù	명 고객, 손님, 거래처
□ 落实 6급	luòshí	동 실현하다, 수행하다, 시행되다
□ *马云	Mǎ Yún	고유 마윈(알리바바 그룹 창시자)
□ 模式 6급	móshì	명 표준 양식, 패턴
□ 年会	niánhuì	명 송년회, 연례 회의
□ 庆典	qìngdiǎn	명 축하 의식
□ *全力以赴 6급	quánlìyǐfù	성 (어떤 일에) 최선을 다하다
□ 商机	shāngjī	명 상업 기회
□ 收益 6급	shōuyì	명 수익, 이득, 수입

*표는 오른쪽 페이지의 <중국 문화와 역사>에 포함된 단어입니다.

□	实施 6급	shíshī	동 실시하다
□	搜集	sōují	동 수집하다
□	缩小	suōxiǎo	동 축소하다
□	下达	xiàdá	동 (명령이나 지시 등을) 내리다, 하달하다
□	下滑	xiàhuá	동 (성적, 품질 등이) 하락하다, 떨어지다
□	现状 6급	xiànzhuàng	명 현상, 현황
□	盈利模式	yínglì móshì	명 수익모델
□	拥有 6급	yōngyǒu	동 가지다, 보유하다, 소유하다
□	值班	zhíbān	동 당직을 서다
□	专属	zhuānshǔ	명 전속

알고 가면 시험이 쉬워지는 <중국 문화와 역사>

지금의 *马云(Mǎ Yún)을 있게 한 그의 经营 철학

중국 최대 **规模**(guīmó)의 전자상거래 업체 ***阿里巴巴集团**(Ālǐbābā Jítuán)의 ***创业者**(chuàngyèzhě)인 马云, 그는 젊은 시절 갖은 고생을 겪었지만, 꿈을 포기하지 않고 현재의 알리바바 그룹을 있게 한 주역입니다. 그에게는 자신만의 네 가지 **经营**(jīngyíng) 철학이 있었다네요.

1. 실패는 자연스러운 일이다.
2. 너무 많은 목표는 목표가 하나도 없는 것과 같다.
3. 각자 자신이 맡은 일에 ***全力以赴**(quánlìyǐfù)할 때, 자신이 좋아하는 일을 잘할 때, 비로소 모두 최고가 된다.
4. 가장 뛰어난 모델은 종종 가장 단순한 것에 있다.

이처럼 자신만의 확고한 철학을 **具备**(jùbèi)하고 있었던 马云, 앞으로 그는 어떤 도전을 계속해 나갈까요?

规模 guīmó 명 규모 **经营** jīngyíng 동 경영하다, 운영하다 **具备** jùbèi 동 갖추다, 구비하다

DAY

26

HSK5급 단어장

상상을 현실로!

과학 · 기술 · 컴퓨터

주제를 알면 HSK가 보인다!

HSK 5급에서는 인공지능이나 기술 발전, 또는 프로그램 등과 관련된 내용이 자주 출제돼요. 따라서 '네트워크', '소프트웨어', '존재하다', '실험하다', '다운로드하다'처럼 과학·기술·컴퓨터 관련 단어들을 집중적으로 학습하면 이러한 문제를 쉽게 풀 수 있어요.

단어, 예문 MP3

무료 소프트웨어의 놀라운 기능?

02 **软件** ruǎnjiàn 명 소프트웨어, 애플리케이션

01 **网络** wǎngluò 명 네트워크, 온라인

06 **功能** gōngnéng 명 기능, 효능, 작용

03 **存在** cúnzài 동 존재하다 명 존재

05 **下载** xiàzài 동 다운로드하다

04 **实验** shíyàn 동 실험하다 명 실험

01 网络 ★★★
wǎngluò

[명] **네트워크, 온라인**

술어

最近人们可以在很多公共场所使用无线网络。

Zuìjìn rénmen kěyǐ zài hěn duō gōnggòng chǎngsuǒ shǐyòng wúxiàn wǎngluò.

최근 사람들은 많은 공공 장소에서 무선 네트워크를 사용할 수 있다.

公共场所 gōnggòng chǎngsuǒ 공공 장소 **使用** shǐyòng [동] 사용하다
无线 wúxiàn [형] 무선의

시험에 이렇게 나온다!

[짝꿍 표현] **网络**를 활용한 다양한 출제 표현들을 알아 둔다.

无线网络 wúxiàn wǎngluò 무선 네트워크
网络信号 wǎngluò xìnhào 네트워크 신호
网络状态 wǎngluò zhuàngtài 네트워크 상태

02 软件 ★★★
ruǎnjiàn

[명] **소프트웨어, 애플리케이션**

现代人对社交软件的依赖度越来越高。

Xiàndàirén duì shèjiāo ruǎnjiàn de yīlàidù yuèláiyuè gāo.

현대인들의 소셜 소프트웨어에 대한 의존도가 점점 높아지고 있다.

现代人 xiàndàirén 현대인 **社交软件** shèjiāo ruǎnjiàn 소셜 소프트웨어
依赖度 yīlàidù 의존도

시험에 이렇게 나온다!

[짝꿍 표현] **软件**을 활용한 다양한 출제 표현들을 알아 둔다.

杀毒软件 shādú ruǎnjiàn 백신 프로그램
应用软件 yìngyòng ruǎnjiàn 응용 소프트웨어
社交软件 shèjiāo ruǎnjiàn 소셜 소프트웨어

★★★ = 출제율 최상 ★★ = 출제율 상

03 **存在** ★★★
cúnzài

동 **존재하다** 명 **존재**

술어

关于网络对儿童的影响，各方存在很多争议。
Guānyú wǎngluò duì értóng de yǐngxiǎng, gè fāng cúnzài hěn duō zhēngyì.
온라인이 아동에 미치는 영향에 대하여, 각계에서는 많은 논쟁들이 존재한다.

我们把不因人的想法而改变的存在叫客观存在。
Wǒmen bǎ bù yīn rén de xiǎngfǎ ér gǎibiàn de cúnzài jiào kèguān cúnzài.
우리는 인간의 생각으로 인하여 바뀌지 않은 존재를 객관적 존재라고 부른다.

网络 wǎngluò 명 온라인, 네트워크 **儿童** értóng 명 아동, 어린이
争议 zhēngyì 동 논쟁하다, 쟁의하다 **改变** gǎibiàn 동 바뀌다, 변하다
客观 kèguān 형 객관적이다

04 **实验** ★★★
shíyàn

동 **실험하다** 명 **실험**

研究人员连续两周都在实验。
Yánjiū rényuán liánxù liǎng zhōu dōu zài shíyàn.
연구원들은 2주 연속으로 실험을 하고 있다.

他明天得提交实验报告。
Tā míngtiān děi tíjiāo shíyàn bàogào.
그는 내일 실험 보고서를 제출해야 한다.

研究人员 yánjiū rényuán 연구원 **连续** liánxù 동 연속하다
提交 tíjiāo 동 제출하다 **报告** bàogào 명 보고서 동 보고하다

05 下载 ★★★
xiàzài

동 다운로드하다

先把资料下载到你的电脑里。 (下载 → 술어)
Xiān bǎ zīliào xiàzài dào nǐ de diànnǎo li.
먼저 자료를 당신의 컴퓨터에 다운로드하세요.

资料 zīliào 명 자료, 데이터

알아두면 좋은 배경지식

중국에서는 인터넷에서 많은 자료를 다운로드하는 사람을 **松鼠党**(다람쥐당)이라고 한다. 그들은 자료를 맹목적으로 다운로드하지 않고 퀄리티 좋은 자료들을 선별해서 수집한다. **松鼠党**과 관련된 어휘들을 체크해 두자.

松鼠党 sōngshǔdǎng 다람쥐당
盲目 mángmù 형 맹목적이다
收集 shōují 동 수집하다
欣赏 xīnshǎng 동 감상하다
囤积 túnjī 동 매점하다

06 功能 ★★★
gōngnéng

명 기능, 효능, 작용

最近上市的智能手机具有多种不同的功能。
Zuìjìn shàngshì de zhìnéng shǒujī jùyǒu duō zhǒng bùtóng de gōngnéng.
최근 출시된 스마트폰은 여러 가지 다양한 기능을 가지고 있다.

上市 shàngshì 동 (상품이) 출시되다
智能手机 zhìnéng shǒujī 명 스마트폰

07 安装 ★★★
ānzhuāng

동 설치하다, 고정하다

这座大厦需要重新安装网络设施。
Zhè zuò dàshà xūyào chóngxīn ānzhuāng wǎngluò shèshī.
이 빌딩은 네트워크 시설을 다시 설치해야 한다.

大厦 dàshà 명 빌딩 **重新** chóngxīn 부 다시, 재차
网络 wǎngluò 명 네트워크, 온라인 **设施** shèshī 명 시설

시험에 이렇게 나온다!

짝꿍 표현 安装을 활용한 출제 표현을 알아 둔다.

安装软件 ānzhuāng ruǎnjiàn 소프트웨어를 설치하다

★★★ = 출제율 최상 ★★ = 출제율 상

08 **系统** ★★★
xìtǒng

명 **시스템, 계통, 체계**

软件开发公司按照用户意见升级了系统。 (술어: 升级)
Ruǎnjiàn kāifā gōngsī ànzhào yònghù yìjiàn shēngjíle xìtǒng.
소프트웨어 개발 회사는 사용자의 의견에 따라 시스템을 업그레이드했다.

软件 ruǎnjiàn 명 소프트웨어 **开发** kāifā 동 개발하다, 개척하다
用户 yònghù 명 사용자, 가입자, 고객
升级 shēngjí 동 업그레이드하다, 승급하다

09 **领域** ★★★
lǐngyù

명 **분야, 영역**

核技术可以应用到多种领域。
Héjìshù kěyǐ yìngyòng dào duō zhǒng lǐngyù.
핵 기술은 여러 분야에 응용할 수 있다.

核技术 héjìshù 핵기술 **应用** yìngyòng 동 응용하다

10 **开发** ★★★
kāifā

동 **개발하다, 개척하다**

新开发的游戏软件受到众多游戏爱好者的欢迎。
Xīn kāifā de yóuxì ruǎnjiàn shòudào zhòngduō yóuxì àihàozhě de huānyíng.
새로 개발된 게임 소프트웨어는 매우 많은 게임 애호가들의 환영을 받았다.

开发 kāifā 동 개발하다, 개척하다 **软件** ruǎnjiàn 명 소프트웨어
众多 zhòngduō 형 (인구가) 매우 많다 **爱好者** àihàozhě 명 애호가

11 **应用** ★★★
yìngyòng

동 **응용하다**

人工智能技术已被应用在医疗领域。
Réngōng zhìnéng jìshù yǐ bèi yìngyòng zài yīliáo lǐngyù.
인공지능 기술은 이미 의료 영역에 응용되었다.

人工智能 réngōng zhìnéng 명 인공지능 **技术** jìshù 명 기술
医疗 yīliáo 명 의료, 치료 **领域** lǐngyù 명 영역, 분야

12 改进 ★★★
gǎijìn

동 **개선하다, 개량하다**

술어

航天员吃的食物比以前有了很大的改进。
Hángtiānyuán chī de shíwù bǐ yǐqián yǒule hěn dà de gǎijìn.
우주 비행사들이 먹는 음식물은 전보다 크게 개선되었다.

航天员 hángtiānyuán 명 우주 비행사 **食物** shíwù 명 음식물

시험에 이렇게 나온다!

유의어 **改进 : 改善**(gǎishàn, 개선하다)
改进은 주로 방법, 기술, 태도 등이 발전을 했을 때 사용된다.
改进方式 gǎijìn fāngshì 방법을 개선하다
改进态度 gǎijìn tàidu 태도를 개선하다
改善은 조건, 환경, 관계 등이 나아졌을 때 사용된다.
改善生活 gǎishàn shēnghuó 생활을 개선하다
改善关系 gǎishàn guānxi 관계를 개선하다

13 构成 ★★★
gòuchéng

동 **구성하다, 형성하다** 명 **구성**

电脑是由硬件与软件构成的。
Diànnǎo shì yóu yìngjiàn yǔ ruǎnjiàn gòuchéng de.
컴퓨터는 하드웨어와 소프트웨어로 구성된 것이다.

这个项目的技术人员构成是全国最好的。
Zhè ge xiàngmù de jìshù rényuán gòuchéng shì quánguó zuì hǎo de.
이 프로젝트의 기술자 구성은 전국에서 최고이다.

硬件 yìngjiàn 명 하드웨어 **软件** ruǎnjiàn 명 소프트웨어
项目 xiàngmù 명 프로젝트, 항목 **技术人员** jìshù rényuán 기술자

잠깐 **构成**의 목적어로는 **威胁**(위협)와 같은 추상적인 명사도 올 수 있다.

시험에 이렇게 나온다!

독해 독해 1부분에서는 지문의 빈칸에 들어갈 적절한 어휘를 보기에서 선택하는 문제가 출제된다. 이때, **构成**은 아래와 같은 동사들과 함께 보기로 자주 출제된다.

成为 chéngwéi 동 ~이 되다
改善 gǎishàn 동 개선하다
体验 tǐyàn 동 체험하다
转告 zhuǎngào 동 전달하다
建设 jiànshè 동 건설하다

★★★ = 출제율 최상 ★★ = 출제율 상

14 **充电器** ★★
chōngdiànqì

명 **충전기**

(술어)

我把充电器存放在抽屉里。
Wǒ bǎ chōngdiànqì cúnfàng zài chōutì li.
나는 충전기를 서랍에 보관해 두었다.

存放 cúnfàng 동 보관하다, 맡기다 **抽屉** chōutì 명 서랍

15 **键盘** ★★
jiànpán

명 **키보드, 건반**

办公室里只听得到电脑键盘的打字声音。
Bàngōngshì li zhǐ tīng de dào diànnǎo jiànpán de dǎzì shēngyīn.
사무실에는 컴퓨터 키보드의 타자 소리만 들린다.

打字 dǎzì 동 타자를 치다

16 **分析** ★★
fēnxī

동 **분석하다**

科学家从科学的角度分析了这种特殊现象。
Kēxuéjiā cóng kēxué de jiǎodù fēnxīle zhè zhǒng tèshū xiànxiàng.
과학자는 과학적인 관점에서 이 특수한 현상을 분석했다.

角度 jiǎodù 명 관점, 각도 **特殊** tèshū 형 특수하다
现象 xiànxiàng 명 현상

시험에 이렇게 나온다!

分析를 활용한 다양한 출제 표현들을 알아 둔다.
分析原因 fēnxī yuányīn 원인을 분석하다
分析事物 fēnxī shìwù 사물을 분석하다

17 **毛病** ★★
máobìng

명 **고장, 결점**

打印机出现了毛病，需要立即维修。
Dǎyìnjī chūxiànle máobìng, xūyào lìjí wéixiū.
프린터기가 고장이 나서, 즉시 수리를 해야 한다.

打印机 dǎyìnjī 명 프린터기 **立即** lìjí 부 즉시, 즉각
维修 wéixiū 동 수리하다

18 实用 ★★
shíyòng

형 실용적이다

他新买的笔记本电脑既轻又实用。 → 술어
Tā xīn mǎi de bǐjìběn diànnǎo jì qīng yòu shíyòng.
그가 새로 산 노트북은 가볍고 실용적이다.

既 jì 접 ~할 뿐만 아니라

19 物质 ★★
wùzhì

명 물질

水变成冰的过程中不会产生新的物质。
Shuǐ biànchéng bīng de guòchéng zhōng bú huì chǎnshēng xīn de wùzhì.
물이 얼음으로 변하는 과정 중에는 새로운 물질이 생길 수 없다.

过程 guòchéng 명 과정 产生 chǎnshēng 동 생기다

20 机器 ★★
jīqì

명 기계

技术人员正在修理旧机器。
Jìshù rényuán zhèngzài xiūlǐ jiù jīqì.
기술자는 지금 낡은 기계를 수리하고 있다.

技术人员 jìshù rényuán 기술자 修理 xiūlǐ 동 수리하다, 고치다

시험에 이렇게 나온다!

짝꿍 표현 机器를 활용한 출제 표현을 알아 둔다.
机器人 jīqìrén 로봇

21 用途 ★★
yòngtú

명 용도

机器人按照用途被分为不同种类。
Jīqìrén ànzhào yòngtú bèi fēn wéi bùtóng zhǒnglèi.
로봇은 용도에 따라 다양한 종류로 나뉜다.

机器人 jīqìrén 명 로봇 种类 zhǒnglèi 명 종류

22 反应 ★★
fǎnyìng

동 반응하다 명 반응

술어

删除不必要的资料可以提高电脑的反应速度。
Shānchú bú bìyào de zīliào kěyǐ tígāo diànnǎo de fǎnyìng sùdù.
불필요한 자료를 삭제하는 것은 컴퓨터의 반응하는 속도를 높일 수 있다.

他对这件事有什么反应?
Tā duì zhè jiàn shì yǒu shénme fǎnyìng?
그는 이 일에 대해서 어떤 반응이 있니?

删除 shānchú 동 삭제하다, 지우다 **资料** zīliào 명 자료, 데이터
速度 sùdù 명 속도

잠깐 反应과 발음이 동일한 反映(반영하다)과 의미를 헷갈리지 않도록 주의한다.

23 化学 ★★
huàxué

명 화학

如果把这两种物质放在一起就会产生化学反应。
Rúguǒ bǎ zhè liǎng zhǒng wùzhì fàngzài yìqǐ jiù huì chǎnshēng huàxué fǎnyìng.
만약 이 두 가지 물질을 함께 두면 화학 반응을 일으킬 수 있다.

物质 wùzhì 명 물질 **产生** chǎnshēng 동 생기다
反应 fǎnyìng 동 반응하다 명 반응

24 进步 ★★
jìnbù

동 진보하다

近几年中国在科学技术领域上进步了不少。
Jìn jǐ nián Zhōngguó zài kēxué jìshù lǐngyù shang jìnbùle bù shǎo.
최근 몇 년간 중국은 과학 기술 영역에서 많이 진보했다.

技术 jìshù 명 기술 **领域** lǐngyù 명 영역, 분야

잠깐 进步는 동사이지만 명사처럼 쓰이기도 한다.

시험에 이렇게 나온다!

쓰기 **进步**는 쓰기 1부분에서 '주어+进步(술어)+得+정도보어'의 기본 형태를 완성하는 문제의 제시어로 자주 출제된다.

他的成绩进步得很明显。 Tā de chéngjì jìnbù de hěn míngxiǎn.
그의 성적은 현저히 진보했다.

25 落后 ★★
luòhòu

형 낙후되다 동 (일의 진도가) 뒤처지다

술어

新开发的生产技术将为落后地区的居民使用。
Xīn kāifā de shēngchǎn jìshù jiāng wèi luòhòu dìqū de jūmín shǐyòng.
새로 개발된 생산 기술은 낙후된 지역의 주민을 위해 사용될 것이다.

我们的实验进度比原来的计划落后了几天。
Wǒmen de shíyàn jìndù bǐ yuánlái de jìhuà luòhòule jǐ tiān.
우리의 실험 진도는 원래의 계획보다 며칠 뒤처졌다.

开发 kāifā 동 개발하다, 개척하다 **生产** shēngchǎn 동 생산하다
技术 jìshù 명 기술 **地区** dìqū 명 지역
居民 jūmín 명 주민 **使用** shǐyòng 동 사용하다
实验 shíyàn 동 실험하다 명 실험 **进度** jìndù 명 진도
计划 jìhuà 명 계획

26 发明 ★★
fāmíng

동 발명하다 명 발명

他发明的电灯使人们的生活方便了许多。
Tā fāmíng de diàndēng shǐ rénmen de shēnghuó fāngbiànle xǔduō.
그가 발명한 전등은 사람들의 생활을 수없이 편리하게 했다.

印刷术的发明促进了信息的传播。
Yìnshuāshù de fāmíng cùjìnle xìnxī de chuánbō.
인쇄술의 발명은 정보의 전파를 촉진시켰다.

电灯 diàndēng 명 전등 **印刷术** yìnshuāshù 명 인쇄술
促进 cùjìn 동 촉진시키다, 촉진하다 **传播** chuánbō 동 전파하다, 퍼뜨리다

27 事物 ★★
shìwù

명 사물

对有些人来说无线设备已不再是新鲜事物。
Duì yǒuxiē rén láishuō wúxiàn shèbèi yǐ bú zài shì xīnxiān shìwù.
일부 사람들에게 있어서 무선 설비는 더 이상 신선한 사물이 아니다.

无线 wúxiàn 형 무선의 **设备** shèbèi 명 설비, 시설 동 배치하다

28 **创造** ★★
chuàngzào

동 **창조하다, 발명하다**

술어

开发这个系统是为了创造更多的社会价值。
Kāifā zhè ge xìtǒng shì wèile chuàngzào gèng duō de shèhuì jiàzhí.
이 시스템을 개발하는 것은 더 많은 사회 가치를 창조하기 위해서이다.

开发 kāifā 동 개발하다, 개척하다 **系统** xìtǒng 명 시스템, 계통, 체계
价值 jiàzhí 명 가치

29 **程序** ★★
chéngxù

명 **프로그램, 순서, 절차, 단계**

你可以帮我安装这些电脑程序吗?
Nǐ kěyǐ bāng wǒ ānzhuāng zhèxiē diànnǎo chéngxù ma?
당신은 나를 도와 이 컴퓨터 프로그램을 설치해 줄 수 있나요?

安装 ānzhuāng 동 설치하다, 고정하다

30 **性质** ★★
xìngzhì

명 **성질**

高温会引起化学性质的变化。
Gāowēn huì yǐnqǐ huàxué xìngzhì de biànhuà.
고온은 화학 성질의 변화를 일으킬 수 있다.

化学 huàxué 명 화학

31 **运用** ★★
yùnyòng

동 **활용하다, 운용하다**

他能熟练地运用社交软件。
Tā néng shúliàn de yùnyòng shèjiāo ruǎnjiàn.
그는 능숙하게 소셜 소프트웨어를 활용할 수 있다.

熟练 shúliàn 형 능숙하다, 숙련되어 있다
社交软件 shèjiāo ruǎnjiàn 소셜 소프트웨어

32 **成分**

chéngfèn

명 **성분, 요인**

实验表明牛奶里含有丰富的营养成分。

술어

Shíyàn biǎomíng niúnǎi li hányǒu fēngfù de yíngyǎng chéngfèn.

실험에서는 우유에 풍부한 영양 성분이 함유되어 있음을 분명하게 나타냈다.

实验 shíyàn 명 실험 동 실험하다
表明 biǎomíng 동 분명하게 나타내다, 표명하다
含有 hányǒu 동 함유하다 **营养** yíngyǎng 명 영양

시험에 이렇게 나온다!

빈칸 표현 **成分**을 활용한 출제 표현을 알아 둔다.

营养成分 yíngyǎng chéngfèn 영양성분

33 **电池**

diànchí

명 **건전지**

不能乱丢用过的电池。

Bù néng luàn diū yòngguo de diànchí.

사용한 건전지는 함부로 버려서는 안 된다.

乱 luàn 부 함부로, 마구 형 어지럽다 **丢** diū 동 버리다

알아두면 좋은 배경지식

环境押金制(환경 보증금 제도)이란 유해 물질이 배출될 수 있는 제품에 보증금을 추가하는 제도를 말한다. 이 제도에 지정된 물품은 건전지, 페트병 등이 있는데, 이 물품들을 폐기하는 곳으로 반환하면 보증금을 돌려받을 수 있다. **环境押金制**과 관련된 어휘들을 체크해 두자.

环境押金制 huánjìng yājīnzhì 환경 보증금 제도
电池 diànchí 명 건전지 **塑料瓶** sùliàopíng 명 페트병

34 **复制**

fùzhì

동 **복제하다**

请不要随便复制或下载他人的文件。

Qǐng bú yào suíbiàn fùzhì huò xiàzài tārén de wénjiàn.

타인의 파일을 함부로 복제하거나 다운로드하지 마세요.

随便 suíbiàn 부 함부로, 마음대로 **下载** xiàzài 동 다운로드하다
文件 wénjiàn 명 파일, 문서

35 **光盘**
guāngpán

명 **CD**

술어

我把参考资料刻到光盘上了。
Wǒ bǎ cānkǎo zīliào kèdào guāngpán shang le.
나는 참고 자료를 CD에 복제해 두었다.

参考 cānkǎo 동 참고하다 **资料** zīliào 명 자료, 데이터
刻 kè 동 (CD 등에 자료를) 복제하다, 굽다

36 **鼠标**
shǔbiāo

명 **(컴퓨터의) 마우스**

怎样把这种鼠标和电脑连接在一起?
Zěnyàng bǎ zhè zhǒng shǔbiāo hé diànnǎo liánjiē zài yìqǐ?
어떻게 하면 이 마우스와 컴퓨터를 함께 연결할 수 있나요?

连接 liánjiē 동 연결하다

37 **零件**
língjiàn

명 **부속품**

我们组装电脑时发现缺少几个重要零件。
Wǒmen zǔzhuāng diànnǎo shí fāxiàn quēshǎo jǐ ge zhòngyào língjiàn.
우리는 컴퓨터를 조립할 때 중요한 부속품 몇 개가 부족한 것을 발견했다.

组装 zǔzhuāng 동 (부품을) 조립하다
缺少 quēshǎo 동 부족하다, 모자라다

38 **假设**
jiǎshè

동 **가정하다** 명 **가설**

假设没有发明飞机，那么我们的生活就不会这么方便了。
Jiǎshè méiyǒu fāmíng fēijī, nàme wǒmen de shēnghuó jiù bú huì zhème fāngbiàn le.
비행기가 발명되지 않았다고 가정한다면, 우리의 생활은 이렇게 편리할 수 없었을 것이다.

科学家已经成功地证明了这些假设。
Kēxuéjiā yǐjīng chénggōng de zhèngmíngle zhèxiē jiǎshè.
과학자는 이미 이러한 가설들을 성공적으로 증명했다.

发明 fāmíng 동 발명하다 명 발명
证明 zhèngmíng 동 증명하다 명 증명서

39 **数码**
shùmǎ

명 **디지털, 숫자**

술어

数码产品使我们的生活变得更丰富多彩。
Shùmǎ chǎnpǐn shǐ wǒmen de shēnghuó biàn de gèng fēngfù duōcǎi.
디지털 제품은 우리의 생활을 더욱 풍부하고 다채롭게 한다.

产品 chǎnpǐn 명 제품, 생산품
丰富多采 fēngfù duōcǎi 성 풍부하고 다채롭다

시험에 이렇게 나온다!

짝꿍표현 **数码**를 활용한 다양한 출제 표현들을 알아 둔다.
数码照相机 shùmǎ zhàoxiàngjī 디지털 카메라
数码产品 shùmǎ chǎnpǐn 디지털 제품

40 **物理**
wùlǐ

명 **물리**

这是一种常见的物理反应。
Zhè shì yì zhǒng chángjiàn de wùlǐ fǎnyìng.
이것은 자주 보이는 물리 반응이다.

反应 fǎnyìng 명 반응 동 반응하다

41 **硬件**
yìngjiàn

명 **하드웨어**

你能教我怎么安装这个硬件吗?
Nǐ néng jiāo wǒ zěnme ānzhuāng zhè ge yìngjiàn ma?
너는 이 하드웨어를 어떻게 설치하는지 나에게 알려 줄 수 있니?

安装 ānzhuāng 동 설치하다, 고정하다

42 **振动**
zhèndòng

동 **진동하다**

上课前请把手机调成振动状态。
Shàngkè qián qǐng bǎ shǒujī tiáochéng zhèndòng zhuàngtài.
수업을 시작하기 전에 핸드폰을 진동 상태로 바꿔 주세요.

状态 zhuàngtài 명 상태

43 搜索

sōusuǒ

동 (인터넷에) 검색하다, 수색하다

술어

你可以在网上搜索并获取相关信息。

Nǐ kěyǐ zài wǎng shang sōusuǒ bìng huòqǔ xiāngguān xìnxī.

너는 인터넷에서 관련된 정보를 검색해서 얻을 수 있어.

获取 huòqǔ 동 얻다, 획득하다 **相关** xiāngguān 동 관련되다, 연관되다
信息 xìnxī 명 정보

시험에 이렇게 나온다!

짝꿍 표현 **搜索**를 활용한 다양한 출제 표현들을 알아 둔다.

搜索信息 sōusuǒ xìnxī 정보를 검색하다

搜索材料 sōusuǒ cáiliào 자료를 검색하다

연습문제 **체크체크!**

제시된 각 단어의 뜻을 오른쪽 보기에서 찾아 줄을 그어 보세요.

01 领域	ⓐ 낙후되다, (일의 진도가) 뒤쳐지다
02 落后	ⓑ 구성하다, 형성하다, 구성
03 运用	ⓒ 진동하다
04 构成	ⓓ 활용하다, 운용하다
05 振动	ⓔ 분야, 영역
06 事物	ⓕ 사물

문장을 읽고 빈칸에 들어갈 단어를 찾아 적어 보세요.

ⓐ 实用　ⓑ 搜索　ⓒ 下载　ⓓ 程序

07 弟弟把电影 ______ 到另一个光盘里。

08 这台新买的照相机既 ______ 又便宜。

09 他已经安装好了新的 ______。

10 我在网上 ______ 了一些材料。

정답 : 01 ⓔ 02 ⓐ 03 ⓓ 04 ⓑ 05 ⓒ 06 ⓕ 07 ⓒ 08 ⓐ 09 ⓓ 10 ⓑ

* 07~10번 문제 해석은 해커스 중국어(china.Hackers.com)에서 무료로 제공합니다.

HSK 5급 시험에 나오는 고난도 어휘

☑ 잘 외워지지 않는 단어는 박스에 체크하여 복습하세요.

고난도 어휘 집중 암기_26.mp3

□ 充电宝	chōngdiànbǎo	명 (휴대용) 보조배터리
□ 打印机	dǎyìnjī	명 프린터기
□ 电网	diànwǎng	명 전력망
□ 地面网络	dìmiàn wǎngluò	명 지상 네트워크
□ 耳机	ěrjī	명 이어폰
□ 工具箱	gōngjùxiāng	명 (컴퓨터) 도구 상자
□ 光污染	guāngwūrǎn	명 빛 공해
□ 航天员	hángtiānyuán	명 우주 비행사
□ 机器人	jīqìrén	명 로봇
□ 技术人员	jìshù rényuán	기술자
□ *科技	kējì	명 과학 기술
□ 刻	kè	동 (CD 등에 자료를) 복제하다, 굽다
□ 锂电池	lǐ diànchí	리튬 배터리
□ 连接	liánjiē	동 연결하다
□ 蚂蚁森林	Mǎyǐ sēnlín	고유 개미산림(중국 알리바바에서 출시한 모바일 게임)
□ 能量 6급	néngliàng	명 에너지, 활동 능력
□ 人工智能	réngōng zhìnéng	명 인공지능
□ 人脸识别	rénliǎn shíbié	안면 인식 시스템
□ *扫码	sǎomǎ	QR코드를 스캔하다
□ 设置 6급	shèzhì	동 설치하다, 설립하다, 설정하다

*표는 오른쪽 페이지의 <중국 문화와 역사>에 포함된 단어입니다.

	단어	병음	뜻
□	升级	shēngjí	동 업그레이드하다, 승급하다
□	松鼠党	sōngshǔdǎng	다람쥐당(좋은 퀄리티의 자료를 수집하는 사람들)
□	无线	wúxiàn	형 무선의
□	虚拟现实技术	xūnǐ xiànshí jìshù	가상 현실 기술
□	研究人员	yánjiū rényuán	연구원
□	移动硬盘	yídòng yìngpán	명 외장 하드
□	*移动支付	yídòng zhīfù	모바일 결제
□	印刷术	yìnshuāshù	명 인쇄술
□	*用户 6급	yònghù	명 사용자, 가입자, 고객
□	重设	chóngshè	동 다시 설치하다, 리셋(reset)하다

알고 가면 시험이 쉬워지는 〈중국 문화와 역사〉

지갑 없이도 쇼핑한다! *移动支付(yídòng zhīfù)

移动支付의 선도국인 중국! 이제 중국의 대부분의 지역에서는 더 이상 현금, 수표, 카드로 결제할 필요 없이 휴대폰만 있다면 언제, 어디서든 결제가 가능하다고 합니다. 그만큼 중국의 ***科技**(kējì)가 많이 **进步**(jìnbù)했다는 것이겠죠?

중국의 **移动支付**는 그 방법도 매우 간단해요. **移动支付** 소프트웨어를 휴대폰에 **安装**(ānzhuāng)하고, 계좌 등록만 마치면 바로 사용할 수 있다고 해요. 이뿐만 아니라, 많은 ***用户**(yònghù)들은 QR코드를 이용해서 결제하는 방식을 많이 사용하고 있는데요, ***扫码**(sǎomǎ)하여 가격을 적은 후 결제 버튼을 누르기만 하면 결제가 완료된다고 합니다.

최근에는 재래 시장에서도 **移动支付**를 할 수 있다고 하니, 중국은 정말 **移动支付**의 천국이라고 말할 수 있겠네요.

进步 jìnbù 동 진보하다 **安装** ānzhuāng 동 설치하다, 고정하다

DAY

27

HSK5급 단어장

목돈 굴리기

금융 · 경제

주제를 알면 HSK가 보인다!

HSK 5급에서는 금융 투자나 대출, 또는 경제 동향 등과 관련된 내용이 자주 출제돼요. 따라서 '소비하다', '가치', '투자', '대출하다'처럼 금융·경제 관련 단어들을 집중적으로 학습하면 이러한 문제를 쉽게 풀 수 있어요.

단어, 예문 MP3

투자, 나도 해 볼까?

04 **贷款** dàikuǎn 동 대출하다 명 대출, 대출금

02 **价值** jiàzhí 명 가치

01 **消费** xiāofèi 동 소비하다

03 **投资** tóuzī 명 투자 동 투자하다

01 **消费** ★★★
xiāofèi

반의어
积累 jīlěi
동 축적하다
명 적립금

동 소비하다

人们的消费习惯随着时代的变化而改变。 (→ 술어)
Rénmen de xiāofèi xíguàn suízhe shídài de biànhuà ér gǎibiàn.
사람들의 소비 습관은 시대의 변화에 따라 변화한다.

随着 suízhe 개 ~에 따라 **时代** shídài 명 시대
改变 gǎibiàn 동 변화하다

잠깐 消费는 동사이지만 명사처럼 쓰이기도 한다.

시험에 이렇게 나온다!

짝꿍표현 消费를 활용한 다양한 출제 표현들을 알아 둔다.
消费者 xiāofèizhě 소비자
消费观念 xiāofèi guānniàn 소비 관념
消费习惯 xiāofèi xíguàn 소비 습관

02 **价值** ★★★
jiàzhí

명 가치

这家公司新开发的软件具有较高的经济价值。
Zhè jiā gōngsī xīn kāifā de ruǎnjiàn jùyǒu jiào gāo de jīngjì jiàzhí.
이 회사가 새로 개발한 소프트웨어는 비교적 높은 경제적 가치를 가지고 있다.

开发 kāifā 동 개발하다 **软件** ruǎnjiàn 명 소프트웨어

03 **投资** ★★★
tóuzī

명 투자 동 투자하다

我们公司在找更多的投资机会。
Wǒmen gōngsī zài zhǎo gèng duō de tóuzī jīhuì.
우리 회사는 더 많은 투자 기회를 찾고 있는 중이다.

现在越来越多的人愿意把钱投资到不同的领域。
Xiànzài yuèláiyuè duō de rén yuànyì bǎ qián tóuzī dào bùtóng de lǐngyù.
현재 점점 더 많은 사람들이 서로 다른 분야에 돈을 투자하기를 원한다.

领域 lǐngyù 명 분야, 영역

시험에 이렇게 나온다!

짝꿍표현 投资를 활용한 다양한 출제 표현들을 알아 둔다.
投资商 tóuzīshāng 투자가 **投资利润** tóuzī lìrùn 투자 이윤
投资股票 tóuzī gǔpiào 주식에 투자하다

21 22 23 24 25 26 DAY 27 28 29 30
해커스 HSK 5급 단어장

04 贷款 ★★★

dàikuǎn

동 대출하다 명 대출, 대출금

술어

他们夫妻贷款买了一套房子。

Tāmen fūqī dàikuǎn mǎile yí tào fángzi.

그들 부부는 대출하여 집 한 채를 샀다.

她向银行询问了是否能申请贷款。

Tā xiàng yínháng xúnwènle shìfǒu néng shēnqǐng dàikuǎn.

그녀는 은행에 대출을 신청할 수 있는지 문의했다.

夫妻 fūqī 명 부부 **套** tào 양 채, 세트
询问 xúnwèn 동 문의하다, 질문하다 **申请** shēnqǐng 동 신청하다

시험에 이렇게 나온다!

짝꿍표현 贷款을 활용한 다양한 출제 표현들을 알아 둔다.

贷款手续 dàikuǎn shǒuxù 대출 수속

房屋贷款 fángwū dàikuǎn 주택 담보 대출

알아두면 좋은 배경지식

蚂蚁花呗(마이화베이)는 중국의 앤트 파이낸셜이라는 기업이 출시한 소액 대출 서비스이다. **蚂蚁花呗**는 현재 중국의 20~30대 소비자들에게 각광받고 있는 서비스로, 사용자들은 이를 통해 중국의 다양한 온라인 쇼핑 플랫폼에서 먼저 소비한 후 나중에 돈을 지불하는 것이 가능해졌다. **蚂蚁花呗**와 관련된 어휘들을 체크해 두자.

蚂蚁花呗 Mǎyǐ huābei 마이화베이

蚂蚁金服 Mǎyǐ jīnfú 앤트 파이낸셜

平台 píngtái 명 플랫폼 **网购** wǎnggòu 명 인터넷 쇼핑

信贷 xìndài 명 신용 대출 **用户** yònghù 명 사용자, 가입자

05 投入 ★★★

tóurù

동 투입하다, 뛰어들다 명 (투자한) 자금

现在买房需要投入的钱比以前更多了。

Xiànzài mǎi fáng xūyào tóurù de qián bǐ yǐqián gèng duō le.

현재 집을 사기 위해 투입해야 하는 돈은 이전보다 더 많아졌다.

管理层决定在产品研发方面增加投入。

Guǎnlǐcéng juédìng zài chǎnpǐn yánfā fāngmiàn zēngjiā tóurù.

경영진은 제품 연구 개발 방면에 자금을 늘리기로 결정했다.

管理层 guǎnlǐcéng 명 경영진, 관리 계층 **产品** chǎnpǐn 명 제품, 생산품
研发 yánfā 동 연구 개발하다 **增加** zēngjiā 동 늘리다, 증가하다

06 **个人** ★★★

gèrén

반의어

集体 jítǐ

명 집단, 단체

명 **개인**

술어

您在申请信用卡时要提供个人信息。

Nín zài shēnqǐng xìnyòngkǎ shí yào tígōng gèrén xìnxī.

당신은 신용카드를 신청할 때 개인 정보를 제공해야 합니다.

申请 shēnqǐng 동 신청하다 **提供** tígōng 동 제공하다

시험에 이렇게 나온다!

짝꿍표현 个人을 활용한 다양한 출제 표현들을 알아 둔다.

个人信息 gèrén xìnxī 개인 정보 **个人价值** gèrén jiàzhí 개인 가치

알아두면 좋은 배경지식

零工经济(긱 이코노미)는 기업들이 필요에 따라 단기 계약직이나 임시직으로 개인 인력을 충원하고 그 대가를 지불하는 형태의 경제를 의미한다. 이러한 형태로 일을 하는 개인은 비정규직이지만 형식적으로는 개인사업자이고, 계약한 회사에게 노동을 제공하고 대가를 받는 '독립 노동자'로 구분된다. **零工经济**와 관련된 어휘들을 체크해 두자.

零工经济 línggōng jīngjì 긱 이코노미

报酬 bàochou 명 보수, 대가 **短期** duǎnqī 명 단기

07 **股票** ★★★

gǔpiào

명 **주식**

你可以给我推荐几支好股票吗?

Nǐ kěyǐ gěi wǒ tuījiàn jǐ zhī hǎo gǔpiào ma?

제게 좋은 주식을 몇 개 추천해 주실 수 있나요?

推荐 tuījiàn 동 추천하다 **支** zhī 양 개

08 **风险** ★★★

fēngxiǎn

명 **위험, 모험**

任何投资都需要承担一定的风险。

Rènhé tóuzī dōu xūyào chéngdān yídìng de fēngxiǎn.

어떠한 투자라도 모두 어느 정도의 위험을 부담하는 것이 필요하다.

任何 rènhé 대 어떠한, 무엇 **投资** tóuzī 명 투자 동 투자하다

承担 chéngdān 동 부담하다, 담당하다

09 **涨** ★★★

zhǎng

동 **(수위나 물가 등이) 올라가다**

今年的房价比去年涨了很多。(술어)

Jīnnián de fángjià bǐ qùnián zhǎngle hěn duō.

올해의 집값은 작년보다 많이 올랐다.

房价 fángjià 명 집값

시험에 이렇게 나온다!

짝꿍 표현 涨을 활용한 다양한 출제 표현들을 알아 둔다.

上涨 shàngzhǎng (수위나 물가가) 오르다

涨工资 zhǎng gōngzī 월급이 올라가다

10 **不足** ★★★

bùzú

반의어

充分 chōngfèn

형 충분하다

형 **부족하다, 모자라다**

동 **(어떤 수에) 차지 않다, 모자라다**

他不会因为经验不足而投资失败。

Tā bú huì yīnwèi jīngyàn bùzú ér tóuzī shībài.

그는 경험이 부족하다는 이유로 투자에 실패할 리가 없다.

这次活动实际报名的人不足10人。

Zhè cì huódòng shíjì bàomíng de rén bùzú shí rén.

이번 활동에 실제로 등록한 사람은 10명도 차지 않는다.

投资 tóuzī 명 투자 동 투자하다 **实际** shíjì 형 실제의

시험에 이렇게 나온다!

짝꿍 표현 不足가 형용사로 사용될 경우, 주로 '명사+不足' 형태로 출제된다. 不足를 활용한 다양한 출제 표현들을 알아 둔다.

经验不足 jīngyàn bùzú 경험이 부족하다

资金不足 zījīn bùzú 자금이 모자라다

睡眠不足 shuìmián bùzú 수면이 부족하다

运动量不足 yùndòngliàng bùzú 운동량이 부족하다

11 **利润** ★★★

lìrùn

명 **이윤**

这类存款产品利润比较高。 → 술어

Zhè lèi cúnkuǎn chǎnpǐn lìrùn bǐjiào gāo.

이러한 유형의 예금 상품은 이윤이 비교적 높다.

存款 cúnkuǎn 명 예금, 저축 동 저금하다 **产品** chǎnpǐn 명 상품, 제품

시험에 이렇게 나온다!

짝꿍표현 利润을 활용한 다양한 출제 표현들을 알아 둔다.

投资利润 tóuzī lìrùn 투자 이윤

获得利润 huòdé lìrùn 이윤을 얻다

12 **稳定** ★★★

wěndìng

형 **안정되다**

我建议你还是投资相对稳定的产品。

Wǒ jiànyì nǐ háishi tóuzī xiāngduì wěndìng de chǎnpǐn.

저는 당신에게 상대적으로 안정적인 상품에 투자하는 것을 건의합니다.

建议 jiànyì 동 건의하다 명 건의 **投资** tóuzī 명 투자 동 투자하다

相对 xiāngduì 형 상대적이다 동 서로 마주하다

产品 chǎnpǐn 명 상품, 제품

13 **状况** ★★★

zhuàngkuàng

동의어

情况 qíngkuàng

명 상황

명 **상황**

今年的经济状况比去年有所好转。

Jīnnián de jīngjì zhuàngkuàng bǐ qùnián yǒu suǒ hǎozhuǎn.

올해의 경제 상황은 작년보다 다소 호전되었다.

有所 yǒu suǒ 다소 ~하다 **好转** hǎozhuǎn 동 호전되다

시험에 이렇게 나온다!

유의어 **状况 : 状态**(zhuàngtài, 상태)

状况은 주로 사람이나 사물의 일반적인 상황을 나타내며, **经济**(경제), **健康**(건강), **生活**(생활) 등의 어휘와 함께 쓰인다.

经济状况 jīngjì zhuàngkuàng 경제 상황

健康状况 jiànkāng zhuàngkuàng 건강 상황

状态는 사람이나 사물 밖으로 드러나는 특징을 말하며, **兴奋**(흥분), **心理**(심리), **精神**(정신) 등의 어휘와 함께 쓰인다.

心理状态 xīnlǐ zhuàngtài 심리 상태

精神状态 jīngshén zhuàngtài 정신 상태

★★★ = 출제율 최상 ★★ = 출제율 상

14 **自动** ★★
zìdòng

형 **자동이다**

银行的自动取款机用起来很方便。 (술어: 用)
Yínháng de zìdòng qǔkuǎnjī yòng qǐlai hěn fāngbiàn.
은행의 자동 입출금기는 사용하기에 편리하다.

自动取款机 zìdòng qǔkuǎnjī 명 자동 입출금기

시험에 이렇게 나온다!

짝꿍 표현 自动을 활용한 다양한 출제 표현들을 알아 둔다.
自动售货机 zìdòng shòuhuòjī 자동판매기
自动取款机 zìdòng qǔkuǎnjī 자동 입출금기, ATM기

15 **保险** ★★
bǎoxiǎn

명 **보험** 형 **안전하다**

保险公司赔偿了我大部分的经济损失。
Bǎoxiǎn gōngsī péichángle wǒ dàbùfen de jīngjì sǔnshī.
보험 회사에서는 나의 대부분의 경제적 손실을 배상해 주었다.

有些人认为把钱存在银行最保险。
Yǒuxiē rén rènwéi bǎ qián cún zài yínháng zuì bǎoxiǎn.
어떤 사람들은 돈을 은행에 저축하는 것이 가장 안전하다고 생각한다.

赔偿 péicháng 동 배상하다, 변상하다 **损失** sǔnshī 동 손실하다, 손해보다

16 **财产** ★★
cáichǎn

명 **재산, 자산**

他靠几十年的劳动积累了一大笔财产。
Tā kào jǐ shí nián de láodòng jīlěile yí dà bǐ cáichǎn.
그는 수십 년간의 노동에 기대어 많은 재산을 축적했다.

靠 kào 동 기대다 **劳动** láodòng 명 노동 동 노동하다
积累 jīlěi 동 축적하다, 쌓이다
笔 bǐ 양 돈, 자금과 관련 있는 것을 세는 데 쓰이는 단위

17 **巨大** ★★

jùdà

형 **막대하다, 거대하다**

술어

这笔生意将给我们带来巨大的利润。
Zhè bǐ shēngyi jiāng gěi wǒmen dàilai jùdà de lìrùn.
이 비즈니스는 우리에게 막대한 이윤을 가져다 줄 것이다.

笔 bǐ 양 돈, 자금과 관련 있는 것을 세는 데 쓰이는 단위
生意 shēngyi 명 비즈니스, 장사 **利润** lìrùn 명 이윤

18 **种类** ★★

zhǒnglèi

명 **종류**

最近银行的投资产品种类繁多。
Zuìjìn yínháng de tóuzī chǎnpǐn zhǒnglèi fánduō.
최근 은행의 투자 상품은 종류가 다양하다.

投资 tóuzī 명 투자 동 투자하다 **产品** chǎnpǐn 명 상품, 제품
繁多 fánduō 형 다양하다, 종류가 많다

19 **资金** ★★

zījīn

명 **자금**

去年我们单位获得了合作公司的资金支持。
Qùnián wǒmen dānwèi huòdéle hézuò gōngsī de zījīn zhīchí.
작년에 우리 회사는 협력사의 자금 지원을 받았다.

单位 dānwèi 명 회사, 단체, 기관, 직장 **获得** huòdé 동 얻다, 획득하다
合作 hézuò 동 협력하다, 협조하다 **支持** zhīchí 동 지원하다, 지지하다

20 **输入** ★★

shūrù

동 **입력하다**

请输入六位数的信用卡密码。
Qǐng shūrù liù wèishù de xìnyòngkǎ mìmǎ.
여섯 자릿수의 신용카드 비밀번호를 입력해 주세요.

位数 wèishù 명 자릿수

21 **人民币** ★★
Rénmínbì

고유 **인민폐(중국의 법정 화폐)**

把人民币换成美元时需要准备什么材料? (술어)
Bǎ Rénmínbì huànchéng Měiyuán shí xūyào zhǔnbèi shénme cáiliào?
인민폐를 달러로 바꿀 때 어떤 서류를 준비하는 것이 필요한가요?

换成 huànchéng 동 ~으로 바꾸다 **美元** Měiyuán 고유 달러(미국의 화폐)

알아두면 좋은 배경지식

人民币(인민폐)는 중국 법정 화폐로, 1948년 12월 1일 중국인민은행이 설립될 때 발행되었다. 人民币의 단위는 元이고, 1元, 5元, 10元, 20元, 50元, 100元의 총 6가지 종류로 구성되어 있다. 6가지의 지폐들은 색상만 다를 뿐, 앞면에는 마오쩌둥의 초상화가 동일하게 그려져 있고, 뒷면에는 중국의 유명한 명소들이 각각 그려져 있다. 앞면에 마오쩌둥의 초상화만 그려져 있는 이유는 위조 지폐 제조 방지를 위해서인데, 유명한 사람일수록 조금만 다르게 해도 사람들이 바로 알아볼 수 있기 때문이다. 人民币와 관련된 어휘들을 체크해 두자.

中国人民银行 Zhōngguó Rénmín yínháng 고유 중국인민은행
毛泽东 Máo Zédōng 고유 마오쩌둥
纸币 zhǐbì 명 지폐 **假币** jiǎbì 명 위조 지폐

22 **兑换** ★★
duìhuàn

동 **환전하다, 현금으로 바꾸다**

请把这些钱兑换成人民币。
Qǐng bǎ zhèxiē qián duìhuàn chéng Rénmínbì.
이 돈들을 인민폐로 환전해 주세요.

人民币 Rénmínbì 고유 인민폐(중국의 법정 화폐)

시험에 이렇게 나온다!

듣기 듣기에서는 대화를 듣고 화자나 제3자가 있거나 가려는 장소를 묻는 문제가 출제된다. 이때, **兑换**이 대화에서 언급되면 **银行**(은행)이 정답으로 자주 출제된다.

23 **汇率** ★★
huìlǜ

명 **환율**

今天的汇率这么低，我们还是改天再来兑换吧。
Jīntiān de huìlǜ zhème dī, wǒmen háishi gǎitiān zài lái duìhuàn ba.
오늘 환율이 이렇게 낮으니, 우리 그냥 다음에 다시 와서 환전하자.

改天 gǎitiān 부 다음에, 날을 바꾸어
兑换 duìhuàn 동 환전하다, 현금으로 바꾸다

24 **等于** ★★
dĕngyú

동 ~과 같다, ~이나 다름없다

술어

按照目前的汇率，100元人民币等于多少美元？
Ànzhào mùqián de huìlǜ, yìbǎi yuán Rénmínbì děngyú duōshǎo Měiyuán?
현재의 환율로, 100위안 인민폐는 달러 얼마와 같나요?

目前 mùqián 명 현재, 지금 **汇率** huìlǜ 명 환율
人民币 Rénmínbì 고유 인민폐 **美元** Měiyuán 고유 달러(미국의 화폐)

25 **繁荣** ★★
fánróng

형 번영하다 동 번영시키다

上海是中国经济最繁荣的城市之一。
Shànghǎi shì Zhōngguó jīngjì zuì fánróng de chéngshì zhī yī.
상하이는 중국에서 경제가 가장 번영한 도시 중 하나이다.

道路交通的发展有助于繁荣经济。
Dàolù jiāotōng de fāzhǎn yǒuzhù yú fánróng jīngjì.
도로 교통의 발전은 경제를 번영시키는 데에 도움이 된다.

道路 dàolù 명 도로, 길 **发展** fāzhǎn 동 발전하다
有助于 yǒuzhù yú ~에 도움이 되다

시험에 이렇게 나온다!

짝꿍 표현 繁荣을 활용한 다양한 출제 표현들을 알아 둔다.
经济繁荣 jīngjì fánróng 경제가 번영하다
商业繁荣 shāngyè fánróng 상업이 번영하다

26 **形势** ★★
xíngshì

명 형세, 형편, 상황

麻烦您给这些学生们分析一下目前的经济形势。
Máfan nín gěi zhèxiē xuéshengmen fēnxī yíxià mùqián de jīngjì xíngshì.
번거로우시겠지만 이 학생들에게 현재의 경제 형세를 좀 분석해 주세요.

分析 fēnxī 동 분석하다 **目前** mùqián 명 현재, 지금

27 **交换** ★★
jiāohuàn

동 **교환하다**

人类最初的经济活动主要是以直接交换物品为主。
술어
Rénlèi zuìchū de jīngjì huódòng zhǔyào shì yǐ zhíjiē jiāohuàn wùpǐn wéi zhǔ.
인류 최초의 경제 활동은 주로 물품을 직접 교환하는 것 위주였다.

人类 rénlèi 명 인류 **最初** zuìchū 명 최초
直接 zhíjiē 형 직접의, 직접적인 **物品** wùpǐn 명 물품

시험에 이렇게 나온다!

빡공표현 交换을 활용한 다양한 출제 표현들을 알아 둔다.
交换物品 jiāohuàn wùpǐn 물품을 교환하다
交换看法 jiāohuàn kànfǎ 관점을 교환하다
交换意见 jiāohuàn yìjiàn 의견을 교환하다

28 **平衡** ★★
pínghéng

형 **균형이 맞다** 동 **균형 잡히게 하다, 평형되게 하다**

经济发展不平衡是许多国家需要解决的难题。
Jīngjì fāzhǎn bù pínghéng shì xǔduō guójiā xūyào jiějué de nántí.
경제 발전의 불균형은 수많은 국가가 해결해야 하는 난제이다.

如何能够有效地平衡经济发展速度?
Rúhé nénggòu yǒuxiào de pínghéng jīngjì fāzhǎn sùdù?
어떻게 하면 효과적으로 경제 발전 속도를 균형 잡히게 할 수 있습니까?

发展 fāzhǎn 동 발전하다 **难题** nántí 명 난제, 어려운 문제
如何 rúhé 대 어떻다, 어떠하다 **有效** yǒuxiào 형 효과가 있다, 유효하다

29 **极其** ★★
jíqí

부 **몹시, 극히**

国家经济指数的计算方法极其复杂。
Guójiā jīngjì zhǐshù de jìsuàn fāngfǎ jíqí fùzá.
국가 경제 지수의 계산 방법은 몹시 복잡하다.

指数 zhǐshù 명 지수 **计算** jìsuàn 동 계산하다

30 **亿** ★★
yì

수 **억**

每年自然灾害引起的经济损失高达几十亿。 (술어)
Měi nián zìrán zāihài yǐnqǐ de jīngjì sǔnshī gāodá jǐ shí yì.
매년 자연 재해가 야기하는 경제적 손실은 수십억에 달한다.

灾害 zāihài 명 재해 **引起** yǐnqǐ 동 야기하다, 일으키다
损失 sǔnshī 동 손실하다, 손해보다 **高达** gāodá 달하다

31 **吃亏** ★★
chīkuī

동 **손해를 보다, 손해를 입다**

他做生意时从来不怕吃亏。
Tā zuò shēngyi shí cónglái bú pà chīkuī.
그는 비즈니스를 할 때 여태껏 손해를 보는 것을 두려워하지 않았다.

生意 shēngyi 명 비즈니스, 장사

32 **计算** ★★
jìsuàn

동 **계산하다, 고려하다**

妈妈认真计算了这个月的生活费。
Māma rènzhēn jìsuànle zhè ge yuè de shēnghuófèi.
엄마는 이번 달의 생활비를 열심히 계산하셨다.

33 **利息** ★★
lìxī

명 **이자**

现在贷款利息比较高，所以你要考虑清楚是否要贷款。
Xiànzài dàikuǎn lìxī bǐjiào gāo, suǒyǐ nǐ yào kǎolǜ qīngchu shìfǒu yào dàikuǎn.
현재 대출 이자가 비교적 높기 때문에, 너는 대출을 할지 말지를 잘 고려해야 해.

贷款 dàikuǎn 명 대출, 대출금 동 대출하다 **考虑** kǎolǜ 동 고려하다
是否 shìfǒu ~인지 아닌지

34 逐步 ★★

zhúbù

동의어
逐渐 zhújiàn
부 점차

부 **점차**

술어

人们的生活水平随着经济的发展而逐步提高。
Rénmen de shēnghuó shuǐpíng suízhe jīngjì de fāzhǎn ér zhúbù tígāo.
사람들의 생활 수준은 경제의 발전에 따라 점차 향상되고 있다.

随着 suízhe 개 ~에 따라서 **发展** fāzhǎn 동 발전하다

시험에 이렇게 나온다!

유의어 **逐步 : 逐渐**(zhújiàn, 점점)

逐步와 **逐渐**은 의미상 동작 행위나 상태가 천천히 변화함을 표시한다는 공통점을 가지지만, **逐步**는 의식적이고 단계적으로 한 걸음 한 걸음씩 인위적으로 변화를 일으키는 것을 강조하며, 동사만을 수식할 수 있다.
居民的生活水平逐步得到了提高。
Jūmín de shēnghuó shuǐpíng zhúbù dédàole tígāo.
주민들의 생활 수준은 점차 더 높아졌다.

逐渐은 시간의 추이에 따라 자연스럽게 변화하는 것을 강조하며, 동사와 형용사를 모두 수식할 수 있다.
经过一段时间，他的病情逐渐好起来了。
Jīngguò yíduàn shíjiān, tā de bìngqíng zhújiàn hǎo qǐlai le.
어느 정도 시간이 지나자, 그의 병세는 점점 좋아졌다.

35 税

shuì

명 **세금**

去免税店购物的游客每年都在增加。
Qù miǎnshuìdiàn gòuwù de yóukè měi nián dōu zài zēngjiā.
면세점에 가서 쇼핑을 하는 여행객들이 매년 증가하고 있다.

免税店 miǎnshuìdiàn 명 면세점 **购物** gòuwù 동 쇼핑하다, 구매하다
游客 yóukè 명 여행객, 관광객 **增加** zēngjiā 동 증가하다, 증가시키다

시험에 이렇게 나온다!

짝꿍표현 **税**를 활용한 다양한 출제 표현들을 알아 둔다.
免税 miǎnshuì 면세 **退税** tuìshuì 세금을 돌려주다

36 **对比**

duìbǐ

동 **대비하다, 대조하다**

对比近两年的物价，今年比去年高出很多。（술어）

Duìbǐ jìn liǎng nián de wùjià, jīnnián bǐ qùnián gāochū hěn duō.

최근 2년의 물가와 대비하면, 올해는 작년보다 많이 높아졌다.

物价 wùjià 명 물가 **高出** gāochū (한결) 높다, 빼어나다

37 **发达**

fādá

반의어

落后 luòhòu

형 낙후되다

형 **발달하다**

经济繁荣的城市基本上都有较发达的交通。

Jīngjì fánróng de chéngshì jīběnshang dōu yǒu jiào fādá de jiāotōng.

경제가 번영한 도시는 기본적으로 모두 비교적 발달한 교통을 가지고 있다.

繁荣 fánróng 형 번영하다 동 번영시키다

基本上 jīběnshang 부 기본적으로

시험에 이렇게 나온다!

짝꿍 표현 发达를 활용한 다양한 출제 표현을 알아 둔다.

发达国家 fādá guójiā 선진국

38 **欠**

qiàn

동 **빚지다**

这家公司欠了三家银行的钱。

Zhè jiā gōngsī qiànle sān jiā yínháng de qián.

이 회사는 은행 세 곳의 돈을 빚졌다.

39 **账户**

zhànghù

명 **계좌**

술어

我想开一个银行账户，这是我的身份证。

Wǒ xiǎng kāi yí ge yínháng zhànghù, zhè shì wǒ de shēnfènzhèng.

저는 은행 계좌를 하나 개설하고 싶어요, 이것은 저의 신분증입니다.

身份证 shēnfènzhèng 명 신분증

시험에 이렇게 나온다!

듣기 듣기에서는 대화를 듣고 화자나 제3자가 있거나 가려는 장소를 묻는 문제가 출제된다. 이때, **账户**가 대화에서 언급되면 **银行**(은행)이 정답으로 자주 출제된다.

40 **支票**

zhīpiào

명 **수표**

我去银行把支票兑换成现金了。

Wǒ qù yínháng bǎ zhīpiào duìhuàn chéng xiànjīn le.

나는 은행에 가서 수표를 현금으로 바꿨다.

兑换 duìhuàn 동 현금으로 바꾸다, 환전하다 **现金** xiànjīn 명 현금

연습문제 **체크체크!**

제시된 각 단어의 뜻을 오른쪽 보기에서 찾아 줄을 그어 보세요.

01 税	ⓐ 이윤
02 利润	ⓑ 투자, 투자하다
03 保险	ⓒ 번영하다, 번영시키다
04 投资	ⓓ 몹시, 극히
05 极其	ⓔ 보험, 안전하다
06 繁荣	ⓕ 세금

문장을 읽고 빈칸에 들어갈 단어를 찾아 적어 보세요.

ⓐ 贷款　ⓑ 汇率　ⓒ 涨　ⓓ 账户

07 他们为了买房办理了 ______ 手续。

08 我现在想兑换人民币，能告诉我今天的 ______ 是多少吗？

09 前一阵子他买的股票 ______ 了很多。

10 请正确地输入您的 ______ 密码。

정답 : 01 ⓕ 02 ⓐ 03 ⓔ 04 ⓑ 05 ⓓ 06 ⓒ 07 ⓐ 08 ⓑ 09 ⓒ 10 ⓓ

* 07~10번 문제 해석은 해커스 중국어(china.Hackers.com)에서 무료로 제공합니다.

HSK 5급 시험에 나오는 고난도 어휘

☑ 잘 외워지지 않는 단어는 박스에 체크하여 복습하세요.

🎧 고난도 어휘 집중 암기_27.mp3

	단어	병음	뜻
□	备受	bèishòu	동 (심하게) 받다, 받을대로 받다
□	笔	bǐ	양 돈, 자금과 관련 있는 것을 세는 데 쓰이는 단위 명 펜
□	财富 6급	cáifù	명 재산, 자원, 부
□	*存款	cúnkuǎn	명 예금, 저축 동 저금하다
□	分期付款	fēnqī fùkuǎn	명 할부, 분할지급
□	高盛	Gāoshèng	고유 골드만 삭스
□	好转	hǎozhuǎn	동 호전되다
□	假日经济	jiàrì jīngjì	명 휴일 경제
□	节日经济	jiérì jīngjì	명 명절 경제
□	经济指数	jīngjì zhǐshù	경제 지수
□	零工经济	línggōng jīngjì	긱 이코노미(비정규직이나 프리랜서 근로 형태가 확산되는 경제 현상)
□	流动性	liúdòngxìng	명 유동성
□	旅游经济	lǚyóu jīngjì	명 여행 경제
□	蚂蚁花呗	Mǎyǐ huābei	마이화베이(중국 알리바바가 출시한 소액 대출 서비스)
□	潜在	qiánzài	동 잠재하다
□	*勤俭节约	qínjiǎnjiéyuē	근검절약하다
□	弱势	ruòshì	명 약세
□	*奢侈品	shēchǐpǐn	명 사치품
□	危机 6급	wēijī	명 위기, 위험한 고비
□	位数	wèishù	명 자릿수

*표는 오른쪽 페이지의 <중국 문화와 역사>에 포함된 단어입니다.

□	问津	wènjīn	동 (가격, 상황 등을) 묻다, 관심을 갖다
□	物价	wùjià	명 물가
□	物业 6급	wùyè	명 (집, 건물 등의) 부동산
□	下降	xiàjiàng	동 (물체, 등급 등이) 하강하다, 낮아지다, 떨어지다
□	信用	xìnyòng	명 신용
□	娱乐经济	yúlè jīngjì	명 오락 경제
□	*月光族	Yuèguāngzú	고유 월광족(한 달 월급을 모두 소비해 버리는 중국의 새로운 소비 계층)
□	增长	zēngzhǎng	동 성장하다, 늘다
□	自动取款机	zìdòng qǔkuǎnjī	명 자동입출금기
□	纸币	zhǐbì	명 지폐

알고 가면 시험이 쉬워지는 <중국 문화와 역사>

돈 쓰는 게 제일 재미있어~! 나는야 바로 *月光族(Yuèguāngzú)!

Moonlight족이라고도 불리는 **月光族**는 월급을 받으면 모두 소비해버리는 중국의 젊은 세대들을 가리키는 신조어입니다. 과거 부모님 세대에서는 **稳定**(wěndìng)한 미래를 추구하여 ***勤俭节约**(qínjiǎnjiéyuē)하는 생활을 했던 반면, **月光族**는 미래를 위하여 ***存款**(cúnkuǎn)하기 보다는 자신이 사고 싶은 것을 사며 월급을 다 써 버리는 쪽을 선택한 것이에요. 몇몇 **月光族**은 이에 한발 더 나아가, 은행에서 대출을 받아 ***奢侈品**(shēchǐpǐn)을 사기도 한다고 합니다.

이러한 **月光族**의 출현은 **个人**(gèrén)의 행복의 **价值**(jiàzhí)을 현재에 두고 있는 요즘 시대의 청년들의 소비 관념을 잘 나타내 주고 있는데요, 무엇이 맞고 무엇이 틀린 것은 없지만, 요즘 젊은이들의 소비 트렌드인 것은 분명하겠죠?

稳定 wěndìng 형 안정되다 **个人** gèrén 명 개인 **价值** jiàzhí 명 가치

DAY

28

HSK5급 단어장

4차 산업혁명

무역 · 산업

주제를 알면 HSK가 보인다!

HSK 5급에서는 무역 시장 변동이나 신생 산업과 관련된 내용이 자주 출제돼요. 따라서 '방식', '시장', '상품', '묶음'처럼 무역·산업 관련 단어들을 집중적으로 학습하면 이러한 문제를 쉽게 풀 수 있어요.

단어, 예문 MP3

신(新) 산업의 성장 동력

01 **方式** fāngshì 명 방식, 방법

02 **市场** shìchǎng 명 시장

03 **从而** cóng'ér 접 따라서, 그리하여

04 **商品** shāngpǐn 명 상품, 제품

05 **批** pī 양 묶음, 무리, 떼 [대량의 물건이나 다수의 사람을 세는 단위]

01 **方式** ★★★

fāngshì

동의어

方法 fāngfǎ

명 방법

명 **방식, 방법**

술어

科学技术的发展影响了产品的生产方式。

Kēxué jìshù de fāzhǎn yǐngxiǎngle chǎnpǐn de shēngchǎn fāngshì.

과학 기술의 발전은 제품의 생산 방식에 영향을 주었다.

科学 kēxué 명 과학 **技术** jìshù 명 기술

产品 chǎnpǐn 명 제품, 생산품 **生产** shēngchǎn 동 생산하다, 만들다

02 **市场** ★★★

shìchǎng

명 **시장**

许多企业都在努力打进海外市场。

Xǔduō qǐyè dōu zài nǔlì dǎjìn hǎiwài shìchǎng.

많은 기업들이 해외 시장에 진출하기 위해 노력하고 있다.

企业 qǐyè 명 기업 **打进** dǎjìn 동 진출하다, 진격하다

알아두면 좋은 배경지식

저장성 중부의 **义乌市**(이우시)는 현재 전세계에서 가장 큰 일용품 거래의 중심지로, 푸톈 시장 등 대규모 일용품 도매시장이 많이 입지하고 있어서 중국 동부 최대의 물류 기지로 꼽힌다. **义乌市**과 관련된 어휘들을 체크해 두자.

义乌市 Yìwū Shì 고유 이우시(중국의 지명)

浙江省 Zhèjiāng Shěng 고유 저장성(중국의 지명, 절강성)

日用品 rìyòngpǐn 명 일용품

福田市场 Fútián Shìchǎng 고유 푸톈 시장

批发市场 pīfā shìchǎng 명 도매시장

03 **从而** ★★★

cóng'ér

접 **따라서, 그리하여**

这家公司尤其重视技术，从而提高了自身的竞争力。

Zhè jiā gōngsī yóuqí zhòngshì jìshù, cóng'ér tígāole zìshēn de jìngzhēnglì.

이 회사는 특히 기술을 중요시해서, 따라서 자신의 경쟁력을 높였다.

尤其 yóuqí 부 특히, 더욱이 **技术** jìshù 명 기술

竞争力 jìngzhēnglì 명 경쟁력

시험에 이렇게 나온다!

독해 독해 1부분에서는 지문의 빈칸에 들어갈 적절한 어휘를 보기에서 선택하는 문제가 출제된다. 이때, **从而**과 함께 자주 출제되는 어휘를 함께 알아 둔다.

不然 bùrán 접 그렇지 않으면 **至于** zhìyú 개 ~에 대해서

此外 cǐwài 접 이 밖에, 이 외에

04 **商品** ★★★

shāngpǐn

명 **상품, 제품**

술어

最近在网上销售不同种类的二手商品。

Zuìjìn zài wǎng shang xiāoshòu bùtóng zhǒnglèi de èrshǒu shāngpǐn.

최근 온라인에서는 다양한 종류의 중고 상품들을 판매한다.

销售 xiāoshòu 동 판매하다, 팔다
二手商品 èrshǒu shāngpǐn 명 중고 상품

05 **批** ★★★

pī

양 **묶음, 무리, 떼 [대량의 물건이나 다수의 사람을 세는 단위]**

这一大批货物是运往国外的。

Zhè yí dà pī huòwù shì yùnwǎng guówài de.

이 많은 화물 묶음들은 외국으로 운송되는 것이다.

货物 huòwù 명 화물, 물품

시험에 이렇게 나온다!

독해 독해 1부분에서는 지문의 빈칸에 들어갈 적절한 어휘를 보기에서 선택하는 문제가 출제된다. 이때, 批는 아래와 같은 양사들과 함께 보기로 자주 출제된다.

册 cè 양 권, 책[책을 세는 단위]
匹 pǐ 양 필[말·비단 등을 세는 단위]
片 piàn 양 편[평평하고 얇은 모양의 것을 세는 단위]

짝꿍 표현 批를 활용한 다양한 출제 표현들을 알아 둔다.

一批货物 yì pī huòwù 화물 한 무더기
一批纸张 yì pī zhǐzhāng 종이 한 무더기
大批客人 dà pī kèrén 손님 한 무리

06 能源 ★★★

néngyuán

명 에너지, 에너지원

新能源汽车产业正在形成新的汽车市场。

Xīn néngyuán qìchē chǎnyè zhèngzài xíngchéng xīn de qìchē shìchǎng.

신재생에너지 자동차 산업은 새로운 자동차 시장을 형성하고 있다.

新能源汽车 xīn néngyuán qìchē 신재생에너지 자동차
产业 chǎnyè 명 산업 **形成** xíngchéng 동 형성하다, 이루다
市场 shìchǎng 명 시장

알아두면 좋은 배경지식

绿色能源(녹색 에너지)은 **清洁能源**(친환경 에너지)이라고도 불리는데, 풍력·태양열 등과 같이 개발과 이용 과정 중에 오염 물질이 생성되지 않거나 거의 생성되지 않는 에너지를 말한다.

绿色能源 lǜsè néngyuán 녹색 에너지
清洁能源 qīngjié néngyuán 친환경 에너지

07 合理 ★★★

hélǐ

형 합리적이다

消费者喜欢购买质量好且价格合理的商品。

Xiāofèizhě xǐhuan gòumǎi zhìliàng hǎo qiě jiàgé hélǐ de shāngpǐn.

소비자들은 품질이 좋으면서 가격이 합리적인 상품을 구매하는 것을 좋아한다.

购买 gòumǎi 동 구매하다 **质量** zhìliàng 명 품질
商品 shāngpǐn 명 상품, 제품

시험에 이렇게 나온다!

짝꿍표현 **合理**를 활용한 다양한 출제 표현들을 알아 둔다.

价格合理 jiàgé hélǐ 가격이 합리적이다
合理使用 hélǐ shǐyòng 합리적으로 사용하다
合理分配 hélǐ fēnpèi 합리적으로 분배하다
合理制定 hélǐ zhìdìng 합리적으로 제정하다

08 **趋势** ★★★
qūshì

명 **추세**

술어

最近电影产业的发展趋势怎么样?
Zuìjìn diànyǐng chǎnyè de fāzhǎn qūshì zěnmeyàng?
최근 영화 산업의 발전 추세는 어떠합니까?

产业 chǎnyè 명 산업

09 **相当** ★★★
xiāngdāng

부 **상당히, 꽤** 동 **비슷하다, 상당하다, 맞먹다**
형 **적당하다, 적합하다**

环保型能源产业的发展前景相当不错。
Huánbǎoxíng néngyuán chǎnyè de fāzhǎn qiánjǐng xiāngdāng búcuò.
친환경 에너지 산업의 발전 전망은 상당히 괜찮다.

中国的互联网行业发展水平相当于美国的哪一时期?
Zhōngguó de hùliánwǎng hángyè fāzhǎn shuǐpíng xiāngdāng yú Měiguó de nǎ yì shíqī?
중국 인터넷 업계의 발전 수준은 미국의 어느 시기와 비슷할까요?

对这家公司来说现在是新商品上市的相当的时期。
Duì zhè jiā gōngsī láishuō xiànzài shì xīn shāngpǐn shàngshì de xiāngdāng de shíqī.
이 회사에게는 지금이 새로운 상품을 출시할 적당한 시기이다.

环保型 huánbǎoxíng 친환경, 환경보호형 **能源** néngyuán 명 에너지
产业 chǎnyè 명 산업 **前景** qiánjǐng 명 전망, 전경
行业 hángyè 명 업계, 업무 분야 **时期** shíqī 명 (특정한) 시기
商品 shāngpǐn 명 상품, 제품 **上市** shàngshì 동 출시하다, 시장에 나오다

시험에 이렇게 나온다!

쓰기 **相当**은 쓰기 1부분에서 **相当**은 주로 부사로 출제되며, '주어+**相当**(부사어)+술어'의 기본 형태를 완성하는 문제의 제시어로 자주 출제된다.

10 **针对** ★★
zhēnduì

동 **겨냥하다, 겨누다**

这类旅游产品是针对老年人的。
Zhè lèi lǚyóu chǎnpǐn shì zhēnduì lǎoniánrén de.
이런 종류의 여행 상품은 노인들을 겨냥한 것이다.

产品 chǎnpǐn 명 상품, 제품

11 **堆** ★★

duī

[동] **쌓여 있다, 쌓다** [양] **무더기, 더미, 무리** [명] **더미(~儿)**

술어

这家汽车工厂里堆满了货物。

Zhè jiā qìchē gōngchǎng li duīmǎnle huòwù.

이 자동차 공장 안에 화물이 가득 쌓여 있다.

地上堆着一堆建筑木材。

Dì shang duīzhe yì duī jiànzhù mùcái.

바닥에 한 무더기의 건축 목재가 쌓여 있다.

有个小孩在土堆儿里找东西。

Yǒu ge xiǎohái zài tǔduīr li zhǎo dōngxi.

어떤 아이가 흙더미 속에서 무엇인가를 찾고 있다.

工厂 gōngchǎng [명] 공장 **货物** huòwù [명] 화물, 물품
建筑 jiànzhù [동] 건축하다, 건설하다 [명] 건축물 **木材** mùcái [명] 목재

시험에 이렇게 나온다!

[독해] 독해 1부분에서는 지문의 빈칸에 들어갈 적절한 어휘를 보기에서 선택하는 문제가 출제된다. 이때, **堆**는 아래와 같은 동사들과 함께 보기로 자주 출제된다.

扶 fú [동] 부축하다, 일으키다

砍 kǎn [동] (도끼 등으로) 찍다, 삭감하다

[짝꿍 표현] **堆**를 활용한 다양한 출제 표현들을 알아 둔다.

一堆垃圾 yì duī lājī 쓰레기 한 더미

一堆沙子 yì duī shāzi 모래 한 더미

12 **工程师** ★★

gōngchéngshī

[명] **엔지니어, 기술자**

这家电子公司安排专门的工程师为顾客提供服务。

Zhè jiā diànzǐ gōngsī ānpái zhuānmén de gōngchéngshī wèi gùkè tígōng fúwù.

이 전자 회사는 전문적인 엔지니어를 배정해 고객에게 서비스를 제공한다.

专门 zhuānmén [형] 전문적인 [부] 특별히 **顾客** gùkè [명] 고객, 손님
提供 tígōng [동] 제공하다, 공급하다

13 **设备** ★★

shèbèi

명 **설비, 시설**

술어

公司购买了一批新的设备。

Gōngsī gòumǎile yì pī xīn de shèbèi.

회사는 새로운 설비를 구입했다.

购买 gòumǎi 동 구매하다
批 pī 양 무리, 떼, 묶음[대량의 물건이나 다수의 사람을 세는 단위]

14 **工具** ★★

gōngjù

명 **도구, 수단**

工程师用各种工具维修产品。

Gōngchéngshī yòng gè zhǒng gōngjù wéixiū chǎnpǐn.

엔지니어는 다양한 도구를 사용하여 제품을 수리한다.

工程师 gōngchéngshī 명 엔지니어, 기술자
维修 wéixiū 동 수리하다, 수선하다 **产品** chǎnpǐn 명 제품, 생산품

시험에 이렇게 나온다!

빡공 표현 **工具를 활용한 다양한 출제 표현들을 알아 둔다.**

交通工具 jiāotōng gōngjù 교통수단
代步工具 dàibù gōngjù 교통수단
通讯工具 tōngxùn gōngjù 통신수단
工具箱 gōngjùxiāng 공구함

15 **黄金** ★★

huángjīn

명 **황금** 형 **황금의**

这些工具是用黄金制成的。

Zhèxiē gōngjù shì yòng huángjīn zhìchéng de.

이 도구들은 황금을 사용해서 만들었다.

国庆节是中国旅游行业的黄金期。

Guóqìngjié shì Zhōngguó lǚyóu hángyè de huángjīnqī.

국경절은 중국 여행업계의 황금기이다.

工具 gōngjù 명 도구, 수단 **国庆节** Guóqìngjié 고유 국경절
行业 hángyè 명 업계, 업무 분야

16 **工厂** ★★
gōngchǎng

명 **공장**

那家工厂的职工人数比去年增加了两倍。(술어)
Nà jiā gōngchǎng de zhígōng rénshù bǐ qùnián zēngjiāle liǎng bèi.
그 공장의 직원 수는 작년보다 두 배가 더 증가했다.

职工 zhígōng 명 직원, 노동자 **倍** bèi 양 배, 배수

17 **生产** ★★
shēngchǎn

반의어
消费 xiāofèi
동 소비하다

동 **생산하다, 만들다**

我们工厂生产各种各样的家具。
Wǒmen gōngchǎng shēngchǎn gèzhǒnggèyàng de jiājù.
우리 공장은 각양각색의 가구들을 생산한다.

工厂 gōngchǎng 명 공장 **家具** jiājù 명 가구

잠깐 生产은 동사이지만 명사처럼 쓰이기도 한다.

시험에 이렇게 나온다!

빈출 표현 生产을 활용한 다양한 출제 표현들을 알아 둔다.
生产者 shēngchǎnzhě 생산자
生产日期 shēngchǎn rìqī 생산 일자
恢复生产 huīfù shēngchǎn 생산을 회복하다

18 **银** ★★
yín

명 **은**

新上市的纯银装饰品受到人们喜爱。
Xīn shàngshì de chún yín zhuāngshìpǐn shòudào rénmen xǐ'ài.
새로 출시된 순은 장식품은 사람들의 사랑을 받고 있다.

上市 shàngshì 동 출시하다, 시장에 나오다 **纯银** chún yín 순은
装饰品 zhuāngshìpǐn 명 장식품

알아두면 좋은 배경지식

중국에는 **金九银十**(금구은십)이라는 말이 있다. 이는 9월은 금과 같고 10월은 은과 같다는 뜻으로, 이 시기에 의복·가전·자동차·부동산 구매 및 여행객이 증가하여 소비 지출이 크게 증가한다는 것을 의미한다.

金九银十 jīn jiǔ yín shí 성 금구은십

19 **商业** ★★
shāngyè

명 **상업**

술어

长安是商业最繁荣的古代城市之一。
Cháng'ān shì shāngyè zuì fánróng de gǔdài chéngshì zhī yī.
창안은 상업이 가장 번영했던 고대 도시 중 하나였다.

长安 Cháng'ān 고유 창안(중국의 옛 지명, 장안)
繁荣 fánróng 형 번영하다 동 번영시키다 **古代** gǔdài 명 고대

20 **原料** ★★
yuánliào

명 **원료**

这家工厂以大米为原料制作饮料。
Zhè jiā gōngchǎng yǐ dàmǐ wéi yuánliào zhìzuò yǐnliào.
이 공장에서는 쌀을 원료로 하여 음료를 만든다.

工厂 gōngchǎng 명 공장 **制作** zhìzuò 동 만들다, 제작하다

시험에 이렇게 나온다!

짝꿍 표현 **原料를 활용한 출제 표현을 알아 둔다.**
以 A 为原料 yǐ A wéi yuánliào **A를 원료로 삼다**

21 **运输** ★★
yùnshū

동 **운송하다**

火车是运输货物时使用最多的交通工具之一。
Huǒchē shì yùnshū huòwù shí shǐyòng zuì duō de jiāotōng gōngjù zhī yī.
기차는 화물을 운송할 때 가장 많이 사용되는 교통 수단 중 하나이다.

货物 huòwù 명 화물, 물품 **使用** shǐyòng 동 사용하다, 쓰다
工具 gōngjù 명 수단, 도구

22 **资源** ★★
zīyuán

명 **자원**

这座山拥有非常丰富的森林资源。
Zhè zuò shān yōngyǒu fēicháng fēngfù de sēnlín zīyuán.
이 산은 매우 풍부한 삼림 자원을 보유하고 있다.

拥有 yōngyǒu 동 (토지, 인구 등을) 보유하다, 소유하다
森林 sēnlín 명 삼림

23 **本质** ★★
běnzhì

명 **본질, 본성**

从本质上讲，商业活动是国家经济活动的重要部分。
(술어)
Cóng běnzhì shang jiǎng, shāngyè huódòng shì guójiā jīngjì huódòng de zhòngyào bùfen.
본질적으로 말하자면, 상업 활동은 국가 경제 활동의 중요한 부분이다.

商业 shāngyè 명 상업 **活动** huódòng 명 활동, 행사 동 활동하다

24 **出口** ★★
chūkǒu

반의어
进口 jìnkǒu
동 수입하다

동 **수출하다** 명 **출구**

我们公司主要向国外出口电脑设备。
Wǒmen gōngsī zhǔyào xiàng guówài chūkǒu diànnǎo shèbèi.
우리 회사는 주로 외국으로 컴퓨터 설비를 수출한다.

请问，这家商店的出口在哪里？
Qǐngwèn, zhè jiā shāngdiàn de chūkǒu zài nǎli?
말씀 좀 여쭐게요, 이 가게의 출구는 어디에 있나요?

设备 shèbèi 명 설비, 시설

25 **反复** ★★
fǎnfù

부 **반복하여**

经过反复研究，他们终于生产了一种新的食品。
Jīngguò fǎnfù yánjiū, tāmen zhōngyú shēngchǎnle yì zhǒng xīn de shípǐn.
반복적인 연구를 통해서, 그들은 마침내 새로운 식품을 생산했다.

研究 yánjiū 동 연구하다 **生产** shēngchǎn 동 생산하다, 만들다

시험에 이렇게 나온다!

독해 독해 1부분에서는 지문의 빈칸에 들어갈 적절한 어휘를 보기에서 선택하는 문제가 출제된다. 이때, **反复**는 아래와 같은 부사들과 함께 보기로 자주 출제된다.

不断 búduàn 부 끊임없이 동 끊임없다
随时 suíshí 부 수시로, 아무 때나

26 **燃烧**

ránshāo

동 **연소하다, 타다**

술어

这个设备用于燃烧煤炭。

Zhè ge shèbèi yòng yú ránshāo méitàn.

이 설비는 석탄을 연소하는 데 사용된다.

设备 shèbèi 명 설비, 시설 **煤炭** méitàn 명 석탄

알아두면 좋은 배경지식

太空笔(우주펜)는 우주비행사가 우주 공간에서 사용할 수 있도록 제작된 필기구이다. 연필은 연소의 위험성이 있기 때문에 미국의 폴 피셔라는 사람이 전문적인 우주펜을 발명하여 판매하기 시작했다. **太空笔**와 관련된 어휘들을 체크해 두자.

太空笔 tàikōng bǐ 우주펜

宇航员 yǔhángyuán 명 우주비행사

27 **除非**

chúfēi

접 **오로지 ~해야만**

除非这两个国家共同努力，才能解决市场不平衡的问题。

Chúfēi zhè liǎng ge guójiā gòngtóng nǔlì, cáinéng jiějué shìchǎng bù pínghéng de wèntí.

오로지 이 두 나라가 함께 노력해야만, 비로소 시장 불균형 문제를 해결할 수 있다.

市场 shìchǎng 명 시장

平衡 pínghéng 형 균형이 맞다 동 평형되게 하다, 균형 잡히게 하다

시험에 이렇게 나온다!

除非는 주로 '**除非** A, 접속사 B' 형태로 출제된다. **除非**를 활용한 다양한 출제 표현들을 알아 둔다.

除非 A, **才** B chúfēi A, cái B A 해야지만 비로소 B 한다

除非 A, **否则** B chúfēi A, fǒuzé B A 해야만 한다, 그렇지 않으면 B 한다

28 **吨**
dūn

명 **톤(ton)**

술어

今年这个国家的粮食产量约为一亿吨。
Jīnnián zhè ge guójiā de liángshi chǎnliàng yuē wéi yíyì dūn.
올해 이 국가의 식량 생산량은 대략 1억 톤이다.

粮食 liángshi 명 식량, 양식 **产量** chǎnliàng 명 생산량
亿 yì 수 억

29 **钢铁**
gāngtiě

명 **강철**

这座钢铁大桥是专门为运输货物而建的。
Zhè zuò gāngtiě dàqiáo shì zhuānmén wèi yùnshū huòwù ér jiàn de.
이 강철로 된 다리는 화물 운송을 하기 위하여 특별히 건설된 것이다.

专门 zhuānmén 부 특별히, 일부러 **运输** yùnshū 동 운송하다
货物 huòwù 명 화물, 물품

30 **高档**
gāodàng

동의어
高级 gāojí
형 고급의

형 **고급의**

近年来高档家电市场处于扩大的趋势。
Jìnnián lái gāodàng jiādiàn shìchǎng chǔyú kuòdà de qūshì.
최근 몇 년 동안 고급 가전제품 시장이 확대되는 추세에 있다.

市场 shìchǎng 명 시장 **处于** chǔyú 동 ~에 있다, 처하다
扩大 kuòdà 동 확대하다, 넓히다 **趋势** qūshì 명 추세

31 **工业**
gōngyè

명 **공업**

工业的发展给人们带来了更加丰富的物质生活。
Gōngyè de fāzhǎn gěi rénmen dàilaile gèngjiā fēngfù de wùzhì shēnghuó.
공업의 발전은 사람들에게 더욱 풍부한 물질 생활을 가져다 주었다.

物质 wùzhì 명 물질

32 **海关**
hǎiguān

명 **세관**

所有出口货物都需要通过严格的海关检查。 (술어)
Suǒyǒu chūkǒu huòwù dōu xūyào tōngguò yángé de hǎiguān jiǎnchá.
모든 수출용 화물은 엄격한 세관 검사를 거쳐야만 한다.

出口 chūkǒu 동 수출하다, 말을 꺼내다 명 출구
货物 huòwù 명 화물, 물품

33 **金属**
jīnshǔ

명 **금속**

这些金属部件可以在明天之前运输到目的地。
Zhèxiē jīnshǔ bùjiàn kěyǐ zài míngtiān zhīqián yùnshū dào mùdìdì.
이 금속 부품들은 내일 전까지 목적지로 운송될 수 있다.

部件 bùjiàn 명 부품 **运输** yùnshū 동 운송하다

시험에 이렇게 나온다!

짝꿍 표현 金属를 활용한 다양한 출제 표현들을 알아 둔다.
贵金属 guìjīnshǔ 귀금속 **金属部件** jīnshǔ bùjiàn 금속 부품

34 **进口**
jìnkǒu

반의어
出口 chūkǒu
동 수출하다
명 출구

동 **수입하다** 명 **입구**

这家公司使用美国进口原料。
Zhè jiā gōngsī shǐyòng Měiguó jìnkǒu yuánliào.
이 회사는 미국에서 수입한 원료를 사용한다.

这个会场的进口在东边。
Zhè ge huìchǎng de jìnkǒu zài dōngbian.
이 회의장의 입구는 동쪽에 있다.

使用 shǐyòng 동 사용하다, 쓰다 **原料** yuánliào 명 원료

35 贸易
màoyì

명 무역

两国正在进行进出口贸易谈判。

Liǎng guó zhèngzài jìnxíng jìnchūkǒu màoyì tánpàn.

양국은 지금 수출입 무역 회담을 진행하고 있다.

进出口 jìnchūkǒu 명 수출입
谈判 tánpàn 명 회담, 대화 동 이야기하다, 회담하다

36 煤炭
méitàn

명 석탄

煤炭是最常用的传统能源之一。

Méitàn shì zuì chángyòng de chuántǒng néngyuán zhī yī.

석탄은 가장 자주 사용되는 전통 에너지원 중 하나이다.

传统 chuántǒng 명 전통 형 전통적이다 **能源** néngyuán 명 에너지

37 汽油
qìyóu

명 휘발유, 가솔린

随着国际油价的上涨，汽油价格也随之变高。

Suízhe guójì yóujià de shàngzhǎng, qìyóu jiàgé yě suí zhī biàn gāo.

국제 유가의 상승에 따라, 휘발유 가격도 이에 따라 높아지고 있다.

国际 guójì 명 국제 형 국제적인 **油价** yóujià 유가
上涨 shàngzhǎng 동 상승하다, 오르다

38 丝毫
sīháo

형 조금도, 추호도

该产品在海外市场的竞争力丝毫不差。

Gāi chǎnpǐn zài hǎiwài shìchǎng de jìngzhēnglì sīháo bú chà.

이 제품은 해외 시장에서도 경쟁력이 조금도 떨어지지 않는다.

产品 chǎnpǐn 명 제품, 생산품 **市场** shìchǎng 명 시장
竞争力 jìngzhēnglì 명 경쟁력

39 制造

zhìzào

동 제조하다, 만들다

这家工厂主要用钢铁制造物品。

Zhè jiā gōngchǎng zhǔyào yòng gāngtiě zhìzào wùpǐn.

이 공장은 주로 강철을 사용하여 물품을 제조한다.

工厂 gōngchǎng 명 공장 **钢铁** gāngtiě 명 강철
物品 wùpǐn 명 물품

시험에 이렇게 나온다!

유의어 **制造 : 生产**(shēngchǎn, 생산하다)

制造는 사람이나 기계가 어떤 제품을 만드는 것을 뜻하며, '골칫거리, 분쟁' 등 인위적으로 어떤 분위기나 국면을 만든다는 뜻으로도 사용된다.

他有些是制造麻烦的人。 Tā yǒuxiē shì zhìzào máfan de rén.
그는 약간 골칫거리를 만드는 사람이다.

生产은 주로 기계, 공장, 시스템이 만들어 내는 것을 뜻하며, 자연적으로 얻은 것을 나타날 때 쓰이기도 한다.

这个地方主要生产玉米。 Zhè ge dìfang zhǔyào shēngchǎn yùmǐ.
이곳은 주로 옥수수를 생산한다.

40 重量

zhòngliàng

명 중량, 무게

这家运输公司只接受办理重量不超过20公斤的货物。

Zhè jiā yùnshū gōngsī zhǐ jiēshòu bànlǐ zhòngliàng bù chāoguò èrshí gōngjīn de huòwù.

이 운송 회사는 총 중량이 20kg을 넘지 않는 화물들만 받아서 처리한다.

运输 yùnshū 동 운송하다 **接受** jiēshòu 동 받다, 접수하다
办理 bànlǐ 동 처리하다, 취급하다 **货物** huòwù 명 화물, 물품

연습문제 **체크체크!**

제시된 각 단어의 뜻을 오른쪽 보기에서 찾아 줄을 그어 보세요.

01 能源	ⓐ 에너지, 에너지원
02 资源	ⓑ 반복하여
03 反复	ⓒ 상품, 제품
04 商品	ⓓ 자원
05 丝毫	ⓔ 운송하다
06 运输	ⓕ 조금도, 추호도

문장을 읽고 빈칸에 들어갈 단어를 찾아 적어 보세요.

ⓐ 方式　ⓑ 设备　ⓒ 除非　ⓓ 金属

07 这个工厂决定改变以往的生产 ____________ 。

08 我们对长期使用的 ____________ 进行了检查。

09 ____________ 他退让，否则双方无法在这次合作交换中得到满意的结果。

10 两国签了有关 ____________ 材料的贸易合同。

정답 : 01 ⓐ 02 ⓓ 03 ⓑ 04 ⓒ 05 ⓕ 06 ⓔ 07 ⓐ 08 ⓑ 09 ⓒ 10 ⓓ

* 07~10번 문제 해석은 해커스 중국어(china.Hackers.com)에서 무료로 제공합니다.

HSK 5급 시험에 나오는 고난도 어휘

☑ 잘 외워지지 않는 단어는 박스에 체크하여 복습하세요.

고난도 어휘 집중 암기_28.mp3

단어	병음	뜻
□ *二手商品	èrshǒu shāngpǐn	명 중고 상품
□ 产量	chǎnliàng	명 생산량
□ 产业 6급	chǎnyè	명 산업
□ 成本 6급	chéngběn	명 원가, 생산비용
□ 打进	dǎjìn	동 진출하다, 진격하다
□ *代理购货	dàilǐ gòuhuò	대리 구매
□ 动力 6급	dònglì	명 동력
□ 发电	fādiàn	동 전기를 일으키다, 발전하다
□ 更换	gēnghuàn	동 교체하다
□ 工序	gōngxù	명 생산공정
□ *海外直购	hǎiwài zhígòu	해외 직구
□ 环保型	huánbǎoxíng	친환경, 환경보호형
□ 货物	huòwù	명 화물, 물품
□ 加工 6급	jiāgōng	동 가공하다
□ 交易 6급	jiāoyì	동 거래하다, 장사하다, 교역하다 명 거래, 장사, 교역
□ 集散	jísàn	동 (대형화물이) 집산하다
□ 矿物能源	kuàngwù néngyuán	광물 에너지
□ 流程	liúchéng	명 (공업 생산에서의) 작업 과정, 공정, 물길, 수로
□ 石油 6급	shíyóu	명 석유
□ 生态能源	shēngtài néngyuán	생태 에너지

*표는 오른쪽 페이지의 <중국 문화와 역사>에 포함된 단어입니다.

□ 太空笔	tàikōng bǐ	우주펜
□ 特制	tèzhì	동 특별히 만들다, 특별히 제조하다
□ 托运 6급	tuōyùn	동 (짐, 화물 등의) 운송을 위탁하다, 탁송하다
□ *消费模式	xiāofèi móshì	소비 패턴
□ 新能源汽车	xīnnéngyuán qìchē	명 신재생에너지 자동차
□ 新兴	xīnxīng	형 (어떤 사회적 현상이나 사실이) 새로 일어난, 신흥의
□ 需求量	xūqiúliàng	명 수요량
□ 研发	yánfā	동 연구 제작하여 개발하다
□ 原油	yuányóu	명 원유
□ 职工	zhígōng	명 직원, 노동자

알고 가면 시험이 쉬워지는 <중국 문화와 역사>

중국 젊은이들의 *消费模式(xiāofèi móshì)을 알아보자!

전세계 소비 **市场**(shìchǎng)에서 큰 비중을 차지하고 있는 중국! 많은 기업에서 합리적인 가격과 품질의 **商品**(shāngpǐn)으로 중국의 젊은 소비자들의 마음을 사로잡기 위해 노력하고 있어요. 중국의 젊은 소비자들의 **消费模式**은 어떨까요?

중국의 젊은이들은 기성 세대들보다 **进口**(jìnkǒu) **商品**에 더욱 큰 관심을 가지고 있다고 해요. 과거에는 **进口** **商品**들을 ***海外直购**(hǎiwài zhígòu), ***代理购货**(dàilǐ gòuhuò)의 방식을 통해 구매했지만, 최근에는 공식 디지털 상거래 플랫폼에서 구매하는 것을 더 선호하고요. 주요 구매 품목으로는 주류, 스포츠 관련 제품, 화장품 등이 있답니다.

또한, 이들은 ***二手商品**(èrshǒu shāngpǐn)보다는 새 제품을 구매하는 것을 선호하는데요, 자신를 위해 투자를 아끼지 않는 중국 젊은이들의 **消费模式**이 반영된 것이겠죠?

市场 shìchǎng 명 시장 **商品** shāngpǐn 명 상품, 제품 **进口** jìnkǒu 동 수입하다

DAY

29

HSK5급 단어장

모범시민

법 · 정치

주제를 알면 HSK가 보인다!

HSK 5급에서는 교통 법규나 법률 개정과 관련된 문제가 자주 출제돼요. 따라서 '규칙', '준수하다', '논쟁하다', '신호', '빼앗다', '제정하다'처럼 법·정치 관련 단어들을 집중적으로 학습하면 이러한 문제를 쉽게 풀 수 있어요.

단어, 예문 MP3

집에서는 내가 곧 법!

01 **规则** guīzé 명 규칙

04 **信号** xìnhào 명 신호

05 **抢** qiǎng 동 빼앗다, 앞다투어 ~하다

02 **遵守** zūnshǒu 동 준수하다, 지키다

03 **辩论** biànlùn 동 논쟁하다, 변론하다

01 **规则** ★★★

guīzé

동의어

法则 fǎzé

명 규칙, 법칙

명 **규칙**

尽量不要修改已经制定好的规则。 (술어: 修改)

Jǐnliàng bú yào xiūgǎi yǐjīng zhìdìng hǎo de guīzé.

가능한 한 이미 제정된 규칙은 수정하지 말아라.

尽量 jǐnliàng 부 가능한 한, 되도록 **修改** xiūgǎi 동 수정하다, 고치다
制定 zhìdìng 동 제정하다, 세우다

02 **遵守** ★★★

zūnshǒu

반의어

违反 wéifǎn

동 (법률·규정 등을) 위반하다

동 **준수하다, 지키다**

为了大家的安全，每个人都应该遵守交通规则。

Wèile dàjiā de ānquán, měi ge rén dōu yīnggāi zūnshǒu jiāotōng guīzé.

모두의 안전을 위하여, 모든 사람은 교통 규칙을 준수해야 한다.

规则 guīzé 명 규칙

시험에 이렇게 나온다!

짝꿍 표현 遵守를 활용한 다양한 출제 표현들을 알아 둔다.

遵守规则 zūnshǒu guīzé 규칙을 지키다

遵守规律 zūnshǒu guīlǜ 규율을 지키다

쓰기 遵守는 쓰기 1부분에서 '주어+都应该遵守(부사어+술어)+목적어'의 기본 형태 혹은 '请+부사어+遵守+목적어'의 청유문 형태를 완성하는 문제의 제시어로 자주 출제된다.

请严格遵守课堂规则。 Qǐng yángé zūnshǒu kètáng guīzé.

교실 규칙을 엄격히 준수해 주세요.

03 **辩论** ★★★

biànlùn

동의어

争论 zhēnglùn

동 논쟁하다

동 **논쟁하다, 변론하다**

双方在法庭上进行了激烈的辩论。

Shuāngfāng zài fǎtíng shang jìnxíngle jīliè de biànlùn.

양측은 법정에서 치열한 논쟁을 진행했다.

双方 shuāngfāng 명 양측, 쌍방 **法庭** fǎtíng 명 법정
激烈 jīliè 형 치열하다, 격렬하다

잠깐 辩论은 동사이지만 명사처럼 쓰이기도 한다.

★★★ = 출제율 최상 ★★ = 출제율 상

04 **信号** ★★★
xìnhào

명 **신호**

开车时多留意路边的交通信号。(술어: 留意)
Kāichē shí duō liúyì lùbian de jiāotōng xìnhào.
운전할 때는 길가의 교통 신호에 매우 주의해야 한다.

留意 liúyì 동 주의하다, 유의하다

시험에 이렇게 나온다!

짝꿍표현 信号를 활용한 다양한 출제 표현들을 알아 둔다.
交通信号 jiāotōng xìnhào 교통 신호
警报信号 jǐngbào xìnhào 경보 신호
网络信号 wǎngluò xìnhào 인터넷 신호

05 **抢** ★★★
qiǎng

동 **빼앗다, 앞다투어 ~하다**

小偷因为抢了行人的包，被警察抓起来了。
Xiǎotōu yīnwèi qiǎngle xíngrén de bāo, bèi jǐngchá zhuā qǐlai le.
도둑은 행인의 가방을 빼앗았기 때문에, 경찰에게 붙잡혔다.

小偷 xiǎotōu 명 도둑 **行人** xíngrén 명 행인
警察 jǐngchá 명 경찰 **抓** zhuā 동 붙잡다, 꽉 쥐다, 체포하다

알아두면 좋은 배경지식

최근 중국에서는 인터넷과 모바일이 빠른 속도로 발전하면서 그와 관련된 다양한 신조어들이 생겨나고 있다. 그 중 **抢沙发**(첫 번째로 댓글을 달다)라는 신조어가 있는데, 이 말은 직역하면 '소파를 빼앗다'라는 뜻이지만 실제로는 '첫 번째로 댓글을 달다'라는 의미로 사용되고 있다.

抢沙发 qiǎng shāfā 첫 번째로 댓글을 달다

06 制定 ★★
zhìdìng

동 **제정하다, 세우다**

술어

有关部门制定了一些新的法律规则。
Yǒuguān bùmén zhìdìngle yìxiē xīn de fǎlǜ guīzé.
관련 부서는 일부 새로운 법률 규칙을 제정했다.

部门 bùmén 명 부서, 부문 **法律** fǎlǜ 명 법률
规则 guīzé 명 규칙

시험에 이렇게 나온다!

짝꿍표현 **制定**을 활용한 다양한 출제 표현들을 알아 둔다.
制定规则 zhìdìng guīzé 규칙을 세우다
制定价格 zhìdìng jiàgé 가격을 책정하다
制定政策 zhìdìng zhèngcè 정책을 제정하다

07 行人 ★★
xíngrén

명 **행인**

行人应当在人行道上行走。
Xíngrén yīngdāng zài rénxíngdào shang xíngzǒu.
행인은 인도 위로 걸어 다녀야 한다.

08 自觉 ★★
zìjué

형 **자각적이다** 동 **자각하다, 스스로 느끼다**

我们要自觉遵守法律。
Wǒmen yào zìjué zūnshǒu fǎlǜ.
우리는 자각적으로 법률을 준수해야 한다.

虽然都知道要遵纪守法，但是有些人常常不自觉。
Suīrán dōu zhīdào yào zūnjìshǒufǎ, dànshì yǒuxiē rén chángcháng bú zìjué.
비록 모두가 법과 규율을 준수해야 한다는 것을 알지만, 일부 사람들은 종종 자각하지 못한다.

遵守 zūnshǒu 동 준수하다, 지키다 **法律** fǎlǜ 명 법률
遵纪守法 zūnjìshǒufǎ 성 법과 규율을 준수하다

09 **自由** ★★
zìyóu

명 자유 형 자유롭다

법律在一定程度上限制自由。

Fǎlǜ zài yídìng chéngdù shang xiànzhì zìyóu.
법률은 일정 수준에서 자유를 제한한다.

每个人都有自由发表意见的机会。
Měi ge rén dōu yǒu zìyóu fābiǎo yìjiàn de jīhuì.
모든 사람들은 자유롭게 의견을 발표할 수 있는 기회가 있다.

法律 fǎlǜ 명 법률 **程度** chéngdù 명 수준, 정도
限制 xiànzhì 동 제한하다, 규제하다 명 제한 **发表** fābiǎo 동 발표하다

10 **法院** ★★
fǎyuàn

명 법원

我们都在等待法院的宣告。
Wǒmen dōu zài děngdài fǎyuàn de xuāngào.
우리는 모두 법원의 선고를 기다리고 있다.

等待 děngdài 동 기다리다 **宣告** xuāngào 동 선고하다

시험에 이렇게 나온다!

듣기 듣기에서는 대화를 듣고 화자나 제3자의 직업·신분·관계를 묻는 문제가 출제된다. 이때, **法院**이 대화에서 언급되면 **律师**(변호사)이 정답으로 자주 출제된다.

11 **偷** ★★
tōu

동 훔치다 부 슬그머니, 남몰래

这个案子是关于一个小偷偷自行车的。
Zhè ge ànzi shì guānyú yí ge xiǎotōu tōu zìxíngchē de.
이 사건은 한 도둑이 자전거를 훔친 것에 관한 것이다.

一个迟到的学生偷偷地从后门走进了教室。
Yí ge chídào de xuésheng tōutōu de cóng hòumén zǒu jìnle jiàoshì.
지각한 한 학생이 뒷문으로부터 교실로 슬그머니 걸어 들어왔다.

案子 ànzi 명 사건 **小偷** xiǎotōu 명 도둑

12 **限制** ★★
xiànzhì

동 **제한하다, 규제하다** 명 **제한**

술어

国家为了保护环境限制了部分森林的开发。
Guójiā wèile bǎohù huánjìng xiànzhìle bùfen sēnlín de kāifā.
국가는 환경 보호를 위해서 일부 삼림의 개발을 제한했다.

只要进入黑名单，网上交易会受到限制。
Zhǐyào jìnrù hēimíngdān, wǎng shang jiāoyì huì shòudào xiànzhì.
만약 블랙리스트에 들어간다면, 온라인 거래가 제한을 받을 수 있다.

保护 bǎohù 동 보호하다 **森林** sēnlín 명 삼림
开发 kāifā 동 개발하다 **黑名单** hēimíngdān 명 블랙리스트
交易 jiāoyì 명 거래, 장사 동 거래하다

13 **宣布** ★★
xuānbù

동 **선포하다**

秦始皇宣布当皇帝之后，建立了一系列完整的新制度。
Qínshǐhuáng xuānbù dāng huángdì zhīhòu, jiànlìle yíxìliè wánzhěng de xīn zhìdù.
진시황제는 황제가 되었다고 선포한 후에, 완전히 갖추어진 일련의 새로운 제도들을 확립했다.

秦始皇 Qínshǐhuáng 고유 진시황제 **皇帝** huángdì 명 황제
建立 jiànlì 동 확립하다, 세우다 **一系列** yíxìliè 형 일련의
完整 wánzhěng 형 완전히 갖추다, 완전하다 **制度** zhìdù 명 제도

14 **原则** ★★
yuánzé

명 **원칙**

这些做法在原则上是被允许的。
Zhèxiē zuòfǎ zài yuánzé shang shì bèi yǔnxǔ de.
이러한 방법은 원칙상 허가가 된 것이다.

允许 yǔnxǔ 동 허가하다, 허락하다

15 **罚款** ★★

fákuǎn

동 **벌금을 부과하다** 명 **벌금**

→ 술어

不遵守交通规则的人会被罚款。

Bù zūnshǒu jiāotōng guīzé de rén huì bèi fákuǎn.

교통 규칙을 준수하지 않는 사람은 벌금을 부과받게 될 수 있다.

他因闯红灯交了200元的罚款。

Tā yīn chuǎng hóngdēng jiāole liǎngbǎi yuán de fákuǎn.

그는 신호를 무시했기 때문에 200위안의 벌금을 냈다.

遵守 zūnshǒu 동 준수하다, 지키다 **规则** guīzé 명 규칙
闯红灯 chuǎng hóngdēng 신호를 무시하다, 빨간 불에 뛰어들다

시험에 이렇게 나온다!

쓰기 규칙을 지키지 않아 벌금을 물었다는 내용을 표현하고 싶을 때에는 'A 被 B 罚款了(A는 B에 의해 벌금을 부과 받았다)'라는 표현을 사용하면 쉽게 작문할 수 있다.

我昨天被警察罚款了。 Wǒ zuótiān bèi jǐngchá fákuǎn le.
나는 어제 경찰에 의해 벌금을 부과 받았다.

16 **证据** ★★

zhèngjù

명 **증거**

律师向法院提交了决定性证据。

Lǜshī xiàng fǎyuàn tíjiāole juédìngxìng zhèngjù.

변호사는 법원에 결정적인 증거를 제출했다.

律师 lǜshī 명 변호사 **法院** fǎyuàn 명 법원
提交 tíjiāo 동 제출하다, 회부하다
决定性 juédìngxìng 명 결정적인 작용을 하는 성질

17 **妨碍** ★★

fáng'ài

동 **방해하다, 지장을 주다**

妨碍安全行车的行为会受到处罚。

Fáng'ài ānquán xíngchē de xíngwéi huì shòudào chǔfá.

안전운전을 방해하는 행위는 처벌을 받을 수 있다.

行为 xíngwéi 명 행위, 행동 **处罚** chǔfá 동 처벌하다

18 **一律** ★★
yílǜ

부 예외 없이 형 일률적이다

对在高速公路没系好安全带的情况一律罚款。(술어)
Duì zài gāosù gōnglù méi jìhǎo ānquándài de qíngkuàng yílǜ fákuǎn.
고속도로에서 안전벨트를 하지 않는 상황에 대해서는 예외 없이 벌금을 부과한다.

在本次会谈中大家强调的内容千篇一律的。
Zài běn cì huìtán zhōng dàjiā qiángdiào de nèiróng qiānpiān yílǜ de.
이번 회담에서 모두가 강조하는 내용은 천편일률적이다.

高速公路 gāosù gōnglù 명 고속도로 **安全带** ānquándài 명 안전벨트
罚款 fákuǎn 동 벌금을 부과하다 명 벌금
会谈 huìtán 명 회담 동 회담하다 **强调** qiángdiào 동 강조하다
千篇一律 qiānpiān yílǜ 성 천편일률적이다

시험에 이렇게 나온다!

독해 독해 1부분에서는 지문의 빈칸에 들어갈 적절한 어휘를 보기에서 선택하는 문제가 출제된다. 이때, 一律는 아래와 같은 부사들과 함께 보기로 자주 출제된다.

一旦 yídàn 부 일단 명 잠시 **再三** zàisān 부 다시, 재차
始终 shǐzhōng 부 한결같이, 언제나
分别 fēnbié 부 각각 동 헤어지다, 구별하다 명 차이
尽量 jǐnliàng 부 가능한 한, 되도록

19 **政府** ★★
zhèngfǔ

명 정부

政府为了新法律的制定做出了多年的努力。
Zhèngfǔ wèile xīn fǎlǜ de zhìdìng zuòchūle duō nián de nǔlì.
정부는 새로운 법률을 제정하기 위해 다년간의 노력을 해왔다.

法律 fǎlǜ 명 법률 **制定** zhìdìng 동 제정하다, 세우다

20 **闯** ★★

chuǎng

동 (맹렬하게) 뛰어들다, 돌진하다

根据最新的交通法，闯红灯的车辆和行人都会被罚款。

술어

Gēnjù zuìxīn de jiāotōngfǎ, chuǎng hóngdēng de chēliàng hé xíngrén dōu huì bèi fákuǎn.

새로운 교통법에 따르면, 빨간 불에 뛰어드는 차량과 행인은 모두 벌금을 부과 받을 수 있다.

闯红灯 chuǎng hóngdēng 빨간 불에 뛰어들다, 신호를 무시하다
车辆 chēliàng 명 차량 **行人** xíngrén 명 행인
罚款 fákuǎn 동 벌금을 부과하다

21 **规律** ★★

guīlǜ

명 규율, 규칙

如果我们不遵守法律，规律将会慢慢被打破的。

Rúguǒ wǒmen bù zūnshǒu fǎlǜ, guīlǜ jiāng huì mànmān bèi dǎpò de.

만약 우리가 법률을 준수하지 않는다면, 규율이 천천히 깨지게 될 수 있다.

遵守 zūnshǒu 동 준수하다, 지키다 **法律** fǎlǜ 명 법률
打破 dǎpò 동 깨다, 깨뜨리다

22 **纪律** ★★

jìlǜ

명 법도, 기강

政府希望市民能够自觉遵守纪律。

Zhèngfǔ xīwàng shìmín nénggòu zìjué zūnshǒu jìlǜ.

정부는 시민들이 자각적으로 법도를 준수할 수 있기를 희망한다.

政府 zhèngfǔ 명 정부 **市民** shìmín 명 시민
自觉 zìjué 형 자각적이다 동 자각하다, 스스로 느끼다
遵守 zūnshǒu 동 준수하다, 지키다

[23] 临时 ★★
línshí

부 때가 되어서, 임시로 형 임시의, 잠시의, 일시적인

你得提前了解一下政府的措施，免得临时惊慌。(→ 술어)
Nǐ děi tíqián liǎojiě yíxià zhèngfǔ de cuòshī, miǎnde línshí jīnghuāng.
너는 미리 정부의 대책을 자세하게 좀 알아야 해, 때가 되어서 당황하지 않도록 말이야.

这是政府提出来的临时解决方案。
Zhè shì zhèngfǔ tí chūlai de línshí jiějué fāng'àn.
이것은 정부가 제시해 낸 임시적인 해결 방안이다.

政府 zhèngfǔ 명 정부 **措施** cuòshī 명 대책, 조치
免得 miǎnde 접 ~하지 않도록
惊慌 jīnghuāng 형 당황하다, 허둥지둥하다
提出 tíchū 제시하다, 제기하다 **方案** fāng'àn 명 방안

시험에 이렇게 나온다!

유의어 **临时 : 暂时**(zànshí, 잠시)
临时은 품사가 부사와 형용사이다.
临时工作 línshí gōngzuò 임시적인 직업
临时出差 línshí chūchāi 임시적으로 출장을 가다
暂时은 품사가 명사이다.
暂时停止营业 zànshí tíngzhǐ yíngyè 잠시 영업을 중단하다
暂时回避 zànshí huíbì 잠시 피하다

[24] 赔偿 ★★
péicháng

동 변상하다, 배상하다

按照法律规定，犯错的一方应该赔偿对方的损失。
Ànzhào fǎlǜ guīdìng, fàncuò de yì fāng yīnggāi péicháng duìfāng de sǔnshī.
법률 규정에 따라서, 잘못을 저지른 쪽은 반드시 상대방의 손실에 대해 변상해야 한다.

法律 fǎlǜ 명 법률 **规定** guīdìng 동 규정하다 명 규정
犯 fàn 동 저지르다, 어기다 **对方** duìfāng 명 상대방
损失 sǔnshī 동 손실되다, 손해보다

★★★ = 출제율 최상 ★★ = 출제율 상

25 **上当** ★★

shàngdàng

동 **사기를 당하다, 속다**

他向律师咨询了有关上当受骗的事情。

Tā xiàng lǜshī zīxúnle yǒuguān shàngdàng shòupiàn de shìqing.

그는 변호사에게 사기를 당한 것과 관련된 일을 물어보았다.

律师 lǜshī 명 변호사 **咨询** zīxún 동 물어보다, 자문하다
受骗 shòupiàn 동 속다, 사기당하다

시험에 이렇게 나온다!

짝꿍 표현 上当을 활용한 출제 표현을 알아 둔다.
上当受骗 shàngdàng shòupiàn 사기를 당해서 속다

26 **威胁** ★★

wēixié

동 **위협하다**

一些粗心的行为会威胁到交通安全。

Yìxiē cūxīn de xíngwéi huì wēixié dào jiāotōng ānquán.

일부 세심하지 못한 행동은 교통 안전을 위협할 수 있다.

粗心 cūxīn 형 세심하지 못하다, 소홀하다 **行为** xíngwéi 명 행동, 행위

27 **违反** ★★

wéifǎn

반의어
遵守 zūnshǒu
동 준수하다, 지키다

동 **(법률·규정 등을) 위반하다**

在公共汽车站停车是违反法律规则的行为。

Zài gōnggòngqìchēzhàn tíngchē shì wéifǎn fǎlǜ guīzé de xíngwéi.

버스정류장에 주차를 하는 것은 법률 규칙을 위반하는 행위이다.

法律 fǎlǜ 명 법률 **规则** guīzé 명 규칙
行为 xíngwéi 명 행위, 행동

시험에 이렇게 나온다!

짝꿍 표현 违反을 활용한 다양한 출제 표현들을 알아 둔다.
违反规定 wéifǎn guīdìng 규정을 위반하다
违反规则 wéifǎn guīzé 규칙을 위반하다

28 **出示**
chūshì

[동] **제시하다, 내보이다**

술어

交通警察让司机出示驾驶证。
Jiāotōng jǐngchá ràng sījī chūshì jiàshǐzhèng.
교통경찰은 운전기사에게 운전면허증을 제시하도록 했다.

警察 jǐngchá [명] 경찰 **驾驶证** jiàshǐzhèng [명] 운전면허증

29 **躲藏**
duǒcáng

[동] **숨다, 피하다**

警察在寻找躲藏在人群中的犯人。
Jǐngchá zài xúnzhǎo duǒcáng zài rénqún zhōng de fànrén.
경찰은 사람들 속에 숨은 범인을 찾고 있다.

警察 jǐngchá [명] 경찰 **人群** rénqún [명] 사람들, 무리
犯人 fànrén [명] 범인, 죄인

30 **改正**
gǎizhèng

[동] **바르게 고치다, 개정하다**

那个犯人下定决心改正自己的错误了。
Nà ge fànrén xiàdìng juéxīn gǎizhèng zìjǐ de cuòwù le.
그 죄인은 자신의 잘못을 바르게 고치기로 결심을 내렸다.

犯人 fànrén [명] 죄인, 범인 **决心** juéxīn [명] 결심 [동] 결심하다

31 **规矩**
guīju

[명] **규칙, 법칙** [형] **모범적이다**

你这么做明明是在违反规矩。
Nǐ zhème zuò míngmíng shì zài wéifǎn guīju.
네가 이렇게 하는 것은 명백히 규칙을 위반하고 있는 것이다.

小明是个规矩的人，从没有骗过任何人。
Xiǎo Míng shì ge guīju de rén, cóng méiyǒu piànguo rènhé rén.
샤오밍은 모범적인 사람으로, 지금까지 어떤 사람도 속인 적이 없다.

违反 wéifǎn [동] (법률·규정 등을) 위반하다 **任何** rènhé [대] 어떠한, 무엇

32 **合法**
héfǎ

형 **합법적이다**

→ 술어

这些农产品都是通过合法途径出口到国外的。
Zhèxiē nóngchǎnpǐn dōu shì tōngguò héfǎ tújìng chūkǒu dào guówài de.
이 농산품들은 모두 합법적인 경로를 통하여 해외로 수출된 것이다.

农产品 nóngchǎnpǐn 명 농산품, 농산물 **途径** tújìng 명 경로, 길
出口 chūkǒu 동 수출하다 명 출구

33 **拦**
lán

동 **막다, 저지하다**

警察拦住了违反交通规则的车辆。
Jǐngchá lánzhùle wéifǎn jiāotōng guīzé de chēliàng.
경찰은 교통 규칙을 위반한 차량을 막았다.

警察 jǐngchá 명 경찰 **拦住** lánzhù 막다, 차단하다
违反 wéifǎn 동 (법률·규정 등을) 위반하다 **规则** guīzé 명 규칙
车辆 chēliàng 명 차량

34 **权利**
quánlì

명 **권리**

该法律保护消费者的所有权利。
Gāi fǎlǜ bǎohù xiāofèizhě de suǒyǒu quánlì.
이 법률은 소비자의 모든 권리를 보호한다.

法律 fǎlǜ 명 법률 **保护** bǎohù 동 보호하다
消费者 xiāofèizhě 명 소비자

잠깐 **权利와 동일한 발음을 가진 权力(권력)와 헷갈리지 않도록 주의한다.**

35 **省略**
shěnglüè

동 **생략하다, 삭제하다**

不应该随意省略必要的法律程序。
Bù yīnggāi suíyì shěnglüè bìyào de fǎlǜ chéngxù.
필요한 법률 절차를 마음대로 생략해서는 안 된다.

随意 suíyì 부 마음대로, 뜻대로 **法律** fǎlǜ 명 법률
程序 chéngxù 명 절차, 단계, 프로그램

36 **义务**
yìwù

㊎ **의무**

所有的孩子都有接受义务教育的权利。
Suǒyǒu de háizi dōu yǒu jiēshòu yìwù jiàoyù de quánlì.
모든 아이들은 모두 의무 교육을 받을 권리가 있다.

权利 quánlì ㊎ 권리

37 **政治**
zhèngzhì

㊎ **정치**

这个政治方案得到了大部分人的支持。
Zhè ge zhèngzhì fāng'àn dédàole dàbùfen rén de zhīchí.
이 정치 방안은 대부분 사람들의 지지를 얻었다.

方案 fāng'àn ㊎ 방안 **支持** zhīchí ㊍ 지지하다, 지원하다

38 **执照**
zhízhào

㊎ **허가증, 면허증, 증서**

每家企业都需要获得有关部门发放的营业执照。
Měi jiā qǐyè dōu xūyào huòdé yǒuguān bùmén fāfàng de yíngyè zhízhào.
모든 기업은 반드시 관련 부서가 배부한 영업 허가증을 얻어야 한다.

企业 qǐyè ㊎ 기업 **获得** huòdé ㊍ 얻다, 획득하다
部门 bùmén ㊎ 부서, 부문 **发放** fāfàng ㊍ 배부하다, 방출하다
营业 yíngyè ㊍ 영업하다

시험에 이렇게 나온다!

짝꿍표현 **执照**를 활용한 다양한 출제 표현들을 알아 둔다.
驾驶执照 jiàshǐ zhízhào 운전 면허증
营业执照 yíngyè zhízhào 영업 허가증, 사업자등록증

39 **制度**
zhìdù

㊎ **제도**

现有的教育制度可以保证大多数学校的教学质量。
Xiànyǒu de jiàoyù zhìdù kěyǐ bǎozhèng dàduōshù xuéxiào de jiàoxué zhìliàng.
현존하는 교육 제도는 대다수 학교의 수업의 질을 보장할 수 있다.

保证 bǎozhèng ㊍ 보장하다, 보증하다 **质量** zhìliàng ㊎ 질, 품질

40 **总理**
zǒnglǐ

명 **총리**

술어

国务院总理是国家政治事务上的最高负责人。
Guówùyuàn zǒnglǐ shì guójiā zhèngzhì shìwù shang de zuì gāo fùzérén.
국무원 총리는 국가 정치 업무상의 가장 높은 책임자이다.

国务院 Guówùyuàn 고유 국무원(중화 인민 공화국의 최고 행정기관)
政治 zhèngzhì 명 정치 **事务** shìwù 명 업무, 사무
负责人 fùzérén 명 책임자

41 **总统**
zǒngtǒng

명 **대통령**

今年的总统选举是人们关心的话题之一。
Jīnnián de zǒngtǒng xuǎnjǔ shì rénmen guānxīn de huàtí zhī yī.
올해의 대통령 선거는 사람들이 관심을 가지는 화제 중 하나이다.

选举 xuǎnjǔ 동 선거하다 **话题** huàtí 명 화제

42 **阻止**
zǔzhǐ

동 **저지하다, 막다**

我们叫警察来阻止了邻居吵闹的行为。
Wǒmen jiào jǐngchá lái zǔzhǐle línjū chǎonào de xíngwéi.
우리는 경찰을 불러와서 이웃이 소란을 피우는 행위를 저지했다.

警察 jǐngchá 명 경찰 **吵闹** chǎonào 동 소란을 피우다, 말다툼하다
行为 xíngwéi 명 행위, 행동

연습문제 **체크체크!**

제시된 각 단어의 뜻을 오른쪽 보기에서 찾아 줄을 그어 보세요.

01 自觉	ⓐ 저지하다, 막다
02 一律	ⓑ 제한하다, 규제하다, 제한
03 限制	ⓒ 제정하다, 세우다
04 罚款	ⓓ 예외 없이, 일률적이다
05 制定	ⓔ 벌금을 부과하다, 벌금
06 阻止	ⓕ 자각적이다, 자각하다, 스스로 느끼다

문장을 읽고 빈칸에 들어갈 단어를 찾아 적어 보세요.

ⓐ 遵守　ⓑ 原则　ⓒ 制度　ⓓ 政府

07 请你在开车时严格 ______ 交通规则。

08 他一直按照原有的办事 ______ 处理事情。

09 现有的 ______ 在一定范围内限制了人们的行为。

10 ______ 决定继续加大对科技方面的投入。

정답 : 01 ⓕ 02 ⓓ 03 ⓑ 04 ⓔ 05 ⓒ 06 ⓐ 07 ⓐ 08 ⓑ 09 ⓒ 10 ⓓ

* 07~10번 문제 해석은 해커스 중국어(china.Hackers.com)에서 무료로 제공합니다.

HSK 5급 시험에 나오는 고난도 어휘

☑ 잘 외워지지 않는 단어는 박스에 체크하여 복습하세요.

🎧 고난도 어휘 집중 암기_29.mp3

□	案子	ànzi	명 사건, 소송
□	捕获	bǔhuò	동 붙잡다, 체포하다, 포획하다
□	处罚	chǔfá	동 처벌하다
□	大选	dàxuǎn	명 대통령 선거
□	大众	dàzhòng	명 대중, 군중
□	动机 6급	dòngjī	명 동기
□	法庭	fǎtíng	명 법정
□	犯人	fànrén	명 범인, 죄인
□	防止 6급	fángzhǐ	동 (나쁜 일을) 방지하다
□	官员	guānyuán	명 관원, 관리, 벼슬아치
□	国务院	Guówùyuàn	고유 국무원(중화 인민 공화국의 최고 행정기관)
□	警察局	jǐngchájú	명 경찰서
□	基于	jīyú	개 ~에 근거하다, ~에 따르다
□	决策 6급	juécè	동 (방법과 정책을) 결정하다 명 결정, 정책
□	决定权	juédìngquán	명 결정권
□	判决	pànjué	동 판결하다
□	上当受骗	shàngdàng shòupiàn	속임수에 빠지다
□	生效 6급	shēngxiào	동 (효력, 효과, 효능 등을) 발생하다
□	识别 6급	shíbié	동 식별하다, 가려내다
□	试图 6급	shìtú	동 시도하다

*표는 오른쪽 페이지의 <중국 문화와 역사>에 포함된 단어입니다.

□	*塑料	sùliào	명 플라스틱
□	随意	suíyì	부 마음대로, 뜻대로
□	投票 6급	tóupiào	동 투표하다
□	*限塑令	xiànsùlìng	플라스틱 규제 명령
□	宣告	xuāngào	동 선고하다
□	*严禁 6급	yánjìn	동 엄격하게 금지하다, 엄금하다
□	依据 6급	yījù	개 ~에 따르면, ~에 의하면
□	抓住	zhuāzhù	동 체포하다, 붙잡다
□	注重 6급	zhùzhòng	동 중시하다
□	遵纪守法	zūnjìshǒufǎ	성 법을 준수하다

알고 가면 시험이 쉬워지는 <중국 문화와 역사>

플라스틱은 이제 그만! *限塑令(xiànsùlìng)

환경 오염의 주범인 *塑料(sùliào)! 중국 政府(zhèngfǔ)에서도 플라스틱의 생산과 소비를 줄이기 위해 다양한 제도를 제정하고 있는데요, 대표적인 규제 중 하나가 바로 限塑令입니다. 限塑令은 말 그대로 '플라스틱을 限制(xiànzhì)하는 명령'이라는 의미를 가지고 있어요.

限塑令은 전국적으로 두께가 0.025mm 이하인 비닐봉지의 생산 소비를 금지하고, 모든 슈퍼마켓, 시장 등의 상품 판매처에서 비닐봉지를 무료로 제공하는 것을 *严禁(yánjìn)하고 있어요. 만약 이를 违反(wéifǎn)할 시에는 一律(yílǜ)적으로 처벌을 받게 된답니다.

플라스틱을 줄이기 위한 노력, 모두가 함께 동참하는 세상이 되길 바랍니다.

政府 zhèngfǔ 명 정부 **限制** xiànzhì 동 제한하다, 규제하다 명 제한 **违反** wéifǎn 동 위반하다
一律 yílǜ 부 예외 없이 형 일률적이다

DAY

30

HSK5급 단어장

함께하는 세상

국가 · 사회

주제를 알면 HSK가 보인다!

HSK 5급에서는 한 국가의 풍습이나 사회 단체와 관련된 내용이 자주 출제돼요. 따라서 '광범위하다', '개방하다', '지속하다', '인류', '관념'처럼 국가·사회 관련 단어들을 학습하면 이러한 문제를 쉽게 풀 수 있어요.

단어, 예문 MP3

지구촌 대잔치

이제는 지구촌 시대니까
人类가 하나라는 观念을 가져야 해!
이제는 지구촌 시대
그렇지. 서로의 문화를 开放하고, 국가간의 벽도 허물고...

맞아. 广泛하게 교류를 持续해 나가면서 하나가 되려는 마음을 가져야 해!
됐고, 배고픈데 글로벌하게 스테이크 좀 사줘~

그래!! 우리 지구촌 시대를 경험할 수 있는 최적의 장소로 가자!
오오!

지구촌 분식집
한식 - 김밥 2000
양식 - 돈가스 7000
중식 - 짬뽕 6000
일식 - 우동 5000

04 **人类** rénlèi 명 인류

02 **开放** kāifàng 동 개방하다 형 개방적이다

03 **持续** chíxù 동 지속하다

05 **观念** guānniàn 명 관념, 생각

01 **广泛** guǎngfàn 형 광범위하다, 폭넓다

01 **广泛** ★★★
guǎngfàn

형 **광범위하다, 폭넓다**

(술어)
最近制定的法律规定得到了人们的广泛关注。
Zuìjìn zhìdìng de fǎlǜ guīdìng dédàole rénmen de guǎngfàn guānzhù.
최근 제정된 법률 규정은 사람들의 광범위한 관심을 받았다.

制定 zhìdìng 동 제정하다, 만들다 **法律** fǎlǜ 명 법률
规定 guīdìng 명 규정 동 규정하다 **关注** guānzhù 동 관심을 가지다

02 **开放** ★★★
kāifàng

반의어
关闭 guānbì
동 닫다

동 **개방하다** 형 **개방적이다**

对外开放对国家的经济发展起到正面和负面影响。
Duìwài kāifàng duì guójiā de jīngjì fāzhǎn qǐdào zhèngmiàn hé fùmiàn yǐngxiǎng.
대외 개방은 국가의 경제 발전에 긍정적인 영향과 부정적인 영향을 끼친다.

现在很多年轻人思想很开放。
Xiànzài hěn duō niánqīngrén sīxiǎng hěn kāifàng.
현재 많은 젊은이들의 생각은 개방적이다.

发展 fāzhǎn 동 발전하다 **正面** zhèngmiàn 명 긍정적인 면, 정면
负面 fùmiàn 명 부정적인 면, 나쁜 면 **思想** sīxiǎng 명 생각, 사상

03 **持续** ★★★
chíxù

동의어
继续 jìxù
동 계속하다

동 **지속하다**

我国政府通过各种尝试，寻找可持续发展的新方案。
Wǒguó zhèngfǔ tōngguò gè zhǒng chángshì, xúnzhǎo kě chíxù fāzhǎn de xīn fāng'àn.
우리나라 정부는 각종 시도들을 통하여, 지속 발전 가능한 새로운 방안을 찾는다.

政府 zhèngfǔ 명 정부 **尝试** chángshì 동 시도하다
寻找 xúnzhǎo 동 찾다 **方案** fāng'àn 명 방안, 방식

시험에 이렇게 나온다!

쓰기 **持续**는 쓰기 1부분에서 '**持续**(술어)+지속된 시간(목적어)'의 형태를 완성하는 문제의 제시어로 자주 출제된다.

这场地震持续了20秒左右。
Zhè chǎng dìzhèn chíxùle èrshí miǎo zuǒyòu.
이번 지진은 20초 정도 지속되었다.

★★★ = 출제율 최상 ★★ = 출제율 상

04 **人类** ★★★
rénlèi

명 **인류**

生产力的提高促进了人类社会的发展。
술어

Shēngchǎnlì de tígāo cùjìnle rénlèi shèhuì de fāzhǎn.
생산력의 향상은 인류 사회의 발전을 촉진시켰다.

生产力 shēngchǎnlì 명 생산력 **促进** cùjìn 동 촉진시키다, 촉진하다
发展 fāzhǎn 동 발전하다

05 **观念** ★★★
guānniàn

명 **관념, 생각**

互联网的普及转变了人们的消费观念。
Hùliánwǎng de pǔjí zhuǎnbiànle rénmen de xiāofèi guānniàn.
인터넷의 보급은 사람들의 소비 관념을 바꾸었다.

互联网 hùliánwǎng 명 인터넷 **普及** pǔjí 동 보급되다, 퍼지다
转变 zhuǎnbiàn 동 바꾸다, 바뀌다
消费 xiāofèi 동 소비하다

06 **欧洲** ★★★
Ōuzhōu

고유 **유럽**

欧洲由东欧、西欧、南欧、北欧、中欧组成。
Ōuzhōu yóu Dōng'Ōu、Xī'Ōu、Nán'Ōu、Běi'Ōu、Zhōng'Ōu zǔchéng.
유럽은 동유럽, 서유럽, 남유럽, 북유럽, 중앙유럽으로 구성된다.

组成 zǔchéng 동 구성하다, 조성하다

07 **捐** ★★★
juān

동 **기부하다, 바치다, 헌납하다**

他为了国家的发展捐出了很多私人财产。
Tā wèile guójiā de fāzhǎn juānchūle hěn duō sīrén cáichǎn.
그는 국가의 발전을 위하여 많은 개인 재산을 기부했다.

发展 fāzhǎn 동 발전하다 **私人** sīrén 명 개인
财产 cáichǎn 명 재산

시험에 이렇게 나온다!

짝꿍 표현 捐을 활용한 출제 표현을 알아 둔다.
捐款 juān kuǎn 돈을 기부하다

08 **地区** ★★★
dìqū

명 **지역**

即使属于同一个国家，不同地区有不同的风俗习惯。（술어: 有）
Jíshǐ shǔyú tóng yí ge guójiā, bùtóng dìqū yǒu bùtóng de fēngsú xíguàn.
비록 같은 나라에 속하더라도, 서로 다른 지역은 서로 다른 풍속 습관이 있다.

属于 shǔyú 동 ~에 속하다 **风俗** fēngsú 명 풍속

시험에 이렇게 나온다!

빡공표현 地区를 활용한 다양한 출제 표현들을 알아 둔다.
高原地区 gāoyuán dìqū 고원 지역
沙漠地区 shāmò dìqū 사막 지역

09 **显示** ★★★
xiǎnshì

동 **드러내다, 나타내 보이다**

此次调查结果显示，今年的出生人口比去年下降了。
Cǐ cì diàochá jiéguǒ xiǎnshì, jīnnián de chūshēng rénkǒu bǐ qùnián xiàjiàng le.
이번 조사 결과에서 드러내기를, 올해의 출생 인구는 작년보다 줄어들었다고 한다.

调查 diàochá 동 조사하다 **人口** rénkǒu 명 인구
下降 xiàjiàng 동 줄어들다, 하강하다

시험에 이렇게 나온다!

빡공표현 显示을 활용한 다양한 출제 표현들을 알아 둔다.
调查显示 diàochá xiǎnshì 조사에서 드러내다
结果显示 jiéguǒ xiǎnshì 결과가 드러내다

10 **称** ★★
chēng

동 **부르다, 칭하다**

有些国家的最高领导人被称为总统。
Yǒuxiē guójiā de zuì gāo lǐngdǎorén bèi chēngwéi zǒngtǒng.
일부 국가의 최고 지도자는 대통령이라고 불린다.

领导人 lǐngdǎorén 명 지도자 **总统** zǒngtǒng 명 대통령

11 **某** ★★
mǒu

대 **어느, 아무, 어떤 사람**

술어

某个政府机构对城市居民住房满意度进行了调查。
Mǒu ge zhèngfǔ jīgòu duì chéngshì jūmín zhùfáng mǎnyìdù jìnxíngle diàochá.
어느 정부 기구에서는 도시 주민 주거 만족도에 대하여 조사를 진행했다.

政府 zhèngfǔ 명 정부 **机构** jīgòu 명 기구
居民 jūmín 명 주민 **住房** zhùfáng 명 주거, 주택
调查 diàochá 동 조사하다

12 **人口** ★★
rénkǒu

명 **인구**

中国的农业人口逐渐转移到城市。
Zhōngguó de nóngyè rénkǒu zhújiàn zhuǎnyí dào chéngshì.
중국의 농업 인구는 점점 도시로 이동한다.

农业 nóngyè 명 농업 **逐渐** zhújiàn 부 점점, 점차
转移 zhuǎnyí 동 이동하다, 옮기다

13 **分配** ★★
fēnpèi

동 **분배하다, 배급하다**

怎样判断一个国家的分配制度是否合理?
Zěnyàng pànduàn yí ge guójiā de fēnpèi zhìdù shìfǒu hélǐ?
한 국가의 분배 제도가 합리적인지 아닌지를 어떻게 판단할까?

判断 pànduàn 동 판단하다 명 판단 **制度** zhìdù 명 제도
是否 shìfǒu ~인지 아닌지 **合理** hélǐ 형 합리적이다

14 **现象** ★★
xiànxiàng

명 **현상**

这种现象体现了社会对科技发展的态度。
Zhè zhǒng xiànxiàng tǐxiànle shèhuì duì kējì fāzhǎn de tàidu.
이러한 현상은 과학 기술 발전에 대한 사회의 태도를 구체적으로 드러냈다.

体现 tǐxiàn 동 구체적으로 드러내다, 체현하다 **科技** kējì 명 과학 기술
发展 fāzhǎn 동 발전하다 **态度** tàidu 명 태도

알아두면 좋은 배경지식

중국에는 29岁现象(29세 현상)이란 말이 있는데 이는 30살을 곧 앞두고 아직 이루어 놓은 것이 많이 없어서 조급하게 눈앞의 이익만을 추구하게 되는 현상을 말한다.

29岁现象 èrshíjiǔ suì xiànxiàng 29세 현상

15 **公平** ★★
gōngpíng

형 공평하다

술어
我们应该致力于建设公平的社会。
Wǒmen yīnggāi zhìlì yú jiànshè gōngpíng de shèhuì.
우리는 공평한 사회를 건설하기 위해서 반드시 힘써야 한다.

致力 zhìlì 동 힘쓰다, 애쓰다 **建设** jiànshè 동 건설하다

16 **官** ★★
guān

명 관리, 공무원

国王把他叫进来并让他做了官。
Guówáng bǎ tā jiào jìnlai bìng ràng tā zuòle guān.
국왕은 그를 불러들여 그에게 관리가 되도록 했다.

国王 guówáng 명 국왕

17 **建设** ★★
jiànshè

반의어
破坏 pòhuài
동 파괴하다

동 건설하다

他为建设更美好的社会而贡献了一生。
Tā wèi jiànshè gèng měihǎo de shèhuì ér gòngxiànle yìshēng.
그는 더욱 아름다운 사회를 건설하기 위하여 일생을 공헌했다.

贡献 gòngxiàn 동 공헌하다

18 **联合** ★★
liánhé

형 연합의, 공동의 동 단결하다, 연합하다

联合国是一个由193个国家组成的国际组织。
Liánhéguó shì yí ge yóu yìbǎi jiǔshísān ge guójiā zǔchéng de guójì zǔzhī.
국제연합(UN)은 193개 국가로 구성된 국제 조직이다.

只有人们联合起来才能解决这些社会问题。
Zhǐyǒu rénmen liánhé qǐlai cái néng jiějué zhèxiē shèhuì wèntí.
사람들이 단결해야만 이러한 사회 문제를 비로소 해결할 수 있다.

联合国 Liánhéguó 고유 국제연합, UN(유엔)
组成 zǔchéng 동 구성하다, 조성하다 **国际** guójì 명 국제 형 국제적인
组织 zǔzhī 명 조직 동 조직하다

19 **提倡** ★★
tíchàng

㊍ **제창하다, 부르짖다**

越来越多的国家提倡减少污染、保护地球。 (술어)
Yuèláiyuè duō de guójiā tíchàng jiǎnshǎo wūrǎn、bǎohù dìqiú.
점점 더 많은 국가들이 오염을 줄이고, 지구를 보호하는 것을 제창한다.

保护 bǎohù ㊍ 보호하다 **地球** dìqiú ㊐ 지구

20 **移民** ★★
yímín

㊍ **이민하다** ㊐ **이민자**

他们全家人都移民到加拿大了。
Tāmen quánjiārén dōu yímín dào Jiānádà le.
그들 모든 집안 사람들은 모두 캐나다로 이민을 했다.

欧洲接收了很多非洲移民。
Ōuzhōu jiēshōule hěn duō Fēizhōu yímín.
유럽에서는 많은 아프리카 이민자들을 받아들였다.

加拿大 Jiānádà (고유) 캐나다 **欧洲** Ōuzhōu (고유) 유럽
接收 jiēshōu ㊍ 받아들이다 **非洲** Fēizhōu (고유) 아프리카

21 **老百姓** ★★
lǎobǎixìng

㊐ **국민, 일반인, 백성**

政府应该多倾听老百姓的心声。
Zhèngfǔ yīnggāi duō qīngtīng lǎobǎixìng de xīnshēng.
정부는 반드시 국민들의 마음의 소리를 많이 경청해야 한다.

政府 zhèngfǔ ㊐ 정부 **倾听** qīngtīng ㊍ 경청하다
心声 xīnshēng ㊐ 마음의 소리

22 **差距** ★★
chājù

㊐ **격차, 차이, 차**

各个地区的人口分布有很大的差距。
Gè ge dìqū de rénkǒu fēnbù yǒu hěn dà de chājù.
각 지역의 인구 분포는 큰 격차가 있다.

地区 dìqū ㊐ 지역 **人口** rénkǒu ㊐ 인구
分布 fēnbù ㊍ 분포하다

23 **概念** ★★
gàiniàn

명 **개념**

술어

人们开始对环境保护有了清晰的概念。
Rénmen kāishǐ duì huánjìng bǎohù yǒule qīngxī de gàiniàn.
사람들은 환경 보호에 대하여 명확한 개념이 생겨나기 시작했다.

保护 bǎohù 동 보호하다 **清晰** qīngxī 형 명확하다, 분명하다

24 **国王** ★★
guówáng

명 **국왕**

那个国王受到了老百姓的尊敬。
Nà ge guówáng shòudàole lǎobǎixìng de zūnjìng.
그 국왕은 백성들의 존경을 받았다.

老百姓 lǎobǎixìng 명 백성, 국민, 일반인
尊敬 zūnjìng 동 존경하다 형 존경할 만하다

25 **和平** ★★
hépíng

명 **평화** 형 **평화롭다**

每个国家都要为实现世界和平做出努力。
Měi ge guójiā dōu yào wèi shíxiàn shìjiè hépíng zuòchū nǔlì.
모든 국가는 세계 평화를 실현하기 위해서 노력을 해야 한다.

老百姓最大的愿望是过上和平的生活。
Lǎobǎixìng zuì dà de yuànwàng shì guòshang hépíng de shēnghuó.
국민들의 가장 큰 소망은 평화로운 생활을 보내는 것이다.

实现 shíxiàn 동 실현하다, 달성하다
老百姓 lǎobǎixìng 명 국민, 백성, 일반인 **愿望** yuànwàng 명 소망, 염원

26 **华裔** ★★
huáyì

명 **화교**

华裔出生在中国以外的国家，因此被称为海外华人。
Huáyì chūshēng zài Zhōngguó yǐwài de guójiā, yīncǐ bèi chēngwéi hǎiwài huárén.
화교는 중국 이외의 국가에서 태어나서, 이 때문에 해외 중국인이라고 불린다.

被称为 bèi chēngwéi ~라고 불리다 **华人** huárén 명 중국인, 중국계 사람

27 **军事** ★★

jūnshì

명 **군사**

술어

军事制度是一个国家的重要制度之一。

Jūnshì zhìdù shì yí ge guójiā de zhòngyào zhìdù zhī yī.

군사 제도는 한 국가의 중요한 제도 중 하나이다.

制度 zhìdù 명 제도

28 **平等** ★★

píngděng

형 **평등하다**

每个公民在法律面前都是平等的。

Měi ge gōngmín zài fǎlǜ miànqián dōu shì píngděng de.

모든 국민은 법률 앞에서 모두 평등하다.

公民 gōngmín 명 국민, 시민 **法律** fǎlǜ 명 법률

29 **私人** ★★

sīrén

명 **개인, 민간**

这座大厦本是私人所有，但是现在由政府来管理。

Zhè zuò dàshà běn shì sīrén suǒyǒu, dànshì xiànzài yóu zhèngfǔ lái guǎnlǐ.

이 빌딩은 원래 개인 소유물이지만, 현재는 정부에서 관리한다.

大厦 dàshà 명 빌딩 **所有** suǒyǒu 명 소유물 형 모든 동 소유하다
政府 zhèngfǔ 명 정부 **管理** guǎnlǐ 동 관리하다

30 **土地** ★★

tǔdì

명 **토지, 땅**

在中国，个人没有土地所有权。

Zài Zhōngguó, gèrén méiyǒu tǔdì suǒyǒuquán.

중국에서는, 개인은 토지 소유권이 없다.

个人 gèrén 명 개인 **所有权** suǒyǒuquán 명 소유권

31 **县** ★★

xiàn

명 **현[중국 행정 구획 단위의 하나]**

有几个县被国家选定为重点开发地区。

Yǒu jǐ ge xiàn bèi guójiā xuǎndìng wéi zhòngdiǎn kāifā dìqū.

몇 개의 현은 국가로부터 중점 개발 지역으로 선정되었다.

选定 xuǎndìng 동 선정하다 **重点** zhòngdiǎn 명 중점 부 중점적으로
开发 kāifā 동 개발하다 **地区** dìqū 명 지역

32 **爱护** ★★
àihù

동의어
爱惜 àixī
동 아끼다, 소중히 여기다

동 **소중히 하다, 아끼고 보호하다**

술어

我们应该爱护有限的自然资源。
Wǒmen yīnggāi àihù yǒuxiàn de zìrán zīyuán.
우리는 반드시 유한한 자연 자원을 소중히 해야 한다.

有限 yǒuxiàn 형 유한한, 한계가 있는　**资源** zīyuán 명 자원

시험에 이렇게 나온다!

유의어 **爱护 : 爱惜**(àixī, 아끼다)
爱护는 환경 혹은 공공 재산과 관련된 어휘와 함께 쓰인다.
爱护花草 àihù huācǎo 화초를 소중히 하다
爱护公物 àihù gōngwù 공공 기물을 보호하다
爱惜는 생명 혹은 신체와 관련된 어휘와 함께 쓰인다.
爱惜生命 àixī shēngmìng 생명을 아끼다
爱惜身体 àixī shēntǐ 몸을 아끼다

33 **措施** ★★
cuòshī

명 **조치, 대책**

政府应采取各项措施解决出生人口减少的问题。
Zhèngfǔ yīng cǎiqǔ gè xiàng cuòshī jiějué chūshēng rénkǒu jiǎnshǎo de wèntí.
정부는 다양한 조치를 취해서 출생 인구 감소 문제를 해결해야 한다.

政府 zhèngfǔ 명 정부　**采取** cǎiqǔ 동 취하다, 채택하다
项 xiàng 양 규칙이나 정책을 세는 데 쓰이는 단위　**人口** rénkǒu 명 인구

시험에 이렇게 나온다!

짝꿍표현 措施을 활용한 출제 표현을 알아 둔다.
采取措施 cǎiqǔ cuòshī 조치를 취하다

34 **利益**
lìyì

명 **이익, 이득**

这个计划照顾到了大多数老百姓的利益。
Zhè ge jìhuà zhàogù dàole dàduōshù lǎobǎixìng de lìyì.
이 계획은 대다수 국민들의 이익을 고려했다.

老百姓 lǎobǎixìng 명 국민, 백성, 일반인

21 22 23 24 25 26 27 28 29 DAY 30
해커스 HSK 5급 단어장

★★★ = 출제율 최상　★★ = 출제율 상

35 **岛屿**
dǎoyǔ

명 **섬**

술어

海南岛是位于中国南方的热带岛屿。
Hǎinán Dǎo shì wèiyú Zhōngguó nánfāng de rèdài dǎoyǔ.
하이난 섬은 중국 남방의 열대 섬에 위치한 곳이다.

海南岛 Hǎinán Dǎo 고유 하이난 섬(중국의 지명, 해남도)
位于 wèiyú 동 위치하다 **热带** rèdài 명 열대

36 **道德**
dàodé

명 **도덕, 윤리** 형 **도덕적이다**

社会的发展改变了人的道德标准。
Shèhuì de fāzhǎn gǎibiànle rén de dàodé biāozhǔn.
사회의 발전은 사람의 도덕 기준을 변화시켰다.

在公共场所乱扔垃圾是不道德的行为。
Zài gōnggòng chǎngsuǒ luàn rēng lājī shì bú dàodé de xíngwéi.
공공장소에서 마음대로 쓰레기를 버리는 것은 도덕적이지 않은 행위이다.

发展 fāzhǎn 동 발전하다 **改变** gǎibiàn 동 변하다, 바뀌다
标准 biāozhǔn 명 기준, 표준 형 표준적이다
公共场所 gōnggòng chǎngsuǒ 공공장소
扔垃圾 rēng lājī 쓰레기를 버리다 **行为** xíngwéi 명 행위

37 **改革**
gǎigé

동 **개혁하다**

改革开放以来，中国发生了很多变化。
Gǎigé kāifàng yǐlái, Zhōngguó fāshēngle hěn duō biànhuà.
개혁 개방 이래, 중국은 많은 변화가 발생했다.

开放 kāifàng 동 개방하다 형 개방적이다 **以来** yǐlái 명 이래, 동안

38 **阶段**
jiēduàn

명 **단계, 계단**

经济发展问题是我们国家现阶段的首要问题。
Jīngjì fāzhǎn wèntí shì wǒmen guójiā xiàn jiēduàn de shǒuyào wèntí.
경제 발전 문제는 우리나라 현 단계의 제일 중요한 문제이다.

发展 fāzhǎn 동 발전하다 **现阶段** xiàn jiēduàn 현 단계
首要 shǒuyào 형 제일 중요한 명 수뇌

39 枪
qiāng

명 총

买卖枪支是这个国家的法律所禁止的行为。
술어
Mǎimài qiāngzhī shì zhè ge guójiā de fǎlǜ suǒ jìnzhǐ de xíngwéi.
총기를 매매하는 것은 이 국가의 법률이 금지하는 행위이다.

枪支 qiāngzhī 명 총기, 총 **法律** fǎlǜ 명 법률
禁止 jìnzhǐ 동 금지하다 **行为** xíngwéi 명 행위

40 权力
quánlì

명 권력, 권한

即使是国家总统，也不应该乱用权力。
Jíshǐ shì guójiā zǒngtǒng, yě bù yīnggāi luàn yòng quánlì.
설령 국가의 대통령이라 하더라도, 권력을 제멋대로 사용해서는 안 된다.

即使 jíshǐ 접 설령 ~라 하더라도 **乱** luàn 부 제멋대로

잠깐 权力와 동일한 발음을 가진 权利(권리)와 헷갈리지 않도록 주의한다.

41 士兵
shìbīng

명 병사, 사병

士兵们为了国家安全而接受严格的军事训练 。
Shìbīngmen wèile guójiā ānquán ér jiēshòu yángé de jūnshì xùnliàn.
병사들은 국가 안전을 위하여 엄격한 군사 훈련을 받는다.

严格 yángé 형 엄격하다 **军事** jūnshì 명 군사
训练 xùnliàn 동 훈련하다

42 外交
wàijiāo

명 외교

他为我国外交事业做出了不少贡献。
Tā wèi wǒguó wàijiāo shìyè zuòchūle bù shǎo gòngxiàn.
그는 우리나라의 외교 사업을 위하여 적지 않은 공헌을 했다.

事业 shìyè 명 사업 **贡献** gòngxiàn 동 공헌하다

43 文明
wénmíng

명 문명 형 교양이 있다

这个艺术品标志着人类文明的发展。 (술어)

Zhè ge yìshùpǐn biāozhìzhe rénlèi wénmíng de fāzhǎn.

이 위대한 예술품은 인류 문명의 발전을 나타내고 있다.

随地扔垃圾是一种不文明的行为。

Suídì rēng lājī shì yì zhǒng bù wénmíng de xíngwéi.

아무 데나 쓰레기를 버리는 것은 교양이 없는 행위이다.

艺术品 yìshùpǐn 명 예술품 **标志** biāozhì 동 나타내다 명 표지, 상징
人类 rénlèi 명 인류 **发展** fāzhǎn 동 발전하다
随地 suídì 부 아무 데나 **扔垃圾** rēng lājī 쓰레기를 버리다
行为 xíngwéi 명 행위

44 战争
zhànzhēng

명 전쟁

我们永远不会忘记在战争中死去的战士们。

Wǒmen yǒngyuǎn bú huì wàngjì zài zhànzhēng zhōng sǐqù de zhànshìmen.

우리는 전쟁 중 죽어 간 전사들을 영원히 잊지 않을 것이다.

战士 zhànshì 명 전사, 병사

45 秩序
zhìxù

명 질서

每个社会成员都有遵守社会秩序的义务。

Měi ge shèhuì chéngyuán dōu yǒu zūnshǒu shèhuì zhìxù de yìwù.

모든 사회 구성원들은 사회 질서를 준수할 의무가 있다.

成员 chéngyuán 명 구성원 **遵守** zūnshǒu 동 준수하다, 지키다
义务 yìwù 명 의무

연습문제 **체크체크!**

제시된 각 단어의 뜻을 오른쪽 보기에서 찾아 줄을 그어 보세요.

01 差距	ⓐ 공평하다
02 开放	ⓑ 화교
03 文明	ⓒ 개방하다, 개방적이다
04 华裔	ⓓ 문명, 교양이 있다
05 公平	ⓔ 제창하다, 부르짖다
06 提倡	ⓕ 격차, 차이, 차

문장을 읽고 빈칸에 들어갈 단어를 찾아 적어 보세요.

ⓐ 持续　　ⓑ 措施　　ⓒ 外交　　ⓓ 爱护

07 这篇报道受到了国际社会的 ______ 关注。

08 有关部门应迅速采取有效 ______ 解决由地震引起的灾害。

09 他在 ______ 问题上发挥着出色的能力。

10 市民应该 ______ 身边的公共设施并合理地使用。

정답 : 01 ⓕ 02 ⓒ 03 ⓓ 04 ⓑ 05 ⓐ 06 ⓔ 07 ⓐ 08 ⓑ 09 ⓒ 10 ⓓ

* 07~10번 문제 해석은 해커스 중국어(china.Hackers.com)에서 무료로 제공합니다.

HSK 5급 시험에 나오는 고난도 어휘

☑ 잘 외워지지 않는 단어는 박스에 체크하여 복습하세요.

🎧 고난도 어휘 집중 암기_30.mp3

□ 城堡 6급	chéngbǎo	명 작은 성, 성보
□ 城乡	chéngxiāng	명 도시와 농촌
□ 大陆	dàlù	명 대륙
□ 打仗 6급	dǎzhàng	동 전쟁하다, 전투하다
□ 非洲	Fēizhōu	고유 아프리카
□ 负面	fùmiàn	명 부정적인 면, 나쁜 면
□ 革命 6급	gémìng	형 혁명적이다 명 혁명 동 혁명하다
□ 公民 6급	gōngmín	명 국민, 시민
□ 古希腊	GǔXīlà	고유 고대 그리스
□ 吉尼斯世界记录大全	Jínísī Shìjiè jìlù dàquán	고유 기네스 북
□ *90后	Jiǔlínghòu	고유 지우링허우(1990년 이후에 태어난 중국인 세대)
□ 联合国	Liánhéguó	고유 국제연합, UN
□ 贫穷	pínqióng	형 가난하다, 빈곤하다
□ 普及	pǔjí	동 보급되다, 퍼지다
□ 倾听 6급	qīngtīng	동 경청하다
□ 全球	quánqiú	명 전 세계
□ 群众 6급	qúnzhòng	명 군중, 대중
□ 瑞典	Ruìdiǎn	고유 스웨덴
□ 市民	shìmín	명 시민
□ *突变	tūbiàn	동 돌변하다, 격변하다

*표는 오른쪽 페이지의 <중국 문화와 역사>에 포함된 단어입니다.

□	乡村	xiāngcūn	명 농촌
□	相邻	xiānglín	동 서로 인접하다
□	小镇	xiǎozhèn	명 작은 마을
□	兴起	xīngqǐ	동 흥기하다, 세차게 일어나다
□	选定	xuǎndìng	동 선정하다
□	营造	yíngzào	동 조성하다, 세우다
□	致力 6급	zhìlì	동 힘쓰다, 애쓰다
□	中年人	zhōngniánrén	명 중년, 중년층
□	转移	zhuǎnyí	동 이동하다, 옮기다
□	*主力军	zhǔlìjūn	명 주력군

알고 가면 시험이 쉬워지는 중국 문화와 역사

중국을 이끌어 갈 *90后(Jiǔlínghòu)를 아시나요?

90后는 1990년 이후에 태어난 사회 구성원을 **称**(chēng)하는 용어에요. 90后는 중국의 경제가 비교적 안정된 후에 태어났고, 당시 중국의 산아제한 정책의 영향으로 대부분 형제가 없어 가족들의 사랑을 듬뿍 받고 자란 세대랍니다. 이렇다 보니 90后들은 성격이 비교적 **开放**(kāifàng)하고 자신의 미래에 대해서 낙관적인 태도를 가지고 있다고 합니다. 또한, 90后는 자신을 위한 소비에 아끼지 않는 것을 **提倡**(tíchàng) 하는 것이 큰 특징이라고 볼 수 있어요.

중국의 새로운 *主力军(zhǔlìjūn)인 90后! *突变(tūbiàn)하는 세상에서 이들이 이끌어 나갈 새로운 중국은 어떤 모습일까요?

称 chēng 동 부르다, 칭하다 **开放** kāifàng 동 개방하다 형 개방적이다 **提倡** tíchàng 동 제창하다

HSK 5급 미니 실전모의고사 3

듣기 MP3

[듣기] 미니 실전모의고사 3_01/02/03.mp3

1-2. 대화와 질문을 듣고 알맞은 보기를 선택하세요.

1. A 广告方案　B 办公室卫生　C 设备的质量　D 任务完成情况

2. A 进行招聘　B 讨论新项目　C 宣布新规定　D 参加商业会议

3-6. 대화와 단문 및 질문을 듣고 알맞은 보기를 선택하세요.

3. A 是个新员工　B 工作效率高　C 和经理关系好　D 喜欢向人请教

4. A 售票处　B 杂志社　C 博物馆　D 警察局

5. A 1届　B 2届　C 3届　D 4届

6. A 增加杭州人的收入　B 发展杭州的建设行业
C 改善杭州的交通设施　D 扩大杭州的工业规模

[독해]

7-9. 빈칸에 알맞은 답을 선택하세요.

7-9.

洛伦兹年轻时就对动物学研究很感兴趣，为此，他曾经养过一群小动物，从而方便自己对动物进行___⑦___。

1935年春天，洛伦兹偶然发现一只刚出生的小鸭总是跟着自己，经过反复的分析，他推测这是因为小鸭出生之后第一眼看见的是人，所以把人当做了它的母亲。接着，洛伦兹又通过进一步的实验证明了这一推测。洛伦兹根据这一发现总结出了“认母现象”，并提出了动物行为模式___⑧___。他认为大多数动物在生命的初级阶段，都会自然地形成一种行为模式，并且这种行为模式___⑨___形成就会极其难以改变。

7. A 控制　B 训练　C 观察　D 模仿

8. A 话题　B 理论　C 逻辑　D 结论

9. A 一旦　B 即使　C 虽然　D 只有

10. 지문과 일치하는 내용의 보기를 선택하세요.

10. 妈妈常带着我出去旅游，以前都是妈妈制定旅游方案，今年这个任务就落在我头上了。首先，我在网上查找了别人推荐的旅游目的地，选择了合适的路线，然后购买飞机票，根据网上的评价选择价格合理、环境舒适的宾馆。妈妈称赞我的安排非常完美。

A 妈妈指导我制定了计划

B 我从旅行社得到了建议

C 我的计划修改了很多遍

D 妈妈表扬我的计划完美

11-12. 지문을 읽고 질문에 알맞은 보기를 선택하세요.

11-12.

航天员在太空生活时，进餐一直都是个难点。失重会导致食物在空中漂浮，所以航天员早期只能靠被制成管状的食物补充营养和体力。

为了能让航天员和同伴们一起进餐沟通，缓解心理压力，太空站与航天器里一般会配置能吸住餐具的餐桌。为了避免飘在空中，航天员在吃饭前需要用安全带固定住自己。不光如此，还要注意吃饭动作的协调，因为手在失重的情况下会变得迟钝。

随着科技的发展，航天员们看起来乏味的太空生活也开始变得有意思了。餐具更加高级，食品种类更加丰富。现在的食品不光有肉类罐头，还有主食和冻干水果提供，营养和口感比以前更好。

11. 为了避免飘在空中，航天员在吃饭前：

A 用绳子系好饮食品　　B 用安全带固定身体

C 用特殊服装固定身体　　D 用管状食品补充营养

12. 科技的发展给太空生活带来了什么变化？

A 可以吃新鲜的果实　　B 不需要使用安全带

C 食品种类更加丰富了　　D 配置了许多新的设备

[쓰기]

13-14. 제시된 어휘를 순서에 맞게 배치하여 문장을 완성하세요.

13. 一律　　一年　　所有　　延长　　账户的使用期间

14. 参加培训　　我　　老板　　去北京　　派

정답 및 해석·해설 p.568

본 교재 동영상 강의·무료 학습자료 제공
china.Hackers.com

해커스 HSK5급 단어장

미니 실전모의고사

1 · 2 · 3

정답

해석

해설

정답 및 해석·해설

HSK 5급 미니 실전모의고사1 p.186

1 C　2 C　3 A　4 B　5 C　6 C　7 A　8 B　9 D　10 C　11 D　12 A

13 他们的关系始终没有得到改善。　　14 小张被吓得一直在发抖。

1

A 发烧了　B 着凉了 **C 过敏了**　D 失眠了	A 열이 나다 B 감기에 걸리다 **C 알레르기 반응을 보이다** D 불면증에 걸리다
女：你是不是感冒了？刚刚听你打了好几个喷嚏，没事吧？ 男：没事，就是对灰尘有点过敏。一会儿用点药水就好了。 问：关于男的，可以知道什么？	여: 너 감기 걸린 거 아니야? 방금 네가 재채기를 몇 번 한 것을 들었는데, 괜찮은 거지? 남: 괜찮아, 먼지에 약간 알레르기 반응을 보인 것 뿐이야. 이따가 물약을 좀 먹으면 나아질 거야. 질문: 남자에 관하여, 알 수 있는 것은?

해설 제시된 보기가 모두 사람의 상태·상황을 나타내므로, 대화를 들을 때 이와 관련된 내용을 주의 깊게 듣는다. 대화에서 여자가 감기에 걸렸냐고 묻자, 남자가 **就是对灰尘有点过敏**(먼지에 약간 알레르기 반응을 보인 것 뿐이야)이라고 답했다. 질문이 남자에 관하여 알 수 있는 것을 물었으므로, C **过敏了**(알레르기 반응을 보이다)를 정답으로 선택한다.

어휘 **着凉** zháoliáng ㊐ 감기에 걸리다　**过敏** guòmǐn ㊐ 알레르기 반응을 보이다 ㊔ 알레르기
失眠 shīmián ㊐ 불면증에 걸리다 ㊔ 불면증　**打喷嚏** dǎ pēntì ㊐ 재채기를 하다
灰尘 huīchén ㊔ 먼지　**药水** yàoshuǐ ㊔ 물약, 약물

2

A 晒太阳　B 去广场玩 **C 坐下来休息**　D 回家吃冰激凌	A 햇볕을 쬔다 B 광장에 가서 논다 **C 앉아서 휴식을 취한다** D 집에 가서 아이스크림을 먹는다
男：我得歇会儿，今天温度这么高，都快热晕了。 女：我们找个晒不到太阳的地方坐坐吧，等会到了人民广场去吃冰激凌怎么样？ 问：女的想要做什么？	남: 나는 좀 쉬어야겠어, 오늘 온도가 이렇게 높은데, 더워서 어지러울 지경이야. 여: 우리 태양이 쬐지 않는 곳에 가서 좀 앉자, 좀 이따가 인민광장에 가서 아이스크림을 먹는 것 어때? 질문: 여자는 무엇을 하고 싶은가?

해설 제시된 보기가 모두 사람의 행동을 나타내므로, 대화를 들을 때 화자나 제3자가 하고 있거나 하려는 행동과 관련된 내용을 주의 깊게 듣는다. 대화에서 남자가 오늘 더워서 쉬어야겠다고 하자, 여자가 **我们找个晒不到太阳的地方坐坐吧**(우리 태양이 쬐지 않는 곳에 가서 좀 앉자)라고 했다. 질문이 여자는 무엇을 하고

싶은지 물었으므로, C **坐下来休息**(앉아서 휴식을 취한다)를 정답으로 선택한다. 참고로, 대화에서 **吃冰激凌**(아이스크림을 먹다)을 듣고 D를 고르지 않도록 주의한다.

어휘 **晒** shài 동 햇볕을 쬐다, 햇볕에 말리다 **广场** guǎngchǎng 명 광장
冰激凌 bīngjīlíng 명 아이스크림 **歇** xiē 동 쉬다, 휴식하다 **温度** wēndù 명 온도
晕 yūn 형 어지럽다

3

A 女的现金不够 B 信用卡不能结账 C 这家店现在打五折 D 男的要替女的结账	**A 여자는 현금이 부족하다** B 신용카드는 계산이 안 된다 C 이 가게는 지금 50% 할인을 하고 있다 D 남자는 여자를 대신해서 결제하려고 한다
女：你好！帮我们结一下账吧。 男：您总共消费了300元，今天是国庆节有优惠，给您打八五折。 女：好的，谢谢！可以用信用卡付款吗？现金不够了。 男：当然可以，麻烦您跟我到柜台那边刷卡。 问：根据对话，可以知道什么？	여: 안녕하세요! 계산 좀 해 주세요. 남: 총 300위안 소비하셨습니다. 오늘은 국경절이라 혜택이 있으니, 15% 할인해 드리겠습니다. 여: 네, 감사합니다! 신용카드로 계산해도 될까요? 현금이 부족해서요. 남: 당연히 그래도 됩니다, 번거로우시겠지만 저와 함께 카운터 쪽으로 가서 카드로 결제해 주세요. 질문: 대화에 근거하여, 무엇을 알 수 있는가?

해설 제시된 보기가 모두 사람이나 특정 대상의 상태·상황을 나타내므로, 대화를 들을 때 이와 관련된 내용을 주의 깊게 듣는다. 대화에서 여자가 **可以用信用卡付款吗？现金不够了。**(신용카드로 계산해도 될까요? 현금이 부족해서요.)라고 하자, 남자가 그래도 된다고 말했다. 질문이 대화에 근거하여 무엇을 알 수 있는지 물었으므로, A **女的现金不够**(여자는 현금이 부족하다)를 정답으로 선택한다.

어휘 **现金** xiànjīn 명 현금 **结账** jiézhàng 동 계산하다 **替** tì 동 대신하다
总共 zǒnggòng 부 총, 전부 **消费** xiāofèi 동 소비하다 **国庆节** Guóqìngjié 고유 국경절
优惠 yōuhuì 형 혜택의, 우대의, 특혜의 **付款** fùkuǎn 동 계산하다, 돈을 지불하다
柜台 guìtái 명 카운터 **刷卡** shuākǎ 동 카드로 결제하다

정답 및 해석·해설

4	
A 医生快下班了 **B 排队的人很多** C 女的走路太慢 D 今天只工作半天	A 의사는 곧 퇴근한다 **B 줄을 선 사람들이 많다** C 여자는 걸음이 너무 느리다 D 오늘은 반나절만 일한다
男：我今天可能吃坏肚子了，请问挂号挂哪个科？ 女：应该挂内科，您最好动作快点儿。 男：为什么？今天你们只工作半天吗？ 女：内科今天排队的人相当多，如果着急的话，也可以先去看急诊。 问：女的为什么建议男的动作快点？	남: 저는 오늘 아마 배탈이 난 것 같아요, 어느 과로 접수하면 되나요? 여: 내과에 접수하셔야 하는데, 최대한 빨리 움직이셔야겠어요. 남: 왜요? 오늘 여러분들은 반나절만 일하시나요? 여: 오늘 내과에 줄을 선 사람들이 상당히 많아서요, 만약 급하시면, 먼저 응급 진료를 보셔도 됩니다. 질문: 여자는 왜 남자에게 빨리 움직이라고 제안했는가?

해설 제시된 보기가 모두 사람이나 특정 대상의 상태·상황을 나타내므로, 대화를 들을 때 이와 관련된 내용을 주의 깊게 듣는다. 대화에서 남자가 내과에 접수하기 위해서 최대한 빨리 움직이라고 하는 이유가 반나절만 일해서 그런 것이냐고 묻자, 여자가 **内科今天排队的人相当多**(오늘 내과에 줄을 선 사람들이 상당히 많아서요)라고 답했다. 질문이 여자는 왜 남자에게 빨리 움직이라고 제안했는지를 물었으므로, **B 排队的人很多**(줄을 선 사람들이 많다)를 정답으로 선택한다.

어휘 **排队** páiduì 동 줄을 서다 **半天** bàntiān 명 반나절 **肚子** dùzi 명 배
挂号 guàhào 동 접수하다, 등록하다 **内科** nèikē 명 내과
动作 dòngzuò 동 움직이다 명 행동, 동작 **相当** xiāngdāng 부 상당히
急诊 jízhěn 명 응급 진료, 급진 동 응급 진료를 하다 **建议** jiànyì 동 제안하다 명 제안

5-6

5. A 早晨没有胃口 B 买早餐不方便 **C 早上没时间吃饭** D 没有吃早餐的习惯	5. A 아침에 입맛이 없다 B 아침밥을 사는 것이 불편하다 **C 아침에 밥 먹을 시간이 없다** D 아침밥을 먹는 습관이 없다
6. A 吃早餐能控制体重 B 不吃早餐有利于减肥 **C 合理吃早餐不会长胖** D 吃不吃早餐不影响体重	6. A 아침밥을 먹는 것은 체중을 조절할 수 있다 B 아침밥을 먹지 않는 것은 다이어트에 도움이 된다 **C 합리적으로 아침밥을 먹으면 살이 찌지 않는다** D 아침밥을 먹든 먹지 않든 체중에 영향을 주지 않는다

第5到6题是根据下面一段话：

吃不吃早餐是不少人发愁的问题。不吃早餐通常有两种原因：[5]一是早晨太匆忙，没有时间吃；二是希望通过不吃早餐来控制体重。目前已经有很多论文讨论过早餐对体重的影响。有的结论是“早餐与健康的体重有很强的相关性”，有的结论是“是否吃早餐对于体重没有明显影响”。不过，这些研究基本上都是流行病学调查，即使早餐和体重有“很强的相关性”也并不能说明“吃早餐有利于减肥”，但至少调查告诉我们：[6]合理地吃早餐，并不会让人长胖。对孩子而言，吃早餐对于学习能力、心理感受以及行为举止可能会有积极影响，而针对成人的调查也显示，吃早餐对于记忆力有帮助。

5. 问：人们不吃早餐可能是因为什么？
6. 问：关于早餐与体重，以下哪种说法是正确的？

5-6번 문제는 다음 내용에 근거한다.

아침밥을 먹고 안 먹고는 많은 사람들이 머리 아파하는 문제이다. 아침밥을 먹지 않은 것은 보통 2가지 원인이 있는데, [5]첫 번째는 아침에 너무 바빠서, 먹을 시간이 없는 것이고, 두 번째는 아침밥을 먹지 않는 것을 통해서 체중이 조절되기를 바라는 것이다. 현재 아침밥이 체중에 주는 영향에 대해 이미 많은 논문들에서 토론된 바 있다. 어떤 결론에서는 '아침밥과 건강한 체중은 연관성이 높다'라고 하고, 어떤 결론에서는 '아침밥을 먹든지 안 먹든지 체중에는 뚜렷한 영향이 없다'라고 한다. 그러나, 이런 연구는 대체로 역학조사여서, 설령 아침밥과 체중이 '높은 연관성'이 있다고 하더라도 '아침밥을 먹는 것이 다이어트에 유리하다'는 것을 증명할 수는 없지만, 적어도 조사에서는 우리에게 [6]합리적으로 아침밥을 먹으면, 결코 사람으로 하여금 살이 찌지 않게 한다는 것을 알려준다. 아이에게 있어서, 아침밥을 먹는 것은 학습 능력, 심리적 느낌 및 행동거지에 긍정적인 영향을 미칠 수 있으며, 성인에게 초점을 맞춘 조사에서도 아침밥을 먹는 것이 기억력에 도움이 된다고 나타내고 있다.

5. 질문: 사람들이 아침밥을 안 먹는 것은 무엇 때문일 수 있는가?
6. 질문: 아침밥과 체중에 관련하여, 아래 어떤 의견이 옳은가?

해설 **보기 읽기**

6번 보기가 모두 주장이나 의견을 나타내는 내용이므로, 논설문이 나올 것임을 예상할 수 있다. 따라서 특별히 단문의 처음과 끝부분을 주의 깊게 듣는다.

단문 듣기

단문 초반의 **一是早晨太匆忙，没有时间吃**(첫 번째는 아침에 너무 바빠서, 먹을 시간이 없는 것이고)을 듣고, 5번의 C **早上没时间吃饭**(아침에 밥 먹을 시간이 없다)에 체크해 둔다.

단문 후반의 **合理地吃早餐，并不会让人长胖**(합리적으로 아침밥을 먹으면, 결코 사람으로 하여금 살이 찌지 않게 한다)을 듣고, 6번의 C **合理吃早餐不会长胖**(합리적으로 아침밥을 먹으면 살이 찌지 않는다)에 체크해 둔다.

질문 듣고 정답 선택하기

5. 질문이 사람들이 아침밥을 안 먹는 것은 무엇 때문일 수 있는지 물었으므로, C를 정답으로 선택한다.
6. 질문이 아침밥과 체중에 관련하여, 어떤 의견이 옳은지 물었으므로, C를 정답으로 선택한다.

어휘 **早晨** zǎochén ⓜ 아침 **胃口** wèikǒu ⓜ 입맛 **早餐** zǎocān ⓜ 아침밥
控制 kòngzhì ⓢ 조절하다, 자제시키다, 통제하다 **体重** tǐzhòng ⓜ 체중, 몸무게 **有利** yǒulì ⓗ 유리하다
减肥 jiǎnféi ⓢ 다이어트 하다, 살을 빼다 **合理** hélǐ ⓗ 합리적이다, 도리에 맞다
长胖 zhǎngpàng ⓢ 살찌다 **发愁** fāchóu ⓢ 머리 아파하다, 걱정하다 **通常** tōngcháng ⓑ 보통, 평상시
匆忙 cōngmáng ⓗ 매우 바쁘다 **目前** mùqián ⓜ 현재 **论文** lùnwén ⓜ 논문
讨论 tǎolùn ⓢ 토론하다 **结论** jiélùn ⓜ 결론 **明显** míngxiǎn ⓗ 뚜렷하다, 명백하다

정답 및 해석·해설

不过 búguò 접 그러나 **研究** yánjiū 동 연구하다 **基本上** jīběnshang 부 대체로, 거의
流行病学 liúxíngbìngxué 역학 **调查** diàochá 동 조사하다 **即使** jíshǐ 접 설령 ~할지라도
相关 xiāngguān 동 상관이 있다 **说明** shuōmíng 동 설명하다, 증명하다 **至少** zhìshǎo 부 적어도, 최소한
能力 nénglì 명 능력 **心理** xīnlǐ 명 심리 **感受** gǎnshòu 명 체험, 느낌 동 느끼다, (영향을) 받다
以及 yǐjí 접 및, 그리고 **行为** xíngwéi 명 행동, 행위 **举止** jǔzhǐ 명 행동거지
积极 jījí 형 긍정적이다, 적극적이다 **针对** zhēnduì 동 초점을 맞추다, 겨누다
成人 chéngrén 명 성인, 어른 **显示** xiǎnshì 동 나타내다 **记忆力** jìyìlì 명 기억력

7-9

[7]寿命的明显<u>7. A 缩短</u>和过早死亡风险的增加，与人在成年时期的肥胖和超重密切相关。[8]肥胖和超重的<u>8. B 危害</u>程度与抽烟相似。**成年时期的肥胖可以作为预测老年时期死亡的参考因素。一般而言，青春期和青年期体重应略低于标准体重，**[9]中年和老年期应该<u>9. D 控制</u>体重，而且要维持体重的稳定。	[7]수명의 명백한 <u>A 단축</u>과 너무 빨리 사망하는 위험이 증가하는 것은, 성인 시기에 있는 사람의 비만 그리고 과체중과 밀접한 관련이 있다. [8]비만과 과체중의 <u>B 해로움</u> 정도는 흡연과 비슷하다. **성인 시기의 비만은 노년 시기의 사망을 예측하는 참고 요인으로 삼을 수 있다. 일반적으로, 사춘기와 청년기의 체중은 표준 체중보다 약간 낮아야 하며,** [9]중년과 노년기에는 마땅히 체중을 <u>D 조절</u>해야 하고, 체중의 안정을 유지해야 한다.

어휘 **寿命** shòumìng 명 수명 **明显** míngxiǎn 형 뚜렷하다, 확실하다 **缩短** suōduǎn 동 단축하다
过早 guòzǎo 형 너무 빠르다 **死亡** sǐwáng 동 사망하다 **风险** fēngxiǎn 명 위험
增加 zēngjiā 동 증가하다 **成年时期** chéngnián shíqī 성인 시기
肥胖 féipàng 형 비만하다, 뚱뚱하다 **密切** mìqiè 형 밀접하다
相关 xiāngguān 동 관련이 있다 **危害** wēihài 명 해로움, 위해, 손상 동 해를 끼치다
程度 chéngdù 명 정도 **抽烟** chōuyān 동 흡연하다 **相似** xiāngsì 형 비슷하다, 닮다
作为 zuòwéi 동 ~으로 삼다, ~으로 여기다 **预测** yùcè 동 예측하다 **参考** cānkǎo 동 참고하다
因素 yīnsù 명 요소 **青春期** qīngchūnqī 명 사춘기 **体重** tǐzhòng 명 체중
略 lüè 부 약간, 조금 **标准** biāozhǔn 명 표준 **控制** kòngzhì 동 조절하다,통제하다
维持 wéichí 동 유지하다 **稳定** wěndìng 형 안정되다

7

A 缩短	B 变化	**A 단축하다**	B 변화하다
C 延长	D 改善	C 연장하다	D 개선하다

해설 보기를 읽고 지문의 빈칸에 문맥상 어떤 동작 또는 행동을 나타내는 어휘가 필요할지를 파악한 후, 빈칸 주변을 읽는다. 빈칸이 있는 부분은 '수명의 명백한 ______ 과 너무 빨리 사망하는 위험이 증가하는 것은, 성인 시기에 있는 사람의 비만 그리고 과체중과 밀접한 관련이 있다.'라는 의미이므로, 문맥상 A **缩短**(단축하다)이 정답이다.

어휘 **缩短** suōduǎn 동 단축하다, 줄이다 **延长** yáncháng 동 연장하다, 늘이다
改善 gǎishàn 동 개선하다

8			
A 感受	**B 危害**	A 느낌	**B 해로움**
C 精神	D 事实	C 정신	D 사실

해설 보기를 읽고 지문의 빈칸에 문맥상 어떤 어휘가 필요할지를 파악한 후, 빈칸 주변을 읽는다. 빈칸이 있는 부분은 '비만과 과체중의 ______ 정도는 흡연과 비슷하다.'라는 의미이므로, 문맥상 B **危害**(해로움)가 정답이다.

어휘 **感受** gǎnshòu 명 느낌, 체험 동 (영향을) 받다, 느끼다
危害 wēihài 명 해로움, 위해, 손상 동 해를 끼치다 **精神** jīngshén 명 정신 **事实** shìshí 명 사실

9			
A 增加	B 对比	A 증가하다	B 대비하다
C 计算	**D 控制**	C 계산하다	**D 조절하다**

해설 보기를 읽고 지문의 빈칸에 문맥상 어떤 동작 또는 행동을 나타내는 어휘가 필요할지를 파악한 후, 빈칸 주변을 읽는다. 빈칸이 있는 부분은 '중년과 노년기는 마땅히 체중을 ______ 해야 하고, 체중의 안정을 유지해야 한다'라는 의미이므로, 빈칸에는 적절한 체중을 유지하기 위해 관리해야 한다는 뜻을 나타내는 어휘가 들어가야 한다. 따라서 D **控制**(조절하다)이 정답이다.

어휘 **增加** zēngjiā 동 증가하다 **对比** duìbǐ 동 대비하다 **计算** jìsuàn 동 계산하다
控制 kòngzhì 동 조절하다, 통제하다

10	
[C]睡眠不足会给健康带来许多伤害：思考能力会下降、[C]判断力会变弱、免疫功能会减弱等等。近年来，专家普遍认为[D]充足的睡眠、全面的营养和适当的运动是健康生活的三个最基本的条件。	[C]수면 부족은 건강에 많은 해를 끼칠 수 있는데, 사고능력이 저하되고, [C]판단력이 약해질 수 있으며, 면역 기능이 약화될 수 있는 것 등이 있다. 최근 몇 년간, 전문가들은 [D]충분한 수면, 전반적인 영양과 적절한 운동을 건강한 생활의 가장 기본적인 조건 3가지라고 보편적으로 여기고 있다.
A 睡眠不足的人非常多	A 수면이 부족한 사람은 매우 많다
B 睡眠和思考一样重要	B 수면과 사고하는 것은 똑같이 중요하다
C 睡眠不足会使判断力变弱	**C 수면 부족은 판단력을 약하게 한다**
D 睡眠对健康起了决定作用	D 수면은 건강에 결정적인 영향을 미친다

해설 지문의 앞부분을 읽으면 **睡眠不足**(수면 부족)와 관련된 논설문임을 알 수 있다. 따라서 이와 관련된 글쓴이의 주장을 정확히 파악하여 지문을 읽고, 오답 보기를 소거하거나 정답을 고른다.

지문의 앞부분에서 **睡眠不足 …… 判断力会变弱**(수면 부족은 …… 판단력이 약해질 수 있으며)라고 했으므로, C **睡眠不足会使判断力变弱**(수면 부족은 판단력을 약하게 한다)를 정답으로 선택한다. → C (O)

*C를 정답으로 선택한 후, 바로 다음 문제로 넘어가서 시간을 절약하세요.

그 다음 문장에서 **充足的睡眠、全面的营养和适当的运动是健康生活的三个最基本的条件**(충분한 수면,

정답 및 해석·해설

전반적인 영양과 적절한 운동을 건강한 생활의 가장 기본적인 조건 3가지)이라고 했으므로, D를 오답으로 소거한다. → D (X)

A, B는 지문에서 언급되지 않았으므로 오답이다. → A, B (X)

어휘 **睡眠** shuìmián 명 수면 **不足** bùzú 형 부족하다 동 (어떤 수에) 모자라다
伤害 shānghài 동 해치다 **思考** sīkǎo 동 사고하다, 깊이 생각하다 **判断力** pànduànlì 명 판단력
免疫 miǎnyì 동 면역이 되다 **功能** gōngnéng 명 기능 **专家** zhuānjiā 명 전문가
普遍 pǔbiàn 형 보편적이다 **充足** chōngzú 형 충분하다
全面 quánmiàn 형 전반적이다, 전면적이다 명 전체 **营养** yíngyǎng 명 영양
适当 shìdàng 형 적절하다 **基本** jīběn 형 기본의 부 대체로
作用 zuòyòng 명 영향, 작용 동 작용하다, 영향을 미치다

11-12

一位心理学家曾经把四段内容相似的采访视频放给即将要测试的对象。

成功人士的第一个采访对象自信满满，谈吐幽默。同为成功人士的第二个采访对象却因为紧张碰倒了桌上的咖啡，咖啡还洒在了主持人的裤子上。第三个采访对象十分普通，采访过程也平淡无奇。[11]同样普通的第四个采访对象，接受采访时不光出了很多次错，[11]还碰倒了咖啡。

心理学家让测试对象们在四个人中选出最喜欢和最讨厌的人。大多数人最讨厌的是第四个人。但令人意外的是，95%的人最喜欢的不是第一个而是第二个采访对象。这就是心理学中的"出丑效应"。[12]优秀完美的人犯下小错时，反而会得到信任。看不到任何缺点的人，却会让人产生距离感。因为在多数人眼里，不犯错误的人是几乎不存在的。

한 심리학자는 일찍이 내용이 서로 비슷한 인터뷰 동영상 네 개를 곧 테스트 할 대상들에게 보여 줬다.

성공한 사람인 첫 번째 인터뷰 대상은 자신만만하고, 말투와 태도가 유머러스했다. 동일하게 성공한 사람인 두 번째 인터뷰 대상은 도리어 긴장을 해서 탁자 위의 커피를 부딪쳐 쓰러트렸을 뿐만 아니라, 커피를 사회자의 청바지에 쏟았다. 세 번째 인터뷰 대상은 매우 평범하여, 인터뷰 과정 또한 사람을 매료시키는 점 없이 평범했다. [11]동일하게 평범한 네 번째 인터뷰 대상은, 인터뷰를 받을 때 많은 실수를 했을 뿐만 아니라, [11]커피도 건드려 쓰러트렸다.

심리학자는 실험 대상들에게 네 사람 중 가장 좋은 사람과 가장 싫은 사람을 선택하게 했다. 대다수의 사람들이 가장 싫어하는 사람은 네 번째 사람이었다. 하지만 의외인 것은, 95%의 사람들이 가장 좋아하는 사람은 첫 번째가 아니라 두 번째 인터뷰 대상이었던 것이다. 이것이 바로 심리학에서의 '실수 효과'이다. [12]우수하고 완벽한 사람이 작은 실수를 범했을 때, 도리어 신임을 얻을 수 있다. 어떠한 단점도 보이지 않는 사람은, 도리어 사람으로 하여금 거리감이 생기게 한다. 왜냐하면 많은 사람들의 눈에는, 실수를 범하지 않는 사람은 거의 존재하지 않기 때문이다.

어휘 **心理学家** xīnlǐxuéjiā 심리학자 **曾经** céngjīng 부 일찍이 **内容** nèiróng 명 내용
相似 xiāngsì 형 서로 비슷하다 **采访** cǎifǎng 동 인터뷰하다, 취재하다
视频 shìpín 명 동영상 **即将** jíjiāng 부 곧, 머지않아 **测试** cèshì 동 테스트하다, 측정하다
对象 duìxiàng 명 대상 **成功** chénggōng 동 성공하다 **人士** rénshì 명 인사
自信 zìxìn 동 자신하다 **谈吐** tántǔ 명 말투와 태도 **幽默** yōumò 형 유머러스하다
却 què 부 도리어 **碰** pèng 동 부딪치다 **倒** dǎo 동 쓰러지다, 넘어지다 **洒** sǎ 동 엎지르다, 뿌리다
主持人 zhǔchírén 명 사회자, 진행자 **十分** shífēn 부 매우, 굉장히 **过程** guòchéng 명 과정
平淡无奇 píngdànwúqí 성 사람을 매료시키는 점 없이 평범하다 **不光** bùguāng 접 ~뿐 아니라

错 cuò 명 잘못 **讨厌** tǎoyàn 형 싫다, 밉살스럽다 **意外** yìwài 형 의외이다
心理学 xīnlǐxué 명 심리학
出丑效应 Chūchǒu Xiàoyìng 실수효과(허점이나 실수가 매력을 증진시키는 효과)
优秀 yōuxiù 형 우수하다 **完美** wánměi 형 완벽하다, 결함이 없다
反而 fǎn'ér 부 도리어, 오히려 **信任** xìnrèn 명 신임 동 신임하다
任何 rènhé 대 어떠한, 어느 **缺点** quēdiǎn 명 단점, 결함 **产生** chǎnshēng 동 생기다
距离感 jùlígǎn 거리감 **存在** cúnzài 동 존재하다

11 根据第二段，下列哪项正确?	두 번째 단락에 근거하여, 다음 중 옳은 것은?
A 第一个采访对象十分普通	A 첫 번째 인터뷰 대상은 매우 평범하다
B 第二个采访对象说话幽默	B 두 번째 인터뷰 대상은 말하는 것이 유머러스하다
C 第三个采访对象是著名人物	C 세 번째 인터뷰 대상은 저명한 인물이다
D 第四个采访对像碰倒了咖啡	**D 네 번째 인터뷰 대상은 커피를 건드려 쓰러트렸다**

해설 질문에 특별한 핵심어구가 없으므로, 보기 A의 **十分普通**(매우 평범하다), B의 **说话幽默**(말하는 것이 유머러스하다), C의 **是著名人物**(저명한 인물이다), D의 **碰倒了咖啡**(커피를 건드려 쓰러트렸다)를 핵심어구로 체크해 둔다. 지문에서 **同样普通的第四个采访对象，…… 还碰倒了咖啡**(동일하게 평범한 네 번째 인터뷰 대상은, …… 커피도 건드려 쓰러트렸다)라고 했으므로, D **第四个采访对象碰倒了咖啡**(네 번째 인터뷰 대상은 커피를 건드려 쓰러트렸다)를 정답으로 선택한다.

어휘 **采访** cǎifǎng 동 인터뷰하다 **对象** duìxiàng 명 대상 **十分** shífēn 부 매우, 충분히
幽默 yōumò 형 유머러스하다 **著名** zhùmíng 형 저명하다, 유명하다 **人物** rénwù 명 인물
碰 pèng 동 부딪치다

12 优秀完美的人犯下小错时，会让人:	우수하고 완벽한 사람이 작은 실수를 범했을 때, 사람으로 하여금 :
A 觉得可靠	**A 믿을 만하다고 느끼게 한다**
B 愿意帮助	B 도와주고 싶게 만든다
C 产生距离感	C 거리감이 생기게 한다
D 忍不住批评	D 참지 못하고 비판하게 한다

해설 질문의 **优秀完美的人犯下小错时，会让人**(우수하고 완벽한 사람이 작은 실수를 범했을 때, 사람으로 하여금)을 핵심어구로 체크하고 관련된 내용을 지문에서 찾는다. 지문에서 **优秀完美的人犯下小错时，反而会得到信任。**(우수하고 완벽한 사람이 작은 실수를 범했을 때, 도리어 신임을 얻을 수 있다.)이라고 했으므로, A **觉得可靠**(믿을 만하다고 느끼게 한다)를 정답으로 선택한다.

어휘 **优秀** yōuxiù 형 우수하다, 뛰어나다 **可靠** kěkào 형 믿을 만하다, 믿음직하다
产生 chǎnshēng 동 생기다 **距离感** jùlígǎn 거리감
忍不住 rěnbuzhù 동 참지 못하다, 참을 수 없다 **批评** pīpíng 동 비판하다

정답 및 해석·해설

13

他们的关系　得到改善 没有　始终	→	대사+的+명사 **他们的关系** 관형어+주어	부사 **始终** 부사어	부사 **没有** 부사어	동사+동사 **得到改善。** 술어+목적어

해석 그들의 관계는 언제나 개선을 거두지 못했다.

해설 **술어 배치하기**

제시된 어휘 중 유일하게 동사를 포함하고 있는 '동사+동사' 형태의 **得到改善**(개선을 거두다)을 술어 자리에 배치한다. 참고로, **得到改善**에서 **改善**은 목적어이다.

주어 배치하기

남은 어휘 중 유일하게 주어가 될 수 있는 '대사+的+명사' 형태의 **他们的关系**(그들의 관계)를 주어 자리에 배치한다.

문장 완성하기

남은 어휘인 부사 **始终**(언제나)과 부사 **没有**(~하지 못했다)를 **始终没有**(언제나 ~하지 못했다) 형태로 연결한 후, 술어 **得到** 앞에 부사어로 배치하여 문장을 완성한다. 참고로, 부사가 2개 이상일 때, 술어와 의미적으로 밀접한 부사가 술어 바로 앞에 온다는 것을 알아 둔다. 따라서 **他们的关系始终没有得到改善。**(그들의 관계는 언제나 개선을 거두지 못했다.)이 정답이다.

어휘 **改善** gǎishàn 동 개선하다　**始终** shǐzhōng 부 언제나, 한결같이 명 처음과 끝

14

被　一直 在发抖　吓得　小张	→	고유 **小张** 주어	被 **被** 被	동사+得 **吓得** 술어+得	부사　부사+동사 **一直　在发抖。** 정도보어

해석 샤오장은 계속 떨고 있을 정도로 놀랐다.

해설 **被~술어+기타성분 배치하기**

제시된 어휘에 **被**가 있으므로, **被**자문을 완성해야 한다. 제시된 어휘 중 '동사+得' 형태의 **吓得**(~할 정도로 놀라다)를 술어 자리에 바로 배치하고, 부사 **一直**(계속)과 '부사+동사' 형태의 **在发抖**(떨고 있다)를 **一直在发抖**(계속 떨고 있다) 형태로 연결한 후 술어 **吓得** 뒤 보어 자리에 배치한다. 그리고 **被**를 술어 **吓得** 앞 자리에 배치한다.

주어 배치하기

남은 어휘인 **小张**(샤오장)을 주어 자리에 배치하여 문장을 완성한다. 따라서 **小张被吓得一直在发抖。**(샤오장은 계속 떨고 있을 정도로 놀랐다.)가 정답이다.

어휘 **发抖** fādǒu 동 떨다, 떨리다　**吓** xià 동 놀라다, 놀라게 하다

HSK 5급 미니 실전모의고사2

p.370

1 B　2 D　3 A　4 A　5 D　6 D　7 C　8 B　9 A　10 C　11 A　12 D

13 那家俱乐部位于广场附近。　14 天空中飘着颜色鲜艳的气球。

1

A 海关　**B 报社** C 实验室　D 展览馆	A 세관　**B 신문사** C 실험실　D 전시관
女：欢迎您，王编辑！我们早就盼望您来了，有您的加入，我们的报纸会越办越好的。 男：谢谢！以后还请您多指导。 问：他们现在可能在哪里？	여: 환영합니다, 왕 편집자님! 우리는 당신이 오기를 일찌감치 간절히 바라고 있었습니다. 당신의 참여로, 우리의 신문은 갈수록 더 좋아질 것입니다. 남: 감사합니다! 앞으로 많이 지도해 주세요. 질문: 그들은 지금 아마 어디에 있는가?

해설 제시된 보기가 모두 장소를 나타내므로, 대화를 들을 때 화자나 제3자가 있는 장소, 또는 가려고 하는 장소가 어디인지를 주의 깊게 듣는다. 대화에서 여자가 **欢迎您，王编辑！**(환영합니다, 왕 편집자님!)라고 하면서, **我们的报纸会越办越好的**(우리의 신문은 갈수록 더 좋아질 것입니다)라고 말했다. 질문이 그들은 지금 아마 어디에 있는지 물었으므로, **编辑**(편집자), **报纸**(신문)을 통해 유추할 수 있는 **B 报社**(신문사)를 정답으로 선택한다.

어휘 **海关** hǎiguān 명 세관　**报社** bàoshè 명 신문사　**实验室** shíyànshì 명 실험실
展览馆 zhǎnlǎnguǎn 명 전시관　**编辑** biānjí 명 편집자 동 편집하다
早就 zǎojiù 부 일찌감치, 진작　**盼望** pànwàng 동 간절히 바라다, 희망하다
加入 jiārù 동 참여하다, 가입하다　**指导** zhǐdǎo 동 지도하다

2

A 丰富主题　B 补充内容 C 注意结构　**D 先写提纲**	A 주제를 풍부하게 한다 B 내용을 보충한다 C 구성에 주의한다 **D 개요를 우선 작성한다**
男：老师，这种类型的作文，我总是把握不好结构。您有什么建议？ 女：在写作之前，一定要先根据题目把提纲列出来，这样，文章的结构才不会乱。 问：女的建议男的做什么？	남: 선생님, 이런 유형의 작문은, 제가 늘 구조를 파악하는 것이 잘 안 됩니다. 선생님께서는 어떤 제안이 있으신가요? 여: 글을 짓기 전에, 제목에 따라서 필히 개요를 먼저 나열해야 하는데, 이렇게 하면, 글의 구조가 어지럽지 않을 거예요. 질문: 여자는 남자에게 무엇을 할 것을 제안했는가?

해설 제시된 보기가 모두 행동을 나타내므로, 대화를 들을 때 화자 또는 제3자가 하고 있거나 하려는 행동과 관련된 내용을 주의 깊게 듣는다. 대화에서 남자가 여자에게 이런 유형의 작문은 구조를 파악하는 것이

잘 안 된다며 어떤 제안이 있느냐고 묻자, 여자가 **一定要先根据题目把提纲列出来**(제목에 따라서 필히 개요를 먼저 나열해야 하는데)라고 답했다. 질문이 여자는 남자에게 무엇을 할 것을 제안했는지 물었으므로, D **先写提纲**(개요를 우선 작성한다)을 정답으로 선택한다.

어휘 **丰富** fēngfù 형 풍부하다, 많다 **主题** zhǔtí 명 주제 **补充** bǔchōng 동 보충하다, 추가하다
内容 nèiróng 명 내용 **结构** jiégòu 명 구성 동 짜다 **提纲** tígāng 명 개요, 요점
类型 lèixíng 명 유형, 장르 **作文** zuòwén 명 작문 동 작문하다
把握 bǎwò 동 (추상적인 사물을) 파악하다 **结构** jiégòu 명 구조, 구성
建议 jiànyì 명 제안 동 제안하다 **写作** xiězuò 동 글을 짓다 **题目** tímù 명 문제
文章 wénzhāng 명 글, 문장

3

A 意外　B 欣赏 C 赞美　D 自豪	A 의외이다　B 좋아하다 C 찬미하다　D 자랑스럽다
女：你听，外面好像打雷了。 男：还真是！哎，快看，闪电，看来要下一场大雨了。 女：快点把窗帘拉上吧，我从小看见闪电就害怕。 男：没想到你居然害怕闪电啊！ 问：男的是什么态度？	여: 들어 봐, 밖에 천둥이 치는 것 같아. 남: 진짜 그런 것 같아! 어, 빨리 봐, 번개가 번쩍여, 보아하니 한바탕 큰 비가 내릴 것 같아. 여: 얼른 커튼을 치자, 나는 어릴 때부터 번개를 보기만 해도 무서워했어. 남: 네가 뜻밖에도 번개를 무서워할 줄이야! 질문: 남자는 어떤 태도인가?

해설 제시된 보기가 모두 사람의 어투나 태도를 나타내므로, 대화를 들을 때 화자 또는 제3자의 어투·감정·태도가 어떤지를 주의 깊게 듣는다. 대화에서 여자가 **我从小看见闪电就害怕**(나는 어릴 때부터 번개를 보기만 해도 무서워했어)라고 하자, 남자가 **没想到你居然害怕闪电啊**(네가 뜻밖에도 번개를 무서워할 줄이야)라고 말했다. 질문이 남자는 어떤 태도인지 물었으므로, **居然没想到**(뜻밖에도 몰랐다)를 통해 유추할 수 있는 A **意外**(의외이다)를 정답으로 선택한다.

어휘 **意外** yìwài 형 의외의, 뜻밖의 명 의외의 사고, 뜻밖의 사고 **欣赏** xīnshǎng 동 좋아하다, 마음에 들다
赞美 zànměi 동 찬미하다, 칭찬하다 **自豪** zìháo 형 자랑스럽다 **雷** léi 명 천둥
哎 āi 감 어, 야[놀람·반가움 등을 나타냄] **闪电** shǎndiàn 동 번개가 번쩍이다 명 번개
窗帘 chuānglián 명 커튼 **居然** jūrán 부 뜻밖에도, 의외로 **态度** tàidu 명 태도

4

A 身体正在恢复 B 经常感到头晕 C 胃口受到影响 D 晚上睡得不好	A 몸이 회복되고 있다 B 종종 어지러움을 느낀다 C 입맛이 영향을 받는다 D 저녁에 잠을 잘 못 잤다

男：你姥姥最近怎么样？	남: 너희 외할머니는 최근에 어떠셔?
女：上个星期又犯病了。不过，多亏家里有人，不然后果不敢想象。	여: 지난주에 병이 재발하셨어. 하지만, 다행히 집에 사람이 있었어, 그렇지 않았으면 결과는 감히 상상도 못했을 거야.
男：这么严重啊！那她现在怎么样？	남: 이렇게 심각했었구나! 그러면 그녀는 현재 어떠시니?
女：恢复得挺好的，主要是她比较乐观，能吃能睡能笑的。	여: 회복이 아주 잘되고 계셔, 중요한 것은 그녀가 비교적 긍정적이셔서, 잘 드시고 잘 주무시고 잘 웃으셔.
问：姥姥现在怎么样？	질문: 외할머니는 지금 어떠한가?

해설 제시된 보기가 모두 사람의 상태·상황을 나타내므로, 대화를 들을 때 이와 관련된 내용을 주의 깊게 듣는다. 대화에서 남자가 현재 여자의 외할머니가 어떠신지 묻자, 여자가 **恢复得挺好的**(회복이 아주 잘되고 계셔)라고 했다. 질문이 외할머니는 지금 어떠한지 물었으므로, A **身体正在恢复**(몸이 회복되고 있다)를 정답으로 선택한다.

어휘 **恢复** huīfù 동 회복하다, 회복되다 **晕** yūn 형 어지럽다 **胃口** wèikǒu 명 식욕
姥姥 lǎolao 명 외할머니 **犯病** fànbìng 동 (병이) 재발하다, 도지다 **多亏** duōkuī 동 덕분이다, 덕택이다
不然 bùrán 접 그렇지 않으면 **后果** hòuguǒ 명 (주로 안 좋은) 결과, 뒷일 **想象** xiǎngxiàng 동 상상하다
严重 yánzhòng 형 심각하다 **乐观** lèguān 형 긍정적이다, 낙관적이다

5-6

5. A 尝尝有没有熟 B 感觉有点儿饿 C 饭的味道很香 **D 不想浪费粮食**	5. A 익었는지 안 익었는지 맛본다 B 조금 배고프다고 느낀다 C 밥 냄새가 좋다 **D 곡식을 낭비하고 싶지 않다**
6. A 不要轻易责备别人 B 要给别人解释的机会 C 跟学生多交流很重要 **D 看到的不一定都是事实**	6. A 타인을 함부로 꾸짖지 말아야 한다 B 타인에게 설명할 기회를 주어야 한다 C 학생과 소통하는 것은 매우 중요하다 **D 보이는 것이 반드시 다 사실은 아니다**

정답 및 해석·해설

第5到6题是根据下面一段话：	5-6번 문제는 다음 내용에 근거한다.
颜回是孔子最欣赏的学生，也是孔子最得意的学生。一天，颜回在厨房做饭，发现有灰尘掉进锅里，就连忙用勺子把沾了灰尘的饭弄出来，要把它倒掉，但是一想到，[5]每一颗米都应该珍惜，就把那勺饭吃了。这个情景正好被走进厨房的孔子看到了，孔子以为颜回在偷吃，就把颜回责备了一顿。经过解释，孔子才了解到事实。孔子说：按道理说，应该相信自己眼睛看到的事情，但[6]即使亲眼看到的也不一定是真的，何况听说的事情呢？	안회는 공자가 가장 좋아하는 학생이고, 또 공자가 가장 마음에 들어 하는 학생이다. 어느 날, 안회가 주방에서 밥을 하는데, 먼지가 솥 안에 들어간 것을 발견하고, 재빨리 숟가락으로 먼지가 묻은 밥을 꺼내서, 그것을 쏟아 버리려고 했지만, [5]쌀 한 알도 모두 소중히 여겨야 한다는 것을 생각하고, 그 숟가락의 밥을 먹었다. 이 장면은 마침 주방에 들어오는 공자에게 보여졌는데, 공자는 안회가 훔쳐 먹고 있다고 생각해, 안회를 한바탕 꾸짖었다. 해명을 통해서, 공자는 그제서야 사실을 알았다. 공자가 말했다. "이치대로 말하면, 자신의 눈이 본 일을 믿어야 하는 것이 마땅하지만, 그러나 [6]설령 직접 본 것도 꼭 사실이 아니라면, 하물며 들은 얘기는 어떻겠는가?"
5.问：颜回吃那勺饭的真正原因是什么？ 6.问：文章主要想告诉我们什么？	5. 질문: 안회가 그 국자의 밥을 먹은 진짜 이유는 무엇인가? 6. 질문: 문장이 우리에게 주로 말하고자 하는 것은 무엇인가?

해설 **보기 읽기**

6번의 보기가 모두 주장이나 의견을 나타내는 내용이므로, 논설문이 나올 것임을 예상할 수 있다. 따라서 특별히 단문의 처음과 끝부분을 주의 깊게 듣는다.

단문 듣기

단문 중반의 **每一颗米都应该珍惜，就把那勺饭吃了**(쌀 한 알도 모두 소중히 여겨야 한다는 것을 생각하고, 그 숟가락의 밥을 먹었다)를 듣고, 5번의 D **不想浪费粮食**(곡식을 낭비하고 싶지 않다)에 체크해 둔다.
단문 후반의 **即使亲眼看到的也不一定是真的**(설령 직접 본 것도 꼭 사실이 아니라면)를 듣고, 6번의 D **看到的不一定都是事实**(보이는 것이 반드시 다 사실은 아니다)에 체크해 둔다.

질문 듣고 정답 선택하기

5. 질문이 안회가 그 국자의 밥을 먹은 진짜 이유는 무엇인지 물었으므로, D를 정답으로 선택한다.
6. 질문이 문장이 우리에게 주로 말하고자 하는 것은 무엇인지 물었으므로, D를 정답으로 선택한다.

어휘 **尝** cháng 동 맛보다 **熟** shú 형 익다 **味道** wèidao 명 냄새, 맛 **浪费** làngfèi 동 낭비하다
粮食 liángshi 명 곡식, 곡물 **轻易** qīngyì 부 함부로, 쉽사리 형 수월하다, 손쉽다
责备 zébèi 동 꾸짖다 **解释** jiěshì 동 설명하다 **交流** jiāoliú 동 소통하다, 교류하다
事实 shìshí 명 사실 **颜回** Yánhuí 고유 안회 **孔子** Kǒngzǐ 고유 공자
欣赏 xīnshǎng 동 좋아하다 **得意** déyì 형 마음에 들다 **厨房** chúfáng 명 주방, 부엌
灰尘 huīchén 명 먼지 **锅** guō 명 솥 **连忙** liánmáng 부 재빨리, 급히
勺子 sháozi 명 국자 **沾** zhān 동 묻다, 대다 **倒掉** dàodiào 동 쏟아 버리다
颗 kē 양 알 **珍惜** zhēnxī 동 소중히 하다, 아끼다 **情景** qíngjǐng 명 장면
正好 zhènghǎo 부 마침 **以为** yǐwéi 동 여기다, 생각하다 **偷吃** tōuchī 부 훔쳐 먹다
一顿 yídùn 한바탕 **解释** jiěshì 동 해명하다, 변명하다 **道理** dàolǐ 명 이치, 도리
即使 jíshǐ 접 설령 ~하더라도 **亲眼** qīnyǎn 부 직접, 제 눈으로 **何况** hékuàng 접 더군다나

7-9

在现代社会，演讲能力正变得越来越重要。[7]演讲其实是最传统、最直接的一种7. C 宣传方式。合适的话题是演讲成功的关键，[8]人们在选择话题时首先要考虑演讲的8. B 对象，对不同的人，演讲内容也是不一样的。此外，出色的演讲需准备充分。声音、表情、动作，这些都要经过反复练习。只有这样，[9]才能9. A 承受住面对人群的压力，哪怕发生了意外状况，也能大方地表现自己。	현대 사회에서, 연설 능력은 점점 중요해지고 있다. [7]연설은 사실 가장 전통적이고, 가장 직접적인 C 선전 방식이다. 적당한 화제는 연설 성공의 관건인데, [8]사람들이 화제를 선택할 때 가장 먼저 고려해야 하는 것은 연설의 B 대상이며, 각기 다른 사람들에 대하여, 강연 내용 또한 다르다. 이 밖에, 뛰어난 연설은, 준비가 충분해야 한다. 목소리, 표정, 동작, 이러한 것들은 모두 반복적인 연습을 거쳐야 한다. 이렇게 해야만, [9]비로소 사람들을 마주 보는 스트레스를 A 감당할 수 있으며, 설령 뜻밖의 상황이 발생하더라도, 대범하게 자신을 표현할 수 있다.

어휘 **演讲** yǎnjiǎng 동 연설하다, 강연하다 **能力** nénglì 명 능력
传统 chuántǒng 형 전통적이다 명 전통 **直接** zhíjiē 형 직접적인
宣传 xuānchuán 동 선전하다 **方式** fāngshì 명 방식 **合适** héshì 형 적당하다, 알맞다
话题 huàtí 명 화제 **关键** guānjiàn 명 관건 형 가장 중요한
首先 shǒuxiān 대 우선, 첫째로 **考虑** kǎolǜ 동 고려하다, 생각하다
对象 duìxiàng 명 대상, (연애·결혼의) 상대 **内容** nèiróng 명 내용 **此外** cǐwài 명 이 밖에
出色 chūsè 형 뛰어나다, 훌륭하다 **充分** chōngfèn 형 충분하다 부 충분히
表情 biǎoqíng 명 표정 **动作** dòngzuò 명 동작, 행동 동 움직이다
反复 fǎnfù 부 반복하여 **承受** chéngshòu 동 감당하다, 받아들이다
面对 miànduì 동 마주 보다, 직면하다 **人群** rénqún 명 사람들, 무리 **压力** yālì 명 스트레스
哪怕 nǎpà 접 설령 ~라 해도 **意外** yìwài 형 뜻밖의, 생각치 못한 **状况** zhuàngkuàng 명 상황
大方 dàfang 형 대범하다 **表现** biǎoxiàn 동 표현하다, 나타내다 명 활약, 태도

7

A 刺激	B 实践	A 자극하다	B 실천하다
C 宣传	D 培训	**C 선전하다**	D 양성하다

해설 보기를 읽고 지문의 빈칸에 어떤 어휘가 필요할지를 파악한 후, 빈칸 주변을 읽는다. 빈칸이 있는 부분은 '연설은 사실 가장 전통적이고, 가장 직접적인 ______ 방식이다'라는 의미이므로, 문맥상 C **宣传**(선전하다)이 정답이다.

어휘 **刺激** cìjī 동 자극하다 명 자극 **实践** shíjiàn 동 실천하다, 이행하다
宣传 xuānchuán 동 선전하다 **培训** péixùn 동 양성하다, 훈련하다

8

A 对方	**B 对象**	A 상대방	B 대상
C 双方	D 对手	C 양쪽	D 적수

해설 보기를 읽고 지문의 빈칸에 어떤 어휘가 필요할지를 파악한 후, 빈칸 주변을 읽는다. 빈칸이 있는 부분은 '사람들이 화제를 선택할 때 가장 먼저 고려해야 하는 것은 연설의 ______ 이며, 각기 다른 사람들에 대하여,

강연 내용 또한 다르다'라는 의미이므로, 빈칸에는 연설을 듣는 사람을 지칭하는 어휘가 들어가야 한다. 따라서 B **对象**(대상)이 정답이다.

어휘 **对方** duìfāng 명 상대방, 상대편 **对象** duìxiàng 명 대상, (연애·결혼의) 상대
双方 shuāngfāng 명 양쪽 **对手** duìshǒu 명 적수, 상대

9

A 承受	B 具备	**A 감당하다**	B 갖추다
C 体会	D 包括	C 체험하다	D 포함하다

해설 보기를 읽고 지문의 문맥상 어떤 동작 또는 행동을 나타내는 어휘가 필요할지를 파악한 후, 빈칸 주변을 읽는다. 빈칸이 있는 부분은 '비로소 사람들을 마주 보는 스트레스를 ______ (할) 수 있으며'라는 의미이므로, 빈칸에는 '**压力**(스트레스)'와 호응하는 어휘가 들어가야 한다. 따라서 A **承受**(감당하다)가 정답이다.

어휘 **承受** chéngshòu 동 감당하다, 받아들이다 **具备** jùbèi 동 갖추다
体会 tǐhuì 동 체험하여 느끼다 명 이해 **包括** bāokuò 동 포함하다, 포괄하다

10

《小王子》是一部儿童短篇小说，[D]描写了外星人小王子到地球后的各种经历，[C]从孩子的角度对缺乏想象力的成人世界进行了批判。**小说比较了世界的美与丑、好与坏，冷静地思考了人生，包含着浓厚的象征色彩，所以也吸引了很多成人读者。**

『어린 왕자』는 한 편의 아동 단편 소설인데, [D]외계인 어린 왕자가 지구에 도착한 후의 다양한 경험을 묘사하고 있으며, [C]아이의 관점에서 상상력이 부족한 어른의 세계를 비판했다. **소설은 세계의 아름다움과 추함, 좋음과 나쁨을 비교했고, 냉정하게 인생을 생각했으며, 짙은 상징적 색채를 포함하여, 많은 성인 독자들도 매료시켰다.**

A 小王子是一个爱冒险的人	A 어린 왕자는 모험을 좋아하는 사람이다
B 小说的读者都是少年儿童	B 소설의 독자는 모두 소년과 아동이다
C 小说是用孩子的眼睛看世界	**C 소설은 아이의 눈으로 세계를 본다**
D 小说描写了小王子的海洋之旅	D 소설은 어린 왕자의 바다 여행을 묘사했다

해설 지문의 앞부분을 읽으면 《小王子》(『어린 왕자』)에 대한 설명문임을 알 수 있다. 따라서 이와 관련하여 설명하는 대상의 세부 내용을 정확히 파악하여 지문을 읽고, 오답 보기를 소거하거나 정답을 고른다.

지문의 초반에서 **描写了外星人小王子到地球后的各种经历**(외계인 어린 왕자가 지구에 도착한 후의 다양한 경험을 묘사하고 있으며)라고 했는데, D는 **小说描写了小王子的海洋之旅**(소설은 어린 왕자의 바다 여행을 묘사했다)라고 했으므로, D를 오답으로 소거한다. → D (X)

그 다음 문장에서 **从孩子的角度对缺乏想象力的成人世界进行了批判**(아이의 관점에서 상상력이 부족한 어른의 세계를 비판했다)이라고 했으므로, C **小说是用孩子的眼睛看世界**(소설은 아이의 눈으로 세계를 본다)가 정답이다. → C (O)

*C를 정답으로 선택한 후, 바로 다음 문제로 넘어가서 시간을 절약하세요.

A, B는 지문에서 언급되지 않았으므로 오답이다. → A, B (X)

어휘 **儿童** értóng 명 어린이, 아동 **篇** piān 양 편, 장(문장, 종이 등을 세는 단위)
小说 xiǎoshuō 명 소설 **描写** miáoxiě 동 묘사하다 **外星人** wàixīngrén 명 외계인
地球 dìqiú 명 지구 **经历** jīnglì 명 경험 **角度** jiǎodù 명 각도 **缺乏** quēfá 동 부족하다, 결핍되다
想象力 xiǎngxiànglì 명 상상력 **成人** chéngrén 명 어른, 성인 **批判** pīpàn 동 비판하다
丑 chǒu 형 추하다, 못생기다 **冷静** lěngjìng 형 침착하다, 냉정하다 **思考** sīkǎo 동 사고하다, 깊이 생각하다
包含 bāohán 동 포함하다 **浓厚** nónghòu 형 짙다, 농후하다 **象征** xiàngzhēng 동 상징하다
色彩 sècǎi 명 색채, 빛깔 **吸引** xīyǐn 동 매료시키다, 빨아들이다 **冒险** màoxiǎn 동 모험하다
少年 shàonián 명 소년 **海洋** hǎiyáng 명 바다, 해양

11-12

[11]穿衣指数由风速、温度、湿度等不同因素决定，它可以提醒人们根据温度变化来改变着装。生活在四季明显的国家时，必须要重视穿衣指数，不然很难避开感冒等疾病。而婴幼儿及老年人的监护人更要深入了解它，这样才能在外出时做好防护措施。

穿衣指数通常分为8个等级，指数越大，衣服越厚。[12]夏季的穿衣指数一般为1-2级，衣服厚度不到4毫米，主要是裙子，衬衫，短裤等类型。[12]冬季的穿衣指数为6-8级，衣服厚度都在15毫米以上，主要是大衣，卫衣等类型。[12]春秋季的穿衣指数为3-5级，衣服厚度在4-15毫米之间，衣服类型很多。因此春秋也是最时髦的季节，街上的行人穿着打扮各不相同。

总而言之，穿衣指数既可以让我们保暖舒适，又可以让我们在不同的季节里拥有自己的时尚。

[11]착의지수는 풍속, 온도, 습도 등 다른 구성 요소로 결정되며, 사람들에게 온도 변화에 근거해 복장을 착용할 수 있도록 주의를 준다. 사계절이 명확한 국가에서 생활할 때, 반드시 착의지수를 중시해야 하는데, 그렇지 않으면 감기와 같은 질병을 피하기 어렵다. 그리고 영유아와 노인의 보호자는 더욱 이를 철저히 이해하고 있어야 하는데, 이렇게 해야만 외출 시 보호 대책을 잘 할 수 있다.

착의지수는 통상적으로 8개의 등급으로 나누어지며, 지수가 클수록, 옷이 두꺼워진다. [12]여름철의 착의지수는 일반적으로 1~2급이며, 옷의 두께는 4밀리미터가 되지 않는데, 주로 치마, 셔츠, 반바지 등의 유형이 있다. [12]겨울철의 착의지수는 6~8급이며, 옷의 두께는 15밀리미터 이상으로, 주로 외투, 후드 티셔츠 등의 유형이 있다. [12]봄가을철의 착의지수는 3~5급이며, 옷의 두께는 4~15밀리미터 사이로, 옷의 유형이 다양하다. 그러므로 봄가을은 가장 스타일리시한 계절이기도 하며, 거리의 행인의 차림새는 모두 다르다.

요컨대, 착의지수는 우리로 하여금 따뜻하고 쾌적하게 하며, 또 우리로 하여금 다양한 계절에 자신만의 패션을 가질 수 있도록 한다.

어휘 **穿衣指数** chuānyī zhǐshù 착의지수 **风速** fēngsù 명 풍속 **温度** wēndù 명 온도 **湿度** shīdù 명 습도
因素 yīnsù 명 구성 요소 **提醒** tíxǐng 동 주의를 주다, 일깨우다 **改变** gǎibiàn 동 바꾸다, 바뀌다
着装 zhuózhuāng 명 복장, 옷차림 **四季** sìjì 명 사계절 **明显** míngxiǎn 형 뚜렷하다
重视 zhòngshì 동 중시하다 **不然** bùrán 접 그렇지 않으면 **避开** bìkāi 동 피하다, 비키다
疾病 jíbìng 명 질병 **婴幼儿** yīngyòu'ér 명 영유아 **监护人** jiānhùrén 명 보호자, 후견인
深入 shēnrù 형 깊다, 철저하다 동 깊이 파고들다 **防护** fánghù 동 보호하다, 막아서 지키다
措施 cuòshī 명 대책, 조치 **通常** tōngcháng 형 통상적인, 보통의 **等级** děngjí 명 등급
指数 zhǐshù 명 지수 **厚** hòu 형 두껍다 **夏季** xiàjì 명 여름 **毫米** háomǐ 명 밀리미터(mm)
冬季 dōngjì 명 겨울철, 동계 **厚度** hòudù 명 두께 **大衣** dàyī 명 외투 **卫衣** wèiyī 명 후드 티셔츠
类型 lèixíng 명 유형 **因此** yīncǐ 접 그러므로 **时髦** shímáo 형 스타일리시하다, 유행이다
季节 jìjié 명 계절 **穿着打扮** chuānzhuódǎbàn 옷, 장식 등의 차림새 **相同** xiāngtóng 형 서로 같다
总而言之 zǒng ér yán zhī 요컨대 **保暖** bǎonuǎn 동 따뜻하게 유지하다

정답 및 해석·해설

舒适 shūshì 형 쾌적하다, 편하다 **拥有** yōngyǒu 동 가지다, 보유하다 **时尚** shíshàng 명 패션, 유행

11	
关于穿衣指数，可以知道：	착의지수에 관하여, 알 수 있는 것은:
A 由各种因素来决定	**A 여러 가지 요소로 결정된다**
B 与时尚有关的指数	B 패션과 관련된 지수이다
C 用于确定衣服风格	C 옷의 스타일을 확인하는 데 사용한다
D 能判断出疾病种类	D 질병 종류를 판단할 수 있다

해설 질문의 **穿衣指数**(착의지수)를 핵심어구로 체크하고, 관련된 내용을 지문에서 찾아 지문의 내용과 일치하는 보기가 어떤 것인지 잘 살펴본다. 지문에서 **穿衣指数由风速、温度、湿度等不同因素决定**(착의지수는 풍속, 온도, 습도 등 다른 구성 요소로 결정되며)이라고 했으므로, A **由各种因素来决定**(여러 가지 요소로 결정된다)이 정답이다.

어휘 **穿衣指数** chuānyī zhǐshù 착의지수 **因素** yīnsù 명 요소, 조건
时尚 shíshàng 명 패션, 유행 **指数** zhǐshù 명 지수 **风格** fēnggé 명 스타일, 풍격
判断 pànduàn 동 판단하다 **疾病** jíbìng 명 질병 **种类** zhǒnglèi 명 종류

12	
根据第二段，下列哪项正确？	두 번째 단락에 근거하여, 다음 중 옳은 것은?
A 指数越大穿的衣服越薄	A 지수가 클수록 입는 옷도 얇아진다
B 冬季穿衣指数为三至五级	B 겨울철 착의지수는 3에서 5급이다
C 穿衣指数通常最高为六级	C 착의지수는 통상적으로 6급이 가장 높다
D 四季中夏季的穿衣指数最低	**D 사계절 중 여름철의 착의지수가 가장 낮다**

해설 질문에 특별한 핵심어구가 없으므로, A **指数越大穿的衣服越薄**(지수가 클수록 입는 옷도 얇아진다), B **冬季穿衣指数为三至五级**(겨울철 착의지수는 3에서 5급이다), C **穿衣指数通常最高为六级**(착의지수는 통상적으로 6급이 가장 높다), D의 **四季中夏季的穿衣指数最低**(사계절 중 여름철의 착의지수가 가장 낮다)를 핵심어구로 체크하고, 지문의 내용과 일치하는 보기가 어떤 것인지 잘 살펴본다. 지문에서 **夏季的穿衣指数一般为1-2级，…… 冬季的穿衣指数为6-8级，…… 春秋季的穿衣指数为3-5级**(여름철의 착의지수는 일반적으로 1~2급이며, …… 겨울철의 착의지수는 6~8급이며, …… 봄가을철의 착의지수는 3~5급이며)라고 했으므로, D **四季中夏季的穿衣指数最低**(사계절 중 여름철의 착의지수가 가장 낮다)가 정답이다.

어휘 **指数** zhǐshù 명 지수 **薄** báo 형 얇다 **冬季** dōngjì 명 겨울철, 동계 **穿衣指数** chuānyī zhǐshù 착의지수
通常 tōngcháng 형 통상적인, 일반적인 **四季** sìjì 명 사계절 **夏季** xiàjì 명 여름

13

俱乐部　广场附近　位于　那家	→	대사+양사 **那家** 관형어	명사 **俱乐部** 주어	동사 **位于** 술어	명사+명사 **广场附近。** 목적어

해석 그 클럽은 광장 근처에 위치해 있다.

해설 **술어 배치하기**

제시된 어휘 중 유일한 동사 **位于**(~에 위치하다)를 술어 자리에 바로 배치한다.

주어 배치하기

명사 **俱乐部**(클럽)와 '명사+명사' 형태의 **广场附近**(광장 근처) 중 문맥상 목적어로 어울리는 **广场附近**을 목적어 자리에 배치하고, 주어로 어울리는 **俱乐部**를 주어 자리에 배치한다.

문장 완성하기

남은 어휘인 '대사+양사' 형태의 **那家**(그)를 주어 **俱乐部**(클럽) 앞에 관형어로 배치하여 문장을 완성한다. 따라서 **那家俱乐部位于广场附近。**(그 클럽은 광장 근처에 위치해 있다.)이 정답이다.

어휘 **俱乐部** jùlèbù 명 클럽, 동호회　**广场** guǎngchǎng 명 광장　**位于** wèiyú 동 ~에 위치하다

14

颜色　飘着 鲜艳的气球　天空中	→	명사+명사 **天空中** 주어	동사+着 **飘着** 술어	명사 **颜色** 관형어	형용사+的+명사 **鲜艳的气球。** 관형어+목적어

해석 하늘에서 색깔이 산뜻하고 아름다운 풍선이 날리고 있다.

해설 **술어 배치하기**

제시된 어휘 중 존재함을 의미하는 '동사+着' 형태의 **飘着**(날리고 있다)와 장소를 나타내는 명사 **天空中**(하늘에서)이 있으므로, 존현문을 완성해야 한다. 따라서 **飘着**를 술어 자리에 배치한다.

주어와 목적어 배치하기

장소를 나타내는 명사 **天空中**(하늘에서)을 주어 자리에 배치하고, '형용사+的+명사' 형태의 **鲜艳的气球**(산뜻하고 아름다운 풍선)를 목적어 자리에 배치한다. 참고로, **鲜艳的气球**에서 **鲜艳的**는 관형어이다.

문장 완성하기

남은 어휘인 **颜色**(색깔)를 목적어 **鲜艳的气球**(산뜻하고 아름다운 풍선) 앞에 관형어로 배치하여 문장을 완성한다. 따라서 **天空中飘着颜色鲜艳的气球。**(하늘에서 색깔이 산뜻하고 아름다운 풍선이 날리고 있다.)가 정답이다.

어휘 **飘** piāo 동 날리다, 나부끼다　**鲜艳** xiānyàn 형 (색이) 산뜻하고 아름답다
气球 qìqiú 명 풍선　**天空** tiānkōng 명 하늘

정답 및 해석·해설

HSK 5급 미니 실전모의고사3

p.546

1 C　2 A　3 A　4 A　5 B　6 C　7 C　8 B　9 A　10 D　11 B　12 C

13 所有账户的使用期间一律延长一年。　　14 老板派我去北京参加培训。

1

A 广告方案　B 办公室卫生 **C 设备的质量**　D 任务完成情况	A 광고 방안　B 사무실 위생 **C 설비의 품질**　D 임무 완수 상황
女：你好，我们领导派我来检查一下这些设备，看看是否能达到标准。 男：欢迎欢迎，我对我们的设备质量有信心，肯定不会有什么问题。 问：女的要检查什么？	여: 안녕하세요, 저희 대표님께서 저를 파견하여 이 설비들을 한번 검사하고, 기준에 도달하는지를 보라고 하셨습니다. 남: 환영합니다, 저는 저희의 설비 품질에 대해 자신이 있어서, 분명 어떤 문제도 없을 것입니다. 질문: 여자는 무엇을 검사하려고 하는가?

해설 제시된 보기가 모두 특정 명사구이므로, 대화를 들을 때 각 보기와 관련된 내용을 주의 깊게 듣는다. 대화에서 여자가 **我们领导派我来检查一下这些设备**(저희 대표님께서 저를 파견하여 이 설비들을 한번 검사하고)라고 하자, 남자가 **我对我们的设备质量有信心**(저는 저희의 설비 품질에 대해 자신이 있어서)이라고 답했다. 질문이 여자는 무엇을 검사하려고 하는지 물었으므로, C **设备的质量**(설비의 품질)을 정답으로 선택한다.

어휘 **广告** guǎnggào 명 광고　**方案** fāng'àn 명 방안　**卫生** wèishēng 명 위생　**设备** shèbèi 명 설비, 시설
质量 zhìliàng 명 품질　**任务** rènwu 명 임무　**情况** qíngkuàng 명 상황
领导 lǐngdǎo 명 대표, 리더 동 지도하다, 이끌다　**派** pài 동 파견하다 명 파, 파벌
达到 dádào 동 도달하다, 달성하다　**标准** biāozhǔn 명 기준, 표준　**信心** xìnxīn 명 자신, 신념

2

A 进行招聘 B 讨论新项目 C 宣布新规定 D 参加商业会议	**A 채용을 진행한다** B 새로운 프로젝트를 논의한다 C 새로운 규정을 발표한다 D 비즈니스 회의에 참가한다
男：欢迎你参加面试，请你谈谈为什么想从事这个工作？ 女：我认为古代文字非常优美，在这个领域做学术研究是我的梦想。 问：男的在做什么？	남: 면접에 참여하는 것을 환영합니다, 당신은 왜 이 일에 종사하고 싶은지 말씀해 주시겠어요? 여: 저는 고대 문자가 매우 우아하고 아름답다고 생각해서, 이 분야에서 학술 연구를 하는 것이 제 꿈입니다. 질문: 남자는 무엇을 하고 있는가?

해설 제시된 보기가 모두 행동을 나타내므로, 대화를 들을 때 화자 또는 제3자가 하고 있거나 하려는 행동과 관련된 내용을 주의 깊게 듣는다. 대화에서 남자가 **欢迎你参加面试，请你谈谈为什么想从事这个工作？**(면접에 참여하는 것을 환영합니다, 당신은 왜 이 일에 종사하고 싶은지 말씀해 주시겠어요?)라고 묻자, 여자는 고대 문자

영역에서 학술 연구를 하는 것이 자신의 꿈이라고 답했다. 질문이 남자는 무엇을 하고 있는지 물었으므로, **面试**(면접), **从事**(종사하다), **工作**(일)를 통해 유추할 수 있는 A **进行招聘**(채용을 진행한다)을 정답으로 선택한다.

어휘 **招聘** zhāopìn 동 채용하다, 초빙하다 **讨论** tǎolùn 동 논의하다, 토론하다
项目 xiàngmù 명 프로젝트 **宣布** xuānbù 동 발표하다, 선언하다 **规定** guīdìng 명 규정
商业 shāngyè 명 비즈니스 **面试** miànshì 명 면접 **从事** cóngshì 동 종사하다
古代 gǔdài 명 고대 **文字** wénzì 명 문자 **优美** yōuměi 형 우아하고 아름답다
领域 lǐngyù 명 분야, 영역 **学术** xuéshù 명 학술 **研究** yánjiū 동 연구하다
梦想 mèngxiǎng 명 (이루어지기 바라는) 꿈

3	
A 是个新员工 B 工作效率高 C 和经理关系好 D 喜欢向人请教	**A 신입 직원이다** B 업무 효율이 높다 C 매니저와 관계가 좋다 D 사람에게 가르침을 청하는 것을 좋아한다
女：经理，您好！我是新来的员工，叫王林。 男：欢迎你来这里工作！有不懂的就多问问老员工，他们会尽量帮你的。 女：谢谢经理！我会尽快熟悉工作内容，按时完成工作任务。 男：好，这是我的名片，有事可以直接联系我。	여: 매니저님, 안녕하세요! 저는 새로 온 직원이고, 왕린이라고 합니다. 남: 당신이 이곳에 와서 일하게 된 것을 환영합니다! 모르는 것이 있으면 상급자에게 많이 물어보세요, 그들은 가능한 한 당신을 도와줄 것입니다. 여: 매니저님 감사합니다! 저는 되도록 빨리 업무 내용을 숙지해서, 제시간에 임무를 완수하겠습니다. 남: 좋아요. 이것은 저의 명함이니, 무슨 일이 있으면 직접 저에게 연락하면 됩니다.
问：关于王林，下面哪项正确？	질문: 왕린에 관하여, 다음 중 옳은 것은 무엇인가?

해설 제시된 보기가 모두 사람의 상태·상황을 나타내므로, 대화를 들을 때 이와 관련된 내용을 주의 깊게 듣는다. 대화에서 여자가 **我是新来的员工，叫王林。**(저는 새로 온 직원이고, 왕린이라고 합니다.)이라고 했다. 질문이 왕린에 관하여 옳은 것을 물었으므로, A **是个新员工**(신입 직원이다)을 정답으로 선택한다.

어휘 **员工** yuángōng 명 직원, 종업원 **效率** xiàolǜ 명 효율 **请教** qǐngjiào 동 가르침을 청하다
老员工 lǎo yuángōng 상급자, 고위급 간부 **尽量** jǐnliàng 부 가능한 한, 되도록
尽快 jǐnkuài 부 되도록 빨리 **熟悉** shúxī 동 숙지하다 **内容** nèiróng 명 내용
按时 ànshí 부 제시간에 **任务** rènwu 명 임무 **名片** míngpiàn 명 명함 **直接** zhíjiē 부 직접

정답 및 해석·해설

4

A 售票处	B 杂志社	A 매표소	B 잡지사
C 博物馆	D 警察局	C 박물관	D 경찰서

男：对不起，我能把这张多余的机票退了吗？家人临时有事不去了。
女：好的，不过现在办理退票需要收取一定的手续费。
男：那么具体要收多少呢？
女：您这张是打五折的机票，按规定要收20%的费用。

问：男的现在最可能在哪儿？

남: 죄송합니다, 제가 이 여분의 비행기 표를 환불해도 될까요? 가족이 임시로 일이 생겨서 못 가게 되었습니다.
여: 알겠습니다, 하지만 지금 표를 환불 처리하려면 일정의 수수료를 받아야 합니다.
남: 그렇다면 구체적으로 얼마를 받나요?
여: 이 표는 50% 할인된 비행기 표라서, 규정에 의하면 20%의 비용을 받아야 합니다.

질문: 남자는 지금 어디에 있을 가능성이 가장 큰가?

해설 제시된 보기가 모두 장소를 나타내므로, 대화를 들을 때 화자나 제3자가 있는 장소, 또는 가려고 하는 장소가 어디인지를 주의 깊게 듣는다. 대화에서 남자가 **我能把这张多余的机票退了吗？**(제가 이 여분의 비행기 표를 환불해도 될까요?)라고 묻자, 여자가 **现在办理退票需要收取一定的手续费**(지금 표를 환불 처리하려면 일정의 수수료를 받아야 합니다)라고 답했다. 질문이 남자가 어디에 있을 가능성이 가장 큰지 물었으므로, **退**(환불하다)와 **办理退票**(표를 환불 처리하다)를 통해 유추할 수 있는 A **售票处**(매표소)를 정답으로 선택한다.

어휘 **售票处** shòupiàochù 명 매표소 **杂志社** zázhìshè 명 잡지사
博物馆 bówùguǎn 명 박물관 **警察局** jǐngchájú 명 경찰서 **多余** duōyú 형 여분의
退 tuì 동 환불하다, 반환하다 **临时** línshí 부 임시로 **办理** bànlǐ 동 (수속을) 처리하다, 밟다
收取 shōuqǔ 동 받다 **手续费** shǒuxùfèi 명 수수료 **具体** jùtǐ 형 구체적이다
规定 guīdìng 명 규정, 규칙 동 규정하다 **费用** fèiyòng 명 비용

5-6

5. A 1届	**B 2届**	5. A 1회	**B 2회**
C 3届	D 4届	C 3회	D 4회

6. A 增加杭州人的收入
B 发展杭州的建设行业
C 改善杭州的交通设施
D 扩大杭州的工业规模

6. A 항저우 사람의 수입을 늘린다
B 항저우의 건설 업계를 발전시킨다
C 항저우의 교통 시설을 개선한다
D 항저우의 공업 규모를 확대한다

第5到6题是根据下面一段话：	5-6번 문제는 다음 내용에 근거한다.
亚运会是亚洲规模最大的综合性运动会，每四年举办一届，自1951年开始第1届，到2014年已经举办了17届。[5]中国1990年在北京承办了第11届亚运会，2010年在广州举办了第16届亚运会。2022年将在中国杭州举办第19届亚运会。[6]为了迎接三年后的体育盛会，杭州正在紧张地进行场馆建设，改善交通设施。承办第19届亚运会将提高杭州的国际知名度，促进杭州经济、社会的全面发展，并将进一步推动体育运动在中国的发展。	아시안 게임은 아시아에서 규모가 가장 큰 종합적인 운동회로, 4년마다 한 번 개최하는데, 1951년에 제1회를 개최한 이래로, 2014년까지 이미 17회 개최하였다. [5]중국은 1990년에 베이징에서 제11회 아시안 게임을 맡았고, 2010년에는 광저우에서 제16회 아시안 게임을 개최했었다. 2022년에는 중국 항저우에서 제19회 아시안 게임을 개최할 예정이다. [6]3년 뒤에 있을 체육 축제를 맞이하기 위해, 항저우는 한창 바쁘게 체육관 건설을 진행하고 있고, 교통 시설을 개선하고 있다. 제19회 아시안 게임을 맡는 것은 항저우의 국제적인 지명도를 높일 것이고, 항저우의 경제, 사회의 전면적인 발전을 촉진시키며, 중국에서의 스포츠 발전을 더욱 추진시킬 것이다.
5.问：中国已经举办过几届亚运会？ 6.问：第19届亚运会对杭州的影响包括什么？	5. 질문: 중국은 이미 몇 회의 아시안 게임을 개최한 적이 있는가? 6. 질문: 제19회 아시안 게임이 항저우에 미친 영향은 무엇을 포함하는가?

해설 **보기 읽기**

6번 보기가 모두 특정 대상에 대한 사실을 나타내고, 亚运会(아시안 게임)가 언급되었으므로, 아시안 게임과 관련된 설명문이 나올 것임을 예상할 수 있다. 따라서 설명 대상의 세부적인 특징에 대한 내용을 주의 깊게 듣는다.

단문 듣기

단문 후반의 **为了迎接三年后的体育盛会，杭州正在紧张地进行场馆建设，改善交通设施。**(3년 뒤에 있을 체육 축제를 맞이하기 위해, 항저우는 한창 바쁘게 체육관 건설을 진행하고 있고, 교통 시설을 개선하고 있다.)을 듣고, 6번의 C **改善杭州的交通设施**(항저우의 교통 시설을 개선한다)에 체크해 둔다.

질문 듣고 정답 선택하기

5. 질문이 중국은 이미 몇 회의 아시안 게임을 개최한 적이 있는지 물었으므로, 단문 중반의 **中国1990年在北京承办了第11届亚运会，2010年在广州举办了第16届亚运会。**(중국은 1990년 베이징에서 제11회 아시안 게임을 맡았고, 2010년 광저우에서 제16회 아시안 게임을 개최했었다.)를 통해 유추할 수 있는 B 2届(2회)를 정답으로 선택한다.
6. 질문이 제19회 아시안 게임이 항저우에 미친 영향은 무엇을 포함하는지 물었으므로, C를 정답으로 선택한다.

어휘 **届** jiè 양 회, 기[정기 회의·졸업 연차를 세는 데 쓰임] **杭州** Hángzhōu 고유 항저우(중국의 지명, 항주)
建设 jiànshè 동 건설하다 **设施** shèshī 명 시설 **扩大** kuòdà 동 확대하다, 넓히다 **规模** guīmó 명 규모
亚运会 Yàyùnhuì 고유 아시안 게임(**亚洲运动会** 약칭) **综合性** zōnghéxìng 동 종합적
举办 jǔbàn 동 개최하다 **承办** chéngbàn 동 맡다, 일을 받아 처리하다
广州 Guǎngzhōu 고유 광저우(중국의 지명) **迎接** yíngjiē 동 맞이하다 **盛会** shènghuì 명 축제, 성회
紧张 jǐnzhāng 형 바쁘다, 긴박하다 **国际** guójì 형 국제적인 명 국제 **知名度** zhīmíngdù 명 지명도
促进 cùjìn 동 촉진시키다 **全面** quánmiàn 형 전면적이다 명 전체 **推动** tuīdòng 동 추진하다
包括 bāokuò 동 포함하다

정답 및 해석·해설

7-9

洛伦兹年轻时就对动物学研究很感兴趣，为此，[7]他曾经养过一群小动物，从而方便自己对动物进行7. C 观察。 1935年春天，[7]洛伦兹偶然发现一只刚出生的小鸭总是跟着自己，**经过反复的分析，他推测这是因为小鸭出生之后第一眼看见的是人，所以把人当做了它的母亲。接着，洛伦兹又通过进一步的实验证明了这一推测。**[8]洛伦兹根据这一发现总结出了"认母现象"，并提出了动物行为模式8. B 理论。**他认为大多数动物在生命的初级阶段，都会自然地形成一种行为模式，**[9]并且这种行为模式9. A 一旦形成就会极其难以改变。	로렌츠는 젊은 시절부터 동물학 연구에 흥미가 있어서, 그런 까닭에, [7]그는 일찍이 한 무리의 작은 동물들을 키움으로써, 자신이 동물에 관하여 C 관찰하는 것을 편리하게끔 했다. 1935년 봄, [7]로렌츠는 이제 막 태어난 새끼 오리가 자신을 따라다니는 것을 우연히 알아차렸는데, 반복적인 분석을 거쳐, 그는 이것이 새끼 오리가 태어나자마자 처음으로 본 것이 사람이었기 때문에, 그래서 사람을 자신의 엄마로 여긴 것이라고 추측했다. 이어서, 로렌츠는 또 한 단계 더 발전한 실험을 통해서 이 추측을 증명했다. [8]로렌츠는 이 발견을 근거로 해서 '각인이론'을 총결산하였고, 아울러 동물 행동 패턴 B 이론을 제시했다. 그는 대다수의 동물들은 생명의 초기 단계에서, 자연적으로 하나의 행동 패턴이 형성될 수 있고, [9]게다가 이러한 행동 패턴이 A 일단 형성되면 바꾸기 매우 힘들다고 생각했다.

어휘 **洛伦兹** Luòlúnzī 고유 로렌츠(오스트리아의 동물 행동학자) **为此** wèicǐ 접 그런 까닭에, 이 때문에
曾经 céngjīng 부 일찍이, 이전에 **从而** cóng'ér 접 그리하여 **观察** guānchá 동 관찰하다
偶然 ǒurán 부 우연히 형 우연하다 **鸭** yā 명 오리 **反复** fǎnfù 부 반복하여, 되풀이하여
分析 fēnxī 동 분석하다 **推测** tuīcè 동 추측하다 **母亲** mǔqīn 명 엄마, 어머니 **接着** jiēzhe 동 이어서
实验 shíyàn 명 실험 동 실험하다 **证明** zhèngmíng 동 증명하다 명 증서
总结 zǒngjié 동 총결산하다 명 총결 **行为** xíngwéi 명 행동 **模式** móshì 명 패턴 **理论** lǐlùn 명 이론
初级 chūjí 형 초급의 **阶段** jiēduàn 명 단계 **自然** zìrán 형 자연스럽다 명 자연 **一旦** yídàn 부 일단
形成 xíngchéng 동 형성되다 **极其** jíqí 부 아주, 몹시 **改变** gǎibiàn 동 바꾸다, 변화하다

7

A 控制	B 训练	A 조절하다	B 훈련하다
C 观察	D 模仿	**C 관찰하다**	D 모방하다

해설 보기를 읽고 지문의 빈칸에 문맥상 어떤 동작이나 행동을 나타내는 어휘가 필요할지를 파악한 후, 빈칸 주변을 읽는다. 빈칸이 있는 부분은 '자신이 동물에 관하여 ______ (하는) 것을 편리하게끔 했다'라는 의미이다. 빈칸 앞에서 **他曾经养过一群小动物**(그는 일찍이 한 무리의 작은 동물들을 키움으로써)라고 했고, 빈칸 뒤에서 **洛伦兹偶然发现一只刚出生的小鸭总是跟着自己**(로렌츠는 이제 막 태어난 새끼 오리가 자신을 따라다니는 것을 우연히 알아차렸는데)라고 했으므로, 빈칸에는 새끼 오리를 지켜보다가 어떤 현상을 알아차리게 된 것과 관련된 어휘가 들어가야 한다. 따라서 C **观察**(관찰하다)가 정답이다.

어휘 **控制** kòngzhì 동 조절하다, 억누르다 **训练** xùnliàn 동 훈련하다 **观察** guānchá 동 관찰하다
模仿 mófǎng 동 모방하다

8			
A 话题	**B 理论**	A 화제	B 이론
C 逻辑	D 结论	C 논리	D 결론

해설 보기를 읽고 지문의 빈칸에 문맥상 어떤 어휘가 필요할지를 파악한 후, 빈칸 주변을 읽는다. 빈칸이 있는 부분은 '로렌츠는 이 발견을 근거로 해서 '각인이론'을 총결산하였고, 아울러 동물 행동 패턴 ______ 을 제시했다.'라는 의미이므로, 빈칸에는 '각인이론'과 같이 동물 행동 패턴과 관련된 이론을 제시했다는 어휘가 들어가야 됨을 알 수 있다. 따라서 B **理论**(이론)이 정답이다.

어휘 **话题** huàtí 명 화제 **理论** lǐlùn 명 이론 **逻辑** luójí 명 논리 **结论** jiélùn 명 결론

9			
A 一旦	B 即使	**A 일단**	B 설령 ~하더라도
C 虽然	D 只有	C 비록	D ~해야만

해설 보기를 읽고 지문의 빈칸에 문맥상 어떤 어휘가 필요할지를 파악한 후, 빈칸 주변을 읽는다. 빈칸이 있는 부분은 '게다가 이러한 행동 패턴이 ______ 형성되면 바꾸기 매우 힘들다'라는 의미이므로, 문맥상 A **一旦**(일단)이 정답이다.

어휘 **一旦** yídàn 부 일단 **即使** jíshǐ 부 설령 ~하더라도

10

妈妈常带着我出去旅游，A以前都是妈妈制定旅游方案，今年这个任务就落在我头上了。**首先，我在网上查找了别人推荐的旅游目的地，选择了合适的路线，然后购买飞机票，根据网上的评价选择价格合理、环境舒适的宾馆。**D妈妈称赞我的安排非常完美。	엄마는 자주 나를 데리고 여행을 다니시는데, A예전에는 모두 엄마가 여행 계획을 세우셨지만, 올해 이 임무는 나에게 주어졌다. 우선, 나는 인터넷에서 다른 사람이 추천한 여행 목적지를 찾아, 적당한 노선을 선택했고, 그 다음 비행기 표를 구입하여, 인터넷에서의 평가에 따라 가격이 합리적이고, 환경이 쾌적한 호텔을 선택했다. D엄마는 나의 준비가 매우 완벽하다고 칭찬하셨다.
A 妈妈指导我制定了计划	A 엄마는 내가 계획을 세우는 것을 지도해 주셨다
B 我从旅行社得到了建议	B 나는 여행사에서 제안을 받았다
C 我的计划修改了很多遍	C 나의 계획은 여러 번 수정되었다
D 妈妈表扬我的计划完美	**D 엄마는 나의 계획이 완벽하다고 칭찬했다**

해설 지문의 앞부분을 읽으면 **妈妈**(엄마)와 **我**(나)에 관한 이야기임을 알 수 있다. 따라서 등장 인물과 관련된 사건이나 행동의 결과를 정확히 파악하여 단문을 읽고, 오답 보기를 소거하거나 정답을 고른다.

지문의 초반에서 **以前都是妈妈制定旅游方案，今年这个任务就落在我头上了**(예전에는 모두 엄마가 여행 계획을 세우셨지만, 올해 이 임무는 나에게 주어졌다)라고 했는데, A는 **妈妈指导我制定了计划**(엄마는 내가 계획을 세우는 것을 지도해 주셨다)라고 했으므로, A를 오답으로 소거한다. → A (X)

마지막 문장에서 **妈妈称赞我的安排非常完美。**(엄마는 나의 준비가 매우 완벽하다고 칭찬하셨다.)라고 했는데, D는 **妈妈表扬我的计划完美**(엄마는 나의 계획이 완벽하다고 칭찬했다)라고 했으므로, D가 정답이다. → D (O)

정답 및 해석·해설

*D를 정답으로 선택한 후, 바로 다음 문제로 넘어가서 시간을 절약하세요.

B, C는 지문에서 언급되지 않았으므로 오답이다. → B, C (X)

어휘 **制定** zhìdìng 동 세우다, 제정하다 **方案** fāng'àn 명 계획, 방안 **任务** rènwu 명 임무
查找 cházhǎo 동 찾다 **推荐** tuījiàn 동 추천하다 **目的地** mùdìdì 명 목적지
合适 héshì 형 적당하다, 알맞다 **路线** lùxiàn 명 노선 **评价** píngjià 명 평가 동 평가하다
价格 jiàgé 명 가격 **合理** hélǐ 형 합리적이다, 도리에 맞다 **舒适** shūshì 형 쾌적하다, 편안하다
称赞 chēngzàn 동 칭찬하다 **安排** ānpái 동 준비하다, 처리하다 **完美** wánměi 형 완벽하다
指导 zhǐdǎo 동 가르치다, 지도하다 **计划** jìhuà 동 계획하다 **建议** jiànyì 동 제안하다
修改 xiūgǎi 동 수정하다

11-12

航天员在太空生活时，进餐一直都是个难点。失重会导致食物在空中漂浮，所以航天员早期只能靠被制成管状的食物补充营养和体力。

为了能让航天员和同伴们一起进餐沟通，缓解心理压力，太空站与航天器里一般会配置能吸住餐具的餐桌。[11]为了避免飘在空中，航天员在吃饭前需要用安全带固定住自己。不光如此，还要注意吃饭动作的协调，因为手在失重的情况下会变得迟钝。

[12]随着科技的发展，航天员们看起来乏味的太空生活也开始变得有意思了。餐具更加高级，[12]食品种类更加丰富。现在的食品不光有肉类罐头，还有主食和冻干水果提供，营养和口感比以前更好。

우주비행사가 우주에서 생활할 때, 식사를 하는 것은 줄곧 고충이다. 무중력 상태가 되는 것은 음식물이 공중에서 떠다니는 것을 야기하는데, 그래서 우주비행사들은 초기에는 단지 튜브 형태로 만들어진 음식으로 영양과 체력을 보충할 수밖에 없었다.

우주비행사와 동료들로 하여금 같이 식사를 하며 소통하고, 심리적인 스트레스를 완화시킬 수 있도록, 우주 정류장과 우주 비행선에는 일반적으로 식기를 빨아 당길 수 있는 식탁을 배치하기도 한다. [11]공중에서 떠다니는 것을 모면하기 위해, 우주비행사는 밥을 먹기 전 안전벨트를 사용해 자기 자신을 고정해야 한다. 이러할 뿐만 아니라, 밥을 먹는 동작의 조화도 주의해야 하는데, 손은 무중력 상태에서 둔하게 변할 수 있기 때문이다.

[12]과학기술의 발전에 따라, 우주비행사들의 무미건조하게 보이는 우주 생활도 재미있게 변하기 시작했다. 식기는 더 고급스러워지고, [12]식품 종류도 더욱 풍부해졌다. 지금의 식품은 고기류의 통조림이 있을 뿐만 아니라, 주식과 동결 건조한 과일도 제공되어, 영양과 맛이 이전과 비교해 매우 좋아졌다.

어휘 **航天员** hángtiānyuán 명 우주비행사 **太空** tàikōng 명 우주 **进餐** jìncān 동 식사를 하다
难点 nándiǎn 명 고충, 난점 **失重** shīzhòng 동 무중력 상태가 되다
导致 dǎozhì 동 야기하다, 초래하다 **食物** shíwù 명 음식물 **漂浮** piāofú 동 둥둥 떠다니다
早期 zǎoqī 명 초기, 조기 **管状** guǎnzhuàng 명 튜브 형태 **补充** bǔchōng 동 보충하다
营养 yíngyǎng 명 영양 **体力** tǐlì 명 체력 **同伴** tóngbàn 명 동료 **沟通** gōutōng 동 소통하다
缓解 huǎnjiě 동 완화시키다 **心理** xīnlǐ 명 심리 **压力** yālì 명 스트레스
太空站 tàikōngzhàn 명 우주 정류장 **航天器** hángtiānqì 명 우주 비행선 **配置** pèizhì 동 배치하다
吸住 xīzhù 동 빨아 당기다 **餐具** cānjù 명 식기 **避免** bìmiǎn 동 모면하다, 피하다
飘 piāo 동 떠다니다, 흩날리다 **安全带** ānquándài 명 안전벨트 **固定** gùdìng 동 고정시키다
不光 bùguāng 접 ~뿐 아니라 **如此** rúcǐ 대 이러하다 **协调** xiétiáo 동 조화시키다
迟钝 chídùn 형 둔하다 **科技** kējì 명 과학기술 **发展** fāzhǎn 동 발전하다

乏味 fáwèi 형 무미건조하다, 지루하다 **更加** gèngjiā 부 더, 더욱 **种类** zhǒnglèi 명 종류
罐头 guàntou 명 통조림 **主食** zhǔshí 명 주식 **冻干** dònggān 동결 건조 **提供** tígōng 동 제공하다
口感 kǒugǎn 명 맛, 입맛

11 为了避免飘在空中，航天员在吃饭前：	공중에서 떠다니는 것을 모면하기 위해, 우주비행사는 밥을 먹기 전에:
A 用绳子系好饮食品	A 밧줄을 사용해 식료품을 묶는다
B 用安全带固定身体	**B 안전벨트를 사용해 몸을 고정한다**
C 用特殊服装固定身体	C 특수 복장을 사용해 몸을 고정시킨다
D 用管状食品补充营养	D 튜브 형태 식품을 사용해 영양을 보충한다

해설 질문의 **为了避免飘在空中，航天员在吃饭前**(공중에서 떠다니는 것을 모면하기 위해, 우주비행사는 밥을 먹기 전에)을 핵심어구로 체크하고 관련된 내용을 지문에서 찾는다. 지문에서 **为了避免飘在空中，航天员在吃饭前需要用安全带固定住自己。**(공중에서 떠다니는 것을 모면하기 위해, 우주비행사는 밥을 먹기 전 안전벨트를 사용해 자기 자신을 고정해야 한다.)라고 했으므로, B **用安全带固定身体**(안전벨트를 사용해 몸을 고정한다)가 정답이다.

어휘 **避免** bìmiǎn 동 모면하다, 피하다 **飘** piāo 동 떠다니다, 흩날리다
航天员 hángtiānyuán 명 우주비행사 **绳子** shéngzi 명 밧줄, 노끈
饮食品 yǐnshípǐn 식료품 **安全带** ānquándài 명 안전벨트 **固定** gùdìng 동 고정시키다
特殊 tèshū 형 특수하다 **服装** fúzhuāng 명 복장 **管状** guǎnzhuàng 명 튜브 형태
补充 bǔchōng 동 보충하다 **营养** yíngyǎng 명 영양

12 科技的发展给太空生活带来了什么变化？	과학기술의 발전은 우주 생활에 어떤 변화를 가져왔는가?
A 可以吃新鲜的果实	A 신선한 열매를 먹을 수 있다
B 不需要使用安全带	B 안전벨트를 사용할 필요가 없다
C 食品种类更加丰富了	**C 식품 종류가 더욱 풍부해졌다**
D 配置了许多新的设备	D 수많은 새 설비들을 배치했다

해설 질문의 **科技的发展给太空生活带来了什么变化？**(과학기술의 발전은 우주 생활에 어떤 변화를 가져왔는가?)를 핵심어구로 체크하고 관련된 내용을 지문에서 찾는다. 지문에서 **随着科技的发展，…… 食品种类更加丰富**(과학기술의 발전에 따라, …… 식품 종류도 더욱 풍부해졌다)라고 했으므로, C **食品种类更加丰富了**(식품 종류가 더욱 풍부해졌다)가 정답이다.

어휘 **科技** kējì 명 과학기술 **发展** fāzhǎn 동 발전하다 **太空** tàikōng 명 우주
果实 guǒshí 명 열매, 과실 **使用** shǐyòng 동 사용하다 **安全带** ānquándài 명 안전벨트
种类 zhǒnglèi 명 종류 **更加** gèngjiā 부 더, 더욱 **丰富** fēngfù 형 풍부하다 **配置** pèizhì 동 배치하다
设备 shèbèi 명 설비, 시설

정답 및 해석·해설

13		형용사	명사+的+동사+명사	부사	동사	명사
一律　一年　所有 延长　账户的使用期间	→	**所有**	**账户的使用期间**	**一律**	**延长**	**一年。**
		관형어	관형어+주어	부사어	술어	목적어

해석 모든 계좌의 사용 기간은 일률적으로 1년 연장한다.

해설 **술어 배치하기**

제시된 어휘 중 유일한 동사 **延长**(연장하다)을 술어 자리에 배치한다.

주어와 목적어 배치하기

제시된 어휘 중 명사 **一年**(1년)과 '명사+的+동사+명사' 형태의 **账户的使用期间**(계좌의 사용 기간) 중 술어 **延长**(연장하다)과 문맥상 목적어로 어울리는 **一年**을 목적어 자리에 배치하고, 주어로 어울리는 **账户的使用期间**을 주어 자리에 배치한다. 참고로, **账户的使用期间**에서 **账户的**(계좌의)는 **使用期间**(사용 기간)의 관형어이다.

문장 완성하기

남은 어휘인 부사 **一律**(일률적으로)를 술어 앞에 부사어로 배치하고, **所有**(모든)를 **账户的使用期间**(계좌의 사용 기간)의 관형어로 배치하여 문장을 완성한다. 따라서 **所有账户的使用期间一律延长一年。**(모든 계좌의 사용 기간은 일률적으로 1년 연장한다.)이 정답이다.

어휘 **一律** yílǜ 부 일률적으로 형 한결 같다 **所有** suǒyǒu 형 모든, 일체의 **延长** yáncháng 동 연장하다
账户 zhànghù 명 계좌 **使用** shǐyòng 동 사용하다 **期间** qījiān 명 기간

14

参加培训 我 老板 去北京 派	→	명사 **老板** 주어1	동사 **派** 술어1	대사 **我** 겸어 목적어1/주어2	동사+ 명사 **去北京** 술어2+목적어2	동사+동사 **参加培训。** 술어3+목적어3

해석 사장님은 나에게 베이징에 가서 훈련에 참가하도록 파견했다.

해설 **술어 배치하기**

제시된 어휘 중 사역동사 派(~하도록 파견하다)가 있으므로, 겸어문을 완성해야 한다. 따라서 派를 술어1 자리에 배치한다.

겸어와 술어2, 술어3 배치하기

남은 어휘 중 술어가 될 수 있는 동사가 '동사+동사' 형태의 **参加培训**(훈련에 참가하다)와 ' 동사+명사' 형태의 **去北京**(베이징에 가다) 두 개이므로 연동문을 목적어로 가지는 겸어문임을 고려하여 문장을 완성해야 한다. **参加培训**이 **去北京**이라는 행위의 목적을 나타내므로 **去北京**을 술어2 자리에, **参加培训**을 술어3 자리에 배치한 후, 명사 **老板**(사장님)과 대사 **我**(나) 중 술어1 **派**의 대상이 되면서 **去北京参加培训**(베이징에 가서 훈련에 참가하다)의 주어로 쓰일 수 있는 **我**를 겸어로 배치한다.

문장 완성하기

남은 어휘인 **老板**(사장)을 주어1 자리에 배치하여 문장을 완성한다. 따라서 **老板派我去北京参加培训。**(사장님은 나에게 베이징에 가서 훈련에 참가하도록 파견했다.)이 정답이다.

어휘 **培训** péixùn 동 훈련시키다, 양성하다 **老板** lǎobǎn 명 사장 **派** pài 동 파견하다, 지명하다

HSK 1-4급
필수 단어 1200

부록

각 단어에는 1~4급 급수가 표시되어 있습니다.

A

□ 啊 3급	a	조 ~하다니[문장 끝에 쓰여 긍정·감탄·찬탄을 나타냄]
□ 阿姨 3급	āyí	명 아주머니, 이모
□ 矮 3급	ǎi	형 (키가) 작다, (높이가) 낮다
□ 爱 1급	ài	동 좋아하다, 사랑하다
□ 爱好 3급	àihào	명 취미
□ 爱情 4급	àiqíng	명 사랑, 애정
□ 安静 3급	ānjìng	형 조용하다, 고요하다
□ 安排 4급	ānpái	동 (인원·시간 등을) 배정하다, 안배하다
□ 安全 4급	ānquán	형 안전하다
□ 按时 4급	ànshí	부 제때에, 규정된 시간에 따라
□ 按照 4급	ànzhào	개 ~대로, ~에 따라, ~에 의해

B

□ 八 1급	bā	수 8, 여덟
□ 把 3급	bǎ	개 ~을(를) 양 [손잡이가 있는 기구를 세는 단위]
□ 吧 2급	ba	조 [문장 끝에 쓰여 청유·명령·추측을 나타냄]
□ 爸爸 1급	bàba	명 아빠, 아버지
□ 白 2급	bái	형 희다, 하얗다, 밝다 부 헛되이, 쓸데없이
□ 百 2급	bǎi	수 100, 백
□ 百分之 4급	bǎifēnzhī	퍼센트
□ 班 3급	bān	명 반, 그룹
□ 搬 3급	bān	동 옮기다, 운반하다
□ 半 3급	bàn	수 절반, 2분의 1
□ 办法 3급	bànfǎ	명 방법, 수단
□ 办公室 3급	bàngōngshì	명 사무실
□ 帮忙 3급	bāngmáng	동 (일을) 돕다, 도움을 주다
□ 帮助 2급	bāngzhù	동 돕다, 원조하다
□ 棒 4급	bàng	형 대단하다, (성적이) 좋다, (수준이) 높다
□ 包 3급	bāo	명 가방 동 빚다, (종이나 천 따위로) 싸다 양 봉지, 다발
□ 饱 3급	bǎo	형 배부르다
□ 抱 4급	bào	동 안다, 껴안다
□ 包子 4급	bāozi	명 만두, 찐빵

☐	保护 4급	bǎohù	동 보호하다
☐	保证 4급	bǎozhèng	동 보증하다, 담보하다
☐	报名 4급	bàomíng	동 신청하다, 등록하다
☐	抱歉 4급	bàoqiàn	형 미안해하다, 미안하게 생각하다
☐	报纸 2급	bàozhǐ	명 신문
☐	杯子 1급	bēizi	명 컵, 잔
☐	北方 3급	běifāng	명 북방, 북쪽, 북부 지역
☐	北京 1급	Běijīng	고유 베이징, 북경[중국의 수도]
☐	倍 4급	bèi	양 배, 배수, 곱절
☐	被 3급	bèi	동 ~에게 ~을 당하다
☐	本 1급	běn	양 권[책을 세는 단위]
☐	本来 4급	běnlái	부 본래, 원래 형 본래의
☐	笨 4급	bèn	형 멍청하다, 어리석다
☐	鼻子 3급	bízi	명 코
☐	比 2급	bǐ	개 ~보다, ~에 비해
☐	比较 3급	bǐjiào	부 비교적, 상대적으로 동 비교하다
☐	笔记本 3급	bǐjìběn	명 노트북, 노트
☐	比如 4급	bǐrú	동 ~이 예다, 예를 들면 ~이다
☐	比赛 3급	bǐsài	명 경기, 시합
☐	必须 3급	bìxū	부 반드시 ~해야 한다, 꼭 ~해야 한다
☐	毕业 4급	bìyè	동 졸업하다
☐	遍 4급	biàn	양 번, 차례, 회
☐	变化 3급	biànhuà	명 변화 동 변화하다, 달라지다
☐	标准 4급	biāozhǔn	형 표준적이다, 표준의 명 표준, 기준
☐	表格 4급	biǎogé	명 표, 서식
☐	表示 4급	biǎoshì	동 나타내다, 의미하다
☐	表演 4급	biǎoyǎn	동 공연하다
☐	表扬 4급	biǎoyáng	동 칭찬하다
☐	别 2급	bié	부 ~하지 마라 형 다르다
☐	别人 3급	biérén	대 다른 사람, 타인
☐	宾馆 2급	bīnguǎn	명 (규모가 비교적 큰) 호텔
☐	冰箱 3급	bīngxiāng	명 냉장고
☐	饼干 4급	bǐnggān	명 과자, 비스킷
☐	并且 4급	bìngqiě	접 또한, 게다가, 그리고

□	博士 4급	bóshì	명 박사 (학위)
□	不客气 1급	bú kèqi	별말씀을요, 천만에요
□	不但……而且…… 3급	búdàn……érqiě……	접 ~할 뿐만 아니라, 또한 ~하다
□	不过 4급	búguò	접 그러나, 그런데 부 ~에 불과하다
□	不 1급	bù	부 [동사·형용사·부사 앞에서 부정을 나타냄]
□	不得不 4급	bùdébù	부 어쩔 수 없이, 부득이하게
□	部分 4급	bùfen	명 부분, 일부
□	不管 4급	bùguǎn	접 ~하든지 간에, ~에 관계없이
□	不仅 4급	bùjǐn	접 ~뿐만 아니라 부 ~만은 아니다

C

□	擦 4급	cā	동 (천·수건 등으로) 닦다, 비비다
□	猜 4급	cāi	동 알아맞히다, 추측하다
□	材料 4급	cáiliào	명 자료, 재료
□	菜 1급	cài	명 요리, 음식, 채소
□	菜单 3급	càidān	명 메뉴, 식단
□	参观 4급	cānguān	동 참관하다, 견학하다
□	参加 3급	cānjiā	동 참석하다, 참가하다
□	餐厅 4급	cāntīng	명 식당, 레스토랑
□	草 3급	cǎo	명 풀
□	层 3급	céng	양 층
□	厕所 4급	cèsuǒ	명 화장실, 변소
□	茶 1급	chá	명 차
□	差 3급	chà	동 차이 나다, 부족하다, 모자라다 형 나쁘다, 다르다
□	差不多 4급	chàbuduō	부 거의, 대체로 형 비슷하다
□	长 2급	cháng	형 (길이·시간 등이) 길다
□	尝 4급	cháng	동 맛보다, 시험 삼아 해 보다
□	长城 4급	Chángchéng	고유 만리장성
□	长江 4급	Chángjiāng	고유 창장(중국의 강, 양쯔강)
□	场 4급	chǎng	양 차례, 회, 번
□	唱歌 2급	chànggē	동 노래를 부르다
□	超过 4급	chāoguò	동 넘다, 초과하다, 추월하다
□	超市 3급	chāoshì	명 슈퍼마켓
□	衬衫 3급	chènshān	명 셔츠, 블라우스

□ 成功 4급	chénggōng	동 성공하다, 이루다 형 성공적이다
□ 成绩 3급	chéngjì	명 성적, 결과
□ 诚实 4급	chéngshí	형 성실하다, 진실하다
□ 城市 3급	chéngshì	명 도시
□ 成为 4급	chéngwéi	동 ~이 되다, ~로 변하다
□ 乘坐 4급	chéngzuò	동 (자동차·배·비행기 등을) 타다
□ 吃 1급	chī	동 먹다
□ 吃惊 4급	chījīng	동 놀라다
□ 迟到 3급	chídào	동 지각하다
□ 重新 4급	chóngxīn	부 다시, 재차, 처음부터
□ 抽烟 4급	chōuyān	동 담배를 피우다
□ 出 2급	chū	동 나가다, 나오다, 나타나다
□ 出差 4급	chūchāi	동 출장 가다
□ 出发 4급	chūfā	동 출발하다, 떠나다
□ 出生 4급	chūshēng	동 태어나다, 출생하다
□ 出现 4급	chūxiàn	동 나타나다, 출현하다
□ 出租车 1급	chūzūchē	명 택시
□ 厨房 4급	chúfáng	명 주방, 부엌
□ 除了 3급	chúle	개 ~외에, ~을(를) 제외하고
□ 穿 2급	chuān	동 (옷·신발·양말 등을) 입다, 신다
□ 船 3급	chuán	명 배, 선박
□ 传真 4급	chuánzhēn	명 팩스
□ 窗户 4급	chuānghu	명 창문, 창
□ 春 3급	chūn	명 봄
□ 词典 3급	cídiǎn	명 사전
□ 词语 4급	cíyǔ	명 단어, 어휘
□ 次 2급	cì	양 번, 회, 차례
□ 聪明 3급	cōngming	형 똑똑하다, 총명하다
□ 从 2급	cóng	개 ~에서(부터)
□ 从来 4급	cónglái	부 지금까지, 여태껏
□ 粗心 4급	cūxīn	형 소홀하다, 세심하지 못하다
□ 存 4급	cún	동 저축하다, 존재하다, 보존하다
□ 错 2급	cuò	형 틀리다, 맞지 않다 명 잘못, 착오
□ 错误 4급	cuòwù	명 실수, 잘못 형 틀리다, 잘못되다

D

□	答案 4급	dá'àn	명 답, 답안, 해답
□	打扮 4급	dǎban	동 꾸미다, 치장하다 명 차림, 분장
□	打电话 1급	dǎ diànhuà	전화를 걸다, 전화하다
□	打篮球 2급	dǎ lánqiú	농구를 하다
□	打扰 4급	dǎrǎo	동 방해하다, 귀찮게 하다
□	打扫 3급	dǎsǎo	동 청소하다
□	打算 3급	dǎsuan	동 ~할 계획이다, ~할 생각이다 명 계획, 생각
□	打印 4급	dǎyìn	동 인쇄하다, 프린트하다
□	打折 4급	dǎzhé	동 할인하다, 가격을 깎다
□	打针 4급	dǎzhēn	동 주사를 맞다(놓다)
□	打招呼 4급	dǎ zhāohu	동 (말이나 행동으로) 인사하다
□	大 1급	dà	형 (나이, 수량이) 많다, 크다, 넓다
□	大概 4급	dàgài	부 아마(도), 대개
□	大使馆 4급	dàshǐguǎn	명 대사관
□	大约 4급	dàyuē	부 대략, 대강
□	戴 4급	dài	동 (안경, 모자, 시계 등을) 쓰다, 착용하다
□	带 3급	dài	동 가지다, 휴대하다, 데리다
□	大夫 4급	dàifu	명 의사
□	大家 2급	dàjiā	대 여러분, 모든 사람
□	担心 3급	dānxīn	동 걱정하다, 염려하다
□	蛋糕 3급	dàngāo	명 케이크
□	当 4급	dāng	동 되다, 담당하다, 맡다
□	当然 3급	dāngrán	부 당연히, 물론 형 당연하다, 물론이다
□	当时 4급	dāngshí	명 당시, 그때
□	刀 4급	dāo	명 칼
□	导游 4급	dǎoyóu	명 가이드, 관광 안내원
□	到 2급	dào	동 도착하다, 도달하다
□	倒 4급	dào	동 쏟다, 따르다, 붓다
□	到处 4급	dàochù	부 곳곳에, 도처에
□	到底 4급	dàodǐ	부 도대체 동 끝까지 가다
□	道歉 4급	dàoqiàn	동 사과하다, 사죄하다
□	得 2급	de	조 [술어와 정도보어를 연결함]
□	地 3급	de	조 ~하게[부사어와 술어를 연결함]

□	的 1급	de	조 [관형어와 주어·목적어를 연결함]
□	得意 4급	déyì	형 득의양양하다, 마음에 들다, 만족하다
□	得 4급	děi	조동 ~해야 한다
□	灯 3급	dēng	명 불, 등, 램프
□	登机牌 4급	dēngjīpái	명 탑승권
□	等 2급	děng	동 기다리다
□	等 4급	děng	조 등, 따위
□	低 4급	dī	형 (높이·등급·정도 등이) 낮다
□	底 4급	dǐ	명 말, 밑, 바닥
□	点 1급	diǎn	양 시(時) 동 주문하다
□	电脑 1급	diànnǎo	명 컴퓨터
□	电视 1급	diànshì	명 텔레비전
□	电梯 3급	diàntī	명 엘리베이터, 에스컬레이터
□	电影 1급	diànyǐng	명 영화
□	电子邮件 3급	diànzǐ yóujiàn	명 이메일
□	掉 4급	diào	동 떨어지다, 떨어뜨리다
□	调查 4급	diàochá	동 조사하다
□	弟弟 2급	dìdi	명 남동생
□	地点 4급	dìdiǎn	명 장소, 지점
□	地方 3급	dìfang	명 곳, 장소
□	地球 4급	dìqiú	명 지구
□	地铁 3급	dìtiě	명 지하철
□	地图 3급	dìtú	명 지도
□	第一 2급	dìyī	수 제1, 첫 번째
□	地址 4급	dìzhǐ	명 주소
□	丢 4급	diū	동 잃어버리다, 잃다
□	冬 3급	dōng	명 겨울
□	东 3급	dōng	명 동쪽
□	东西 1급	dōngxi	명 것, 물건
□	懂 2급	dǒng	동 알다, 이해하다
□	动物 3급	dòngwù	명 동물
□	动作 4급	dòngzuò	명 동작, 행동
□	都 1급	dōu	부 모두, 다
□	读 1급	dú	동 (책을) 읽다

□	堵车 4급	dǔchē	동 차가 막히다, 교통이 체증되다
□	短 3급	duǎn	형 짧다
□	短信 4급	duǎnxìn	명 문자 메시지, 짧은 편지
□	段 3급	duàn	양 (한)동안, 단락, 토막
□	锻炼 3급	duànliàn	동 단련하다
□	对 2급	duì	개 ~에 (대해), ~에게
□	对 2급	duì	형 옳다, 맞다, 정확하다
□	对不起 1급	duìbuqǐ	동 죄송합니다, 미안합니다
□	对话 4급	duìhuà	동 대화하다
□	对面 4급	duìmiàn	명 맞은편, 건너편
□	对于 4급	duìyú	개 ~에 대해
□	多 1급	duō	형 많다 대 얼마나(정도, 수량을 물음) 수 남짓, 여
□	多么 3급	duōme	부 얼마나
□	多少 1급	duōshao	대 얼마, 몇
□	肚子 4급	dùzi	명 배, 복부

E

□	饿 3급	è	형 배고프다
□	而 4급	ér	접 ~고, 그리고[역접과 순접을 나타냄], ~해서[앞뒤의 목적과 원인을 나타내는 성분을 연결함]
□	儿童 4급	értóng	명 아동, 어린이
□	儿子 1급	érzi	명 아들
□	耳朵 3급	ěrduo	명 귀
□	二 1급	èr	수 2, 둘

F

□	发 3급	fā	동 보내다, 발생하다, 내주다
□	发烧 3급	fāshāo	동 열이 나다
□	发生 4급	fāshēng	동 생기다, 일어나다, 발생하다
□	发现 3급	fāxiàn	동 발견하다, 알아차리다
□	发展 4급	fāzhǎn	동 발전하다, 발전시키다
□	法律 4급	fǎlǜ	명 법률
□	翻译 4급	fānyì	동 번역하다, 통역하다 명 번역(가), 통역(가)
□	烦恼 4급	fánnǎo	형 걱정스럽다, 괴롭다
□	反对 4급	fǎnduì	동 반대하다
□	饭店 1급	fàndiàn	명 식당, 호텔

□	方便 3급	fāngbiàn	형 편리하다 동 편리하게 하다
□	方法 4급	fāngfǎ	명 방법, 수단, 방식
□	方面 4급	fāngmiàn	명 분야, 방면, 부분
□	方向 4급	fāngxiàng	명 방향
□	房东 4급	fángdōng	명 집주인
□	房间 2급	fángjiān	명 방
□	放 3급	fàng	동 넣다, 놓다, 두다
□	放弃 4급	fàngqì	동 포기하다
□	放暑假 4급	fàng shǔjià	여름 방학을 하다
□	放松 4급	fàngsōng	동 (마음을) 편하게 하다, 긴장을 풀다
□	放心 3급	fàngxīn	동 안심하다, 마음을 놓다
□	非常 2급	fēicháng	부 아주, 매우, 대단히
□	飞机 1급	fēijī	명 비행기, 항공기
□	分 3급	fēn	양 점, 점수, 펀[1쟈오(角)의 10분의 1], 분[시간] 동 나누다, 가르다
□	分钟 1급	fēnzhōng	양 분
□	份 4급	fèn	양 개[추상적인 것을 세는 단위], 부[신문·잡지·문서 등을 세는 단위], 세트
□	丰富 4급	fēngfù	형 풍부하다, 많다
□	否则 4급	fǒuzé	접 만약 그렇지 않으면
□	符合 4급	fúhé	동 부합하다, 들어맞다
□	服务员 2급	fúwùyuán	명 종업원
□	富 4급	fù	형 부유하다, 많다, 풍부하다
□	附近 3급	fùjìn	명 근처, 부근 형 가까운
□	付款 4급	fùkuǎn	동 돈을 지불하다
□	父亲 4급	fùqīn	명 아버지, 부친
□	复习 3급	fùxí	동 복습하다
□	复印 4급	fùyìn	동 복사하다
□	复杂 4급	fùzá	형 복잡하다
□	负责 4급	fùzé	동 책임지다 형 책임감이 강하다

G

□	改变 4급	gǎibiàn	동 바꾸다, 변하다, 고치다
□	干杯 4급	gānbēi	동 건배하다, 잔을 비우다
□	干净 3급	gānjìng	형 깨끗하다, 청결하다

□	赶 4급	gǎn	동 대다, 서두르다, 쫓다
□	敢 4급	gǎn	조동 자신 있게 ~하다, 과감하게 ~하다
□	感动 4급	gǎndòng	동 감동하다, 감동시키다
□	感兴趣 3급	gǎn xìngqù	관심이 있다, 흥미가 있다
□	感觉 4급	gǎnjué	동 느끼다, 여기다 명 느낌, 감각
□	感冒 3급	gǎnmào	명 감기 동 감기에 걸리다
□	感情 4급	gǎnqíng	명 감정
□	感谢 4급	gǎnxiè	동 감사하다, 고맙다
□	干 4급	gàn	동 (일을) 하다, 담당하다
□	刚 4급	gāng	부 막, 방금, 겨우
□	刚才 3급	gāngcái	명 방금, 지금, 막
□	高 2급	gāo	형 높다, (키가) 크다
□	高速公路 4급	gāosù gōnglù	명 고속도로
□	高兴 1급	gāoxìng	형 기쁘다, 즐겁다
□	告诉 2급	gàosu	동 알리다, 말하다
□	胳膊 4급	gēbo	명 팔
□	哥哥 2급	gēge	명 오빠, 형
□	个 1급	gè	양 개, 명
□	各 4급	gè	대 여러, 각, 갖가지
□	个子 3급	gèzi	명 (사람의) 키, 체격
□	给 2급	gěi	동 주다 개 ~에게
□	跟 3급	gēn	개 ~과 동 따라가다 명 뒤꿈치, 구두 굽
□	根据 3급	gēnjù	개 ~에 따라, ~에 의거하여 명 근거
□	更 3급	gèng	부 더, 더욱
□	功夫 4급	gōngfu	명 1. 쿵후, 중국 무술 2. 재주, 솜씨 3. (일을 하기 위해) 들인 시간과 노력
□	公共汽车 2급	gōnggòng qìchē	명 버스
□	公斤 3급	gōngjīn	양 킬로그램(kg)
□	公里 4급	gōnglǐ	양 킬로미터(km)
□	公司 2급	gōngsī	명 회사
□	公园 3급	gōngyuán	명 공원
□	工资 4급	gōngzī	명 월급, 임금
□	工作 1급	gōngzuò	명 일, 직업, 일자리 동 일하다
□	共同 4급	gòngtóng	형 공통의, 공동의 부 함께, 다 같이

□ 狗 1급	gǒu	명 개
□ 够 4급	gòu	동 충분하다, 넉넉하다 부 충분히
□ 购物 4급	gòuwù	동 물건을 사다, 구매하다
□ 估计 4급	gūjì	동 짐작하다, 추측하다
□ 鼓励 4급	gǔlì	동 격려하다, (용기를) 북돋우다
□ 顾客 4급	gùkè	명 고객, 손님
□ 故事 3급	gùshi	명 이야기
□ 故意 4급	gùyì	부 일부러, 고의로 명 고의
□ 刮风 3급	guāfēng	동 바람이 불다
□ 挂 4급	guà	동 걸다, 걸리다
□ 关 3급	guān	동 닫다, 끄다
□ 关键 4급	guānjiàn	명 관건, 열쇠 형 가장 중요한
□ 关系 3급	guānxi	명 관계
□ 关心 3급	guānxīn	동 관심을 갖다, 관심을 기울이다
□ 关于 3급	guānyú	개 ~에 관해, ~에 관한
□ 观众 4급	guānzhòng	명 관중, 시청자
□ 管理 4급	guǎnlǐ	동 관리하다, 돌보다
□ 光 4급	guāng	형 조금도 남지 않다, 아무것도 없다 부 오로지, 단지 명 빛
□ 广播 4급	guǎngbō	명 (라디오 혹은 텔레비전) 방송 동 방송하다
□ 广告 4급	guǎnggào	명 광고, 선전
□ 逛 4급	guàng	동 거닐다, 배회하다
□ 规定 4급	guīdìng	동 규정하다 명 규정, 규칙
□ 贵 2급	guì	형 비싸다, 귀하다
□ 国籍 4급	guójí	명 국적
□ 国际 4급	guójì	명 국제 형 국제의, 국제적이다
□ 国家 3급	guójiā	명 국가, 나라
□ 果汁 4급	guǒzhī	명 (과일) 주스, 과즙
□ 过 3급	guò	동 지나다, (시간을) 보내다, 건너다
□ 过程 4급	guòchéng	명 과정
□ 过去 3급	guòqù	명 과거 동 가다, 지나가다, 지나다
□ 过 2급	guo	조 ~한 적이 있다[동작의 완료·경험을 나타냄]

H

□ 还 2급	hái	부 아직, 여전히, 또, 더
□ 还是 3급	háishi	부 여전히, 아직도 접 아니면, 또는

□	孩子 2급	háizi	명 아이, 애, 자식
□	海洋 4급	hǎiyáng	명 해양, 바다
□	害怕 3급	hàipà	동 두려워하다, 무서워하다
□	害羞 4급	hàixiū	형 부끄러워하다, 수줍어하다
□	寒假 4급	hánjià	명 겨울 방학
□	汗 4급	hàn	명 땀
□	汉语 1급	Hànyǔ	고유 중국어, 한어
□	航班 4급	hángbān	명 항공편, 운항편
□	好 1급	hǎo	형 좋다
□	好吃 2급	hǎochī	형 맛있다, 먹기 좋다
□	好处 4급	hǎochù	명 이로운 점, 이익, 장점
□	好像 4급	hǎoxiàng	부 마치
□	号 1급	hào	명 일[날짜를 가리킴], 번호
□	号码 4급	hàomǎ	명 번호, 숫자
□	喝 1급	hē	동 마시다
□	和 1급	hé	접 ~와(과), ~와(과) 함께 개 ~와(과)
□	合格 4급	hégé	형 표준에 부합되다, 합격하다
□	合适 4급	héshì	형 알맞다, 적합하다
□	盒子 4급	hézi	명 상자
□	黑 2급	hēi	형 어둡다, 까맣다
□	黑板 3급	hēibǎn	명 칠판
□	很 1급	hěn	부 매우, 대단히
□	红 2급	hóng	형 붉다, 빨갛다
□	厚 4급	hòu	형 두껍다, 두텁다
□	后悔 4급	hòuhuǐ	동 후회하다, 뉘우치다
□	后来 3급	hòulái	명 나중, 훗날
□	后面 1급	hòumian	명 다음, 뒤, 뒤쪽
□	互联网 4급	hùliánwǎng	명 인터넷
□	护士 4급	hùshi	명 간호사
□	互相 4급	hùxiāng	부 서로, 상호
□	护照 3급	hùzhào	명 여권
□	花 3급	huā	동 쓰다, 소비하다
□	花 3급	huā	명 꽃
□	画 3급	huà	동 (그림을) 그리다 명 그림

☐	怀疑 4급	huáiyí	동 의심하다
☐	坏 3급	huài	형 나쁘다 동 고장나다, 상하다
☐	欢迎 3급	huānyíng	동 환영하다
☐	还 3급	huán	동 반납하다, 돌려주다, 갚다
☐	环境 3급	huánjìng	명 환경
☐	换 3급	huàn	동 바꾸다, 교환하다
☐	黄河 3급	Huánghé	고유 황허(중국의 강, 황하)
☐	回 1급	huí	동 돌아오다, 돌아가다
☐	回答 3급	huídá	동 대답하다, 응답하다
☐	回忆 4급	huíyì	동 회상하다, 추억하다
☐	会 1급	huì	조동 ~할 것이다, (배워서) ~을 할 수 있다
☐	会议 3급	huìyì	명 회의
☐	活动 4급	huódòng	명 행사, 활동 동 움직이다, 활동하다
☐	活泼 4급	huópō	형 활발하다, 활달하다
☐	火 4급	huǒ	명 불
☐	火车站 2급	huǒchēzhàn	명 기차역
☐	获得 4급	huòdé	동 (추상적인 것을) 받다, 얻다, 취득하다
☐	或者 3급	huòzhě	접 ~이거나, ~이든지

J

☐	机场 2급	jīchǎng	명 공항
☐	基础 4급	jīchǔ	명 기초, 토대
☐	鸡蛋 2급	jīdàn	명 달걀
☐	激动 4급	jīdòng	형 감격하다, 감동하다
☐	几乎 3급	jīhū	부 거의
☐	机会 3급	jīhuì	명 기회
☐	积极 4급	jījí	형 적극적이다, 긍정적이다
☐	积累 4급	jīlěi	동 쌓이다, 누적하다
☐	极 3급	jí	부 아주, 극히
☐	及时 4급	jíshí	부 즉시, 곧바로 형 시기적절하다
☐	即使 4급	jíshǐ	접 설령 ~하더라도
☐	几 1급	jǐ	수 몇[1부터 10까지의 불특정한 수] 대 몇[의문대사]
☐	寄 4급	jì	동 (우편으로) 보내다, 부치다
☐	记得 3급	jìde	동 기억하고 있다
☐	计划 4급	jìhuà	동 ~할 계획이다 명 계획

A B C D E F G H J K L M N O P Q R S T W X Y Z

□	季节 3급	jìjié	명 계절
□	既然 4급	jìrán	접 ~인 이상, ~이 된 바에야
□	技术 4급	jìshù	명 기술
□	继续 4급	jìxù	동 계속하다
□	记者 4급	jìzhě	명 기자
□	家 1급	jiā	명 집, 가정 양 [집·가게를 세는 단위]
□	加班 4급	jiābān	동 야근하다, 초과 근무를 하다
□	家具 4급	jiājù	명 가구
□	加油站 4급	jiāyóuzhàn	명 주유소
□	假 4급	jiǎ	형 거짓이다, 가짜이다
□	价格 4급	jiàgé	명 가격, 값
□	坚持 4급	jiānchí	동 꾸준히 하다, 견지하다
□	检查 3급	jiǎnchá	동 검사하다, 점검하다
□	简单 3급	jiǎndān	형 간단하다, 단순하다
□	减肥 4급	jiǎnféi	동 다이어트하다, 살을 빼다
□	减少 4급	jiǎnshǎo	동 줄이다, 감소하다
□	件 2급	jiàn	양 벌, 건, 개[의류, 각각의 물건을 세는 단위]
□	健康 3급	jiànkāng	형 건강하다
□	见面 3급	jiànmiàn	동 만나다, 대면하다
□	建议 4급	jiànyì	동 제안하다 명 제안
□	将来 4급	jiānglái	명 장래, 미래
□	讲 3급	jiǎng	동 말하다, 설명하다
□	奖金 4급	jiǎngjīn	명 보너스, 상금
□	降低 4급	jiàngdī	동 내려가다, 내리다, 낮추다
□	降落 4급	jiàngluò	동 착륙하다, 내려오다
□	交 4급	jiāo	동 제출하다, 건네다
□	教 3급	jiāo	동 가르치다
□	骄傲 4급	jiāo'ào	형 거만하다, 오만하다, 자랑스럽다
□	交流 4급	jiāoliú	동 서로 소통하다, 교류하다
□	郊区 4급	jiāoqū	명 교외, (도시의) 변두리
□	交通 4급	jiāotōng	명 교통
□	角 3급	jiǎo	양 자오[중국의 화폐 단위, 1위안(元)의 1/10]
□	脚 3급	jiǎo	명 발
□	饺子 4급	jiǎozi	명 만두, 교자

□	叫 1급	jiào	동 ~이라고 하다, 부르다, 소리지르다
□	教室 2급	jiàoshì	명 교실
□	教授 4급	jiàoshòu	명 교수
□	教育 4급	jiàoyù	명 교육 동 교육하다
□	接 3급	jiē	동 잇다, 연결하다, 마중하다
□	街道 3급	jiēdào	명 길거리, 거리
□	接受 4급	jiēshòu	동 받아들이다, 받다
□	接着 4급	jiēzhe	부 이어서, 연이어 동 (말을) 이어서
□	节 4급	jié	양 [수업의 수를 세는 단위] 명 명절
□	结果 4급	jiéguǒ	접 결국, 마침내 명 결과, 결실
□	结婚 3급	jiéhūn	동 결혼하다
□	节目 3급	jiémù	명 프로그램, 항목
□	节日 3급	jiérì	명 명절, 기념일
□	结束 3급	jiéshù	동 끝나다, 마치다
□	节约 4급	jiéyuē	동 절약하다, 아끼다
□	姐姐 2급	jiějie	명 누나, 언니
□	解决 3급	jiějué	동 해결하다, 풀다
□	解释 4급	jiěshì	동 해명하다, 해석하다
□	借 3급	jiè	동 빌려주다, 빌리다
□	介绍 2급	jièshào	동 소개하다
□	今天 1급	jīntiān	명 오늘, 현재
□	尽管 4급	jǐnguǎn	접 비록 ~이라 하더라도 부 얼마든지
□	紧张 4급	jǐnzhāng	형 긴박하다, 긴장해 있다, 불안하다
□	进 2급	jìn	동 (밖에서 안으로) 들다, 나아가다
□	近 2급	jìn	형 가깝다
□	进行 4급	jìnxíng	동 진행하다
□	禁止 4급	jìnzhǐ	동 금지하다
□	精彩 4급	jīngcǎi	형 훌륭하다, 뛰어나다
□	经常 3급	jīngcháng	부 자주, 늘, 항상
□	经过 3급	jīngguò	동 (장소, 시간 등을) 지나다, 경과하다, 경험하다
□	经济 4급	jīngjì	명 경제
□	京剧 4급	jīngjù	명 경극
□	经理 3급	jīnglǐ	명 사장, 매니저
□	经历 4급	jīnglì	명 경력, 경험 동 경험하다

A B C D E F G H J K L M N O P Q R S T W X Y Z

☐	经验 4급	jīngyàn	명 경험, 체험 동 경험하다, 겪다
☐	警察 4급	jǐngchá	명 경찰
☐	景色 4급	jǐngsè	명 경치, 풍경
☐	竟然 4급	jìngrán	부 뜻밖에, 의외로
☐	竞争 4급	jìngzhēng	동 경쟁하다
☐	镜子 4급	jìngzi	명 거울
☐	究竟 4급	jiūjìng	부 도대체
☐	九 1급	jiǔ	수 9, 아홉
☐	久 3급	jiǔ	형 오래되다, 시간이 길다
☐	就 2급	jiù	부 바로, 곧, 즉시
☐	旧 3급	jiù	형 낡다, 옛날의
☐	举 4급	jǔ	동 들다, 들어 올리다
☐	举办 4급	jǔbàn	동 개최하다, 열다
☐	举行 4급	jǔxíng	동 개최하다, 열다
☐	聚会 4급	jùhuì	명 모임 동 모이다
☐	拒绝 4급	jùjué	동 거절하다, 거부하다
☐	距离 4급	jùlí	동 ~로부터 명 거리, 간격
☐	句子 3급	jùzi	명 문장
☐	觉得 2급	juéde	동 생각하다, ~이라고 여기다
☐	决定 3급	juédìng	동 결정하다 명 결정

K

☐	咖啡 2급	kāfēi	명 커피
☐	开 1급	kāi	동 운전하다, 열다, 켜다
☐	开始 2급	kāishǐ	동 시작하다
☐	开玩笑 4급	kāiwánxiào	동 농담하다, 웃기다
☐	开心 4급	kāixīn	형 기쁘다, 즐겁다
☐	看 1급	kàn	동 보다
☐	看法 4급	kànfǎ	명 견해, 의견, 생각
☐	看见 1급	kànjiàn	동 보다, 보이다
☐	考虑 4급	kǎolǜ	동 고려하다, 생각하다
☐	考试 2급	kǎoshì	동 시험을 보다(치다) 명 시험
☐	烤鸭 4급	kǎoyā	명 오리구이
☐	棵 4급	kē	양 그루, 포기
☐	科学 4급	kēxué	명 과학

□	咳嗽 4급	késou	동 기침하다
□	渴 3급	kě	형 목마르다
□	可爱 3급	kě'ài	형 귀엽다, 사랑스럽다
□	可怜 4급	kělián	형 불쌍하다, 가련하다
□	可能 2급	kěnéng	조동 아마도 (~일 것이다)
□	可是 4급	kěshì	접 그러나, 하지만
□	可惜 4급	kěxī	형 아쉽다, 아깝다
□	可以 2급	kěyǐ	조동 ~할 수 있다, ~해도 좋다
□	刻 3급	kè	양 15분
□	课 2급	kè	명 수업, 강의
□	客人 3급	kèrén	명 손님, 방문객
□	客厅 4급	kètīng	명 거실, 응접실
□	肯定 4급	kěndìng	부 확실히 동 확신하다, 인정하다
□	空 4급	kōng / kòng	형 비다, 내용이 없다 명 [kòng] 틈, 짬
□	空气 4급	kōngqì	명 공기
□	空调 3급	kōngtiáo	명 에어컨
□	恐怕 4급	kǒngpà	부 아마 ~일 것이다
□	口 3급	kǒu	명 입구, 입 양 마디, 식구
□	哭 3급	kū	동 울다
□	苦 4급	kǔ	형 쓰다, 힘들다, 고생스럽다
□	块 1급	kuài	양 위안(元), 덩이, 조각
□	快 2급	kuài	형 빠르다 부 빨리, 곧, 어서
□	快乐 2급	kuàilè	형 즐겁다, 행복하다
□	筷子 3급	kuàizi	명 젓가락
□	矿泉水 4급	kuàngquánshuǐ	명 생수, 미네랄 워터
□	裤子 3급	kùzi	명 바지
□	困 4급	kùn	형 피곤하다, 졸리다
□	困难 4급	kùnnan	명 어려움, 빈곤 형 곤란하다, 어렵다

L

□	拉 4급	lā	동 끌어당기다, 끌다, 당기다
□	垃圾桶 4급	lājītǒng	명 쓰레기통
□	辣 4급	là	형 맵다
□	来 1급	lái	동 오다
□	来不及 4급	láibují	동 (시간이 촉박하여) ~할 수 없다, 겨를이 없다

□	来得及 4급	láidejí	동 (제 시간에) 늦지 않다, 이를 수 있다
□	来自 4급	láizì	동 ~에서 오다, ~으로부터 오다
□	蓝 3급	lán	형 파랗다
□	懒 4급	lǎn	형 게으르다, 나태하다
□	浪费 4급	làngfèi	동 낭비하다, 헛되이 쓰다
□	浪漫 4급	làngmàn	형 낭만적이다
□	老 3급	lǎo	형 늙다, 오래되다 부 자주, 언제나
□	老虎 4급	lǎohǔ	명 호랑이
□	老师 1급	lǎoshī	명 선생님, 스승
□	了 1급	le	조 [동작 또는 변화가 완료되었음을 나타냄]
□	累 2급	lèi	형 피곤하다, 지치다
□	冷 1급	lěng	형 춥다, 차다
□	冷静 4급	lěngjìng	형 침착하다, 냉정하다
□	离 2급	lí	개 ~으로부터, ~에서
□	里 1급	li	명 안, 안쪽, 내부
□	离开 3급	líkāi	동 떠나다, 벗어나다
□	礼拜天 4급	lǐbàitiān	명 일요일
□	理发 4급	lǐfà	동 이발하다
□	理解 4급	lǐjiě	동 이해하다, 알다
□	礼貌 4급	lǐmào	명 예의 형 예의 바르다
□	礼物 3급	lǐwù	명 선물
□	理想 4급	lǐxiǎng	형 이상적이다(바라는 바에 부합됨) 명 이상
□	厉害 4급	lìhai	형 심하다, 대단하다
□	力气 4급	lìqi	명 힘, 역량
□	例如 4급	lìrú	동 예를 들다, 예컨대
□	历史 3급	lìshǐ	명 역사
□	俩 4급	liǎ	수 두 사람, 두 개
□	连 4급	lián	개 ~(조차)도, ~마저도 동 연결되다, 잇다
□	联系 4급	liánxì	동 연락하다, 연결하다
□	脸 3급	liǎn	명 얼굴
□	练习 3급	liànxí	동 연습하다, 익히다
□	凉快 4급	liángkuai	형 시원하다, 서늘하다
□	两 2급	liǎng	수 2, 둘, 두 개의
□	辆 3급	liàng	양 대, 량[차량·자전거 등 탈 것을 세는 단위]

□ 聊天(儿) 3급	liáotiān(r)	동 수다를 떨다, 잡담하다
□ 了解 3급	liǎojiě	동 이해하다, 조사하다, 분명히 알다
□ 邻居 3급	línjū	명 이웃, 이웃 사람
□ 零 2급	líng	수 0, 영
□ 零钱 4급	língqián	명 잔돈, 용돈
□ 另外 4급	lìngwài	접 이 외에 대 다른 것, 다른 사람
□ 留 4급	liú	동 남기다, 남다, 머무르다
□ 流利 4급	liúlì	형 (말·문장이) 유창하다
□ 流行 4급	liúxíng	동 유행하다
□ 留学 3급	liúxué	동 유학하다
□ 六 1급	liù	수 6, 여섯
□ 楼 3급	lóu	명 층, 건물, 빌딩
□ 路 2급	lù	명 길, 도로
□ 旅行 4급	lǚxíng	동 여행하다
□ 旅游 2급	lǚyóu	동 여행하다
□ 绿 3급	lǜ	형 녹색의, 푸르다
□ 律师 4급	lǜshī	명 변호사
□ 乱 4급	luàn	형 어지럽다, 혼란하다 부 함부로, 제멋대로

M

□ 吗 1급	ma	조 [문장 끝에 쓰여 의문의 어기를 나타냄]
□ 妈妈 1급	māma	명 엄마, 어머니
□ 麻烦 4급	máfan	형 귀찮다, 번거롭다 동 번거롭게 하다, 폐를 끼치다 명 번거로운 일
□ 马 3급	mǎ	명 말
□ 马虎 4급	mǎhu	형 소홀하다, 부주의하다, 건성으로 하다
□ 马上 3급	mǎshàng	부 곧, 금방, 즉시, 바로
□ 买 1급	mǎi	동 사다, 구매하다
□ 卖 2급	mài	동 팔다, 판매하다
□ 满 4급	mǎn	형 가득 차다, 가득하다
□ 满意 3급	mǎnyì	동 만족하다
□ 慢 2급	màn	형 느리다
□ 忙 2급	máng	형 바쁘다, 분주하다
□ 猫 1급	māo	명 고양이
□ 毛 4급	máo	양 마오[중국의 화폐 단위, 1위안(元)의 1/10] 명 털

□	毛巾 4급	máojīn	명 수건, 타월
□	帽子 3급	màozi	명 모자
□	没关系 1급	méi guānxi	괜찮다, 상관 없다
□	没有 1급	méiyǒu	동 없다 부 ~않다, 없다
□	每 2급	měi	대 매, 각, ~마다, 모두
□	美丽 4급	měilì	형 아름답다, 예쁘다
□	妹妹 2급	mèimei	명 여동생
□	门 2급	mén	명 문, 현관 양 과목, 가지
□	梦 4급	mèng	명 꿈
□	迷路 4급	mílù	동 길을 잃다
□	米 3급	mǐ	양 미터(m) 명 쌀
□	米饭 1급	mǐfàn	명 밥, 쌀밥
□	密码 4급	mìmǎ	명 비밀번호, 암호
□	免费 4급	miǎnfèi	동 무료로 하다
□	面包 3급	miànbāo	명 빵
□	面条 2급	miàntiáo	명 국수
□	秒 4급	miǎo	양 초
□	民族 4급	mínzú	명 민족
□	明白 3급	míngbai	동 이해하다, 알다 형 분명하다, 명백하다
□	明天 1급	míngtiān	명 내일
□	名字 1급	míngzi	명 이름
□	母亲 4급	mǔqīn	명 어머니, 모친
□	目的 4급	mùdì	명 목적

N

□	拿 3급	ná	동 가지다, 잡다, 쥐다
□	哪 1급	nǎ	대 어느, 어디
□	哪儿 1급	nǎr	대 어디, 어느 곳
□	那 1급	nà	대 그, 저, 그곳
□	奶奶 3급	nǎinai	명 할머니
□	耐心 4급	nàixīn	명 인내심 형 인내심이 있다, 참을성이 있다
□	男 2급	nán	명 남자, 남성
□	南 3급	nán	명 남쪽
□	难 3급	nán	형 어렵다, 힘들다
□	难道 4급	nándào	부 설마 ~하겠는가?

□	难过 3급	nánguò	형 슬프다, 괴롭다, 힘들게 보내다
□	难受 4급	nánshòu	형 (몸이) 불편하다, 괴롭다
□	呢 1급	ne	조 [문장의 끝에 쓰여 동작이나 상태가 계속되고 있음을 나타내거나 의문의 어기를 나타냄]
□	内 4급	nèi	명 안, 속, 내부
□	内容 4급	nèiróng	명 내용
□	能 1급	néng	조동 ~할 수 있다
□	能力 4급	nénglì	명 능력
□	你 1급	nǐ	대 너, 당신
□	年 1급	nián	명 년, 해
□	年级 3급	niánjí	명 학년
□	年龄 4급	niánlíng	명 나이, 연령
□	年轻 3급	niánqīng	형 젊다, 어리다
□	鸟 3급	niǎo	명 새
□	您 2급	nín	대 당신[你의 존칭]
□	牛奶 2급	niúnǎi	명 우유
□	弄 4급	nòng	동 하다, 다루다
□	努力 3급	nǔlì	동 노력하다, 힘쓰다
□	暖和 4급	nuǎnhuo	형 따뜻하다
□	女 2급	nǚ	명 여자, 여성
□	女儿 1급	nǚ'ér	명 딸

O

□	偶尔 4급	ǒu'ěr	부 때때로, 가끔

P

□	爬山 3급	páshān	동 등산하다
□	排队 4급	páiduì	동 줄을 서다
□	排列 4급	páiliè	동 배열하다, 정렬하다
□	盘子 3급	pánzi	명 접시, 쟁반
□	判断 4급	pànduàn	명 판단 동 판단하다
□	旁边 2급	pángbiān	명 옆, 근처, 부근
□	胖 3급	pàng	형 뚱뚱하다
□	跑步 2급	pǎobù	동 달리다, 뛰다
□	陪 4급	péi	동 모시다, 동반하다
□	朋友 1급	péngyou	명 친구

□	皮肤 4급	pífū	명 피부
□	啤酒 3급	píjiǔ	명 맥주
□	篇 4급	piān	양 편, 장[문장·종이의 수를 셀 때 쓰임]
□	便宜 2급	piányi	형 (값이) 싸다
□	骗 4급	piàn	동 속이다, 기만하다
□	票 2급	piào	명 표, 티켓
□	漂亮 1급	piàoliang	형 예쁘다, 아름답다
□	批评 4급	pīpíng	동 비판하다, 비평하다
□	脾气 4급	píqi	명 성질, 성격, 기질
□	皮鞋 3급	píxié	명 가죽 구두
□	乒乓球 4급	pīngpāngqiú	명 탁구
□	苹果 1급	píngguǒ	명 사과
□	平时 4급	píngshí	명 평소, 평상시
□	瓶子 3급	píngzi	명 병
□	破 4급	pò	동 깨지다, 해지다, 찢어지다
□	葡萄 4급	pútao	명 포도
□	普遍 4급	pǔbiàn	형 보편적이다
□	普通话 4급	pǔtōnghuà	명 (현대 중국어의) 표준어

Q

□	七 1급	qī	수 7, 일곱
□	妻子 2급	qīzi	명 아내, 부인
□	骑 3급	qí	동 (동물이나 자전거 등에) 타다
□	其次 4급	qícì	대 그 다음, 다음
□	奇怪 3급	qíguài	형 이상하다, 기괴하다
□	其实 3급	qíshí	부 사실, 실은
□	其他 3급	qítā	대 다른 사람, 기타, 그 밖
□	其中 4급	qízhōng	대 그 중, 그 안에
□	起床 2급	qǐchuáng	동 일어나다, 기상하다
□	起飞 3급	qǐfēi	동 이륙하다, 떠오르다
□	起来 3급	qǐlai	동 일어서다, 일어나다
□	气候 4급	qìhòu	명 기후
□	千 2급	qiān	수 1000, 천
□	铅笔 2급	qiānbǐ	명 연필
□	千万 4급	qiānwàn	부 절대로, 반드시, 부디

□ 签证 4급	qiānzhèng	명 비자(visa)
□ 钱 1급	qián	명 돈, 화폐
□ 前面 1급	qiánmian	명 앞쪽, 앞, 전면
□ 敲 4급	qiāo	동 두드리다, 치다
□ 桥 4급	qiáo	명 교량, 다리
□ 巧克力 4급	qiǎokèlì	명 초콜릿
□ 亲戚 4급	qīnqi	명 친척
□ 轻 4급	qīng	부 가볍다
□ 清楚 3급	qīngchu	형 명확하다, 분명하다
□ 轻松 4급	qīngsōng	형 편안하다, 수월하다, 가뿐하다
□ 晴 2급	qíng	형 (하늘이) 맑다
□ 情况 4급	qíngkuàng	명 상황, 정황
□ 请 1급	qǐng	동 ~해주세요, 청하다, 요구하다
□ 请假 3급	qǐngjià	동 휴가를 신청하다
□ 穷 4급	qióng	형 가난하다, 빈곤하다
□ 秋 3급	qiū	명 가을
□ 区别 4급	qūbié	명 차이, 구별 동 구별하다
□ 取 4급	qǔ	동 찾다, 받다, 취하다
□ 去 1급	qù	동 가다
□ 去年 2급	qùnián	명 작년
□ 全部 4급	quánbù	명 전부
□ 缺点 4급	quēdiǎn	명 단점, 결점
□ 缺少 4급	quēshǎo	동 부족하다, 모자라다
□ 却 4급	què	부 오히려, 하지만, 도리어
□ 确实 4급	quèshí	부 확실히, 틀림없이 형 확실하다
□ 裙子 3급	qúnzi	명 치마, 스커트

R

□ 然而 4급	rán'ér	접 그러나, 하지만
□ 然后 3급	ránhòu	접 그 다음에, 그런 후에
□ 让 2급	ràng	동 ~하게 하다
□ 热 1급	rè	형 덥다, 뜨겁다
□ 热闹 4급	rènao	형 시끌벅적하다, 떠들썩하다
□ 热情 3급	rèqíng	명 열정 형 열정적이다, 친절하다
□ 人 1급	rén	명 사람, 인간

□	任何 4급	rènhé	대 어떠한, 무슨
□	认识 1급	rènshi	동 알다, 인식하다 명 인식
□	认为 3급	rènwéi	동 ~이라고 생각하다, ~이라고 여기다
□	任务 4급	rènwu	명 임무
□	认真 3급	rènzhēn	형 성실하다, 진지하다
□	扔 4급	rēng	동 버리다, 던지다
□	仍然 4급	réngrán	부 여전히, 변함없이
□	日 2급	rì	명 일, 날
□	日记 4급	rìjì	명 일기
□	容易 3급	róngyì	형 쉽다
□	如果 3급	rúguǒ	접 만약
□	入口 4급	rùkǒu	명 입구

S

□	三 1급	sān	수 3, 셋
□	伞 3급	sǎn	명 우산
□	散步 4급	sànbù	동 산책하다
□	森林 4급	sēnlín	명 숲, 삼림
□	沙发 4급	shāfā	명 소파(sofa)
□	商店 1급	shāngdiàn	명 상점
□	商量 4급	shāngliang	동 상의하다, 의논하다
□	伤心 4급	shāngxīn	형 상심하다, 슬퍼하다
□	上 1급	shàng	명 (시간 등의) 지난, 앞, 위
□	上班 2급	shàngbān	동 출근하다
□	上网 3급	shàngwǎng	동 인터넷을 하다
□	上午 1급	shàngwǔ	명 오전
□	稍微 4급	shāowēi	부 약간, 조금
□	勺子 4급	sháozi	명 숟가락, 국자, 주걱
□	少 1급	shǎo	형 (수량이) 적다 동 모자라다, 없다
□	社会 4급	shèhuì	명 사회
□	谁 1급	shéi	대 누구
□	深 4급	shēn	형 깊다
□	身体 2급	shēntǐ	명 몸, 신체
□	申请 4급	shēnqǐng	동 신청하다, 요구하다
□	什么 1급	shénme	대 어떤, 무엇, 무슨

☐	甚至 4급	shènzhì	접 심지어, ~까지도
☐	生病 2급	shēngbìng	동 병이 나다, 병에 걸리다
☐	生活 4급	shēnghuó	명 생활 동 생활하다
☐	生命 4급	shēngmìng	명 생명
☐	生气 3급	shēngqì	동 화나다, 화내다
☐	生日 2급	shēngrì	명 생일
☐	生意 4급	shēngyi	명 사업, 장사, 영업
☐	声音 3급	shēngyīn	명 목소리, 소리
☐	省 4급	shěng	명 성[중국의 최상급 지방 행정 단위] 동 절약하다, 아끼다
☐	剩 4급	shèng	동 남다
☐	失败 4급	shībài	동 실패하다, 패배하다
☐	师傅 4급	shīfu	명 기사, 스승, 사부
☐	失望 4급	shīwàng	동 실망하다 형 실망스럽다
☐	十 1급	shí	수 10, 열
☐	十分 4급	shífēn	부 매우, 아주
☐	时候 1급	shíhou	명 때, 시간, 무렵
☐	实际 4급	shíjì	명 실제 형 실제적이다
☐	时间 2급	shíjiān	명 시간
☐	实在 4급	shízài	부 확실히, 정말
☐	使 4급	shǐ	동 (~에게) ~하게 하다
☐	使用 4급	shǐyòng	동 사용하다
☐	是 1급	shì	동 ~이다
☐	试 3급	shì	동 시험하다, 시험 삼아 해 보다
☐	是否 4급	shìfǒu	부 ~인지 아닌지
☐	适合 4급	shìhé	동 적합하다, 적절하다, 알맞다
☐	世纪 4급	shìjì	명 세기
☐	世界 3급	shìjiè	명 세계, 세상
☐	事情 2급	shìqing	명 일, 사건
☐	适应 4급	shìyìng	동 적응하다
☐	收 4급	shōu	동 받다, 거두어들이다
☐	收入 4급	shōurù	명 수입, 소득
☐	收拾 4급	shōushi	동 치우다, 정리하다, 청소하다
☐	手表 2급	shǒubiǎo	명 손목시계
☐	首都 4급	shǒudū	명 (한 나라의) 수도

□	手机 2급	shǒujī	명 휴대폰
□	首先 4급	shǒuxiān	부 가장 먼저, 맨 먼저 대 첫째, 첫 번째
□	瘦 3급	shòu	형 마르다, 여위다
□	受不了 4급	shòubuliǎo	동 견딜 수 없다
□	受到 4급	shòudào	동 받다
□	售货员 4급	shòuhuòyuán	명 점원, 판매원
□	输 4급	shū	동 패하다, 지다
□	书 1급	shū	명 책
□	舒服 3급	shūfu	형 편안하다, 안락하다
□	叔叔 3급	shūshu	명 삼촌, 숙부, 아저씨
□	熟悉 4급	shúxi	동 잘 알다, 익숙하다
□	树 3급	shù	명 나무, 수목
□	数量 4급	shùliàng	명 수량, 양
□	数学 3급	shùxué	명 수학
□	数字 4급	shùzì	명 숫자, 수
□	刷牙 3급	shuāyá	동 이를 닦다, 양치질하다
□	帅 4급	shuài	형 멋지다, 잘생기다
□	双 3급	shuāng	양 쌍, 켤레[짝을 이룬 물건을 세는 단위]
□	水 1급	shuǐ	명 물
□	水果 1급	shuǐguǒ	명 과일
□	水平 3급	shuǐpíng	명 수준, 능력
□	睡觉 1급	shuìjiào	동 잠을 자다
□	顺便 4급	shùnbiàn	부 겸사겸사, ~하는 김에
□	顺利 4급	shùnlì	형 순조롭다
□	顺序 4급	shùnxù	명 순서, 차례
□	说 1급	shuō	동 말하다, 설명하다
□	说话 2급	shuōhuà	동 말하다, 이야기하다
□	说明 4급	shuōmíng	동 설명하다, 해설하다
□	硕士 4급	shuòshì	명 석사 (학위)
□	司机 3급	sījī	명 기사, 운전사
□	死 4급	sǐ	동 죽다
□	四 1급	sì	수 4, 넷
□	送 2급	sòng	동 주다, 선물하다, 보내다, 바래다주다, 배웅하다
□	速度 4급	sùdù	명 속도

□	塑料袋 4급	sùliàodài	명 비닐봉지
□	酸 4급	suān	형 시다
□	虽然…… 但是…… 2급	suīrán…… dànshì……	접 비록 ~일지라도, 그러나 ~하다
□	随便 4급	suíbiàn	부 마음대로, 좋을 대로 동 마음대로 하다
□	随着 4급	suízhe	개 ~에 따라서, ~에 따르다
□	岁 1급	suì	양 살, 세[나이를 셀 때 쓰임]
□	孙子 4급	sūnzi	명 손자
□	所有 4급	suǒyǒu	형 모든, 전부의

T

□	她 1급	tā	대 그녀, 그 여자
□	他 1급	tā	대 그, 그 사람
□	它 2급	tā	대 그, 그것[사람 이외의 것을 가리킴]
□	抬 4급	tái	동 들다, 들어 올리다
□	台 4급	tái	명 무대 양 대[기계·설비 등을 세는 단위]
□	太 1급	tài	부 너무, 매우, 아주
□	态度 4급	tàidu	명 태도
□	太阳 3급	tàiyáng	명 태양
□	谈 4급	tán	동 토론하다, 말하다
□	弹钢琴 4급	tán gāngqín	피아노를 치다
□	汤 4급	tāng	명 국, 탕
□	糖 4급	táng	명 설탕, 사탕
□	躺 4급	tǎng	동 눕다, 드러눕다
□	趟 4급	tàng	양 차례, 번[횟수를 세는 데 쓰임]
□	讨论 4급	tǎolùn	동 토론하다
□	讨厌 4급	tǎoyàn	동 싫어하다, 미워하다 형 싫다, 성가시다
□	特别 3급	tèbié	부 아주, 특히 형 특이하다, 특별하다
□	特点 4급	tèdiǎn	명 특징, 특색
□	疼 3급	téng	형 아프다
□	踢足球 2급	tī zúqiú	축구를 하다
□	题 2급	tí	명 문제
□	提 4급	tí	동 (생각이나 의견 등을) 내다, 언급하다, 꺼내다
□	提高 3급	tígāo	동 향상시키다, 높이다
□	提供 4급	tígōng	동 제공하다, 공급하다

□	提前 4급	tíqián	동 (예정된 시간·위치를) 앞당기다
□	提醒 4급	tíxǐng	동 일깨우다, 깨우치다
□	体育 3급	tǐyù	명 체육, 스포츠
□	天气 1급	tiānqì	명 날씨
□	甜 3급	tián	형 달다
□	填空 4급	tiánkòng	동 빈칸을 채우다, 괄호를 채우다
□	条 3급	tiáo	양 [가늘고 긴 것을 세는 단위]
□	条件 4급	tiáojiàn	명 조건
□	跳舞 2급	tiàowǔ	동 춤을 추다
□	听 1급	tīng	동 듣다
□	停 4급	tíng	동 세우다, 서다, 정지하다, 멈추다
□	挺 4급	tǐng	부 꽤, 제법, 아주, 매우
□	通过 4급	tōngguò	동 통과하다, 지나가다 개 ~를 통해
□	通知 4급	tōngzhī	동 통지하다 명 통지서
□	同情 4급	tóngqíng	동 동정하다
□	同时 4급	tóngshí	명 동시
□	同事 3급	tóngshì	명 동료
□	同学 1급	tóngxué	명 동창, 학우
□	同意 3급	tóngyì	동 동의하다, 찬성하다
□	头发 3급	tóufa	명 머리카락
□	突然 3급	tūrán	형 갑작스럽다, 의외다
□	图书馆 3급	túshūguǎn	명 도서관
□	推 4급	tuī	동 미루다, 밀다
□	推迟 4급	tuīchí	동 미루다, 연기하다
□	腿 3급	tuǐ	명 다리
□	脱 4급	tuō	동 벗다

W

□	袜子 4급	wàzi	명 양말, 스타킹
□	外 2급	wài	명 밖, 겉, 바깥쪽, ~이외에, 외국
□	完 2급	wán	동 끝내다, 마치다
□	玩 2급	wán	동 놀다
□	完成 3급	wánchéng	동 완성하다
□	完全 4급	wánquán	부 완전히 형 완전하다
□	碗 3급	wǎn	양 그릇, 공기, 사발

□	晚上 2급	wǎnshang	명 저녁
□	万 3급	wàn	수 10000, 만
□	往 2급	wǎng	개 ~쪽으로, ~을 향해
□	网球 4급	wǎngqiú	명 테니스
□	往往 4급	wǎngwǎng	부 종종, 자주
□	网站 4급	wǎngzhàn	명 웹사이트
□	忘记 3급	wàngjì	동 잊어버리다, 까먹다
□	危险 4급	wēixiǎn	형 위험하다 명 위험
□	喂 1급	wéi	감 여보세요
□	位 3급	wèi	양 분, 명
□	为 3급	wèi	개 ~에게, ~때문에, ~을 위해
□	味道 4급	wèidao	명 맛
□	为了 3급	wèile	개 ~을 하기 위하여, ~을 위해서
□	卫生间 4급	wèishēngjiān	명 화장실
□	为什么 2급	wèishénme	대 왜, 어째서
□	温度 4급	wēndù	명 온도
□	文化 3급	wénhuà	명 문화
□	文章 4급	wénzhāng	명 글, 문장, 저작
□	问 2급	wèn	동 묻다, 질문하다
□	问题 2급	wèntí	명 질문, 문제
□	我 1급	wǒ	대 나, 저
□	我们 1급	wǒmen	대 우리(들)
□	污染 4급	wūrǎn	동 오염되다, 오염시키다
□	无 4급	wú	동 없다
□	无聊 4급	wúliáo	형 지루하다, 심심하다
□	无论 4급	wúlùn	접 ~에 관계없이, ~을 막론하고
□	五 1급	wǔ	수 5, 다섯
□	误会 4급	wùhuì	명 오해 동 오해하다

X

□	西 3급	xī	명 서쪽
□	西瓜 2급	xīguā	명 수박
□	西红柿 4급	xīhóngshì	명 토마토
□	希望 2급	xīwàng	동 바라다, 희망하다 명 희망, 가능성
□	吸引 4급	xīyǐn	동 끌어들이다, 매료시키다, 사로잡다

□	习惯 3급	xíguàn	명 습관 동 습관이 되다, 익숙해지다
□	洗 2급	xǐ	동 빨다, 씻다
□	喜欢 1급	xǐhuan	동 좋아하다
□	洗手间 3급	xǐshǒujiān	명 화장실
□	洗澡 3급	xǐzǎo	동 목욕하다, 씻다
□	下 1급	xià	동 내리다 명 아래, 밑, 다음
□	夏 3급	xià	명 여름
□	下午 1급	xiàwǔ	명 오후
□	下雨 1급	xiàyǔ	동 비가 내리다
□	先 3급	xiān	부 먼저, 우선
□	先生 1급	xiānsheng	명 선생님[성인 남성에 대한 경칭]
□	咸 4급	xián	형 짜다
□	现金 4급	xiànjīn	명 현금
□	羡慕 4급	xiànmù	동 부러워하다
□	现在 1급	xiànzài	명 지금, 현재
□	香 4급	xiāng	형 향기롭다, (음식이) 맛있다
□	相反 4급	xiāngfǎn	형 상반되다 접 반대로, 도리어
□	香蕉 3급	xiāngjiāo	명 바나나
□	相同 4급	xiāngtóng	형 서로 같다, 똑같다
□	相信 3급	xiāngxìn	동 믿다, 신뢰하다
□	详细 4급	xiángxì	형 상세하다, 자세하다
□	想 1급	xiǎng	조동 ~하려고 하다 동 생각하다
□	响 4급	xiǎng	동 울리다, (소리가) 나다
□	像 3급	xiàng	동 닮다, ~와 같다
□	向 3급	xiàng	개 ~으로, ~을 향해, ~에게
□	橡皮 4급	xiàngpí	명 지우개
□	消息 4급	xiāoxi	명 소식, 뉴스
□	小 1급	xiǎo	형 작다, (나이, 수량이) 적다
□	小吃 4급	xiǎochī	명 먹거리, 간식
□	小伙子 4급	xiǎohuǒzi	명 젊은이, 청년
□	小姐 1급	xiǎojiě	명 아가씨
□	小时 2급	xiǎoshí	명 시간
□	小说 4급	xiǎoshuō	명 소설
□	小心 3급	xiǎoxīn	동 조심하다, 주의하다 형 신중하다

□ 笑 2급	xiào	동 웃다
□ 效果 4급	xiàoguǒ	명 효과
□ 笑话 4급	xiàohua	명 농담, 우스갯소리
□ 校长 3급	xiàozhǎng	명 교장
□ 些 1급	xiē	양 몇, 약간, 조금[적은 수량을 나타냄]
□ 写 1급	xiě	동 쓰다, 적다
□ 谢谢 1급	xièxie	동 고맙습니다, 감사합니다
□ 新 2급	xīn	형 새롭다 부 새로
□ 辛苦 4급	xīnkǔ	형 고생스럽다, 수고스럽다
□ 心情 4급	xīnqíng	명 마음, 기분, 감정
□ 新闻 3급	xīnwén	명 뉴스
□ 新鲜 3급	xīnxiān	형 신선하다
□ 信封 4급	xìnfēng	명 봉투, 편지 봉투
□ 信息 4급	xìnxī	명 정보, 소식
□ 信心 4급	xìnxīn	명 자신(감), 확신
□ 信用卡 3급	xìnyòngkǎ	명 신용카드
□ 兴奋 4급	xīngfèn	형 흥분하다, 감격하다 명 흥분
□ 星期 1급	xīngqī	명 주, 요일
□ 行 4급	xíng	형 된다, 좋다 동 걷다
□ 行李箱 3급	xínglǐxiāng	명 캐리어, 여행용 가방
□ 醒 4급	xǐng	동 깨다, 깨어나다
□ 姓 2급	xìng	동 성이 ~이다 명 성, 성씨
□ 性别 4급	xìngbié	명 성별
□ 幸福 4급	xìngfú	명 행복 형 행복하다
□ 性格 4급	xìnggé	명 성격
□ 熊猫 3급	xióngmāo	명 판다
□ 修理 4급	xiūlǐ	동 수리하다, 고치다
□ 休息 2급	xiūxi	동 쉬다, 휴식하다
□ 需要 3급	xūyào	동 필요하다, 요구되다 명 요구
□ 许多 4급	xǔduō	수 매우 많다
□ 选择 3급	xuǎnzé	동 선택하다, 고르다
□ 学期 4급	xuéqī	명 학기
□ 学生 1급	xuésheng	명 학생
□ 学习 1급	xuéxí	동 공부하다, 학습하다

□	学校 1급	xuéxiào	명 학교
□	雪 2급	xuě	명 눈

Y

□	呀 4급	yā	감 [놀람이나 경이로움 등을 나타냄]
□	压力 4급	yālì	명 스트레스, 부담
□	牙膏 4급	yágāo	명 치약
□	亚洲 4급	Yàzhōu	고유 아시아
□	盐 4급	yán	명 소금
□	严格 4급	yángé	형 엄격하다, 엄하다
□	研究 4급	yánjiū	동 연구하다, 검토하다
□	颜色 2급	yánsè	명 색깔, 색
□	严重 4급	yánzhòng	형 심각하다, 위급하다, 중대하다
□	演出 4급	yǎnchū	동 공연하다, 상연하다
□	眼睛 2급	yǎnjing	명 눈
□	眼镜 4급	yǎnjìng	명 안경
□	演员 4급	yǎnyuán	명 배우, 연기자
□	阳光 4급	yángguāng	명 햇빛
□	羊肉 2급	yángròu	명 양고기
□	养成 4급	yǎngchéng	동 형성하다, 기르다, 키우다
□	样子 4급	yàngzi	명 모습, 모양
□	邀请 4급	yāoqǐng	동 초대하다, 초청하다
□	要求 3급	yāoqiú	명 요구 동 요구하다
□	药 2급	yào	명 약, 약물
□	要 2급	yào	조동 ~해야 한다, ~할 것이다, ~하려고 하다
□	钥匙 4급	yàoshi	명 열쇠
□	要是 4급	yàoshi	접 만약 ~라면
□	爷爷 3급	yéye	명 할아버지
□	也 2급	yě	부 ~도, 또한
□	也许 4급	yěxǔ	부 어쩌면, 아마
□	页 4급	yè	명 페이지, 쪽
□	叶子 4급	yèzi	명 잎
□	一 1급	yī	수 1, 하나
□	衣服 1급	yīfu	명 옷, 의복
□	医生 1급	yīshēng	명 의사

☐	医院 1급	yīyuàn	명 병원
☐	一定 3급	yídìng	부 반드시, 필히 형 어느 정도의, 일정한
☐	一共 3급	yígòng	부 모두, 전부
☐	一会儿 3급	yíhuìr	수량 잠시, 곧 부 ~하다가 ~하다
☐	一切 4급	yíqiè	대 모든 것, 일체, 전부
☐	一下 2급	yíxià	수량 좀 ~해보다
☐	一样 3급	yíyàng	형 같다, 동일하다
☐	以 4급	yǐ	개 ~(으)로(써), ~을 가지고
☐	已经 2급	yǐjīng	부 이미, 벌써
☐	以前 3급	yǐqián	명 예전, 이전
☐	以为 4급	yǐwéi	동 (~라고) 알다, 생각하다, 여기다
☐	椅子 1급	yǐzi	명 의자
☐	一般 3급	yìbān	형 일반적이다, 보통이다
☐	一边 3급	yìbiān	부 ~하면서 ~하다
☐	一点儿 1급	yìdiǎnr	수량 조금, 약간[불확정적인 수량을 나타냄]
☐	意见 4급	yìjiàn	명 의견, 견해
☐	一起 2급	yìqǐ	부 같이, 함께
☐	艺术 4급	yìshù	명 예술
☐	意思 2급	yìsi	명 뜻, 의미
☐	一直 3급	yìzhí	부 줄곧, 계속
☐	阴 2급	yīn	형 (하늘이) 흐리다
☐	因此 4급	yīncǐ	접 그래서, 이로 인하여
☐	因为…… 所以…… 2급	yīnwèi…… suǒyǐ……	접 ~하기 때문에, 그래서 ~하다
☐	音乐 3급	yīnyuè	명 음악
☐	银行 3급	yínháng	명 은행
☐	饮料 3급	yǐnliào	명 음료
☐	引起 4급	yǐnqǐ	동 (주의를) 끌다, 일으키다, 야기하다
☐	印象 4급	yìnxiàng	명 인상
☐	应该 3급	yīnggāi	조동 ~해야 한다
☐	赢 4급	yíng	동 이기다
☐	影响 3급	yǐngxiǎng	명 영향 동 영향을 주다
☐	应聘 4급	yìngpìn	동 지원하다, 초빙에 응하다
☐	优点 4급	yōudiǎn	명 장점

□	幽默 4급	yōumò	형 유머러스하다, 익살스럽다
□	优秀 4급	yōuxiù	형 (성적·품행 등이) 우수하다, 뛰어나다
□	由 4급	yóu	개 ~이, ~에서, ~으로부터
□	邮局 4급	yóujú	명 우체국
□	尤其 4급	yóuqí	부 특히, 더욱
□	游戏 3급	yóuxì	명 게임, 놀이
□	游泳 2급	yóuyǒng	명 수영 동 수영하다
□	由于 4급	yóuyú	개 ~때문에, ~으로 인하여
□	有 1급	yǒu	동 있다, 소유하다
□	友好 4급	yǒuhǎo	형 우호적이다
□	有名 3급	yǒumíng	형 유명하다
□	有趣 4급	yǒuqù	형 재미있다, 흥미가 있다
□	友谊 4급	yǒuyì	명 우정, 우의
□	又 3급	yòu	부 또, 다시, 거듭
□	右边 2급	yòubian	명 오른쪽
□	勇敢 4급	yǒnggǎn	형 용감하다
□	永远 4급	yǒngyuǎn	부 영원히, 항상
□	用 3급	yòng	동 사용하다, 쓰다
□	鱼 2급	yú	명 물고기, 생선
□	愉快 4급	yúkuài	형 유쾌하다, 즐겁다
□	于是 4급	yúshì	접 그래서, 이리하여
□	与 4급	yǔ	접 ~와(과), ~와(과) 함께
□	语法 4급	yǔfǎ	명 어법
□	羽毛球 4급	yǔmáoqiú	명 배드민턴
□	语言 4급	yǔyán	명 언어
□	遇到 3급	yùdào	동 만나다, 마주치다, 부닥치다
□	预习 4급	yùxí	동 예습하다
□	元 3급	yuán	양 위안[중국의 화폐 단위]
□	原来 4급	yuánlái	부 원래, 알고 보니 형 원래의 명 원래, 본래
□	原谅 4급	yuánliàng	동 용서하다, 양해하다
□	原因 4급	yuányīn	명 원인
□	远 2급	yuǎn	형 멀다
□	愿意 3급	yuànyì	동 원하다
□	约会 4급	yuēhuì	명 약속 동 약속하다

□	月 1급	yuè	명 월, 달
□	越 3급	yuè	부 점점 ~하다
□	阅读 4급	yuèdú	동 읽다, 열람하다
□	月亮 3급	yuèliang	명 달
□	云 4급	yún	명 구름
□	允许 4급	yǔnxǔ	동 허가하다, 허락하다
□	运动 2급	yùndòng	동 운동하다 명 운동

Z

□	杂志 4급	zázhì	명 잡지
□	在 1급	zài	동 ~에 있다, 존재하다 개 ~에서 부 ~하고 있는 중이다
□	再 2급	zài	부 다시, 재차
□	再见 1급	zàijiàn	동 또 뵙겠습니다, 안녕히 계십시오
□	咱们 4급	zánmen	대 우리(들)
□	暂时 4급	zànshí	형 잠시, 짧은 시간의
□	早上 2급	zǎoshang	명 아침
□	脏 4급	zāng	형 더럽다, 지저분하다
□	责任 4급	zérèn	명 책임
□	怎么 1급	zěnme	대 어떻게, 어째서
□	怎么样 1급	zěnmeyàng	대 어떠한가, 어떻다
□	增加 4급	zēngjiā	동 늘리다, 증가하다
□	站 3급	zhàn	명 정거장, 역 동 서다, 멈추다
□	占线 4급	zhànxiàn	동 통화 중이다
□	张 3급	zhāng	양 장[종이·책상 등을 세는 단위]
□	长 3급	zhǎng	동 자라다, 크다, 생기다
□	丈夫 2급	zhàngfu	명 남편
□	招聘 4급	zhāopìn	동 모집하다, 채용하다
□	着急 3급	zháojí	형 조급하다, 초조하다
□	找 2급	zhǎo	동 찾다, 구하다
□	照 4급	zhào	동 비추다, 비치다, (사진을) 찍다
□	照顾 3급	zhàogù	동 돌보다, 보살피다
□	照片 3급	zhàopiàn	명 사진
□	照相机 3급	zhàoxiàngjī	명 사진기
□	这 1급	zhè	대 이, 이것
□	着 2급	zhe	개 ~에 따라서, ~에 따르다

□	真 2급	zhēn	부 정말, 진짜로, 확실히 형 진실이다
□	真正 4급	zhēnzhèng	형 진정한, 참된
□	整理 4급	zhěnglǐ	동 정리하다, 정돈하다
□	正常 4급	zhèngcháng	형 정상이다, 정상적이다
□	正好 4급	zhènghǎo	부 마침
□	证明 4급	zhèngmíng	명 증명서 동 증명하다
□	正确 4급	zhèngquè	형 올바르다, 정확하다
□	正式 4급	zhèngshì	형 정식이다, 공식적이다
□	正在 2급	zhèngzài	부 지금 ~하고 있다
□	之 4급	zhī	조 ~의
□	只 3급	zhī	양 마리, 짝
□	支持 4급	zhīchí	동 지지하다
□	知道 2급	zhīdào	동 알다, 이해하다
□	知识 4급	zhīshi	명 지식
□	值得 4급	zhídé	동 ~할 만한 가치가 있다
□	直接 4급	zhíjiē	형 바로, 직접적이다
□	植物 4급	zhíwù	명 식물
□	职业 4급	zhíyè	명 직업
□	指 4급	zhǐ	동 (손으로) 가리키다 명 손가락
□	只 3급	zhǐ	부 단지, 다만, 겨우
□	只好 4급	zhǐhǎo	부 어쩔 수 없이, 부득이
□	只要 4급	zhǐyào	접 ~하기만 하면
□	只有……才…… 3급	zhǐyǒu……cái……	접 ~해야만, ~한다
□	质量 4급	zhìliàng	명 품질, 질
□	至少 4급	zhìshǎo	부 적어도, 최소한
□	中国 1급	Zhōngguó	고유 중국, 중화인민공화국
□	中间 3급	zhōngjiān	명 중간, 사이
□	中文 3급	Zhōngwén	고유 중국어, 중문
□	中午 1급	zhōngwǔ	명 정오
□	终于 3급	zhōngyú	부 마침내, 결국
□	种 3급	zhǒng	양 종류, 부류, 가지
□	重 4급	zhòng	형 무겁다, 비중이 크다
□	重点 4급	zhòngdiǎn	명 중점 부 중점적으로
□	重视 4급	zhòngshì	동 중시하다

□	重要 3급	zhòngyào	형 중요하다
□	周末 3급	zhōumò	명 주말
□	周围 4급	zhōuwéi	명 주위, 주변
□	主要 3급	zhǔyào	형 주요하다
□	主意 4급	zhǔyi	명 아이디어, 생각, 의견
□	住 1급	zhù	동 숙박하다, 살다
□	祝贺 4급	zhùhè	동 축하하다
□	著名 4급	zhùmíng	형 저명하다, 유명하다
□	注意 3급	zhùyì	동 주의하다, 조심하다
□	专门 4급	zhuānmén	부 전문적으로, 오로지, 특별히 형 전문적인
□	专业 4급	zhuānyè	명 전공 형 전문적이다
□	转 4급	zhuǎn / zhuàn	동 [zhuǎn] (방향을) 돌리다, 바꾸다 [zhuàn] 거닐다, 돌아다니다
□	赚 4급	zhuàn	동 (돈을) 벌다, 이윤을 얻다
□	准备 2급	zhǔnbèi	동 준비하다
□	准确 4급	zhǔnquè	형 정확하다, 틀림없다
□	准时 4급	zhǔnshí	형 제때에, 시간에 맞다
□	桌子 1급	zhuōzi	명 탁자, 책상, 테이블
□	仔细 4급	zǐxì	형 꼼꼼하다, 세심하다
□	字 1급	zì	명 글씨, 글자
□	自己 3급	zìjǐ	대 자신, 자기, 스스로
□	自然 4급	zìrán	명 자연 부 자연히, 당연히 형 자연스럽다
□	自信 4급	zìxìn	명 자신, 자신감 형 자신감 있다
□	自行车 3급	zìxíngchē	명 자전거
□	总结 4급	zǒngjié	동 총정리하다, 총결하다 명 총결산, 최종 결론
□	总是 3급	zǒngshì	부 항상, 늘, 언제나
□	走 2급	zǒu	동 가다, 걷다
□	租 4급	zū	동 세내다, 빌려 쓰다 명 임대료
□	嘴 3급	zuǐ	명 입
□	最 2급	zuì	부 가장, 제일
□	最好 4급	zuìhǎo	부 ~하는 게 제일 좋다
□	最后 3급	zuìhòu	명 맨 마지막, 최후, 끝
□	最近 3급	zuìjìn	명 요즘, 최근
□	尊重 4급	zūnzhòng	동 존중하다, 중시하다

□	昨天 1급	zuótiān	명 어제
□	左边 2급	zuǒbian	명 왼쪽, 왼편
□	左右 4급	zuǒyòu	명 정도
□	做 1급	zuò	동 하다, 만들다
□	坐 1급	zuò	동 타다, 앉다
□	座 4급	zuò	양 [(도시, 건축물, 산 등) 비교적 크거나 고정된 물체를 세는 단위]
□	作家 4급	zuòjiā	명 작가
□	座位 4급	zuòwèi	명 좌석, 자리
□	作业 3급	zuòyè	명 숙제, 과제
□	作用 4급	zuòyòng	명 효과, 작용
□	作者 4급	zuòzhě	명 저자, 지은이

A
B
C
D
E
F
G
H
J
K
L
M
N
O
P
Q
R
S
T
W
X
Y
Z

HSK 5급
필수 단어 1300
인덱스

암기한 단어, 더 오래~ 기억하는!

해커스 HSK 5급 단어장 인덱스 200% 활용법

혼자서 복습할 때 3초 체크!	스터디원과 함께 서로 체크!	시험 10분 전에 마지막 체크!
수록된 모든 단어를 훑어보며 3초 안에 뜻을 기억할 수 있는지 체크!	각자 3초 체크!를 진행하고, 잘 안 외워지는 단어는 스터디원과 체크!	시험 10분 전, 초록색으로 표시된 핵심 빈출 단어를 다시 한번 체크!

핵심 빈출 단어는 초록색으로 표시되어 있습니다.

A

B

A B C D E F G H J K L M N O P Q R S T W X Y Z

D

E

F

H

A B C D E F G H J K L M N O P Q R S T W X Y Z

J

K

L

M

□ 某	mǒu	534
□ 目标	mùbiāo	365
□ 目录	mùlù	344
□ 目前	mùqián	317
□ 木头	mùtou	310

N

□ 哪怕	nǎpà	360
□ 难怪	nánguài	165
□ 难免	nánmiǎn	360
□ 脑袋	nǎodai	90
□ 内部	nèibù	217
□ 内科	nèikē	110
□ 嫩	nèn	43
□ 能干	nénggàn	400
□ 能源	néngyuán	497
□ 年代	niándài	323
□ 年纪	niánjì	134
□ 念	niàn	382
□ 宁可	nìngkě	162
□ 牛仔裤	niúzǎikù	21
□ 浓	nóng	36
□ 农村	nóngcūn	303
□ 农民	nóngmín	300
□ 农业	nóngyè	297
□ 女士	nǚshì	145

O

□ 欧洲	Ōuzhōu	532
□ 偶然	ǒurán	393

P

□ 拍	pāi	228
□ 派	pài	430
□ 盼望	pànwàng	400
□ 赔偿	péicháng	521
□ 培训	péixùn	374
□ 培养	péiyǎng	193
□ 佩服	pèifú	54
□ 配合	pèihé	249
□ 盆	pén	308
□ 碰	pèng	138
□ 批	pī	496
□ 披	pī	28
□ 批准	pīzhǔn	448
□ 疲劳	píláo	101
□ 匹	pǐ	301
□ 片	piàn	235
□ 片面	piànmiàn	160
□ 飘	piāo	290
□ 拼音	pīnyīn	344
□ 频道	píndào	238
□ 凭	píng	154
□ 平	píng	309
□ 平安	píng'ān	178
□ 平常	píngcháng	145
□ 平等	píngděng	538
□ 平方	píngfāng	216
□ 平衡	pínghéng	486
□ 平静	píngjìng	51
□ 评价	píngjià	409
□ 平均	píngjūn	292
□ 破产	pòchǎn	450
□ 破坏	pòhuài	279
□ 迫切	pòqiè	55

Q

□ 期待	qīdài	51
□ 期间	qījiān	321
□ 奇迹	qíjì	104
□ 其余	qíyú	417
□ 启发	qǐfā	378

R

A B C D E F G H J K L M N O P Q R S T W X Y Z

A B C D E F G H J K L M N O P Q R S T W X Y Z

W

X

Z

- □ 珍惜 zhēnxī 362
- □ 阵 zhèn 284
- □ 振动 zhèndòng 471
- □ 睁 zhēng 94
- □ 争论 zhēnglùn 157
- □ 争取 zhēngqǔ 251
- □ 征求 zhēngqiú 161
- □ 整个 zhěnggè 410
- □ 整齐 zhěngqí 22
- □ 整体 zhěngtǐ 410
- □ 正 zhèng 256
- □ 挣 zhèng 402
- □ 政府 zhèngfǔ 519
- □ 证件 zhèngjiàn 402
- □ 证据 zhèngjù 518
- □ 政治 zhèngzhì 525
- □ 支 zhī 375
- □ 支票 zhīpiào 490
- □ 直 zhí 272
- □ 执照 zhízhào 525
- □ 指导 zhǐdǎo 247
- □ 指挥 zhǐhuī 255
- □ 制定 zhìdìng 515
- □ 制度 zhìdù 525
- □ 智慧 zhìhuì 361
- □ 治疗 zhìliáo 100
- □ 至今 zhìjīn 233
- □ 至于 zhìyú 411
- □ 志愿者 zhìyuànzhě 256
- □ 秩序 zhìxù 542
- □ 制造 zhìzào 508
- □ 制作 zhìzuò 229
- □ 中介 zhōngjiè 215
- □ 中心 zhōngxīn 18
- □ 中旬 zhōngxún 316
- □ 种类 zhǒnglèi 483
- □ 重大 zhòngdà 180
- □ 重量 zhòngliàng 508
- □ 周到 zhōudào 72
- □ 猪 zhū 309
- □ 逐步 zhúbù 488
- □ 逐渐 zhújiàn 189
- □ 竹子 zhúzi 301
- □ 煮 zhǔ 37
- □ 主持 zhǔchí 230
- □ 主动 zhǔdòng 69
- □ 主观 zhǔguān 166
- □ 主人 zhǔrén 218
- □ 主任 zhǔrèn 412
- □ 主题 zhǔtí 342
- □ 主席 zhǔxí 418
- □ 主张 zhǔzhāng 157
- □ 注册 zhùcè 376
- □ 祝福 zhùfú 175
- □ 抓 zhuā 86
- □ 抓紧 zhuājǐn 366
- □ 专家 zhuānjiā 373
- □ 专心 zhuānxīn 381
- □ 转变 zhuǎnbiàn 172
- □ 转告 zhuǎngào 432
- □ 装 zhuāng 90
- □ 装饰 zhuāngshì 218
- □ 装修 zhuāngxiū 208
- □ 撞 zhuàng 94
- □ 状况 zhuàngkuàng 481
- □ 状态 zhuàngtài 100
- □ 追 zhuī 235
- □ 追求 zhuīqiú 353

* 교재에 수록된 인덱스 페이지는 해커스 중국어 사이트(china.Hackers.com)에서 무료로 다운로드하실 수 있습니다.